로 마 서

로 마 서

II권 – 은혜의 통치
Romans 5~8

제임스 몽고메리 보이스

솔라
피데

로마서 2 은혜의 통치 (롬 5-8장)

재판 1쇄 인쇄 : 2011년 1월 30일
재판 1쇄 발행 : 2011년 2월 15일

저자 : 제임스 몽고메리 보이스   역자 : 김덕천
발행인 : 이원우 / 발행처 : 솔라피데출판사
주소 : (413-756)경기도 파주시 교하읍 문발리 535-13 파주출판문화정보산업단지
전화 : (031)955-4421 / 팩스 : (031)955-4431
Email : vsbook@hanmail.net
등록번호 : 제10-1452호
공급처 : 미스바출판유통
전화 : (031)955-4433 / 팩스 : (031)955-4432

Copyright ⓒ 2011 SolaFideBooks
Printed in Korea
값 25,000 원
ISBN 978-89-87613-15-4 04230(2권)
ISBN 978-89-87613-13-0 04230(전4권)

ROMANS

Volume II
The Reign of Grace
Romans 5~8

JAMES
MONTGOMERY
BOICE

James Montgomery Boice
Romans/Vol. II The Reign of Grace/Romans 5~8
1.Bible. N. T. Romans–Commentaries. I. Title.

Copyright © 2011 by SolaFide Publishers
Korean edition is published by permission of Baker Book House

Printed in Korea

우리 주 예수 그리스도로 말미암아
우리에게 영원한 생명을 주시려고
의를 통하여
은혜의 통치를 하시는
주님께 이책을 드립니다.

◆ 차 례 ◆

제8부: 율법에서 벗어나는 자유

제9부: 성령으로 행하는 생활

제10부: 막을 수 없는 사랑

머리말

바울이 로마인들에게 보낸 위대한 편지인
로마서에 대한 강해서 가운데 첫권의 머리말을 쓴 지 일 년 반이 지났습니다. 사실 2권의
머리말을 곧 쓰게 되리라고는 기대하지 않았습니다. 하지만 고맙게도 베이커 북 하우스
(Baker Book House) 사(社)가 당초 내가 네 권으로 계획한 로마서 강해서의 처음 두 권을
동시에 출판하겠다고 결단을 내려 주었기 때문에 계획을 바꾸게 되었습니다. 이리하여 바
울의 깊은 가르침을 전하려는 나의 시도에 관심을 갖고 있는 분들은 곧 이 두 권을 사용하
여 적어도 로마서의 중요한 전반부를 공부할 수 있을 것입니다.

9-11장 그리고 12-16장을 다루게 될 남은 두 책은, 내가 근 사반 세기를 섬겨 오고 있는
필라델피아 제십장로교회(Tenth Presbyterian Church in Philadelphia)에서 정규적으로
이 말씀을 전해 나가는 속도에 맞추어 나올 것입니다.

1권 서문에서 나는 미국 복음주의자들이 성경 가운데서도 가장 위대한 책이라고들 하는
이 위대한 편지를 제대로 이해하지 못하고 있다는 생각을 말씀드렸습니다. 스스로 로마서
1-4장을 깊이 있게 이해하고 있다고 생각하는 사람이 많지만, 사실 깊이 있게 이해하고 있
는 사람은 별로 없습니다. 그런데 이 편지의 앞 부분을 형성하는 좀더 쉽고 꽤 친숙한 1-4
장을 이처럼 제대로 이해하지 못한다면, 5-8장은 더 이해하지 못하게 됩니다. 여기서 많은
복음주의자들이 이해하고 있는 바를 말해 보겠습니다. 내 생각으로, 많은 복음주의자들은

로마서 5 : 1-11을 신자가 예수 그리스도로 말미암아 얻는 칭의의 열매나 유익을 열거하는 것으로 해석하고, 8장으로 건너뛰어 하나님이 의롭다 하셨으니 이제 자신은 그리스도 안에서 영원히 안전하고 그리스도 안에 있는 하나님의 사랑으로부터 자신을 떼어놓을 것이 아무것도 없다고 믿고서 다른 사람들에게도 그렇게 믿으라고 합니다.

물론 참으로 의롭다 함을 얻고 진정으로 거듭났다면, 이렇게 해석해도 틀리지 않습니다. 그러나 회개하고 난 다음에 의(義) 가운데 거하고 죄를 이기려 할 때 반드시 있어야 하고 참되게 회개했으면 필연적으로 따르는 영적 성장이 없이는, 그리스도 안에서 안전하다는 확신, "한 번 구원이 영원한 구원"이라는 확신은 착각에 불과합니다.

5-8장은 바로 이런 점을 아주 확실하게 보여 줍니다. 이 단락의 주제는 은혜의 통치입니다. 이 말은 (어떤 사람들이 이해하듯이) 우리가 무슨 일을 하든지 상관없이 또 우리가 계속 불순종하고 부끄럽게 행한다 해도 여전히 하나님이 우리에게 은혜를 베푸신다는 뜻으로 이해하면 안 됩니다. 오히려 그리스도의 것이 된 사람들이 진정으로 경건하게 살고 의롭게 될 수 있도록 그들에게 이김을 주는 은혜라는 뜻으로 이해해야 합니다. 로마서 8장도 이 점을 말합니다. 왜냐하면 8장은 처음부터 하나님이 "죄를 인하여 자기 아들을 죄 있는 육신의 모양으로 보내어 육신에 죄를 정하사 육신을 좇지 않고 그 영을 좇아 행하는 **우리에게 율법의 요구를 이루어지게 하려 하신다**"(3-4절, 고딕체는 필자의 표기)고 말하기 때문입니다. 바울은 5-8절에서 육신을 따라 사는 자들은 그리스도인이 아니라고 말합니다. 그러나 그리스도인은 그 영의 '다스림을 받는' 사람입니다(9절). 그러므로 그리스도인은 율법의 의로운 요구를 자기 속에서 이루고 있는 사람입니다.

나는 미국 복음주의자들이 다른 것을 다 제쳐놓고 먼저 이 메시지를 들어야 한다고 확신합니다. 우리는 너무 오랫동안 희미한 복음을 전하는 데 급급하여 결국 복음을 부인하는 처지가 되고 말았습니다. 왜 그렇게 되었느냐 하면 이 희미한 복음은 거룩해지지 않고서도 중생할 수 있다고 하고, 그리스도 안에서 영원히 안전하다 하면서도 마음속에 그리스도의 생명을 가졌다는 증거를 전혀 드러내 보이지 않을 수 있다고 말하기 때문입니다.

소위 그렇게 많은 복음주의자들이 주위의 경건하지 않고 중생하지 못한 사람들과 구별되지 않는 것은 당연한 일입니다. 또 그리스도를 전하지 않고 자신을 선전하는 복음주의 교회들이 주위 문화에 실질적인 영향을 주지 못했던 것도 당연한 일입니다. 스스로 그리스도인이라고 생각하는 많은 사람이 실은 구원받지 못했기 때문에 기독교는 현실에서 영향을 끼치지 못합니다.

우리 교인들은 1988년 7월부터 1990년 7월까지 로마서의 이 단락을 공부했는데, 그처럼 여러분도 나와 함께 이 위대한 장들을 공부하기를 권합니다. (이 로마서 공부는 그로부터 여섯 달 뒤에 세계 여러 나라 사람들이 청취하고 있는 '바이블 스터디 아워'〈Bible Study Hour〉라는 프로그램으로 방송되었습니다.)

나는 이 로마서 5-8장을 공부하면서 하나님의 주권과 은혜와 거룩하심을 알고 또 그 백성이 즉 그리스도인이라고 고백하는 사람들이 거룩해야 한다는 사실을 알고 힘을 얻었습니다. 사실 우리는 거룩한 백성이 아니며 신통찮은 백성입니다. 그러나 우리는 하나님께 가까이 나아갈 수 있으며 성경의 이 위대한 가르침을 배우면서 점점 거룩해질 수 있습니다. 정말이지 우리는 거룩해져야 합니다.

많은 시간을 내어 진지하게 성경을 공부하고 특히 이 설교를 준비할 수 있도록 해준 제십장로교회 교인들에게 늘 그렇듯이 감사를 드리고 싶습니다. 교인들이 이 설교를 듣고 유익을 얻었으리라 믿습니다.

복음주의가 쇠퇴해 가는 이 슬픈 시대에 하나님이 우리에게 복주셔서 우리가 하나님의 모든 뜻을 깨닫게 되기를 바랍니다. 그렇게 되려면 로마서를 공부하고 묵상하고 다시 전하는 것보다 더 나은 방법은 없을 것입니다.

펜실베니아 주, 필라델피아
제임스 몽고메리 보이스

● 제6부 ●

그리스도 안에서 안전함

60
하나님과 더불어 화평함
로마서 5:1

그러므로 우리가 믿음으로 의롭다 하심을 얻었은즉 우리 주 예수 그리스도로 말미암아 하나님으로 더불어 화평을 누리자

수 년 전에, 「루크」(Look)지는 '마음의 화평' 이라는 제목으로 유명인사들의 특집기사를 냈다. 16명의 저명한 미국인에게 스트레스가 심한 이 세상에서 어떻게 화평을 얻을 수 있느냐는 질문을 던지고, 그래서 얻은 그들의 대답으로 기사를 꾸몄다.

베스트셀러를 많이 낸 저술가 제임스 미취너(James Michener)는, 개 두 마리를 데리고 '오래된 냇가를 따라 반 세기 동안 같지 않은 들녘을' 산책하면서 화평을 얻는다고 말했다. 아리조나 주 상원의원이었으며 공화당 대통령 후보였던 배리 골드워터(Barry Goldwater)는 사진촬영, 배젓기, 비행하기, 야영과 같은 취미 생활에서 화평을 얻지만, 무엇보다도 '그랜드 캐년에서 산책하는 것' 으로 화평을 크게 얻는다고 했다. (골드워터는 '그랜드 캐년 주' 에서 상원의원으로 당선되었다.) CBS 뉴스 앵커맨을 지냈던 월터 크론카이트(Walter

Cronkite)는 호젓이 홀로 지내며 화평을 얻는데 주로 '작은 배로 바다에 나가서' 화평을 얻는다. 유명한 인류학자이며 「사모아의 사춘기」(Coming of Age in Samoa, 1928)의 저자인 마가레트 미드(Margaret Mead)는 '화평을 얻기 위해 발걸음 속도를 바꾸거나 상황을 바꾸려고' 했다. 새미 데이비스(Sammy Davis) 2세는, '사람들 가운데서 선한 모습'을 찾으면서 화평을 얻는다고 했다. 텔레비전의 유명인사이며 전에 린든 존슨(Lyndon Johnson)의 언론 담당 비서로 지내던 빌 모이어스(Bill Moyers)는 가족끼리 '꽤 멀리 떨어지고 조용한 은신처에서 자주 친목을 갖는 것'에서 화평을 얻으려고 했다.[1]

이런 답변을 읽어 보았을 때, 대부분 화평을 얻으려는 방법이 대단히 주관적이고 자신이 좋아하는 환경에 의존하고 있다는 사실이 인상적이었다. 그러나 그밖에 다른 것도 발견되었다. 이 저명한 미국인들은 각기 다른 방법으로 마음의 화평을 찾고 있었고, 그것을 추구하는 것이 중요하다는 것을 알고 있었으며 화평을 구하는 일을 쓸데없다고 보는 사람은 아무도 없었다.

일단 기본적인 의식주가 충족되었다고 할 때 사람들이 삶에서 가장 먼저 구하는 것은 무엇일까? 더러는 '자유'를 구한다고 말한다. 민족 해방 운동들은 흔히 이처럼 강한 인간의 욕구를 토대로 삼고 있다. 그러나 미국인들은 자유롭다. 미국인들은 200년이 넘도록 외국의 지배를 받지 않고 자유로웠으며, 미국의 헌법과 사법 제도는 개인의 자유를 보장한다. 하지만 우리 대부분은 강력한 독재 정부에 눌려 살고 있는 사람처럼 쉬지 못하고 만족을 얻지 못하고 있다(어쩌면 그들보다 더 쉬지 못하고 만족을 얻지 못하고 있을 것이다). 우리가 찾고 있는 것은 부(富)인가? 세계에서 가장 부자인 한 사람이 한번은 이렇게 말했다. "나는 돈으로 행복을 살 수 있다고 생각했는데, 비참하리만큼 그 환상에서 깨어나고 있다." 더러는 교육이나 명예나 섹스나 권력을 통하여 성취감을 구하지만, 대부분은 그런 목표에 도달하더라도 만족을 얻지 못한다. 그 이유는 무엇일까? 사람들이 참으로 구하고 있는 것은 화평이며, 궁극적이고 유일하게 진정한 화평은 하나님과 바른 관계를 맺고 있는 데 있기 때문이다.

북아프리카의 위대한 그리스도인인 성 아우구스티누스는 1,500년도 더 되는 과거에 「고백록」(Confessions)을 쓰면서 이 점을 아주 잘 표현했다. "하나님은 당신 자신을 위하여 우리를 만드셨고, 우리 마음은 하나님 안에서 쉼을 얻을 때까지 평화를 얻지 못합니다."[2]

예수 그리스도를 통한 화평

만일 당신이 쉬지 않고 화평을 구하고 있다면, 바울이 로마인들에게 보내는 웅장한 편지 제5장의 처음 구절은 바로 당신에게 한 말이다. 왜냐하면 여기서 바울은 화평에 대하여 말하며 그것을 어떻게 얻을 수 있는지 말하기 때문이다. "그러므로 우리가 믿음으로 의롭다 하심을 얻었은즉 우리 주 예수 그리스도로 말미암아 하나님으로 더불어 화평을 누리자."(1절)

하지만 지금 나는 문맥에서 이 구절을 살피고 싶지 않다. 그렇게 하려면 바울의 서신 가운데서 다음에 나오는 중요한 부분(5-8장)에서 살필 것을 여러분에게 내내 상기시켜야 하기 때문이다.

전통적으로 주석가들은, 바울이 로마서를 쓰면서 이 시점에 이르러 믿음으로 말미암아 은혜로 의롭다 하심이라는 교리를 설명하고 (대부분의 저술가들이 일컫는) '칭의의 열매들'을 열거하고 그 다음에 성화(聖化)를 논의하는 데로 나아간다고 넌지시 설명한다. 화평이 칭의의 '열매'인 것은 맞지만, 다른 열매들도 있다. 즉 기도로 하나님께 가까이 감, 소망, 기쁨, 오래 참음, 하나님의 사랑을 받는다는 느낌 등이 있다. 이 견해에 따르면, 바울은 아담과 그리스도의 유사성(롬 5 : 12-21)과 성화(롬 6 : 1-8 : 17)를 다루기 위하여 11절에서 이와 같은 칭의의 열매들을 열거하는 일을 멈춘다. 이것들을 다루고 난 다음 역시 칭의의 열매인 하나님의 사랑으로부터 신자를 끊을 수 있는 것이 아무것도 없다는 확신(롬 8 : 18-39)으로 돌아온다는 것이다. 이런 접근법을 택하는 주석가들은, 로마서의 이 부분에서 사도 바울이 주로 관심을 쏟는 주제는 성화라고 결론을 내린다.

만일 전통적 접근법이 옳다면, 로마서는 다음의 네 가지 주요 부분으로 나누어진다. (1) 칭의를 다루는 부분(1-4장) (2)성화에 대한 논의(5-8장) (3)하나님이 유대인을 대하시는 문제(9-11장) (4)실제적인 문제들(12-16장).

하지만 이 점에서 고데(F. Godet)와 그를 따르는 마틴 로이드 존스(D. Martyn Lloyd Jones)는, 바울이 로마서 5 : 1-11에서 '칭의의 열매'를 언급하고 있긴 해도 여기서 실제로 제시하고 있는 바는, 칭의의 열매가 아니라 칭의의 한 가지 결과로 신자에게 오는 그리스도 안에서 안전함이라는 아주 자세한 진술의 서론이라고 옳게 제안한다.[3]

이런 해석을 뒷받침하는 이유가 많으며, 왜 이것이 중요한지 밝히는 이유도 있다. 이 점에 대해서는 뒤에서 설명할 것이다.

　나는 전통적 견해에 따르면 바울이 아담과 그리스도의 유사성과 성화를 다루려고 칭의의 '열매'를 다루는 일을 **중단**하고 있다고 말했는데, 이 말 속에 이런 새로운 방식으로 1-11절을 접근해야 하는 한 가지 이유가 담겨 있다. 하지만 우리가 이 서신을 그 동안 살펴오면서 논의가 중간에서 끊어지리라는 생각을 하지 않았다. 그런데 한 독일 주석가는 이것을 실제적인 문제로 보고, 주저 없이 이 시점에서 "우리가 다루는 서신의 체계적 순서에 흠집이 생긴다"고 말한다.[4] 그러나 사실 그런가? 바울이 지금 이 부분에서 체계적이지 않다고 하는 암시가 나타난다면, 적어도 우리는 이 서신에 담긴 그의 가르침을 해석하는 일을 잠시 멈추어야 한다. 왜냐하면 지금까지 이 서신은 일관성있고 체계적인 논의가 무엇인지를 보여 주는 모델이 되어 왔기 때문이다.

　전통적 주장을 가장 훌륭하게 반박하는 주장은 바로 1-11절에 나온다. 첫 문장을 살펴보라. 새국제번역성경(New International Version, 이하 NIV라고 함 - 역자)에는 2절 중간에 "(우리가) 하나님의 영광을 바라고 즐거워하느니라"는 문장을 앞의 문장(또한 그로 말미암아 우리가 믿음으로 서 있는 이 은혜에 들어감을 얻었다)과 나누어지게 하는 마침표가 있다. 그러나 헬라어에는 이 구절이 흠정역(King James Version, 이하 KJV라고 함 - 역자)의 의도와 같이 되어 있다. 즉 "그러므로 우리가 믿음으로 의롭다 하심을 얻었은즉 우리 주 예수 그리스도로 말미암아 하나님으로 더불어 화평을 누리자(1절) : 또한 그로 말미암아 우리가 믿음으로 서 있는 이 은혜에 들어감을 얻었으며 하나님의 영광을 바라고 즐거워하느니라."(2절) '하나님의 영광을 바람'이 신학자들이 말하는 영화(榮化)를 가리키기 때문에, 로마서 5장의 첫 문장을 읽고 우리는 사실상 의롭다 하심을 얻은 자들의 최종적인 영화 상태를 생각한다. 그리고 로마서 8장 끝에서 우리는 바로 이런 상태를 보게 된다. 여기서 바울은 '… 우리를 우리 주 그리스도 예수 안에 있는 하나님의 사랑에서 끊을 수…'(39절) 있는 것은 아무것도 없다고 주장한다. 이 사실은 바울이 5장을 시작할 때 8장을 염두에 두고 있고 그 사이에 들어가 있는 내용에서도 일관성있게 결론을 향하여 움직이고 있음을 넌지시 보여 준다.

　물론 다른 주장도 있다. 로마서 5 : 1-2에서 바울은 전통주의자들이 바울의 주된 관심이라고 하는 성화를 언급하지 않고 칭의에서 영화로 옮아간다. 로마서 8 : 30에서도 바울은 다음과 같이 쓰면서, 똑같이 성화를 언급하지 않고 칭의에서 영화로 옮아간다. "또 미리 정하신 그들을 또한 부르시고 부르신 그들을 또한 의롭다 하시고 의롭다 하신 그들을 또한 영화롭게 하셨느니라." 칭의를 말하고 바로 이어서 영화를 말하고 있는 것이다. 로마서 5-8장의 앞에 나오는 본문과 그 마지막에 나오는 본문, 이 두 본문 모두에서 한 개념(칭의)이 곧장 다른 개념(영화)으로 나아간다.

사실은 성화는 칭의와 영화 사이에 엄청나게 많이 나오며 로마서 5-8장은 대부분 성화와 관련되어 있다. 그러나 만일 성화가 바울이 쓰고 있는 이 단락의 으뜸 주제라면, 왜 바울은 이 부분의 처음(롬 5 : 1-11)에서나 그 마지막에서(롬 8 : 18-39) 성화를 언급하지 않았을까? 사실 바울이 성화를 언급하지 않는 이유는 그가 성화에 별로 관심이 없고 사실 전적으로 또 다른 문제에 초점을 두고 이 장들을 쓰고 있기 때문이 아닐까?

그럼 그 문제는 무엇일까? 그것은 신자가 그리스도 안에서 안전함 혹은 우리가 흔히 이야기하듯이 '구원의 확신'이다.

이런 시각으로 로마서 5-8장을 보고 있는 마틴 로이드 존스는 이렇게 말한다. "사도 바울은 줄곧 이 관점에서 자신이 믿음으로 의롭다 하심의 결과로써 이미 서술해 오던 방식으로 우리에게 오는 구원의 절대적 성격과 충만성과 최종성을 보이는 데 주로 관심이 있다."[5]

내 의견으로는 이것이 로마서 5-8장에 알맞고 가장 유익한 접근법이다.

'하나님과 더불어 화평함'과 '하나님의 화평'

나는 로마서 5-8장을 분석하기 시작하면서, 이 장들을 이렇게 접근하는 것이 중요하며 뒤에 이 중요한 점을 다시 살피겠다고 말했다. 이제 이 중요한 점을 살피고자 한다. 그러나 이 점을 살피기 위하여 또 한 가지 구분을 말하고 싶다. 그것은 이 부분이 다루고 있는 내용인 '하나님과 더불어 화평함'을 누리는 것과 이것과 다른 문제인 '하나님의 화평'을 누리는 것을 나누는 구분이다.

대부분의 그리스도인은 빌립보서 4 : 6-7을 잘 알고 있다. 이 구절은 하나님의(of) 화평에 대하여 우리에게 말해 준다. "아무 것도 염려하지 말고 오직 모든 일에 기도와 간구로 너희 구할 것을 감사함으로 하나님께 아뢰라. 그리하면 모든 지각에 뛰어난 하나님의 평강이 그리스도 예수 안에서 너희 마음과 생각을 지키시리라." 이 두 구절은 우리 생활에 찾아드는 어지러운 상황을 보여 준다. 어쩌면 우리는 직업을 잃게 되어 가족을 먹여 살리기 위해 돈을 충분히 벌어야 한다고 걱정하고 있을 수 있다. 우리와 아주 친했던 사람이 죽어가고 있고 갑자기 모든 것이 혼란스러워 보일 수 있다. 한 저술가는, 친한 가족이나 친구의 죽음은 여러 재료가 섞여 있는 그릇을 계란 푸는 기계로 휘젓듯이 우리의 감정을 뒤엉클어지게 한다고 주장한다. 에쿠아도르(Ecuador)에서 아우카(Auca) 인디언에게 남편을 잃은 엘리자베스 엘리어트(Elisabeth Elliot)는, 남편을 잃은 일이 땅이 무너지고 물이 솟구치고 산들이 바다로 내던져지고 있는 것(참조. 시 46 : 2-3) 같다고 말했다.[6] 그처럼 스트레스가 심할 때에 우리의 삶에는 평안이 필요하다. 빌립보서 4 : 6-7은 바로 그 점에 대하여 말하고 있다. 즉 우리 각자는 하나님께 구함으로 평안을 누릴 수 있다.

그리고 그렇게 하면 효과가 있다. 나는 친한 가족을 잃은 사람에게 편지 쓸 때 꼭 이 구절을 인용하여, 그들을 사랑하고 돌보시는 하나님이 '모든 지각에 뛰어난' 평강을 주실 것을 믿으라고 격려한다. 많은 사람들은 하나님이 자신들을 위하여 평강을 주셨다고 내게 말한다. 하나님은 감정이 뒤엉클어진 가운데 있는 그들에게 평강을 주셨다.

그러나 이것은 로마서 5 : 1이 말하고 있는 화평이 아니다. 로마서 5장은 '하나님의(of) 화평'을 말하지 않고 '하나님과 더불어(with) 화평함'을 말하고 있다. 여기서 말하고자 하는 바는, 우리가 혼란스럽게 되었으니 하나님을 믿고서 마음을 가라앉혀야 한다는 점이 아니라, 죄 때문에 우리가 하나님과 전쟁을 일으키고 하나님이 우리와 전쟁을 일으켜 오셨는데도 하나님은 예수 그리스도를 믿는 믿음으로 말미암아 의롭다 하심을 얻는 우리를 위하여 화평을 마련해 놓으셨다는 점이다.

이런 것을 볼 때, 우리는 로마서의 이 시점에서 그와 같은 인용문보다 더 적절하고 논리적인 것이 없음을 깨닫는다. 왜냐하면 바울이 앞 부분에서 말해 오던 것은 우리의 경건치 않고 불의한 행동 때문에 하나님이 우리와 화평하지 않으시고 우리와 싸우신다는 점이기 때문이다. 바울이 사용해 오고 있는 낱말 가운데 '진노'가 있다. "하나님의 진노가 불의로 진리를 막는 사람들의 모든 경건치 않음과 불의에 대하여 하늘로 좇아 나타나나니"(롬 1 : 18). 바울은 이 구절이 뜻하는 바를 보이고, 이 구절이 자신의 상태가 아니라 다른 사람들의 상태를 적절하게 표현하고 있다고 느끼는 사람들의 반론에 대답한 후, 하나님이 사람들

을 대적하는 그 진노를 만족시키시려고 예수 그리스도 안에서 하신 일이 무엇인지 드러낸
다. 성자께서는 우리 대신 성부의 진노를 담당하셨다. 그분은 우리를 위하여 죽으셨고, 우
리는 그분과 그분이 하신 일을 믿음으로써 그 속죄의 유익을 받는다. 이것이 로마서 4장의
결론이다.

그러나 이 다음에는 어떻게 되는가? 틀림없이 하나님과 더불어 화평함이 나타난다. 우리
는 믿음으로 의롭다 하심을 얻었으므로, 우리와 하나님이 다툴 이유가 없어졌고, 그 결과
화평이 있다. 그러므로 우리는 주 예수 그리스도를 통하여 하나님과 화평을 누리고 있다.

화평을 마련하신 것은 하나님이니, 하나님이 예수님의 죽음을 통하여 원수된 원인을 없
애 버리셨기 때문이다.

화평을 받는 것은 우리이니, 우리가 '하나님을 믿었고' 하나님이 우리의 의로 우리에게
전가하신 주 예수 그리스도의 의를 발견했기 때문이다.

도널드 그레이 반하우스(Donald Grey Barnhouse)는 다음과 같이 말함으로써 로마서
5 : 1의 요점을 요약한다. "모든 사람은 하나님과 전쟁을 일으키고 있었으므로, 하나님과
더불어 화평을 누리려면 그 사람과 창조주 사이에 있는 적대감을 없애야 한다. 어떻게 하면
이 전쟁이 끝나게 되는가?… 하나님이 화평을 지으셨으므로, 하나님이 이미 만드신 화평말
고 달리 화평이 없다… 만일 당신이 무조건 자신을 내맡기게 되면, 하나님이 당신을 향하여
전적으로 화평을 보이심을 알게 될 것이다."[7]

먼저 화평, 그 다음에 복

여기서 적용해야 할 몇 가지 요점이 있는데, 이 요점들은 이 장들을 살피면서 기억해야
할 중요한 것들이다.

1. 이 세상에서든 장차 올 세상에서든 모든 신령한 복의 출발은 하나님이 예수 그리스도
의 죽음으로 말미암아 우리와 더불어 맺으시는 화평이다.

바울이 이 주제로 로마서 5장을 시작하는 것은 우연이 아니다. 많은 사람들은 갖가지 상
황에서 하나님의(of) 화평(혹은 다른 화평)을 바랄 것이다. 모진 시련을 받으면서도 마음을

가라앉히고, 심한 억눌림을 당하면서도 자신감을 가지고자 할 것이다. 즉 언제나 자신감을 가질 수 있기를 바랄 것이다. 좀더 많은 사람들은 다른 복도 갖고 싶어할 것이다. 그러나 하나님이 모든 선한 일의 궁극적인 원천이시라면(사실 그렇다), 우리는 먼저 하나님과 올바르고 마땅한 관계를 맺을 때에만 선한 것들을 가질 수 있다. 어떻게 하면 그런 관계를 맺게 되는가? 그렇게 되려면 바울이 주장했던 것처럼 오직 그리스도를 믿는 것 뿐이다. 그러나 당신이 그렇게 하지 않는다고 해보라. 그럴 때 당신은 하나님의 계속되는 진노말고 무엇을 기대할 수 있겠는가? 당신이 예수님을 버릴 때 더 심해진 진노말고 무엇을 기대할 수 있겠는가?

2. 신자들은 예수 그리스도를 믿는 믿음으로 말미암아 하나님으로부터 의롭다 하심을 얻었으므로, 자신의 구원이 영원히 보장되었고 이제 그 무엇도 자신을 하나님의 사랑에서 끊을 수 없음을 알 수 있다.

내가 이 연구에서 줄곧 말해 오던 요점은 바로 이것이다. 그리고 그 요점을 말하려고 했던 이유는, 그것이 이 구절의 주제이기 때문이다. 우리는 로마서 5장의 처음 두 구절이 로마서 8 : 30과 마찬가지로 칭의에서 곧장 영화로 옮겨가는지를 이미 보았다. 이 장들은 또한 다음의 위대한 결론으로 미련 없이 옮겨간다. "내가 확신하노니 사망이나 생명이나 천사들이나 권세자들이나 현재 일이나 장래 일이나 능력이나 높음이나 깊음이나 다른 아무 피조물이라도 우리를 우리 주 그리스도 예수 안에 있는 하나님의 사랑에서 끊을 수 없으리라"(롬 8 : 38-39).

만일 이것으로 충분하지 않다면, 이 본문이 하나님과 더불어 화평함을 **구하는** 것에 대하여 말하지 아니하고 화평을 **누리는** 것에 대하여 말하는 사실을 들어 동일한 결론을 내려야겠다. 이 구절이 말하고 있는 것은, "우리는 의롭다 하심을 **받았으므로**, 하나님과 더불어 화평을 **누린다**"는 점이다.

우리는 이 점을 있는 힘을 다하여 강조해야 하는데, 이는 모든 그리스도인이 자신의 구원을 확신해야 하기 때문이다. 참으로 우리가 경계해야 할 그릇된 안전이 있다. 교리에 대한 단순한 지적 동의는 구원의 믿음이 아니며, 죄를 계속 범하면서도 자신의 안전을 자랑하는 것은 주제넘는 짓이다. 그러나 그와 같은 점을 제쳐두더라도, 하나님이 우리를 구원하셨고 하나님과 우리 사이에 화평이 이루어졌고 하나님이 지으신 이 화평이 영원히 계속할 것임을 알아야 한다. 이 구원을 확신하는 자만이 다른 사람에게 도움을 줄 수 있다.

3. 하나님과 화평할 수 있다. 그런데 우리는 하나님과 화평하고 있는 것을 알면서도 동시에 처해 있는 상황에서 화평을 체험하지 못할 수 있다.

이 점을 지적하는 것은 중요한데, 이는 우리가 미리 이 사실을 알고 이 사실을 붙잡지 않으면 비극적인 상황이나 혼란스러운 상황이 생길 때마다 무력한 의심 속에 허덕이게 될 수 있기 때문이다. 우리는 죽음을 목격하거나 '불운'이 찾아옴으로 마음이 혼란스러워질 것이다. 실망스러운 일이 생겨 우리를 뒤흔들어 놓을 것이다. 그런 상황에서 우리는 하나님께 꼭 필요한 도움을 얻어야 할 것이다. 그래서 바울은 염려하지 말고 "오직 모든 일에 기도와 간구로 너희 구할 것을 감사함으로 하나님께 아뢰라"고 하며, 그 결과로 "모든 지각에 뛰어난 하나님의 평강이 그리스도 예수 안에서 너희 마음과 생각을 지키시리라"(빌 4 : 6-7)고 빌립보인들에게 말한다. 그리스도인의 생활이 지닌 한 가지 큰 비밀은 기도로 온갖 괴로운 일들을 하나님께 맡김으로써 그런 와중에도 화평을 누리는 것이다. 그러나 이런 상황들 때문에 우리가 때때로 하나님의(of) 화평을 느끼지 못하게 된다고 해서, 하나님과 더불어(with) 누리는 화평이 소멸된 것은 아니다. 사실 하나님께서 우리와 화평을 이루셨고 그 화평을 파괴할 것이 없음을 알게 되면, 우리는 도움이 필요할 때 빨리 그리고 담대하게 하나님께로 나갈 수 있다.

실제로 하나님과 화평을 누리는 것이, 우리가 하나님과 화평을 누린다는 증거가 될 것이다. 마틴 로이드 존스는, 이 점을 믿는 믿음은 항상 자석의 북극을 가리키는 나침반 바늘과 같다고 말한다. 가령 심한 충격을 받거나 다른 자석이 나란히 놓여 있어서 바늘이 비뚤어질 수 있다. 그러나 이처럼 바늘이 비뚤어진 것은 일시적인 현상이라서, 바늘은 언제나 제 위치로 돌아갈 것이다. 믿음은 그와 같다. 믿음은 흔들리거나 빗나갈 수 있지만, 언제나 하나님께로 돌아올 것이다. 왜냐하면 하나님이 우리와 화평을 이루셨기 때문이다. 믿음은 이것을 알고 있으며, 따라서 하나님은 믿음의 참된 본향이다.

4. 그러므로 이 복들은 바울이 말하고 있는 것처럼 주 예수 그리스도를 통해서만 존재한다.

바울은 로마서 4장 끝에서 예수님에 대하여 쓰고 있다. 그는 예수님의 죽음과 부활에 대하여 말했다. 5장에서 우리는, 바울이 앞에서 언급한 것을 기정 사실로 가정하고 거기서 멈추어 간단히 "그러므로 우리가 믿음으로 의롭다 하심을 얻었은즉 우리 주 예수 그리스도로 말미암아 하나님으로 더불어 화평을 누리자"(1절)고 말하는 것처럼 예상할 수 있다. 그러나 바울은 그렇게 하지 않는다. 그는 예수 그리스도를 이미 언급했는데도 이제 다시 그분을 언급한다. 왜냐하면 바울은 우리가 그리스도 없이 어디든지 이를 수 있다고 생각하는 것을 원치 않기 때문이다. 바울은 하나님이 받아주신다는 느낌이 예수 그리스도의 사역을 기초로 삼지 않는다면 환상에 불과함을 잘 알고 있다.

이 공부를 시작하면서, 나는 16명의 저명한 미국인이 '마음의 화평'을 얻기 위하여 개발한 기법들을 말하는 이야기를 담은 「루크」(Look)지의 특집 기사를 언급했다. 거기 내가 빠뜨린 한 사람이 있었는데, 노먼 빈센트 필(Norman Vincent Peale)이다. 앞에서 그를 언급하지 않았던 것은, 최근까지 그의 대답을 마음에 간직해 두고 살폈기 때문이다. 필은 '적극적 사고방식' 철학으로 유명하다. 이 철학은 많은 사람들이 판단하듯이 기독교적인 성격이 뚜렷하지 않다. 그러나 그런데도 필은 그리스도인이므로, 이 특집기사에서 참으로 기독교적 방식으로 대답했다. 필은 이렇게 말했다. "나는 예수 그리스도와 헌신된 관계를 통하여 하나님을 믿는 믿음을 통하여 마음의 화평을 발견한다… 예수님만이 당신에게 화평을 줄 수 있다. 내가 발견한 것은 그 점이다."[8]

셀 수 없이 많은 다른 사람들도 그렇다고 말한다. 그리고 그 이유는 분명하다. 예수님은 먼저 우리의 반역적인 영혼과 하나님 사이를 화평하게 하셨으므로 마음의 화평을 우리에게 주신다. 나는 당신에게 이 화평을 추천하며 그분을 믿을 것을 권한다.

● 각주 ●

1. *Look* magazine, July 27, 1971, pp. 21-30.

2. Saint Augustine, *Confessions*, trans. R. S. Pine -Coffin(Baltimore : Penguin Books, 1961), p. 21.

3. 참조. F. Godet, *Commentary on St. Paul's Epistle to Romans*, trans. A. Cusin(Edinburgh : T. & T. Clark, n.d.), vol. 1, pp. 313-315; and D. M. Lloyd Jones, *Romans : An Exposition of Chapter 5, Assurance* (Grand Rapids : Zondervan, 1972), pp. 2-7.

4. Reuss. 참조. Godet, *Commentary on St. Paul's Epistle to Romans*, p. 314.

5. Lloyd Jones, *Romans : An Exposition of Chapter 5, Assurance*, p. 3.

6. Elisabeth Elliot, *Facing the Death of Someone You Love* (Westchester, Ill. : Good News Publishers, 1980), p. 8. 처음에는 *Christianity Today*, 1973에 기사로 출판됨.

7. Donald Grey Barnhouse, *God's River : Exposition of Bible Doctrines, Taking the Epistle to the Romans as a Point of Departure*, vol. 4, Romans 5 : 1–11(Grand Rapids : Wm. B. Eerdmans, 1959), pp. 20, 22.

8. *Look* magazine, July 27, 1971.

61
은혜 가운데 섬
로마서 5:1-2

그러므로 우리가 믿음으로 의롭다 하심을 얻었은즉 우리 주 예수 그리스도로 말미암아 하나님으로 더불어 화평을 누리자 또한 그로 말미암아 우리가 믿음으로 서 있는 이 은혜에 들어감을 얻었으며…

건전한 성경 해석의 가장 중요한 원칙 가운데 하나는, 성경에 기록한 모든 것이 모든 사람을 위한 것이라는 점이다. 어떤 사람에게는 이 말이 이상하고 그릇되게 보인다. 그러나 이 말은 분명 이상하지도 않고 그릇되지도 않다. 이는 우리가 일상 생활에서 이 원리를 널리 인정하고 있기 때문이다.

배달하라고 맡은 우편물의 주소를 뒤죽박죽으로 만들어 버린 우체부를 여러분은 어떻게 생각하겠는가? 이 우체부가 출생 통지서를 담은 편지를 그 아이의 부모도 알지 못하는 어떤 사람에게 주었다고 해보라. 혹은 한 은행이 잔고가 많이 남아 있는 어떤 사람에게 잔고 이상으로 찾아 쓴 계정을 보여 준다고 해보라. 사망 통지서를 받았다면 어떻겠는가? 혹은 파티 초대장이라면? 혹은 계산서라면? 우체부가 받아야 할 사람에게 편지를 전해 주지 않는다면 분명 그 우체부는 자기 할 일을 행하지 않고 있다. 설교자도 우체국 직원과 마찬가지이다. 성경은 그의 메시지 꾸러미이며, 그가 할 일은 받아야 할 사람에게 올바른 메시지가 도달하는지 살피는 일이다.

내가 이 점을 강조하는 것은, 우리가 로마서를 공부하면서 바울이 복음을 아직 믿지 않는 사람들의 유익을 위하여 그 복음을 설명하는 부분에서 바울이 믿고 있는 자들에게 속하는 유익을 제시하는 부분으로 옮겨 왔기 때문이다. 이 말은, 어떤 의미에서 처음 1-4장은 모든 사람을 위한 것(길 잃은 자를 위하여 구원을 제시하고 구원받은 자들을 위하여 구원의 성격을 설명하는 것)이었다면 지금 이 부분(5-8장)은 예수 그리스도를 믿는 사람들만을 위한 것이라는 뜻이다.

이는 로마서 5장의 처음 부분을 보면 분명하다. "그러므로 우리가 믿음으로 의롭다 하심을 얻었은즉…" 만일 당신이 예수 그리스도를 믿는 믿음으로 말미암아 의롭다 하심을 얻었다면 이제 열거하는 유익은 당신을 위한 것이라고 바울은 말한다. 만일 의롭다 하심을 얻지 못했다면, 그 유익들은 당신을 위한 것이 아니라는 것이다. 그러므로 당신은 예수를 믿는 일로부터 시작해야 한다.

화평 : 기초

우리는 이 1절을 연구하면서 이 유익들 가운데 하나를 이미 보았다. 그것은 '하나님과 더불어 화평함'이다. 이는 물론 군사적 은유이며 우리는 이 은유가 다음과 같은 사실을 가리키고 있음을 보았다. 즉 우리가 그리스도의 사역을 기초로 삼아 하나님에 의해 의롭다 하심을 얻기 전에 하나님과 화평하지 못했다는 것이다. 헨리 데이비드 소로우(Henry David Thoreau)가 "나는 하나님과 전쟁을 하지 않는다"고 말했는데, 우리도 의롭다 하심을 받기 전에는 그처럼 말하려 할지도 모른다. 그러나 우리가 그렇게 말한다면 거짓말을 하고 있는 것이다. 주 예수 그리스도께서는 사람의 제일 되는 의무가 "네 마음을 다하고 목숨을 다하고 뜻을 다하여 주 너의 하나님을 사랑하라"는 것이며 둘째는 "네 이웃을 네 몸같이 사랑하라"는 것(마 22 : 37, 39; 참조. 신 6 : 5; 레 19 : 18)이라고 말씀하셨다. 그러나 우리는 사실 그렇게 하지 못한다. 실제로 하나님을 미워하고 다른 사람들을 미워하고 우리 자신을 미워한다. 우리는 할 수만 있다면 하나님을 없애려 할 것이다. 우리는 할 수만 있다면 다른 사람을 죽인다. 그리고 살면서 매일 영적인 자살을 범한다.

그러나 우리가 예수 그리스도를 믿는 믿음으로 말미암아 은혜로 의롭다 하심을 얻었으므로, 이와 같은 영적 전투 상태는 화평의 상태로 바뀌었다. 우리는 하나님과 화평하며 다른 사람들과 화평하며 개인적 화평을 새롭게 체험한다. 이것이 우리의 칭의가 갖는 첫번째 큰 유익이다.

몇몇 중요한 정의(定義)

로마서 5 : 2에서 우리는 두번째 유익을 본다. 그러나 하나님과 더불어 화평함을 칭의의 유익으로 분명히 말하는 1절과 달리, 2절은 이해하기 좀 까다롭다. 한 가지 예를 들자면, 아주 중요한 것은 아니지만 본문에 대한 번역이 여럿이다. 어떤 성경 역본(가령 NIV)은 2절에 '믿음으로'(by faith)라는 말을 담아 이렇게 표현한다. "우리가 **믿음으로** 서 있는 은혜에 들어감을 얻었다"(고딕체는 필자의 표기). 다른 역본들(가령 개정표준영역 성경)〔Revised Standard Version〕이하 RSV라고 함 – 역자)은 '믿음으로' 라는 말이 없다. 그렇다고 해서 이는 소위 RSV 편집자들이 성경에서 믿음을 제거하는 경향이 있다는 주장을 뒷받침하는 예는 아니다. 그저 아주 초기 헬라어 사본 가운데 어떤 것에 테 피스테이(te pistei)라는 낱말들이 빠져 있다는 사실을 반영한 것일 따름이다.

NIV처럼 이 낱말들을 그대로 두어야 할 것 같다. 그러나 이것이 실제로는 중요하지 않다. '들어감'(access)이 칭의의 한 가지 유익인데, 이미 칭의가 믿음으로 말미암아 우리에게 온 것이라고 설명되어 있으니, 들어감이라는 말에 믿음이 언급되어 있지 않더라도 믿음이라는 뜻이 담겨 있다. 혹은 다른 방식으로 이 점을 보자면, 이 문장은 '그로 말미암아' 즉 '그리스도로 말미암아' 로 시작한다는 것이다. 그러나 우리는 오직 믿음으로 말미암아 그리스도를 얻으며 따라서 이 표현도 역시 믿음을 요구한다.

실제로 까다로운 것은 본문의 차이가 아니라 이 말들의 뜻이다. 이 구절에는 아주 중요한 낱말들이 많다 : 들어감, 믿음, 은혜, 서다(stand). 그러나 이 낱말들을 이 본문과 다른 방식으로 사용할 수 있다. 그래서 이 낱말들이 이 문장에서 어떻게 결합되는지를 알기란 쉽지 않다.

내 생각에 이 구절의 뜻을 가장 빨리 이해하는 방식으로 낱말들을 배열하고, 각 낱말을 정의해 보자.

1. 은혜. 은혜는 '하나님의 값없이 주시는 호의' 라고 흔히 정의된다. 그리고 때때로 '실제로는 하나님의 진노를 받아야 할 자에게 베푸시는 하나님의 호의' 라는 뜻으로 쓰여 그 뜻이 제대로 분명히 드러나곤 한다. 이런 의미의 은혜는 하나님의 전체 구속 계획 뒤에 있는 것이다. 왜냐하면, 바울이 에베소인들에게 편지를 쓰면서 이 말을 사용할 때 이렇게 말하고 있기 때문이다. '너희가 그 은혜를 인하여 믿음으로 말미암아 구원을 얻었나니, 이것이 너희에게서 난 것이 아니요, 하나님의 선물이라. 행위에서 난 것이 아니니, 이는 누구든지 자랑치 못하게 함이니라'(엡 2 : 8-9).

그러나 여기 로마서는 은혜를 그런 뜻으로 사용하지 않는다. 바울이 로마서 5 : 2에서 '은혜' 라는 말에 다른 의미를 주고 있다는 사실을 보여 주는 한 가지 실마리는, 바울이 '이' (this)라는 말을 은혜 앞에 붙이고 있다는 점이다. '이 은혜!' '이' 라는 말은 바울이 특별한 은혜를 염두에 두고 있음을 가리킨다. 또 하나의 실마리는, 바울이 이 은혜를 '우리가 (그 가운데) 서 있는' 은혜라고 말하는 점이다. 그러면 이 은혜는 어떤 은혜일까? 로마서 5장의 문맥에서 우리가 서 있는 은혜는 우리가 의롭다 하심을 받은 상태인 것이 분명하다. 이 상태는 여전히 은혜를 뜻한다. 그러나 이 상태는, 우리가 전에 '율법과 진노 아래' 있었다가 (예수 그리스도를 믿는 믿음으로 말미암아 의롭다 하심을 얻었다면) 하나님 앞에 의롭다 하심을 얻은 사람으로 서 있는 것이므로 이제는 '은혜 아래' 있다는 것을 특별히 의미한다.

2. 믿음. 믿음도 여러 가지 뜻을 갖고 있다. 믿음은 언제나 '하나님을 믿으며 그 믿음 위에 행함' 을 뜻한다. 그러나 믿음을 말할 때는 행하는 것(신실함)이나 믿는 것(하나님의 말씀을 곧이 곧대로 받아들임) 자체에 강조점을 둘 수 있고, 혹은 우리가 믿으라고 요구받은 여러 가지 내용들과 관련하여 말할 수 있다. 믿음이라는 낱말이 이 문장에서 '은혜' 와 연관되어 있고, 이 은혜가 칭의의 은혜이므로, 여기서 언급하는 믿음은 우리가 말미암아 의롭다 하심을 얻게 된 그리스도를 믿는 믿음이다.

다른 말로 하면, 이 구절의 '믿음' 은 1절의 '믿음' 과 같은 뜻을 갖고 있다. 그래서 앞에 나는 사본이 여럿인 것과 관련하여 1절에 나오는 '믿음으로' 라는 말이 있든 없든 그다지 중요하지 않다고 말했다. 우리가 의롭다 하심을 얻도록 한 이 믿음이 본문에 전반적으로 함축되어 있다.

3. 들어감. 이 낱말로 번역된 헬라어는 **프로사고게**(prosagoge)인데, 그 뜻은 '들어감' 혹은 '들어갈 권리' 혹은 '들어갈 자유' 이며 또는 '소개' 라는 뜻도 된다. 이 낱말은 에베소서 2 : 18의 기도에 나오는 성령의 사역에 대하여 사용되므로, 때로는 성령께서 우리를 하나님께 '소개하신다' 는 말이 있기도 했다.

여기 이 말은 무슨 뜻인가? 로마서 5 : 2에서 이 말을 어떻게 사용하는지 살펴볼 때 중요한 점은, 이 말 앞에 '나왔다' 는 동사가 나오며 이 동사가 과거완료형으로 사용되었다는 점이다. NIV는 내가 설명하고 있는 이 요점을 나타내기 위하여 '얻었다' (have gained)를 사용한다. 그러나 사실 이 동사는 '가진다' (have)이며 과거완료형으로 된 이 동사를 원래대로 번역하면 '가졌다' (have had)가 된다. 그러므로 바울이 말하고 있는 것은 우리가 '칭의의 은혜로 들어감을 **가졌다**' 이다. 바울은 우리가 그 가운데 서 있는 칭의가 우리를 위하여 성취된 것이며 우리가 이미 들어간 무엇임을 보이기 위하여 이 특별한 과거형을 사용하고 있다. 그러나 이 말이 지금과 같은 뜻을 갖고 있는 이유는, 그것이 이미 우리에게 일어난 것이기 때문이다. 우리는 의롭다 하심을 얻었다. 그러므로 우리는 의롭다 하심을 입은 상태이다. 우리는 들어감을 얻었다. 그러므로 지금도 들어감을 얻는다.

4. 서 있다. 로마서 5 : 2에 나오는 마지막 중요 낱말은 '서 있다' 는 동사이다. 이제 우리는 이 말을 어떻게 보아야 할지 알 수 있다. 하나님의 긍휼을 입고 우리가 칭의의 은혜로 들어갔으니, 칭의는 지금 우리가 그 가운데 설 권리를 갖고 있는 은혜이다. 전에 우리는 진노의 자녀로 바깥에 서 있었다. 그런데 이제는 원수나 심지어 용서받은 범죄자가 아니라 전능하신 하나님의 아들딸로서 안에 서 있다.

이 내용을 요약해 보자. 이 마지막 연구에서 우리는 로마서 5-8장에서 바울이 말하고자 하는 핵심 목적을 알아보려고 했는데, 여기서 내가 이 장들의 가장 중요한 주제가 (구원의) 확신임을 지적했던 것을 여러분은 기억할 것이다. 그러므로 의롭다 하심을 얻은 이 첫번째 유익들이 하나님과 더불어 화평함으로부터 (하나님께) 나아감으로, 또 다가오는 영광의 소망을 즐거워함으로 발전하는 점이 있지만, 그런데도 이 모든 내용은 우리가 그리스도 안에서 안전하게 되되, 영원히 안전하게 되었다는 것을 입증하는 증거이기도 하다. 마틴 로이드 존스가 썼던 것처럼, "우리는 은혜의 상태로… 들어갔다. 우리는 하나님께 소개되어 (이제) 전혀 새로운 방식으로 하나님 앞에 서 있는 것이다."[2]

왕께로 나아감

레이 스테드만(Ray C. Stedman)은 간단하지만 값진 로마서 주석에서, 구약에 나오는 에스더 왕후의 이야기를 예로 들어 우리가 은혜 가운데 서 있는 점의 성격을 설명한다.[3]

에스더는 예루살렘이 멸망한 이후 시대에 살았던 젊은 유대 여인이었다. 예루살렘이 멸망하고 나니, 대부분의 유대 사람들은 바벨론으로 옮겨졌다. 에스더 왕후의 이야기가 펼쳐지는 시대의 바벨론 왕은 아하수에로(Xerxes)로 그는 수산에서 다스리고 있었다. 아하수에로는 폐위된 와스디를 대신할 신부를 찾다가 에스더를 왕후감으로 발견했다. 에스더는 사촌이며 후견인인 모르드개의 집에서 모셔져 왕후가 되어 아하수에로의 궁전에 살게 되었다. 그 궁정에 하만이라고 하는 유대인의 원수가 또한 살고 있었다. 하만은 유대인을 대적하여 음모를 꾸몄고, 아하수에로는 내막을 알지 못하고 바사에 사는 모든 유대인들을 죽일 칙령에 서명했다. 모르드개는 에스더에게 전갈을 보내어, 하만의 음모를 알리고 왕에게 나아가 어떤 일이 일어날지를 알려서 그 일을 막아야 한다고 말했다.

애석한 일이지만 그리하자면 한 가지 문제가 있다고 에스더는 설명했다. 누구도 부름을 받지 않고 왕에게 나아갈 수 없다는 바사의 법이 바로 그 문제였다. 누가 부름을 받지 않고 안뜰로 들어가 왕에게 나아갈 때, 왕이 금홀을 그 사람에게 내밀어 그 사람의 생명을 살려 주는 경우가 아니라면 그 사람에게는 오직 한 가지 죽음밖에 없다. 에스더 왕후는 30일 동안 왕에게 부르심을 입지 못했지만, 왕후라고 해도 죽을 각오를 하고 않고서는 왕에게 나아갈 수 없었다.

모르드개는 에스더가 '이 때를 위하여' 왕후의 자리에 이른 것이 분명하며 이 일에 끼어들어 유대 백성을 살릴 수 있는 자가 에스더 외에 아무도 없다고 에스더에게 설명했다.

에스더는 왕에게 가겠다고 했다. 에스더는 유대인들도 함께 금식하고 기도하도록 모르드개에게 부탁하고 삼 일 동안 기도하고 금식했다. 그리하여 마음의 준비를 마쳤을 때, 에스더는 아주 고귀한 왕후복을 입고 안뜰 왕의 어전으로 들어갔다. 왕이 왕위에 앉아 있다가 왕후가 들어오는 것을 바로 보았다. 왕이 에스더를 보았을 때 그 아름다움에 심히 기뻐하고 손에 들고 있던 금홀을 내밀어 에스더를 맞아들였다. 그래서 에스더는 왕에게 나아감을 얻었고 에스더로 말미암아 유대인은 결국 생명을 건졌다.

바울은 예수 그리스도의 사역으로 말미암아 의롭다 하심을 입은 우리에게 그리스도의 사역을 적용함으로 말미암아 우리에게 이런 일이 일어난다고 강하게 말한다.

그러나 에스더의 경우와 우리의 경우는 판에 박은 듯 똑같지 않다. 우리에게는 훨씬 놀라운 결과가 있다. 에스더는 아름다웠고, 왕은 아름다운 에스더를 흡족해 했다. 그러나 우리의 경우를 보면, 죄로 인하여 우리는 하나님께 심히 무례히 행하게 되었으므로 하나님께 나아가려고 시도조차 하지 않았다. 그래도 하나님은 우리를 사랑하셨다. 우리가 하나님으로부터 멀리 떨어져 있었을 때 하나님은 우리를 찾으셨다. 당신의 아들을 보내주셔서 그에게 우리 죄의 벌을 담당시키시고 우리를 위하여 죽게 하셨다. 이제 그리스도의 사역 때문에 우리는 하나님의 궁전에 이끌려 들어갔고, 여기서 하나님의 기뻐하심을 누리고 계속 하나님께 나아감을 얻는다.

히브리서의 기자는 이런 방식으로 그 사실을 설명한다. "그러므로 형제들아 우리가 예수의 피를 힘입어 성소에 들어갈 담력을 얻었나니… 우리가 마음에 뿌림을 받아 양심의 악을 깨닫고 몸을 맑은 물로 씻었으니 참 마음과 온전한 믿음으로 하나님께 나아가자"(히 10 : 19, 22).

자유와 확신

앞에서 인용한 히브리서 구절은 분명 기도를 다루고 있다. 이것을 살펴보면, 로마서 5 : 2이 명시적으로 기도에 대하여 말하고 있지 않지만(이 구절의 관심사는 주로 확신과 관련되어 있다) 이 모든 것은 분명히 우리가 기도로 하나님께 나아가서 하나님으로부터 무엇을 얻을 수 있는 권리와 관계 있다는 사실이 은근히 드러난다.

게다가 우리는, 로마서 5 : 2의 중요 낱말들 가운데 하나인 '들어감' (프로사고게)이 신약의 다른 두 구절에도 나오는데 이 두 구절이 모두 기도와 관련되어 있다는 사실에 힘 입어 로마서 5 : 2을 기도와 관련해서 생각해 나가는 것이 옳다는 확신을 갖는다. 첫번째 구절은 에베소서 2 : 18이다. "이는 저로 말미암아 우리 둘이 한 성령 안에서 아버지께 나아감을 얻게 하려 하심이라." 두번째 구절은 에베소서 3 : 12이다. "우리가 그 안에서 그를 믿음으로 말미암아 담대함과 하나님께 당당히 나아감을 얻느니라." 이 구절들은 기도에 대하여 다음의 두 가지 것을 가르치는데, 이 두 가지는 그리스도의 칭의 사역으로 말미암아 하나님께 나아감을 얻었다는 사실을 기초로 삼고 있다.

1. 우리는 하나님께 직접 나아간다. 이 말은, 한 분 참된 중보자이신 주 예수 그리스도께서 천국의 문을 여셔서 단번에 우리로 아버지께 나아갈 수 있게 하셨기 때문에 우리는 예수님말고 우리를 하나님께 데려다 줄 중보자를 둘 필요가 없다는 뜻이다.

앞에서 에베소서의 두 구절 가운데 첫번째 구절은 이 진리를 가르친다. 왜냐하면 바울이 전에 사람과 하나님을 갈라놓고 사람끼리 나누어 갈라놓은 담을 언급하는 문단 끝에 이 구절이 나오기 때문이다. 바울이 언급하는 유대인 성전에는 하나님께 가까이 가지 못하도록 해놓은 담들이 있었다. 만일 당신이 예수 그리스도의 시대에 예루살렘에 있는 성전 동산에 다기거러 했다면, 이방인의 뜰과 그 뒤에 있는 것을 갈라놓는 담에 맞닥뜨렸을 것이다. 이 담은 이방인의 뜰이 무엇을 말하는지를 보여 준다. 즉 이방인은 이 담을 넘어들어올 수 없으며, 만일 넘어들어와 안뜰의 신성함을 침범하면 그 벌은 사형이었다. 로마인도 그 벌에 찬성했으며, 그래서 거기에는 경고의 표시가 있었다. 이 표시 가운데 두 개가 발견되어 지금 박물관에 있다.

물론 유대인들은 더 안으로 나아갈 수 있었다. 그러나 유대인 예배자라고 해도 곧 두번째 담에 부딪칠 것이다. 이 담은 여인의 뜰과 남자의 뜰을 나누어 놓았다. 모든 유대 여자들은 여기서 멈추어야 했다.

이 담 너머에는 또 하나의 담이 있는데, 이 담은 유대 제사장들만 지나갈 수 있었다. 제사장들은 제사를 드리고 지성소에 들어갈 수 있었다. 그러나 마지막 담이 하나 있었다. 그것은 성소와 지성소를 나누었던 휘장이었다. 이 담 너머로는 오직 한 사람만이 갈 수 있었는데, 그는 대제사장이었다. 대제사장은 속죄일에만 성전의 바깥 뜰에서 백성의 죄를 위하여 바쳤던 희생의 피를 드리기 위하여 지성소에 들어갈 수 있다.

이 정교한 제도는, 이스라엘의 선민들에게도 하나님께 가는 길이 막혀 있음을 가르쳤다. 물론 하나님께 가까이 갈 수 있다. 그러나 오직 제사장의 중보를 통해서 갈 수 있다. 이방인은 먼저 유대인이 되어 제사장의 중보라는 유대교의 길을 통하여 하나님께 가까이 하지 않고서는 나아감을 얻지 못했다.

그러나 이제 바울은 중간에 막힌 담들이 무너졌다고 말한다. 그 담이 무너진 이유는 예수님이 죽으셨을 때 하나님이 마지막 담 곧 성소와 지성소를 가로막은 휘장을 없애버리셨기 때문이다. 예수님이 십자가에서 죽으셨을 때 이 큰 휘장이 위에서 아래로 찢어졌던 것을 여러분은 기억하는가(마 27 : 51)? 이는 대속이 이루어져 하나님께 받으심을 얻었다는 것을 뜻했다. 이제 그리스도의 죽음을 기초로 삼아 하나님께 가까이 갈 모든 자들에 대하여 죄의 담들이 사라졌다. 이들은, 즉 그리스도 안에 있는 하나님의 은혜로 의롭다 하심을 얻은 모든 사람은 이제 하나님께 직접 나아간다. 예수님말고는 중보가 필요 없다. 그래서 우리는 언제 어느 곳에서나 하나님께 직접 나아갈 수 있고 하나님이 우리의 말을 들으시고 우리 기도에 응답하실 것을 안다.

2. 우리가 하나님께 나아감은 유효하다. 앞에서 인용한 에베소서의 두번째 구절은 이 진리를 가르친다. 왜냐하면 이 구절은 그리스도를 믿는 믿음으로 말미암아 "우리가 담대함과 하나님께 당당히 나아감을 얻는" 사실을 강조하기 때문이다. 그럼 무엇에 대한 담대함인가? 분명 그것은 하나님이 그 지혜롭고 완전한 뜻에 따라 우리의 말을 들으시고 우리의 기도에 응답하실 것이라는 점에 대한 담대함이다.

물론 우리는 기도를 잘못할 수 있고 그런 적이 많다. 그러나 우리가 하나님의 지혜로운 뜻에 따라 기도할 때 우리는 하나님이 우리 말을 들으시고 우리 기도에 응답하실 것이라고 확신할 수 있다.

이 점에 관하여 내가 아주 좋아하는 이야기가 있는데, 마르틴 루터(Martin Luther)와 그의 친한 친구이며 조력자인 프레데릭 미코니우스(Frederick Myconius)에 대한 것이다. 하루는 미코니우스가 병이 나서 곧 죽을 것 같았다. 미코니우스는 침상에 누워 루터에게 사랑

어린 작별 편지를 썼다. 그러나 루터는 그것을 받아 보고서 곧바로 앉더니 이렇게 답신을 적었다. "그대에게 하나님의 이름으로 명령하노니 살아나시오. 내가 교회를 개혁하자면 아직도 그대가 필요하기 때문이오… 주께서는 그대가 죽는다는 말을 내게 들리지 않게 하실 것이며 그대가 나보다 더 많이 살도록 하실 것이오. 이를 위하여 내가 기도하고 있소. 이것이 나의 뜻이며 이 뜻은 이루어질 것이오. 왜냐하면 나는 오직 하나님의 이름을 영화롭게 하기를 구하고 있기 때문이오."

이 말을 듣고 나는 충격을 받았다. 이는 우리가 열정 없는 시대에 살고 있기 때문이다. 그러나 루터의 기도는 분명 하나님의 기도이며, 따라서 유효했다. 루터의 편지가 이르렀을 때, 이미 말할 기력도 없어졌던 미코니우스는 곧 회복되어 6년을 더 살고 루터보다도 2달을 더 살았다.

우리는 루터처럼 담대하게 기도할 수 있는가? 전에 노예상이었다가 설교자가 된 존 뉴턴(John Newton)이 쓴 찬송시가 있는데, 이 찬송시는 담대한 기도에 대하여 아주 잘 표현하고 있다.

> 오라, 내 영혼아 네 간구를 준비하라.
> 예수님은 기도 응답하시기 원하시네.
> 그가 네게 기도하라 명하셨으니
> 거절하지 않으시리.
>
> 네가 왕께로 나아오니,
> 네 큰 소원 아뢰라.
> 그 은혜와 능력 네게 속하니,
> 무엇이든 아뢸 수 있으리.

아바, 아버지

내가 말하고자 하는 이 마지막 요점은 특별히 로마서 5 : 2나 에베소서의 구절에 나오지 않고, 로마서 뒷부분(8 : 15)과 갈라디아서 4 : 6에 나온다. 그러나 기도에 대하여 말할 때마다 이 점을 기억해야 한다. 예수님이 우리가 기도할 때 '아빠'를 뜻하는 '아바'라는 친밀한 말을 사용하라고 가르치셨으므로 우리는 이 점을 알고 있다. 이 말은 주께서 기도하실 때 사용하신 말이며 우리에게 전해 주신 말이다. "하늘에 계신 우리 아바시여"

하나님은 우리의 왕이며 만왕 가운데서 가장 큰 왕이 되신다. 그래서 우리는 담대하게 큰 소원을 가지고 하나님께 갈 수 있다. 그러나 하나님은 우리의 사랑하는 하늘 아버지도 되신다. 그리고 그리스도의 사역으로 말미암아 의롭다 하심을 받은 결과로 [하나님께로] 나아감으로써 우리는 사랑받는 아들딸로서 하나님의 집으로 들어올 수 있었다.

● 각주 ●

1. 참조. 찰스 하지(Charles Hodge)는 이렇게 쓴다. "우리가 나아가는 혹은 우리가 소개받아 들어간 은혜는 칭의의 상태이다"(*A Commentary on Romans* [Edinburgh and Carlisle, Pa. : The Banner of Truth Trust, 1972), p. 133).

2. D. M. Lloyd Jones, *Romans : An Exposition of Chapter 5, Assurance* (Grand Rapids : Zondervan, 1972), p. 33.

3. Ray C. Stedman, *From Guilt to Glory*, vol. 1, *Hope for the Helpless* (Portland : Multnomah Press, 1978), pp. 134-136.

62
영광의 소망
로마서 5:1-2

그러므로 우리가 믿음으로 의롭다 하심을 얻었은즉 우리 주 예수 그리스도로 말미암아 하나님으로 더불어 화평을 누리자 또한 그로 말미암아 우리가 믿음으로 서 있는 이 은혜에 들어감을 얻었으며 하나님의 영광을 바라고 즐거워하느니라.

바울은 예수 그리스도를 믿는 믿음으로 하나님께 의롭다 하심을 받은 자들에게 그들의 구원이 확실하다는 것을 가르치기 위하여 로마서 5장을 썼다. 우리는 이미 바울이 이 점을 가르치는 처음 두 가지 방법을 보았다. 바울은 그리스도의 사역에 의하여 하나님과 우리들 사이에 이루어진 '화평'에 대하여 말하고, 또 우리가 그 화평의 결과로 하나님께 나아감을 얻은 것에 대하여 말하였다. 2절의 마지막 문장에서 우리는 우리의 안전에 대한 세번째 증거를 본다. 즉 "하나님의 영광을 바라고 즐거워하느니라."

이 말은 무슨 뜻인가?

앞 장에서 나는 '하나님의 영광을 바람'이 로마서 8 : 30에 나오는 위대한 진술("또 미리 정하신 그들을 또한 부르시고 부르신 그들을 또한 의롭다 하시고 의롭다 하신 그들을 또한 영화롭게 하셨느니라")과 비슷한 방식으로 신자로서 우리의 최종적 운명에 관계되어 있음을 지적했다. 또 의롭다 하심이 필연적으로 영화(榮化)에 이름을 지적했다. 즉 하나님이 우리를 의롭다 하셨으므로 또한 우리를 영화롭게 하실 것이다. 그러므로 화평과 나아감을 포함한 우리의 현재 상태뿐만 아니라 우리의 최종 목적인 하나님의 영광에 대한 소망은, 우리를 향한 하나님의 목적이 결코 실패하지 않을 것임을 확실케 한다.

그러나 칭의의 세번째 유익은 내가 지금까지 설명한 것보다 더 풍요롭다. 그러므로 시간을 들여 이 세번째 유익을 자세하게 보기를 바란다.

예수 그리스도의 영광

먼저 예수님이 십자가에 달리기 직전에 대제사장으로서 드린 기도부터 살펴보자.

> 아버지여 때가 이르렀사오니 아들을 영화롭게 하사 아들로 아버지를 영화롭게 하게 하옵소서… 아버지께서 내게 하라고 주신 일을 내가 이루어 아버지를 이 세상에서 영화롭게 하였사오니 아버지여 창세 전에 내가 아버지와 함께 가졌던 영화로써 지금도 아버지와 함께 나를 영화롭게 하옵소서… 아버지여 내게 주신 자도 나 있는 곳에 나와 함께 있어 아버지께서 창세 전부터 나를 사랑하시므로 내게 주신 나의 영광을 저희로 보게 하시기를 원하옵나이다.
>
> 요 17:1, 4-5, 24

이 구절들은 예수님이 성육신하기 전에 어떤 영광을 가지셨는데 인간이 되시면서 이 영광을 제쳐놓으셨지만 이제 하나님이 예수님께 하라고 하신 이 땅의 일을 이루시고 그 영광을 다시 취하셨음을 가르친다. 그 영광은 무엇이었을까? 성경에 몇 가지 좋은 암시가 있고, 이 암시 외에도 이 영광을 언급하는 구절이 많다.

첫째로, 베드로와 야고보와 요한이 변화 산에서 예수님과 함께 있었을 때를 기록한 성경을 보면 예수님이 "저희 앞에서 변형되사 그 얼굴이 해같이 빛나며 옷이 빛과 같이 희어졌더라"(마 17 : 2). 이는 예수님이 가지신 하늘의 영광이 완전히 나타나지 않아도, 눈부실 정도여서 제자들을 두렵게 했다는 뜻이다. 특히 베드로는 자기가 본 것에 놀랐다. 그때 베드로는 어리석은 제안을 하고 말았다. "주여, 우리가 여기 있는 것이 좋사오니 주께서 만일 원하시면 내가 여기서 초막 셋을 짓되, 하나는 주를 위하여, 하나는 모세를 위하여, 하나는 엘리야를 위하여 하리이다"(4절). 그러나 베드로는 이 체험을 언제나 기억했다가, 후에 이렇게 썼다. "우리 주 예수 그리스도의 능력과 강림하심을 너희에게 알게 한 것이 공교히 만든 이야기를 좇은 것이 아니요, 우리는 그의 크신 위엄을 친히 본 자라. 지극히 큰 영광 중에서 이러한 소리가 그에게 나기를 이는 내 사랑하는 아들이요, 내 기뻐하는 자라 하실 때에 저가 하나님 아버지께 존귀와 영광을 받으셨느니라. 이 소리는 우리가 저와 함께 거룩한 산에 있을 때에 하늘로서 나옴을 들은 것이라"(벧후 1 : 16-18).

예수님이 갖고 계신 하늘의 영광을 보여 주는 두번째 암시는 바울이 다메섹으로 가는 길에 본 예수님의 이상이었다. 이 이상은 바울을 눈 멀게 했고, 하나님이 그를 치료하기 위하여 아나니아를 보내실 때까지 3일 간 바울은 보지 못했다.

예수님의 영광은 놀라운 것이다. 그래서 주께서는 대제사장으로서 드리는 기도에서 자신이 십자가에 달리시고 부활하셔서 승천하신 후에 이 영광이 회복되게 해달라고 구하셨을 뿐만 아니라(실제로 그렇게 되었다) 자신에게 속하여 있는 자들도 자신이 그처럼 영화롭게 되는 것을 지켜볼 수 있는 특권을 가질 수 있도록 해달라고 구하신다. 이 점에 비추어 볼 때 바울은 로마서에서 '하나님의 영광을 바람'에 대하여 말할 때, 적어도 그 완전한 영광이 드러나는 가운데 계신 예수님을 우리가 보게 될 날을 바라고 있다. 바울은 다메섹으로 가는 길에 이 영광을 보았고 아마 또 한 번 다른 때에 이 영광을 보았을 것이며(고후 12 : 1-6), 다시 보기를 바랐다.

"영광으로 영광에 이르니"

그러나 우리는 이 개념을 이해할 때 좀더 깊이 살펴야 한다. 왜냐하면 앞에서 내가 넌지시 보인 것처럼 이 개념이 우리가 영화롭게 될 사실과 또한 관계있기 때문이다. 물론 우리는 틀림없이 영화롭게 되는데, 이는 우리가 영화롭게 되지 않고서는 주의 영광을 결코 볼 수 없을 것이기 때문이다(히 12 : 14).

이 주제를 가장 적절하게 설명하는 신약 성경은 고린도후서 3 : 12-18이지만, 이 구절을 이해하기 위하여 우리는 모세가 시내 산에서 하나님과 시간을 보낸 후에 그에게 일어난 일을 기억해야 한다(출 34 : 29-35). 모세가 시내 산에서 내려왔을 때, 그의 얼굴은 광채를 받아 빛났고, 그 광채가 어찌 환하든지 백성이 그를 똑바로 쳐다볼 수 없었다. 하늘의 영광이 사라질 때까지 모세는 그들과 이야기를 나누기 위하여 수건으로 얼굴을 덮어야 했다. 고린도후서 3장에서 바울은 이 이야기를 택하여, 오늘날 그 수건이 실제로 불신자들의 마음에 드리워져 있고 반대로 신자는 수건을 벗어서 점점 영광스러워지고 있되, 모세에게 일어났던 것과 달리 그 영광이 사라지지 않음을 보여 주고 있다. 바울은 이렇게 말한다. "우리가 다 수건을 벗은 얼굴로 거울을 보는 것같이 주의 영광을 보매 저와 같은 형상으로 화하여 영광으로 영광에 이르니 곧 주의 영으로 말미암음이니라"(18절). 이 말은 그리스도인들이 지금도 점점 영화롭게 되는 체험을 하고 있다는 뜻이다. 우리는 완전한 주 예수 그리스도처럼 변할 것이다.

마틴 로이드 존스는 이 점진적인 변화에 대하여 탁월하게 논의하는데, 이 논의의 값진 특징 가운데 하나는 그리스도의 모습처럼 변하는 것을 표현하기 위하여 영광의 개념을 사용하는 찬송들을 인용하는 점이다.[1]

찰스 웨슬리의 찬송가 중에서도 가장 유명한 것 가운데 하나는 '하나님의 크신 사랑 하늘로서 내리사'(Love Divine, All Loves Excelling)이다. 이 찬송가의 주제는 성화이다. 이 찬송가는 성자와 성령과 성부의 성화시키시는 역할을 차례로 살피는 반면, 그에 따른 신자의 진보를 표현한다. 마지막 가사는 다음과 같다.

우리들이 거듭 나서	새 창조를 다 이루사
흠이 없게 하시고	우릴 정하고 흠 없게 하소서.
주의 크신 구원 받아	주 안에서 다 회복된
온전하게 합소서!	크신 구원 보게 하소서.
영광에서 영광으로	영광에서 영광으로 변하여
천국까지 이르러	우리 거할 천국까지
크신 사랑 감격하여	주 앞에 면류관 바칠 때까지
경배하게 합소서.	놀라워 사랑하고 찬송하세

(왼편은 한글통일찬송가 55장의 가사이고, 오른편은 역자의 번역임)

핵심 구절 '영광에서 영광으로 변하여'는 지금 신자들 가운데서 성취되어 가는 거룩한 성장을 가리킨다.

여기 또 하나 아이삭 와츠(Isaac Watts)가 쓴 '주 사랑하는 자 다 찬송할 때에'(Come, We That Love the Lord)라는 찬송가가 있다. 한 절이 특히 우리 생각을 사로잡는데, 그 내용은 다음과 같다.

> 은혜 입은 사람들은 아네.
> 영광이 아래서 시작한 줄을.
> 땅 위에 열린 하늘 열매
> 마침내 소망으로 자라리.

우리가 어느 날 예수님과 같아질 것이라는 것은 놀라운 기대이다. 그러나 이 변화가 의롭다 하심을 입은 자들에게 이미 시작되었다는 것을 알면 우리에게 힘이 된다. 사실 성화는 우리가 그 영광에 이르고 있다는 증거이다.

하나님의 영광

하지만 나는 이 장에서 설명하고 있는 그리스도인의 복된 소망 가운데 가장 큰 소망에 아직 이르지 못했다.

로마서 5 : 2로 돌아가서 우리는 (내가 이미 여러 번 지적한 것처럼) 로마서 5 : 2이 로마서 8 : 30과 비슷하지만 바울이 사용하는 말이 '영화'도 아니고 '예수 그리스도의 영광'은 더더구나 아니고 '하나님의 영광'임을 주목한다. 이 '영광'은 무엇인가? 우리는 예수의 영광을 다룰 때 이 낱말의 여러 측면들을 이미 살펴 보았다. 그러나 영광은 성경에 나오는 아주 풍부한 뜻을 담은 개념들 가운데 하나이며, 따라서 이 개념의 뜻을 조금 풍부하게 알기 위하여 조금 더 이 말의 배경을 살펴볼 만하다.

1. 헬라어에서 '영광'이 갖는 뜻. 많은 헬라어 낱말들이 아직 자유롭게 발전되고 있던 초

기 헬라어를 보면, '믿는다' '생각한다' 혹은 (자동사 형태로 된) '처럼 보인다' '으로 보인다' 혹은 '~의 모습을 갖는다' 는 뜻을 가진 동사(도케오)가 있었다. 그러므로 도케이 모이 (dokei moi)는 '내게 좋아 보인다' 는 뜻이다. 이 동사에서 나온 명사(독사)가 우리들이 '영광' 으로 번역하는 말인데, 초기에 이 말은 당연히 어떤 사물이 어떤 사람에게 어떻게 보이는가 혹은 나타나는가를 가리켰다. 다른 말로 하면 이 낱말은 '의견' (意見)을 뜻했다. 독사 (doxa)의 이 초창기 뜻은 정통(orthodox), 역설(paradox), 이단(hetrodox)과 같은 신학 용어에 보존되어 왔다. 정통적 진술은 한 사람이 '옳은' 의견으로 붙잡는 것이며, 역설은 '반대의' 혹은 본래 '모순적인' 의견이며, 이단적 의견은 옳은 의견과 '다른' 것이다.

그 당시 초창기에는 사람이 주장하는 의견은 좋은 의견이나 나쁜 의견이 될 수 있었다. 그러나 시간이 흐름에 따라, 이 낱말은 거의 절대적으로 좋은 의견이라는 뜻으로 쓰이게 되어 '명성' '명망' 혹은 '존귀' 를 뜻했고, 마침내 아주 뛰어난 개인의 아주 훌륭한 견해만을 뜻했다. 이리하여 고대인들은 왕의 '영광' 과 결국 '영광의 왕'(시 24 : 7-10)인 하나님의 영광을 이야기하는 데 이르렀다. 하나님은 모든 존재 가운데 가장 영광스러우시므로, 영광의 왕이시다. 하나님께는 가장 고상한 의견만을 주장해야 한다.

우리가 하나님에 대하여 이처럼 고상한 의견을 표현한다고 할 때 무엇을 하는 것인가? 그분을 '영화롭게 하는 것' 이 아니겠는가? 이런 의미에서 하나님을 '영화롭게 하는 것' , 하나님을 '경배하는 것' 그리고 하나님을 '찬송하는 것' 은 같은 일이다. 하나님을 경배한다는 것은 하나님께 그분의 참된 가치를 돌리는 것이다.

2. 히브리어에서 '영광' 이 갖는 뜻. 히브리어에서 '영광' 으로 번역되는 낱말은 헬라어와는 조금 다르다. 문제가 조금 더 복잡하게 되는 것은 아주 뚜렷하게 구별되는 두 개념이 있기 때문이다. 그런데도 이 배경을 염두에 두는 것이 또한 중요하다.

'영광' 을 뜻하는 일반적인 히브리어 낱말은 카보드(kabod)이다. 이 낱말은 헬라어 독사와 아주 비슷하여, (70인역에서는) 흔히 독사로 번역된다. 카보드는 '명망' 혹은 '명성' 을 뜻할 수 있다. 그러나 실제로 어원은 '무게 없는' 것과 대립되는 '무거운' 것을 가리킨다. 우리는 한편으로 하나님만 참으로 무게를 갖고 계시다거나 하나님만 우주에서 참으로 무거운 존재라고 말함으로써 하나님의 영광을 정의할 수 있다. 이 개념을 조금 더 발전시키기 위하여, 창조된 질서는 (블랙홀로 밀려들어가는 물질처럼) 하나님께 더 가까이 다가갈 때 무게를 가지고, 하나님으로부터 멀리 떨어질 때 더 가벼워진다고 말할 수 있다. 그래서 우상들은 간단하게 '없는 것'으로 설명되며(우상은 무게가 없다), 경건하지 못한 통치자들에 대한 하나님의 심판은 벨사살 왕의 경우처럼 '메네 메네 데겔 우바르신'(단 5 : 25)이라고 하는 하나님의 말씀으로 표현된다. 데겔은 '왕이 저울에 달려서 부족함이 뵈었다'(27절)는 뜻이다.

뚜렷하게 구별되는 또 하나의 히브리 개념은 셰키나(shekinah)이다. 이는 볼 수 있게 드러난 하나님의 영광으로 흔히 접근할 수 없을 정도의 찬란한 빛으로 이해된다. 이는 앞에서 내가 지적했던 것처럼, 모세가 시내 산에서 하나님과 시간을 보낸 후에 그의 얼굴에 나타난 영광이었다(출 34 : 29-35; 참조. 고후 3 : 12-18). 그런데 이는 또한 하늘에서 내려와 이스라엘의 광야 장막의 지성소와 후에는 예루살렘 성전의 지성소를 가득 채운, 구름에 가리워져 있던 영광이었다(출 40 : 34-38; 왕상 8 : 10-11).[2]

이 중요한 배경을 올바로 기억하고서, 이제 구약에서 가장 흥미로운 이야기 가운데 하나를 언급하도록 하겠다. 모세는 이스라엘 백성을 시내 산으로 인도했고, 거기서 하나님의 율법을 받았다. 그러나 움직일 때가 다가왔지만 이 백성을 앞으로 인도할 능력이 자신에게 있는지 전혀 확신하지 못했다. 모세는 하나님께 자신의 걱정을 말씀드렸고, 하나님은 이렇게 대답하셨다. "내가 친히 가리라. 내가 너로 편케 하리라"(출 33 : 14).

그 대답을 듣고도 모세는 만족하지 못했다. "주께서 친히 가지 아니하시려거든 우리를 이곳에서 올려 보내지 마옵소서. 나와 주의 백성이 주의 목전에 은총 입은 줄을 무엇으로 알리이까 주께서 우리와 함께 행하심으로 나와 주의 백성을 천하 만민 중에 구별하심이 아니니이까"(15-16절)

하나님은 모세가 요구하는 대로 하리라고 말씀하셨다. 하나님은 그들과 함께 하시고자 했다.

그러자 모세는 세상에서 가장 용감무쌍한 일을 구했다. "주의 영광을 내게 보이소서" 하고 모세는 구했다.

그러자 하나님은 그 요구에 이렇게 대답하셨다. "… 내가 나의 모든 선한 형상을 네 앞으로 지나게 하고, 여호와의 이름을 네 앞에 반포하리라. 나는 은혜 줄 자에게 은혜를 주고 긍휼히 여길 자에게 긍휼을 베푸느니라. (그러나)… 네가 내 얼굴을 보지 못하리니 나를 보고 살 자가 없음이니라… 내 곁에 한 곳이 있으니 너는 그 반석 위에 섰으라. 내 영광이 지날 때에 내가 너를 반석 틈에 두고 내가 지나도록 내 손으로 너를 덮었다가 손을 거두리니 네가 내 등을 볼 것이요 얼굴은 보지 못하리라"(19-23절).

이 구절에서는 하나님의 영광을 보는 것과 하나님의 얼굴을 보는 것을 동일한 것으로 다룬다. 결국 이는 바울이 로마서 5 : 2에서 사용하는 구절인 '하나님의 영광을 바람'이 바로 신학자들이 일컬었던 지복(至福)의 전망(Beatific Vision)임을 뜻한다. 이는 우리 신앙의 목적이며 절정인, 하나님에 대한 이상(異像, vision)이다.

그래서 바울이 우리에게 말하고 있는 것은, 모세가 기도하여 구했고 모든 세대의 성도들이 열렬히 갈구했던 이 은택은 우리의 것이 될 것이며 또 우리의 것이 되는 것은 성부께서 우리를 은혜로 의롭다 하셨기 때문이라는 점이다. 그러므로 바울이 다른 곳에 쓴 것처럼, "우리가 이제는 얼굴과 얼굴을 대하여 볼것이요 이제는 내가 부분적으로 아나 그 때에는 주께서 나를 아신 것같이 내가 온전히 알리라"(고전 13 : 12).

확실하고 분명한 소망

바울이 로마서의 이 부분에서 말하고 있는 바를 충분히 드러내려면 두 가지 요점을 더 지적해야 한다. 첫번째 요점은 하나님이 베푸신 우리의 구원은 분명히 이처럼 영광스럽게 절정에 이른다는 것이다.

로마서 5장에 대한 이 연구를 시작한 이후로 나는 이 점을 여러 가지 방식으로 말해 오고 있지만, 바울이 이 본문에서 소망(한글 개역 성경은 '바라고'라는 동사로 표현함)이라는 명사를 사용하기 때문에 이제 구원의 영광스러운 절정을 특히 강조할 필요가 있다. 오늘날 '소망'은 다소 약한 낱말이다. 어느 사전은 이 낱말을 꽤 잘 규정하여, '바라던 것을 얻는다는 기대를 갖고 바람'이라고 하고 그 동의어로 '신뢰'와 '의지'(依支)를 든다. 그러나 일상적인 대화에서는 이 낱말이 종종 이보다 훨씬 덜한 뜻을 갖는다. 우리는 '요행을 바람'(hoping against hope)이나 '낙관하다'(hope for the best)라는 말을 쓰는데, 이 말은 우리가 그다지 희망적이지 않음을 은근히 내비친다. 혹은 존 밀턴(John Milton)처럼 "우리의 궁극적 소망은 딱 잘라 절망이다"([실락원], 2권 139줄)라고 말하기도 한다.

　　그러나 성경에서 말하는 소망은 그런 뜻이 아니다. (내가 괜찮다고 말한) 사전의 정의도 성경의 뜻에 미치지 못한다. 성경에서 '소망'은 확실함을 뜻한다. 그런데 확실함이라 하지 않고 소망이라고 말하는 것은, 오직 우리가 장차는 갖겠지만 아직은 소망하는 바를 갖고 있지 않기 때문이다. 다음은 '소망'이라는 말이 신약에서 어떻게 사용되고 있는지에 대한 몇 가지 예를 들면 :

　　사도행전 2 : 26-27 - "… 육체는 희망에 거하리니 이는 내 영혼을 음부에
　　　버리지 아니하시 며… " (참조. 시 16 : 8-11).
　　고린도전서 13 : 13상 - "그런즉 믿음 소망 사랑 이 세 가지는 항상 있을 것인데"
　　고린도후서 1 : 7 - "너희를 위한 우리의 소망이 견고함은… "
　　골로새서 1 : 5 - "너희를 위하여 하늘에 쌓아둔 소망을 인함이니… "
　　골로새서 1 : 27 - "… 너희 안에 계신 그리스도시니 곧 영광의 소망이니라"
　　디도서 1 : 2 - "영생의 소망을 인함이라 이 영생은 거짓이 없으신 하나님이 영원한 때 전부터 약
　　　속하신 것인데"
　　디도서 2 : 13 - "복스러운 소망과 우리의 크신 하나님 구주 예수 그리스도의 영광이 나타나심을
　　　기다리게 하셨으니."
　　히브리서 6 : 19-20 - "우리가 이 소망이 있는 것은 영혼의 닻 같아서 튼튼하고 견고하여 휘장 안
　　　에 들어가나니, 그리로 앞서 가신 예수께서… 우리를 위하여 들어가셨느니라"
　　베드로전서 1 : 3 - "… 하나님이 … 예수 그리스도의 죽은 자 가운데서 부활하심으로 말미암아
　　　우리를 거듭나게 하사 산 소망이 있게 하시며"

　　이 각 구절에서, 소망은 확실성을 가리킨다. 왜냐하면 우리가 소망하는 것을 아직 완전히 갖지 못하지만, 그래도 그리스도께서 우리를 위하여 그 소망을 얻으셨고 '거짓말하지 아니하시는' 하나님이 우리에게 약속하셨으므로 틀림없이 가질 것이다. 바울이 로마서 5 : 2에서 "하나님의 영광을 바라고 즐거워하느니라"고 말할 때 이런 식으로 말한다.

　　그리고 그외에 또 있다. '즐거워하다'라는 헬라어는 신약에 흔히 나오는 말로, 바울 서신에 72번 사용되고 있다.[3] 그러나 여기 로마서 5 : 2에서 '즐거워하다'로 번역해도 틀린 것은 아니지만, 원어에는 이 낱말이 사용되지 않았다. 바울이 사용한 낱말은 **카아코메타**(Kauchometha)인데, 실제로는 '뻐기다' 혹은 '자랑하다'는 뜻이다. 그래서 이 낱말은 즐

거위하는 것보다 훨씬 강한 뜻을 갖고 있다. 그 최종 결과가 절대적으로 확실하지 않다면, 우리의 '영광의 소망' 가운데 뻐기거나 자랑하거나 무척 기뻐하는 일이 어떻게 가능하겠는가?

명백히 의롭다 하심을 입은 사람들은 큰 확신으로 자신의 최종적이고 충만한 영화(榮化)를 바라볼 수 있다.

이 소망으로 깨끗하여짐

마지막 한 가지 요점이 있다. 요한일서 3 : 1-3에서 요한 사도는 예수 그리스도의 재림과 그가 나타나실 때 우리가 그와 같이 될 것이라는 사실에 대하여 말하고 있다. 그는 이를 우리의 '소망'이라 하는데, 이미 살핀 것처럼 이는 **카아코메타**를 적절하게 사용한 경우이다. 그러나 요한은 이 소망이 미래와 관계 있는 것만은 아니라고 말한다. 소망은 현재에도 의미가 있다. 요한은 이를 이렇게 표현한다. "사랑하는 자들아, 우리가 지금은 하나님의 자녀라. 장래에 어떻게 될 것은 아직 나타나지 아니하였으나, 그가 나타내심이 되면 우리가 그와 같을 줄을 아는 것은 그의 계신 그대로 볼 것을 인함이니, **주를 향하여 이 소망을 가진 자마다 그의 깨끗하심과 같이 자기를 깨끗하게 하느니라**"(2-3절, 고딕체는 필자의 표기). 우리가 어느날 예수님과 같이 될 것이라는 우리의 소망 혹은 확신은, 우리로 하여금 지금 예수님과 같이 되도록 힘을 불어넣는다. 이 소망 혹은 확신은 할 수 있는 대로 도덕적으로 순결한 삶을 살도록 우리를 이끈다.

나는, 로마서 5-8장이 성화에 대하여 주로 말하는 것이 아님을 이미 말했다. 그러나 성화를 완전히 빼놓은 것은 아니다. 사실 정반대이다. 이 장들은 확신 곧 우리의 확실한 소망에 대한 것이다. 그러나 그렇기 때문에 이 장들은 우리가 거룩함 가운데 자라가는 일을 다루고 있다. 우리는 우리가 어느날 주와 같이 될 것을 알고 있으므로, 지금 자신을 깨끗하게 하고 주를 위하여 살려고 애써야 한다.

● 각주 ●
1. D. M. Lloyd Jones, *Romans : An Exposition of Chapter 5, Assurance* (Grand

Rapids : Zondervan, 1972), pp. 53, 54.

2. '영광' 의 언어학적 역사는 Gerhard Kittel, ed., *Theological Dictionary of the NewTestament*, vol. 2(Grand Rapids : Wm. B. Eerdmans, 1964), pp. 232-255에 나오는 도케오, 독사 에 관한 긴 항목에 포괄적으로 다루어져 있다.

3. 동사 *카레인* (charein)은 72번 사용되었고, *카라* (chara)는 60번 이상 사용되었다.

63
인간의 고난에 담긴 하나님의 목적
로마서 5:3-5

다만 이뿐 아니라 우리가 환난 중에도 즐거워하나니 이는 환난은 인내를 인내는 연단을 연단은
소망을 이루는 줄 앎이로다 소망이 부끄럽게 아니함은 우리에게 주신 성령으로 말미암아 하나님
의 사랑이 우리 마음에 부은 바 됨이니.

로 마서 5장은 예수 그리스도를 믿는 믿음
으로 말미암아 하나님에 의해 의롭다 하심을 얻은 한 사람이 죄에서 구원받았음을 알고 그
지식을 굳게 잡을 수 있는 근거들을 열거한다. 1절과 2절은 그리스도인이 이 구원을 확신하
는 몇 가지 방식을 열거했다. 3-5절은 그 이유를 한 가지 더 든다. 이는 그리스도 안에서 신
자가 현세의 괴로움과 시험과 시련에 반응하는 방식이다.

그리스도인도 다른 사람들처럼 시련을 당한다.

그러면 그들은 어떻게 그 시련에 반응하는가?

어떻게 그들의 반응은 그들이 참으로 회개한 사람이라는 확신을 견고하게 하는가?

바울은, 그리스도인은 시험 중에도 즐거워함으로써 그 시험에 반응한다고 말한다. 물론
불신자에게는 이것이 이상하고 비정상적이고 심지어 불합리하게 보일 수 있다. 그런데 이

것이 그들의 구원을 입증하는 또 하나의 증거이다. 신자는 꼭 이렇게 말한다. "다만 이뿐 아니라 우리가 환난 중에도 즐거워하나니, 이는 환난은 인내를, 인내는 연단을, 연단은 소망을 이루는 줄 앎이로다. 소망이 부끄럽게 아니함은 우리에게 주신 성령으로 말미암아 하나님의 사랑이 우리 마음에 부은 바 됨이니"(3-5절).

지식의 문제

이 구절들에 나오는 낱말마다 큰 의의를 갖고 있으며, 그래서 우리는 그 가운데 서너 개를 꼼꼼히 살펴볼 것이다. 그러나 어떤 사람이 내게 "가장 중요한 낱말은 무엇입니까?" 하고 묻는다면, 그것은 4절에 나오는 안다는 낱말이라고 말할 것이다. 그 구절은 이렇게 되어 있다. "이는… 앎이로다." '안다'는 낱말이 중요한 것은 지식이 이 문장에 나오는 다른 모든 것을 푸는 해결의 열쇠이기 때문이다. 그리스도인들은 고난에 대하여 뭔가를 알고 있기 때문에 고난 중에 즐거워한다.

여러분 모두는 세상에 고난이 있음을 구실로 삼아 기독교 교리를 반박하는 지루한 무신론 이야기를 들어 왔다. 이 무신론은 불신자들이 말하는 방식에 따라 여러 가지 형태로 표현되어 왔다. 그러나 한 가지 공통적인 형태는 다음과 같다. "만일 하나님이 선하다면, 그는 피조물을 행복하게 만들고자 할 것이다. 그리고 하나님이 전능하다면 원하는 것을 할 수 있을 것이다. 그러나 그의 피조물은 행복하지 못하다. 그러므로 하나님은 선하지 않거나 힘이 없는지, 선하지도 않고 힘도 없다."[1] 그런 반대는 단순한 형태로 신성을 모독하고 있는데, 이는 우리에게 고난 없는 것이 궁극적인 선이며 우리의 곤경 가운데 관련하여 소위 하나님의 자비와 전능만이 있을 수 있다고 이 반대 의견이 가정하기 때문이다. 그리스도인은 이 고난의 문제에 이보다 더한 무엇이 있음을 안다.

그래도 고난의 문제는 큰 문제여서, 간단한 논문이나 책 하나로 대답할 수 없다.

여러 부정적인 견해

먼저 몇몇 부정적인 견해를 다룰 것인데, 먼저 다루어야 할 부정적 견해는 이 고난의 문제에 대한 두 가지 비기독교적 접근법이다.

1. 에피쿠로스주의(Epicureanism). 고난에 대한 첫번째 비기독교적 접근법은 에피쿠로스(Epicurus, 342-270 B.C.)라는 헬라 철학자의 이름에서 온 에피쿠로스주의가 택하는 것이다. 에피쿠로스는, 삶에는 좋은 경험과 나쁜 경험이 필연적으로 섞여 있으며 언제나 피할 수 없는 나쁜 경험이 있으므로 그 나쁜 경험들을 다루는 방법은 고통보다 더 많은 쾌락을 삶에서 구현하는 것이라고 가르쳤다. 이런 견해를 일러 '조건부 쾌락주의'라고 한다. 이는 오늘날 널리 퍼져 있는 쾌락주의이다. 나는 이것이 '여피'(Yuppie)의 기본적 사고방식 혹은 정신 상태라고 생각한다. 그러나 물론 이것은 어쩔 수 없이 당해야 하는 나쁜 일에 대한 기독교적 해답이 아니다.

2. 스토아주의(Stoicism). 두번째 부적절한 해답도 역시 헬라 이름을 갖고 있는데, 이는 스토아학파라는 헬라 철학자들이 전개한 것이기 때문이다. 그들의 해답은, 오늘날 영어를 쓰는 사람들이 '지그시 참는 경직된 윗입술'(the stiff upper lip) 혹은 우리가 '고통을 웃으며 참으려' 한다고 말하는 그것이다.

몇 년 전 전형적인 스토아주의적 배우인 지미 캐그니(Jimmy Cagney)를 스타로 만든 전쟁 영화가 있었다. 이 영화의 정확한 제목을 잊었지만, 이 영화는 연합군의 침공을 지원하며 유럽 전역에 공습 비행을 하고 있던 항공부대 폭격기 조종사들과 관련되어 있었다. 한번은 캐그니가 공습을 마치고 돌아오고 있었는데, 그의 비행기가 불이 붙어서 손상을 입어 도버 해협의 벼랑을 벗어나서 기지로 돌아오지 못할 지경이었다. 승무원들이 비행기를 가볍게 하려고 할 수 있는 대로 모든 것을 버렸더니 비행기가 높이 떠올랐지만 그 정도로는 턱도 없었다. 마침내 승무원들은 캐그니를 조정석에 혼자 남겨두고 낙하산으로 탈출해버렸고 비행기는 이제 벼랑으로 다가갔고, 조종실 창문에 벼랑이 더 크게 나타나고 있었으며 비행기가 벼랑을 벗어나지 못할 것은 뻔했다. 마침내 비행기가 벼랑에 닿으려 할 때 캐그니는 창문을 열고 몸을 내밀어 벼랑에 침을 뱉었다. 그런 후에 비행기는 불길에 휩싸여 폭발했다.

스토아주의적 기질은 이렇다. 살면서 어떤 일을 맞든지 그것을 받아들이고 운명에 침을 뱉는 사람의 태도이다. 그러나 이는 물론 에피쿠로스학파의 접근법과 마찬가지로 그리스도인이 취할 접근법은 아니다.

하나님의 많은 목적

나는 이 장을 '인간의 고난에 담긴 하나님의 목적'이라고 불렀는데, 이는 바울이 본문에서 하나의 목적을 말하고 있기 때문이다. 그러나 내 의도대로 하나님의 모든 말씀을 고려한다면, '인간의 고난에 담긴 하나님의 목적들'에 대하여 말하는 것이 나을 터인데, 이는 그 목적들이 여럿이기 때문이다. 이 큰 주제에 대한 우리의 일반적 접근법을 이루는 부분으로서 몇 개만 제시하겠다.

1. 교정적 고난(corrective suffering). 그리스도인에게 고난의 가장 분명한 범주는 소위 교정적 고난이다. 즉 우리가 의의 길에서 벗어났을 때 그 길로 우리를 다시 돌아가게 하려는 의도가 있는 고난이다. 가령 가정 생활을 하면서 우리는 아이가 순종하지 않고 잘못을 행할 때 그 아이의 엉덩이를 손으로 때리는 일이 있다. 아이가 매 맞을 필요가 있다면 맞아야 하고, 그 아이의 부모가 제대로 된 부모라면 아이는 매를 맞는다. 왜 맞는가? 부모가 고통을 주는 것을 좋아하기 때문인가? 좋은 부모는 원래가 모두 잔학성을 즐기는 사람(sadist)인가? 결코 그렇지 않다. 반대로 좋은 부모는 아이가 다른 사람의 필요나 감정을 무시하고 제 마음대로 할 자유가 없으며 누구든지 계속 잘못하면 고통스러운 결과가 있다는 것을 배워야 한다는 것을 잘 알고 있다.

하늘 아버지와 영적인 자녀를 둔 자들도 이는 마찬가지이다. 히브리서 기자는 잠언 3 : 11-12을 인용한다. "내 아들아 여호와의 징계를 경히 여기지 말라 그 꾸지람을 싫어하지 말라. 대저 여호와께서 그 사랑하시는 자를 징계하시기를 마치 아비가 그 기뻐하는 아들을 징계함같이 하시느니라." 그리고 우리가 어떻게 할 것인지 다음과 같이 결론을 내린다. "너희가 참음은 징계를 받기 위함이라… 어찌 아비가 징계하지 않는 아들이 있으리요?"(히 12 : 7)

이런 형태의 고난을 먼저 언급하는 것은, 살면서 고난이 찾아올 때 우리가 먼저 할 일은 이 고난이 우리를 바로잡기 위하여 하나님께서 뜻하신 고난인지 아닌지를 하나님께 여쭙는 것이기 때문이다. 만일 이 고난이 우리를 바로잡기 위한 고난이라면, 우리는 잘못을 고백하고 의의 길로 돌아가야 한다.

2. 하나님의 영광을 위한 고난(Suffering for the glory of God). 그리스도인이 살면서 고난받는 두번째 이유는 하나님의 영광 때문이다. 그러므로 우리가 고난을 당할 때 그 고난이 우리를 바로잡기 위한 고난인지 아닌지 하나님께 언제나 구해야 하지만, 하나님이 다른 사람에게도 틀림없이 그런 고난을 주고 계신다고 태평스럽게 가정해서는 안 된다. 반대로 다른 사람의 고난은 오직 하나님이 고난받는 그 사람을 기뻐하신다는 증거가 될 수 있다.

어떻게 그럴 수 있을까?

요한복음 9장에서 우리는 예수님이 나면서부터 눈 먼 사람을 고치신 일을 본다. 예수님과 제자들이 성전 문 가운데 하나를 지나갈 때 이 눈 먼 사람은 그 문에 앉아 있었던 것이 분명하다. 제자들은 사람의 고난이 어떤 죄와 일대일 관계에서 생기는 결과로 가정하면서 내가 앞서 언급한 잘못을 범했다. 그들은 예수님께 이렇게 여쭈었다. "랍비여 이 사람이 소경으로 난 것이 뉘 죄로 인함이오니이까 자기오니이까 그 부모오니이까"(요 9 : 2)

예수님은 이렇게 대답하셨다. "이 사람이나 그 부모가 죄를 범한 것이 아니라 그에게서 하나님의 하시는 일을 나타내고자 하심이니라"(3절). 명백하게 예수님은 이 사람이 눈 먼 상태로 오랜 세월을 보낸 것이 오직 바로 이때 예수님이 그를 고쳐 하나님께 영광을 돌리실 수 있게 하기 위함이었다고 말씀하신다.

많은 사람들 특히 비그리스도인들은 이런 생각을 받아들이기 어렵다. 그러나 영원에 견주어 볼 때 인생은 짧고 우리의 가장 큰 목적이 하나님을 영화롭게 하는 것임을 기억한다면 그런 생각을 받아들이는 것은 그리 어렵지 않다. 하나님은 우리로 하나님을 영화롭게 하기 위하여 어떤 수단이든지 선택하실 수 있다.

1555년 영국 옥스퍼드에서 휴 라티머(Hugn Latimer)와 니콜라스 리들리(Nicolas Ridley)가 화형주(化刑柱)에 이끌려 갔을 때 라티머가 리들리에게 다음과 같이 소리칠 수 있었던 것은 바로 이 지식 때문이었다. "리들리 선생, 마음을 편히 하십시오. 그리고 남자답게 행하십시오. 확신컨대 우리는 오늘 하나님의 은혜로 결코 꺼지지 않을 촛불을 영국에 밝힐 것입니다."

영원을 바라보는 자만이 그런 시각을 가질 수 있다.

3. 우주적 전쟁의 일부인 고난(Suffering as a part of cosmic warfare). 세번째 고난은 구약에 나오는 욥의 이야기가 설명해 준다. 이 이야기는 하나님의 호의를 입어 행복하고 훌륭한 가족을 두고 많은 소유를 가진 욥으로부터 시작된다. 그런데 갑자기 욥은 많은 소떼를 잃고 10명의 자녀가 죽는 고난을 겪었다. 그러나 욥은 그 이유를 알지 못했다. 그의 친구들은 그 이유를 가려낼 수 있도록 그를 도우려고 왔다. 사실 욥기는, 이 다루기 힘든 문제들을 들고 씨름할 때 드러나는 인간 추론의 한계를 기록한다. 그러나 우리는 욥이 왜 고난받았는지 안다. 욥기가 처음에 그 이유를 말해 주기 때문이다. 그것은 하나님과 사단의 싸움 때문이었다. 사단은 오직 하나님이 욥을 물질적으로 복주셨으므로 욥이 하나님을 사랑하고 섬긴다고 비난했다. "이제 주의 손을 펴서 그의 모든 소유물을 치소서. 그리하시면 정녕 대면하여 주를 욕하리이다"(욥 1 : 11) 라고 사단은 말했다.

하나님은 그렇지 않음을 아셨다. 그러나 하나님은 욥이 스스로 하나님을 사랑하는 것이지 자신이 하나님으로부터 무엇을 얻을 수 있기 때문에 사랑하는 것이 아님을 보이기 위하여 사단에게 하고 싶은 대로 하라고 허용하셨다. 욥은 모든 것을 잃었다. 그러나 비통하고 슬픈 상황에서도 욥은 하나님을 경배하며 이렇게 말했다. "가로되 내가 모태에서 적신이 나왔사온즉 또한 적신이 그리로 돌아가올지라 주신 자도 여호와시요 취하신 자도 여호와시오니 여호와의 이름이 찬송을 받으실지니이다"(21절). 그런 다음에 이런 기록이 나온다. "이 모든 일에 욥이 범죄하지 아니하고 하나님을 향하여 어리석게 원망하지 아니하니라"(22절).

이 이야기는 그리스도인이 겪는 고난을 상당히(아마 대부분) 설명해 준다. 특이한 암으로 고생하고 있는 모든 신자와 똑같은 조건에 있는 불신자가 있는데, 그리스도인은 고생을 당하면서도 하나님을 찬송하고 경배하는 반면 불신자는 하나님을 저주하고 비통하게 자신의 운명에 분개하는 경우를 나는 생각해 본다. 하나님은, 삶의 목적이 하나님과 올바른 관계를 맺는 데 있지 쾌락의 상황에 있지 않음을 보이고 계신다. 아들이나 딸을 잃는 그리스도인이 있지만 똑같은 일을 체험하면서도 그리스도를 믿지 않는 사람이 있다. 직장을 잃는 그리스도인이 있지만 같은 상황에 처하면서도 그리스도를 믿지 않는 사람이 있다. 내 의견으로는, 이것은 삶의 투쟁이 어떠한지 설명해 준다. 바로 이것이 역사의 드라마를 전개하는 궁극적인 원인이다.

4. 건설적인 고난(Constructive suffering). 고난에 담긴 하나님의 네번째 목적은 바울이 로마서 5장에 제시하는 것이다. 즉 하나님은 그리스도인의 성품을 온전하게 하기 위하여 우리의 괴로움과 시험과 시련을 사용하신다.

복음 전도자 빌리 그레이엄은 대공황 때 일어난 한 이야기로 이 고난을 설명했다. 그의 한 친구가 직장과 재산과 아내와 가정을 잃었다. 그러나 그는 예수 그리스도를 믿는 신자였다. 그래서 그는 대체 왜 이런 일이 일어나는지 아무런 이유를 발견할 수 없었고 당연히 자기 처지 때문에 낙담했지만, 신앙에 굳게 매달렸다. 하루는 낙담하면서 도시를 배회하다가 큰 교회에서 돌세공을 하고 있는 석공을 보았다. 삼각형 형태의 돌에 끌질을 하고 있는 석공에게 "그걸로 무얼 하고 있습니까?" 하고 물었다.

석공은 일을 멈추고는, 거의 완성되어 가는 나선 계단의 꼭대기 근처에 있는 작은 구멍을 가리켰다. "저기 나선 계단 꼭대기 근처에 작은 구멍이 보이지요?" 하고 석공은 말했다. "나는 저 위에 있는 구멍에 맞게 하려고 여기 아래서 이걸 만들고 있죠." 그레이엄의 친구는, 석공의 말이 하나님이 이 땅의 시련을 통하여 자신을 천국에 맞도록 만들고 계신다고 말씀하시는 것 같았으므로 눈에 눈물이 가득한 채로 그곳을 떠나 걸었다고 말했다.

고난의 유익

하나님의 목적이라는 관점에서 고난이라는 주제를 접근했으니, 이제 바울이 말하는 바 고난이 그리스도인의 생활에 어떤 일을 이룰 것인지 그리고 왜 이것이 다시 확신을 주는지 알아볼 준비가 되었다. 고난은 어떤 유익을 주는가?

첫째로, 고난은 인내(perseverance)를 낳는다. 우리는 NIV 외에 다른 성경이 이런 개념을 번역하기 위하여 여기 다른 단어를 사용하고 있음을 볼 수 있는데, 이는 많은 번역자가 보기에 이 낱말이 풍부한 표현을 요구하기 때문이다. 어떤 번역은 '오래 참음' (patience)이라 하고, 어떤 번역은 '견딤' (endurance)이라 하고, 또 어떤 번역은 '참아 견딤' (patient endurance)이라 한다.

우리가 이 낱말을 (헬라어 본문에서 이 낱말 바로 앞에 나오고 바울이 '오래 참음' (KJV)을 낳는다고 말하는 것) '고난'을 가리키는 낱말과 더불어 생각할 때, 이 낱말의 풍부한 의미가 나타난다. 헬라어에는 고난에 해당하는 낱말이 여럿이지만, 여기서 쓰는 낱말은 **틀립시스**(thlipsis)로 이는 무엇을 눌러 압축한다는 개념을 갖고 있다. 이 낱말은 가령 곡물을 치는 것과 같이 강하게 때린 결과를 가리켜 사용되었다. 강하게 때리면 줄기가 눌려 납작해져서 낟알이 겨와 분리된다. 틀립시스는 기름을 짜내기 위하여 감람을 으깨거나 포도주를 짜내려고 포도를 으깨는 것을 표현할 때 역시 사용되었다.

이런 것을 염두에 두고, 이제 '인내'를 생각해 보라. '인내'로 번역된 이 낱말은 **휘포모네**(hypomone)이다. 이 낱말의 첫번째 부분은 '아래' 혹은 '밑에'를 뜻하는 접두사이다. 두번째 부분은 '거처' 혹은 '사는 곳'을 뜻하는 낱말이다. 그래서 전체로 이 낱말은 '무엇 아래 산다'는 뜻이다. 만일 우리가 이 낱말은 시련을 가리키는 낱말과 더불어 생각한다면 풍부한 개념을 얻게 되는데, 이 개념은 우리가 흔히 말하곤 했듯이 까탈스런 상황에서 꿈틀거리며 빠져나오려 하지 않고 그 상황을 겪으며 사는 것이라는 뜻이다. 우리는 '형제여 거기 꿈쩍대지 말고 있으라'고 말할 때 이 개념을 적극 표현한다. 이 개념은, 더 빠르든지 더 늦든지의 차이가 있을 뿐 언제나 갈 길이 힘들어지면 우물쭈물하는 것을 뜻한다.

이 점에서 미성숙한 사람과 성숙한 사람, 새신자와 주일학교에서 오래 배운 사람이 구별된다. 새신자는 까다로운 일을 피하고 거기서 벗어나려고 한다. 체험을 많이 한 그리스도인은 시련을 받으면서 흔들리지 않고 사기 사리를 떠나지 않는다.

둘째로, 고난이 흔들리지 않는 인내를 이루듯이, (바울에 따르면) 인내는 **연단**(character)을 이룬다. 다른 번역본은 이 낱말을 '체험'(experience)이라고 번역한다. 그러나 다시 한번 말하거니와, 원래 이 말은 연단이나 체험이라는 이 두 가지 아주 유익한 번역보다 더 풍부한 뜻을 갖고 있다.

이 말에 해당하는 헬라어는 **도키메**(dokime)이다. 그런데 **도키메**는 '시험받은' 혹은 '승인받은' 무엇을 뜻하는 **도키모스**(dokimos)라는 비슷한 낱말을 기초로 삼는다. 바울은 한 가지 예를 들어 이를 설명한다. 고린도전서 9 : 27에서 바울은 자기 훈련에 대하여 다음과 같이 말한다. "… 내가 내 몸을 쳐 복종하게 함은 내가 남에게 전파한 후에 자기가 도리어 버림이 될까 두려워함이로라." **버림**(disqualified, 자격 없음)이 우리가 다루는 말인데, 이 말에는 부정 불변화사(헬라어 α)가 붙어 있다. 이는 고대 세계에서 전해 온 한 가지 상(像)을 보여 준다. 그 당시 금·은 동전은 아주 거칠게 만들어져서, 오늘날 동전처럼 정확한 크기가 아니었다. 그래서 사람들은 튀어나온 부분을 세심하게 다듬어서 속이곤 했다. 이 관행을 금지하기 위하여 수백 개의 법률이 통과되었으므로 우리는 그 사람들이 그렇게 한 줄로 안다. 사람들은 충분히 금속을 다듬은 후에 그것을 팔아 새 동전과 바꾸곤 했다.

오랫동안 동전을 다듬었더니, 마침내 동전이 너무 가벼워 상인들은 더 이상 그 동전을 가지고 다니지 않았다. 그래서 이런 동전을 **아도키모스**(adokimos) '자격 없는' 것이라고 했다. 바울이 가리키고 있는 바가 바로 그것이다. 바울은 자신이 자격없는 자가 되기를 원치 않으며 고난을 겪고 자기 수련을 거친 결과 '적합한' 자로 판정받기를 바란다고 말하고 있다.

지금 우리가 다루고 있는 로마서 본문에서도 마찬가지다. 여기서 바울은 삶의 고난이나, 경건하지 못한 상황에서 그리스도인으로 순전하게 살려 할 때 받는 압박은 견딤을 이루고 그래서 우리가 적합한 자로 드러난다.

나는 이를 다른 방식으로도 생각한다. 승인받지 못한 동전은 가벼운 동전이므로, 나는 (앞의 연구로부터) 이런 일은 우리가 하나님께로부터 멀어질 때 일어남을 기억한다. 즉 우리는 점점 가벼워지나 우리가 하나님께 더 가까이 가고 하나님이 우리 속에서 하나님을 넉넉히 기쁘시게 하는 일을 이루시면서 우리에게 더 가까이 오실 때, 우리는 하나님처럼 '무거워' 지며 대단히 가치있는 사람으로 인정받는다.

로마서 주석에서 이 유익들을 멋지게 논의하는 레이 스테드만(Ray Stedman)은 바로 이 시점에서, 한번은 아홉살 먹은 남자 아이에게 "자라서 뭐가 되고 싶으냐?"고 물었던 이야기를 한다.

그 남자 아이는 "돌아온 선교사가 되고 싶어요" 하고 말했다.

이 아이는 그저 선교사가 되고 싶은 것이 아니라 돌아온 선교사 즉 시련을 겪고 난 뒤 하나님의 일에 참으로 가치 있었던 사람으로 드러난 선교사가 되고 싶었던 것이다.[2]

마지막으로 바울은 인내가 이룬 견실하고 인정받은 연단이 이제 소망을 이룸을 지적한다. 여기서 우리는 원을 한 바퀴 돈 셈이다. 처음에 우리는 소망에서 출발했다. 우리는 소망이란 것을 아직은 갖고 있지 않지만 어느날 우리의 것이 될 것이라고 믿는 확신이라고 보았다. 그런 후에 우리의 고난에 대해 살펴보았으며 어찌하여 우리가 고난 가운데서 기뻐할 수 있는지를 보았다. 우리가 기뻐할 수 있는 것은 고난이 인내에 이르고, 인내가 인정받는 연단에 이르고, 연단이 훨씬 견고한 소망에 이르기 때문이다. 그리고 이 모든 것은 그리스도 안에서 우리가 안전함을 더욱 든든히 보장하는 증거이다. 물론 우리가 그리스도의 고난에 참여하고 같은 모습으로 그 고난을 받을 때 그렇다.

중국의 교회

몇 년 전 나는 제십장로교회의 선교사 가운데 한 사람이며 중국 교회의 상태에 대하여 인정받은 전문가인 조나단 차오(Jonathan Chao) 박사가 고난에 대하여 쓴 논문을 출판할 기회가 있었다. 이 논문은 19세기와 20세기 초의 비교적 평화로운 시절 동안 이루어진 중국 교회의 성장과 공산주의자들이 권력을 잡은 1950년 이후에 이루어진 중국교회의 성장을 비교했다. 이 '선교 시기'가 끝나려 할 즈음 거의 840,000명의 그리스도인이 중국에 있었다. 하지만 40년 동안 아주 심한 핍박과 고난을 받고 난 오늘날 중국 교회는 차오의 계산에 따르면 5천만 명에 이른다. 차오의 견해로는 그처럼 연단을 이룬 것, 즉 핍박을 견딜 수 있을 뿐만 아니라 훨씬 어려운 때에 다른 많은 사람을 얻을 수 있는 능력을 이룬 것은 중국 교회의 고난이었다고 보았다.

내가 이 배경을 언급하는 것은 다음 이야기를 위해서이다. 같은 논문에서 차오는 중국 교회를 연구하기 위하여 홍콩에 온 한 미국 학생에 대하여 말했다. 이 학생이 미국을 떠나기 전에 한 친구가 이 학생에게 이렇게 물었다. "하나님이 중국 교회를 그토록 사랑하신다면, 왜 그 교회에 그토록 큰 고난을 허용하실까?"

이 학생은 그 질문을 받았을 때 자신은 해답을 몰랐다고 고백했다. 그러나 중국을 여행하고 수많은 중국 그리스도인들을 두루두루 뜻있게 만난 후에, 이 학생은 다음과 같은 한 가지 해답을 발견했다. "차오 씨, 저는 미국으로 돌아가 친구에게 이렇게 질문하려 합니다. 하나님이 미국 교회를 그토록 사랑하신다면, 왜 중국 교회와 같이 우리에게도 고난을 허락하지 않으셨을까?"³

멋진 질문이다. 성경에 따르면 고난은 해로운 것이 아니기 때문이다. 정반대로 고난은 유익한 체험이다. 고난이 유익한 것은 고난이 전능하신 하나님의 자비로운 목적을 이루기 때문이다. 고난은 "하나님을 사랑하는 자 곧 그 뜻대로 부르심을 입은 자들에게는 모든 것이 합력하여 선을 이루는"(롬 8 : 28) 그 모든 상황의 일부이기 때문이다.

● 각주 ●

1. 위대한 기독교 변증가인 루이스(C. S. Lewis)는 *The Problem of Pain* (New York : Macmillan, 1962), p. 26에서 고난의 문제를 이야기할 때 이런 식으로 말한다. 또한 보스턴의 랍비인 해롤드 쿠쉬너(Harold S. Kushner)가 *When Bad Things Happen to Good People* (New York : Avon Publishers, 1981)에서 고난의 문제를 볼 때 이런 식으로 본다. 물론 쿠쉬너는 전능이라는 하나님의 속성을 내버림으로써 이 문제를 푼다. 그는 하나님을 사랑하고 비록 한계가 있는 하나님이지만 하나님을 용서하라'고 우리에게 권한다(p. 148).

2. Ray C. Stedman, *From Guilt to Glory*, vol. 1. *Hope for the Helpless* (Portland : Multnomah Press, 1978), p. 148.

3. Jonathan Chao, "The Place of Suffering in the Christian Life," in *Tenth : An Evangelical Quarterly*, vol. 14, no. 2(April 1984), pp. 10-19.

64

하나님이 그 사랑을 추천하심
로마서 5:6-8

우리가 아직 연약할 때에 기약대로 그리스도께서 경건치 않은 자를 위하여 죽으셨도다 의인을
위하여 죽는 자가 쉽지 않고 선인을 위하여 용감히 죽는 자가 혹 있거니와 우리가 아직 죄인 되
었을 때에 그리스도께서 우리를 위하여 죽으심으로 하나님께서 우리에게 대한 자기의 사랑을 확
증하셨느니라.

오 늘날 설교자가 많은데, 아주 유명한 설
교자 가운데 더러는 죄악된 인간 본성에 대하여 달갑지 않은 이야기하기를 싫어한다. 그들
은 기독교에 대한 자신의 접근법을 '가능성 사고방식'(possibility thinking)이라고 하여,
사람들이 이미 자신에 대하여 매우 낙담해 있으므로 불의하다는 말을 들을 필요가 없다고
주장한다. 그런 설교자가 이 본문에 대하여 어떻게 설교할 수 있을지 모를 일이다.

그들은 불의한 인간 본성에 대하여 달갑지 않은 이야기를 해야만 할 것이라고 생각한다.

로마서 5 : 6-8(그리고 이 문단 앞에 나오는 5절)은 하나님이 우리를 위하여 가지고 계시
는 사랑에 대하여 말한다. 여기 로마서에서 처음으로 언급하는 이 사랑의 위대함은 힘을 북
돋아 주는 긍정적인 주제이다. 게다가 이 시점에서 이 주제는, 그리스도를 믿는 믿음으로
의롭다 하심을 받은 모든 사람은 하나님의 사랑을 입어 구원을 받았고 그 사랑에서 구원받

은 사람들을 끊을 수 있는 것이 아무것도 없다는 점을 우리로 확신케 하는 주장으로 발전되며 이는 우리가 로마서 8장 끝에서 역시 다다를 절정이다. 이 주제보다 더 긍정적이고 더 덕을 세우는 것은 없을 것이지만 하나님의 사랑의 성격과 범위와 지속성에 대한 바울의 진술은 인간의 죄라는 검은 막에 쓰여져 있다. 참으로 그렇다. 왜냐하면 바울이 우리에게 말하는 것처럼 "우리가 아직 죄인 되었을 때에 그리스도께서 우리를 위하여 죽으심으로 하나님께서 우리에게 대한 자기의 사랑을 확증하셨기"(8절) 때문이다.

우리는 하나님이 그처럼 사랑하신 자들의 악한 본성에 대하여 말하지 않고서 어떻게 그런 진술을 제대로 평가할 수 있겠는가? 아니 이해할 수나 있겠는가?이는 두 가지 이유에서 아주 실제적인 문제이다. 첫째로, 바울은 인간의 죄라는 어두운 배경에서 하나님의 사랑을 서술하고 있으므로 하나님의 사랑이 얼마나 큰지 그 진면목을 헤아릴 수 있으려면 이런 배경에 비추어 볼 때에만 가능하다고 말하고 있다. 다른 말로 하면, 우리가 (많은 사람들처럼) 자신이 아무튼 아주 사랑스럽거나 바람직하니까 하나님이 우리를 사랑하신다고 생각한다면, 그 만큼 하나님의 사랑을 평가절하하게 될 것이다. 즉 아름답지만 허영심이 아주 강한 여자가 남편이나 다른 사람의 사랑을 가늠하기 힘들어할 수 있는 것과 마찬가지일 것이다. 만일 우리가 스스로 모든 것 가운데 가장 좋은 것을 받을 자격이 있다고 생각한다면, 우리는 우리의 아름다움이나 재능이나 짐짓 찬탄할 만하다고 하는 다른 자질과 상관없이 받는 하나님의 사랑을 제대로 평가하지 못할 것이다.

두번째 요점은 다음과 같다. 우리가 스스로 하나님의 사랑을 받을 자격이 있다고 생각한다면, 우리는 그 사랑을 사실상 확신할 수 없을 것이다. 왜냐하면 우리는 우리에 대한 하나님의 깊은 사랑을 줄어들게 하거나 없애버릴 일을 하지나 않을까 항상 두려워할 것이기 때문이다. 앞으로도 하나님이 자신을 계속 기뻐하실 것이라고 확신할 수 있는 사람은, 하나님이 자신의 죄에도 불구하고 자신을 사랑하셨음을 아는 사람뿐이다.

죄인을 향한 하나님의 사랑

먼저 하나님이 건지셨고 사랑하시는 백성에 대한 바울의 서술부터 다루겠는데, 여러분은 바울이 그 사랑을 묘사하기 위하여 사용한 네 개의 강력한 낱말을 주목하기 바란다. 세 낱말은 우리가 연구하고 있는 구절에 나오며 나머지 한 낱말은 10절에 나온다. 그 낱말들은 '연약한', '경건치 않은', '죄인들' 그리고 '원수들' 이다. 이 각 낱말이 우리를 아주 정확하게 서술하고 있음을 아는 것이 중요하다.

1. 연약한(Powerless). 이 낱말은 영어 성경들에 다음과 같이 다양하게 번역되어 있다 : '약한'(weak), '도움받지 못하는'(helpless), '힘없는'(without strength), '유약한'(feeble), '옳은 일을 하는 데 게으른'(sluggish in doing right) 등. 이 문맥에서는 뜻이 아주 강한 용어들만 어울릴 것이다. 왜냐하면 우리 혼자 남았을 때 우리 가운데 하나님을 기쁘시게 하거나 구원을 이루는 데 조그마한 일이라도 할 수 있는 사람은 아무도 없다는 생각이 여기에 담겨 있기 때문이다.

도널드 그레이 반하우스(Donald Grey Barnhouse)는 이 본문에서 말하는 연약함은 참으로 무조건적임을 보여 주기 위하여 '조건적 불가능'과 '무조건적 불가능'을 구별한다.[1] 조건적 불가능은 무슨 조건이 일어나지 않으면 어떤 일을 할 수 없게 되는 불가능이다. 가령 나는 갑자기 큰 돈을 벌지 않으면 빚을 갚을 수 없게 될 것이다. 혹은 선약을 취소하지 않으면 어떤 사회적 활동에 참여할 수 없을 것이다. 무조건적 불가능은 현재 처지로는 어떤 변화도 있을 수 없는 불가능이며, 우리가 회개하기 전의 상태가 바로 이 무조건적 불가능이다.

전에 우리가 특별히 할 수 없었던 것은 무엇인가? 우리는 신령한 것들을 이해할 수 없었다(고전 2 : 14). 우리는 하나님 나라를 구하거나 그 나라에 들어갈 수 없었다(요 3 : 3, 5). 우리는 하나님을 찾을 수 없었다(롬 3 : 11). 다른 곳에서 바울은 하나님이 우리를 구원하시기 전에 우리는 "(우리의) 허물과 죄로 죽었다"(엡 2 : 1)고 말할 때 이런 무능력함을 생생하게 서술한다. 즉 시체가 아무런 자극에도 반응할 수 없듯이 우리는 하나님께 반응하거나 하나님을 찾을 수 없었다.

2. 경건치 않은(Ungodly). 이 낱말은 바울이 로마서 앞 부분에서 하나님을 거역하는 인류를 서술하면서 표현한 것과 동일한 개념을 담고 있다. "하나님의 진노가 불의로 진리를 막는 사람의 모든 경건치 않음과 불의에 대하여 하늘로 쫓아 나타나나니"(롬 1 : 18).

이 구절에서 '경건치 않은'(ungodly)과 '경건치 않음'(godlessness)은 인류가 하나님과 다름(물론 이것은 사실이다)을 뜻하는 것이라기보다 그 외에도 인류가 하나님께 사납게 대적하고 있음을 뜻한다. 하나님은 주권적이시지만, 인류는 하나님의 주권에 대적한다. 인류는 하나님이 자신들을 다스리시는 것을 싫어하며 자기 좋을 대로 자유롭게 하기를 원한다. 하나님은 거룩하시지만 그들은 하나님의 거룩하심에 대적한다. 이 말은 그들이 하나님의 의롭고 적절한 도덕 기준을 받아들이지 않는다는 뜻이다. 그들은 자신의 죄악된 행위와 욕망이 문제시되는 것을 원하지 않는다. 하나님은 전지하시나, 그들은 하나님이 전지하시다고 하여 그분을 대적한다. 그들은 하나님이 자신들을 완전하게 아시고 자신들이 생각하거나 행하는 모든 것을 그분의 눈 앞에서 숨기지 못하는 것에 대하여 화를 낸다. 그들은 또한 하나님이 불변하시다고 하여 그분을 대적한다. 왜냐하면 불변함이란 하나님이 앞에서 말한 하나님의 속성들이나 다른 어떤 속성들에서 변함이 없음을 뜻하기 때문이다.

3. 죄인들(Sinners). '죄인들'이라는 낱말은 하나님의 표준에 미치지 못한 자들을 말하며 "모든 사람이 죄를 범하였으매 하나님의 영광에 이르지 못하더니."(롬 3 : 23)라고 말하는 것과 같다. 이 말은, 우리가 하나님의 율법을 범했다는 뜻이며, 이런 뜻에서 이 구절은 앞에서 인용한 로마서 1 : 18에 나오는 불의라는 말과 비슷할 것이다. '경건치 않음'은 하나님을 대적함이다. 즉 우리에게 오직 하나님을 경배하고 섬기라고 말하는 첫번째 판에 새겨진 율법을 깨뜨린 것이다(참조. 마 22 : 37-38). '불의'는 두번째 판에 새겨진 율법을 깨뜨렸다는 뜻이다. 즉 우리는 다른 사람을 제대로 대접하고 존경하고 우리 자신처럼 사랑하지 못했다(참조. 마 22 : 39).

4. 원수들(Enemies). 바울이 인간의 삶에서 나타나는 하나님의 초자연적 활동을 떠난 인간을 서술하기 위하여 사용하는 마지막 낱말은 '원수들'이다. 물론 이 낱말은 10절에 가서야 나온다. 이는 앞의 세 낱말이 말하던 바를 요약하면서, 그 내용을 넘어선다. 이 말은, 우리가 스스로를 구원할 수 없고 하나님과 다르며 하나님께 대적하고 있고 하나님의 율법을 범한 자일 뿐만 아니라 하나님을 공격하고 (할 수만 있다면) 그분을 멸망시키려 했다는 뜻에서 하나님께 대적하고 있다는 사실을 확언한다. 사단과 같은 욕망을 가진 우리는 - 할 수 있다면 - 하나님을 그 왕좌에서 끌어내어 그분을 지옥에 던지고 짓눌러 무(無)가 되게

하려 했다. 하나님이 예수 그리스도의 인격으로 사람들 가운데 오셨을 때 많은 사람은 실제로 그렇게 하려 했다.

이 얼마나 두려운 인간의 모습인가! 당연한 말이지만, 사상가들이 그보다 더 심한 주제를 택하여 떠벌릴 가능성은 얼마든지 있다. 하지만 오직 이런 배경에 비추어 우리는 하나님의 찬란한 사랑을 본다. 바울은 이렇게 쓴다. "우리가 아직 연약할 때에 기약대로 그리스도께서 경건치 않은 자를 위하여 죽으셨도다. 의인을 위하여 죽는 자가 쉽지 않고 선인을 위하여 용감히 죽는 자가 혹 있거니와, 우리가 아직 죄인 되었을 때에 그리스도께서 우리를 위하여 죽으심으로 하나님이 우리에게 대한 자기의 사랑을 확증하셨느니라"(6-8절).

십자가에서 나타난 사랑

물론 모든 대조에는 두 측면이 있는데, 지금까지 우리는 한 측면만 살펴 보았으며 어두운 측면 곧 우리 자신을 살펴보았던 것이다. 우리는, 우리가 하나님을 찾아 순종하는 사랑스러운 백성일 때가 아니라 우리가 실제로 하나님과 다투면서 할 수 있다면 하나님을 멸망시키려 할 때에 하나님이 우리를 사랑하신 것을 보았다. 이것만 보더라도 하나님의 사랑이 얼마나 큰지 드러난다. 하지만 우리는 밝은 면 즉 하나님의 측면을 봄으로써 하나님의 사랑이 얼마나 큰지를 또한 볼 수 있다. 그리고 여기서 우리는, 하나님이 우리에게 도움의 손길을 내밀어 (신학자들이 말하는) 일반 은총을 주시려고 - 가령 의로운 자나 불의한 자에게 모두 비를 내려 보내시려고(참조. 마 5 : 45) - 하실 뿐만 아니라 사랑하는 아들 주 예수 그리스도를 실제로 보내사 우리를 위하여 죽게 하셨음을 주목한다.

바울이 이 위대한 개념들을 결합시켜 하나님이 죄인들을 위하여 하신 일과 인간이 어떤 상황에 할 수 있을 법한 일을 대조할 때처럼, 아주 깊은 뜻이 담긴 대조가 물론 있다. 바울은, 인간이 이떤 상황에서 의인을, 그보다 더 훌륭하고 도덕적으로 탁월한 사람을 위하여 기꺼이 목숨을 버릴 수 있지만 예수님은 우리가 아직 (선한 혹은 의로운 사람과 정반대인) 죄인 되었을 때 우리를 위하여 죽으셨음을 지적한다.

도널드 그레이 반하우스(Donald Grey Barnhouse)는 이 본문을 탁월하게 연구하면서, 특이하게 위대한 인간적 사랑에 대하여 두 가지 예를 들어 설명한다.

한 이야기는 두 사람에게 광산 낙반사고가 났는데 거기서 독한 가스가 스며나오고 있었다. 한 남자에게는 아내와 세 아이가 있었다. 또 그 남자의 가스 마스크는 지하 폭발 때 찢어져 버렸다. 그래서 함께 빠진 사람이 어떻게 하든지 이 남자는 죽을 운명이었다. 함께 있던 사람이 자기 마스크를 벗어서 이 남자에게 억지로 씌어 주며 이렇게 말했다. "당신에게는 아내 메리와 세 아이가 있고, 그들에겐 당신이 필요하오. 나는 혼자니 홀홀 떠날 수 있소." 이런 행동에 대한 이야기를 들을 때 우리는 우리가 움푹 파인 땅에 빠져 있다는 느낌이 든다.

또 하나의 이야기는 어느 큰 도시의 거리 출신인 한 거친 젊은이에 관한 것이다. 그 누이는 다리를 못쓰므로 수술을 받아야만 했다. 수술하고 난 다음 수혈을 받아야 했다. 누이의 남자 형제인 이 젊은이가 수혈을 해달라는 부탁을 받았다. 이 젊은이는 누이의 침대 곁에서 입을 다문 채로 주사 바늘을 자신의 혈관에 꽂고 피가 누이의 몸으로 들어가는 것을 지켜보았다. 수혈이 끝났을 때, 의사는 이 젊은이의 어깨에 손을 얹고 아주 용감한 행동이었다고 말해 주었다. 사실 이 젊은이는 수혈이 무엇인지 전혀 몰랐다. 그러니 의사는 이 젊은이가 실제로 얼마나 용감한지 제대로 몰랐다. 그러다가 젊은이가 의사를 쳐다보고 침착하게 "내가 얼마나 있으면 죽게 되죠?"[2] 하고 물어보았을 때에 의사는 그가 얼마나 용감한지 알게 되었다. 이 젊은이는 누이를 건지기 위하여 죽어야 할 것이라는 생각을 갖고 있었고, 자기 피가 누이의 혈관으로 방울 방울 흘러 들어갈 때 자신이 죽어가고 있다고 생각한 것이다. 그러나 아무튼 그는 수혈을 해냈다.

이 이야기들은 우리의 정신이 번쩍 나게 하는데, 아주 고상한 인간의 사랑에 대하여 우리는 이 이야기 속에서 무엇인가를 깨닫기 때문이다. 하지만 우리가 로마서 5장에서 하나님의 사랑에 대하여 읽을 때, 예수님이 죽으신 것은 예수님을 가까이 하거나 사랑하던 자들을 위함이 아니라 하나님을 대적하고 하나님과 원수된 자들을 위함이었음을 배운다. 이런 점을 기초로 삼고서 하나님은 당신의 사랑을 우리에게도 추천하신다.

강퍅한 마음을 향한 주장

하나님이 당신의 사랑을 우리에게 추천하셔야 한다는 것이 놀랍지 않은가? 우리는 모든 선한 선물이 하나님의 손에서 나온다(약 1 : 17)는 말을 듣지 않고서도 알고 있지만, 성경에서 그 말을 또한 듣는다. 하나님으로부터 우리는 생명과 건강, 먹을 것과 입을 것, 다른 사람의 사랑과 그들과 나누는 교제, 의미있는 일을 받는다. 이 복들은 우리가 하나님의 사랑을 의심하지 못하도록 그 사랑을 틀림없이 입증해 준다. 우리는 하나님의 사랑에 둔감하며 그래서 하나님은 우리에게 그리스도의 죽음을 생각나게 하심으로써 당신의 사랑을 추천하는 일이 필요하다고 보신다.

그래서 바로 십자가에서 우리는 하나님의 충만한 사랑을 본다. 이 얼마나 크고 큰 사랑인가!

스위스의 신학자 칼 바르트(Karl Barth)가 죽기 몇 년 전에 미국에서 지낼 때, 어떤 사람이 어느 질의 답변 시간에게 다음과 같은 질문을 바르트에게 한 것을 여러분은 아마 기억할 것이다 : "바르트 박사님, 박사님이 생각한 것 가운데 가장 위대한 생각은 무엇입니까?"

질문한 사람은 아마 아인슈타인이 상대성 이론을 설명해 달라는 요청을 받았을 때 대답하는 것처럼 꽤 복잡하고 이해할 수 없는 답변을 기대했을 것이다. 그러나 바르트는 오랫동안 생각하더니, 이렇게 답변했다. "예수님이 나를 사랑하시고 내가 이 사실을 안다는 것입니다. 왜냐하면 성경이 내게 그렇게 말하기 때문이죠."

이는 심오한 답변이며 또한 정확한 답변이다. 왜냐하면 우리 가운데 예수님이 우리를 사랑하시고, 우리 대신 죽으심으로 당신의 사랑을 나타내셨다는 것을 생각하거나 아는 것보다 더 큰 것은 없기 때문이다.

하나님의 사랑이 갖는 위대함

우리를 향하신 하나님의 사랑이 갖는 위대함에 대하여 깊이 생각하면서 이 장을 끝내고 싶지만, 어떻게 이 같은 결론을 적절하게 내릴 수 있을까? 어떻게 한낱 인간의 말들이 이런 경이(驚異)를 충분히 설명할 수 있을까? 몇 년 전, 나는 요한복음을 줄곧 설교하면서, 하나님의 사랑에 대한 성경 구절 가운데 가장 위대한 구절을 발견했다. 그것은 요한복음 3 : 16이다. "하나님이 세상을 이처럼 사랑하사 독생자를 주셨으니, 이는 저를 믿는 자마다 멸망치 않고 영생을 얻게 하려 하심이니라." 나는 에베소서 2 : 4("우리를 사랑하신 그 큰 사랑을 인하여… ")이 바로 그 말(great. 큰, 위대한)을 사용하는 것을 기억하면서 하나님의 사랑이 크다고 말하고 싶었다. 영어의 위대한(great)은 이 주제를 제대로 설명하지 못한다. 지난 주, 나는 뉴욕에 있는 후턴 칼리지(Houghton College)에 갔는데, 이 대학의 활동이 위대하고(great) 다른 연사들의 요점들 가운데 어떤 것들을 멋지고(great), 내게 시간이 많다(great)고 말한 기억이 난다. 나는 위대한(great)이라는 낱말을 꾸밈 없이 사용했다. 그러나 이 낱말을 그렇게 사용했다 해도, 하나님의 사랑을 말하기 위하여 이 낱말을 사용하는 것에 견줄 수 있을까? 한번은 어떤 사람이 설명하는 말을 덧붙여서 요한복음 3 : 16의 특수한 배열을 작은 카드에 기록하여 하나님의 사랑이 갖는 위대함을 표현하려고 했다. 이 성경 구절의 12부분을 카드 한 쪽에 차례로 열거하고, 설명하는 말을 해당하는 성경 구절의 부분 옆에 덧붙였다. 그 카드는 다음과 같이 쓰여 있었다.

하나님이	가장 크게 사랑을 베푸시는 분(the greatest Lover)
세상을	가장 큰 회합(the greatest company)
이처럼 사랑하사	가장 강한 수준(the greatest degree)
독생자를	가장 큰 선물(the greatest gift)
주셨으니	가장 위대한 행동(the greatest act)
저를	가장 큰 매력(the greatest attraction)
믿는	가장 단순함(the greatest simplicity)
자마다(누구든지)	가장 큰 기회(the greatest opportunity)
멸망하지 않고	가장 큰 약속(the greatest promise)
(오히려)	가장 큰 차이(the greatest difference)
영생을	가장 큰 소유(the greatest possession)
얻는다	가장 큰 확실성(the greatest certainty)

이 전체 제목은 '그리스도 - 가장 큰 선물' 이었다.

리먼(F. M. Lehman)이 쓴 찬송가로 하나님의 사랑이 갖는 위대함을 설명해 보고자 한다. 리먼은 이 찬송가의 대부분 썼지만, 마지막 연(聯)(내 의견으로는 이 연이 가장 훌륭하다. 4행 이상의 각운이 있는 시구 – 역자)은 후에 이 찬송이 덧붙었는데, 이는 정신이 나갔던 한 사람이 정신병원 병실의 벽에 휘갈겨 써 두었던 것이다. 이 찬송가와 합창의 첫 구절과 마지막 구절은 다음과 같다.

> 그 크신 하나님의 사랑 말로 다 형용 못하네
> 저 높고 높은 별을 넘어 이 낮고 낮은 땅 위에
> 죄 범한 영혼 구하려 그 아들 보내사
> 화목제로 삼으시고 죄 용서 하셨네
>
> 하늘을 두루마리 삼고 바다를 먹물 삼아도
> 한없는 하나님의 사랑 다 기록할 수 없겠네.
> 하나님의 크신 사랑 그 어찌 다 쓸까
> 저 하늘 높이 쌓아도 채우지 못하네
>
> 하나님 크신 사랑은 측량 다 못하며
> 영원히 변치 않는 사랑 성도여 찬양하세
> (한글통일찬송가 404장)

성경 기자들은 하나님의 사랑이 어찌 크게 보였든지 그 사랑을 표현하기 위하여 전혀 새로운 의미를 담거나 새로운 낱말을 만들어 쓰게 되었던 것을 여러분은 알고 있었는가?

헬라어에는 사랑을 표현하는 낱말이 많았다. 특히 가족끼리의 애정을 표시하는 **스토르게**(storge)라는 낱말이 있으며, '음악을 좋아하는'(philharmonic)이나 '박애'(philan-thropy)와 같은 말과 '필라델피아'라는 지명의 어원인 필리아라는 낱말이 있다. 필리아(philia)는 친구간의 사랑을 가리킨다. 세번째 낱말은 오늘날 성적인 사랑을 가리키는 '성애의'(erotic)라는 말의 어원인 **에로스**(eros)가 있다. 이는 언어학적으로 풍부한 유산을 남겼다. 하지만 구약이 헬라어로 번역되고 후대에 신약기자가 헬라어로 성경을 썼을 때, 신약기자들은 이 일반 헬라어 낱말들 가운데 자신들이 원하는 뜻을 표현할 수 있는 것이 전혀 없음을 발견했다. 그래서 그들은 강한 연상을 일으키지 않는 다른 낱말을 택하여 그 낱말에 자신들이 말하고자 하는 성경적인 뜻을 부어넣었다. 이리하여 생긴 새로운 낱말은 아가페(agape)이다. 그리하여 이 낱말은 우리가 여기서 공부하고 있는 하나님의 거룩하고 은혜롭고 주권적이고 영원하고 거저 주는 사랑을 뜻하게 되었다.

애석하게도 나는 하나님의 사랑이 얼마나 위대한지를 설명하는 일을 아직도 시작하지 못했다. 우리가 한 일이라고는 본문을 다시 읽은 것밖에 없다. "우리가 아직 연약할 때에 기약대로 그리스도께서 경건치 않은 자를 위하여 죽으셨도다. 의인을 위하여 죽는 자가 쉽지 않고 선인을 위하여 용감히 죽는 자가 혹 있거니와, 우리가 아직 죄인 되었을 때에 그리스도께서 우리를 위하여 죽으심으로 하나님께서 우리에게 대한 자기의 사랑을 확증하셨느니라"(롬 5 : 6-8).

아마 이 주제에 대하여 한 가지 더 이야기해야 할 것 같다. 즉 만일 당신을 위한 하나님의 사랑이 얼마나 위대한지 아직 충분히 이해하지 못한다면(혹은 아직 이해하기를 시작하지도 못했다면), 아마 하나님이 타락한 상태에 있는 당신을 보셨던 것과 같은 방식으로 당신이 당신 자신에 대하여 참으로 보지 못했다고 할 수 있을 것이다.

아마 당신은 하나님이 당신을 구원하시기 전에는 스스로를 전적으로 힘없는 혹은 무력한 자로 생각하지 못했을 것이다.

아마 당신은 자신이 경건하지 않다고 생각하지 못했을 것이다.

죄인으로 생각하지 못했을 것이다.

하나님의 원수로 생각하지 못했을 것이다.

그러나 사실 당신은 힘없고 경건하지 못하고 죄인되었고 하나님과 원수 되었다. 그리고 당신이 의롭다 하심을 얻기 위하여 그리스도께 돌아가지 않았다면 지금도 그런 상태이다. 오직 당신 스스로 이런 말이 참되다는 것을 깨달을 수 있다면, 하나님이 독생자 예수 그리스도의 죽음으로 말미암아 당신에게 주시는 사랑을 비로소 이해할 수 있다.

만일 당신이 과거에 하나님의 사랑을 알리는 이 위대한 제안에 응하지 않았다면, 온 우주에 이보다 큰 사랑이 없다는 것을 당신으로 믿도록 하여 이 위대한 제안에 응하라고 권하겠다. 당신은 이보다 더 큰 것을 생각할 수 있겠는가? 물론 생각할 수 없을 것이다. 어느 누가 그렇게 할 수 있을까? 하나님은 당신을 사랑하신다. 예수님은 당신을 위하여 죽으셨다. 참으로 위대한 이 말씀에 따라 죄를 떨쳐버리고 대신 하나님을 사랑하고 예수님을 위하여 살도록 하라.

● 각주 ●

1. Donald Grey Barnhouse, *God's River : Exposition of Bible Doctrines, Taking the Epistle to the Romans as a Point of Departure*, vol. 4, Romans 5 : 1-11(Grand Rapids : Wm. B. Eerdmans, 1959), pp. 161, 162.

2. Barnhouse, *God's River*, p. 177.

65
완전한 구원
로마서 5:9-11

그러면 이제 우리가 그 피를 인하여 의롭다 하심을 얻었은즉 더욱 그로 말미암아 진노하심에서 구원을 얻을 것이니 곧 우리가 원수 되었을 때에 그 아들의 죽으심으로 말미암아 하나님으로 더불어 화목되었은즉 화목된 자로서는 더욱 그의 살으심을 인하여 구원을 얻을 것이니라 이뿐 아니라 이제 우리로 화목을 얻게 하신 우리 주 예수 그리스도로 말미암아 하나님 안에서 또한 즐거워하느니라.

지금까지 다섯 장에 걸쳐 공부하고 연이어 여섯번째 장까지 로마서 5 : 1-11을 설명해 왔고 각 장마다 이 구절들의 요점이 그리스도인으로 하여금 자신의 구원을 확신토록 하는 것이라고 나는 말해 왔다. 그리스도인들은 자신이 그리스도 안에서 영원히 안전하므로 하나님 안에서 충만히 즐거워할 수 있음을 알아야한다. 이 장에서도 같은 생각을 우리는 발견한다. 이 점이 로마서 5장의 분명한 강조점이며 이런 요점이 8장 끝에 이르기까지 이런 저런 형태로 계속될 것이라는 사실이 아니면, 나는 같은 말을 반복하는 데 대한 변명을 해야 할 것이다.

하지만 이는 단순한 되풀이가 아니다. 왜냐하면 (반복한) 이 요점이 여러 가지 주장으로부터 지지를 받아왔기 때문이다.

1. 하나님이 예수 그리스도의 속죄 사역으로 말미암아 우리와 화평을 이루셨기 때문에

우리는 구원을 확신할 수 있다.

2. 그리스도의 속죄 사역으로 말미암아 하나님과 새로운 관계를 맺게 되는데 우리가 계속 서 있으므로, 우리는 구원을 확신할 수 있다.

3. 우리는 하나님을 뵙게 될 것이라는 확실하고 분명한 소망 때문에 구원을 확신할 수 있다.

4. 우리는 이생에서 고난에 긍정적으로 반응할 수 있기 때문에 구원을 확신할 수 있다. 우리는 이 고난에서 하나님의 뜻을 보며 따라서 고난을 즐거워한다. 그러나 불신자는 그렇게 할 수 없다.

5. 지금처럼 우리가 구원받은 사람이었을 때가 아니라 우리가 하나님의 철천지 원수였을 때 하나님이 우리를 위하여 죽게 하시려고 예수 그리스도를 보내셨기 때문에, 우리는 구원을 확신할 수 있다.

이 마지막 부분에서, 바울은 또 하나의 주장을 내세운다. 아마 좀더 정확하게 말하면, 앞의 주장들을 묶어서 내세운다. "그러면 이제 우리가 그 피를 인하여 의롭다 하심을 얻었은즉 더욱 그로 말미암아 진노하심에서 구원을 얻을 것이니, 곧 우리가 원수 되었을 때에 그 아들의 죽으심으로 말미암아 하나님으로 더불어 화목되었은즉 화목된 자로서는 더욱 그의 살으심을 인하여 구원을 얻을 것이니라. 이뿐 아니라, 이제 우리로 화목을 얻게 하신 우리 주 예수 그리스도로 말미암아 하나님 안에서 또한 즐거워하느니라"(롬 5 : 9-11).

건전한 논리

오늘날까지 내려오는 위대한 랍비 힐렐(Hillel)의 말에는 유대 사상가인 바울이 글을 쓰면서 자주 사용한 성경 해석 원리가 있다. 그 가운데 하나가 **칼 우코메르**(qal w'chomer)인데, 이 말은 '가벼운'과 '무거운'을 뜻하는 히브리어에서 나온 것이다. 이 말은 더 작은 것이 참되다면 더 큰 것도 틀림없이 참되다는 추론 형식을 가리킨다. 여기 예수님의 가르침에 나오는 한 예가 있다. '너희가 악한 자라도 좋은 것으로 자식에게 줄 줄 알거든 하물며 하늘에 계신 너희 아버지께서 구하는 자에게 좋은 것으로 주시지 않겠느냐'(마 7 : 11)? 분명히 우리가 악한 자라도 우리와 친한 사람들에게 잘해 주어야 할지를 안다면(이는 대조를 이루는 것 가운데 '가벼운' 부분이다), 전적으로 선하신 하나님(이는 '무거운' 부분이다)은 그 자녀에게 더 잘해 주실 것이다.

이 경중(輕重) 논증과 관련된 두번째 원리는 정반대로, '무거운' 것에서 '가벼운' 것으로 전개하는 논증이다. 이 원리는, 큰 것이 참되다면 같은 범주에 속하는 더 작은 것도 분명히 참될 것이라고 논증한다. 바울은 다음의 구절에서 이 원리를 사용한다.

1. "이제 우리가 그 피를 인하여 의롭다 하심을 얻었은즉 더욱 그로 말미암아 진노하심에 서 구원을 얻을 것이니"(9절) 그리고

2. "곧 우리가 원수 되었을 때에 그 아들의 죽으심으로 말미암아 하나님으로 더불어 화목 되었은즉 화목된 자로서는 더욱 그의 살으심을 인하여 구원을 얻을 것이니라!"(10절)

이 두 논증은 하나님이 그리스도의 죽음으로 말미암아 우리를 위하여 이미 이루신 일들을 기초로 삼는다. 이것들의 하나는 의롭다 하심이며 다른 하나는 화목으로 이 둘 모두 위대한 일들이다. 바울이 앞에서 말했듯이, 이 일들은 어찌나 큰지 하나님께서 하나님의 사랑을 우리에게 추천하실 때에 사용하신 것들이다. 그러나 우리가 경건하지 않았을 때 하나님이 그리스도 안에서 우리를 의롭다 하시고, 우리가 원수 되었을 때 우리를 자신과 화목시키시면서 우리를 위하여 그처럼 큰 일을 이미 이루셨다면, 이에 비하여 우리가 살아 가는 동안 그리고 마지막 심판 때에도 우리를 보살피시는 더 작은 일을 계속 이루어가실 것이 분명하다.

하나님의 진노에서 구원받음

9절을 볼 때, 우리는 이 구절의 모든 교훈을 앞에서 이미 배웠다고 생각하는 경향이 있다. 따지고 보면 '진노'는 앞에서 우리가 로마서 1 : 18을 다룰 때 처음 사용하던 용어이며, '칭의' 교리도 로마서 3장에서 충분하고 분명하게 전개한 것이다. 게다가 로마서 5 : 9은 5장 1절을 똑같이 반복하는 것처럼 보인다. 물론 우리가 이 서신에서 **구원받은**이라는 낱말을 접한 것은 틀림없이 이번이 처음이다. 그러나 우리가 지금까지 이야기해 오던 것이 구원 말고 무엇이었는가?

지금 벌어지고 있는 문제를 이해하기 위하여 우리는 '구원받은'이 성경에서 적어도 세 가지 다른 방식으로, 세 가지 다른 시제로 사용되고 있음을 깨달아야 한다. 때로는 이 말이 과거의 일을 가리키고, 때로는 현재의 일을 가리키고, 때로는 장차 될 일을 가리킨다.

예를 들어 보자. 그리스도인인 당신에게 어떤 사람이 "구원받았습니까?" 라는 질문을 했다고 가정해 보자.

그러면 당신은 어떻게 대답하겠는가? 십중팔구 "그래요. 구원받았어요" 라고 대답할 것이다. 그러나 세 가지 다른 방식으로 대답할 수 있을 것이다. 그러니 당신이 한 대답("그래요. 구원받았어요")은 세 가지 방식 가운데 하나이다. 예수님이 당신을 위하여 십자가에서 죽으심으로 이루신 일을 생각한다면, 당신이 죽었다고 대답하는 것이 옳았을 것이다. 왜냐하면 예수님은 대속의 죽음을 죽으사 당신을 구원하셨기 때문이다.

그러나 현재 생활에 대하여 그리고 하나님이 날마다 당신 안에서 이루시고 있는 것에 대하여 생각한다면, "지금 구원받고 있어요" 라고 말해도 옳을 것이다. 바울은 고린도전서 1 : 18에서 이 두번째 방법으로 이 낱말을 사용한다. "십자가의 도가 멸망하는 자에게는 미련한 것이요, 구원을 얻는(얻고 있는) 우리에게는 하나님의 능력이라." 이 구절은 하나님이 십자가의 능력으로 말미암아 지금 우리를 죄에서 건지시기 위하여 일하고 계심을 뜻한다.

셋째로, 당신은 미래의 측면으로 생각하여 다음과 같이 대답함으로써 그 질문에 답할 수 있었다. "아뇨. 아직 구원받지 못했어요. 그러나 예수님이 다시 오실 때 구원받을 겁니다." 이 경우에 당신은, 예수님이 과거에 시작하시고 우리 가운데 역사하시는 성령의 능력으로 현재까지 계속되는 그 일이 완성될 장차 영화롭게 될 때를 바라보았을 것이다. 그때 우리는 아예 죄의 현존으로부터 건짐을 받아 영원히 예수님과 같게 될 것이다.

내가 이 낱말의 세 가지 시제를 언급하는 것은, 바울이 여기서 세번째 의미 곧 미래적 의미로 구원을 말하고 있음을 살펴보는 것이 중요하기 때문이다. 바울은 다른 시제를 부인하지 않으며 특히 첫번째 과거 시제는 말할 것도 없다. 그러나 바울은 장차 올 심판에 대하여 생각하면서, 우리가 그리스도의 죽으심을 기초로 하여 하나님에 의하여 의롭다 하심을 이미 받았으므로 마지막 날에 하나님의 진노가 쏟아지는 데서 건짐을 받을 것으로 확신할 수 있다고 말하고 있다. 마틴 로이드 존스(D. Martyn Lloyd Jones)는 이렇게 말한다. "사도는, 이 방법 곧 하나님이 계획하신 이런 구원 방법이 하나의 완결된 전체이며 따라서 우리가 그리스도의 피로 의롭다 하심을 받았다면 그리스도와 연합했고 지금 그리스도 안에 있으며 따라서 그리스도에 의하여 완벽하고 완전하게 구원받을 것이라고 논증한다."[1]

혹은 이를 다음과 같이 표현할 수 있다. 만일 하나님이 그리스도의 속죄의 죽음을 기초로

삼아 이미 우리를 의롭다 하셨다면, 또 하나님이 그 판결을 이미 선포하셨다면, 마지막 심
판에 있을 모든 판결은 이를 확인하는 격식에 불과할 것이다.

화목됨

'무거운' 것에서 '가벼운' 것으로 논증하는 것은 아무튼 바울이 화목에 대하여 말하는
10절에서 훨씬 분명하게 나타난다. '무거운' 부분부터 시작해 보면 하나님이 우리를 위하
여 하신 '무거운' 일은 무엇인가? 그것은 우리가 지난 장에서 살펴보았던 그 일이다. 거기
서 우리는 하나님의 사랑을 다루고 있었으며, 하나님이 당신의 사랑을 우리에게 권하시는
근거가 하나님이 그 사랑 때문에 그 아들 주 예수 그리스도를 보내사 우리가 아직 죄인 되
었을 때 우리를 위하여 죽게 하셨다는 사실임을 보았다. 우리의 죄악된 상태는 세 가지 강
력한 용어로 표현되었고, 이 용어들 다음으로 (우리가 보았듯이) 10절에 네번째 용어가 따
라온다. 바울은 우리가 연약하고 경건치 않고 죄인이고 원수라고 서술한다. 이 용어들을 다
시 살펴보자.

1. '연약함' (Powerless)은 우리가 스스로 도울 능력이 없다는 뜻이다. 신학자들이 전적
부패라 할 때 뜻하는 바는, 우리가 썩을 대로 썩었다는 것보다 우리가 모두 똑같이 스스로
를 구원하기 위하여 아무 일도 할 수 없다는 것이다. 우리는 구원의 길을 구할 수도 없고 결
국 그 길을 이해할 수도 없다.

2. '경건치 않음' (Ungodly)은 우리가 거룩하신 하나님을 대적하고 있음을 뜻한다. 우리
는 하나님을 있는 그대로 좋아하지 않는다.

3. '죄인' (Sinners)은 우리가 하나님의 도덕법을, 특히 다른 사람들을 향한 우리의 행동
을 규제하도록 되어 있는 두번째 판에 새겨진 율법을 침해하는 자라는 뜻이다.

4. '원수' (Enemies). 우리가 지금 공부하고 있는 구절에서 사용하는 이 낱말은 위의 네
용어 가운데 가장 심한 말이다. 이 말은 우리가 거룩한 성품을 가지신 하나님을 싫어할 뿐
만 아니라 우리가 그런 하나님을 어찌나 지독하게 대적하는지 할 수 있다면 하나님을 멸망
시키려고 한다는 뜻이다. 전시에 적군에게 다가가는 군인처럼, 우리는 하나님을 대적하는
일을 '죽느냐 죽이느냐'의 문제로 본다. 우리는 하나님의 율법이 우리가 이루고자 하는 자

이상을 숨김없이 철저하게 억누르고 파괴하는 것으로 생각한다. 그래서 우리는 하나님을 멸망시키는 일을 계속하고 있거나 우리 삶과 관련하여서는 적어도 하나님의 영향력을 없애 버리고 있다.

그러나 바울은 우리가 그와 같은 상태로 있었을 때 하나님이 예수님의 죽음으로 말미암아 우리를 자신과 화목시키셨다고 말하고 있다. '화목한다'는 말은 서로 원수 되게 한 이유를 없애고 원수 관계에서 친구 관계로 변화시킨다는 뜻이다. 바울이 앞에서 보여 주었듯이, 이 경우에 이 낱말은 우리를 원수된 데서 벗어나게 하여 특권을 가진 아들딸로서 하나님의 권속이 되게 한다는 뜻이다. 바울은 만일 우리가 원수 되었을 때 하나님이 우리를 아들딸로 삼으셨다면 심판날에 마지막 진노를 쏟으시는 데서 우리를 틀림없이 건지실 것이라고 추론한다.

만일 하나님이 더 큰 일을 하셨다면, 덜 한 일도 하실 것이다. 우리가 원수 되었을 때 하나님이 우리를 건지셨다면, 틀림없이 우리를 친구로서 구원하실 것이다.

하나님 안에서 즐거워함

우리가 다루는 본문의 마지막 절은 또한 로마서 5장의 전반부를 마감하는 절로서, 이제 하나님과 화목하였으므로 "우리로 화복을 얻게 하신 우리 주 예수 그리스도로 말미암아 하나님 안에서 또한 즐거워하느니라"고 한다.

어떤 의미에서 이 개념은 우리로 하여금 출발하던 곳으로 돌아가게 하는데, 이는 로마서 5장의 첫 문장이 바로 그런 즐거움에 대하여 말하고 있기 때문이다. "하나님의 영광을 바라고 즐거워하느니라."[2] 그러나 조심해서 읽어 보면, 이 두 경우에 우리가 즐거워하는 대상은 다르다. 2절에서 우리는 '하나님의 영광의 소망'을 즐거워한다. 즉 우리의 영화(榮化)를 즐거워한다. 우리가 영화롭게 될 것을 알기 때문에, 우리는 큰 기쁨을 가지게 된다. 하지만 11절에서 우리가 즐거워하는 대상은 우리의 영화(榮化)가 아니라 (물론 영화도 중요한 것이다) 그 영화를 이루실 하나님이다. 물론 이 두 개념 가운데 두번째 개념이 분명 더 크다. 하나님 안에서 즐거워하는 것은 모든 인간 활동 가운데서도 가장 큰 일이다.

우리가 웨스트민스터 소요리문답(the Westminster Shorter Catechism) 제1문에 대답

할 때 이 사실을 확언한다.

질문 : "인간의 제일 되는 목적은 무엇입니까?"

대답 : "인간의 제일 되는 목적은 하나님을 영화롭게 하고 하나님을 영원토록 즐거워 하
　　　 는 것입니다."

지금까지 나는 바울이 로마서 5장 전반부에서 하나님을 언급한 방식이 얼마나 되고 횟수
가 얼마나 되는지 지적하지 않았다. 첫 문단에서 바울은 삼위일체의 각 위를 언급했다. "…
우리 주 예수 그리스도로 말미암아 하나님으로 더불어 화평을 누리자… 하나님의 영광을
바라고 즐거워하느니라… 소망이 부끄럽게 아니함은 우리에게 주신 성령으로 말미암아 하
나님의 사랑이 우리 마음에 부은 바 됨이니…"(1-2, 5절, 고딕체는 필자의 표기). 전체 문
단에서 성령은 1번 언급되었고, 아버지 하나님은 7번, 주 예수 그리스도는 5번 언급되었고,
게다가 예수님이 인칭대명사로 언급된 회수가 4번이 더 있다. 우리가 '하나님 안에서 즐거
워' 해야 한다면, 정확하게 무엇 안에서 즐거워하는 것일까? 우리는 하나님의 속성 가운데
어떤 한 속성 혹은 모든 속성 안에서 즐거워할 수 있다. 우리가 다루는 이 구절은 다음과 같
은 점을 은근히 보여 준다.

1. 하나님의 지혜(God's wisdom). 로마서에 계속 이어지는 몇몇 장들을 보면, 바울은 역
사에서 점점 개현되는 하나님의 크신 구원 사역이 얼마나 놀라운지 살핀 후에 이렇게 소리
친다. "깊도다. 하나님의 지혜와 지식의 부요함이여. 그의 판단은 측량치 못할 것이며, 그의
길은 찾지 못할 것이로다"(롬 11 : 33). 그러나 지금 우리가 공부하는 이 시점에서도 우리
는 연약하고 경건치 않고 죄악된 원수를 구원하실 수 있는 지혜가 얼마나 큰지 놀란다.

문제는 다음과 같다. 어떻게 하나님은 죄인의 죄를 무시하지 않고 근거 없이 용서하지 않
고서도 죄인을 건지실 수 있는가? 어떻게 하나님은 스스로 더러워지지 않으시면서 추잡한
자들을 건지실 수 있는가? 어떻게 하나님은 의로우신 분이시면서도 경건하지 않은 자를 의
롭게 하시는 자가 되실 수 있는가? 그 대답은 그리스도로 말미암아, 우리를 위한 예수님의
죽음으로 말미암음이다. 그러나 우리 혼자서는 이 사실을 알지 못했고 심지어 제시하는 일
은 더욱 하지 못했을 것이다. 그런 구원 계획을 고안하려면 가장 지혜로우신 하나님의 지혜
가 필요했다.

바울이 3, 4절에서 보여 주었던 것처럼, 고난이 우리에게 유익이 되는 방식에도 하나님의 지혜가 특별히 드러난다.

2. **하나님의 은혜(God's grace)**. 은혜는 하나님이 받을 자격 없는 자에게 베푸시는 호의라고 흔히 정의한다. 그러나 여기서 말하는 은혜는 받을 자격 없는 자에게만 아니라 사실 그 정반대로 심판을 받아야 할 자들에게 베푸시는 호의이므로 우리는 하나님의 은혜 안에 즐거워한다. 따지고 보면 '원수' 가 받을 만한 것이 무엇인가? 원수들이 받을 만한 것은 패배와 파멸이다. 하지만 하나님은 우리를 그렇게 대하지 않으셨다. 반대로 하나님은 그리스도의 사역으로 말미암아 우리를 구원하셨다.

3. **하나님의 능력(God's power)**. 우리는 구원을 생각할 때 하나님의 능력을 종종 잊으며, 창조를 묵상할 때나 하나님의 능력을 생각한다. 그러나 성경은 십자가에서 두드러지게 나타나고 있는 하나님의 능력을 말한다. 사실 성경에서 가장 일찍이 십자가에 대하여 언급한 창세기 3 : 15도 그 능력을 말하고 있다. 이 구절에서 하나님은 중보자가 올 때 어떤 일이 일어날지 설명하시면서 사단에게 다음과 같이 말씀하고 계신다. "내가 너로 여자와 원수가 되게 하고 너의 후손도 여자의 후손과 원수가 되게 하리니, 여자의 후손은 네 머리를 상하게 할 것이요, 너는 그의 발꿈치를 상하게 할 것이니라." 이 구절에서 십자가는 사단과 그 무리가 패배하게 될 전장터로 묘사되어 있다. 사실 그랬다. 우리를 지배하는 사단의 능력이 박살났던 곳인 십자가에서 하나님의 능력은 계시되었다. 우리는 하나님의 다른 속성 안에서도 즐거워하지만, 십자가를 생각할 때 하나님의 능력 안에서 즐거워한다.

4. **하나님의 사랑(God's love)**. 자연에서 배울 수 있는 속성들이 많은데, 그 중에서도 주로 하나님의 능력과 지혜와 은혜가 두드러진다. 그러나 우리가 하나님의 사랑을 배울 수 있는 유일한 장소는 십자가이다. 그렇게 되는 것은 이 속성이 다음과 같은 구절에서 명시적으로 설명되는 유일한 속성이기 때문이다. "우리가 아직 죄인 되었을 때에 그리스도께서 우리를 위하여 죽으심으로 하나님께서 우리에게 대한 자기의 사랑을 확증하셨느니라"(8절). 우리가 십자가를 바라볼 때, 우리는 하나님의 사랑이 어떠한지 하나님이 우리를 얼마나 많이

사랑하셨는지 이해하기 시작한다.

5. 하나님의 불변성(God's immutability). 나는 이 공부를 하면서 거듭 나지 못한 사람들이 하나님을 미워하는 원인으로 하나님의 불변성을 서너 번 언급했다. 그 사람들이 그렇게 하나님을 미워하는 것은 하나님이 다른 어떤 속성들에서도 변하지 않으시기 때문이다. 그러나 우리는 거듭 나지 않았던 상태에서는 하나님의 변함 없으신 본성 때문에 하나님을 미워할 수 있지만 거듭 난 상태에서는 하나님의 변함 없으신 본성이 즐거워 할 일임을 발견한다고 말해야 한다. 우리가 하나님의 변함 없으심을 즐거워하는 것은, 그 속성이 우리에게 하나님의 사랑과 호의를 베푸시면서 주저하지 않으심을 뜻하기 때문이다. 하나님은 우리를 사랑하시고 우리를 죄 가운데서 건지시기 위하여 주 예수 그리스도를 보내셨으므로, 이제 아무튼 갑작스럽게 마음을 고치시거나 우리를 잘라내 버리시지 않으실 것이다. 하나님의 사랑과 은혜와 지혜와 다른 속성들은 어제와 마찬가지로 항상 있을 것인데, 이는 하나님은 변함이 없으시기 때문이다.

아더 핑크(Arthur W. Pink)는 하나님의 불변성에 대하여 다음과 같이 썼다. "여기에 든든한 위로가 있다. 인간 본성은 의지할 수 없지만, 하나님은 의지할 수 있는 분이다. 내가 아무리 잘 변한다 해도, 내 친구들이 제아무리 변덕스럽다 해도, 하나님은 변하지 않으신다. 하나님이 우리처럼 변하시고 오늘은 이렇게 하고 내일은 저렇게 하시려 하며 변덕스러우시다면 누가 하나님을 의지할 수 있겠는가? 그러나 하나님은 언제나 동일하시다 하는 하나님의 이 영광스러운 이름에 모든 찬송을 돌려야 할 것이다."[4]

우리는 즐거워하는가?

이 부분의 마지막 구절은 이렇다. "이뿐 아니라… 우리 주 예수 그리스도로 말미암아 하나님 안에서 또한 즐거워하느니라"(11절). "우리가 즐거워한다"는 것은 적극적인 진술이다. 어떤 주석가는 이 구절을 읽고 이렇게 말한다. "참된 그리스도인의 한 가지 분명한 표시는 항상 즐거워한다는 것이다."[5] 그러나 우리는 즐거워하는가? 바울이 11절에서 우리가 즐거워한다고 생각하는 것만큼 우리는 실제로 즐거워하는가?

정직하게 생각해 보면, 우리는 하나님 안에서 즐거워하지 않는다고 고백하지 않을 수 없다. 그 이유는 무엇인가? 마틴 로이드 존스는 많은 이유를 서술하는데, 나는 우리 자신을 점검하기 위하여 그것들을 열거한다.

1. 믿음으로만 의롭다 하심을 얻는다는 진리를 깨닫지 못함.
2. 마땅히 묵상해야 할 대로 묵상하지 못함. 즉 우리가 알고 있는 것에 대하여 생각하지 못함.
3. 성경에서 필연적인 결론을 끄집어내지 못함.[6]

여러분은 이와 같이 실패할 수 있다(하나님 안에서 즐거워하지 못할 수 있다). 혹은 여러분의 경우에는 아마 다른 장애가 있는지도 모른다. 그러나 어떤 이유든지, 우리로 하여금 하나님 안에서 즐거워하지 못하게 막는 것은 온당치 않은 것이며 우리가 극복해야 할 것이고 나는 여러분이 그것을 극복하라고 촉구한다. 여러분이 이 위대한 진리들에 대하여 생각하고 묵상하고 여러분을 향한 하나님의 사랑과 능력과 지혜와 은혜가 얼마나 큰지 배우라고 촉구한다. 그런 후, 여러분 이전에 인류 역사 대대로 하나님을 알았던 사람들이 했던 것처럼 하나님 안에서 큰 기쁨을 누려라. 그러면 여러분의 생활은 근본적으로 달라질 것이며, 여러분은 다른 사람에게 즐거움이 될 것이다.

● 각주 ●

1. D. M. Lloyd Jones, *Romans : A Exposition of Chapter 5, Assurance* (Grand Rapids : Zondervan, 1972), p. 135.

2. 헬라어 본문을 보면 NIV와 달리 2절에서 두 문장으로 나누어지지 않는다. 오히려 한 문장이 칭의에서 영화로 곧장 이어진다.

3. 다른 누구보다 스웨덴의 신학자 구스타프 아울렌(Gustaf Aulen)은 속죄의 세 가지 주된 방식에 대한 대중적인 연구서(*Christius Victor*, trans. A. G. Hebert(London : S.P.C.K., 1961))를 통하여 현대 성경 학자들로 하여금 이 주제를 생각하게 했다. 스토트(J. R. W. Stott)는 *The Cross of Christ* (Downers Grove, Ill. : InterVarsity Press, 1986)의 한 장에서 이 주제를 다룬다.

4. Arthur W. Pink, *The Attributes of God* (Grand Rapids : Baker Book House, n.d.), p. 41.

5. Ray C. Stedman, *From Guilt to Gloly* vol. 1, *Hope for the Hopeless* (Portland : Multnomah Press, 1978), p. 155.

6. Lloyd Jones, *Romans : A Exposition of Chapter 5, Assurance*, pp. 158-162.

● 제7부 ●

그리스도와 연합함

66
예수 그리스도와 연합함
로마서 5:12

이러므로 한 사람으로 말미암아 죄가 세상에 들어오고 죄로 말미암아 사망이 왔나니 이와 같이
모든 사람이 죄를 지었으므로 사망이 모든 사람에게 이르렀느니라.

로마서 5 : 12-21은 이 서신의 또 하나 새
로운 단락이다. 이 절들은 한편으로 인류가 아담과 연합하여 죄와 저주에 이른 것을 다루고
다른 한편으로 신자가 주 예수 그리스도와 연합한 것을 다룬다. 이 후자의 연합은 생명과
의에 이른다. 이 단락은 이 서신 가운데서도 까다로운 부분이며, 모든 성경에서 가장 까다
로울 것이다. 그러나 이 단락은 또한 아주 중요하다.

이는 그리스도와의 연합을 다루기 때문이다. 스코틀랜드의 목사이며 신학자인 제임스
스튜어트(James S. Stewart)는 그리스도와의 연합을 '바울 신앙의 핵심' 이라고 하고, "다
른 어떤 개념, 즉 칭의나, 성화, 심지어 화목보다 이 개념은 바울의 영혼의 비밀을 푸는 열
쇠이다"[1] 하고 덧붙인다. 존 머리(John Murray)는 훨씬 더 나아가 "그리스도와의 연합은
전체 구원론의 핵심 진리이다"[2] 라고 말한다. 하지만 이상하게도 아주 도움이 되는 신학의

많은 설명에서조차도 이 주제를 대부분 무시한다. 아더 핑크(Arthur W. Pink)는 이 상황을 다음과 같이 적절하게 표현한다.

> 영적 연합이라는 주제는 성경에 설명된 그 어떤 주제보다 중요하고 심오하고 또 복된 주제이다. 그러나 말하기 안된 이야기지만, 지금 이 주제만큼 많은 사람들이 무시하는 주제는 없을 것이다. '영적 연합'이라는 표현은 신앙을 고백하는 대부분의 기독교 진영에 알려지지 않았다. 심지어 이 표현을 사용하는 데서도 이 주제에 구태의연한 의미를 담기 때문에, 이 고귀한 진리의 일부분밖에 취하지 못한다. 아마 이 주제가 퍽 심오하므로 그토록 많은 사람이 무시하고 있을 것이다… [3]

많은 설교자들은 대부분의 청중이 이해할 수 없거나 이해하기를 꺼려하는 문제를 피하는 것이 좋다고 생각하고서, 그런 주제를 피한다. 하나님은 특히 이처럼 중요한 것을 우리에게 알리시는 것이 적합하다고 보셨다. 그리고 어쨌든 로마서를 충실하게 설명하려면 그리스도와의 연합은 무시할 수 없다.

문맥에서 살피는 이 주제

우리는 이 서신을 어디쯤 강해하고 있는가? 로마서 5 : 12-21은 이 서신의 문맥과 어떻게 맞아떨어지는가? 이런 점에서 내가 이 책의 시작 부분에서 5장의 처음 낱말들을 소개하면서 말한 것을 다시 생각할 가치가 있을 것이다. 나는, 바울이 1-4장에서 칭의에 대하여 말하다가 이제 5-8장에서 성화를 말한다는 뜻에서 로마서 5장이 이 서신의 또 하나 새로운 단락을 이끌어들이고 있다는 견해를 거부했다. 물론 바울은 성화에 대하여 말하고 있지만, 이는 근본적으로 새로운 주제가 아니다. 오히려 내가 지적했듯이(롬 5 : 1에 나오는 **그러므로**라는 낱말이 이를 풀어 주는 실마리가 된다), 바울은 자신이 말하여 오던 칭의의 사역이 확실한 것이며 신자가 삶을 마칠 때 얻는 완전한 영화까지 필연적으로 계속된다는 것을 보이면서, 좀더 앞에서 시작한 주장을 계속 펼치고 있다.

지금까지 바울의 주장은 우리의 칭의가 갖는 성격과 관련을 맺고 있었음에 분명하다.

1. 하나님이 예수 그리스도의 속죄 사역으로 말미암아 우리와 화평을 이루셨기 때문에 우리는 구원을 확신할 수 있다.

2. 그리스도의 속죄 사역으로 말미암아 하나님과의 새로운 관계를 맺게 되는데 우리가 계속 서 있으므로 우리는 구원을 확신할 수 있다.

3. 우리는 하나님을 뵙게 될 것이라는 확실하고 분명한 소망 때문에 구원을 확신할 수 있다.

4. 우리는 이생에서 고난에 긍정적으로 반응할 수 있기 때문에 구원을 확신할 수 있다.

5. 우리가 구원받은 사람이었을 때가 아니라 우리가 하나님의 철천지 원수였을 때 하나님이 우리를 위하여 죽게 하시려고 예수 그리스도를 보내셨기 때문에, 우리는 구원을 확신할 수 있다.

6. 만일 하나님이 우리를 의롭다 하셨고 또 의롭다 하신 일이 영화보다 더 큰 일이며 영화보다 하나님께 더 많은 것을 요구하는 것이라면, 하나님은 덜 한 일도 분명히 하실 것이므로, 우리는 구원을 확신할 수 있다.

그러나 이 장 처음에서 내가 말했던 것처럼 이제 우리는 새로운 것을 다루게 되겠지만 그것이 아직은 새로운 것이 아니다. 왜냐하면 바울 사도는 여전히 우리의 확신을 크게 만들려는 것을 목표로 삼고 있기 때문이다. 우리는 로마서 5 : 1-11이 믿음으로 의롭다 하심의 본질로부터 구원의 확실성과 종국을 논증하는 것을 보아 왔다. 그런데 바울은, 하나님이 그리스도의 사역으로 말미암아 우리를 믿음으로 의롭다 하시며 구원하셨을 때 여기에 관련된 것이 의롭다 하심 하나만이 아니라고 또한 논증한다. 물론 의롭다 하심은 엄청나게 중요하다. 그러나 의롭다 하심에 덧붙여 그리고 이 의롭다 하심과 관련하여, 우리는 또한 소위 신학자들이 일컫는 '신비의 연합'으로 그리스도께 연합되었다. 우리가 이와 같은 그리스도와의 연합을 충만하게 이해하지는 못하지만, 좌우간 이 연합은 우리에게 계시되어 왔다.

나의 견해로는, 우리가 이미 공부한 구절들에서 바울도 이 주제를 미리 바라보았다. 물론 나는 그때 그 점을 지적하지 않았으나 사실 이 요점은 우리가 갖고 있는 대부분의 번역 성경에 숨겨져 있다. 그래서 나는 다음과 같이 말하는 10절을 언급한다. "곧 우리가 원수 되었을 때 그 아들의 죽으심으로 말미암아 하나님으로 더불어 화목되었은즉 화목된 자로서는 더욱 그의 살으심을 인하여 구원을 얻을 것이니라."

NIV와는 달리 헬라어 사본에서 마지막으로 나오는 세 낱말은 '그의 살으심으로 말미암아' (혹은 대부분의 다른 번역대로 '그의 살으심을 인하여')가 아니라 문자 그대로 '그의 살으심 안에(in)'이다. 이 점이 중요할까? 내 의견으로는 중요하다. 왜냐하면, 우리가 그의 생명으로 '말미암아' 혹은 '인하여'라고 말할 때 이 낱말들은 다음 두 가지 일 가운데 하나를 혹은 두 가지 일 모두를 뜻하고 있는 것 같기 때문이다. (1) 우리는 그리스도로 말미암아 즉 그의 십자가 사역을 인하여 구원을 얻었다. 그리고 혹은 (2) 우리는 그 속죄를 믿음으로 말미암아 구원을 얻었으나 여기서는 이 점을 말하지 않는다. 10절의 첫째 부분은 이 점을 말하고 있는 것이 분명하지만, 둘째 부분은 첫째 부분과 대조를 이루면서도 첫째 부분을 넘어선다. 이 논증은 다음과 같다 : 만일 하나님이 그리스도의 죽음으로 말미암아(그의 속죄를 믿는 믿음으로 말미암아) 우리를 구원하셨다면 하나님은 우리가 '그의 살으심 안에' 있음으로 인하여 우리를 분명히 구원하실 것이다. 로마서의 이 시점에서 우리는 이 말이 뜻하는 바를 충만하게 이해하지 못할 것이다. 왜냐하면 12-21절을 봐야 그 점을 납득할 수 있기 때문이다. 그러나 나는 바울이 12-21절에서 전개하고 있는 그리스도와의 연합을 앞에서 은근히 보였다는 요점을 밝히고 싶은 것이다.

마틴 로이드 존스(D. Martyn Lloyd Jones)는 이렇게 말한다. "'안에'라는 말은 그의 살으심의 '영역 안에' 혹은 그의 살으심의 '범위 안에' 혹은 그의 살으심과 '관련하여'라는 뜻이다."[4]

예수님과 이와 같이 맺는 연합은 죄와 사망과 율법으로부터 차례로 건짐을 받고 바울이 로마서의 다음 석 장에서 열어 보일 영적 승리를 그 결과로 얻을 수 있게 한다.

이 신비를 헤아림

하지만 그리스도와 맺은 연합은 이해하기 어렵다. 그러니 로마서 5 : 12-21에서 이 연합을 다루는 부분은 특히 마음을 써야 한다. 그래서 나는 5 : 12-21을 실제로 살피기에 앞서서 이 교리를 조금 살펴보고 싶다. 명심할 중요한 요점이 두 가지가 있다.

첫째로, 신자와 그리스도의 연합은 성경에 나오는 세 가지 위대한 연합 가운데 하나이다. 첫번째 연합은 삼위일체에 나타나는 하나님의 위격들간에 맺은 연합이다. 유대인들은 물론 그리스도인들도 한 분 하나님을 말한다. 하지만 성경에 나타나는 하나님의 계시를 기초로 삶을 때 그리스도인인 우리는 이 한 분 하나님이 성부, 성자, 성령 삼위로 계신다는 것을 믿는다고 말한다. 우리는 어떻게 하나님의 이 삼위가 동시에 오직 한 분 하나님이신지 설명할 수 없으나, 성경이 이를 가르치므로 우리는 이를 믿는다.

두번째 신비의 연합은 그리스도의 두 본성이 한 위격에서 맺고 있는 연합이다. 주 예수 그리스도께서는 한 위격이시다. 그분은 '여러 인격'이 아니다. 그런데도 예수님은 하나님이시면서 인간으로 두 본성을 갖고 계신다. 칼케돈 공의회(The Council of Chalcedon : A.D. 451)에서 만들어진 이 진리에 대한 신학적 표현을 보면, 예수님은 "혼동되지 않고 변화하지 않고 나누어지지 않고 분리되지 않게 두 본성을 갖고 있는 것으로 인정되셔야 한다. 본성의 차이는 두 본성의 연합에 의하여 결코 사라지지 않고, 각 본성의 속성은 보존되며 여러 인격으로 떨어지거나 나누어지지 않고, 한 분 동일한 성자이신 한 위격이며 한 존재(Subsistence)에 동시적으로 발생한다."[5] 만일 이것을 완벽하게 이해하는 사람이 있다면, 그는 나보다 더 훌륭한 신학자이다. 나는 이를 충분하게 이해하지 못하지만, 성경이 이처럼 가르치는 것 같이 생각되므로 나는 이를 믿는다.

신자가 그리스도와 맺는 연합의 경우에도 상황은 비슷하다. 아마 우리는 역시 이 연합을 결코 충분하게 이해할 수 없을 것이나 이 연합은 중요하다. 그러므로 우리는 이 연합을 놓치지 말고 이해하려고 해야 한다.

우리가 이 교리를 공부할 때 염두에 두어야 할 두번째 중요한 요점은 신자와 그리스도의 연합은 바울이 만들어낸 개념이 아니라는 점이다. 이 연합은 예수님이 먼저 가르치셨고, 바울 사도가 체계화했다. 사실 예수님은 '신비의 연합'이라는 용어를 쓰지 않으셨다. 그러나 예수님은 성경에 특히 신약 뒷부분에 자주 나오는 다른 말과 유추로 이를 가르치셨다. 몇 가지 예를 열거해 보자.

1. **포도나무와 가지.** 이 주제에 대한 가장 중요한 구절은 요한복음 15장에 나오는 가르침이다. 이 가르침은 예수님이 잡히시고 십자가에 못박히시기 전에 하신 마지막 말씀 가운데 한 이야기에 나타난다. 예수님은 이렇게 말씀하셨다. "내가 참 포도나무요… 내 안에 거하라. 나도 너희 안에 거하리라. 가지가 포도나무에 붙어 있지 아니하면 절로 과실을 맺을 수 없음같이 너희도 내 안에 있지 아니하면 그러하리라. 나는 포도나무요 너희는 가지니, 저가

내 안에 내가 저 안에 있으면 이 사람은 과실을 많이 맺나니, 나를 떠나서는 너희가 아무 것
도 할 수 없음이라"(요 15 : 1, 4-5).

이 구절은 그 제자들을 먹여 살리고 그 제자들을 통하여 스스로를 이루는 그리스도의 능
력을 강조한다. 바울은 로마서 11 : 17-21에서 이런 상(像)을 다룬다. 여기서 바울은 이방
인의 가지가 얼마 동안 접붙임을 받을 수 있도록 감람나무에서 잘린 유대인의 '가지'에 대
하여 말하고 있다. 바울은 갈라디아서에서 '성령의 열매'(갈 5 : 22-23)를 말할 때 비슷한
생각을 펼치고 있다.

2. 성찬. 예수님이 자신을 '포도나무'라 하시고 제자들을 '가지'라고 말씀하시던 그 밤에
성찬을 지키라고 교훈을 주셨는데, 그 교훈을 베푸시면서 "… 이것이 내 몸이니라" 또 "이
것은 죄 사함을 얻게 하려고 많은 사람을 위하여 흘리는 바 나의 피 곧 언약의 피니라"(마
26 : 26, 28) 하고 말씀하셨다. 이 성례는 그리스도의 삶에 우리가 참여함을 분명히 상징한
다. 동일하게 예수님은 생명의 떡("내가 곧 생명의 떡이니 내게 오는 자는 결코 주리지 아니
할 터이요, 나를 믿는 자는 영원히 목마르지 아니하리라"〔요 6 : 35〕)에 대하여 말씀하시고
사마리아 여인에게도 요구하셨다("이 물을 먹는 자마다 다시 목마르려니와 내가 주는 물을
먹는 자는 영원히 목마르지 아니하리니 나의 주는 물은 그 속에서 영생하도록 솟아나는 샘
물이 되리라"〔요 4 : 13-14〕).

이 상(像)이 강조하는 것은 (포도나무 비유에서처럼) 힘을 불어넣어 주심과 영속성이다.
믿음으로 예수님은 우리가 먹는 성찬만큼 확실하게 우리의 영원불변한 부분이 되신다.

3. 기초와 그 위에 세워진 구조물. 예수님은 자신을 성공적인 삶을 꾸려가는 견고한 기초
로 말씀하실 때 이 상(像)을 가르치셨다. "그러므로 누구든지 나의 이 말을 듣고 행하는 자
는 그 집을 반석 위에 지은 지혜로운 사람 같으리니, 비가 내리고 창수가 나고 바람이 불어
그 집에 부딪히되, 무너지지 아니하나니, 이는 주초를 반석 위에 놓은 연고요"(마 7 : 24-
25).

바울은 이 상(像)을 풍부하게 사용했다. 그는 고린도인들에게 이렇게 일렀다. "너희는…
하나님의 집이니라… 이 닦아 둔 것 외에 능히 다른 터를 닦아 둘 자가 없으니, 이 터는 곧

예수 그리스도라"(고전 3 : 9 하, 11). 에베소인들에게는 이렇게 일렀다. "… 너희가 외인도
아니요 손도 아니요 오직 성도들과 동일한 시민이요 하나님의 권속(眷屬)이라. 너희는 사
도들과 선지자들의 터 위에 세우심을 입은 자라. 그리스도 예수께서 친히 모퉁잇돌이 되셨
느니라"(엡 2 : 19-20). 그 다음 절에서 이 건물은 성전이 된다. "그의 안에서 건물마다 서
로 연결하여 주 안에서 성전이 되어 가고"(21절). '그의 안에서'라는 낱말을 주의하라. 오
직 우리가 '그리스도 안에' 있기 때문에 그의 안에서라는 말이 가능하다.

  이 상(像)도 역시 그리스도께 연합되었다는 것은 우리가 동시에 서로에게 연합되어 있음
을 뜻하는 사실을 보여 준다. 우리는 교회의 부분이다.

  4. **몸의 머리와 지체들.** 이 상(像)은 바울이 즐겨 말하는 방법 가운데 하나였다. "또 만물
을 그 발 아래 복종하게 하시고, 그를 만물 위에 교회의 머리로 주셨느니라. 교회는 그의 몸
이니, 만물 안에서 만물을 충만케 하시는 자의 충만이니라"(엡 1 : 22-23). "그가 혹은 사도
로, 혹은 선지자로, 혹은 복음 전하는 자로, 혹은 목사와 교사로 주셨으니, 이는 성도를 온
전케 하며 봉사의 일을 하게 하며 그리스도의 몸을 세우려 하심이라… 이는 우리가 이제부
터 어린아이가 되지 아니하여 사람의 궤술(詭術)과 간사한 유혹에 빠져 모든 교훈의 풍조
에 밀려 요동치 않게 하려 함이라. 오직 사랑 안에서 참된 것을 하여 범사에 그에게까지 자
랄지라. 그는 머리니, 곧 그리스도라. 그에게서 온 몸이 각 마디를 통하여 도움을 입음으로
연락(聯絡)하고 상합(相合)하여 각 지체의 분량대로 역사하여 그 몸을 자라게 하며 사랑 안
에서 스스로 세우느니라"(엡 4 : 11-12, 14-16).

  이 절들에서(이 절들과 비슷한 다른 절들에서) 강조하는 것은 그리스도의 확실한 지도
아래 이루어지는 교회의 (1) 성장 (2) 적절한 활동이다. 고린도전서에서 바울은 교회가 제
대로 활동하려면 각 그리스도인이 필요함을 보이기 위하여 이 상(像)를 사용한다(참조. 고
전 12 : 12-27).

  5. **혼인.** 신자가 그리스도와 맺는 연합 그리고 그리스도께서 신자와 맺으시는 연합에 대
한 모든 설명 가운데 단연코 가장 위대한 것은 혼인인데, 남자와 여자는 혼인으로 연합하여
한 몸과 한 가정을 이룬다. 이 상(像)은 가령 호세아서와 같이 구약에도 나온다. 거기서 하

나님은 자신을 이스라엘에게 버림당한 신실한 남편으로 자신을 버린 이스라엘은 신실하지 못한 아내로 비유하신다(호 1-3장). 예수님은 신앙을 갖고 있는 모든 사람이 초대받는 혼인 잔치에 대하여 말씀하실 때 이 주제를 사용하신다(마 22 : 1-14). 하지만 아마 에베소서에서 가장 유명한 구절이라고 할 수 있는 부분에서 바울은 이 주제와 그리스도의 몸인 교회의 상(像)을 섞어가면서 주로 이 주제를 발전시킨다.

> 아내들이여 자기 남편에게 복종하기를 주께 하듯 하라 이는 남편이 아내의 머리 됨이 그리스도께서 교회의 머리 됨과 같음이니 그가 친히 몸의 구주시니라 그러나 교회가 그리스도에게 하듯 아내들도 범사에 그 남편에게 복종할지니라
> 남편들아 아내 사랑하기를 그리스도께서 교회를 사랑하시고 위하여 자신을 주심같이 하라 이는 곧 물로 씻어 말씀으로 깨끗하게 하사 거룩하게 하시고 자기 앞에 영광스러운 교회로 세우사 티나 주름잡힌 것이나 어떤 것들이 없이 거룩하고 흠이 없게 하려 하심이니라. 이와 같이 남편들도 자기 아내 사랑하기를 제 몸같이 할지니… 이 비밀이 크도다 내가 그리스도와 교회에 대하여 말하노라.
>
> 에베소서 5 : 22-28, 32

이 상(像)이 강조하는 바는 사랑의 결속력이다. 이는 진실로 '하늘에서 이루어지는 혼인'이다. 이는 이세상에서 이루어질 뿐만 아니라 영원한 혼인이다.

뒤를 돌아보고 앞을 바라봄

다음 장에서 우리는 우리와 그리스도의 연합에 대한 교리를, 이 연합과 짝을 이루지만 대조적인 우리와 아담의 연합을 먼저 비교하여 살펴볼 것이다. 그러나 우리는 그리스도와 맺은 연합을 할 수 있는 대로 가장 폭넓게 살펴보려는 정도로 하여 이 장을 끝맺겠고, 아울러 이 연합이 로마서에서 우리에게 우리의 안전을 확신시키는 이 단락에 포함되어 있음을 기억하자. 우리는 이 연합을 중심점으로 하여 뒤를 돌아보고 앞을 바라보면서 바로 이 점을 발견할 수 있다.

여기서 내가 알고 있는 이 주제들에 관한 진술 가운데 가장 훌륭한 진술을 인용하겠다. 존 머리(John Murray)가 쓴 「구원의 성취와 적용」(Redemption Accomplished and

Applied)에 나오는 "그리스도와 연합함"(Union with Christ)이라는 장이다.

1. **선택**(Election). "성부의 영원한 선택에 나타나는 구원의 원천은 '그리스도 안에' 있다. 바울은 이렇게 말한다. '찬송하리로다. 하나님 곧 우리 주 예수 그리스도의 아버지께서 그리스도 안에서 하늘에 속한 모든 신령한 복으로 우리에게 복 주시되, 곧 창세 전에 그리스도 안에서 우리를 택하사…'(엡 1 : 3-4). 성부께서는 영원전부터 선택하셨지만, 그러나 그리스도 안에서 선택하셨다. 우리가 이것에 관련된 모든 것을 이해할 수는 없지만, 그러나 분명한 사실은 그리스도를 떠나서 영원 속에서 이루어지는 성부의 선택은 없었다는 것이다. 그리고 이는, 성부께서 자신의 예정하시는 사랑이라는 궁극적인 경륜에서 그리스도와 맺은 연합과 무관하게 구원받을 자들을 생각하지 않으셨음을 뜻한다. 이들은 그리스도 안에서 선택받았다. 구원의 원천을 살피면서 할 수 있는 대로 그 근원을 거슬러 올라갈 때 우리는 '그리스도와 연합함'을 발견한다. 이는 중간에 생긴 것이 아니라 처음부터 있는 것이다."

2. **구속**(Redemption). "구원이 하나님 백성에게 확실하게 된 것은 또한, 그리스도께서 자기 생명을 속전으로 주시고 그 피로 그들을 구속하셨을 때 하나님의 백성이 그리스도 안에 있었기 때문이다. 하나님의 백성은 그리스도의 죽으심과 부활과 하늘로 올리우심에서 그리스도와 연합된 것으로 묘사되었다(롬 6 : 2-11; 엡 2 : 4-6; 골 3 : 3, 4). 그래서 우리는 창세전에 성부의 선택에서 효과를 드러낸 그리스도와 그 백성의 연합을 떠나서는 그리스도께서 단번에 이루신 구속 사역을 결코 생각할 수 없을 것이다. 이는 달리 말하면, 교회가 그리스도의 몸이며 '그리스도께서 교회를 사랑하시고 위하여 자신을 주셨다'(엡 5 : 25)는 것이다."

3. **중생**(Regeneration). "그리스도 안에서 하나님의 백성은 새롭게 창조되었다. "우리는 그의 만드신 바라. 그리스도 예수 안에서 선한 일을 위하여 지으심을 받은 자니…"(엡 2 : 10 상)우리의 그리스도 안에서 구원이 성부의 영원한 선택에서 생겼고 그리스도 안에서 구원이 예수님의 대속의 피로 단번에 확실하게 되었음을 이미 발견했기 때문에, 우리가 실제로 소유하고 있는 구원이 그리스도와 맺은 연합에서 시작했던 것이 틀림없다고 하여 우리

는 놀라지 말아야 한다. 우리는, 하나님의 백성이 실제로 구원에 참여하고 그리스도 안에서 새로 창조될 때 그리스도와 맺은 그런 연합이 중단된다고 생각할 수 없다."

4. 영화(榮化, Glorification). "마지막으로 그리스도 안에서 하나님의 백성은 부활하고 영화할 것이다. 마지막 나팔이 들리고 죽은 자가 썩지 않은 채로 일어날 때 그리스도 안에서 그들은 살아 있는 자가 될 것이다(고전 15 : 22)."[6]

영원한 과거에서 이루어지는 하나님의 구원 경륜으로부터 영원한 미래에 계속될 하나님 자녀의 영화(榮化)까지 펼쳐져 있는 이 큰 일은 신자가 그리스도와 맺은 연합을 기초로 삼고 있으며, 바로 이것 때문에 이 교리는 우리에게 아주 중요하다. 이는 구원의 확신이며 그리스도 안에서 안전함이다. 우리는 로마서의 위대한 중간 장들에서와 마찬가지로 이 교리에서도 이런 점을 다루고 있다. 우리로 하여금 이 안전함에 거하라고 격려하는 것들이 많이 있지만, 그 모든 가운데 가장 위대한 것은 우리가 '그리스도 안에' 있는 것이다.

당신이 스스로 물어야 할 질문은 이것이다. "참으로 나는 그분 안에 있는가? 나는 그리스도인인가?" 어떻게 당신은 그분 안에 있음을 알 수 있는가? 당신은 하나님의 숨겨진 경륜을 애써 알려고 영원한 과거를 보려고 하지만 그렇게 할 수는 없다. 영화된 자로서 자신의 영원한 미래를 보려 해도 그렇게 할 수는 없다. 당신이 갖고 있는 모든 것은 지금 있는 것이니 현재를 살펴보면 알 수 있다. 혼인의 예화를 기억하는가? 이렇게 스스로 질문해 보라. "나는 예수님과 혼인했는가?" 만일 "부요할 때나 궁핍할 때나 기쁠 때나 슬플 때나 병들었을 때나 건강할 때나 이생에서나 영원히 예수님을 당신의 사랑스럽고 신실한 구주로 받아들이겠다"고 서약하면서 맹세했다면 그리고 당신이 그분을 위하여 살아가고 있다면 당신은 그분과 혼인한 것이다. 하나님이 이 혼인을 선포하셨으며 하나님이 하나 되게 하신 것을 사람이 나누지 못할 것이다.

● 각주 ●

1. James S. Stewart, *A Man in Christ : The Vital Elements of St. Paul's Religion* (New York : Harper and Brothers, n.d.), p. 147.

2. John Murray, *Redemption Accomplished and Applied* (Grad Rapids : Wm. B. Eerdmans, 1955), p. 170.

3. Arthur W. Pink, *Spiritual Union and Communion* (Grand Rapids : Baker Book House, 1971), p. 7.

4. D. M. Lloyd Jones, *Ramans : An Exposition of Chapter 5, Assurance* (Grand Rapids : Zondervan, 1972), p. 175.

5. Philip Schaff, *The Creeds of Christendom with a History and Critical Notes*, vol. 2, *The Greek and Latin Creeds, with Translations* (New York : Harper & Brothers, 1877), p. 62.

6. Murray, *Redemption Accomplished and Applied*, pp. 162-164.

67
그리스도와 아담
로마서 5:12-14

이러므로 한 사람으로 말미암아 죄가 세상에 들어오고 죄로 말미암아 사망이 왔나니 이와 같이 모든 사람이 죄를 지었으므로 사망이 모든 사람에게 이르렀느니라 죄가 율법 있기 전에도 세상에 있었으나 율법이 없을 때에는 죄를 죄로 여기지 아니하느니라 그러나 아담으로부터 모세까지 아담의 범죄와 같은 죄를 짓지 아니한 자들 위에도 사망이 왕노릇하였나니 아담은 오실 자의 표상이라.

우리는 지금 로마서에서 까다롭지만 지극히 중요한 단락을 공부하고 있는데, 먼저 그리스도인과 예수 그리스도의 신비한 연합이라는 교리를 개관하였다. 대부분의 사람들이 이 중요한 신약 주제를 무시했는데, 그 이유는 틀림없이 이 주제가 아주 까다롭기 때문이다. 그러나 이 교리가 없이는 로마서 5 : 12-21을 이해할 수 없으며, 이 절들을 이해하지 않고서는 이 서신의 이 두번째 중요한 단락(5-8장)의 진리를 깨달을 수 없을 것이다.

또 이 주제는 다른 방식으로도 영향을 미친다. 우리는 12-21절을 이해하기 위하여 신자와 그리스도의 연합을 이해해야 한다. 그처럼 어떻게 우리가 '그리스도 안에' 있으며 그 뜻은 무엇인지 이해하기 위하여, 이 구절이 시작하는 곳에 나와 있듯이, 우리가 어떻게 '아담 안에' 있었던가를 살펴보아야 한다. 아담은 12절에 언급되어 있는 그 '사람'이다. "이러므로 한 사람으로 말미암아 죄가 세상에 들어오고 죄로 말미암아 사망이 왔나니, 이와 같이 모든 사람이 죄를 지었으므로 사망이 모든 사람에게 이르렀느니라" 이 구절은 아담으로부터 출발하고 그를 기초로 하여 체계를 세워나가면서, 한편으로 아담 안에 있는 인류의 연합과 그리스도 안에 있는 신자의 연합이 어떻게 비슷한지 다른 한편으로 이 두 연합이 어떻게 아주 다른지 즉 어떻게 첫 연합의 결과는 악하고 두번째 연합의 결과는 선한지를 보여 준다.

이 절들도 칭의를 다루고 있으므로, 이 절들을 이해하는 것은 이 칭의에 대한 우리의 이해를 깊게 하는 것이다. 바울은 칭의의 사역으로 의(義)가 우리에게 전가되었다고 가르쳐 오고 있다. 그러나 사람들은 이 진리를 받아들이기를 주저한다. 그러므로 바울은 그사람들이 전가된 의(義)라는 원리를 이해하고 이 원리를 믿도록 돕기 위하여, 우리가 이미 '아담 안에서' 라는 이 동일한 원리의 기초로 대우를 받았음을 보이고 있다.

이 구절의 흐름

12절부터 시작해보면 이 절은 사망이 따르는 죄가 아담으로 인하여 세상에 왔다고 가르친다. 그러나 우리는 12절 끝에 대시[dash, 영어 성경에는 이 표시가 있음 – 역자]가 있어서 여기서 생각이 중단되고 바울이 소위 삽입구를 집어 넣는 것을 주목하게 될 것이다. 하지만 실제는 그보다 훨씬 더 복잡하며 13절과 14절은 삽입구다. 이 절들은 바울이 12절 끝에서 '모든 사람이 죄를 지었으므로' 하고 말했을 때 뜻하던 바가 무엇이었는지 설명한다. 그러나 바울 사도는 14절에서 은근히 보였던 아담과 그리스도의 유사함을 자세하게 설명하기 위하여 14절 끝에서 또 하나의 삽입구를 끌어들인다. 실제로 한 삽입구 안에 있는 삽입구인 이 삽입구는 15-17절에 해당한다. 그래서 18절이 되어서야 우리는 12절에서 시작된 생각을 계속해서 접하게 된다.

내가 이 점을 지적하는 것은, 지금 전개되는 이야기가 어떤 것인지와 그리스도와 아담 사이의 완전한 유사성을 보이기 위함이다. 이 절들에 따르면, 신자들은 전에는 '아담 안에' 있었다는 것처럼 이제는 '그리스도 안에' 있다는 바로 이것이 비슷한 점이다. 그러나 대조도 있는데, 아담 안에서 인류가 죄를 체험하여 정죄와 사망에 이르렀듯이 그리스도 안에서 신자는 의를 체험하여 의롭다 하심과 영생에 이르기 때문이다. 이 두 순서는 정확하게 평행선을 이룬다. 12절과 18절을 함께 놓고 보면 다음과 같은 것을 발견한다.

한편으로
이러므로 한 사람으로 말미암아 죄가 세상에 들어오고 죄로 말미암아 사망이 왔나니, 이와 같이 모든 사람이 죄를 지었으므로 사망이 모든 사람에게 이르렀느니라(12절). 그런즉 한 범죄로 많은 사람이 정죄에 이른 것같이…(18절)

그런즉 다른 한편으로
… 의의 한 행동으로 말미암아 많은 사람이 의롭다 하심을 받아 생명에 이르렀느니라(18절).

이는 역사에 있어 두 개의 큰 행동이었음을 가르친다. 즉 정죄와 사망을 가져 왔던 아담의 행동과 의롭다 하심과 생명을 가지고 왔던 예수님의 행동이다. 그 결과는 우리가 한편으로는 아담과 맺은 연합 때문에 그리고 다른 한편으로는 그리스도와 맺은 연합 때문에 우리에게 찾아 '온다.'

아담으로 말미암은 죄와 사망

12절은 두 가지 큰 진리를 가정한다. (1)죄의 보편성 (2)사망의 보편성. 바울이 그렇게 가정할 수 있는 것은, 이 두 진리에 이의를 제기할 만큼 어리석은 사람은 거의 없을 것이기 때문이다. 제 아무리 철저하게 세속적인 사람이라도 자신이 완전하다고 주장하지는 않을 것이다. 그는 "어찌 되었건 나는 성인이 아니다" 하고 말하면서 "모든 사람이 죄를 범하였으매…"(롬 3 : 23)라는 바울의 주장을 인정하게 될 것이다. 또 사망의 보편성도 엄연한 사실이다. 우리는 좀 더 확실한 사실의 성격을 설명하기 위하여 절대적 확실성을 뜻하는 표현을 사용하면서 "삶에는 사망과 세금말고는 확실한 것이 없다"고 말한다.

그러나 이렇게 되면 아주 큰 문제들이 생기는데 우리는 어떻게 이 상황을 설명할 수 있는가? 왜 죄는 보편적인가? 그리고 왜 사망은 모든 사람의 보편적 체험인가? 그저 평균의 법칙(the law of averages)을 기초로 삼을 때에 우리는 어느 때 어느 곳에 죄 없는 사람이 있었을 것이다, 혹은 있을 것이라고 기대해서는 안 되는가? 그리고 어느 때 어느 곳에 죽지 않을 사람이 있는 것을 발견하지 못할 것인가?

이 질문에 대답할 때 우리는 세속 사상과 기독교 사상이 나누어지는 지점을 이른다. 세속 주의자는 두 가지 일을 말한다. (1)죄와 사망은 연속성이 전혀 없다. 둘은 전혀 별개의 문제이다. (2)당연히 각각 따로 설명할 수 있다.

죄에 관한 한, 세속적 견해는 죄가 곧 정복될 수 있는 불완전에 불과하다고 가정한다. 이런 죄론(罪論)은 오늘날 널리 퍼져 있는 진화론적 구조에 들어맞는다. 이 구조에 따르면 모든 사물은 덜 복잡하고 덜 완전한 형태로부터 더 복잡하고 더 완전한 것으로 점점 진화하고 있다. 세속 사상을 가진 사람은 죄란 우리가 장차 바라는 모습으로 있지 않는 것에 불과하다고 주장한다.

이 견해에는 두 가지가 잘못되었다.

첫째로, 죄가 불완전에 불과하다면, 그것을 죄라고 부르거나 그것을 진화 과정에 나타나는 그 다음의 필연적 단계보다 덜 바람직한 것으로 무시하는 것은 실제로 옳지 않다. 그렇게 되면 '죄'는 결코 나쁘지 않다. 죄가 불안전에 불과하다면 덕에 대하여 의미 있는 이야기를 할 가능성이 없어져 버리기 때문이다. 어떤 사람이 다른 사람보다 훌륭하다거나 나쁘다고 말할 수 없다. 어떤 행동도 실제로 본래 나쁜 것은 있을 수 없다.

두번째 문제는 다음과 같다. 죄가 인류의 필연적인 진보 운동의 결과로 시간이 흐르면 없어질 불완전에 불과하다면, 왜 그토록 많은 악이 그토록 오랫동안 있어 왔는가? 만일 죄가 사소한 불완전에 불과하다면 그런 불완전이 왜 과거 오랫동안 제거되지 않았는가? 그런 질문이라면 더 할 수 있다. 인간이 남긴 역사적 기록을 정직하게 살펴본다면, 진보와 같은 일이 있었다고 말할 수 있는가? 우리는 우리 선조보다 참으로 나은가? 우리는 그리스 사람들보다 더 덕스러운가? 우리는 야만족들보다 훨씬 고상한가? 그렇게 말하기 어렵다. 그러나 사정이 이렇다면, 이 사실만으로도 죄가 세속주의자들의 구조가 인정하는 것보다 훨씬 더 큰 문제임이 드러나지 않는가?

또 하나의 피할 수 없는 현실은 사망이다. 세속주의자는 사망을 자연에 본래 있는 것으로 설명한다. 즉 사망은 진화와 상관없는 것이니 **극복될** 죄와 다른 것이다. 사망은 살아 있는 것들에게 자연적이며 피할 수 없는 것일 따름이며 살아 있는 모든 것은 죽는다. 이 요점은 앞에서 말한 죄에 대한 요점보다 세속주의의 주장에 더 적합하다. 왜냐하면 사물을 관찰하면 살아 있는 것들이 실제로 죽게 되는 것이 분명하기 때문이다. 우리는 유기체가 태어나고 자라고 쇠퇴하고 소멸하는 과정에 대하여 말할 수 있다. 문제는, 우리 가운데 이 과정이 옳은 것이라고 실제로 믿는 사람이 아무도 없다는 것이다. 그래서 세상의 모든 문명과 종교에서 볼 수 있는 - 가령 올림푸스 산(Mount Olympus), 발할라(Valhalla), 하데스(Hades), 스올(Sheol), 지옥(the Underworld), 열반(Nirvana), 낙원(Paradise), 천국(Heaven)과 같이 - 사망 이후의 생활에 대한 상(像)들이 생긴다.

죄와 사망의 보편성이라는 문제에 대하여 기독교는 사망이 자연적인 것이 아니라 죄에 대한 하나님의 처벌이라고 대답한다. 게다가 기독교는 첫사람인 아담의 한 행동으로 말미암아 죄가 세상에 들어왔고 아담으로부터 죄와 그 결과인 사망이 아담의 후손에게 전달되었다고 대답한다.

기독교 내의 네 가지 견해

하지만 이런 기독교적 견해는 간단한 진술이 아닌 아주 포괄적인 진술이다. 그러나 이 견해를 충분하게 설명하기 위하여 나는 로마서 5 : 12에 대한 다른 견해들이 기독교 사상에 있음을 인정해야 한다. 이 견해들은 다음과 같이 중요한 한 질문으로부터 생긴다. 죄와 사망이 아담으로부터 인류에게 전달되었다고 할 때, 이 일은 정확하게 어떻게 일어나는가? 그리고 왜 이런 일이 일어나야 했는가? 왜 아담이 한 일이 다른 사람에게 영향을 주어야 하는가?

1. 펠라기우스주의(Pelagianism). 첫번째 견해는 성 아우구스티누스의 적대자인 펠라기우스(Pelagius)의 이름을 따서 붙인 것이지만, 펠라기우스에게만 국한된 것은 아니다. 현대의 많은 자유주의적 로마서 주석가들도 이 견해를 붙잡고 있다.[1] 이 견해는, 인간마다 아담과의 관계와 전혀 상관없이 자신의 인격으로 죄를 지으며 그에 따라오는 그 사람의 사망은 오직 그 사람이 지은 그 죄의 결과라고 가르친다. 펠라기우스주의가 일반적으로 그릇되다는 사실과 상관없이 왜 이 견해를 거부해야 하는지 서너 가지 이유가 있다.

첫째, 이 견해는 실제로 관찰해 볼 때 진실되지 않다. 죽는 모든 사람이 자신의 죄 때문에 죽는 것은 아니다. 가령 아기들은 죄를 짓지 않았지만 죽는다.

둘째, 이 견해는 바울이 13-14절에서 말하는 '모든 사람이 죄를 지었으므로' 라는 구절의 설명과 모순된다. 내가 이미 말했듯이, 이 구절들은 바울 자신이 말하고 있는 바를 설명하기 위하여 시작하는 문장을 중단하고 끼워넣는 삽입구이다. 바울은 사망이 '아담의 범죄와 같은 죄를 짓지 아니한 자들 위에도… 왕 노릇 하였나니' 라고 말한다(14절). 즉 사람들은 아담처럼 죄를 짓지 않았다는 것이다. 펠라기우스주의가 주장하는 것처럼 아담이 죄를 범하여 판단을 받은 것과 똑같이 각 사람은 자신이 실제로 죄를 범했기 때문에 죽는다면, 이 절은 진리가 아닐 것이다.

셋째, 죄의 보편성에 대한 이런 해석은 이 구절의 전반적인 흐름과 일치하지 않는다. 이 구절의 요점은, 우리가 아담 안에서 범죄했다고 선포된 것처럼 그리스도 안에서 의롭다고 선포된다는 것이지 우리 자신의 무슨 의(義) 때문에 우리가 의롭다고 선포된다는 것은 아니다. 오히려 우리에게 전가된 그리스도의 의(義)를 기초로 그렇게 선포된다는 것이다. 만일 이 대조가 타당성이 있다면, 우리는 아담의 죄를 기초로 하여 범죄했다고 선포되었지 단순히 우리가 개인적으로 죄를 짓는다는 사실에 기초를 두고 있는 것이 아님이 분명하다.

넷째, 펠라기우스주의의 견해는 죄를 지었다는 동사의 시제와 일치하지 않는다. 이는 부정과거이다. 그래서 모든 사람이 죄를 범하고 있다거나 죄를 범하는 데 익숙하다(즉 죄인이다)는 뜻이 될 수 없고, 오히려 모두 사람은 특정한 과거 순간에 죄를 지었다는 뜻이 될 수 있다. 이 구절의 맥락에서 이는 오직 모든 사람이 '아담 안에서' 죄를 지었다는 뜻을 가질 수 있다.

2. **존 칼빈의 견해**(The view of John Calvin). '모든 사람이 죄를 지었으므로' 라는 구절에 대한 두번째 해석은 존 칼빈과 관련되어 있다. 물론 이 해석은 칼빈이 다른 곳에서 가르치는 것과 모순되어 보이긴 한다. 이 해석은 칼빈의 특성이 없는 실수로 보여 왔다. 칼빈은 로마서 5 : 12의 '죄' 는 '부패' 를 뜻하고 이 절은 모든 사람이 부패했으므로 죄가 모든 사람에게 전가되었음을 가르친다고 보았다. 물론 모든 사람은 죄로 인하여 부패한 상태이다. 우리가 공부하는 이 구절이 참되지 않다면 각 사람은 아담과 상관없이 자신의 죄 때문에 정죄

를 받을 것이다. 그러나 이 요점들이 그 자체로 봐서는 참될지 모르나, 바울은 로마서에서 이를 가르치고 있지 않다.

펠라기우스주의 해석의 경우처럼, '부패' 견해는 13-14절과 모순되며 '모든 사람이 죄를 지었으므로' 라는 구절 전체와도 모순된다.

3. 아우구스티누스주의(Augustinianism). 세번째 견해는 위대한 성 아우구스티누스가 제안한 것이지만, 중세와 심지어 현대에도 많은 신학자들이 주장해오던 것이다. 이 견해는 사실주의적 혹은 '씨' (seminal) 견해라고도 한다. 이 견해는, 문자 그대로 신체적 의미에서 미래의 모든 세대가 그 당시 아담 안에 있었으므로 인류가 아담 안에서 죄를 지었다고 주장한다. 그래서 아담이 행동했을 때 전인류가 행동했고, 아담이 판단을 받았을 때 전인류도 말 그대로 아담 안에서 판단을 받았다.

오늘날 대부분의 사람은 이 해석을 이상하지만 중세의 독특한 개념으로 설명하는 경향을 띤다. 현실을 살펴볼 때 우리가 아담 안에서 '태아' 로 있었다는 사실 그 자체로는 우리 모두 아담 안에서 실제로 죄를 지었음을 뜻할 수 없다. 이는 그 당시에 우리가 죄를 지을 수 있는 의식있는 존재가 아니었기 때문이다. 그러나 우리는 이 견해를 쉽사리 거부해서는 안될 것이다. 그 이유는, 마틴 로이드 존스(D. Martyn Lloyd Jones)가 지적하듯이 히브리서 7 : 9-10에서 레위와 멜기세덱과 아브라함의 경우를 들어 바로 그 요점을 이야기하기 때문이다. "또한 십분의 일을 받는 레위도 아브라함으로 말미암아 십분의 일을 바쳤다 할 수 있나니, 이는 멜기세덱이 아브라함을 만날 때에 레위는 아직 자기 조상의 허리에 있었음이니라." 이 성경 기자가 말하고자 하는 요점은, 레위의 후손들은 십일조를 바쳤을 때 그들의 조상 아브라함의 허리에 있었기 때문에 멜기세덱에게 십일조를 바쳤다는 것이다. 그렇다면, 전인류가 아담 안에 있었고 그러므로 그가 범죄했을 때 인류도 범죄했다고 말하는 것이 옳은 말임에 틀림없다. 히브리서 7장 때문에 아우구스티누스주의 혹은 사실주의의 견해를 가볍게 거부할 수 없다. 물론 내 의견으로는 이 견해는 이 구절의 충만한 의미를 다 끌어안고 있는 것은 아니다.[2]

4. 연합설(Federalism). 실제로 모든 기독교 전통의 가장 뛰어난 해석가들 즉 칼빈주의

자와 알미니아주의자와 루터주의자와 심지어 합리주의자의 의견인 네번째 견해는, 하나님이 아담을 인류의 머리 혹은 대표로 임명하셔서 아담이 인류를 대표하게 하고 아담이 하나님의 명령에 순종하느냐 불순종하는냐에 따라 인류가 의롭다거나 범죄했다고 간주되도록 하셨다는 것이다. 이 견해는 연합설이라고도 하는데, 이는 대사가 자기 나라를 대표하여 행동하는 방식과 비슷하기 때문이다. 대사가 문서에 서명하거나 조처를 취할 때, 자기 나라의 각 시민을 위하여 그렇게 하는 것이며 따라서 대사가 하는 일에 의하여 시민들도 구속을 받는다.

물론 모든 사람이 죄를 범하긴 하지만, 이 견해에서 요점은 모든 사람이 죄를 범한다는 것이 아니라 아담이 인류의 대표했기 때문에 아담이 죄를 범했을 때 아담만 판단받은 것이 아니라 인류도 역시 판단을 받았고 아담이 죄를 지었기 때문에 사망이 모든 사람에게 임했다는 것이다. 다음은 로이드 존스가 이 요점에 대하여 표현한 것이다. "그리스도의 의가 우리에게 전가되는 것과 똑같은 방식으로 아담의 죄도 우리에게 전가된다. 물론 우리는 아담으로부터 죄악된 본성을 이어받는다… 그러나 이 본성이 우리를 정죄하는 것은 아니다. 우리를 정죄하고 우리를 사망에 얽매이게 하는 것은, 우리가 아담 안에서 모두 죄를 지었고 우리가 모두 죄의 책임을 졌다는 사실이다… 우리의 이 모든 괴로움을 불러일으키는 것은 우리가 아담과 맺은 연합이다. 또한 우리의 구원이 있게 하는 것은 앞의 연합에 상응하는 그리스도와 맺은 연합이다."[3]

기독교적 견해에 대한 증거

연합설이 이 구절에 대한 올바른 해석인 이유는 많다. 찰스 하지(Charles Hodge)는 9가지 이유를 제시한다.[4] 그러나 우리는 이런 저런 이유가 별도로 필요치 않으며 바울이 이 절에서 제시하는 두 가지 이유만 필요하다. (1)사망은 모세에게 율법을 주시기 전에 세상에 있었다는 사실과 (2)결백한 사람을 포함하여 모든 사람이 죽는다는 사실이다. 만일 죄가 율법을 범한 것이고 율법이 없는 사람이 처벌을 받았다면, 우리가 아담 안에서 모두 판단을 받았다는 것말고 사망의 보편성에 대한 다른 설명이 있을 수 있을까?

그렇지 않으면 이 점을 좀더 두드러지게 하기 위하여, 영아가 나머지 인류와 더불어 아담의 죄 때문에 판단을 받지 않았다면 왜 죽는가? 혹은 왜 영아들은 그 문제로 고난을 받는가? 왜 신생아가 암에 걸리거나 복통을 앓는가?

내가 관찰할 수 있는 한, 기독교적 해답말고 다른 두 가지 해답이 가능한데, 이 두 해답은 모두 분명 부적절하다. 첫째는 악의 영원성이라는 교리이다. 즉 죄와 사망과 악은 언제나 존재했을 뿐이라는 교리이다. 내가 죄를 단순한 불완전으로 보는 견해를 논의하면서 지적했지만, 이 교리의 문제는 그런 식으로 주장하면 도덕적 차원이 사라지고 왜 죄를 죄라고 불러야 하는지 혹은 악을 악으로 불러야 하는지 이유가 없다는 점이다. 게다가 죄를 선한 것의 부패로 즉 하나님의 원래 선한 창조를 일그러지게 하는 것으로 이해할 수 있다 해도, 선을 악한 무엇으로부터의 발전으로 보는 것은 결코 가능하지 않다. 사단은 타락한 천사일 수 있으나 타락한 천사가 하나님이 될 수 있는 것은 아니다.

고난과 사망의 보편성에 대한 또 하나의 설명은 환생이다. 이는 (가장 인상적인 실례) 영아가 전생에서 범한 죄 때문에 고난을 받는다고 주장한다. 이 설명은 물론 이세상에 일어나는 문제를 설명한다. 그러나 실제의 문제를 풀지 못하는데, 이는 이 설명이 실제의 문제를 이후 생애로 또 그 이후 생애로 떠넘길 따름이기 때문이다. 어느 시점에서 (죽음과 죄와 같은) 큰 문제들은 필연적으로 다시 나타난다.

실제로 유일하게 타당한 설명은 바울이 제시한다. 즉 아담은 하나님에 의해 인류의 대표로 임명받으므로, **아담**이 서면 우리도 설 것이요 **아담**이 넘어지면 우리도 그와 함께 넘어지게 된다는 설명이다. 우리가 알고 있는 것처럼 아담은 타락했다. 그래서 사망이 모든 사람에게 임했다.

어떤 사람은 "그러나 그건 끔찍할 정도로 불공평하지 않은가? 하나님이 이런 식으로 행동하는 것은 잔인한 일이 아닌가?" 하고 항변한다.

우리가 계속 이 주제를 좀더 길게 공부할 것이긴 하지만 나는 여기서 우리를 아담과 연대하여 다루는 방법이 불공평하거나 잔인하기는커녕 실제로 하나님이 활동하실 수 있는 모든 방법 가운데서 가장 공평하고 친절한 방법이라고 말하고자 한다. 게다가 이는 우리가 죄를 범했을 때 하나님이 후에 우리를 구원하실 수 있는 유일한 방법이었다. 다른 말로 하면, 연합설은 사실 하나님의 은혜를 입증하는 한 증거이다. 그리고 이 구절이 말하고자 하는 요점은 바로 이 점이다(15절 이하).

무엇보다도 그것은 아담에게 은혜로운 것이었다. 왜 그럴까? 그것은 그로 하여금 죄를 짓지 못하게 막는 억제책이었다. 하나님은 아담이 그의 후손을 대표할 것이라고 아담에게 설명해 주셨으며 이것이 아담으로 하여금 죄를 짓지 못하도록 막았을 것이다. 누가 고용자의 돈을 훔칠 유혹을 받을 때 그가 혼자 산다면 돈을 훔쳤겠지만, 만일 자식을 두었을 경우 자신이 붙잡혔을 때 자신의 범죄로 자식들이 해를 입을 것이라는 사실을 알면 의당 그 일을 하지 않으려고 할 것이다. 만일 그처럼 적은 일이 죄를 짓지 않도록 영향력을 끼칠 수 있다면, 자신이 하는 일이 셀 수 없이 많은 후손들에게 영향을 미칠 것을 아담이 안다면 그 영향력은 얼마나 크겠는가?

이런 일은 하나님이 우리에게 베푸시는 은혜를 보여 주는 한 가지 예이다. 왜냐하면 아담 안에서 시험 받는 것은 시험을 이길 수 있는 가장 좋은 방법이기 때문이다. 캠브리지의 위대한 찰스 시므온(Charles Simeon)은 백 년이 넘는 과거에, 각 사람이 아담 안에서 판단을 받겠는지 스스로 판단을 받겠는지 질문을 받고 있다고 할 때 생각이 있는 사람이라면 '아담 안에서 받겠다'고 대답할 것이라고 썼다. 어찌 되었건 아담은 오직 하나의 시험을 받았고 그것도 그저 사소한 시험이었다. 아담은 한 나무의 실과를 먹지 않아야 했다. 게다가 아담은 아직 타락하지 않았다. 그는 죄악된 본성을 갖고 있지 않았으며 그는 (의심할 나위 없이 우리의 기능보다 월등한) 온전한 기능을 갖고 있었다. 그는 완전한 환경에 살았고 완전한 반려자가 있었으나 우리로서는 죄악되고 무력하고 무지하고 온갖 시험으로 가득찬 세계에 살고 있다. 하나님이 아담 안에서 우리를 판단하시는 섯은 자비로운 일이 아니었겠는가? 하나님은 그런 선택을 내리실 때 은혜로우시지 않았겠는가?[5]

그리고 그것만큼 위대한 사실이 있다. 즉 우리 각자가 아마 좋다고 생각하듯이, 하나님이 다른 사람과 아무런 관계 없이 우리 각자를 각각 판단하시기로 하셨다면, 우리는 필연적으로 모두 멸망했을 것이다. 왜냐하면 구원에 대한 우리의 유일한 소망은, 우리가 아담 안에서 판단을 받았던 것처럼 우리의 대표자가 되시는 그리스도 안에서 심판을 받을 수 있는 사실 때문이다. 만일 우리가 혼자 살고 가정을 이루지 않고 서로 아무런 관계를 맺지 않는 천사와 같다면, 천사에게 희망이 없듯이 우리에게도 희망은 없을 것이다. 그러나 우리는 아담 안에서 판단을 받았기 때문에 그리스도 안에서 판단을 받게 되고 죄 사함을 받게 될 것이다.

하나님이 부르셔서 구원얻는 믿음으로 말미암아 예수 그리스도께 연합시킨 자들에게는 바로 이런 일이 일어난다. 우리가 그런 은혜를 받을 자격이 없지만, 은혜는 이런 식으로 작용한다. 이는 처음부터 마지막까지 (거저주시는) 은혜이다.

● 각주 ●

1. 참조. John Murray, *The Epistle to the Romans : The English Text with Introduction, Exposion and Notes* (Grand Rapids : Wm. B. Eerdmans, 1968), p. 183, footnote 20.

2. 참조. D. M. Lloyd Jones, *Ramans : An Exposition of Chapter 5, Assurance* (Grand Rapids : Zondervan, 1972), pp. 214-216.

3. Lloyd Jones, *Ramans : An Exposition of Chapter 5, Assurance,* p. 210. 이 네 견해에 대한 유익한 논의를 알려면, Charles Hodge, *A Commentary on Romans* (Edinburgh and Carlisle, Pa. : The Banner of Truth Trust, 1972; first edition 1835), pp. 148-155; John Murray, *The Epistle to the Romans*, pp. 182-187; and Lloyd-Jones, pp. 204-206, 213-218.

4. Hodge, *A Commentary on Romans,* pp. 151-154.

5. 도널드 그레이 반하우스는 시므온의 요점을 다시 풀어 말한다. *God's Grace : Exposition of Bible Doctrines, Taking the Epistle to the Romans as a Point of Departure*, vol. 5, Romans 5 : 12-21(Grand Rapids : Wm. B. Eerdmans, 1959), p. 55.

68
사망의 왕 노릇
로마서 5:14

그러나 아담으로부터 모세까지 아담의 범죄와 같은 죄를 짓지 아니한 자들 위에도 사망이 왕 노릇 하였나니 아담은 오실 자의 표상이라.

로마서 5 : 14에는 우리가 지금까지 충분히 연구하지는 않았다가 이제 살피게 되는 한 구절이 있다 : "아담으로부터 모세까지 사망이 왕 노릇 하였나니." 서너 가지 이유에서 이 구절을 공부하는 것은 중요하다. 첫째로 이 구절은 여러 번 되풀이된다. 우리가 지금 공부하는 14절에서 이 구절을 발견하지만 이 구절은 17절에 또 나오고("사망이 한 사람으로 말미암아 왕 노릇 하였은즉"), 동일한 생각이 21절에는 변형되어 나타난다("죄가 사망 안에서 왕 노릇 했다"). 겨우 열 절 안에 세 번 언급된(혹은 함축된) 개념이라면 분명히 이 문장을 이해하는 데 중요하다.

다시 말해서 우리가 자연적이며 신체적으로 아담과 맺은 연합과 우리가 초자연적이고 영적으로 예수 그리스도와 맺은 연합의 유사성을 공부할 때 보았듯이, 사망이 모든 사람에게 왕 노릇 한다는 사실은 하나님이 아담 안에서 모든 사람을 판단하셨음을 입증한다. 다른 말로 하면 사망의 왕 노릇은 대표와 전가의 원리(principles of representation and imputation)를 입증하고 이 두 원리는 바울의 논증에 필수적이다. 그리고 이 원리들은 구원에 있어 필수적인데, 이는 오직 하나님이 – 아담 안에서나 혹은 그리스도 안에서 – 대표를 통하여 전인류를 대하시기로 결정하셨기에 예수님이 우리 대신 죽으시고 우리의 구주가 되실 수 있었던 것이다.

마지막으로 '사망(혹은 죄)이 왕 노릇 했다'는 구절은 21절에 나오는 '은혜도 또한 의로 말미암아 왕 노릇 하여'와 짝을 이룬다. 우리는 후자를 이해하기를 바라므로 먼저 전자를 이해해야 한다.

아담으로부터 모세까지

사망의 왕 노릇에 관하여 주목할 첫번째 일은, 이것이 바울의 논증을 구성하면서 특정한 시기와 관련되어 있다는 것이다 : '아담으로부터 모세까지.' 사망이 우리 시대에도 왕 노릇하며 인류 역사 끝까지 계속 왕 노릇할 것은 (우리가 뒤에 내놓고 다룰) 엄연한 사실이다.

그러나 바울이 아담으로부터 모세까지의 시대를 구체적으로 드는 것은, 단순히 모든 사람이 죽는다는 것과는 다른 무엇을 뜻하고 있기 때문이다.

왜 바울은 이 특정한 시기를 열거하는가? 그 대답은, 우리가 지난 장에서 탐구하고 있었던 것, 즉 아담의 죄 때문에 하나님의 심판이 모든 사람에게 미친 결과로 사망이 인류에게 임했다는 것과 관련되어 있다.

우리가 앞에서 이 요점을 살피고 있었을 때, 나는 의식적인 죄를 범하지 않은 영아의 사망에 초점을 두었는데, 이는 그런 식으로 보면 이 요점을 파악하기 쉽기 때문이다. 영아 사망에 대한 유일하게 적절한 설명은, 영아들은 나머지 사람들과 더불어 아담이 한 일로 인하여 범죄했기 때문에 심판을 받았다. 하지만 바울의 논증은 특별히 영아를 구체적으로 들지 않지만, 그래도 영아는 그가 말하는 바에 속한다.[1] 오히려 바울은 모든 사람에 초점을 두고 있으며, 그는 아담과 모세 사이의 시기에 모든 사람은 범할 구체적인 율법은 없었지만 죽었다고 논증한다. 물론 그 사람들은 죄인이었으며 노아 시대의 대홍수와 아브라함 시대의 소돔 고모라 멸망이라는 심판이 이를 증명하고 전인류는 보편적 사망이라는 심판을 받았다.

그 심판을 받은 이유는 심판받는 개인의 구체적인 죄가 아니라 아담의 범죄 행위였다.

여기서 나타나는 결정적인 개념은 '전가'(imputation)이다. 혹은 바울이 13절에서 이 개념을 설명하듯이, 죄를 죄로 '여기지 않았다'는 사실이다. 바울은, 모든 사람이 죄인이었지만 하나님이 그 사람들을 처벌하셨을 때 그들 개인의 죄를 죄로 여기지 않으셨다는 뜻으로 말한다. 그러나 모든 사람이 죽었기 때문에 그들의 사망은 아담의 불순종 때문이었지 그들 자신의 범죄 때문이 아니었다.

이것이 '아담의 범죄와 같은 죄를 짓지 아니한 자들'이라는 구절의 뜻이다. 사람들은 당시 시대에도 죄를 지었지만, 아담처럼 하나님의 특수한 명령을 어김으로써 죄를 범한 것이 아니다. 왜냐하면 그들에게는 어길 특수한 명령이 없었기 때문이다. 아담은 하나님이 선악을 알게 하는 나무의 실과를 먹지 말라고 명시적으로 경고하시는 명령을 불순종했다(창 2:16-17; 3:6).

이 점은 아주 중요하므로, 나는 다시 한번 요점을 밝히되, 이번에는 윌리엄 바클레이(William Barclay)를 인용하겠다. 애석하게도, 바클레이는 이 가르침을 믿지 않는다. 그는 이 가르침을 알고 있지만, 이것은 유대적 논증에 불과하다고 생각하고 기꺼이 이 가르침을 거부한다. 그런데도 바클레이의 진술은 내가 발견한 것 가운데 가장 간결한 것이다.

1. 아담은 하나님의 직접적인 계명 즉 선악을 알게 하는 나무의 열매를 먹지 말라는 계명을 어겼기 때문에 죄를 범했고, 아담이 죄를 범했기 때문에 원래 죽지 않도록 의도된 아담은 죽었다.

2. 율법은 모세 때까지 나타나지 않았다. 그런데 율법이 없다면, 율법을 범하는 일은 있을 수 없다. 즉 율법과 계명이 없다면 죄가 있을 수 없다. 그러므로 아담과 모세 사이에 살았던 사람들은 실제로 죄를 범했지만, 아직 율법이 없었기에 율법을 범한 것으로 치지 않았다. 그리고 그들은 존재하지 않는 율법을 어겼다는 이유로 정죄받을 수 없었다.

3. 그러나 그 사람들에게는 죄를 죄로 여기지 않았지만, 그들은 여전히 죽었다. 그들은 존재하지 않은 율법에 의하여 고소당할 수 없었지만 사망이 그들 위에 왕 노릇 했다.

4. 그러면 그들은 왜 죽었는가? 그들은 아담 안에서 죄를 지었기 때문에 죽었고 아
담의 죄에 연루되었기에 그들은 어길 율법이 없었지만 죽었다. 사실 모든 사람
이 아담 안에서 죄를 지었다고 하는 바울의 증명은 바로 그것이다.[2]

내 판단으로는 성경에서 이 주제를 가르치는 가장 뚜렷한 부분은 창세기 5장이다. 이 장
은 당시 땅을 덮고 있던 아담의 불경건한 후손의 계보가 아니라(그들의 계보는 4장에 있다)
에녹과 므두셀라와 노아와 같은 사람들의 이름이 담긴 아담의 경건한 후손의 계보를 담고
있다. 이 계보에 관련하여 뚜렷하게 드러나는 것은 다음과 같이 되풀이되는 후렴이다 : "그
런 후에 죽었더라."

이 문장들은 원래 의도된 결과와 더불어 읽어야 한다. "아담이 구백삼십 세를 향수하고
죽었더라… 셋은 구백십이 세를 향수하고 죽었더라… 에노스는 구백오 세를 향수하고 죽었
더라… 게난은 구백십 세를 향수하고 죽었더라… 마할랄렐은 팔백구십오 세를 향수하고 죽
었더라… 야렛은 구백육십이 세를 향수하고 죽었더라… 므두셀라는 구백육십구 세를 향수
하고 죽었더라… 라멕이 칠백칠십칠 세를 향수하고 죽었더라…"(5, 8, 11, 14, 17, 20, 27,
31절, 고딕체는 저자의 것임). 이들은 (죽지 않았고 데려 간 에녹의 경우처럼) 365세부터
(가장 오래 산 므두셀라의 경우처럼) 969세까지 오랜 수명을 누렸지만, 사망으로 그들의 수
명은 끊겼다. 사망은 인간 역사의 다른 모든 시대와 마찬가지로 이 시대 동안 왕 노릇 했다.

모든 사람은 틀림없이 죽는다

우리는 이제 이 내용에서 유익을 얻을 수 있도록 이 내용을 적용해야겠다. 바울은 죄의
전가와 의의 전가에 대한 논증을 펼치고 있지만 자신의 논증에 관심을 쓰고 있어서 지금 우
리의 큰 딜레마(모든 사람이 죄를 지어 죽어야 한다)와 그 해결책에도 관심을 쓰고 있기에
우리는 이 딜레마로부터 유익을 얻을 수 있다.

당신이 죽어야 한다는 것을 알고 있는가?

수 년 전 젊은 여자들이 견본집을 만들어 읽고 쓰는 법을 배우던 때에 그들이 바늘 끝으
로 짚곤 하던 운(韻)은 보통 「새영어 입문서」(New England Primer)에 나오던 것인데, 이

책은 영어 알파벳을 기초로 삼아 만든 시(詩)의 대구(對句)를 통하여 성경의 진리를 가르쳤다. 'A' 항목을 배울 때 어린이는 다음과 같이 쓰곤 했다.

아담(Adam)의 타락으로 우리는 모두 죄를 지었다.

이 연습 문제 마지막 부분에 있는 'X' 항목을 배울 때 젊은 여자들은 이렇게 쓰곤 했다.

크세르크세스(Xerxes : 한글개역성경은 '아하수에로'로 번역됨-역자) 대왕은 죽었고
당신도 나도 역시 틀림없이 죽는다.

로마서 5장이 가르치는 바가 바로 이것이다 : (1) 'A'는 아담을 가리킨다("죄가 한 사람으로 말미암아 세상에 들어왔다"); (2) 'X'는 크세르크세스를 가리킨다("사망이 모든 사람에게 이르렀다").

흔히 사망과 세금보다 확실한 것은 없다고들 말한다. 하지만 우리는 이 피할 수 없는 현실(죄로 인한 사망)을 피해 보려고 무슨 짓이든 서슴지 않는다.

프란츠 보르케나우(Franz Borkenau)는 죽음에 대한 태도를 기준으로 삼아 문화를 분석할 수 있다고 믿는 역사가로 그는 세 가지 기본 태도가 있다고 말한다. 고대 그리스에는 **죽음을 받아들이는** 태도가 있다. 현대 탈기독교 시대에는 **죽음을 부인하는** 태도가 있다. 그리고 유대기독교 체계에는 **죽음에 맞서는** 태도가 있다.[3]

1. **죽음을 받아들이는 문화(A death-accepting culture)**. 고대 그리스 문화의 죽음을 받아들이는 태도를 보여 주는 중요한 예는 세상에서 가장 유명한 죽음인 소크라테스(Socrates)의 죽음이다. 소크라테스는 자신의 '무신론'으로 도시의 청년들을 타락시켰다는 이유로 아테네의 통치자들로부터 사형을 언도받았다. 그의 무신론이라 함은 그가 그리스 신들의 존재를 곧이 곧대로 받아들이지 않았다는 뜻이다. 그는 독당근 즙을 마시고 죽어야 할 때가 왔다. 그의 제자들이 그의 주위에 모여서 울고 있었다. 그러나 소크라테스는 울지 않았다. 소크라테스는 자신의 운명을 비통해하거나 죽음에서 달아나려고 하기보다, 눈물짓

는 제자들에게 불멸에 대하여 논할 기회로 사용했다. 이 담론은 플라톤(plato)이 「파이돈」 (Phaidon)에서 기록해 두었다. 소크라테스는, 영혼이 불멸하며 사망은 개인이 신체로 지내며 겪는 저주를 벗어날 수 있는 유일한 길이라고 주장했다.

물론 문제는, 단순히 철학적인 희망을 가지고 조용히 죽기란 어렵다는 것이다. 우리는 소크라테스가 실제로 무엇을 체험하고 있었는지 확실하게는 알지 못하지만, 소크라테스는 그런 희망을 품고 조용히 죽었을 것이다. 그러나 그렇게 죽은 사람은 몇 안 된다. 플라톤도, 스승이 독약을 마셨을 때 다른 사람들과 더불어 그처럼 의롭고 지혜로운 동반자를 잃은 데 대하여 눈물을 터트렸다고 고백했다.[4]

2. **죽음을 부인하는 문화**(A-death-denying Culture). 두번째 부류의 문화는 우리의 문화이다. 이 문화의 태도는 죽음을 부인하는 태도로, 프란츠 보르케나우는 이 태도를 모든 태도 가운데 가장 부적절하다고 본다. 왜 우리 문화는 죽음이라는 피할 수 없는 현실을 부인하는가? 죽음은 우리와 상관 있으며 언제나 우리가 맞닥뜨리는 것이다. 왜 우리는 죽음에 대하여 말하는 것조차 피하려고 온갖 짓을 서슴지 않는가?

몇 년 전, 서해안의 큰 장례 기관인 포리스트 론 재단(Forest Lawn Foundation)은 리처드 도스(Richard W. Doss)라고 하는 한 미국 침례교 신학원 교수에게 이 문제를 연구하여 죽음에 대한 제대로 된 이해를 담은 책을 쓰라고 임무를 주었다. 도스는 우리 사회가 죽음을 부인하는 서너 가지 이유를 제시했다. 첫번째는 **심리학적**(psychological) 이유이다. 현대 심리학의 아버지인 지그문트 프로이트(Sigmund Freud)는 죽음을 인간의 무의식적 두려움이라고 말했다. 그러므로 신문과 텔레비전을 통하여 죽음을 접하듯이 죽음을 접하는 기회가 많을수록 사람은 개인적으로 죽음을 더 부인한다. 우리는 매일 죽음을 기억나게 하는 것들을 봄으로써 우리는 힘주어 죽음을 부인한다.

우리가 죽음을 부인하는 두번째 이유는 **문화적**(cultural) 이유이다. 우리 사회는 젊음과 활력과 생산성을 강조한다. 개인의 가치는 그들이 무슨 기여를 하는가로 가늠된다. 건전함은 그 사람이 젊게 생각하고 행동하는 능력으로 가늠된다. 우리나라에서 죽음은 성경이 서술하듯이 마지막 나팔이 울릴 때 멸망당할 마지막 원수가 아니라, 지금 체육관과 건강관리 클럽(헬스 스파 : health spa)와 주름펴기 성형 수술과 식이요법(다이어트 : diet)와 건강

식품과 갖가지 몸을 좋게 하는 오락과 활동을 통하여 멸망되는 원수이다.

이런 문화적 태도는 화장용 크림을 팔기 위한 어느 현대 광고 문구에 가장 잘 표현되었다 : "인자하게 늙을 생각은 없습니다. 늙어가는 순간 순간 늙지 않으려고 애쓸 작정입니다."

하지만 리처드 도스는, 미국이 죽음을 부인하는 문화가 되는 주된 이유는 **종교적**(religious) 이유라고 판단한다. 미국은 종교적 의식(意識)을 잃어버렸다.

> 종교는 미국인의 이념과 생활양식을 형성하는 데 주된 힘이었다. 우리 조상들은 인간과 세계에 대한 분명한 견해를 갖고 이 나라에 왔다. 청교도가 뉴잉글랜드에 정착한 때로부터 19세기의 서부 생활까지 하나의 신학적 구조가 인간이 사회에서 차지하는 자리와 인간이 자연과 하나님과 맺은 관계를 지탱하고 해석했다. 사람은 하나님이 삶에 대하여 한 목적을 갖고 계시며 더욱이 모든 사람은 하나님의 계획을 알고 이해할 수 있다고 믿었고 또 그렇게 느꼈다. 죽음은 이 신앙적 구조 속에 담긴 한 요소였으며 그래서 사람들은 죽음을 내놓고 다루고 삶의 자연스러운 한 부분으로 다루었다. 죽은 자의 매장은 하나님이 인간에 대하여 갖고 계시는 이런 목적을 표현하는 종교적 의식(儀式)과 더불어 이루어졌다.
>
> 그러나 20세기가 되자, 전통적인 기독교적 구조가 사실상 허물어졌지만 그것을 대신할 새로운 제안이 없었다. 세속화로 인하여 현대인은 인간과 사회에 대한 이전의 이해를 내던지게 되었고, 그리하여 죽음이 죽음을 고립시키고 발가벗기는 수단과 분리되었다. 죽음을 이해하는 의미있는 구조가 없이 우리 문화는 부인과 회피라는 방식을 택했다.[5]

그러나 죽음은 회피할 수 없다. 그것은 현실이다. 사망은 왕 노릇 한다. 바울이 말하고 있는 요점이 바로 이것이다. 우리는 죽음을 허구로 다룰 수 있으나 갑자기 죽음은 우리의 길 모퉁이를 돌아 우리의 거리로 걸어 내려와 우리의 문지방을 가로질러 들이닥치거나 우리 이웃의 가정에 들어가고 우리는 그 앞에서 떤다.

멸망한 사망

3. **죽음에 맞서는 문화**(A death-defying culture). 프란츠 보르케나우가 열거하는 세번째 부류의 문화는 죽음에 맞서는 문화이다. 그는 유대교와 기독교에서 이 문화를 발견한다.[6] 다음과 같이 선언한 욥과 같이 구약의 유대인은 사후세계를 바라보았다.

> 내가 알기에는 나의 구속자가 살아 계시니, 후일에 그가 땅 위에 서실 것이라
> 나의 이 가죽, 이것이 썩은 후에
> 내가 육체 밖에서 하나님을 보리라
> 내가 친히 그를 보리니
> 내 눈으로 그를 보기를 외인처럼 하지 않을 것이라
> 내 마음이 촉급(焦急)하구나.
>
> 욥기 19 : 25-27

바울도 앞을 바라보았다. 사실 바울은 죽음에 맞서는 태도를 보여 주는 중요한 모범이다. 바울은 고린도전서 15 : 54-57에서 이렇게 썼다.

> " '... 사망이 이김의 삼킨 바 되리라... ' [참조. 사 25 : 8]
> '사망아, 너의 이기는 것이 어디 있느냐?
> 사망아, 너의 쏘는 것이 어디 있느냐?[참조. 호 13 : 14]"

> "사망의 쏘는 것은 죄요, 죄의 권능은 율법이라.
> 우리 주 예수 그리스도로 말미암아
> 우리에게 이김을 주시는 하나님께 감사하노니."

사도 바울은 어떻게 이런 해답에 이르렀는가? 어떻게 바울과 욥은 계속 죽음에 맞섰는가? 그 해답은 예수 그리스도로 말미암아이다. 욥이 바랐던 해답이 바로 그것이다. 그리고 훗날 더 나은 이해를 갖고 있던 바울은 이를 담대하게 선포했다.

여기에 그 핵심이 있다.

1. 기독교는 사망의 보편적 왕 노릇을 유일하게 설명한다. 그리고

2. 기독교는 그에 대한 해결책을 유일하게 갖고 있다.

약 100년 전의 위대한 스코틀랜드의 신학자이며 스코틀랜드 자유 교회(Scottish Free Church)의 창립자인 호레이셔스 보나르(Horatius Banar)의 말을 함께 살펴보자. 이 말은 그의 창세기 주석에서 나오는데, 이 책에서 그는 아담에 대하여 글을 쓰면서도 우리가 다루고 있는 로마서의 본문도 또한 생각하고 있다.

> 첫 아담이 죽고 우리도 그 안에서 죽는다. 그러나 둘째 아담이 죽고 우리는 그 안에서 산다. 첫 아담의 무덤은 죽음만을 선포하지만, 둘째 아담의 무덤은 생명을 알린다. "나는 부활이요 생명이라". 우리는 첫 아담의 무덤을 들여다 볼 때 흑암과 썩음과 죽음만을 본다. 그러나 우리는 둘째 아담의 무덤을 들여다 볼 때 거기서 빛과 썩지 않음과 생명만을 발견한다. 첫 아담의 무덤을 들여다 볼 때 여전히 그의 먼지가 그 주위에 있는 먼지와 뒤섞인 채로 그가 그 무덤 안에 있음을 발견한다. 그러나 둘째 아담의 무덤을 들여다 볼 때 그가 거기 없음을 발견한다. 그는 다시 살아났다. 우리의 선구자로 다시 살아나 하늘 낙원으로 곧 부활하고 구속받은 자의 본향으로 갔다. 우리는 첫 아담의 무덤을 들여다 보고 이 아담 안에서 죽은 자들의 첫 열매들 곧 아담이 열어놓은 감옥으로 내려간 수많은 사람들을 본다. 우리는 둘째 아담의 무덤을 들여다 보고 그 아담 안에서 밝게 빛나는 무리, 영화롭게 된 일행의 첫 열매들을 본다. 그들은 무덤에서 벗어나 사망을 이기고 부활하여 불멸의 삶을 살게 될 것이다. 지상 낙원에서 자라던 나무를 먹고 사는 것이 아니라 이 나무가 예표했던 그분을 통하여, 즉 죽었으나 지금도 살아 계시며 영원히 사시며 음부와 사망의 열쇠를 갖고 계신 그분을 통하여 산다.[7]

어떻게 예수님은 이 위대한 변화를 이룩하셨는가? 예수님은 우리 대신 죽으심으로써, 우리 죄책을 스스로 짊어지심으로써 그 일을 행하셨다. 아담이 그전에 우리의 대표였듯이 예수님은 우리의 대표가 되셨다. 예수님 우리의 사망이라는 형벌을 짊어지셨다가 다시 부활하셨으므로, 우리는 영생을 누릴 것이다.

위대한 성경 교사인 해리 아이언사이드(Harry Ironside)는 로마서를 다룬 작은 책에, 스코틀랜드 세인트 앤드루스에 있는 묘지에 있는 네 아이들의 비석에 새겨진 비명을 적어 두었다. 이는 어릴 때 죽은 어린이들이 하나님의 은혜로 예수 그리스도 안에서 구원받음을 전제한다. 그 비명에는 다음과 같이 쓰여 있다.

> 뻔뻔스런 불신앙아, 창백해져 죽어라.
> 이 돌 아래 네 명의 어린이가 잠들어 있다.
> 말해 보라. 이들은 멸망했는지 구원받았는지.
> 죄 때문에 사망이 있다면 그들은 지금 여기 누웠으니 죄인이라.
> 공로로 천국이 있다면 그들은 천국에 나타날 수 없다.
> 아 그들이 얼마나 타락했는지 헤아려 보라.
> 거룩한 성경으로 돌아가 보라. 그 매듭이 풀려 있다.
> 아담이 죄를 지었으므로 그들은 죽었고,
> 예수님이 죽으셨으므로 그들은 살아 있다.[8]

여러분은 이 주장을 받아들이는가? 우리는, 유아들이 죽기 때문에 범죄한 것을 안다.

질문 : 어떻게 그런 일이 있을 수 있는가?

대답 : 그들은 아담 안에서 죄를 지었기 때문이다.

두번째 질문 : 그러면 그들은 구원받을 수 있었는가?

대답 : 그들은 아무 일도 하지 않았으니 분명 공로로는 구원받을 수 없었다.

세번째 질문 : 그러면 그들은 멸망했는가?

그 비명은 이렇게 대답한다. 아니다. 그들은 구원받았다. 그러나 예수 그리스도의 죽음을 인하여 구원받았다.

그리스도와 맺은 연합이 어떤 사람에게든지 구원의 유일한 길이다.

● 각주 ●
1. 하지만 어떤 사람들은 "아담의 범죄와 같은 죄를 짓지 아니한 자들 위에도"라는 말을 이런 식으

로 택했다. 그들은 첫째 구절("사망이 아담으로부터 모세까지 왕 노릇 하였다")을 남녀노소를 막론하고 모든 사람을 가리키는 것으로, 둘째 구절("아담의 범죄와 같은 죄를 짓지 아니한 자들 위에도")을 첫째 구절에 속하는 두번째 범주 즉 특히 영아를 가리키는 것으로 보곤 했다. 이 가능성에 대한 유익한 논의를 알려면, John Murray, *The Epistle to the Romans* (Grand Rapids : Wm. B. Eerdmans, 1968), pp. 190,191.

2. William Barclay, *The Letter to the Romans*, in "The Daily Study Bible" series(Edinburgh : The Saint Andrew Press, 1969), p. 80.

3. Richard W. Doss, *The Last Enemy : A Christian Understanding of Death* (New York : Harper & Row, 1974), p.4에서 인용함.

4. Plato, "Phaedo" in *The Works of Plato, trans. B. Jowett* (New York : Tudor Pulishing Company, n.d.), vol. 3, pp. 185–271.

5. Doss, *The Last Enemy*, pp. 7,8.

6. 나는 보르케나우의 책을 기초로 삼고서 James Montgomery Boice, *Genesis : An Expositional Commentary*, vol. 3(Grand Rapids : Zondervan, 1987), pp. 319–321에서 죽음을 받아들이는 문화, 죽음을 부인하는 문화, 죽음에 맞서는 문화에 대한 논의를 상당히 빌려왔다.

7. Horatius Bonar, *Thoughts on Genesis* (Grand Rapids : Kregel, n.d.), p. 274, 275. (Original edition 1875.)

8. H. A. Ironside, *Lectures on the Epistle to the Romans* (Neptune, N.J. : Loizeaux Brothers, 1928), p. 71.

69
아담:오실 자의 표상
로마서 5:14

그러나 아담으로부터 모세까지 아담의 범죄와 같은 죄를 짓지 아니한 자들 위에도 사망이 왕 노릇 하였나니 아담은 오실 자의 표상이라.

당

신은 인간 역사에서 가장 중요한 사건을 무엇이라고 말하겠는가? 불의 발견이라고 하겠는가? 언젠지 모르지만 바퀴의 발명이라고 하겠는가? 인쇄술의 도입이라 하겠는가? 카이사르(caesar : 한글개역성경은 '가이사' 로 번역됨-역자)가 루비콘 강을 건넌 것은 어떤가? 혹은 1066년 가을 노르만 족이 영국을 침략한 것은 어떤가? 혹은 핵무기의 발명이라 하겠는가?

역사의 위대한 순간들을 열거하지만 한도 끝도 없겠고, 이미 열거한 것들도 특정한 개인이나 종족에게는 아주 관심거리다. 그러나 이 사건들도 중요했겠지만, 사도 바울이 로마서 5장에서 인용하는 두 가지 엄청난 사건들에 비하면 별것 아니다. 바울이 말한 두 사건은 아담 안에서 인류가 타락한 것과 주 예수 그리스도께서 인류를 구속하시는 것이다. 이 사건들은 역사의 중심점이다. 그래서 이 사건들은 다음 두 가지 것 때문에 다른 모든 사건을 압도

한다. (1)아담과 예수님이 한 일의 의미. 물론 이 두 사람이 한 일과 그 일의 결과는 아주 달랐다. (2)그로 인하여 영향받은 사람들. 바울은 로마서 5 : 18에서 이 사건들의 중요성을 다음과 같이 요약한다. "그런즉 한 범죄로 많은 사람이 정죄에 이른 것같이 의의 한 행동으로 말미암아 많은 사람이 의롭다 하심을 받아 생명에 이르렀느니라."

NIV는 12-21절에 '아담으로 말미암은 사망, 그리스도로 말미암은 생명'이라는 부제를 달아 이 두 행위들의 힘이 어떤지 표현한다.

예수의 '모형'

금방 내가 (바울의 모범을 따라) 했던 것처럼, 우리는 두 사건을 관련지을 때마다, '아담은 사망을 가져왔고, 예수님은 생명을 가져왔다'는 대조를 강조한다. 그러나 이 대조도 중요하지만(15-17절은 이 대조를 상당히 자세히 설명하고 있다) 아담과 그리스도가 비슷한 점이 어쩌면 훨씬 중요할 것이다. 이는 구원에 대한 우리의 이해가 이 비슷함에 의존하고 있기 때문이다. 바울은 "… 아담은 오실 자의 표상이라"(14절)는 구절로 이 비슷함을 지적한다.

이 말은 무슨 뜻인가? 우리는 어떻게 해서 아담이 하나님을 거스려 범죄하려고 했을 때 다른 인간의 표상이 될 수 있는지 이해할 수 있다. 우리도 물론 죄를 짓기 때문이다. 그러나 아담은 예수 그리스도의 표상이 될 수 있는가? 어떻게 난순한 인간에 불과하며 범죄한 아담이 죄 없는 하나님의 아들을 표상할 수 있는가?

이 구절에서 결정적으로 중요한 낱말인 '표상'이라는 말부터 살펴보자. 이 말은 KJV에는 '상징'(figure)으로 RSV에는 '모형'(type)으로 번역되어 있다. 새영어성경(New English Bible, 이하 NEB로 함 - 역자)은 "아담은 오실 그 사람을 예시한다"고 말을 바꾸어 표현한다. 필립스(J. B. Phillips)는 "첫 사람 아담은 오실 그 사람과 어느 정도 일치한다"고 말한다.

이 낱말에 해당하는 헬라어는 튀포스(typos)이다. 이는 '친다'는 뜻을 가진 **튀프토**(typto)라는 동사에서 나온 말이다. 그래서 영어에서는 이 헬라어 동사에서 타자기(type : typewriter)와 타자(打字 : typing)라는 말을 만들어 쓴다. 타자기의 부품 가운데 인쇄기에 맞도록 만든 글쇠가 있는데, 이 글쇠가 종이를 쳐서 알파벳 문자를 새기거나 그 문자가 표시하도록 되어 있는 상징을 새긴다. 타자는 몇 글쇠가 연속으로 종이를 치는 과정이다. 헬라 세계에서 튀포스는 이런 저런 이유로 다른 무엇, 가령 상처를 일으키는 물건이 남겨 놓은 표시를 가리켰다. 도마는 다른 제자들에게 "… 내가 그 손의 못자국을 보며 내 손가락을 그 못자국에 넣으며 내 손을 그 옆구리에 넣어 보지 않고는 믿지 아니하겠노라 하니라"(요 20 : 25) 라고 말했을 때, '자국' 이라고 번역된 낱말은 튀포스이다. 이 말은 예수님이 십자가에 달렸을 때 그 못이 남긴 상처들을 가리킨다.

이와 아울러 **튀포스**는 폭넓은 의미를 갖고 있었다. 이 말은 무엇의 '상징' 혹은 '형태', 가령 신의 상징을 뜻하게 되었다. 사도행전 7 : 43에는 그런 뜻으로 나타난다. 여기서 이 낱말은 (복수형으로) 우상이라고 번역된다.

좀더 흔하게 **튀포스**는 '거울' (example, 본보기)로 번역된다. 그래서 고린도전서 10 : 6, 11에는 이렇게 되어 있다. "그런 일은 우리의 거울이 되어 우리로 하여금 저희가 악을 즐겨 한 것같이 즐겨하는 자가 되지 않게 하려 함이니." "저희에게 당한 이런 일이 거울이 되고, 또한 말세를 만난 우리의 경계로 기록하였느니라" 그처럼 빌립보서 3 : 17은 이렇게 선언한다. "형제들아 너희는 함께 나를 본받으라. 또 우리로 본을 삼은 것같이 그대로 행하는 자들을 보이라."

결국 **튀포스**는 더 큰 무엇을 예표하거나 예시하는 한 사람이나 대상이나 사건을 뜻하게 되었으며 우리 본문에서 이 낱말을 사용하는 방식도 그렇다. 여기서 우리는 아담이 예수 그리스도의 '표상' 이거나 '예시했음' 을 배운다.[1]

아담은 물론 성경에서 주 예수 그리스도의 유일한 '모형' 은 아니다. 구약의 (전부가 아니라면) 상당한 내용이 그리스도를 예시한다. 여기서 나는, 예수님이 부활하신 후에 엠마오로 가던 제자들에게 나타나셔서 그들에게 '성경을 풀어 주신' (눅 24 : 32) 그 놀라운 광경을 생각하고 있다. 예수님은 '모세와 및 모든 선지자의 글로 시작하여 모든 성경에 쓴 바 자기에 관한 것을 자세히 설명하시니라' (27절). 즉 예수님은 모든 성경에서 그들을 가르치셨다. 나는, 이처럼 성경을 풀어 주시는 엄청난 사건 후에 이 제자들은 이전처럼 성경을 보지 않았다고 확신한다. 이때로부터 구약의 모든 일은 이런 저런 방식으로 그리스도의 '모형' 이 되었다.

이들은 창세기를 살펴보았을 것이며, 창세기는 그들에게 전혀 새로운 책이 되었을 것이다. 그들은 '여인의 후손' 에 대하여 읽어 보았을 것이며 이 후손이 그리스도임을 알았을 것이다. 그들은 아브라함에게 하신 약속들에서 그리스도를 보고, 요셉의 감동스러운 이야기에서 그리스도를 또한 알아보았을것이다. 그들은 출애굽기를 살펴보았을 때, 유월절 어린양에서 그리스도를 보았을 것이다.

민수기에서 그리스도는 광야에서 이스라엘 백성에게 생수를 거저 주는 바위가 되었다(민 20 : 2-11; 참조. 고전 10 : 4). 만나는 예수님을 더 의미 깊게 예표했을 것이며, 광야 순례길 동안 이스라엘 백성을 이끌고 그들을 보호하기 위하여 위에 드리웠던 구름에서도 그리스도가 보였을 것이다.

신명기는 그리스도를 '의로운 분' 으로 묘사하며 그 의(義)를 규정한다.

여호수아서에서 그리스도는 '주의 군대 사령관' 이시다.

그렇게 성경을 쭉 살폈을 것이며 구약의 마지막 책인 말라기에서 그리스도는 치료하는 광선을 비추며 떠오르는 '의로운 해' 이시다.

네 가지 비슷한 점

아담은 어떤가? '모형' 에 대하여 이렇게 공부했지만 아담이 어떻게 예수 그리스도를 표상한다고 말할 수 있는지의 질문에 아직 대답이 되지 않았다. 그러나 '표상' 을 연구하면서 '표상' 은 모든 측면은 아니지만 어떤 큼직한 부분에서 그 온전한 모습을 나타낸다는 것을 보았는데, 이런 의미에서 우리는 제대로 길을 접어들게 되었다. 그러므로 우리는 아담과 그리스도의 완벽한 일치를 살피고 있는 것이 아니다. 사실, 다음 장에서 우리는 몇몇 중요한 차이점을 알아볼 것이다. 그러나 여기서 우리가 살피는 것은 중요하고 비슷한 점이다.

그러므로 다시 한번 이렇게 질문하자. "어떻게 아담은 예수 그리스도를 표상한다고 올바르게 말할 수 있는가? 어떻게 범죄한 아담이 죄 없는 하나님의 아들을 예표할 수 있는가?" 네 가지 중요한 유사점이 있다.

1. 아담과 예수 그리스도는 다른 사람의 대표가 되도록 하나님으로부터 임명을 받았다. 우리는 어떻게 하나님이 아담으로 하여금 하나님의 뜻에 의한 우리의 머리 혹은 대표자로

서 인류를 대표하게 하셨는지 살펴보았다. 그래서 아담이 의에 굳게 서면 우리도 그와 더불어 설 것이요, 그가 타락하면 우리도 역시 타락할 것이다. 예수님도 대표자가 되도록 임명을 받으셨다. 가령 히브리서 10 : 5-7에서 우리는 이 점을 발견한다.

> 그러므로 세상에 임하실 때에 가라사대
> "하나님이 제사와 예물을 원치 아니하시고
> 오직 나를 위하여 한 몸을 예비하셨도다
> 전체로 번제함과 속죄제는
> 기뻐하지 아니하시나니
> 이에 내가 말하기를
> '하나님이여 보시옵소서
> 두루마리 책에 나를 가 리켜 기록한 것과 같이
> 하나님의 뜻을 행하러 왔나이다 하시니라' "

이 본문과 다른 본문에 따르면, 예수님은 하나님의 뜻으로 인류의 머리가 되어 우리의 구원을 성취하시도록 임명되었다.

2. 아담과 예수 그리스도는 특정한 백성 즉 인종이나 후손의 머리가 되었다. 그래서 각자 소위 옛 인류와 새 인류의 원천이 된다.

옛 인류는 그 죄로 길을 잃어 파멸로 향하고 있으며 예수 그리스도와 동떨어져 있는 인종이다. 우리가 주위 세계에서 보는 인류이다. 새 인류는 예수님이 구원하신 구속받은 백성이다. 로마서 5장에서 바울은 이를 '많은 사람이 죄인이 되는' 것과 대조를 이루는 '많은 사람이 의인이 되는' (19절) 것으로 말한다. 고린도전서 15장에서 바울은 "아담 안에서 모든 사람이 죽는다" 그리고 "그리스도 안에서 모든 사람이 삶을 얻을 것이라"고 다시 이를 말한다. 그리고 또 "첫 사람 아담은 산 영이 되었고" "마지막 아담은 살려 주는 영이 되었다"(45절)고 말한다.

'첫 아담'과 '마지막 아담'이라는 낱말을 주목하라. 바울은 '첫째' '둘째'라고 말하지 않고 '첫째'와 '마지막'이라고 말하는데, 이는 그가 아담과 그리스도를, 단순한 사람이 아니라 앞에서 말한 대표가 될 수 있는 능력자로 생각하고 있었기 때문이다. 이를 달리 말하면

(세 인류나 네 인류가 아니라) 오직 두 인류만 있으며 이 인류에게는 오직 두 대표적 머리가 있고 - 세번째 머리는 결코 없을 것이다 - 온 인류가 이 두 대표자와 관계를 맺고 있으므로 이 두 인류로 나누어진다고 할 수 있다.

3. 아담과 예수 그리스도는 하나님과 언약을 맺었다. 언약은 주로 상징적 행위나 맹세로 확증하곤 하던 쌍방 동의이다. 특별히 구약에 많은 예가 있다 : 노아와 맺은 언약, 아브라함과 이삭과 야곱과 맺은 언약, 신명기의 언약, 다윗과 맺은 언약 등.

성경에서는 언약(covenant)이라는 말을 아담에 대하여 특별히 사용하지 않지만 하나님이 아담과 언약을 세우신 것은 거의 의심할 수 없는 일이다. 관련된 낱말이 창세기 2장에 나오는데, 여기서 하나님은 이렇게 말씀하신다. "… 동산 각종 나무의 실과는 네가 임의로 먹되, 선악을 알게 하는 나무의 실과는 먹지 말라. 네가 먹는 날에는 정녕 죽으리라"(16-17절). 간단한 진술이다. 그러나 로마서 5장과 그 외의 비슷한 가르침에 비추어 볼 때, 분명 이 구절은 다음과 같이 넓은 뜻으로 볼 수 있다. "만일 내가 동산에 세워 둔 선악을 알게 하는 나무의 실과를 먹지 않음으로써 네가 내게 복종하면, 의(義) 가운데 서고 영원히 살게 되리라. 더욱이 네 모든 후손도 의(義) 가운데 서서 의의 열매 곧 영생을 누릴 것이다. 그러나 네가 내게 순종하지 않고 선악을 알게하는 나무의 실과를 먹으면, 너는 죽을 것이다. 그리고 너만 죽는 것이 아니라 네 후손에게도 사망에 이를 것이다. 너는 네 후손의 화근이 되며 네 후손은 네 행동으로 정죄를 당할 것이나." (우리는 앞의 연구에서 이 사상을 탐구했다.)

그처럼 하나님은 예수 그리스도와도 언약을 세우셨다. 이 언약은 다음과 같이 볼 수 있을 것이다. "만일 네가 나의 거룩한 법을 이루는 과제를 맡고서 내가 네게 줄 백성의 죄를 씻기 위하여 죽음으로써 내 뜻에 의한 새 인류의 머리 혹은 대표가 되면, 그 백성은 죄의 속박에서 풀려나 영생을 얻고 부활하여 영원토록 하늘에서 너와 더불어 왕 노릇 할 것이다."

이것은 위대한 언약이다. 그래서 히브리서 기자가 다음과 같이 말하면서 이 언약을 (아담과 맺은 언약과 비슷한) 이스라엘과 맺은 언약과 대조한다. "… 이는 더 좋은 약속으로 세우신 더 좋은 언약의 중보시라"(히 8 : 6).

4. 아담은 불순종의 결과를 예수 그리스도는 순종의 결과를 다른 사람들에게 끼쳤다. 아

담의 불순종으로 말미암은 결과는 죄와 정죄와 사망이었다. 예수님의 순종으로 말미암은 결과는 의와 의롭다 하심과 영생이었다.

이 중요한 유사점들을 탁월하게 요약하는 마틴 로이드 존스(D. Martyn Lloyd Jones)는 이렇게 말한다. "아담의 죄와 그 죄의 결과는 예외없이 우리 모두에게 전달되었다. 그리스도의 순종과 의는 그를 믿는 모든 자에게 전달된다."[2]

로버트 홀데인(Robert Haldane)도 이 요점을 적절하게 말한다. "두 아담은 두 언약의 머리이다. 한 아담은 자신의 형상을 행위 언약 아래 있는 모든 자들에게 전달하면서 그들의 대표자가 되고, 다른 아담은 은혜 언약 아래 있는 모든 자의 대표자로서 자신의 형상을 그들에게 전달한다.그러나 한 사람의 불순종으로 많은 사람이 죄인이 되었고, 다른 한 사람의 순종으로 많은 사람이 의인이 될 것이다."[3]

역사적 아담

다음 장에서 우리는 아담과 그리스도가 이루는 대조의 다른 측면 즉 그들의 차이점을 탐구할 것이다. 그러나 그 일을 하기 전에, 유사점과 차이점을 포함하여 이 대조가 아담과 창세기에서 그를 둘러싸고 있는 사건에 대하여 무엇을 가르치는지 기억해야 한다.

첫째 요점은, 아담은 우리와 마찬가지로 속속들이 실재하는 역사적 인물이었다는 것이다.

최근 들어 아마도 지난 세기 중반 이래로, (창세기의 다른 많은 부분과 아울러) 아담을 신화적인 인물로 간단히 처리하는 경향이 있어 왔다. 신화는 종교적 진리를 말하고자 하는 이야기이다. 이는 우화와 다르다. 동물들이 말하는 이솝 우화와 같이 우화는 교훈을 담은 상상적인 이야기이기 때문이다. 또한 전설과도 다른데, 전설은 보통 사람보다 뛰어난 인물과 관련된 영웅적 무용담이기 때문이다. 아더 왕 이야기가 바로 전설이다. 반면에 신화는 종교적 이야기이다. 이는 흔히 그렇기도 하지만, 반드시 신이나 여신 혹은 남자 영웅이나 여자 영웅과 관련되는 것이 아니다. 그러나 신화는 무시간적이고 종교적인 진리를 다루며 – 이것이 중요한 요점이다 – 곧이 곧대로 받아들이지 말도록 되어 있다. 그래서 특별히 아주 많은 자유주의자들이 아담의 이야기를 신화로 보았다.

그런 판단을 들을 때마다, 위대한 영문학자이며 기독교 변증가인 루이스(C. S. Lewis)의 대조적인 판단을 생각한다. 그는 신화에 대한 글로 명성을 쌓았다. 루이스는 신약 성경이 신화라는 주장을 다루었지만, 여기서 말하는 요점은 창세기 이야기에도 똑같이 적절하게 적용된다. 그는 이렇게 쓴다.

신약 본문과 이 본문에 대한 다른 사람의 연구서를 꼼꼼히 연구하면서 젊은 시절과 성년기를 보내었지만, 이 본문을 문자적으로 체험하여 문학 일반에 대하여 넓고 깊고 친숙한 체험만 자랄 뿐 올바른 비교의 기준을 갖추지 못한 사람은 신약 본문에 대한 명백한 점들을 놓치기 십상이다. 그가 복음에 있는 어떤 것이 전설이라거나 소설이라고 내게 말한다면, 나는 그가 얼마나 많은 전설이나 꾸며낸 이야기를 읽었는지 또 이 전설과 소설들의 맛을 느끼며 살필 정도로 그의 감상능력이 제대로 훈련되어 있는지 알고 싶다. 그가 전설과 소설이라고 본 그 복음을 연구하느라고 얼마나 많은 세월을 보냈는지는 제쳐 두고서라도 말이다.[4]

그런 후에 루이스는 요한복음을 신화로 간주되는 성경 자료의 예로 들면서, 이렇게 결론을 내린다. "나는 시와 소설과 환상 문학(vision literature)과 전설과 신화를 평생 읽어오고 있으며 그것들이 어떠한지 나는 안다. 그러나 그 가운데 요한복음과 같은 것이 하나도 없음을 나는 안다."[5]

창세기와 같은 것도 하나도 없다. 아담의 이야기가 신화라면, 우리는 신화에 대한 새로운 정의(定義)를 찾아야 할 것이다. 왜냐하면 거기에는 역사적 아담이 **있었기** 때문이다. 그의 이야기는 **문자 그대로** 다루어야 한다.

아담의 역사성을 입증하는 실제 증거는, 우리가 연구해 오고 있는 바, 바울이 아담의 인격과 그리스도의 인격 사이에 제시하는 유사성이다. 예수님은 역사적인 개별 인물이다. 그분은 특정한 과거에 - 가이사 아구스도가 로마 제국의 통치자로 있었고 구레뇨가 수리아의 총독으로 있던 헤롯 왕 시대에(눅 1 : 5; 2 : 1-2) - 이 땅에 오셨고, 본디오 빌라도의 손에 죽으셔서 우리를 위하여 말 그대로 구속을 이루셨다. 예수님은 말 그대로 아담의 범죄로 인한 결과를 없이 하시려고 우리의 역사로 들어오셨다. 그러므로 아담은 (그리고 그의 행동은) 역사적임에 틀림없다.

신화적인 타락이나 신화적인 범죄를 없이하는 데는 역사적 속죄가 필요치 않다. 또 하나의 신화가 필요할 뿐이다. 그러나 그리스도께서 우리를 구원하시기 위하여 실제로 계셔야 했다면, 아담도 역시 실제로 있었다. 아담이 실제로 있었기 때문에 그리스도께서도 속죄를 이루시기 위하여 실제로 계셔야 했다.

그리하여 우리는 아담과 그리스도의 대조가 가르치는 두번째 것을 보게 된다. 즉 인류의 타락도 역시 역사적이었으며 그것은 실제 사건이었다. 이 사건이 중요한 것은 이 사건이 하나님 앞에서 지는 죄책과 관련되어 있기 때문이며 이는 참된 죄책이지 단순히 생각해 낸 죄책이나 죄책감이 아니기 때문이다.

나는, 자유주의 학자들이 창세기의 처음 몇 장을 신화로 보고자 하는 주된 이유가 그들이 아담 안에서 인류의 타락이라는 현실이나 그 현실로부터 나오는 죄책에 맞닥뜨리고 싶지 않기 때문이라고 확신한다. 그들의 바람대로, 만일 타락이 없었다면, 아담과 하와와 뱀과 에덴 동산에 관련된 이 모든 일은 우리의 불행하지만 피할 수 없는 인간 조건을 서술하려는 것뿐이다. 그러니 그들은 우리가 불완전한 세계에 살고 있으며 따라서 불완전에 맞서서 끊임없이 싸워야 한다고 말하고자 할 뿐이다. 그들의 사고 구조는 죄책과 상관없고 실제로 우리로 교만하게 하고 영웅적 위대함을 꾸며대게 한다. 우리는 어떤 일을 해도 비난을 받지 않을 것이다. 우리는 그저 불완전을 이어받았으며, 아무튼 이 불완전에 맞서서 어찌나 잘 싸우고 있는지 칭찬을 받아야 한다. 사실 우리는 항상 더 훌륭하게 일을 할 수 있다는 말을 듣는다.

그러나 사실은 그렇지 않다. 우리는 더 훌륭하게 일을 하고 있지 않으며, 단순히 불완전에 맞서서 싸우고 있지도 않다. 우리는 아담 안에서 하나님과 올바른 관계를 맺고 있었으나 우리는 거역했다. 이제 실제로 우리는 우리의 부패한 힘과 아래로 맴돌며 내려가는 우리 문화의 흐름에 이끌려 빠른 속도로 하나님으로부터 멀리 떨어지고 있다. 로마서 1장은 이런 타락을 서술한다. 우리가 구원받으려면 또 하나의 역사적 행위가 있어야 한다. 바로 그런 이유로 역사에 들어오신 주 예수 그리스도께서 그 행위를 실행하셔야만 한다.

아담 안에서인가 그리스도 안에서인가?

도널드 그레이 반하우스(Donald Grey Barnhouse)의 글에서 다음과 같은 문단을 인용하면서 마무리하고자 한다.

아담의 타락 이야기를 제쳐놓고서 성경에서 아담에 대하여 써 놓은 것이 얼마나 적은지 주목할 만하다. 아담은 하나님에 의하여 지음받았고 창조계를 다스리라는 명령을 받았다. 그런데 그는 넘어졌다. 그러나 그를 위하여 최초로 피의 희생이 생겼다. 그에게는 아들이 여럿 있었는데, 첫째 아들은 살인자였고 둘째는 그리스도를 믿고 따른 자의 모형이었고 셋째는 인류의 선조로 하나님의 약속을 성취한 자이다. 그리고 죽을 때 아담의 나이가 기록되어 있다. 참으로 내용이 빈약한 전기(傳記)이다. 그러나 두 가지 엄청난 사실 때문에 아담은 역사에서 가장 유명한 사람 가운데 한 사람이 된다. 그는 최초의 사람이었고 또 최초의 죄인이었다. 그는 자녀의 유산을 사라지게 만들었고, 우리 모두는 그 이래로 영적인 가난에 허덕여 왔다. 그러나 우리가 시간의 그림자를 통하여 그를 바라볼 때, 그를 호되게 심판하지 못하는 것이, 그가 우리를 대신하여 할 일을 했을 따름임을 알기 때문이다.

그리고 실로 우리는 아담을 이해하는 마음으로 바라볼 수 있다. 왜냐하면 그를 통하여 우리는 '많은 사람을 대표하는 한 사람'의 원리를 배우기 때문이다. 예수 그리스도의 십자가에서 우리는 또 한 사람의 아담이 역시 많은 사람을 대표하고 있음을 본다. 아담이 많은 사람을 대표하여 모든 사람에게 사망이 임하게 했듯이, 우리 주 예수께서는 많은 사람을 대표하여 모든 믿는 자에게 생명을 주신다.

의문의 여지 없이 우리 모두는 아담 안에 있다.

당신은 갈보리를 멀리 바라보고 자신이 그리스도 안에 있음을 알 수 있는가? 아담으로부터 흘러내리는 오염의 물길 때문에 더러워진 당신은 새 인류의 머리로서 우리를 위하여 죽으신 주 예수 그리스도로부터 흘러내리는 물길에 뛰어들어 감으로써만 성결해질 수 있다.[6]

● 각주 ●

1. 튀포스와 튀프토에 대한 아주 훌륭한 연구를 알려면, Gerhard Friedrick, *Theological Dictionary of the New Testament*, trans. Geoffrey W. Bromiley, vol. 8(Grand Rapids : Wm. B. Eerdmans, 1972), pp. 246-269에 실린 레온하르드 고펠트(Leonhard Goppelt)와 구스타프 슈타엘린(Gustav Staehlin)이 쓴 항목을 보라. Charles Hodge, *A Commentary on Romans* (Edinburgh and Carlisle, Pa. : The Banner of Truth Trust, 1972), p. 162(Original edition 1935)에 아주 간략하지만 훌륭한 연구가 실려 있다.

2. Lloyd Jones, *Ramans : An Exposition of Chapter 5, Assurance* (Grand Rapids : Zondervan, 1972), p. 224. 로이드 존스의 *다섯 가지* 유사점을 보려면 pp. 223-225을 보라.

3. Robert Haldane, *An Exposition of the Epistle to the Romans* (MacDill AFB : MacDonald Publishing, 1958), p. 213.

4. C. S. Lewis, "Faulting the Bible Critics," *Christianity Today*, June 9, 1967, p. 895. 이 논문은 후에 *Christian Reflections* (Grand Rapids : Wm. B. Eerdmans, 1967)에서 나왔음.

5. Ibid.

6. Donald Grey Barnhouse, *God's Grace : Exposition of Bible Doctrines, Taking the Epistle to the Romans as a Point of Departure*, vol. 4, Romans 5 : 1-11(Grand Rapids : Wm. B. Eerdmans, 1959), pp. 55, 56.

70
세 가지 큰 대조
로마서 5:15-17

그러나 이 은사는 그 범죄와 같지 아니하니 곧 한 사람의 범죄를 인하여 많은 사람이 죽었은즉 더욱 하나님의 은혜와 또는 한 사람 예수 그리스도의 은혜로 말미암은 선물이 많은 사람에게 넘쳤으리라 또 이 선물은 범죄한 한 사람으로 말미암은 것과 같지 아니하니 심판은 한 사람을 인하여 정죄에 이르렀으나 은사는 많은 범죄를 인하여 의롭다 하심에 이름이니라 한 사람의 범죄를 인하여 사망이 그 한 사람으로 말미암아 왕 노릇 하였은즉 더욱 은혜와 의의 선물을 넘치게 받는 자들이 한 분 예수 그리스도로 말미암아 생명 안에서 왕 노릇 하리로다.

우리가 이제 살피게 될 문단인 로마서 5 : 15-17에서 바울은 우리가 아담 안에 있음과 그리스도 안에 있음의 차이점을 밝힌다. 그러나 이 문단을 이해하기 위해서는, 앞에서 살핀 것처럼 로마서 5 : 12-21에 대한 전반적인 분석을 다시 살펴야 한다. 만일 이 분석을 기억한다면, 바울이 이 절들에서 그리스도와 아담에 대하여 쓰고 있고 이 단락(5-8장)의 처음에서 중요한 대조를 밝히기 시작했던 것이 생각날 것이다. "이러므로 한 사람(아담을 뜻한다)으로 말미암아 죄가 세상에 들어오고 죄로 말미암아 사망이 왔나니 이와 같이 모든 사람이 죄를 지었으므로 사망이 모든 사람에게 이르렀느니라"(12절).

이 시점에서 바울은 18절에서 우리가 발견하는 것과 비슷한 점을 계속 말하려는 의도를 갖고 있는 것이 분명하다. "… 의의 한 행동으로 말미암아 많은 사람이 의롭다 하심을 받아 생명에 이르렀느니라". 그러나 바울이 "이와 같이 **모든 사람이 죄를 지었으므로**, 사망이 모든 사람에게 이르렀느니라"고 말하게 되었을 때, 그는 이미 우리가 살핀 대로 하던 생각을 잠시 멈췄고 틀림없이 그는 독자 (전부가 아니라면) 대부분이 "모든 사람이 죄를 지었으므로"라는 말에 혼동스러워할 것이라고 느꼈다. 독자들은 바울 자신이 실제로 말하고 있는 것을 거의 알지 못했을 것이다. 실제로 바울이 아담의 첫 범죄로 모든 사람이 죄인이 되었다는 뜻으로 말했을 때, 사람들은 그가 오직 모든 사람이 죄를 범하고 있다는 뜻으로만 말했다고 생각했을 것이다. 그래서 바울은 부득불 어떤 행동을 취할 수밖에 없었으며, 즉 자신의 견해를 설명하려고 말하던 것을 중단했다.

13절과 14절이 바로 그 설명이다. 이 절에서 바울은 죄에 대한 형벌 곧 사망은 모세를 통하여 율법을 주시기 전에도 세상에 있었음을 보인다. 그러므로 이 시대 동안의 사람들은 어느 곳에 있든지 죽었다. 그러니 아직 율법을 주시지 않았으므로 비록 엄밀하게 말해서 율법을 범한 사람들이 아니라도, 사람들은 자신의 범죄 때문이 아니라(물론 그들은 범죄에 대한 책임이 있었다) 아담의 죄 때문에 정죄를 받아야 했다. 바울의 요점은, 우리가 지금 예수 그리스도와 연합한 덕택에 구원을 얻었던 것과 똑같이 우리가 아담과 연합했으므로 정죄를 받았다는 것이다. 이것은 중요하고 큰 유사점이다.

삽입구 안의 삽입구

이미 내가 지적했듯이, 바울이 18절에서 하던 것처럼 여기서도 이 단락을 시작하면서 보인 아담과 그리스도의 대조를 다시 언급했다고 우리는 미리 생각했을지 모르나 바울은 곧장 이런 대조를 다시 언급하지 않는다. 그 이유는 바울이 14절 끝에서 좀더 자세한 설명이 필요하다는 생각을 시작했기 때문이다. 바울은 우리가 아담과 연합되었던 것과 같이 지금 그리스도와 연합되어 있음을 보여 주었으나 틀림없이 바울은 속으로 이렇게 말했을 것이다. "아담과 그리스도가 모든 면에서 유사하다는 인상을 줄 수는 없다. 우리가 아담 안에서 정죄받은 것처럼 그리스도 안에서 의롭다 하심을 얻은 것은 사실이지만, 그것은 전체 이야기를 이루는 일부분에 불과하다. 사실 비슷한 점만큼이나 차이점도 크다. 우리는 아담 안에서 정죄받았으나 참으로 우리가 그리스도와 연합하므로 얻는 구원은 대조할 수 없을 정도로 훨씬 더 크고 더 영광스럽다."

이런 이유로 바울은 (내가 말하는) 삽입구 안의 삽입구를 혹은 (이렇게 표현하고 싶다면) 좀더 자세한 곁가지를 끼워넣는다. 13절과 14절에서 바울은 어떻게 우리가 '아담 안에서 죄를 지었는지' 설명했다. 15-17절에서는 그리스도와 맺은 연합이 그 성격이나 결과에서 우리가 아담과 맺은 원래의 연합보다 더 크다는 것을 설명하기 위하여 좀더 곁가지를 말한다.

나는 이 연구를 '세 가지 큰 대조'(Three Great Contrasts)라고 불렀는데, 이는 바울이 지금 우리가 공부하는 15, 16, 17절에서 대조를 설명하는 방식 때문이다. 그러나 실제로 이 문단은 대조로 가득 차 있다.

범죄	대	선물
사망	대	영생
정죄	대	의롭다 하심
한 사람	대	많은 사람
죄(罪)	대	의(義)
아담	대	그리스도

18-21절도 대조는 계속된다.

불순종	대	순종
죄인	대	의롭다 하심을 받은 자
율법	대	은혜

마지막 개념, 즉 은혜가 율법을 이김과 은혜의 '왕 노릇'은 5장 전체의 절정이며 이 개념은 로마서 5장이 시작할 때의 입장을 지지한다. 즉 믿음으로 그리스도께 연합된 자는 그리스도와 맺은 그 관계 안에서 안전하다.

자연 대 초자연

이 세 절(15-17절) 가운데서, 이해하기 가장 까다로운 것은 첫번째 절이다. 왜냐하면 이 절은 별로 명료하지 않기 때문이다. 이 절은 다음과 같다. "그러나 이 은사는 그 범죄와 같지 아니하니 곧 한 사람의 범죄를 인하여 많은 사람이 죽었은즉 더욱 하나님의 은혜와 또는 한 사람 예수 그리스도의 은혜로 말미암은 선물이 많은 사람에게 넘쳤으리라."(15절) 그리스도 안에 있는 구원의 은사는 아담의 범죄와 어떻게 다른가? 어떤 의미에서 이 은사는 더욱 많은가?

먼저, 어떤 의미에서 이 절은 다음에 나오는 대조에 대한 일반적인 혹은 총괄적인 진술이며 따라서 5장의 남은 부분은 설명으로 볼 수 있다고 해보자. 그러나 그 점을 제쳐놓더라도 다음과 같이 질문하는 것은 여전히 옳은 일이다. 15절이 이끌어들이는 특정한 대조, 독특한 개념은 무엇인가? "이 은사는 그 범죄와 같지 아니하니" 하고 말한 후에 바울이 사용하는 첫번째 핵심 낱말에서 이 대조가 나타난다고 나는 제안한다. 이 낱말은 죽었다이다. 아담의 죄가 사망을 가져왔다. 이 죄가 모든 사람을 죽게 했다. 그와 달리 하나님의 은사는 많은 사람에게 생명을 가져다 주었다.

우리는 많은 사람이라는 낱말에 대한 바울의 용법을 오해하지 말아야 한다. 오늘날 대부분의 사람들은 '많은'(many)이라고 하면 '수'(number)를 생각한다. 그래서 우리는 곧장 아담 안에서 죄를 짓고 따라서 멸망한 '많은' 사람과 그리스도 안에서 구원을 받고 있는 '많은' 사람을 저울질하기 시작하여 누가 더 많은지 묻는다. 이 절은 구원받은 사람이 결국 멸망한 사람보다 더 많을 것이라고 가르치고 있는가? (이렇게 말하는 주석가가 있다.) 어쩌면 이 절은 결국 모든 사람이 구원받을 것을 즉 보편구원론을 가르치고 있는가? 나는 이 절이 그 어떤 것도 가르치지 않는다고 주장한다. 바울은 인류가 아담과 맺은 연합과 구원받은 자가 그리스도와 맺은 연합에 대하여 생각하고 있었다. 바울은 결코 양적으로 생각하고 있지 않다. 그래서 바울이 아담의 범죄 때문에 죽은 '많은 사람'에 대하여 쓸 때, 그가 뜻하는 바는 단지 '아담 안에서 죽은 많은 사람 즉 모든 사람'이다. 그리고 생명의 선물이 넘치는 '많은 사람'에 대하여 쓸 때는 그냥 많은 사람이다. 왜냐하면 분명히 '많은 사람'이 구원을 받고 있기 때문이다.

그런데 더 적은 수와 더 많은 수를 비교하는 것이 전혀 아니라면 바울이 말하는 대조는 무엇인가? 내가 제안했듯이, 그 대조는 아담 때문에 모든 사람에게 임한 **사망**과 그리스도 안에서 모든 신자에게 주신 **생명**의 대조이다.

사망은 자연적인 일이며, 여기서 '자연적'이라 할 때는 우리가 초자연적 간섭을 받지 않는 혼자라면 사망이 찾아올 뿐이라는 뜻이다. 하나님은 아담과 하와에게, 선악을 알게 하는 나무의 실과를 먹으면 죽을 것이라고 말씀하셨다. 그런데 그들은 그 실과를 먹고 죽었다. 죽음이라는 결과가 생기는 데에 하나님의 특수한 개입이 필요치 않았다. 죄는 언제나 사망을 낳는다. 게다가 죄는 모든 사람에게 똑같이 사망을 낳는다. 아담이 죄를 지었으므로, 사망은 자연스럽고 피할 수 없는 방식으로 인류에게 임했다. 그런 정도에서 세속주의자들이 유기체가 태어나서 성장하고 늙어 가다가 결국 죽는 표준적인 생물학적 순서를 말할 때는 옳다. 이런 순서는 아주 자연스럽고 납득할 만한 것이라서, 오스월드 슈펭글러(Oswald Spengler)는 이런 순서를 사용하여 그만큼 자연스럽고 납득할 만한 민족들의 흥망성쇠를 설명했다. 그는 이런 순서를 사용하여 그의 기념비적 역사서 「서양의 몰락」(The Decline of the West)에서 서양 민족들의 몰락을 예언했다.[1]

사망은 자연적인가? 물론이다.

세금이 피할 수 없는 것이긴 해도 죽어야 할 운명만큼은 아니다.

"그러나 이 은사는 그 범죄와 같지 아니하니." 모든 사람을 죽게 한 우리 시조(始祖)의 죄로 생기는 지연적인 활동에 맞서서, 은혜로우신 하나님의 초자연적인 활동이 있다. 우리 혼자라면 아무런 소망이 없다. 이 땅에서 묘지만큼 인간의 현존을 특징적으로 보여 주는 것은 아무 것도 없다. 그러나 하나님은 우리를 혼자 내버려두지 않으셨다. 우리가 할 수 있거나 할 수 있었던 그 어떤 일과도 무관하게, 하나님은 우리를 구원하시기 위하여 개입하셨다. 바울은 에베소서 2:1-7에서 바로 이 점을 말한다.

> 너희의 허물과 죄로 죽었던 너희를 살리셨도다. 그 때에 너희가 그 가운데서 행하여 이 세상 풍속을 좇고 공중의 권세 잡은 자를 따랐으니, 곧 지금 불순종의 아들들 가운데서 역사하는 영이라. 전에는 우리도 다 그 가운데서 우리 육체의 욕심을 따라 지내며 육체와 마음의 원하는 것을 하여 다른 이들과 같이 본질상

진노의 자녀이었더니, 긍휼에 풍성하신 하나님이 우리를 사랑하신 그 큰 사랑을 인하여 허물로 죽은 우리를 그리스도와 함께 살리셨고 (너희가 은혜로 구원을 얻은 것이라)또 함께 일으키사 그리스도 예수 안에서 함께 하늘에 앉히시니, 이는 그리스도 예수 안에서 우리에게 자비하심으로써 그 은혜의 지극히 풍성함을 오는 여러 세대에 나타내려 하심이니라.

바울은 후에 로마서에서 바로 그런 점을 쓰게 될 것이다. 물론 더 간략하면 : "죄의 삯은 사망이요(이 부분은 자연적인 것이다), 하나님의 은사는 그리스도 예수 우리 주 안에 있는 영생이니(이 부분은 초자연적인 것이다)"(롬 6 : 23). 이 절로부터 어떤 내용이 나오는지 생각해 보라.

  1. 영광은 하나님께 돌아가지 사람에게 돌아가지 않는다. 그리고
  2. 구원은 확실하니, 하나님의 일은 우리의 보잘것없는 업적과는 달리 영구한 것이기 때문이다. 그 어느 피조물도 "… 우리를 우리 주 그리스도 예수 안에 있는 하나님의 사랑에서 끊을 수 없으리라"(롬 8 : 39)하는 것은 구원의 일이 하나님의 일이지 사람의 일이 아니기 때문이다.

한 범죄 대 많은 범죄

"또 이 선물은 범죄한 한 사람으로 말미암은 것과 같지 아니하니, 심판은 한 사람을 인하여 정죄에 이르렀으나, 은사는 많은 범죄를 인하여 의롭다 하심에 이름이니라"(롬 5 : 16)하고 지적하면서, 아담의 죄로 말미암은 결과와 더 나아가 그리스도 안에 있는 하나님의 사역으로 말미암은 결과를 대조시킨다.

앞에서 내가 제안했던 것처럼, 이 절은 15절보다는 이해하기 쉽다. 왜냐하면 16절은 일반적이고 조금 간단하게 말하기 때문이다. 15절에서는 분명한 대조를 보기가 어렵지만 16절은 그렇지 않다. 16절에서는 정죄를 가져온 '한 죄' 즉 선악을 알게 하는 나무 실과를 먹었을 때 범한 아담의 죄와 아담과 그를 따르던 모든 사람이 범했지만 그리스도의 피로 속죄받은 '많은 범죄'가 뚜렷히 대조된다.

좀더 자세히 설명해 보겠다. 어떤 식으로든 – 불가능하다는 것을 알지만 논증을 위하여 이렇게 표현할 뿐이다 – 아담이 선악을 알게 하는 나무 실과를 먹었을 때 범한 죄 하나가 그가 범한 유일한 죄로 밝혀진다 하더라도, 인류 역사의 길고 긴 전(全)시대에 아담을 따르던 사람들(하와, 가인, 아벨, 그후로 우리 자신과 우리의 동시대인을 포함한 나머지 모든 사람들) 중에서 생각이나 말이나 행동에서 달리 죄를 범한 사람이 아무도 없다고 하더라도, 예수님은 우리를 구하기 위하여 죽으셔야 했을 것이다. 아담이 하나님의 뜻에 따라 우리의 머리가 되었는데 그가 죄를 지어 우리가 정죄받았으므로, 우리에게는 원죄와 그에 따른 하나님의 정죄에서 우리를 건져 줄 구주가 여전히 필요했다. 그리고 사정이 그러했고 예수님이 오직 그 한 죄의 결과로부터 우리를 건지러 오셨다면, 구원은 여전히 영광스러울 것이며 천사는 다음과 같이 노래하며 자신의 시간을 여전히 올바르게 사용했을 것이다 : "… 책을 가지시고 그 인봉을 떼기에 합당하시도다. 일찍 죽임을 당하사 각 족속과 방언과 백성과 나라 가운데서 사람들을 피로 사서…"(계 5 : 9).

그러나 실제 상황은 그렇지 않다. 아담이 지은 죄는 모든 사람을 정죄받게 했고, 오직 그리스도께서는 그 정죄에서 우리를 구속하셨다. 그러나 그리스도께서는 고작 아담의 죄를 사하기 위하여 죽으신 것이 아니다. 죄인이 된 아담은 죽기 전에 더 많이 죄를 지었다. 사실 성경이 후에 온 인류에 대하여 "… 그 마음의 생각의 모든 계획이 항상 악할 뿐임을 보시고"(창 6 : 5)라고 말하듯이, 아담에게도 마찬가지였을 것이다. 그리고 아담의 많은 죄를 이어서 셀 수 없이 많은 죄인늘의 많은 죄가 나타났다. 이 죄인들은 모두 인류의 끔찍하고 비도덕적인 역사에 나름대로 악과 오만과 잔인함과 악의와 다른 악덕을 더했다.

인간 역사의 본질은 무엇인가? 하나님의 관점에서 인간 역사는 바울이 로마서 1 : 29-32에서 이미 요약한 그런 것이 아닌가?

> 곧 모든 불의 추악 탐욕 악의가 가득한 자요 시기 살인 분쟁 사기 악독이 가득한 자요 수군수군하는 자요 비방하는 자요 하나님의 미워하시는 자요 능욕하는 자요 교만한 자요 자랑하는 자요 악을 도모하는 자요 부모를 거역하는 자요 우매한 자요 배약하는 자요 무정한 자요 무자비한 자라 저희가 이 같은 일을 행하는 자는 사형에 해당하다고 하나님의 정하심을 알고도 자기들만 행할 뿐 아니라 또한 그 일을 행하는 자를 옳다 하느니라.

그리스도께서 그처럼 어머어마하게 쌓여 있는 죄를 위하여 죽으셨으므로, 바울이 로마서 5장에서 "… 심판은 한 사람을 인하여 정죄에 이르렀으나, 은사는 **많은 범죄**를 인하여 의롭다 하심에 이름이니라"(16절, 고딕체는 필자의 표기) 하며 놀라워하는 것도 지극히 당연하다.

사망의 왕 노릇 대 생명의 왕 노릇

세번째이며 마지막 큰 대조는 17절에 나타난다. "한 사람의 범죄를 인하여 사망이 그 한 사람으로 말미암아 왕 노릇 하였은즉 더욱 은혜와 의의 선물을 넘치게 받는 자들이 한 분 예수 그리스도로 말미암아 생명 안에서 왕 노릇 하리로다."

이 말은 무슨 뜻일까?

이 절을 이해하는 열쇠는, '(하나님의) 은혜와 의의 선물을 넘치게 받는'이라 쓴 구절의 넘치는이라는 낱말과 그처럼 넘치게 복을 받은 자들이 이제 예수님으로 말미암아 **생명 안**에서 왕 노릇 할 수 있다는 생각에 역점을 두는 것이다. 이를 간단하게 표현하면, 우리를 위하여 죽으실 때 행하시는 그리스도의 사역은 단순히 우리를 타락 이전에 아담이 서 있던 자리로 돌이키지 않고 우리를 그 너머로 이끈다. 한 주석가는 이렇게 말한다. "그리스도의 죽음으로 구속받은 자들은 단순히 타락에서 회복된 것이 아니라, 예수 그리스도로 말미암아 왕 노릇할 수 있게 되었으며 이들은 아담과 연합할 때는 이런 일을 할 자격이 없었다."[2]

마틴 로이드 존스(D. Martyn Lloyd Jones)는 이 단락에서 **의롭다 하심**이라는 낱말이 다시 나오는 것을 올바르게 지적하면서 이렇게 말한다.

우리는 용서받았을 뿐만 아니라 거기에다 지금도 용서받고 있다. 예수 그리스도의 의(義)가 우리의 것이 되었다. 그 의가 우리에게 임했다… 타락하지 않은 아담은 의로웠지만, 그것은 창조된 존재로서 갖는 의(義)였다. 즉 한 인간의 의(義)였다. 아담은 예수 그리스도의 의를 결코 얻지 못했다. 그가 잃은 것은 자신의 의(義)였다. 그러나 여러분과 나는 그저 인간의 의, 아담이 타락하기 전에 갖고 있던 의를 돌려받은 것이 아니다. '더욱'(풍부, 남아 돌아감)이라는 말은 이 내용을 아주 두드러지

게 한다. 우리는 이와 같이 넘치는 은혜와 의의 선물을 받는다.[3]

아담이 의로운 상태로 남아 있었다면, 이렇게 노래할 수 있었을 것이다. "내 의로 내가 섰으니 / 곧 하나님의 영광스러운 무리에 참여하겠네". 그러나 아담은 의로운 상태를 유지하지 못했고 넘어졌다. 자신의 힘으로 굳세고 의로운 삶을 살 수 없었기 때문이었다. 그처럼 우리도 먼저 자신의 의에 이를 수 있다고 가정하고는 자기 의에 서 있으려고 시도한다면, 넘어질 것이다. 그러나 우리는 넘어지지 않는다. 반대로 우리는 서 있는데, 우리가 서 있는 이유는, 우리가 자신의 의에 서지 않기 때문이다. 그래서 우리는 이렇게 노래한다.

> 예수여, 주님의 피와 의는
> 내 아름다움이며, 내 영화로운 옷 되며,
> 불길 같은 세상에서 이 옷 입었으니
> 기쁨으로 내 머리를 들겠네.

게다가 우리는 마지막 하나님의 심판날에도 설 것이다. 우리는 지금 서 있으며, 바로 이것이 '생명 안에서 왕 노릇 한다'는 이 구절이 가리키는 바다. 이 구절은, 주 예수 그리스도의 은혜와 하나님의 사랑과 성령의 교통과 힘 주심으로 우리가 **지금** 승리한다는 뜻이다. 이렇게 그리스도 안에 있는 하나님의 선물은 아담과 다른 모든 사람의 범죄로 말미암은 결과를 훨씬 넘어선다.

예수 그리스도로 말미암아

바울이 이 절에서 계속 되풀이하며 후에도 나오는 몇 낱말을 지적하고 끝을 맺겠다. 이 말들은 '한 사람으로 말미암아' 즉 '예수 그리스도로 말미암아'이다. 이 말들은 17절에 나오지만, 우리는 15절에서 비슷한 구절을 이미 접했다. '한 사람 예수 그리스도의 은혜로' 그리고 비슷한 개념이 후에 19절과 21절에도 나온다. '한 사람의 순종하심으로'와 '우리 주 예수 그리스도로 말미암아'.

사도 바울이 이 개념을 결코 빠뜨리지 않는 것은, 우리가 살피고 있듯이 이 개념이 이 부분에 나타나는 영광스럽고 절대적으로 본질적인 한 진리이기 때문이다. 우리는 한 때 아담 안에 있다가 그 안에서 타락했다. 그의 죄는 인류에게 죽음을 가져 왔다. 그런데 어떻게 되었는가? 복음이 나타났다. 바울은, 우리가 아담의 타락으로 말미암은 결과를 벗어날 수 있다고 말한다. 더욱이 우리는 아담이 처음에 서 있던 자리를 넘어서 오를 수 있다. 우리는 하나님의 의 가운데 설 수 있다. 이 의는 완전하며 누구도 우리에게서 결코 빼앗을 수 없다. 우리는 이 의 때문에 아담이 자신의 인간적 의로 할 수 없었던 것과 달리 죄에 대하여 이기고, 생명 안에서 왕 노릇 할 수 있다. 그래서 우리는 이렇게 노래할 수 있다.

> 굳건한 바위이신 그리스도 위에 내가 서네.
> 다른 모든 기초는 가라앉는 모랠세.

당신은 '예수님 안에' 있는가? 아담은 '예수님 안에' 있지 않았다. 그래서 그는 완전한 인간으로서 높은 봉우리에 있으면서도 떨어졌다. 한때 인간적으로 완전했던 그가 떨어졌다면, 여러분은, 많은 죄로 더러워졌고 전적으로 불의를 행하려 하는 여러분은 설 수 있는가?

여러분의 유일한 소망은 예수님을 믿고 그에게 연합하는 것이다. 처음에 아담 안에서 서 있던 것처럼(그러나 떨어졌다) 예수님 안에 서 있는 것이다.

● 각주 ●

1. Oswald Spengler, *The Decline of the West*, 2 vols., trans. Charles Francis Atkinson(New York : Alfred A. Knopf, 1926, 1928).

2. Robert Haldane, *An Exposition of the Epistle to the Romans*(MacDill AFB : MacDonald Publishing, 1958), p. 214.

3. D. M. Lloyd Jones, *Ramans : An Exposition of Chapter 5, Assurance* (Grand Rapids : Zondervan, 1972), p. 262.

71
은혜
로마서 5:15-17

그러나 이 은사는 그 범죄와 같지 아니하니 곧 한 사람의 범죄를 인하여 많은 사람이 죽었은즉 더욱 하나님의 은혜와 또는 한 사람 예수 그리스도의 은혜로 말미암은 선물이 많은 사람에게 넘쳤으리라 또 이 선물은 범죄한 한 사람으로 말미암은 것과 같지 아니하니 심판은 한 사람을 인하여 정죄에 이르렀으나 은사는 많은 범죄를 인하여 의롭다 하심에 이름이니라 한 사람의 범죄를 인하여 사망이 그 한 사람으로 말미암아 왕 노릇 하였은즉 더욱 은혜와 의의 선물을 넘치게 받는 자들이 한 분 예수 그리스도로 말미암아 생명 안에서 왕 노릇 하리로다.

앞의 다섯 장에서 우리는 로마서 5 : 12-21의 대요(大要)와 큰 주제를 중점적으로 살피면서, 바울이 한편으로 우리가 아담과 맺은 자연적 연합과 다른 한편으로 우리가 그리스도와 맺은 영적인 연합을 대조할 때 갖고 있던 생각을 따라가 보려고 했다. 이 대조는 유사점과 차이점을 모두 담고 있었다. 이제 우리는 한 낱말 은혜만 살펴야 하겠다. 이 은혜는 놀랍고 웅대한 낱말이다. 이 부분(5 : 12-21)에서 '은혜'는 다섯 번 나오는데, 지금 특별히 우리가 연구하는 15-17에 세 번 나오며, 20절과 21절에 두 번 더 나온다. 이 절들에서 바울은, 하나님이 은혜를 베푸시므로 은혜가 주 예수 그리스도로 말미암아 우리에게 온다고 말한다. 이 은혜는 거저 주시는 것이며 승리의 은혜며 풍성한 은혜이다.

은혜는 무엇인가? 그것은 받을 자격이 없는 자를 향한 하나님의 호의이다. 구원 계획 뒤에 은혜가 있지만, 그 구원을 우리에게 개인적으로 또 효과있게 가져다 주는 것도 역시 은혜이다. 그래서 지난 세기의 위대한 침례교 설교자인 찰스 해든 스펄전(Charles Haddon Spurgeon)은 은혜를 구원의 '샘'이며 '시내'라고 불렀다.[1] 어떤 사람은 은혜(grace)의 첫 글자를 따서 이렇게 표현한다. '그리스도의 희생으로 이루어진 하나님의 부요'(God's Riches At Christ Expense). 또 어떤 사람은 "은혜는 도무지 아무런 호의를 입을 자격이 없고 실로 정반대의 대우를 받을 수밖에 없는 사람에게 보이신 호의이다."[2]

놀라운 은혜

설교를 준비하다가 '은혜' 같은 말을 접하여 그 특별한 의미를 표현해 보고 싶을 때마다, 나는 어떻게 초창기 그리스도인들이 그런 말을 시(詩)로 표현했는지 알아 보려고 찬송가를 자주 살펴본다. 은혜라는 말을 그렇게 알아 보려 했을 때, 찾아 볼 수 있는 낱말과 찬송가가 너무 많아 압도될 지경이었다. 내가 보통 사용하는 찬송가 책에는 신학에 따라 목차가 짜여 있어서 살펴보니, '은혜'라는 말이 한 영역이나 범주에만 나오지 않고 많은 영역에 나오는 것을 발견한다. 신론(神論) 밑에 '그의(즉 하나님의) 사랑과 은혜'와 '은혜의 언약'이라는 두 항목에 은혜가 나타난다. '예수'라는 큰 항목 아래에도 '그의 사랑과 은혜'가 나온다. 그 다음에는 '구원과 은혜'와 '하나님의 새롭게 하시는 은혜'와 같은 소항목이 있다.

이 찬송가 책 뒤에는 '회개시키는 은혜', '유효한 은혜', '큰 은혜', '새롭게 하시는 은혜', '거듭나게 하시는 은혜', '거룩하게 하시는 은혜', '구원의 은혜', '주권적 은혜'와 같은 소항목이 있다.

찬송가에는 '놀라운 은혜', '넘치는 은혜', '비할 데 없는 은혜', '믿기지 않는 은혜'와 같은 구절을 사용하는 이처럼 강력한 호칭(呼稱)기도(litany)가 많다. 수많은 이 찬송가들은 영문학의 큰 보물에 속한다.

존 뉴턴(John Newton)의 고전적인 구절이 있다.

나 같은 죄인 살리신

주 은혜 놀라와
잃었던 생명 찾았고
광명을 얻었네.
(한글통일찬송가 405장)

또는 필립 도드리지(Philip Doddridge)가 쓴 찬송가가 있다.

은혜, 이 즐거운 소리, 내 귀에 정답도다.
그 메아리 하늘을 되울리니, 온 땅이 듣겠네.

내가 가장 좋아하는 은혜의 찬송가는 프린스턴 대학 전총장이었던 새무얼 데이비스(Samuel Davies)가 쓴 것이다.

놀라웁고 크신 하나님, 주의 모든 길이
주께 합당하오니 다 거룩하니이다.
주 은혜의 빛난 영광은
주의 다른 경이(驚異) 가운데 빛나나이다.
주와 같이 용서를 베푸는 하나님이 누구오며,
그처럼 부요롭고 넉넉한 은혜를 가지신 자 누구오니이까?

마음 상하신 하나님께 용서를 받는다니!
가장 악한 죄를 용서받는다니!
이는 예수님의 피로 말미암아 베푸시는 용서라네!
반역자를 기꺼이 받아주시는 용서라네!
주와 같이 용서를 베푸는 하나님이 누구오며,
그처럼 부요롭고 넉넉한 은혜를 가지신 자 누구오니이까?

이 영광스럽고 비할 데 없는 사랑과

하나님을 닮은 이 은혜의 기적이

천상의 입술마냥 죽을 입술을 가르쳐

이 고상한 찬송을 높이 부르게 하네.

주와 같이 용서를 베푸는 하나님이 누구오며,

그처럼 부요롭고 넉넉한 은혜를 가지신 자 누구오니이까?

신학자들은 '보편적 은혜', '구원의 은혜', '불가항력적 은혜', '오래 참으시는 은혜'를 말한다. '주권적 은혜'는 모든 신학 표현 가운데서도 가장 힘있는 표현에 속한다.

C. H. 스펄전이 은혜에 대하여 다음과 같이 말한 것은 지극히 당연하다. "하나님의 은혜는 참으로 심연(深淵)이다. 누가 그 넓이를 잴 수 있으리요? 누가 그 깊이를 헤아리리요? 하나님의 다른 모든 속성과 마찬가지로 그 은혜도 무한하다. '하나님은 사랑이시므로' 하나님은 사랑으로 충만하시며 하나님은 선하심으로 충만하다. '하나님'이라는 이름으로는 '선하심'을 표현하기에 부족하다. 다함이 없는 선하심과 사랑은 하나님의 본질에 속한다. 사람들이 멸망되지 않은 것은 '그 긍휼이 무궁하시기' 때문이고 죄인이 하나님께로 나아가 사죄를 받는 것은 '그 자비하심이 줄지 않으시기' 때문이다."[3]

싫증나게 하는 은혜?

이 모든 것에도 불구하고, 아마 오늘날 대부분의 교회들에는 은혜를 감사하기는커녕 실제로 은혜를 믿는 사람이 아주 적을 것이다. 교회들은 입으로만 은혜를 말한다. 그들은 우리가 자신의 선한 공로와 상관없이 '은혜로 구원받는' 것을 안다. 그러나 거기서 멈춰 버린다. 그들이 진실을 말할 수 있다면, 아마 대부분은 '은혜'라는 주제에 싫증난다고 말할 것이다.

위대한 영국 신학자 패커(J. I. Packer)는 그런 사람들을 목격하고 다음과 같이 지적했다.

그들은 은혜를 원래보다 좀 못하게 보는 것이 아니라 아예 없는 것으로 본다. 그처럼 생각할 때 그들에게 은혜는 아무것도 아니게 된다. 은혜는 그들의 체험과 아무

런 관계가 없다. 그런 사람들에게 교회의 난방이나 지난해 예산에 대하여 말해 보
라. 그러면 그들은 곧바로 귀를 솔깃할 것이다. 그러나 '은혜'라는 낱말이 가리키는
현실에 대하여 이야기해 보라. 그들은 정중하게 흥미가 없다는 태도를 보인다. 그
들은 당신이 되지도 않는 말을 한다고 비난하지 않는다. 그들은 당신의 말이 뜻 깊
다는 것을 의심하지 않는다. 그러나 그들은 당신이 말하고 있는 것이 무엇이든 자
신과는 상관없다고 느낀다. 그들이 은혜가 없이 살면 살수록, 인생을 살아가면서
은혜가 실제로 필요 없다고 더 확신한다.[4]

어떻게 해서 특히 그렇게 숭고한 개념에 대하여 그처럼 무관심하게 되었을까? 패커는,
이는 성경적인 은혜론이 전제하는 네 가지 큰 진리를 깨닫고 인정하고 '마음으로 느끼지'
못한 사실을 반영한다고 믿는다.

1. 인간이 마땅히 처할 도덕적으로 나쁜 상태. 현대인은 끔찍한 영적 상태를 그윽히 만족
하며, 하나님도 그런 영적 상태에 그윽히 만족한다고 가정한다. "자신을 하나님의 형상에서
타락한 피조물로, 하나님의 법칙을 거스르는 배역자로, 하나님 보시기에 범죄하고 더러운
자로, 하나님의 정죄를 받을 수밖에 없는 자로 결코 생각하지 않는다."

2. 하나님의 보응적 정의. 현대인은 '보응이 하나님의 세계의 도덕 법칙일 것이라는 생각
과, 그이 거룩하신 성품을 말하는 표현을 완전히 터무니없는 것으로 본다.

3. 인간의 영적 무능력. "하나님의 호의를 잃어버린 우리와 하나님의 관계를 개선하여 우
리로 그 호의를 얻는 일을 할 수 있는 사람은 우리 가운데 아무도 없다." 하지만 금세기에는
이런 생각을 하는 사람조차 거의 없다.

4. 하나님의 주권적 자유. 대부분의 사람은 하나님이 자신에게 무언가를 빚지고 있다고
생각한다. 그러나 패커(J. I. Packer)는 올바르게 이렇게 말한다. "성경의 하나님은 자신의
복지를 위하여 인간 피조물에게 의존하지 않으신다… 또한 우리는 죄를 지었기 때문에 하

나님이 우리에게 호의를 보이셔야 할 의무가 없다… 하나님은 누군가에게 신세를 졌기에 제대로 시행되고 있는 정의를 중단하는 일은 하시지 않는다. … 오직 각 사람의 운명은 하나님이 그 사람을 그 죄에서 건지기로 결심하시는지 건지지 않기로 결심하시는지에 달려 있고, 하나님은 그 어떤 경우에도 이런 결심을 반드시 내려셔야 하는 것은 아니라는 것을 알 때, 우리는 성경의 은혜관을 파악하기 시작할 수 있다."[5]

은혜 위에 은혜

패커가 아주 멋지게 규정한 이 빠뜨린 요점은 모두 로마서에서 이미 서술해 놓은 것이다. 그러므로 우리가 앞에서 가르쳐 오던 것을 이해하고 여기에 도달했다면, 우리는 은혜가 무엇임을 알고 바울이 이 단락에서 놀라는 것처럼 은혜에 기꺼이 놀라지 않을 수 없다. 사실 로마서 5장을 마감하는 이 여러 장에서 우리가 하려는 것은 바로 다음과 같다. 그 제목을 보자면, '은혜로 인한 의롭다 하심', '율법과 은혜', '넘치는 은혜', '하나님이 은혜를 베푸시는 동기', '은혜의 왕 노릇' 등이다. 각 연구는 우리가 이 놀라운 개념을 더 자세하게 살피는 데 도움을 줄 것이다.

그러나 지금 우리는 무엇을 해야 하는가? 은혜를 다루는 이 처음 장에서, 나는 하나님의 은혜가 어떻게 작용하는지 보이면서 다섯 가지 중요한 종류로 가장 폭넓게 이 주제를 살피고자 한다.

1. 선택하는 은혜(Electing Grace). 우리는 은혜가 사실상 그 은혜를 받는 대상에게 있을 법한 어떠한 공로와 상관없음을 깨달으면 하나님이 오직 주권적으로 선택하심을 이해한다. 아마 대부분의 사람은 하나님이 사람들의 선한 것을 보시거나 내다보시고 구원하신다고 생각할 것이다. 즉 대부분의 사람은, 하나님이 우리가 할 수 있을 선한 일을 보려고 기다리시다가 선한 일이 충분한 정도가 되면 우리를 구원하신다고 생각한다. 혹은 우리가 성경의 가르침대로 하나님이 영원한 과거에 - 즉 우리가 창조되어 무슨 일을 할 기회를 갖기 전에 - 누구를 구원하겠다고 결정하셨다고 그들에게 주장하면, 그 결정은 하나님이 내다보시는 선한 일을 기초로 삼아서 내린 것이 틀림없다고 대답한다. 은혜를 믿는다고 생각하는 사람들

도 때로는 하나님이 내다보시는 것은 하나님이 우리를 구원하실 수 있게 만드는 '믿음' 이라고 가정하고는 그런 식으로 주장한다.

그러나 이렇게 대답한다면 : 만일 성경이 우리의 본모습을 서술하듯이 사람이 참으로 부패했다면, 하나님이 먼저 선한 것을 우리에게 두기로 결정하시지 않을 경우 하나님이 내다보실 수 있는 어떤 '선' 이 우리 가운데 있겠는가? 만일 창세기 6 : 5이 주장하듯이 "그(우리의) 마음의 생각의 모든 계획이 항상 악할 뿐"이라면, 신앙조차도 하나님의 은혜가 표현된 것이며 주권적으로 우리 속에 만들어 놓으신 것이 틀림없다.

이를 달리 말하면, 은혜는 영원하다고 할 수 있다. 즉 은혜는 모든 것 이전에 있다.

또 다르게 말하면, 은혜는 구원의 원천이라고 할 수 있다. 즉 은혜는 어떤 것에도 의존하지 않는다.

몇 년 전, 피츠버그 신학대학원의 교회사 교수였던 존 게스너(John H. Gerstner) 박사는 로마서에 대한 설교를 잇달아 전하고 있던중 여덟번째 설교에서 선택에 대하여 가르치게 되었다. 그 후 질문 시간을 가졌는데, 한 사람이 이렇게 물었다. "왜 당신네 장로교인은 언제나 예정에 대하여 이야기하고 있습니까? 왜 속죄에는 초점을 두지 않습니까?" 이 설교가 여덟번째였음을 기억하라. 사실 게스너는 먼저 7번의 강설에서 속죄에 대하여 이야기하고 있었다. 그러나 그는 이 문제를 대수롭지 않게 보고서 대신에 그 질문을 한 그 사람에게 예정이 없다면 속죄도 없다고 지적했다. "만일 하나님이 무조건적으로 당신을 구원하시기로 선택하지 않으셨다면, 하나님이 당신을 구속하기 위하여 그 고귀한 아들을 세상에 보내셨을 것이라고 한순간이라도 가정할 수 있습니까?" 하고 게스너는 물었다.[6]

우리는 결코 은혜를 앞지를 수 없다. 하나님처럼 하나님의 은혜는 다른 모든 것에 앞선다. 은혜로부터 모든 선한 것이 나온다.

2. 쫓아가는 은혜(Pursuing Grace). 아담과 하와가 선악을 알게 하는 나무 실과를 먹고서 죄를 지었을 때 그들에게 어떤 일이 일어났는지 기억하는가? 그들이 쫓겨날 짓을 했으므로 하나님이 그들을 지옥으로 내치셨을 것이라고 우리는 생각할 수 있다. 그러나 사실은 그렇지 않고, 하나님이 아담의 이름을 부르시며 아담과 하와가 숨어 있는 나무 숲으로 그를 쫓아가셔서 그에게 이르렀을 때 아담은 거역하는 태도를 별로 버리지 않았다. 거기서 하나

님은 사단을 멸하고 죄책을 짊어진 이 부부를 낙원으로 회복시키려고 어느날 메시야를 보낼 것이라고 선언하시면서, 은혜의 큰 약속을 하셨다.

은혜는 항상 이와 같았다. 스스로 의롭다고 여긴 바리새인 사울은 양심의 '가시채'를 뒷발질하면서 하나님으로부터 도망쳤다. 그는 종교적 열정과 활동으로 하나님으로부터 도망쳐서, 심지어 그리스도인을 찾아나서서 붙잡고 죽이는 데까지 이르렀다. 그러나 하나님은 바울을 쫓아가셨다. 하나님은 다메섹까지 그를 쫓아가셔서, 미쳐 날뛰며 밖으로 도피하는 그를 가로막으셨다. 하나님은 그에게 이렇게 말씀하셨다. "… 사울아, 사울아, 네가 어찌하여 나를 핍박하느냐?…"(행 9 : 4) 은혜는 그처럼 행했고, 바울은 그 사실을 결코 잊지 않았다.

은혜의 하나님은 시간과 상황 속에서 길고 긴 길을 내려가는 거역하는 인간을 쫓아다니는 '하늘의 사냥개'(The Hound of Heaven)라고 사람들은 불렀다.

우리는 하나님을 추구해 왔다고 때때로 생각할 수 있다. 그러나 우리는 은혜 가운데 자라며 죄악된 우리 마음의 본성을 점점 배우면서, 오직 하나님이 먼저 우리를 찾으시므로 우리가 하나님을 찾을 수 있었음을 발견한다.

> 나 주를 찾았더니 그후로 알았습니다.
> 주께서 나를 찾으셔서 내 마음을 움직여 주님을 찾게 하셨음을.
> 오 참되신 주님, 내가 찾아낸 것이 아닙니다.
> 주님의 것으로 내가 발견된 것입니다.

3. **사죄하는 은혜**(Pardoning Grace). 새무얼 데이비스(Samuel Davies)는 "주와 같이 용서를 베푸는 하나님이 누구오며, 그처럼 부요롭고 넉넉한 은혜를 가지신 자 누구오니이까?" 하고 썼을 때 바로 이 사죄하는 은혜에 놀랐던 것이다. 그런데 그가 놀랐던 것도 당연하다. 그가 놀랐던 점은 다름 아닌 구원의 핵심이기 때문이었다. 우리는 늘상 구원의 핵심을 믿음으로 의롭다 하심으로 말하곤 하지만, 믿음으로 의롭다 하심은 편하자고 짧게 쓰는 신학 표현일 따름이다. 믿음으로 의롭다 하심을 말할 때 그 말의 뜻은, 하나님의 은혜로 믿음으로 말미암아 의롭다 하심이며, 이 의롭다 하심에 따라 우리는 두려운 판결을 기다리는 정죄받은 죄인의 지위에서 믿기지 않는 유업을 기다리는 상속자의 지위로[7] 옮겼다. 그리고

바로 그것이 은혜이다. 하나님이 "자기 아들을 아끼지 아니하시고 우리 모든 사람을 위하여 내어 주신…"(롬 8 : 32) 이유가 무엇이었는가 하고 패커는 묻는다. 오직 은혜 때문이다!

우리는 그 은혜를 받을 자격이 없었다. 우리는 결코 그 은혜를 받을 수 있는 자격이 없었다. 그러나 "긍휼에 풍성하신 하나님이 우리를 사랑하신 그 큰 사랑을 인하여, 허물로 죽은 우리를 그리스도와 함께 살리셨고 너희가 은혜로 구원을 얻은 것이라"(엡 2 : 4-5).

4. 오래 참게 하시는 은혜(Persevering Grace). 개혁파 그리스도인은 칼빈주의의 유명한 5대 신조 가운데 마지막 신조를 '성도의 견인'이라고 하며, 은혜로 구원받은 자들은 오래 참는다고 올바르게 설명한다. 개혁파 그리스도인은 "… 나중까지 견디는 자는 구원을 얻으리라"(마 10 : 22) 하는 예수님의 말씀을 주목한다. 이는 건전한 강조점이다. 우리 그리스도인의 삶은 수동적이지 않으며 우리는 능동적으로 산다. 그러나 이 점을 주의하라. 즉 하나님이 오래 참으시므로 우리가 오래 참는다는 것이다. 하나님의 은혜가 우리를 붙잡기 때문에 우리는 끝까지 견딘다. 실로 우리가 단 한 순간이라도 도덕적 힘 가운데 우리를 지킬 수 있다고 가정하면 그것은 터무니없다. 만일 우리에게 달려 있다면, 결국 모든 사람은 멸망할 것이다.

존 뉴턴의 찬송가 3절을 기억하는가?

> 이제껏 내가 산 것도 주님의 은혜라.
> 또 나를 징자 본향에 인도해 주시리.
>
> (한글통일찬송가 405장)

바로 그것이다. 하나님은 지금 우리가 있는 이곳에 우리를 이끄셨고, 동일한 은혜, 오래 참게 하시는 은혜가 우리를 영광으로 이끌 것이다.

5. 구원의 은혜(Saving Grace). 나는 지금까지 '구원의 은혜'를 다루지 않았는데, 그 이유는 흔히 구원을 우리가 의롭다 하심을 받거나 사죄하심을 받는 것만을 언급하는 것으로 생각하지만 사실 구원은 좀더 포괄적인 개념이기 때문이다. 이 구원의 은혜는 과거를 가리

킨다 : 하나님은 그리스도 안에서 우리를 죄책으로부터 구원하셨다. 이 은혜는 현재와 관련되어 있다 : 하나님은 지금 죄의 세력에서 우리를 구원하고 계신다. 이 은혜는 미래를 바라본다 : 우리가 부활의 몸으로 변화받고 하나님의 거룩함 앞으로 영원히 이끌려 갈 때 하나님은 죄의 존재로부터 우리를 구원하실 것이다.

어떻게 구원하셨고 하시고 하실 것인가?

은혜로, 오직 은혜로 하신다.

하나님의 백성 가운데 있는 은혜

이 연구에서 나는 두 가지 중요한 결과를 지적하겠다. 첫째로, 우리가 오직 은혜로 구원받았다면, 우리가 지금 구원받고 있는 것과 마찬가지로 이 사실은 우리를 하나님께 더 가까이 가게 함에 틀림없다. 왜 그런가? 하나님이 아니시면 우리는 멸망하기 때문이며 우리는 자신을 결코 의지해서는 안 된다.

주의 귀한 은혜받고 일생 빚진 자 되네.
주의 은혜 사슬 되사 나를 주께 매소서.
우리 맘은 연약하여 범죄하기 쉬우니
하나님이 받으시고 천국 인을 치소서.
로버트 로빈슨(Robert Robinson), 1758
(한글통일찬송가 28장)

둘째로, 넘치고 또 넘치는 은혜를 맘껏 즐기자. 왜 그래야 하는가? 마틴 로이드 존스(D, Martyn Lloyd Jones)가 말하듯이, "그리스도 교회의 지체인 당신과 나 그리고 다른 사람들이 넘치는 은혜를 마땅히 즐겨야 할 대로 즐길 때라야 우리가 교회 바깥 사람들을 끌어당기기 시작할 것이다."[8] 거룩함과 제자도와 자기 희생 등, 기독교에는 세상이 항상 탐탁지 않게 여기는 것이 많으며 수십 개가 된다. 그러나 은혜는 하나가 아니며, 또한 은혜는 매력적이다. 그러니 은혜를 받은 자들도 역시 매력적이어야 한다.

뒤에서 바울은 '넘치는' 은혜에 대하여 말하고 있으니 은혜가 넘치게 하라. 바울은 '왕 노릇 하는' 은혜에 대하여 말할 것이다. 은혜가 왕 노릇 하게 하라. 주위 모든 사람이 당신을 돌아보며 "기독교신앙이 그렇다면, 내가 원하던 바요" 하고 말할 때까지 은혜가 왕 노릇 하게 하라. 하나님이 당신을 왕으로 만드셨는데 거지처럼 살지 말라.

● 각주 ●

1. C. H. Spurgeon, *All of Grace* (Chicago : Moody Press, n.d.), p. 42.

2. D. M. Lloyd Jones, *Ramans : An Exposition of Chapter 5, Assurance* (Grand Rapids : Zondervan, 1972), p. 232.

3. Spurgeon, *All of Grace*, p. 41.

4. J. I. Packer, *Knowing God*(Downers Grove, Ill. : InterVarsity Press, 1973), p. 117.

5. 이 네 가지 진리는 Packer, *Knowing God*, pp. 117-120에 서술되어 있다.

6. John H. Gerstner, "The Atonement and the Purpose of God" in James M. Boice, ed., *Our Savior God : Man, Christ, and the Atonement, Addresses Presented to the Philadelphia Conference on Reformed Theology 1977-1979* (Grand Rapids : Baker Book House, 1980), p. 110.

7. Packer, *Knowing God*, p. 121.

8. Lloyd-Jones, *Ramans : An Exposition of Chapter 5, Assurance*, pp. 238, 239.

72
은혜로 의롭다 하심
로마서 5:18-19

그런즉 한 범죄로 많은 사람이 정죄에 이른 것같이 의의 한 행동으로 말미암아 많은 사람이 의롭다 하심을 받아 생명에 이르렀느니라 한 사람의 순종치 아니함으로 많은 사람이 죄인 된 것같이 한 사람의 순종하심으로 많은 사람이 의인이 되리라.

나는 언제 어디서 그런 일이 일어났는지 모른다. 그러나 이웃 사람 누군가가 위층 바닥에 신발 한 짝을 떨어뜨리는 소리를 들었을 때 그는 잠자리에 들 채비를 하고 자기 아파트에 앉아 있었다. 위층 이웃 사람도 분명 잠자리에 들 채비를 하고 있었고, 아래층 사람은 나머지 신발 한 짝이 털썩 떨어지는 소리를 들으려고 기다렸다. 후에 아래층 사람은 그 신발이 떨어지는 소리를 들었을 게 틀림없고, '다른 짝 신발이 떨어지기를 기다린다' 는 표현이 영어에서 뜻이 풍부한 말이 되었다.

이제 우리는 로마서 5 : 12-21을 공부하기 시작한 이래 기다려 왔던 것에 도달한다. 우리가 이렇게 기대했던 것은, 바울이 대조를 이루는 이 큰 대목을 시작했기 때문이다. "이러므로 한 사람으로 말미암아 죄가 세상에 들어오고, 죄로 말미암아 사망이 왔나니, 이와 같이 모든 사람이 죄를 지었으므로 사망이 모든 사람에게 이르렀느니라"(12절). 그러나 우리가 그런 생각의 후반부를 기다리고 있었을 그때에, 바울은 그 생각을 중단했고, 그래서 우리가 그 후로 공부해 오던 모든 것은 어떤 의미에서는 곁가지 혹은 삽입구였다.

사실상 두 가지 중요한 곁가지가 있었는데, 진도를 나가기 전에 이 두 곁가지를 복습하는 것이 도움이 되겠다.

첫째로, 바울은 "모든 사람이 죄를 지었다"는 말의 의미를 설명했다. 그가 뜻하는 바는 모든 사람이 죄인이 되었고 그래서 죄를 지었다는 것이 아니었다. 물론 우리는 자연스럽게 그렇게 생각할 것지만, 바울이 뜻하는 바는 우리 각 사람이 아담의 원죄 혹은 범죄 때문에 죄인으로 선포되었다는 것이었다. 물론 별다른 말을 붙이지 않으면 분명 우리도 죄를 지으므로 우리는 그 죄 때문에 정죄받아 마땅하다. 그러나 바울의 뜻은 그것이 아니며 바울의 뜻은, 모든 사람이 아담 안에서 죄인으로 판단받았고 그래서 구원받을 자들은 주 예수 그리스도 안에서 의롭다고 판단받을 수 있다는 것이었다.

이 곁가지는 14절 끝에서 매듭지었으므로, 다시 우리는 다른 신발이 떨어지기를 기대했다. 그러나 바울은 12절이 이끌어들인 그 대조를 완결하지 않고, 한편 우리가 아담과 맺은 연합과 다른 한편 예수 그리스도와 맺은 연합의 차이점들을 보여 주려고 또 하나의 긴 삽입구를 끼워넣었다. 이 두번째 곁가지는 15절부터 시작하여 석 절이나 계속된다.

18절에 가서야 두번째 신발이 마침내 떨어지므로 거기서 우리는 그 대조의 완전한 영향력을 알게 된다. 바울은 약간 다른 말을 사용하긴 해도 첫 부분을 다시 되풀이하면서 이 대조를 보이려고 차근차근 설명한다. "(1)그런즉 한 범죄로 많은 사람이 정죄에 이른 것같이 (2)의의 한 행동으로 말미암아 많은 사람이 의롭다 하심을 받아 생명에 이르렀느니라."

바로 여기서 우리는 나머지 신발 한 짝이 떨어지는 소리를 들었던 것이다.

그런데, 우리가 기껏 오랫동안 기다려고서는 이 요점을 놓치는 일이 없도록 하려고, 바울은 19절에서 다시 한번 그 요점을 말한다. "(1)한 사람의 순종치 아니함으로 많은 사람이 죄인 된 것같이 (2)한 사람의 순종하심으로 많은 사람이 의인이 되리라."

여기에는 참으로 큰 대조들이 열거되어 있다. 바로 앞의 연구에서 우리는 '세 가지 큰 대조'(Three Great Contrasts)를 15-17절에서 이미 보았다. 이 대조들은 아담의 사역과 그리스도의 사역이 어떻게 다른지를 보여 주려는 의도가 있었다. 18절과 19절에 나오는 새로운 대조표는 바울이 가르치는 바를 충만하게 보여 주면서 그 내용을 요약한다. 그 대조는 다음과 같다.

아담	대	그리스도
아담의 한 범죄	대	그리스도의 의로운 한 행동
아담의 불순종	대	그리스도의 순종
사망	대	생명
정죄	대	의롭다 하심

이 다섯 개의 대조 가운데 가장 큰 대조는 정죄와 의롭다 하심의 대조인데, 이는 5장이 이런 저런 식으로 줄곧 다루어 오던 것이 바로 이 대조이기 때문이다.

믿음에 의해서인가 은혜에 의해서인가?

바로 앞 장에서 나는 우리가 로마서 5장 끝까지 줄곧 하나님의 은혜라는 주제를 다루게 될 것이라고 말했고, 그런 이유로 나는 이 장은 '은혜로 의롭다 하심' 이라는 제목을 붙였다. 그러나 여러분에게는 이 제목이 올바른 제목으로 들리는지 궁금하다. 우리는 '믿음으로 의롭다 하심' 에 대하여 이미 알고 있다. 이것은 프로테스탄트 종교개혁의 슬로건이었다. 그때 마르틴 루터(Martin Luther)는, 이것이 교회를 서게도 하고 넘어지게도 하는 교리라고 말했다.[1] 그러나 사실이 그렇다면, 왜 우리는 은혜로 의롭다 하심을 말해야 하는가? 물론 그 대답은 두 진술이 동일한 진리를 이루는 부분이라는 것이다. 왜냐하면 오직 믿음으로(솔라 피데 : Sola fide) 받은 의롭다 하심은 오직 은혜로(솔라 크라티아 : Sola gratia) 받은 것이기도 하기 때문이다.

이 교리를 다 풀어서 진술하면 이렇게 될 것이다. "오직 믿음으로 말미암아 받는 오직 하나님의 은혜로 의롭다 하심".

의롭다 하심은 심판장이신 하나님이 자신의 공의(公義)에 관하여 우리가 자신 앞에서 올바로 서 있다고 선언하시는 신적(神的) 행위이다. 물론 우리 자신만으로 하나님 앞에 올바로 서 있지 않다. 그래서 우리가 하나님 앞에 올바로 서 있다고 선언을 받을 수 있는 유일한 방법은 그리스도께서 우리 형벌을 담당하려고 우리 죄를 위하여 죽으신 그 죽음을 기초로 삼은 후 하나님의 은혜로 그리스도의 의를 우리에게 적용하는 방법이다. 이 은혜는 인간의 믿음이라는 수단을 통해서 얻지만, 그런데도 의롭다 하심은 전적으로 은혜에 속한다. 받을 자격이 전혀 없는 자에게 주시는 것이다.

여기서 어원(語源)을 살피면 도움이 될까?

'칭의'는 로마서의 이 큰 단락이 다루는 것이다. 그래서 이 대목의 영향력을 살펴야 한다. 본문을 살피기 전에, 왜 어떤 사람이 칭의에 관하여 혼동스러워하고 그래서 칭의를 오해하게 되는지 또 하나의 이유를 언급하겠다. 이 문제는 낱말의 어원, 그리고 언어학적 역사와 관련되어 있다.

라틴어를 아는 사람이라면 척 보고는 '칭의'가 두 개의 라틴어 유스투스(iustus)와 파치오(facio), 파체레(facere)로 이루어져 있는 것을 알 수 있다. 첫번째 낱말은 '의로운', '공평한', '공정한', 혹은 '적절한'이라는 뜻을 가진 형용사이다. 법률 용어로는 '어떤 법률에 대하여 올바른 지위에 있다'는 뜻이다. '의로운', '의' 그리고 '의인(義認)하다'와 같은 영어에 이 라틴어가 보존되어 왔다. 두번째 단어는 동사이다. 이 말은 '만들다' 혹은 '하다'는 뜻이다. 물건을 만드는 곳인 '공장'(factory)이나, 말 그대로 '손으로 물건을 만들다'는 뜻을 갖고 있는 '제조하다'(manufacture)와 같은 낱말에 이 말의 뜻은 남아 있다. 이 두 라틴어를 결합하면, '의롭게 하다, 올바르게 하다, 혹은 공평하게 하다'와 비슷한 뜻을 갖는 '칭의'가 된다. 이 낱말을 사람들에게 쓰면, 말 그대로 사람들이 의롭게 된다는 뜻일 것이다.

그러나 여기서 칭의(justification)라는 낱말의 어원은 대부분의 영어 사용자에게 오해를 불러일으키고 있다.[2] 그 이유는 '칭의'가 사실상 한 개인이 얻거나 그 개인 속에 이루어진 의(義)를 가리키지 않고 그리스도의 의를 그 개인에게 돌리는 하나님의 행위를 가리키기 때문이다.

로마서 5장의 문맥은 이 개념을 이해하고 제대로 평가하는 데 큰 도움이 된다. 여러분은 앞에서 내가 제시한 대조표중 18절에서 칭의가 정죄와 대조를 이루고 있음을 기억할 것이다. "그런즉 한 범죄로 많은 사람이 정죄에 이른 것같이 의의 한 행동으로 말미암아 많은 사람이 의롭다 하심(칭의 : justification)을 받아 생명에 이르렀느니라." 이것이 대조를 이루고 있다면, 우리는 사람들이 '정죄'를 받을 때 어떤 일이 일어나는지 물어야 한다. 이런 정죄 행위는 그들을 범법자로 만드는가? 성경의 용어를 사용하면, 이 정죄 행위가 그들을 죄인으로 만드는가? 아니면 이는 그저 사람들이 죄인이라고 선포된다는 뜻인가? 해답은 다음과 같다. 이는 사람들이 죄인으로 선포된다는 뜻이다. 그들은 이미 범법자이다. 정죄 행위는 그저 이 사실을 그렇다고 선포하고 문제의 율법이 규정한 처벌을 그들에게 짊어 지울 뿐이다.

동일한 생각이 칭의에도 적용된다. 물론 어원을 보면, 칭의가 '공정하게 혹은 의롭게 만듦'을 뜻하지만, 사실 이 용어는 '한 사람이 하나님의 율법 앞에 올바로 서 있다고 선언함'을 뜻한다. 인간 법정에서 이런 선언은 그 개인 자신의 의(義)를 기초로 삼아서 내릴 것이다. 그러나 하나님의 법정에서는 개인의 의는 결코 그런 기초가 될 수 없다. 바울이 앞 장들에서 보여 주었듯이, 참으로 의인은 하나도 없기 때문이다.

그러면 어떻게 하나님은 우리를 의롭다고 선언하실 수 있는가? 오직 우리에게 전가하신 예수님의 완전한 의를 기초로 삼아서 그렇게 선언하실 수 있다. 즉 우리는 오직 은혜로 하나님에 의하여 의롭다 하심을 받았다.

19절의 어법에서 나오는 또 하나의 설명이 있다. 바울은, 아담의 불순종하는 한 행위를 기초로 하여 많은 사람이 '죄인이 되었다'고 말한다. 우리는 그런 것을 어떻게 이해해야 하는지 이미 살펴보았다. 이는, 모든 사람이 죄에 영향을 받았으므로 각자 죄를 범하는 사람이 되었다는 뜻이 아니다. 물론 실제로 그런 일이 일어났으며 사실이 그렇다. 여기서는 그런 뜻이라기보다 온 인류가 아담의 죄 때문에 죄인이라고 선언을 받았다는 뜻이다. 그래서 사망이 모든 사람에게 이르렀고, 심지어는 죄를 지을 아무런 기회도 갖기 전에 죽은 (영아와 같은) 자들에게도 이르렀다. 만일 이런 의미로 '많은 사람이 죄인이 되었다면', 틀림없이 그와 상응하는 의미로 예수 그리스도의 순종하는 한 행위로 말미암아 '많은 사람이 의인이 될 것이다'.

그리스도의 순종

이리하여 우리는 또 하나의 중요한 개념인 그리스도의 순종을 다루게 된다. 바울은 19절에서 이 개념을 언급하는데, 여기서 이 개념을 처음으로 사용한다. 실제로 바울은 아담의 불순종과 그리스도의 순종의 차이를 줄곧 말해 오고 있었지만, 지금까지는 다른 용어를 사용해 왔다. 그가 '한 사람의 순종으로 말미암아' 라는 구절을 사용하는 의의가 무엇인가?

신학자들은 그리스도의 순종을 논의하면서, 소위 예수님의 능동적 순종과 수동적 순종을 구별한다.

예수님의 **능동적** 순종은 예수님이 모세의 율법에 복종하여 능동적으로 지키심을 가리킨다. 갈라디아서에서 예수님이 '… 율법 아래 나게 하신 것은 율법 아래 있는 자들을 속량하시려…' (갈 4 : 4-5) 함이라고 서술하는 것을 기억하는가? 이 말은, 예수님이 인간으로 오셨을 때 일부러 모세의 율법에 복종하셔서 우리 죄를 위해 십자가에 달려 죽으심으로 예수님만이 완전하게 죄를 담당하는 자, '흠 없는 어린 양' (벧전 1 : 19)이란 것을 알려지도록 하셨다는 뜻이다.

예수님의 세례도 같은 뜻을 담고 있었다. 예수님이 세례를 받으러 요한에게 오셨을 때, 요한은 처음에 "… 내가 당신에게 세례를 받아야 할 터인데 당신이 내게로 오시나이까?" (마 3 : 14) 하고 말하면서 만류했다. 요한이 말하고자 하는 뜻은 예수님이 완전하시니 죄를 씻는 회개의 세례가 필요치 않다는 것이다. 그러나 예수님은 이렇게 말씀하셨다. "… 이제 허락하라. 우리가 이와 같이 하여 모든 의를 이루는 것이 합당하니라…" (15절). 다른 말로 하면, 예수님은 회개할 죄가 없으시기 때문에 그 당시 다른 사람들이 하듯이 회개의 세례를 받으러 요한에게 가신 것이 아니다. 세례를 받으심으로써 예수님은 하나님의 뜻대로 된 우리의 머리 혹은 대표자로서 자신을 율법 아래 두시면서 우리와 하나가 되셨다. 예수님은 지켜야 할 율법이 있었으므로 그 율법을 지키셨으며 생애 내내 예수님은 하나님의 표준에 전적이고 능동적으로 순종하셨고, 그래서 자신이 죄를 씻기 위하여 유일하게 받으실 만한 제물임을 보이셨다.

예수 그리스도의 **수동적** 순종은 그와는 다른 것이다. 이 순종은 십자가에 복종하신 것을 가리킨다. 예수님이 겟세마네 동산에서 이 문제로 얼마나 씨름하셨는지 기억하는가? 예수님은 이렇게 기도하셨다. "… 내 아버지여, 만일 할만 하시거든 이 잔을 내게서 지나가게 하옵소서…"(마 26 : 39). 예수님은 자신이 십자가에 달리는 끔찍한 죽음을 어떻게 피할 수 있을지 구하지 않았다. 예수님이 괴로워하신 것은 자신이 우리를 위하여 죄가 되신다는 사실이었다. 예수님은 십자가에 달리실 것이며, 인간의 모든 무거운 죄를 짊어지시고 거기서 형벌을 받으실 것이고 아버지께서도 예수님에게서 등을 돌리실 것이다. 예수님이 다른 길이 없는지 구했을 때 두려워하시고 가리키신 것은 바로 이 점이다.

이것이 예수님의 수동적 순종이었다. 그리고 바울은 '많은 사람이 의인이 되도록 할' '한 사람의 순종'을 말할 때 바로 이 점을 가리키고 있다. 그리스도의 능동적 순종은 그리스도로 하여금 이 역할을 맡을 자격을 주었다. 그러나 우리 죄를 속하시고 아버지께서 예수의 의(義)를 우리에게 돌리실 수 있도록 만들었던 것은 아담의 불순종하는 한 행동에 상응하는 그리스도의 수동적 순종의 한 행위였다.

당신의 죄는 어디에 있는가?

그러나 여기 필라델피아 제십장로교회의 내 선배 목사이신 도널드 그레이 반하우스(Donald Grey Barnhouse)의 생애를 보면 좋은 예가 하나 있다. 그것은 그의 회심 이야기이다.[3]

반하우스는 15세 때, 전에 마약 중독자였다가 그런 생활에서 건짐을 받아 복음 사역자가 된 어떤 사람의 증거를 들었다. 반하우스는 그 사람에게 다가가, 그가 겪은 그리스도에 대한 체험이 어떤 것인지 물었다. 반하우스는 그 설교자가 자신에게 없는 그 무엇인가를 갖고 있다고 믿었기 때문이다. 이 설교자는 반하우스에게 실물 교육을 시켰다. 그는 반하우스의 왼손을 잡더니 손바닥이 위를 보도록 왼손을 돌리고는 뜻을 담아 "이 손은 당신을 표시합니다" 하고 말했다. 그는 반하우스의 손바닥에 찬송가 책을 한 권 놓더니, 이렇게 말했다. "이 책은 당신의 죄를 표시합니다. 이 책의 무게가 당신의 손을 누릅니다. 하나님은 죄를 싫어하시므로 틀림없이 그 진노가 죄에 내릴 것입니다. 그러므로 하나님의 진노는 지금 당신에게 내리고 있습니다. 그래서 당신의 마음이나 삶에는 평강이 없습니다." 이것은 로마서 1장에 나오는 진리를 멋지게 진술한 것이다. 반하우스는 그 말이 진실임을 알았다.

그러자 이 설교자는 반하우스의 다른 손을 잡더니, 이렇게 말했다. "이 손은 구주이신 주 예수 그리스도를 표시합니다. 그리스도께는 아무런 죄가 없으므로 하나님 아버지께서는 틀림없이 그리스도를 사랑하십니다. 왜냐하면 그리스도께서는 점이나 흠이 없기 때문입니다. 그리스도는 하나님 아버지께서 아주 기뻐하시는 사랑하는 아들이십니다." 반하우스의 한 손은 무거운 책으로 짓눌려 있었고 다른 손은 비어 있었다. 반하우스는 그것도 진실임을 알았다. 그는 죄가 있었고, 예수님은 죄가 없었다.

그런 후에 이 설교자는 반하우스의 왼손 아래 자신의 손을 놓고 그 손을 뒤집었더니 이제 그 책이 비어 있던 오른손에 떨어졌다. 반하우스의 왼손은 그 짐을 이제 예수님을 표시하던 오른손으로 떠넘기고 자유롭게 되었다. 그러자 그 사람은 이렇게 말했다. "주 예수 그리스도께서 십자가에서 당신을 대신하셨을 때 이런 일이 일어났습니다. 그분은 세상 죄를 지고 가는 하나님의 어린 양이셨습니다."

반하우스의 죄를 표시하는 찬송가 책은 이제 예수 그리스도를 표시하는 오른손에 여전히 있었고, 그 설교자는 자신의 성경을 펼쳐 자신이 방금 예로 설명한 것을 가르치는 성경 구절을 읽기 시작했다.

처음에는 베드로전서 2 : 23-24을 읽었다. "욕을 받으시되 대신 욕하지 아니하시고, 고난을 받으시되 위협하지 아니하시고, 오직 공의로 심판하시는 자에게 부탁하시며, 친히 나무에 달려 그 몸으로 우리 죄를 담당하셨으니, 이는 우리로 죄에 대하여 죽고 의에 대하여 살게 하려 하심이라…"그 다음에는 이사야서 53 : 4-6(베드로가 인용하고 있던 성경 구절이다)을 읽었다.

> 그는 실로 우리의 질고를 지고
>   우리의 슬픔을 당하였거늘
> 우리는 생각하기를 그는 징벌을 받아서
>   하나님에게 맞으며 고난을 당한다 하였노라
> 그가 찔림은 우리의 허물을 인함이요
>   그가 상함은 우리의 죄악을 인함이라
> 그가 징계를 받음으로 우리가 평화를 누리고
>   그가 채찍에 맞음으로 우리가 나음을 입었도다.

> 우리는 다 양 같아서 그릇 행하여
> 각기 제 길로 갔거늘
> 여호와께서는 우리 무리의 죄악을
> 그에게 담당시켰도다.

이 설교자는 성경 읽기를 중단하고 반하우스에게 "누구의 죄를 예수님이 지셨습니까?" 하고 물었다.

"우리 죄입니다" 하고 반하우스는 대답했다.

"그것은 누구 죄를 말합니까?" 하고 그 설교자는 꼬치꼬치 캐물었다.

"우리 죄입니다" 하고 같은 대답을 했다.

"그래요. 구체적으로 그 죄들은 누구의 죄입니까?"

"글쎄요. 모든 사람의 죄, 즉 당신의 죄와 나의 죄…"

그 설교자는 말허리를 자르고는 반하우스의 입에서 채 나오기도 전에 그 말을 잡아서, '나의 죄, 바로 그것입니다' 하고 말했다. "내가 바라던 답은 그것입니다. 다시 한 번 말해 보십시오."

젊은 반하우스는 순순히 "나의 죄입니다" 하고 되풀이하여 말했다.

그러자 그 설교자는 이사야서 53 : 6로 돌아갔다. 찬송가 책을 반하우스의 왼손에 놓더니 다음과 같이 읽어가면서 그 찬송가 책을 눌렀다. "우리는 다 양 같아서 그릇 행하여 각기 제 길로 갔거늘." 누르는 힘은 강했다. 그러나 그 설교자가 찬송가 책과 왼손을 다시 뒤집자, 그 짐은 예수 그리스도를 표시하는 오른손을 넘어갔다. 그리고 그는 계속 읽었다. "여호와께서는 우리 무리의 죄악을 그에게 담당시켰도다."

반하우스는 그 행동에 담긴 뜻을 이해했고, 결코 잊지 않았다. 사실 그는 칭의에 대하여 많은 사람들을 가르쳐서 그들을 구주께로 인도할 때 이 예화를 사용했다. 또한 그 예화를 확장했다. 왜냐하면 찬송가책이 다른 손으로 넘어간 것은 우리의 죄가 예수님께 넘어가서 예수님께서 처벌을 받았던 것을 보여 주었듯이 반대 방향으로 그리스도의 의가 우리에게 넘어오는 것을 보여 줄 수도 있기 때문이다. 우리가 로마서 4장을 공부하고 있었을 때 내가 보였던 것처럼, 이중 전가(二重轉嫁)가 포함되어 있다.[4] 반하우스는 이 상응되는 현실을 보여 주려고 성경을 사용했다.

호레이쇼 스패포드(Horatio G. Spafford)는 이 진리를 알고서 이렇게 썼다.

> 내 죄가 - 아, 이렇게 영광스런 생각을 하게 되어서 얼마나 복된가! -
> 내 죄가 일부도 아니고 전부가,
> 십자가에 못박히고 나는 그 짐을 벗어 버렸네
> 내 영혼아, 주를 찬양하라.
> 주를 찬양하라.

은혜의 모든 것

그러나 이 이중 전가(二重轉嫁)는 은혜의 모든 것이다. 하나님이 우리에게 이런 식으로 행하시도록 하는 이유는 아무 것도 없었다. 그리스도께서 우리 죄를 위하여 죽으시게 하거나, 하나님으로 하여금 그 아들의 의(義)를 우리에게 돌리시도록 하는 이유는 아무 것도 없었다. 죄에게 크게 눌려 지내는 여러분 속에서 하나님의 사랑이 아래로 흐르도록 만드는 이유는 아무 것도 없다. 하나님은 그렇게 하는 것을 기뻐하셨기 때문이고 그 본성이 은혜로우시기 때문에 그렇게 하셨다.

마틴 로이드 존스(D. Martyn Lloyd Jones)는 이 절들을 아주 탁월하게 다루는 그 막바지에서, 우리가 은혜로 의롭다 하심이라는 교리를 이해했는지 묻고 (내가 생각하기에는 올바르게) 이 교리를 이해하는 것과 참으로 구원받는 것이 관계 있다는 말을 꺼낸다. 그가 말하는 것은, 구원받은 모든 사람이 칭의에 대한 모든 것을 이해한다는 뜻이 물론 아니다. 칭의에 대한 모든 것을 아는 사람은 우리 가운데 아무도 없다. 로이드 존스가 말하는 뜻은 이렇다. 이 진리들이 당신에게 불가능하거나 미친 소리같이 들린다거나 만일 당신이 "그러나 어떻게 하나님이 마치 우리가 아담 안에 있듯이 그리고 그리스도 안에 있듯이 우리를 다루실 수 있겠는가?" 하고 반문한다면, 아마 당신이 구원받지 않았기 때문일 것이다.[5]

구원받지 못한 사람들에게는 이 교리들이 항상 어리석은 소리로 들릴 것이다. 이 교리들은, 바울이 로마서 바로 다음 장에서 다루고 있는 반론 즉 죄를 짓도록 부르는 초대로 들릴지 모른다. 그런 반론은 항상 있을 것인데, 이는 하나님의 성령을 소유하지 않은 자들이 영적인 문제를 이해할 수 없기 때문이다. 그러나 구원받은 자들에게는 이 진리가 놀라운 것이다. 그 진리들은 삶의 본질이다. 물론 바울이 여기서 말하는 바는 바로 그것이다. "… 많은 사람이 의롭다 하심을 받아 생명에 이르렀느니라"(롬 5 : 18).

만일 당신이 이것을 이해하고 이것이 당신에게 – 무의미하거나 부정확하거나 비합리적이지 않고 – 옳아 보이고 또 당신이 이것을 믿으면, 당신은 구원받은 사람들 가운데 하나이다.

● 각주 ●

1. "칭의의 조항이 떨어지면, 모든 것이 떨어진다… 이것은 다른 모든 교리가 흘러 나온 주된 조항이다"(in *What Luther Says : An Anthology*, compiled by Ewald M. Plass, vol. 2 (Saint Lois : Concordia, 1959), pp. 715, 702).

2. 내가 '대부분'이라고 말하는 것은, 유스투스(*justus*)를 정확하게 이해하는 훌륭한 라틴어 학생은 내가 논의하고 있는 오류를 벗어났을 것이기 때문이다. 그 학생은, 이 용어가 일차적으로는 법률 앞에서 서 있는 사람의 지위를 가리키고 있으며 그런 사람이 의로운 혹은 올바른 사람인지는 부차적일 따름임을 알았을 것이다.

3. 반하우스는 이 회개 이야기를 Donald Grey Barnhouse, *God's Grace : Exposition of Bible Doctrines, Taking the Epostle to the Romans as a Point of Departure*, vol 5, Romans 5 : 12-21(Grand Rapids : Wm. B. Eerdmans, 1959), pp. 86-88에서 말하고 있다.

4. "David's Testimony"(Romans 4 : 6-8) in James Montgomery Boice, *Romans*, vol. 1, *Justification by Faith* (Grands Rapids : Baker Book House, 1991).

5. D. M. Lloyd Jones, *Ramans : An Exposition of Chapter 5, Assurance* (Grand Rapids : Zondervan, 1972), pp. 279, 280.

73
율법과 은혜
로마서 5:20

율법이 가입한 것은 범죄를 더하게 하려 함이라 그러나 죄가 더한 곳에 은혜가 더욱 넘쳤나니.

로마서 5장 끝에는 두 절로 이루어진 짧은 문단이 나오는데, 무관심한 독자는 못 보고 넘어가기 쉬울 것이다. 왜냐하면 처음 보아서는 이 절들을 단지 되풀이할 생각으로 덧붙인 것처럼 보이기 때문이다. 우리는 앞에서 5장의 19절까지 나타나는 바울의 논증을 자세하게 추적했는데, 12절부터는 특히 신경을 썼다. 그래서 우리는 한편으로 아담의 죄와 그 결과 그리고 다른 한편으로 그리스도의 순종과 그 결과가 이루는 대조가 마침내 완결되는 것을 보았다. 아담의 죄는 정죄와 사망에 이르렀고 그리스도의 의(義)는 의롭다 하심과 영생에 이르렀다. 이는 대단히 중요한 진술이므로, 바울은 사실상 18절에 한 번 말하고 19절에 다시 말하여 두번씩이나 그렇게 진술했다.

그러면 이 짧은 문단에서 '율법', '범죄', '죄', '은혜', '사망'을 다시 끌어들이는 이유는 무엇일까? 쓸모 없이 중복되는 것이 아닌가? 바로 6, 7장으로 옮아가는 게 우리에게 도움이 되지 않았을까? 그러나 이 말은 쓸모 없는 중복이 아니고, 하찮은 것도 아니다. 이 말들은 세 가지 이유에서 중요하다. 첫째로, 이 말들은 바울이 이미 말해 오던 것의 요약이다. 그래서 12-19절의 아주 많은 핵심 용어를 반복한다. 둘째로, 이 말들은 6, 7장이 자세하게 전개할 주제들을 요약해서 다루고 있다. 로이드 존스(D. M. Lloyd Jones)는 다음 장들은 이 절들에 대한 '사실상 확대된 주석에 불과하다'고 말한다.[1] 셋째로, 20, 21절은 지금까지 대답하지 않았고 다만 바울이 앞에서 쓴 글에 넌지시 나타났던 한 질문에 답한다. 지금 우리가 관심을 갖는 것은 바로 이 질문(과 그 대답)이다.

왜 율법을 주셨는가?

20절은 율법을 언급하면서 시작하는데 그러면 잠시 바울이 로마서에서 하나님의 율법에 대하여 이미 말했던 것을 다시 살펴보자. 그는 두 가지 중요한 것을 말했다.

첫째로, 바울은 우리를 의롭게 할 수 있는 방법으로 율법을 주시지 않았음을 지적했으나 유대인들은 달리 생각했다. 그들은 사람이 율법을 지킴으로써 의롭게 될 수 있다고 믿었고, 이런 믿음은 유대교의 가장 큰 보물이었다. 그러나 바울은 유대인들에게 이 견해가 어리석었음을 깨우치고자 애를 썼다. 바울은 "율법은 너희가 마땅히 지켜야 할 것은 분명하지만 너희가 그렇게 할 수 있게 하지는 못한다. 율법이 하는 것은 너희가 죄인이라는 것을 드러낼 뿐이다" 하고 말한다. 바울은 로마서 3장에서 이 점을 분명히 밝혔다. 여기서 그는 이렇게 말했다. "우리가 알거니와 무릇 율법이 말하는 바는 율법 아래 있는 자들에게 말하는 것이니 이는 모든 입을 막고 온 세상으로 하나님의 심판 아래 있게 하려 함이니라 그러므로 율법의 행위로 그의 앞에 의롭다 하심을 얻을 육체가 없나니 율법으로는 죄를 깨달음이니라"(롬 3:19-20).

둘째로, 바울은 로마서 5:12-19에서 좀더 나아가 우리가 이미 우리 시조 아담의 죄 때문에 정죄받았으므로 율법이 우리를 정죄할 필요도 없음을 보였다. "많은 사람이 죄인 된 것"(19절)은 아담의 범죄 때문이지 우리 자신의 범죄 때문이 아니다.

이 시점에서 어떤 사람이 어떻게 해서 혼동을 일으키는지 납득이 되겠는가? 어떤 사람은 "바울, 당신은 율법이 칭의의 수단으로 우리에게 주어진 것이 아님을 보였는데, 우리는 그 점을 받아들입니다. 또 우리가 모두 아담의 죄 때문에 이미 정죄받았으므로 율법이 우리를 정죄할 필요도 없음을 보였습니다. 우리로서는 이 점을 이해하기가 아주 힘듭니다만, 이 점도 기꺼이 받아들이겠습니다. 그러나 보십시오. 이 두 가지가 사실이라면, 자 우리에게 말해 보십시오. 율법의 목적은 무엇이었습니까? 우리가 율법으로 구원받을 수 없고 율법이 우리를 정죄하는 데 필요치도 않다면, 왜 율법을 주신 거죠? 율법이 하는 일이 무엇입니까? 사실 율법이 하는 일이 있습니까? 지금 우리가 바라보는 것처럼, 하나님의 율법은 실제적인 목적이 없이 보입니다."

이는 지금까지 대답하지 않았지만 로마서 5장 부분중 특히 13, 14절에서 바울이 율법에 대하여 언급할 때 넌지시 보였던 것이다. 바울의 대답은 20절에 있다. 우리의 본문은 이렇다. "율법이 가입한 것은 범죄를 더하게 하려 함이라…"

그러나 이 대답은 전혀 새로운 문제들을 일으키지 않겠는가? 하나님은 마치 죄를 더 원하셨기 때문에 율법을 주셨고 죄를 일으키도록 유혹하셨다고 말하는 것 같다. 그럴 수는 없다. 그것은 명백한 잘못이다. 하나님은 죄를 지으시는 분도 아니며 죄를 장려하는 분도 아니다. 야고보는, 하나님이 우리를 시험도 하지 않으신다고 말한다. "… 하나님은 악에게 시험을 받지도 아니하시고, 친히 아무도 시험하지 아니하시느니라. 오직 각 사람이 시험을 받는 것은 자기 욕심에 끌려 미혹됨이니"(약 1 : 13-14). 실제로 로마서 5 : 20이 보기와는 다른 뜻을 갖고 있다면, 그 뜻은 무엇인가? 왜 율법이 '가입'되었는가?

이 절에 대한 적절한 접근법은 **가입된**이라는 말에 은근히 나타난다. 이 헬라어는 여러 성경 번역에 갖가지 방식으로 번역되었다 : '들어온'(RSV와 NASB), '장면으로 계속 들어오는'(필립), '밀고 들어온'(NEB), '도입된'(TEB). 그러나 이 낱말은 12절에 죄가 세상에 들어온다는 뜻으로 사용된 바로 그 말이지만("이러므로 한 사람으로 말미암아 죄가 세상에 **들어오고**"), 접두사 **파라**(para : '~와 나란히'라는 뜻)가 붙어 있다. 그러니까 그 문자적 의미는 '율법이 나란히 들어왔다'이다.

무엇과 나란히 들어왔을까? 명백하게 이미 세상에 들어온 그 죄와 나란히 들어왔다. 내가 이 점을 지적하는 것은, 하나님이 율법을 **죄와 더불어** 보내셨다는 것을 보자 마자 율법에는 이미 세상에 있는 죄와 관련되어 존재하려는 의도가 있었음을 우리가 알기 때문이다. 다른 말로 하면, 율법이 죄를 불러일으키는 것이 아니라 죄를 짓는 데 무엇인가 기여한다는

것이다. 이 문장은 율법이 죄에 기여하여 "범죄를 더하게 하려 함이라"고 계속해서 말하면
서, 율법은 죄가 참으로 무엇이며 얼마나 심각한지 보여줌으로써 율법이 무엇을 위함인지
우리로 볼 수 있게 한다는 뜻을 갖는다.

게다가 앞으로 살펴보는 바와 같이, 하나님이 이런 일을 하신 것은 은혜 때문이며 하나님
의 은혜가 넘치게 하기 위함이었다.

그러나 우리는 이를 조심해서 말해야 한다. 나는 이 점에서 마틴 로이드 존스(D.
Martyn Lloyd Jones)가 이 주제를 세심하게 다룬 연구의 도움을 크게 입었다. 그래서 나는
율법이 죄를 더했던(그리고 죄를 더하게 하려는 의도가 있었던) 방식들을 탐구하면서 로이
드 존스의 개요를 따르고자 하는데 세 가지 방식이 있다.

"그렇지 않고는 내가 죄를 알지 못하였으니…"

율법이 죄를 더하는 첫번째 방식은 우리로 죄에 대한 지식을 더하게 히는 것이었다. 바울
이 로마서 7장에서 좀더 풍부하게 설명하려고 하는 것이 바로 이 점이다. 여기서 바울은 이
렇게 말한다. "… 율법으로 말미암지 않고는 내가 죄를 알지 못하였으니, 곧 율법이 탐내지
말라 하지 아니하였더면, 내가 탐심을 알지 못하였으리라"(7절). 분명 율법은 바울이 탐내
게 만들지 않았다. 바울은 이미 탐내고 있었다. 율법은 바울에게 자신이 탐내고 있음을 보
여 주었을 따름이다.

로이드 존스(D. M. Lloyd Jones)는 다음과 같이 질문하면서 이를 네 부분으로 쪼갠다.
어떻게 율법은 우리로 죄에 대한 지식을 구체적으로 더하게 하는가? 그런 후에 로이드 존
스는 다음과 같이 대답한다.

1. 율법은 우리에게 죄를 규정해 준다. 율법을 주시기 전에 우리는 어떤 의미에서 어린아
이 같았다. 여러분은 어린아이가 어떤지 알고 있다. 아이들도 마음속에 죄의 씨앗을 갖고
있어서 죄악되게 행동한다. 그러나 어떤 의미에서 아이들은 자신이 하고 있거나 하려고 하
는 일이 죄악된 것인지 모른다. 가령 아이들은 이기적이다. 그러나 선생님이나 부모님이 보
육원에서 장난감을 같이 쓰는 일이 중요하다는 것을 설명할 때 그들은 이기심이 무엇인지
를 또 그것이 나쁜 것이라는 것을 배우기 시작했을 따름이다. 어떤 아이도 장난감을 몽땅

가지지 못하게 한다. 그렇지 않으면 아이들은 고집을 세어진다. 그러나 아이들은, 할 수 있는 일과 할 수 없는 일을 죽 나열하는 부모님의 더 지혜롭고 한결같은 뜻과 자기 뜻이 맞설 때 고집 세다는 것이 무엇인지 발견한다. 그처럼 기록된 하나님의 율법은 우리에게 죄를 규정해 준다.

이를 달리 말하면, 율법은 죄를 범죄가 되게 한다. 율법이 없더라도 잘못된 행위는 모두 죄악되다. 그러나 잘못된 행위들은 하나님의 율법을 범한 것으로 드러날 때에만 죄로 보일 수 있다. 바울은 로마서 앞에서 이 점을 말했다. "죄가 율법 있기 전에도 세상에 있었으나, 율법이 없을 때에는 죄를 죄로 여기지 아니하느니라"(롬 5 : 13) 그리고 "… 율법이 없는 곳에는 범함도 없느니라"(롬 4 : 15).

2. 율법은 죄의 본성을 드러낸다. 죄의 참된 본질은, 하나님께 대한 반역이라는 점이다. 그러나 어떤 의미에서 우리는 자신이 처한 경우와 관계 있는 율법에 맞닥뜨리기 전에는 죄의 본성을 충분히 알거나 이해하지 못한다. 이 말은, 대부분의 사람이 하나님께서 주신 옳고 그름에 대한 감각을 갖고 있다는 뜻이다. 성경을 전혀 모르는 정글의 원주민도 어떤 도덕 법규가 있다. 그러나 그는 하나님을 알지 못하므로, 자신이 범하는 줄 알고 있는 자신의 법규에 대한 위반이 실제로 자신에게 도덕감을 주신 하나님을 거스르는 것임을 알지 못한다.

한 가지 예를 들자. 다윗이 밧세바와 간음하고 난 다음 밧세바의 남편을 죽이려고 음모를 꾸몄을 때, 만일 다윗이 교화되지 못한 이교도라 해도 자신이 잘못했음을 알았을 것이다. 어느 곳이든지 간음과 살인을 용서하지 않는 법이다. 그러나 다윗은 하나님이 택한 민족에 속한 사람이며 하나님의 교훈을 받은 백성이었으므로, 자신의 죄가 심각함을 알았고 그래서 그 죄가 하나님을 거스르는 것임을 알고서 이렇게 말했다. "내가 주께만 범죄하여 주의 목전에 악을 행하였사오니…"(시 51 : 4). 다윗은 밧세바와 우리아와 이스라엘 백성에게 (또한 더불어) 죄를 지었다. 그러나 다윗이 자신의 죄가 하나님을 거스르는 것임을 알았을 때에야, 비로소 그의 마음은 진짜 공포에 사로잡혔고 그 죄를 드러내놓고 자백하게 되었다.

3. 율법은 죄의 권능을 드러낸다. 한 가지 예를 들어보겠다. 담배를 지나치게 피우는 어떤 사람에게 많은 사람들이 담배를 끊으라고 하니까, 그는 자신이 원하기만 하면 언제든지 끊

을 수 있다고 대꾸한다. 결국 그는 수십 시간 담배를 끊음으로써 자신의 말이 옳음을 입증했다. 사실 그는 자신이 니코틴 중독에 걸린 것을 모른다(혹은 인정하지 않으려 한다). 그런 후에 그는 의사를 찾아가서 검사를 받았는데, 의사는 담배를 계속 피면 죽게 될 것이라고 말하고는 담배를 끊으라고 명령한다. 이제 그에게는 해결해야 할 한 가지 법칙이 있다. 곧 의사의 법칙이다. "좋습니다. 의사 선생님, 담배를 끊겠습니다" 라고 그는 말한다. 그러나 담배를 끊으려고 할 때 그는 끊을 수 없음을 발견한다. 전에는 할 수 있다고 생각했다. 그런데 의사의 '법'이 그에게 끊으라고 명령할 때, 그는 할 수 없음을 발견한 것이며 도움을 필요로 한다.

우리가 바로 그렇다. 그리고 많은 사람이 회심할 때 실제로 거치게 되는 단계가 바로 이런 무력감이다. 사람들은 하나님의 율법에 의하여 유죄 선고를 받고서 실제로 개선하려고 하기 전에는 스스로의 힘으로 죄를 치유할 수 있다고 생각했다. 그때 그들은 자신의 영적 무능력을 발견하고 그리스도께로 돌아갔다.

4. 율법은 죄의 교활함을 드러낸다. 우리는 하나님의 율법을 직접 접하기 전에는, 죄를 대수롭지 않게 여기거나 부정하면서 우리 행동에 대하여 관대하다. 기록된 율법을 보면, 죄는 역시 죄로써 우리를 어리석게 만들어 자신을 가볍게 여기도록 한다. 율법만이 죄의 화려한 길에 파인 함정을 드러낸다.

마틴 로이드 존스(D. Martyn Lloyd Jones)는 다음과 같이 말하면서 하나님이 율법을 주셔서 죄가 더하게 되는 첫째 방식을 적용한다.

세계는 물론이고 오늘날 교회의 가장 큰 어려움 가운데 하나는, 사람들이 마땅히 가져야 할 죄에 대한 지식을 갖고 있지 않다는 것이다. 죄를 아주 가볍게 여기고 꼼꼼하게 살피지 않는다… 사람들은 자신에게 도움이 조금 필요하고 이런 저런 측면에서 자신이 연약하다는 점을 기꺼이 인정하려 한다. 그러나 성경은 죄의 깊이와 더러움과 지극히 사악함을 가르친다. 우리 아버지들, 우리 할아버지들, 그리고 특히 그들의 선조들은 죄의 이런 점을 죄다 알고 있었으며 그때에는 큰 영적 부흥이 일어났다. 사람들이 자기 속에 있는 부정(不淨)과 죄가 얼마나 심각한지 깨달을 때,

하나님께 부르짖기 시작한다. 그러나 사람들이 죄에 대하여 참되게 알지 못하고, 율법만이 주는 죄에 대한 지식을 갖추지 못한다면, 그들은 피상적인 복음 전도로 만족할 것이다. 이것이 분명 오늘날 우리의 중요한 어려움 가운데 하나이다.[2]

이 말들은 정확한 상태를 진술한 것이다.

죄를 깨달음

그러나 율법은 죄를 규정하고 죄의 권능과 그 속이는 진면목을 드러냄으로써 단지 지식만 주지 않고 율법은 우리로 죄를 자각하게 한다. 앞 단락(1-4장)의 요점들은 바로 이 결론에 이르렀다. 율법은 정반대로도 하는가? 그렇다. 때때로 죄는 정반대로도 한다. 죄는 마음을 강퍅하게 할 수 있다. 그러나 하나님의 성령이 감동하실 때 율법 선포는 죄를 자각하게 하며 유죄 선고를 받은 사람들에게 죄로부터 물러나라고 가르친다.

왜 그런 일이 일어나는가? 앞에서 내가 말했듯이 율법은 죄가 하나님을 거역하는 범죄임을 드러내기 때문이다. 우리가 죄를 어떤 추상적인 도덕 법전에 대한 위반으로만 생각하는 한, 우리는 별로 근심되지 않을 것이다. 우리는 할 수만 있다면 죄를 없애려고만 할 것이다. 우리가 죄를 다른 인간이 만든 법에 대한 위반으로 생각한다면, 죄로 인하여 우리는 근심하지도 않을 것이다. 왜 그것들의 의지가 우리를 구속(拘束)해야 하는가? 하지만 우리는 죄가 우리를 지으시고 우리에게 모든 선한 것을 공급하셨던 하나님을 거역하는 것임을 발견할 때, 죄가 우리의 창조주에 대한 반역 - 즉 그분에 대한 공격이나 모욕 - 임을 알 때, 참되게 죄를 깨닫는다.

로마서 7장에서 바울은 율법의 역할을 길게 논하고 있는데, 여기서 그는 율법이 가입하여 우리가 죄에 대한 지식을 얻는다고만 하지는 않는다. 덧붙여, 율법은 죄를 일깨우고 죄로 하여금 훨씬 사악한 탐심을 낳게 한다고 말한다. "그러나 죄가 기회를 타서 계명으로 말미암아 내 속에서 각양 탐심을 이루었나니…"(롬 7 : 8).

이 생각은 이해하기 어렵지 않다. 모든 사람은 어떻게든지 율법에 대한 지식이 어떻게 우리 속에 율법을 깨뜨리려는 욕망을 낳고 있는지 알고 있다. 우리는 일반적으로 적당하다고 생각하는 속도로 고속도로를 내려가다가 우리의 판단에 적당치 못한 속도로 감속하라는 표지판을 볼 경우, 천천히 내려가지 않는 경우가 많다. 우리는 속도를 그대로 유지하고 때때로는 속도를 높이기도 한다. 여러분은 금주법(禁酒法 : Prohibition)을 기억하는가? 그 당시 이 금지 때문에 전에는 술을 먹지 않던 사람들이 오히려 술꾼이 되어 주류 판매량이 늘었다는 말을 들었다. (후에 프랭클린 델러노 루스벨트〔Franklin Delano Roosevelt〕 대통령 밑에서 미국 부통령을 지내게 된) 존 낸스 가너(John Nance Garner)는 자신과 관련된 이야기를 이렇게 했다. 추측건대, 주류 판매를 금지하는 이 법률이 통과된 후에, 가너는 집에 오는 방문객을 반기면서 찬장을 열어 제쳐 놓고 디캔터(decanter : 식탁용의 마개있는 유리병 – 역자)와 잔 둘을 꺼내서 두 잔을 채운 뒤에 엄숙하게 이렇게 말하곤 했을 것이다. "자유를 위하여 매진합시다."

죄의 본성은 바로 그렇다. 목이 곧은 죄의 본성을 우리 속에 드러내는 것은 하나님의 율법이다.

어디서 은혜는 들어오는가?

우리가 로마서 5장을 마감하는 이 메시지에서 은혜를 공부하고 있으므로, 이쯤 되면, 누군가 다음과 같이 질문할 게 뻔하다. "이처럼 죄를 규정하고 폭로하는 와중에 은혜는 어디서 들어올 수 있습니까?" 혹은 달리 표현하면, "지금까지 우리가 이야기한 것은 율법뿐인데, 왜 이 장을 '율법과 은혜'라고 제목을 붙입니까?"

이 질문에 대한 해답은 서넛 된다. 먼저 두 가지만 말한다면 :

첫째로, 죄의 폭로 자체가 하나님이 베푸시는 은혜의 행위이다. 하나님은 율법을 주실 필요가 없었다. 하나님은 우리를 무지 가운데 내버려 두셔서, 사실상 우리가 하나님의 진노 아래서 멸망하고 있으면서도 우리는 만사가 잘되고 있다고 어둡고 죄악되게 가정하도록 내버려 두실 수 있었다. 하나님은 우리가 자신을 다른 사람과 비교하도록 내버려 두셔서, 우리 모두가 필연적으로 자신이 꽤 선하다고 가정하게 하실 수 있었다. 그러나 하나님은 우리에게 율법을 주심으로써 우리가 그런 몽상에서 깨어나도록 하셨고 참으로 우리 처지가 어떠한지 볼 수 있게 하셨다. 의사를 찾을 때 그 첫번째 단계는 자신이 병들었음을 아는 것이다. 구원을 받기 위하여 당신은 구원이 필요하다는 것을 알아야 한다.

둘째로, 율법은 복음을 미리 보여 주는 것을 담고 있었다. 율법은 많은 하나님의 현존을 눈에 보이도록 나타내는 가운데 시내 산에서 주신 것이다. 하나님은 이스라엘 백성이 무엇을 해야 하며 무엇을 하지 말아야 하는지를 선언하셨다.

"나는 너를 애굽 땅, 종 되었던 집에서 인도하여 낸 너의 하나님 여호와로라."

"너는 나 외에는 다른 신들을 네게 있게 말지니라."

"너를 위하여 새긴 우상을 만들지 말고 또 위로 하늘에 있는 것이나 아래로 땅에 있는 것이나 땅 아래 물 속에 있는 것의 아무 형상이든지 만들지 말며 그것들에게 절하지 말며 그것들을 섬기지 말라. 나 여호와 너의 하나님은 질투하는 하나님인즉 나를 미워하는 자의 죄를 갚되 아비로부터 아들에게로 삼사 대까지 이르게 하거니와, 나를 사랑하고 내 계명을 지키는 자에게는 천 대까지 은혜를 베푸느니라."

"너는 너의 하나님 여호와의 이름을 망령되이 일컫지 말라 나 여호와는 나의 이름을 망령되이 일컫는 자를 죄 없다 하지 아니하리라."

"안식일을 기억하여 거룩히 지키라 엿새 동안은 힘써 네 모든 일을 행할 것이나 제칠일은 너희 하나님 여호와의 안식일인즉 너나 네 아들이나 네 딸이나 네 남종이나 네 여종이나 네 육축이나 네 문안에 유하는 객이라도 아무 일도 하지 말라."

"네 부모를 공경하라 그리하면 너의 하나님 나 여호와가 네게 준 땅에서 네 생명이 길리라."

"살인하지 말지니라."

"간음하지 말지니라."

"도적질하지 말지니라."

"네 이웃에 대하여 거짓 증거하지 말지니라."

"네 이웃의 집을 탐내지 말지니라 네 이웃의 아내나 그의 남종이나 그의 여종이나 그의 소나 그의 나귀나 무릇 네 이웃의 소유를 탐내지 말지니라."

출애굽기 20 : 2-10, 12-17.

그러나 우리는 바로 이 율법의 규칙을 깨뜨렸다. 우리가 무엇을 할 수 있을까? 바로 여기서 하나님의 은혜가 들어온다. 왜냐하면 하나님은 우리의 죄를 폭로하고 우리의 깊은 필요를 우리에게 보여 주는 율법을 우리에게 주신 것말고도 죄를 처벌하고 죄책을 없앨 수 있는 희생 제물을 동시에 주셨기 때문이다. 바로 그때 하나님은 모세를 그 백성에게 주셨고, 또 아론과 제사장을 주셨다.

하나님은 그 백성이 죄를 지었을 때 그들이 어떻게 동물을 가지고 와서 제사장에게 바치면 제사장은 어떻게 그 동물을 죽여 제단에 바칠 것인지를 보여 주셨다. 이는 죄의 끔직한 본성과 두려운 결과를 인정하는 한 가지 방식이었지만 - "… 범죄하는 그 영혼이 죽으리라"(겔 18 : 4 하) - 동시에 하나님의 은혜를 묘사하는 한 방법도 되었다. 하나님은 그렇게 하셔서 그 죄인의 죽음과 정죄를 요구하시지 않고 죄 없는 대속물의 죽음을 기꺼이 받으심을 보이셨다.

이 모든 것은 예수 그리스도께서 마련하신 속죄를 미리 가리켰다.

그리고 예수님이 율법을 가볍게 여기지 않으셨음을 기억하라.

필립 휴즈(Philip E. Hughes)는 이렇게 쓴다.

예수님은 세상을 구원하러 오셨을 때 율법을 제쳐놓지 않으셨다. 오히려 율법을 완성하셨다. 즉 예수님은 실패나 실수가 없이 율법을 온전히 지키셨다. 율법을 범하는 다른 모든 사람들과 달리 그분은 유일하게 율법을 지키신 분이며 그분만 죄가 없으시다(히 4 : 15, 7 : 26, 벧전 2 : 22). 그분만은 은혜와 진리가 충만하다(요 1 : 14, 14 : 6). 그분은 의로우신 예수 그리스도시다(요일 2 : 1). 그리스도께서 율법을 이처럼 순종하신 것은 그분이 오셔서 우리를 위하여 얻으신 구원의 필수 요소이다… 그분의 구원 사역의 첫번째 요구 조건은, **인간으로서** 그분이 인간이 깨뜨렸던 하나님의 율법을 온전히 지켜야 한다는 것이다. 오직 그렇게 하여 그분은 인간을 위한 희생에서 하나님의 흠없는 어린양(벧전 1 : 18-19)으로 자신을 드릴 자격을 갖추시게 될 것이다.[3]

예수님이 하신 일은 바로 그것이다. 왜냐하면 바울이 갈라디아서에서 쓰는 것처럼, "때가 차매 하나님이 그 아들을 보내사 여자에게서 나게 하시고 율법 아래 나게 하신 것은 율법 아래 있는 자들을 속량하시고 우리로 아들의 명분을 얻게 하려 하심이라"(갈 4 : 4-5). 그리스도의 십자가에서 하나님의 율법과 하나님의 은혜가 만났고, 둘 다 충만히 만족되었다.

하나님의 은혜는 우리를 율법의 정죄에서 구원한다. 그리고 우리가 로마서 6, 7장 연구에서 보게 되듯이, 더구나 그 하나님의 은혜는 한때 율법을 깨뜨리던 자들이 율법을 지키는 자가 될 수 있게 한다. 하나님의 율법과 하나님의 은혜는 둘 다 확대된다.

● 각주 ●

1. D. M. Lloyd Jones, *Romans : An Exposition of Chapter 5, Assurance* (Grand Rapids : Zondervan, 1972), p. 298.

2. Ibid., p. 289.

3. Philip Edgcumbe Hughes, *But for the Grace of God : Divine Initiative and Human Need* (Philadelphia : The Westminster Press, 1964), p. 36.

74
넘치는 은혜
로마서 5:20

… 그러나 죄가 더한 곳에 은혜가 더욱 넘쳤나니.

로 마서 5 : 20의 하반절은 성경에서 참으로 중요한 절 가운데 하나이다. 로마서의 한 절 한 절이 찬란하게 빛나지만 로마서 5 : 20은 그 가운데서도, 어둡고 위험이 도사리는 밤에 환한 횃불같이 돋보인다. 그 어두운 땅에는 죄와 또 죄가 세상에서 무시무시하게 번지는 어두운 배경이 드리워져 있다. 그러나 그 횃불은 번쩍번쩍 빛이 난다. "죄가 더한 곳에 은혜가 더욱 넘쳤다."

이 문장은 어찌나 놀라운지, 제대로 번역하기가 유난히 어렵다. NIV에서는 **더하다**는 낱말을 두 번 사용하는데, 한 번은 '더했다' 고 하는 죄에 대하여, 한 번은 '더욱 더했다' 고 하는 은혜에 대하여 사용한다. 이는 상당히 정확한 번역이다. 그러나 이런 번역도 분명한 뜻을 드러내지 못하는데, 이는 바울이 다른 헬라어를 사용하여 두 가지 증가를 가리키기 때문이다. 그리고 다른 낱말을 사용하여 대비를 이루기 때문에 이 절의 위력은 커진다.

죄가 더함을 가리키는 헬라어는 '많은'을 뜻하는 용어 **폴뤼스**(Polys)를 어원으로 삼는다. 그래서 이 동사 **플레오나조**(Pleonazo)는 수적(數的)인 증가라는 개념을 갖는다. 이 첫 번째 동사에 대한 NIV의 번역은 나쁘지 않은 것이, '수가 늘다', '자라다' 혹은 '많아지다'를 뜻하기 때문이다. 하지만 두번째 낱말은 다르다. 그 낱말은 동사 **페리쎄우오**(Perisseuo)인데, 그 뜻은 '넘치다', '넘쳐 흐르다' 혹은 '남을 정도로 갖다'이다. 이 동사는 수(數)보다는 '과도'(過度)와 관계있다. 하지만 바울은 우리가 이 요점을 놓치지 않게 하려고, **휘페르**(hyper : 이를 우리는 흔히 '남아도는'[super]이라고 한다)라는 접두사를 붙여, '차고 넘침' 혹은 '남아도는 과잉'이라는 뜻을 그 낱말에 담는다.

대부분의 사람은 KJV에서 이 동사의 뜻을 가장 잘 알게 되는데, KJV에서는 이 대조를 이루는 두 부분(죄와 은혜)에 대하여 '넘침'이라는 개념을 사용한다. 즉 "그러나 죄가 넘치는 곳에 은혜는 더욱 넘친다." NAS와 RSV는 첫째 부분에는 '더한다'를 두번째 부분에는 '넘친다'는 말을 사용함으로써 좀더 낮게 표현한다. "죄가 더하는 곳에 은혜가 더욱 넘쳤다."

그러나 이것이 어떠한가? NEB는 이렇게 말한다. "그래서 죄가 더하는 곳에 은혜가 측량할 수 없을 정도로 죄를 넘어선다."

혹은 이것은 어떤가? 필립스(J. B. Phillips)는 이 절을 의역하여 이렇게 말한다. "죄가 넓고 깊게 나타났지만, 하나님 덕분에 그의 은혜는 훨씬 넓고 깊다."

하지만 이렇게 해도 주석가들의 성에 차지 않는다. 도널드 그레이 반하우스(Donald Grey Barnhouse)는 이렇게 제안한다. "죄가 고수위(高水位)에 이르렀던 곳에, 은혜는 넘쳐 세상을 완전히 덮었다."[1] 마틴 로이드 존스(D. Martyn Lloyd Jones)는 이렇게 말한다. "이 개념은 마치 큰 홍수가 나서 앞에 있는 모든 것을 뒤덮는 것과 같은 넘쳐 흐름이라는 뜻이다. 실제로 우리는 '삼켰다'라는 용어를 사용해도 상관 없을 것이다. 즉 어찌나 넘치든지 어찌나 차고 넘치든지 모든 것을 잠그고 삼킨다는 뜻이다."[2]

바울이 이 절에서 은혜에 대하여 말하는 바를 듣고 우리는 그가 이 문장을 이어서 말하는 내용에 준비하게 된다. 21절에서 바울은 죄가 우리를 이겼지만 이제 은혜가 죄를 이겼고 의기양양하게 다스리고 있음을 보여 줄 것이다.

존 번연의 본문

「천로역정」(The Pilgrim's Progress)의 저자로 아주 유명한 영국 청교도 설교자인 존 번연(John Bunyan)도 로마서 5 : 20을 사용했다. 이 「천로역정」이 번연의 영적 체험을 반영하고 있지만, 번연의 삶과 신앙적 진보가 가장 잘 표현된 곳은 그의 고전적 경건 서적이며 자서전인 「죄인의 괴수에게 넘치는 은혜」(Grace Abounding to the Chief of Sinners)이다.

번연은 1628년에 태어났다. 그의 부모는 가난했고 그의 아버지는 땜장이 즉 항아리나 냄비 수선공이었으며 번연도 얼마간 이 일을 했다. 그 결과 번연은 "베드포드(Bedford)의 땜장이"로 알려졌다. 그는 정식 교육은 거의 받지 못했지만 닥치는 대로 책을 읽었다. 젊은 시절 그는 품행이 아주 나빴지만 시간이 흐르자 자신의 죄를 민감하게 느끼고는 아주 괴로워했다. 그는 그 당시의 자신에 대하여, "마치 하늘에서 빛나는 태양이 내게 빛을 비추기를 싫어하는 듯, 거리의 돌들과 집의 기와들이 나를 향하여 날아오는 듯 했다. 생각건대 모든 것이 합세하여 나를 세상에서 내쫓으려 한다고 생각했다. 나는 모든 것이 두려웠고, 그들과 더불어 살거나 그것들의 유익에 참여할 자격이 없었다. 왜냐하면 내가 구주께 죄를 지었기 때문이다."[3]

하나님은 번연을 구원하셔서 그에게 큰 평강을 주셨다. 그의 자서전 제목은 그가 발견한 진리를 증거해 준다. 그는 죄가 아무리 크다 해도 하나님의 은혜는 그보다 더 크다는 것을 배웠다.

은혜를 거두시지 않는다

차고 넘치는 하나님의 이 은혜에 대하여 두 가지 요점을 말하고 싶다. 첫번째 요점은 죄 때문에 은혜를 안 주시지 않는다. 우리는 이를 분명하게 이해해야 하는데, 평상시 여러분과 나는 이런 식으로 행하지 않기 때문이다. 우리가 어떤 사람에게 무례한 일을 당하면, 그 사람을 멀리하여 그런 일이 없었다면 마땅히 보였을 호의를 보이지 않는다. 어떤 사람이 우리에게 크게 무례한 짓을 하면, 우리는 그 사람을 예의바르게 대하기가 어려움을 발견한다. 하나님은 이렇게 하시지 않는다. 우리의 경우와 반대로 죄가 더하는 곳에 은혜는 넘친다.

아담과 하와가 죄를 지었을 때 어떤 일이 일어났는가? 그들은 하나님이 마땅히 은혜를 거두어 가실 줄 알고 두려워했다. 하나님이 그들에게 잘해 주셨지만, 그들은 선악을 알게 하는 나무에 대한 하나님의 명령에 거역했다. 하나님은 "선악을 알게 하는 나무의 실과는 먹지 말라 네가 먹는 날에는 정녕 죽으리라"(창 2 : 17)고 하셨다. 하나님이 동산에서 그들을 부르시며 찾아오셨을 때, 그들은 경고하신 그 심판을 이제 남김없이 시행하시겠구나 생각하고 두려워 숨었다. 그러나 그들은 넘치는 은혜를 발견했다.

도널드 그레이 반하우스(Donald Grey Barnhouse)는 이렇게 썼다.

> 은혜의 하나님이 아담을 불러 찾으시며 그가 숨어 있던 작은 숲 그늘로 가시기 전에 아담은 거역하던 태도를 별로 고치지 않았다… 하나님은 아담의 죄 때문에 은혜를 거두시지 않았다. 대신에 메시야가 올 것이라며, 그 파괴자를 멸하고 사람을 하나님과 다시 교제하도록 할 구원자, 여인의 후손, 곧 주 예수 그리스도가 올 것이라고 선언하시면서 큰 은혜의 약속을 하셨다. 사람은… 무화과 나무 잎사귀로 수치를 감추려고 했지만, 하나님은 은혜롭게 간섭하셔서, 아담과 하와가 거역한 그 동산에서 이 범죄한 부부를 가죽 옷으로 입혀 주셨다. 전능하신 하나님이 예비하시리라던 구속에 대한 자신의 말을 전에 믿었던 남자와 여자를 위하여 입을 것을 마련해 주시려고 이 행성 지구에 처음으로 피가 흐르게 하셨다. 죄 때문에 은혜를 거두시지 않았다. 죄에도 불구하고 은혜를 주셨다.[4]

모세 시대에 백성들이 시내 산으로 오니 하나님이 율법을 주셨는데 그때에도 마찬가지였다. 그 산에서 하나님은 모세에게 이렇게 말씀하셨다. "나는 너를 애굽 땅, 종 되었던 집에서 인도하여 낸 너의 하나님 여호와로라. 너는 나 외에는 다른 신들을 네게 있게 말지니라"(출 20 : 2-3). 그러나 하나님이 그 말씀을 하고 계셨을 때, 하나님이 애굽에서 이끌어 내신 백성들은 이 명령뿐만 아니라 하나님이 주시고 있는 다른 모든 계명도 깨뜨리고 있었다. 그 백성들은 하나님의 이름을 망령되이 일컫고, 부모를 수치스럽게 하고, 간음하고, 도둑질하고, 거짓 증거하고, 탐내고, 그밖의 다른 범죄을 짓고 있었다.

이것이 하나님의 은혜를 가로막는 장애물이었던가? 내가 인용하고 있는 반하우스는 이렇게 대답한다. "전혀 그렇지 않다. 하나님은 이 백성의 두려운 죄를 굽어보시는 그 산에서, 성막과 제단과 제사장직에 대한 세부 사항과, 당신의 거룩함을 존귀하게 하고 당신의 의(義)에 일치하도록 성막에 다가가는 방법을 일러 주셨다. '죄가 넘치는 곳에 은혜는 더욱 넘쳤다.' 죄는 시내 산만큼 높이 솟구쳤지만, 하나님의 은혜는 하늘만큼 솟구쳤다."[5]

우리가 신약을 보게 되면, 이 원리가 점점 찬란하게 펼쳐진다. 베드로는 주님을 부인했고, 게다가 맹세하고 저주를 퍼부으며 부인했다. 그러나 예수님은 베드로를 정죄하지 않으셨다. 대신에 예수님은 부활하신 후에 개인적으로 베드로에게 나타나셔서(고전 15 : 5), 베드로에게 섬길 사명을 다시 주셨다(요 21 : 15-19).

"요한의 아들 시몬아, 네가 이 사람들보다 나를 더 사랑하느냐?" 하고 예수님이 물으셨다.

"주여, 그러하외다. 내가 주를 사랑하는 줄 주께서 아시나이다" 하고 베드로는 대답했다.

"내 어린 양을 먹이고 내 양을 치라"고 예수님은 말씀하셨다.

이런 일은 하나님이 지금 우리가 공부하고 있는 이 본문을 우리에게 주시기 위하여 사용하신 사도 바울에게도 마찬가지였다. 바울의 증거는 번연의 증거와 거의 같다. 왜냐하면 번연은 자신의 체험을 서술하기 위하여 바울의 말을 고쳐 썼기 때문이다. 바울은 고린도인에게 이렇게 말했다. "나는 사도 중에 지극히 작은 자라. 내가 하나님의 교회를 핍박하였으므로, 사도라 칭함을 받기에 감당치 못할 자로라. 그러나 나의 나된 것은 하나님의 은혜로 된 것이니, 내게 주신 그의 은혜가 헛되지 아니하여, 내가 모든 사도보다 더 많이 수고하였으나, 내가 아니요 오직 나와 함께하신 하나님의 은혜로라"(고전 15 : 9-10).

바울은 생애를 마치려 할 때 젊은 동역자 디모데에게 이렇게 썼다.

> 내가 전에는 훼방자요 핍박자요 포행자이었으나 도리어 긍휼을 입은 것은 내가 믿지 아니할 때에 알지 못하고 행하였음이라 우리 주의 은혜가 그리스도 예수 안에 있는 믿음과 사랑과 함께 넘치도록 풍성하였도다[여기서 바울은 로마서 5 : 20에 나오는 두 낱말을 결합하여 사용하는데 첫번째 동사에다 두번째 동사의 일부인 강조 접두사 휘페르(hyper)를 사용했다]. 미쁘다 모든 사람이 받을 만한 이 말이여 그리스도 예수께서 죄인을 구원하시려고 세상에 임하셨다 하였도다 죄인 중에 내가 괴수니라 그러나 내가 긍휼을 입은 까닭은 예수 그리스도께서 내게 먼저 일체 오래 참으심을 보이사 후에 주를 믿어 영생 얻는 자들에게 본이 되게 하려 하심이니라.
>
> 디모데전서 1 : 13-16

이제 여러분 자신을 살펴보자. 오늘날 대부분의 사람은 자신의 죄에 대하여 거의 의식하지 않는다. 이는 그들의 형편이 얼마나 절망스럽게 되었는지를 보여 준다. 그러나 아마 당신은 존 번연처럼 자신의 죄악됨을 매우 의식하는 사람일 수 있다. 그러면 당신은 커다란 콘크리트 댐처럼 은혜를 가로막고 솟아 오른 죄악된 행위 때문에 구원에 대한 모든 소망이 사라졌다고 생각할 것이다.

나는 당신이 범한 그 범죄가 무엇인지 모른다. 아마 추잡한 성범죄나 간음 따위일지 모른다. 혹은 성적 도착일지 모른다.

아마 당신은 고용주나 부모나 다른 친한 사람의 것을 도둑질했을 수 있다.

살인을 했는가?

아마 당신은 살면서 죄에 아주 눌려서 참람되게 하나님을 거스려 욕했을 때를 기억할 것이다. 당신은 하나님을 저주했을 수 있으며 자신에게도 저주를 퍼부었을 수 있다. 그런 날들을 돌이켜 볼 때 – 그리고 그게 얼마 되기 전일 수도 있다 – 당신은 온몸을 떤다. 당신은 소망이 완전히 날아갔고 영원히 멸망하도록 정해졌다고 확신한다.

만일 당신이 그런 사람이라면 – 적어도 자신의 죄악됨을 알고 있다면 다행한 일이다 – 이 본문은 당신에게 소망의 큰 외침이 된다. "죄가 더한 곳에 은혜는 더욱 넘쳤다." 죄가 늘어가는 곳에 은혜는 흘러 넘쳤다. 죄가 세운 그 어떤 댐도 하나님의 넘쳐 흐르는 은혜의 물결을 막을 수 없나. 은혜는 죄 때문에 마치지 않는다.

아담의 죄든, 시내 산에서 이스라엘 백성이 범한 죄든, 바울의 죄든, 존 번연의 죄든, 당신의 죄든 그 어떤 죄에도 막히지 않는다.

그러므로 당신은 예수 그리스도로 말미암아 하나님께 나아갈 수 있으며 지금 당장 할 수 있다. 어떤 일을 했든지 상관없이, 당신은 회개하고 예수님 안에서 충만한 용서를 발견할 수 있다.

그런 일을 했는가? 하지 않았다면 지금 할 것인가? 사도 바울은 로마서 2 : 4절에서 "혹 네가 하나님의 인자하심이 너를 인도하여 회개케 하심을 알지 못하여 그의 인자하심과 용납하심과 길이 참으심의 풍성함을 멸시하느뇨"라고 말했다.

은혜는 고갈되지 않는다

내가 하나님의 차고 넘치는 은혜에 대하여 말하고 싶은 두번째 요점은, 하나님의 은혜는 죄 때문에 줄지 않는다는 것이다. 우리가 누릴 수 있는 은혜를 무한히 공급하신다.

어떤 사람들은, 은혜가 한번 휙 둘러볼 정도로만 있다고 잘못 가정한다. 그들은 하나님을, 인간을 굽어보시고 구원이 필요한 아주 많은 죄인을 살피시는 분으로 그린다. 어떤 사람은 꽤 선하지만 완전하지는 않다. 그도 물론 은혜로 구원을 받을 수 있다. 그래서 하나님은 당신의 은혜가 담긴 물통에 손을 살짝 적셔서, 이 사람이 그리스도와 구원을 발견할 수 있는 양만큼만 뿌려 주신다. 여기에 다른 사람이 있는데, 여성이다. 이 여성은 그 남자보다 '선하지' 않다. 더 많은 은혜가 필요하다. 마지막으로 아주 무서운 사람이 있다. 그는 로마서에 나오는 모든 죄를 범했고, 하나님이나 경건함에는 전혀 관심이 없다. 이 사람도 은혜로 구원을 받지만, 그를 구원하자면 은혜가 많이 필요하다. 하나님은 이 야비하고 방탕한 자를 건지기 위하여 물통 바닥까지 훑어서 물을 푸셔야 한다.

이 모든 것은 신통찮은 오해일 뿐이다. 은혜는 우리의 결핍을 채우는 만큼 줄어드는 것이 아니다. 더욱이 은혜로 하나님은 자신이 구원하시고 있는 백성들을 완전히 구원하는 데 필요한 것을 완전히 공급하신다. 은혜는 우리의 잘못된 행동에 비례하여 베푸는 것이 아니다. 그리고 하나님은 차고 넘치게 공급하셔서 결코 마르는 법이 없다.

첫번째 오류와 관련된 또 하나의 오류가 있다. 한때 하나님을 가까이 하다가 큰 죄를 짓게 된 사람을 생각해 보라. 어떤 죄인지는 대수롭지 않다. 그것은 모세의 죄가 될 수도 있고, 다윗의 죄가 될 수도 있고, 당신의 죄가 될 수도 있다. 이 사람은 죄를 범하고 난 뒤에, 이제 하나님의 은혜를 상당히 잃었다고 생각한다. 마치 그가 처음에는 하나님의 은혜를 100퍼센트 받았던 것 같은데, 이제는 큰 범죄로 인하여 이 은혜의 보화를 천천히 잃어버리고 있다고 생각하고 있다.

당신은 지금까지 그런 식으로 생각하고 있었는가? 지금 그렇게 생각하고 있는가? 과거에 구원을 받아 한때 1등 그리스도인이었는데, 이제 죄를 지었으므로 2등 혹은 3등 그리스도인으로 영원히 정죄받았다고 생각하는가? 그런 생각일랑 잊어버려라. 당신의 죄는 당신이 그리스도께 갔을 때처럼 하나님의 은혜가 충만히 흐르는 것을 막지 못했다.

이런 말을 한다고 해서, 잠시라도 하나님이 죄를 눈감아 주신다는 뜻을 의미하는 것은 아니다. 하나님은 죄를 아주 미워하시므로, 죄의 파괴적인 다스림과 독재로부터 인간을 구출하기 위하여 예수 그리스도를 보내셨다. 하나님은 당신 속에 있는 죄를 미워하신다. 하나님은 그 죄를 없애려고 계속 일하실 것이며 당신에게 죄를 이기는 이김을 주실 것이다. 그러나 내가 여기서 말하고 있는 요점은, 하나님은 당신의 죄 때문에 당신을 향한 은혜를 줄이지 않으실 것이라는 것이다. 사실 (내가 이런 식으로 말하면 오해받을 수 있을 것이다) 당신은 당신의 죄에서 은혜가 더욱 넘치는 것을 발견할 것이다. 바울이 은혜의 지지자가 된 이유는, 그가 크게 용서를 받았기 때문이다.

그러니 은혜에서 떨어질 수 있다고 생각하지 말라. 나는 다음과 같은 성구를 알고 있다. 갈라디아서 5 : 4절에 있는 것으로 NIV가 "… 너희는 은혜에서 떨어진 자로다"라고 번역하는 구절이다. 그러나 이 구절이 뜻하는 바를 여러분에게 말하겠다. 이 말은 "당신은 구원을 잃었다"는 뜻이 아니라, "당신은 생활 방식으로서의 율법에 떨어졌다"는 뜻이다.

갈라디아인들은 예수 그리스도를 믿는 믿음으로 말미암아 얻는 구원의 참된 복음을 배웠다. 그러나 그들은 유대인 율법주의자들 때문에 혼동되었다. 이 율법주의자들이 구원을 얻으려면 모세의 율법을 지켜야 한다고 가르치고 있었기 때문이다. 특히 그들은 이방인 신자들이 할례를 받아야 한다고 주장하고 있었다. 바울이 갈라디아 교회에 보내는 서신은 그 이단을 반박하고 갈라디아인들로 하여금 그리스도께서 그들을 위하여 값 주고 사신 자유 안에 굳게 서고 율법의 속박에 다시 얽매이지 말라고 격려하려고 쓴 것이다. 이와관련된 구절은 이렇게 말한다. "보라. 나 바울은 너희에게 말하노니, 너희가 만일 할례를 받으면 그리스도께서 너희에게 아무 유익이 없으리라. 내가 할례를 받는 각 사람에게 다시 증거하노니, 그는 율법 전체를 행할 의무를 가진 자라. 율법 안에서 의롭다 함을 얻으려 하는 너희는 그리스도에게서 끊어지고 은혜에서 떨어진 자로다"(갈 5 : 2-4).

은혜에서 떨어질 때 무슨 일이 일어나는가?

구원을 잃지는 않는다. 구원을 잃어버리는 일이 있을 수 있다면, 은혜에서 떨어지는 당신의 그 죄는 은혜를 줄어들게 할 것이다. 그러나 우리는 은혜가 죄 때문에 막히거나 줄지 않음을 이미 보았다. 실제로 일어나는 일은, 당신이 율법 **안으로** 떨어지는 것이다. 당신은 즐겁게 성장하는 그리스도인이 아니라 비참한 율법주의자가 된다.

그럴 때에도 은혜는 당신을 당신의 속박에서 건지려고 여전히 활동하게 될 것이다.

노예들 가운데 노예에게 베푸신 은혜

1권에서 로마서 3 : 22-24을 주석하면서, 나는 하나님에 의하여 기적적으로 건짐을 받은 '노예들 중에 노예'인 존 뉴턴(John Newton)의 이야기를 했다. 여기서 다시 그 이야기를 하고 싶은데, 이는 우리가 성경의 모든 본문 가운데서 체험을 가장 적절하게 서술하는 부분을 지금 다루고 있기 때문이다.

뉴턴은 1725년부터 1807년까지 살았는데 그는 기독교 가정에서 자라 성경을 배웠다. 그러나 그가 여섯 살밖에 되지 않았을 때 그의 어머니가 죽자, 그는 성경을 미워하고 기독교를 조롱하는 친척에게 가서 함께 살았다. 뉴턴이 아직 젊었던 시절, 하루는 견습생 어부로 바다로 갔다. 그 당시 그는 존 번연처럼 거칠고 방탕했다. 뉴턴은 같은 말을 되풀이하지 않고 2시간 동안 욕을 할 수 있다는 좋지 않은 평판으로 알려졌다. 한번은 뉴턴이 영국 해군에 징집되었지만, 도망치다 잡혀서 그 벌로 사람들 앞에서 매를 받았다. 마침내 뉴턴은 석방되어 상선을 타고 아프리카로 갔다. 왜 아프리카로 갔을까? 회고록에서 뉴턴은 오직 한 가지 "마음껏 죄를 지으러" 갔다고 쓰고 있다.

아프리카에서 뉴턴은 포르투갈 노예상인과 우연히 만나게 되었는데, 노예상인의 집에서 그는 비참한 대접을 받았다. 이 노예상인은 종종 노예 사냥을 나섰는데, 그가 떠났을 때 이 집의 권력은 노예상인의 아프리카인 부인에게 있었다. 이 여인은 처첩들이 모여있는 후궁(harem)의 우두머리였으며 백인 남자를 모두 미워했는데 뉴턴에게 증오를 쏟아부었다. 몇 달 동안 뉴턴은 진흙에서 기어다니며, 개와 같이 흙에서 음식을 먹고 손으로 음식을 먹으려 하면 무자비하게 맞았다. 시간이 흐르자 야위고 쇠약해진 뉴턴은 탈출하여 바다로 갔다. 거기서 그는 아프리카 해안에서 영국으로 가는 영국 상선을 타게 되었다.

선장은 이 젊은이가 영국 해군으로 지내면서 항해에 대하여 상당히 알고 있다는 것을 알아내고는 그를 항해사로 임명했다. 그런 때에도 뉴턴은 고통에 빠져들어갔다. 하루는 선장이 해변으로 갔을 때, 뉴턴은 그 배에 비축해 둔 럼주통을 열어 선원들을 곤드레만드레로 만들었다. 그는 어찌나 취했든지, 선장이 돌아와 그의 머리를 휘갈기자 배 밖으로 떨어졌는데, 마침 선원 가운데 한 사람이 눈깜짝할 사이에 잡아 당겨 갑판으로 데려다 놓지 않았더라면 그는 익사했을 것이다.

항해를 마칠 즈음, 스코틀랜드에 가까이 다가가고 있었을 때, 갑자기 날씨가 나빠져 배가 항로를 이탈했다. 이 젊은 방탕아는 물을 퍼내기 위하여 배밑의 화물창으로 내려가게 되었고 폭풍우는 며칠동안 계속 몰아쳤다. 뉴턴은 두려움에 쌓여 배가 가라앉아 자신이 익사할 것이라고 믿었다. 그러나 그가 거기 배 화물창에서 살아 남으려고 필사적으로 물을 퍼내고 있었을 때, 뉴턴은 잊어버리려고 했지만 뉴턴을 결코 잊어버리지 않으셨던 그 하나님의 은혜로 어릴 때 집에서 배운 성경 구절들이 그에게 갑자기 떠올랐다. 그에게 구원의 길이 열린 것이며 그는 거듭 났고 변했다. 나중에 폭풍우가 지나가고 다시 영국에 무사히 이르게 된 뒤 뉴턴은 신학을 공부하기 시작했고, 드디어 처음에는 올니(Olney)라는 작은 읍에서 후에는 런던에서 여왕앞에서까지 설교한 유명한 설교자가 되었다.

뉴턴의 절친한 친구가 된 영국의 시인 윌리엄 카우퍼(William Cowper)는 이 폭풍우에 대하여 이렇게 썼다.

주 하나님 크신 능력
참 신기하도다.
바다와 폭풍 가운데
주 운행하시네
(한글통일찬송가 80장)

그리고 설교자일 뿐만 아니라 시인이 된 뉴턴은 이렇게 널리 알렸다.

나 같은 죄인 살리신
주 은혜 놀라와
잃었던 생명 찾았고
광명을 얻었네.
(한글통일찬송가 405장)

뉴턴은 위대한 은혜의 설교자였다. 왜냐하면 그는 죄가 더하는 곳에 은혜가 더욱 넘쳤다
는 사실을 몸으로 배웠기 때문이다. 그는 죄 때문에 하나님이 은혜를 거두시거나 줄여버리
지 않으신다는 진리를 돋보이게 하는 본보기이다. 그는 하나님이 어떤 사람이라도 구원하
실 수 있다는 사실을 보여 주는 산 증인이다.

● 각주 ●

1. Donald Grey Barnhouse, *God's Grace : Exposition of Bible Doctrines, Taking the Epistle to the Romans as a Point of Departure,* vol 5, Romans 5 : 12–21(Grand Rapids : Wm. B. Eerdmans, 1959), p. 122.

2. D. M. Lloyd Jones, *Ramans : An Exposition of Chapter 5, Assurance* (Grand Rapids : Zondervan, 1972), p. 299.

3. John Bunyan, *Grace Abounding to the Chief of Sinners* (Grand Rapids : Baker Book House, 1986), p. 87. (Written in 1666).

4. Barnhouse, *God's Grace,* p. 123.

5. Ibid., p. 125.

75
하나님이 은혜를 베푸시는 동기
로마서 5:20-21

율법이 가입한 것은 범죄를 더하게 하려 함이라 그러나 죄가 더한 곳에 은혜가 더욱 넘쳤나니 이는 죄가 사망 안에서 왕 노릇 한 것같이 은혜도 또한 의로 말미암아 왕 노릇 하여 우리 주 예수 그리스도로 말미암아 영생에 이르게 하려 함이니라.

우리는 살면서 다른 사람의 동기를 살피는 때가 많다. 그리고 마땅히 우리는 그 동기를 빈틈없이 잘 알고 있어야 한다. 어떤 사람이 의도는 그렇지 않았는데 나쁜 일을 할 수 있다. 그러나 우리는 그가 그 일을 하고자 했던 동기가 칭찬할 만하다면 실수를 용서해 줄 수 있다. 혹은 반대로 어떤 사람은 보기에 선한 일을 할지 모르지만, 가령 오직 명성을 더 얻거나 다른 사람을 물리치기 위해서 그 일을 한다면, 우리는 겉보기에는 가치 있어 보이는 그 행위를 대수롭지 않게 볼 것이다.

우리는 앞의 몇 장에서 하나님의 은혜에 대하여 말해 왔는데, 아마 어떤 사람은 이쯤 되면 하나님의 동기에 대하여 묻기 시작할 것이다. 우리는 하나님께서 은혜로 사람을 구원하심을 보았고 만일 하나님께서 은혜로 구원하지 않으신다면, 구원받을 사람은 아무도 없다.

그러나 이제 여러분은 성경이 하나님께서 은혜를 베푸시는 이유를 드러내는지 드러내지 않는지 묻고 싶을 것이다. 하나님의 은혜 뒤에는 무슨 동기가 있는가? 왜 하나님은 이런 식으로 행하셨는가?

이와 같은 질문들은 정당한 것들이므로, 흔히들 말하듯이, 이 질문들은 어떤 사람에게든지 전혀 '뜻밖에' 생겼을 수 있다. 그러나 뜻밖에 일어나지 않더라도, 우리의 본문은 두 가지 이유에서 분명히 이 질문들을 꺼냈을 것이다.

첫째로 우리는 20, 21절에서 하나님의 율법과 하나님의 은혜를 비교했다. 20절은 하나님의 율법이 가입한 동기가 무엇인지 말한다. "율법이 가입한 것은 범죄를 더하게 하려 함이라…" 우리는 이 절을 공부했을 때, 범죄를 '더함'이 뜻하는 바가 다음의 세 가지임을 보았다. (1)율법이 죄에 대한 우리의 지식을 더함으로 즉, 율법이 무엇인지를 우리에게 규정해 줌으로써 죄를 더했고 (2)율법은 죄가 하나님을 거스르는 것임을 우리로 깨닫게 함으로써 죄를 더했고 (3)율법은 우리 속에서 훨씬 많은 죄를 불러일으켜서 죄의 참된 본성을 드러냈으며 이 모든 것은 우리로 은혜를 향하게 했다. 그러나 이 절이 하나님께서 율법을 주시는 동기를 제시하고 (우리가 보았듯이) 율법과 은혜를 비교하고 있다면, 은혜 아래 놓여 있는 동기는 제시하지 않는가? 대조를 이루는 전반부가 율법을 주시는 하나님의 동기를 담고 있으므로 우리는 은혜를 베푸시는 하나님의 동기를 또한 살펴보게 된다.

그러므로 이 본문을 보면 우리는 하나님의 동기를 찾고자 하는 힘을 얻는다. 여기서 중심 낱말은 '그처럼'(so) 혹은 '하기 위하여'(so that)인데, 이 말은 20-21절에 세 번 나온다. 맨 처음에는 율법과 관련하여 나온다. "율법이 가입한 것은 범죄를 더하게 하려 함이라." 두 번째와 세번째는 은혜와 관련된다. 두번째는 은혜를 죄(혹은 율법)에 대조하고 있고, 세번째는 은혜를 은혜의 성취와 관련 짓고 있다. 그 문장은 다음과 같다. "… 은혜가 더욱 넘쳤나니, 이는 죄가 사망 안에서 왕 노릇 한 것같이 은혜도 또한 의로 말미암아 왕 노릇 하여 우리 주 예수 그리스도로 말미암아 영생에 이르게 하려 함이니라"(롬 5 : 20-21).

헬라어 본문에는 요점이 훨씬 더 분명하게 나타난다. 왜냐하면 20절에서 바울이 "은혜가 차고 넘쳤다"고 말한 후에 히나(hina)라는 낱말을 사용하는데, 이 낱말은 '~하기 위하여'라는 뜻을 갖고 있고 그래서 뒤에 나오는 것을 하나님이 은혜로우셨던 이유에 대한 설명으로 표시하기 때문이다.

이 주제를 살펴보면서, 나는 도널드 그레이 반하우스(Donald Grey Barnhouse)가 '하나님이 은혜를 베푸시는 동기'를 훌륭하게 다룬 글을 보고 크게 도움을 얻었다. 이 제목은 여러 권으로 된 그의 로마서 연구에서 나오는 한 장이다. 반하우스는 은혜를 베푸시는 동기를 다섯 가지로 든다. 그래서 나는 이 장에서 그의 개요를 따르고자 한다.[1]

우리에게 선을 행하시려고

하나님이 차고 넘치는 은혜를 베푸시는 **첫번째 동기**는 우리 본문에 언급되어 있다. 이 본문은 하나님이 "우리 주 예수 그리스도로 말미암아 영생에 이르게 하려고" 은혜 가운데 행하셨다고 말하며 이는 구속받은 모든 사람을 가리킨다. 그래서 이 진술은 이렇게 말한다. 하나님이 은혜 가운데 행하시는 한 가지 이유 즉 처음의 이유는 우리에게 선을 행하시려 함이다.

여기 예수님의 말씀과 똑같이 말하는 또 한 절이 있다. 여러분도 잘 알고 있는 절이다. 요한복음 3 : 16 "하나님이 세상을 이처럼 사랑하사 독생자를 주셨으니, 이는 저를 믿는 자마다 멸망치 않고 영생을 얻게 하려 하심이니라." 로마서 5 : 21절처럼 요한복음 3 : 16절도 역시 중요한 헬라어 하나(hina)가 이끌어들이는 목적절을 갖고 있다. 그러나 요한복음 3 : 16절에는 은혜를 베푸시는 목적이 부정적으로도 표현되어 있고 긍정적으로도 표현되어 있다. 부정적인 진술은 우리가 "멸망치 않을 것"이라는 것이다. 긍정적인 진술은 우리가 "영생을 얻는다"는 것이다. 마치 은혜를 베푸시는 유일한 이유가 그리스도인들을 지옥 불에서 벗어나게 하려 함인듯이 어떤 사람들은 이와 같은 동기가 하나님께는 어울리지 않는다고 보았다. 만일 하나님이 우리에게 선을 행하시려 함이 은혜를 베푸시는 **모든** 이유라면, 반대할 이유가 꽤 있을 것이다. 그런데도 하나님이 우리에게 선을 행하려 하심은 그 자체로도 능히 언급할 만한 것이다. 왜냐하면 하나님이 우리에게 선을 행하시려 한다는 것은 **하나님이 선하심**을 뜻하기 때문이다. **하나님은 선하시다!**고 하는 이 점을 기억하라. 놀라운 말이 아닌가? 우리는 마땅히 이 점에 대하여 말하고 외쳐야 한다. 왜냐하면 하나님이 선하지 않으시다면 우리 가운데 소망이 있는 사람은 아무도 없을 것이기 때문이다.

반하우스(D. G. Barnhouse)는 다음과 같이 올바르게 논평한다. "그리스도께 오는 죄인은 은혜를 베푸시는 이와 같은 동기를 발견한다. 그는 이렇게 말할 수 있다. 하나님은 내가 멸망하기를 원하지 않으시며 하나님은 내가 영생을 갖기를 바라시고 하나님은 그 일에 대하여 중요한 일을 하셨다… 하나님은 내가 멸망하기를 원치 않으신다니 그 얼마나 놀라운 말인가! 왜냐하면 나는 멸망해도 마땅하기 때문이다. 하나님은 내가 영생을 갖기를 바라신 다니 그 얼마나 놀라운가? 왜냐하면 나는 죽어 마땅하기 때문이다."[2]

우리로 선을 행할 수 있게 하려고

은혜를 베푸시는 **두번째 동기**는 첫번째 동기에서 나온다. 왜냐하면 하나님이 선하시므로 우리에게 은혜로우시다면, 이제 우리로 선을 행할 수 있도록 하려고 은혜 가운데 행하시는 것은 당연하기 때문이다. 이를 잘 가르쳐 주는 핵심 본문은 에베소서 2 : 8-10절이다. "너 희가 그 은혜를 인하여 믿음으로 말미암아 구원을 얻었나니, 이것이 너희에게서 난 것이 아 니요, 하나님의 선물이라. 행위에서 난 것이 아니니, 이는 누구든지 자랑치 못하게 함이니 라. 우리는 그의 만드신 바라. 그리스도 예수 안에서 선한 일을 위하여 지으심을 받은 자니, 이 일은 하나님이 전에 예비하사, 우리로 그 가운데서 행하게 하려 하심이니라."

9절과 10절에서 일(혹은 행위)이라는 낱말을 놀랍게 반복하고 있음을 여러 주석가들이 지적해 왔다. 첫번째로 일을 언급한 구절은 부정적인 뜻을 담고 있다. 이 경우는, 우리가 믿 음으로 말미암아 구원을 받았으므로 '행위'로 구원받은 것이 아니라고 우리에게 말한다. 그렇지 않다면 '행위로' 구원받은 사람이 이런 행위를 하지 못하여 구원받지 못한 다른 사 람에게 자랑할 수 있었을 것이다. 이 땅에서와 하늘에서 자랑하는 일이 있었을 것이다. 그 러나 9절은 행위가 의롭다 하심에 도무지 기여하지 않는다고 단호하게 반박한다. 우리의 선한 행위가 우리의 칭의와 상관 있다고 생각한다면, 우리는 의롭다 하심을 받지 못했고 여 전히 우리 죄 가운데 있으며 따라서 구원받지 못했다.

반면에 바울은 행위가 그리스도인의 칭의에 아무런 관계가 없다고 힘주어 말하기가 무 섭게, 하나님은 '선한 일을 행하게 하려고' 우리를 창조하셨다고 하면서 다시 행위를 언급 한다. 이 말은 "이 일은 하나님이 전에 예비하사, 우리로 그 가운데서 행하게 하려 하심이니 라"고 하는 아주 강한 어조로 말한 것이어서, 우리가 선한 일이 없는 사람은 의롭다 하심을 받지 못했다고 말할 때 올바르다.

어떤 사람에게는 이것이 혼동스럽게 들릴 수 있다. 그러나 그리스도인들이 부르심을 받아 행하는 '선한 일'은 하나님이 먼저 그들 속에서 행하시는 일의 **결과**라는 것을 우리가 깨닫자 마자, 그 문제는 사라진다. 이런 이유로 10절에서 바울은 "우리는 그의 만드신 바라…"고 하는 진술을 선한 일을 하라는 요구 앞에 언급하고, 또 빌립보에서도 비슷한 맥락에서 다음과 같이 말한다. "그러므로 나의 사랑하는 자들아… 두렵고 떨림으로 너희 구원을 이루라 너희 안에서 행하시는 이는 하나님이시니 자기의 기쁘신 뜻을 위하여 너희로 소원을 두고 행하게 하시나니"(빌 2 : 12-13).

이를 달리 말해 보겠다. 우리에게 아무런 공로가 없는 데도 하나님이 은혜로 우리를 구원하신 한 가지 이유는, 다른 **사람들**이 받을 만한 자격이 전혀 없지만 우리가 그들을 은혜롭게 대할 수 있게 하려 하심이다. 다른 말로 하면 우리는 하나님이 우리에게 선을 행하신 것처럼 다른 사람들에게 선을 행할 수 있다.

이 점이 중요한 것은, 그처럼 이타적이고 이기적이 아닌 자비를 베풂으로써만 참으로 독창적이고 능력있는 선행을 조금이라도 행하게 되기 때문이다. 이 세상의 많은 '선한 일'이 잘못되는 것은, 이기적인 이유로 즉 '선한 일을 행하는 사람이' 스스로 그 일에서 이득을 얻으려고 하기 때문이다. 가령 우리는 자신을 출세하게 만들거나 자신의 사회적 지위를 높여 줄 수 있는 사람에게 도움을 줄 것이다. 혹은 어떤 사람은 자선을 하면 이름이 나니까 자선을 행할 수 있다. 분명 그런 '선행'은 참된 선(善)을 증진하는 데는 아무런 쓸모가 없다. 참으로 선을 증진하는 일은, 어떤 사람이 자신을 위하여 어떤 것을 얻으려고 하는 것처럼 몰래 자신의 유익을 도모하고자 하는 동기가 없이 그저 선을 행할 때 일어난다.

물론 하나님이 구원하시면서 하시는 일이 바로 그런 선행이다. 그리고 바로 그런 이유로 하나님으로부터 배운 사람들은 실제로 이 세상에서 선을 행하는 사람이 될 수 있다.

하나님의 지혜를 알리기 위하여

하나님이 은혜를 베푸시는 **세번째 동기**는 에베소서에 나오는 또 하나의 중요한 절에 언급되어 있다. 바울은 에베소서 3장에서, 하나님이 세상에서 어떻게 살았든지 어떤 인종 출신이든지 상관없이 사람을 구원하시며 그들을 새로운 한 몸 곧 교회로 연합시켜서 이전의 무서운 자연적 장벽을 어떻게 정복하셨는지를 말하고 있었다. 그런 후에 그는 하나님에 대하여 이렇게 말한다. "이는 이제 교회로 말미암아 하늘에서 정사와 권세들에게 하나님의 각종 지혜를 알게 하려 하심이니"(10절). 하늘의 '정사와 권세'는 타락한 천사들이다. 그래서 이 본문이 뜻하는 바는, 은혜를 베푸시는 한 가지 동기가 하나님의 지혜를 이 타락한 천사들에게 알리시려 하심이었다는 것이다. 이렇게 되면, 하나님의 동기라는 주제가 단순히 인간적 차원을 넘어서 우주적 차원으로 올라간다.

그러면 이 원리는 어떻게 작동하는가?

반하우스(D. G. Banhouse)는 이렇게 쓴다.

> 루시퍼와 그 천사들이 창조되었을 때, 여러 가지 능력을 받았으나 후에 루시퍼는 사단이 되었고, 천사들 가운데 많은 자들 - 권세와 주관들 - 이 사단을 따라 함께 반역했다. 그들은, 자신들이 통치할 만한 지혜가 넉넉하여 하나님의 권위와 지혜를 의지하지 않고서도 창조계를 다스릴 수 있다고 생각했다. 우주가 거기에 휘말리고 세상은 혼돈해졌으며 죄가 창조계의 가장 끝까지 침식해 들어갔다. 때가 차서 하나님은 구원 계획을 계시하셨고 그리스도께서 내려오셔서 십자가를 지실 것이었다. 그리스도께서 죽으셨기에, 수많은 죄인이 세상에서 부르심을 받아 단순한 조직이 아닌 유기체인 참된 교회를 이룬다. 그런 후에 하나님은 참된 정치와 그 운영 방법을 증거하시려고 이 신자들을 사단의 무리 앞에 보이실 참이었다. 구속받은 모든 사람들은, 자기들 가운데서 혼자 높아지기를 구하지 않고 자기들 속에 권력이 없음을 깨닫는다. 그들이 하는 모든 일은 하나님의 지혜와 능력을 전적으로 의지하여 이루어진다. 그래서 능력 있고 지혜 있는 존재(악하고 타락한 천사)들이 스스로 충분하다고 착각하여 거역했던 바로 그곳에서, 하나님은 천사보다 훨씬 못한 사람 가운데서 악한 천사들이 결코 이룰 수 없는 일을 이루는 무리를 취하셨다.
>
> 타락한 천사들은 독립을 내세우며 모든 일을 이루려고 했다. 우리는 전적으로 (하나님을) 의지하며 모든 일을 이룬다. 악한 천사들은 다음과 같이 말하는 루시퍼를 따랐다. "… 내가 하늘에 올라 … 나의 보좌를 높이리라 … 지극히 높은 자와 비기리

라 하도다"(사 14 : 13-14). 우리는 주 예수 그리스도를 따른다. "그는 근본 하나님
의 본체시나, 하나님과 동등됨을 취할 것으로 여기지 아니하시고, 오히려 자기를
비어 종의 형체를 가져 사람들과 같이 되었고, 사람의 모양으로 나타나셨으매 자기
를 낮추시고 죽기까지 복종하셨으니, 곧 십자가에 죽으심이라"(빌 2 : 6-8).[3]

여기에 세상이 결코 이해하지 못할 지혜가 있다. 왜냐하면 세상은 "1등이 되려고 힘써야
한다", "뒤진 자는 마귀가 잡아간다"고 말하기 때문이다. 하지만 악을 정복하고 참된 행복
에 이르는 길은 자기 본위와 사리 추구의 길이 아닌 십자가의 길이다.

그의 몸 : 그리스도의 충만

하나님이 우리를 구원하실 때 차고 넘치는 은혜를 베푸시는 **네번째 동기**는 에베소서 1 :
23에 나온다. 이 구절은 놀랍게도 "… 만물을 충만케 하시는 자의 충만…"으로 교회를 계
시한다.

이 구절은 해석하기 까다롭다. 왜냐하면 이 구절은 세 가지로 해석될 수 있기 때문이다.
첫째로, 이 구절은 교회에 대한 서술이 아니라 그리스도에 대한 서술로 볼 수 있다. 그렇게
보면, 이 구절은 이렇게 된다. "만물 안에서 만물을 충만케 하시는 자(즉 하나님)의 충만인
그[즉 그리스도]의 몸[교회]"이나. 성경은 다른 곳에서 하나님은 만물을 충만하게 하시는
분으로 말하고(렘 23 : 24) 또 하나님의 충만이 그리스도 안에 거한다(골 1 : 19)고 확언하
므로, 이와 같은 해석은 많은 해석가에게 설득력 있게 보였다. 반면에 이 해석의 강점은 곧
약점이 되는데, 성경은 어디서도 그리스도께서 하나님의 충만이라고 말하지 않기 때문이
다. 게다가 참으로 이 절은 실제로 이 해석을 말하고 있는 것 같지 않다.

둘째로, 이 구절은 교회가 그리스도를 충만하게 하거나 완성하는 것을 언급하고 있다고
볼 수 있다. 반하우스(D. G. Barnhouse)는 위대한 왕이 매우 비천한 출신의 공주와 결혼하
기로 결정했으면 그 공주가 위대한 왕의 영광을 완전하게 한다고 말할 수 있다는 예를 들면
서, 이 해석을 주장한다.[4] 존 칼빈(John Calvin)도 이 해석을 주장하면서 이렇게 썼다. "우
리 주 예수 그리스도는 그리고 그 아버지 하나님도 우리가 자신과 연합하지 않으면 스스로

를 불완전하다고 여기신다."[5] 마틴 로이드 존스(D. Martyn Lloyd Jones)도 신중하게 이 해석을 주장한다.[6]

셋째로, 이 구절은 수동적인 의미로 해석될 수 있다. 즉 교회를 그리스도께서 충만케 하시는 것으로 볼 수 있다. 이는 존 스토트(John Stott)의 견해이다. 그는 그리스도께서 온 우주를 충만케 하시듯 교회를 충만케 하신다고 말하는 편이 교회가 예수님을 채우거나 완전하게 한다고 말하는 것(스토트는 이를 부자연스럽다고 생각한다)보다 더 자연스럽다고 본다.

나는 스토트(John Stott)처럼 이 세번째 입장을 주장하는 것이 올바르다고 생각한다.[7] 그러나 나는 또한 세번째 입장과 두번째 입장의 차이점이 아주 사소하다는 것을 깨닫는다. 게다가 그리스도의 백성이 그리스도를 위하여 살고 그를 섬길 때 그리스도의 광채 가운데 상당한 것을 그 백성에게서만 발견할 수 있다는 것은 의심의 여지가 없다. 우리는 역사적 상황에서 이와 같은 그리스도의 광채를 하나님의 백성 외에서는 발견할 수 없다. 십자가에 달리시기 바로 전에 예수님은 두고 떠나는 자들을 위하여 아버지께 다음과 같이 말씀하시며 기도하셨다. "… 내가 저희로 말미암아 영광을 받았나이다" 그리고 "내게 주신 영광을 내가 저희에게 주었사오니, 이는 우리가 하나가 된 것같이 저희도 하나가 되게 하려 함이니이다. 곧 내가 저희 안에, 아버지께서 내 안에 계셔 저희로 온전함을 이루어 하나가 되게 하려 함은 아버지께서 나를 보내신 것과 또 나를 사랑하심같이 저희도 사랑하신 것을 세상으로 알게 하려 함이로소이다"(요 17 : 10 하, 22-23).

요점은, 바깥 세상이 그리스도의, 심지어는 하나님의 본성 가운데 상당한 것을 신자들 가운데서 발견할 수 있게 하려고 하나님이 은혜로 우리를 구원하셨다는 것이다. 우리는 하나님의 차고 넘치는 은혜가 나타나는 주된 장소가 성도의 심령 안이라고 말할 수 있다.

하나님의 은혜를 영원히 드러내시기 위하여

하나님이 구원의 은혜를 베푸시는 다섯째 동기는 "그리스도 예수 안에서 우리에게 자비하심으로써 그 은혜의 지극히 풍성함을 오는 여러 세대에 나타내려 하심"(엡 2 : 7)이다. 이 본문을 보니, 우리는 로마서로 다시 돌아가게 된다. 왜냐하면 신자 가운데 은혜가 나타남은 로마서 5 : 21이 말하는 은혜의 '왕 노릇'과 관계있는 한 요소이기 때문이다. 우리는 그 다음 연구에서 이를 좀더 꼼꼼하게 살필 것이다.

루이스 스페리 채퍼(Lewis Sperry Chafer)는 「은혜」(Grace)라는 책에서 이 동기에 대하여 여러 가지 생각을 썼는데, 이 책에서 그는 은혜를 하나님의 동기들 가운데 '가장 큰' 것이라고 부르며 다음과 같이 썼다.

하나님의 가장 큰 동기는 바로 모든 예지적 존재들 - 즉 권세와 주관, 천상 존재와 지상 존재들 - 앞에 드러내실 목적 곧 그 은혜의 지극히 풍성함이다. 하나님은 그리스도 예수를 통하여 행하시는 그 은혜로운 일을 사용하여 이 목적을 행하실 것이다. 모든 예지적 존재는 죄의 깊이와 길 잃은 자의 절망스런 상태를 알 것이다. 그런데 이제 그들은 그런 상태로부터 구속받고 구원받는 사람들이 예수님과 같이 가장 높은 영광 가운데로 나오는 것을 볼 것이다. 이와 같은 변화는 '그 은혜의 지극히 풍성함'이 어떤지를 드러낸다.

하나님의 최고 목적은 오직 은혜로 인한 사람의 구원으로 말미암아 실현될 것이다. 그런 최고 목적이 우주 속에서 하나님의 일을 어찌나 풍성하게 지배하는지, 하늘과 땅의 모든 것이 오직 이 하나의 목적에 기여하고 있고 이 최고 목적을 실현하기 위하여 그리스도의 죽음으로부터 재림 때까지 계속되는 이 세대가 시작되었다. 이 오랜 세월 인간의 투쟁은 이 한 목적을 이루도록 정해졌다. 이 목적보다 못한 관점은 충분하지 못한 것으로 드러날 것이고 눈이 먼 사람들은 멀리 보지 못한다. 그런 사람에게는 세상이 순전히 우연에 의하여 움직이거나 이 땅에서 어떤 사람의 영광을 이룬다고 하는 있지도 않은 목적을 향하여 움직이고 있다. 그처럼 보지 못하는 눈은 하늘의 영광을 전혀 보지 못하며 그처럼 어두운 마음은 하나님의 지극히 풍성한 은혜가 드러나는 데서 하나님의 가장 높은 목적을 전혀 깨닫지 못한다. 그러나 이 세대가 완성될 때, 하늘과 땅의 모든 존재는 이 세월 동안 움직이고 있던 우주가 다름 아닌 오직 은혜로 사람을 구원하시려는 하나님의 최고 목적을 실현시키기 위하여 정해져 있었다는 것을 분명하게 보게 될 것이다.[8]

우리는 기독교 세계관을 흔히 말하지만, 말할 때만큼이나 그것이 무엇인지 말하지 못한다. 여기 아주 멋지게 규정된 기독교 세계관이 있다. 즉 역사는 죄인을 구원하시기 위한 하나님의 다양한 은혜가 펼쳐지는 무대이다.

때때로 나는 역사를 '하나님의 은혜'(God's Grace)라는 제목의 연극에 비유하곤 했다. 관객은 천사이며, 배우는 우리다. 사단은 하나님의 가장 높은 목적을 저지하고 그 은혜를 믿지 못하게 하려고 온갖 수단과 방법으로 무대에 나타난다. 이 드라마는 수십세기 동안 펼쳐져 왔고, 처음 몇 막에서는 아담과 하와, 노아, 아브라함, 모세, 다윗, 이사야, 세례 요한, 베드로, 바울 그리고 구약과 신약과 교회사의 다른 등장 인물처럼 연극을 이끌어가는 인물들이 출연했다. 비중이 큰 배우도 있고 시시한 단역도 있으며, 힘센 인물도 있고 약한 인물도 있지만, 모두가 하나님이 기록하신 대사를 하려고 무대에 나왔으며, 모두가 이 드라마의 진행을 도왔다.

이제 여러분과 나도 이 길디긴 연극의 배우이다. 사단이 지금 공격하고 있고 천사들은 잔뜩 긴장하며 어떻게 될 것인지 보고 있다. 여러분이 여러분의 역을 맡아서 대사를 말할 때 천사들은 당신을 통하여 하나님의 '다양한 지혜'를 보고 있는가? 당신의 삶은 '하나님의 은혜'라는 드라마에 무엇을 이바지하고 있는가?

내가 서너 차례 인용한 바 있는 이 위대한 은혜의 보유자 도널드 그레이 반하우스(Donald Grey Barnhouse)는 자신의 연구서 말미에서 이렇게 썼다.

(이제부터 수십억 년 뒤라고 해도 상관없이) 올 세대에는 경외와 놀라움에 사로잡혀 당신과 나를 바라볼 천사가 있을 것이며, 그들이 다음과 같이 서로 말할 것을 나는 의심하지 않습니다. "성도 가운데 두 사람이 있군. 저 사람들은 땅에서 많이 거역했지. 허물과 죄로 죽었다구. 경건하지 못한 죄인이며 하나님의 원수였어. 그러나 저 사람들이 그런 인물이었을 때 하나님이 저들을 사랑하셨지. 그걸 생각해 보라구. 하나님의 사랑이 얼마나 놀라운가! 그의 겸비하심이 얼마나 큰가! 그의 은혜가 얼마나 값없이 주신 것인가! 하나님이 저 사람들을 위하여 이 모든 일을 하신 거라구." 그리고 우리는 그 천사들보고 이렇게 말할 것이다. "당신들이 하나님께 모든 영광을 옳게 드렸습니다. 하나님은 놀라우신 분입니다. 은혜로우신 분입니다. 그와 같으신 이가 없습니다." 그리고 하늘에서 다함이 없는 모든 활동을 하면서, 우리는

하나님과 교제하기를 마치 왕비가 왕과 교제하듯 하면서, 영원히 하나님을 모든 은혜의 원천으로 알릴 것이며 그 은혜의 지극히 풍성함을 스스로 드러낼 것이다.[9]

● 각주 ●

1. Donald Grey Barnhouse, *God's Grace : Exposition of Bible Doctrines, Taking the Epistle to the Romans as a Point of Departure,* vol. 5, Romans 5 : 12-21(Grand Rapids : Wm. B. Eerdmans, 1959), p. 142-148.

2. Ibid., p. 143.

3. Ibid., pp. 145, 146.

4. 반하우스가 사용하는 예화는 조지 5세와 메리 왕비에 관한 것이다. 메리 왕비는 이 왕실 왕자와 혼인하여 때가 이르러 그의 영광에 속하므로 그 영광을 드러내기 전에는 테크(Teck)의 공주 메리에 불과했다.

5. John Calvin, *Sermons on the Epistle to the Ephesians* (Edinburgh and Carlisle, Pa. : Banner of Truth Tust, 1975), p. 122.

6. D. M. Lloyd Jones, *God's Ultimate Purpose : An Exposition of Ephesians 1 : 1 to 2 : 23* (Grand Rapids : Baker Book House, 1979), pp. 430, 431.

7. James Montgomery Boice, *Ephesians : An Expositional Commentary* (Grand Rapids : Zondervan, 1989), pp. 44-46에 나오는 나의 연구를 보라.

8. Lewis Sperry Chafer, *Grace* (Chicago : The Bible Institute Colportage Association, 1939), pp. 29, 30.

9. Barnhouse, *God's Grace,* p. 148.

76
은혜의 왕 노릇
로마서 5:20-21

... 그러나 죄가 더한 곳에 은혜가 더욱 넘쳤나니 이는 죄가 사망 안에서 왕 노릇 한 것같이 은혜
도 또한 의로 말미암아 왕 노릇 하여 우리 주 예수 그리스도로 말미암아 영생에 이르게 하려 함
이니라.

지난 장의 끝에서, 나는 연극을 예화로 들어
어떻게 하나님이 역사에서 그 은혜를 보이시며 어떻게 당신과 내가 그 드라마에서 중요한
배역을 맡았는지 보였다.

이 드라마의 비유는 물론 괜찮은 것이다(그렇지 않았더라면 내가 사용하지 않았을 것이
다). 그러나 그런 모든 예화는 약점이 있기 마련이다. 이 비유의 약점이란, 내가 이를 연극
이라고 불렀기 때문에 어떤 사람은 이 주제를 심각한 문제로 생각하지 않을 수 있다는 것이
다. 그 사람은 이렇게 주장을 펼칠 것이다. "그래봤자, 연극은 허구에 불과하다. 더러 흥미
롭고 의미있는 내용도 있고 심지어 재미도 있을지 모른다. 그러나 누구도 연극을 그렇게 심
각하게 보지는 않는다. 연극이 끝난 후에, 우리 모두는 실제 세계로 돌아가야 한다." 만일
당신이 지난 장의 결과를 그렇게 생각한다면, 나는 당신이 이 연구에 특별히 관심을 쏟기를

바란다. 여기서 나는, 은혜가 무엇인지를 보여 주는 바울의 예화를 살피고 '하나님의 은혜'라는 드라마 – 바울이 드라마를 '은혜의 왕 노릇'(Reign of Grace : 은혜의 통치 – 역자)이라 불렀을 것이다 – 가 실제와 마찬가지로 심각한 것임을 보이고 싶기 때문이다.

경쟁하는 나라들

바울이 사용하는 예화는 경쟁하는 두 나라에 대한 것이며, 그가 이 예화를 사용하는 방식은 한편으로는 죄의 능력을 인격화하고 다른 한편으로는 은혜의 능력을 인격화하는 방식이다. 바울이 이 능력들을 두 군주나 두 왕에 비유한다고 봐도 상관없다. 한 왕은 폭군이다. 그는 우리 세계를 침략하여 모든 사람에게 무자비한 권력을 휘둘러 왔다. 이 왕의 통치 목적은 모든 사람을 죽이는 것이고 이 왕의 이름은 죄이다. 또 다른 왕은 은혜로운 통치자이다. 이 왕은 우리를 죄에서 구원하고 우리를 영원한 행복의 영역으로 이끌려고 왔다. 이 왕이 다스리는 목적은 영생이며 그의 이름은 은혜이다.

이 예화는 우리가 은혜에 대하여 아직 제대로 살피지 못한 것을 말해 준다. 즉 은혜가 능력이라는 것을 말해 준다. 우리는 은혜를 태도로 생각하는 경향이 있고 물론 은혜는 태도이다. 심지어 우리는 은혜를 그런 식으로 정의한다. 즉 우리는 은혜를 '받을 자격 없는 자들에게 베푸시는 하나님의 값없는 호의', 즉 정반대의 대접을 받아 마땅한 자들에게 베푸시는 하나님의 값없는 호의라고 부른다. 그러나 은혜는 태도 이상이다. 은혜는 은혜의 능력을 떠나서 멸망하려는 자들을 구원하기 위하여 힘을 뻗치는 능력이기도 하다.

이 말은, 은혜가 도움을 주는 것에서 넘어선다는 뜻이고 심지어 도움 그 자체를 훨씬 넘어선다는 것이다. 경쟁하는 두 나라의 예화를 사용하면, 은혜는 선하고 다른 (악한) 왕에게 빼앗긴 영토를 침략하는 합법적인 왕이라고 말할 수 있다. 이 전쟁은 항상 눈에 보이는 것이 아니다. 왜냐하면 이 전쟁은 영적인 전투이지 물리적인 전투가 아니기 때문이다. 그러나 이 공격은 2차세계대전의 고비에 연합군이 노르망디 해안을 공격한 것만큼이나 대규모적이고 결정적이다. 연합군은 그 전투에 모든 힘을 쏟아 부었고 그날에 승리를 거두었다. 그처럼 하나님은 당신의 힘을 쏟아 은혜를 베푸셨고, 그러므로 은혜가 승리를 거둘 것이다.

은혜의 나라

모든 지상 나라는 출발이 있으며, 어떤 때는 군사적인 승리를 얻은 새 군주가 왕위에 오르고, 어떤 때는 평화적인 왕위 승계로 특별히 유능한 새 통치자가 정부를 장악하고 영향을 끼치며 번영하는 새로운 시대의 문을 열고, 어떤 때는 민주주의 나라에서처럼 탁월한 통치자가 선출되기도 한다.

바울이 지금 쓰고 있는 은혜의 나라가 나온 곳은 어디인가? 언제 그 나라는 시작했는가?

베드로 사도의 고전적인 구절을 사용하여 대답하면, "창세 전"(벧전 1 : 20)이다. 이 절에서 베드로는 영원한 과거에 하나님의 영원한 작정 속에서 하나님의 아들이신 주 예수 그리스도를 보내어 우리의 구세주가 되게 하시려 했던 결정을 가리키고 있다. 신학자들은 이를 구속의 언약이라 부르는데, 이 언약은 죄가 세상에 들어오기 전에 생겼다. 사실 이 언약은 세상이 창조되기도 전에 생겼다.

하나님의 위격 사이에서 이루어진 이 영원한 언약에서, 성부 하나님은 이렇게 말씀하셨다. "나는 천군 앞에서 내 은혜의 본성과 능력을 드러내기를 바란다. 이 일을 하기 위하여 나는 남자와 여자로 알려지게 될 창조물의 세계를 창조할 것이다. 또 그들이 타락하는 것을 허용할 것이다. 죄가 그 능력으로 그들을 종으로 삼아 그들로 마침내 영적인 죽음과 육체적인 죽음에 이르게 함으로써 그들을 다스리는 것을 허용할 것이다. 그러나 죄가 가장 나쁜 짓을 하고 인류의 형편이 가장 절망적으로 보일 때, 나는 그들을 건지고 사랑의 새 나라를 있게 하려고 무한한 은혜와 능력을 가진 천상의 존재를 보낼 것이다. 누가 우리를 위하여 갈 것인가? 언젠가 창조될 인류의 구원을 누가 이룰 것인가?"

주 예수 그리스도께서 이렇게 대답하셨다. "내가 여기 있나이다. 나를 보내소서. 해야 할 그 일을 내가 하리이다. 내가 이 피조물 가운데 하나의 모습을 취하여 하나님이면서 사람이 되리이다. 내가 그들을 위하여 죽으리이다. 그들 대신 내가, 죄인을 대신하여 흠 없는 자가, 사람을 대신하여 하나님이 죽으리이다. 내가 그들의 범죄로 인한 형벌을 지리이다. 그런 후에 그들이 자기 죄로 인하여 결코 고난당하지 않도록 내가 그들의 죄값을 갚았을 때 죽은 자 가운데서 일어나서 영원히 다스리고 영원히 은혜로운 주가 그들에게 되리이다."

그리하여 은혜의 나라를 세울 언약이 체결되었고, 이 언약으로 예수님은 하나님이 자신에게 주실 백성을 위하여 죽으실 것이었다.

이 나라를 시작할 때 역시 계셨던 성령님은 하나님이 처음에 이 나라를 위하여 택하신 자들로 십자가에 달리시고 부활하신 주님을 믿게 하겠다고 약속하셨다. 오직 이 믿음으로만 그들은 그 나라에 들어갈 수 있었다.

하나님 나라의 성장

지상의 모든 나라는 성장기가 있는 법인데, 이 성장기에는 새 군주가 통치를 선포하고 그 후 영토를 정복하고 그 나라의 백성이 될 자를 이끌어 백성이 되게 한다. 하나님 나라도 그와 비슷하다.

1. 하나님 나라의 선포. 하나님은 은혜의 나라를 선포하시는 데 시간을 전혀 허비하지 않으셨다. 아담과 하와가 범죄하여 하나님의 통치와 정반대되는 죄와 사망의 통치가 세상에 들어오던 그 날, 하나님은 그 아들의 도래를 미리 알리시려고 에덴 동산에 나타나셨다. 우리 시조의 타락에 이바지했던 사단에게는 이렇게 말씀하셨다. "내가 너로 여자와 원수가 되게 하고 너의 후손도 여자의 후손과 원수가 되게 하리니, 여자의 후손은 네 머리를 상하게 할 것이요, 너는 그의 발꿈치를 상하게 할 것이니라"(창 3 : 15). 이는 예수 그리스도의 성육신과 속죄를 알리는 예언이었다. 그리고 아담과 하와가 이 예언을 완전히 이해하지 못했을지라도, 하나님을 믿고 구세주의 도래를 바라볼 만큼은 이해했다. 그 결과 그들은 그 나라의 첫시민이 되었다. 그들은 하나님의 은혜로 구원받았다.

2. 그 나라를 위한 준비. 구약은 새 왕의 도래를 예비하는 긴 준비기를 기록하고 있으며, 또 모든 은혜의 하나님이 그 일을 하고 계셨다. 하나님은 불경건한 세상 가운데 경건한 계통을 세우셨는데, 이 계통은 하나님의 이름을 기억했고 오실 구세주에 대한 믿음을 생생하게 유지했다. 아담과 하와의 셋째 아들이며 가인이 아벨을 죽인 후에 경건한 아벨을 대신했던 셋은 이 새로운 계통의 첫째였고 셋으로부터 홍수전의 경건한 계통이 나왔다. 그 속에는 "하나님과 동행했던" 에녹과 대홍수 때에 은혜를 받았던 노아 같은 사람이 있었다. 후에 아

브라함이 택함을 받았고, 아브라함으로부터 이삭과 야곱과 야곱의 아들들 곧 이스라엘의 열두 지파가 나왔다. 아론과 같은 제사장도 있고, 이사야와 예레미야와 같은 선지자도 있고, 다윗 같은 경건한 왕도 있었다. 예수님이 태어나시던 전날, 사가랴와 엘리사벳, 요셉과 마리아, 시므온과 안나, 그리고 다른 사람들도 있었는데, 그들은 모두 그리스도의 오심을 기대하던 모든 사람이었다.

"이 사람들이 다 믿음으로 말미암아 증거를 받았으나, 약속을 받지 못하였으니"(히 11 : 39). 그들은 은혜로 구원받았다. 그들은 하나님 나라를 준비하는 일원이었다. 그러나 "참빛 곧 세상에 와서 각 사람에게 비취는 빛이 있었나니"(요 1 : 9).

3. 사죄. 주 예수 그리스도께서 죄를 위하여 죽으신 일은 하나님 나라의 기초이며 중심이다. 그래서 바울이 은혜가 "… 우리 주 예수 그리스도로 말미암아 영생에 이르게 하려 함이니라"(롬 5 : 21) 왕 노릇 한다고 말하면서 자신의 예화를 전개할 때 특별히 이 점을 생각하고 있는 것을 발견할지라도 우리는 놀라지 않는다.

그의 말을 들을 때, 마치 하나님이 "글쎄, 네가 전에 나빴지만, 그건 대수롭지 않아. 내가 너를 용서해 주마" 하고 말씀하시듯이 은혜가 하나님의 율법을 제쳐둔다든지 공의(公義)를 포기한다는 뜻이 아님을 우리는 생각하게 된다. 죄는 막중하다. 죄는 두려운 것이다. 죄는 사망에 이르게 한다. 이생에서도 사망에 이르게 할 뿐만 아니라(흔히 말하듯 의[義] 없는 생활은 '산 지옥'이다) 오는 세대에서도 사망에 이른다. 하나님은 죄를 간과하지 않으시고 죄를 다루신다. 그리스도께서는 죄를 위하여 죽으시며, 하나님은 그리스도의 거룩하고 전적으로 완전한 의를 우리의 의로 봐주신다. 바울이 전체 로마서를 쓰면서 설명하고자 한 것은 바로 이 점이다. 특히 로마서 3장에서 이 점을 다룬다. 그리고 바울이 이제 5장을 마무리하면서 말하는 것도 바로 이 교리이다.

당신은 은혜의 나라가 갖는 본질을 보기 원하는가? 그리스도의 십자가에서보다 그것을 더 잘 볼 수 있는 데는 없다. 거기서 은혜와 의가 함께 나타나며 그 둘 다가 충족된다. 예수님의 죽음에 의하여 영생이 "많은 사람을 위하여 부은 바"(한글개역성경에는 '흘리는 바'로 되어 있음 - 역자)가 된다(참조. 마 26 : 28).

4. 그 나라의 시민들. 나라가 되려면 영토만으로는 안 된다. 다스릴 곳이라고는 사막밖에 없는 왕에게 그다지 흥미를 가질 사람은 아무도 없다. 나라에는 국민이 필요하다. 그러므로 하나님은 이 나라를 위하여 국민을 예비하는 일을 하고 계신다. 어떻게 하고 계시는가? 신학자들은 **오르도 사루티스**(ordo salutis : 구원의 서정) 혹은 '구원의 순서'에 대하여 말한다. 이 말은 하나님이 그 아들의 나라로 각 사람을 이끌어들일 때 밟으시는 단계를 가리킨다.

첫째, **예지**(豫知 : foreknowledge)가 있다. 하나님은 하나님 나라에 들어갈 자들에게 구원을 베풀고자 그들을 살펴서 호의를 베푸신다.

둘째, **예정**(豫定 : predestination) 혹은 선택이 있다. 이 말은, 하나님이 그 의지의 영원한 경륜으로 이들을 그리스도에게로 데려감으로써 그들을 구원하시기로 결정하셨다는 뜻이다.

셋째, **유효한 부르심**(effecutual calling)이 있다. 이는 복음의 소명(call)이다. 이 복음의 부르심은 일반적일[모든 사람에 대한 것일] 뿐만 아니라 그 부르심을 듣는 자들에게 올바른 믿음의 응답을 실제로 낳는다. 이는 나사로를 부르심과 같다. 나사로는 부르심을 받아 죽음에서 생명으로 옮겼다.

네번째 단계는 **중생**(重生 : regeneration)이다. 이는 영적으로 소생시킴 혹은 살게 함이다. 다음 누 항목을 포함하여 우리 가운데 선하게 되는 모든 것은 이 중생으로부터 나온다.

다섯째 단계는 **회개**(repentance)와 **믿음**(faith)이다. 우리는 소생했으므로, 죄로부터 돌이켜 예수님을 믿는다.

여섯째 **칭의**(justification)이다. 이는 하나님이 그리스도 안에서 우리의 죄를 처벌한 것으로 보시고 또 그리스도의 의를 우리의 것으로 보시는 행위이다.

일곱째 **성화**(聖化 : sanctification)이다. 신자 속에 있는 그리스도의 새생명은 거룩함과 선한 일이 점점 많아지도록 활동한다.

마지막 여덟번째 단계는 우리의 **영화**(榮化 : glorification)인데, 이 영화로 우리는 영원히 죄 없는 그리스도의 형상이 되어 간다.

개인을 향하여 은혜의 나라가 어떻게 영화롭게 펼쳐지는지는 가히 상상할 수 없다. 왜냐하면 그 나라는 확실히 길 잃은 자가 될 자들을 준비시키고 또 실제로 그들을 구원하는 하나님의 능력이기 때문이다. 만일 그것이 거저 주는 음식이나 도움을 주겠다는 제안에 불과하다면, 우리는 멸망할 것이다. 좌우간 우리가 구원받은 유일한 이유는, 은혜가 먼저 구원의 길을 예비하고 그 다음에 우리를 죄로부터 돌이키게 하고 우리에게 생명을 불어넣어 우리를 구원으로 이끌기 위하여 힘을 뻗치기 때문이다.

풍성한 나라

지금까지 내가 써 온 내용 가운데 많은 것이 은혜의 통치(Reign of Grace : 한글개역성경에서는 '은혜의 왕 노릇'으로 표기됨 – 역자)가 갖는 성격을 이미 말하고 있다. 그러나 이 성격을 자세히 살필 가치가 있는데, 우리는 이 세상 나라들 가운데서 유익을 끼치는 듯 하지만 그래도 더불어 살기가 어려운 나라가 여럿 있음을 알고 있기 때문이다. 우리는 하나님 나라가 역사 가운데서 출발하여 펼쳐지는 것을 보았다. 그러면 하나님의 은혜가 드러내는 통치의 성격에 대하여 무엇을 말할 수 있는가?

1. 은혜는 풍성하다. 첫째로 말할 수 있는 것은 은혜의 통치는 풍성하다는 점이다. 이 말은, 은혜에 유익이 흘러 넘친다는 뜻이다. 어떤 나라는 아주 엄한 나라일지라도 '선한' 나라로 생각될 수 있다. 가령 선한 나라도 전쟁을 수행하면서 그 백성에게 힘든 일을 요구하고 심지어는 흔히 생각하는 필수품 없이 살라고 할 수 있다. 물론 하나님께서도 순종을 요구하신다. 그리고 그리스도인의 생활에는 희생이 요구된다. 그러나 우리는 은혜의 통치에 대하여 생각할 때, 흔히 희생과 부인(否認)이라는 측면에서 생각하지 않고 풍성한 생활과 물질로 생각한다. 은혜의 통치는 은혜의 자녀들이라면 마땅히 싫어하지 않는 것이다.

이 설교를 준비하면서, 나는 이 분문에 대한 연구 업적을 수십 편 통독했고(주석가들이 이 본문에 대하여 당연히 흥미를 느끼므로 이 본문에 대한 연구가 많은 듯하다), 기억할 만한 진술을 많이 발견했다. 그러나 그 가운데서 마틴 로이드 존스(D. Martyn Lloyd Jones)의 말은 내 생각과 딱 맞아서 여러 번이라도 반복하고 싶다. 여러분에게도 이 말을 외우라고 권하고 싶을 정도이다. 그 말은 다음과 같다. "은혜는 언제나 주지만, 죄는 언제나 빼앗는다."(Grace always gives, whereas Sin always takes away)[1] 다시 한번 말해 보겠다. "은혜는 언제나 주지만, 죄는 언제나 빼앗는다."

죄 곧 포악한 왕은 정반대로 말한다. 죄는, 우리가 원했던 모든 것을 우리에게 주겠고 은혜는 박탈당하는 길이라고 우리에게 말한다. 죄는 이렇게 말한다. "저 그리스도인들을 보라. 저들은 도무지 재미를 얻지 못한다." 혹은 "그들이 할 수 없는 저 모든 것을 보라." 그리하여 우리는 탕자처럼 저 나쁜 왕의 말을 들어 우리의 유산을 가지고 선한 왕의 목소리를 듣거나 하늘 아버지의 지혜로운 뜻에 응답할 필요가 없는 먼 나라로 길을 떠난다. 거기서 우리는 무슨 짓을 하는가? 여러분은 그 해답을 알고 있다. 우리는 되는 대로 살면서 우리의 재산을 탕진한다. 우리가 유산을 낭비하므로, 우리 날이 끝나게 될 때에는 모든 유산이 사라진다. 죄는 그 모든 것을 빼앗았고, 우리는 탕자처럼 우리에게 하찮은 것 하나라도 줄 사람이 없는 것을 발견한다. 마침내 우리는 우리가 뒤따라갔던 죄라고 하는 폭군을 바라보고 도움을 청하지만, 죄는 생명까지도 낚아채려고 손을 뻗치면서 우리를 비웃는다.

죄를 따르라! 그리하면 죄가 당신의 순결과 인품을 빼앗을 것이다.

죄를 따르라! 그리하면 죄가 당신의 건강을 나빠지게 할 것이다.

죄를 따르라! 그리하면 죄가 우정과 사랑과 웃음과 아이들의 순결함과 소망과 만족과 같은 삶의 일반적이고도 고귀한 것조차도 폐허가 되게 할 것이다.

죄를 따르라! 그리하면 죄가 당신을 정죄에 이르게 하고 당신이 그 문을 비틀거리며 지나갈 때 징그럽게 웃을 것이다.

은혜라고 하는 왕과 이 얼마나 다른가! 은혜는 우리가 비틀거리고 있는 것을 보고는 우리를 붙들어 주려고 곁에 다가선다. 은혜는 우리가 궁핍한 것을 보고 그리스도와 아버지의 다함이 없는 풍성함을 우리 무릎에 쏟아 붓는다. 은혜는 우리가 죽어가고 있는 것을 보고 우리에게 영생을 준다. 바울은 성경에서 이렇게 말한다. "죄의 삯은 사망이요, 하나님의 은사는 그리스도 예수 우리 주 안에 있는 영생이니라"(롬 6 : 23).

은혜는 이렇게 말한다. "무엇이 필요한가? 내게 말하라. 내게 무엇이든 다 말하라." 그리고 나서 은혜는 하나님의 완전한 지혜와 억누를 수 없는 능력과 무한한 공급하심에 따라 그 필요를 채워 준다. 은혜 때문에 히브리서 기자는 이처럼 권한다. "그러므로 우리가 긍휼하심을 받고 때를 따라 돕는 은혜를 얻기 위하여 은혜의 보좌 앞에 담대히 나아갈 것이니라"(히 4 : 16).

2. 은혜는 정복될 수 없다. 이세상에서는 언제나 선(善)이 이기고 악(惡)이 지는 것은 아니다. 우리는 이세상을 보면서 이렇게 물을 수 있다. "사실 은혜만큼 선한 것이 끝에 가서 승리할 수 있는가? 확신컨대 은혜는 모든 것을 준다. 그러나 우리는 종말에 죄가 여전히 있다가 자신의 통치를 확인시키고 우리 손에서 하나님의 풍성한 선물을 낚아채지 않을 것이라는 것을 어떻게 알 수 있는가?"

그러나 오직 인간적인 측면에서 은혜에 대하여 말한다면 그럴 수 있을 것이다. 만일 우리가 말하고 있는 것이 나의 은혜 혹은 당신의 은혜만이라면, 죄가 우리의 좋은 선물을 낚아채 갈 것이다. 우리는 이 강력한 상대를 맞설 수 없다. 그러나 지금 왕 노릇 하고 있는 것은 나의 은혜나 당신의 은혜가 아니고 그것은 하나님의 은혜이며 하나님은 전능하신 분이시다. 하나님이나 하나님의 목적에 맞설 수 있는 자가 있는가? 바울은 로마서 8 : 31-39에서 이렇게 쓴다.

> … 만일 하나님이 우리를 위하시면 누가 우리를 대적하리요 자기 아들을 아끼지 아니하시고 우리 모든 사람을 위하여 내어주신 이가 어찌 그 아들과 함께 모든 것을 우리에게 은사로 주지 아니하시겠느뇨 누가 능히 하나님의 택하신 자들을 송사하리요 의롭다 하신 이는 하나님이시니 누가 정죄하리요 죽으실 뿐 아니라 다시 살아나신 이는 그리스도 예수시니 그는 하나님 우편에 계신 자요 우리를 위하여 간구하시는 자시니라 누가 우리를 그리스도의 사랑에서 끊으리요 환난이나 곤고나 핍박이나 기근이나 적신이나 위험이나 칼이랴 기록된 바
> "우리가 종일 주를 위하여 죽임을 당케 되며
> 도살할 양같이 여김을 받았나이다."
> 함과 같으니라. 그러나 이 모든 일에 우리를 사랑하시는 이로 말미암아 우리가 넉넉히 이기느니라 내가 확신하노니 사망이나 생명이나 천사들이나 권세자들이나 현재 일이나 장래 일이나 능력이나 높음이나 깊음이나 다른 아무 피조물이라도 우리를 우리 주 그리스도 예수 안에 있는 하나님의 사랑에서 끊을 수 없으리라.

이 성경을 볼 때, 우리는 이 책의 첫 장으로 돌아간다. 여기서 나는 로마서 5장의 모든 것 (사실 5-8장의 모든 것)이 우리로 구원을 확신하게 만들려고 계획되었음을 지적했다. 우리가 구원을 확신할 수 있는 것은, 그리스도로 말미암아 우리가 "… 서 있는 이 은혜에…"(롬 5 : 2) 믿음으로 영원히 들어감을 얻었기 때문이다.

하나님의 은혜를 다루는 이 여섯 장을 마치려 할 때, 여기 생각나는 찬송가가 두 편 있다. 첫번째 찬송가는 '만세 반석 열리니'(Rock of Ages)라는 유명한 찬송가의 작사가이기도 한 아우구스투스 톱레이디(Augustus M. Toplady)가 쓴 것이다. 여기 인용하는 그의 찬송가는 '오직 긍휼에 빚진 자 되어'(A Debtor to Mercy Alone)이다. 내가 이 찬송가를 언급하는 것은 3절과 4절에 나오는 **지울 수 없는**(indelible)이라는 말 때문이다.

> 내 이름 그 손바닥에서
> 영원히 지워지지 않으리.
> 지울 수 없는 은혜의 표로
> 내 이름 그 마음에 새겨 있도다.
> 나 끝까지 견디리, 성실한 자 복 받음을 믿으며.
> 하늘의 영화로운 영들도
> 더 행복하되, 더 안전하지는 않도다.

지울 수 없는 것은 아무리 해도 지울 수 없다. 그래서 은혜가 지울 수 없는 글씨로 기록되었다면, 은혜는 영원무궁하다. 은혜가 통치하므로 패배하는 일도 없고 끝도 있을 수 없다.

또 한 찬송가는 찰스 웨슬리(Charles Wesley)가 쓴 것인데, 아마 영어권 그리스도인이라면 누구나 이 찬송가를 듣고 아마 노래했을 것이다.

> 만입이 내게 있으면
> 그 입 다 가지고
> 내 구주 주신 은총을
> 늘 찬송하겠네
> (한글통일찬송가 23장)

그와 같은 승리는 어디에도 없다. 그처럼 기쁘고 그처럼 확실한 승리는 없다. 은혜가 당신 안에서 승리하게 하라. 은혜에 굴복하라. 그리스도 안에 있는 하나님의 은혜에 굴복하

라. 당신의 손을 벌려 은혜를 받아들이라. 승리를 얻도록 은혜의 인도를 받으라.

● 각주 ●

1. D. M. Lloyd Jones, *God's Ultimate Purpose : An Exposition of Ephesians 1 : 1 to 2 : 23* (Grand Rapids : Baker Book House, 1979), p. 356.

77
우리는 여기서 어디로 가는가?
로마서 6:1-2

그런즉 우리가 무슨 말 하리요 은혜를 더하게 하려고 죄에 거하겠느뇨 그럴 수 없느니라 죄에 대하여 죽은 우리가 어찌 그 가운데 더 살리요.

필 라델피아에서 로마서 6장에 대하여 설교하기를 시작하기 전 주에 나는 몇몇 모임에 참석하려고 성경 대학에서, 그 학교 교수 한 사람에게 나의 설교들을 언급했다. 그러자 그는 곧바로 이렇게 대꾸했다. "장로교인에게는 로마서 6장이 세례를 가르치는 좋은 장이죠". 그 논평을 듣고 나는 완전히 허를 찔렸다. 왜냐하면 내가 이해하기로는 이 장이 세례와는 아무런 관계가 없기 때문이다. 사실 나는 이 교수가 왜 그런 말을 했을까에 대하여 오직 한 가지 이유만 생각해 낼 수 있는데, 그것은 바울이 하나님의 은혜로 우리가 예수 그리스도와 연합한 것에 대하여 앞에서 말한 요점을 보강하기 위하여 3, 4절에서 세례의 예를 사용한다는 점이다.

실제로 로마서 6장은 누구라도 복음을 반대하여 제기할 수 있는 첫째이자 가장 논리적인 반대 즉 복음이 도덕률 폐기론(Antinomianism)에 이르거나 아니면 죄악된 행동에 이른다는 반대를 다루는 삽입구이다.

두 삽입구

그러나 잠시 뒤로 돌아가 보겠다. 나는 영국 설교자 마틴 로이드 존스(D. Martyn Lloyd Jones)가 제시한 로마서 5-8장에 대한 접근법을 따라 로마서 6장을 삽입구라고 말했다. 그러나 그런 배열은 일반적으로 받아들여지지 않으며[1] 그래서 나는 이 입장을 설명해야 하겠다.

5장을 시작할 때 내가 로마서의 가장 일반적인 개요로부터 출발하고 있음을 지적했던 사실을 여러분은 기억할 것이다. 이 개요에 따르면, 이 장들(특히 6장)은 성화를 다루고 있다. 로마서에 대한 이 전통적인 구분에 따르면 1-4장은 칭의를 다루고, 5-8장은 성화를 다루고, 9-11장은 이스라엘의 문제를 다루고, 12-16장은 실천적인 문제를 다룬다. 물론 이런 배열에는 옳은 점이 상당히 있다. 첫번째 장들은 칭의의 큰 교리를 분명히 제시하고 있다. 그 다음 단락은 성화를 다루고 있으며, 그 다음 단락은 유대인을 다루고 있다. 그러나 내가 이 책의 첫 장에서 지적했듯이, 로마서가 마치 네 개로 나누어진 대목으로 배열된 것처럼 접근하는 것은 로마서를 완전히 오해하는 것이다. 포괄적인 분석에서 실수를 하면 부분을 다룰 때도 물론 실수하게 될 것이며, 따라서 특히 여기 로마서에서도 마찬가지이다.

로마서 5장을 시작할 때 우리는 무엇을 보았는가? 어떤 사람들은 5장이 칭의의 결과를 열거하는 듯이 5장을 접근했다. 즉 이는 마치 앞 장들의 요약 결론과 같다. 그리고 이처럼 요약하고 난 다음, 로마서의 저자는 두번째 중요한 주제 즉 성화로 나아가고 있다고 가정했으나 사실 그렇지 않다는 것을 우리는 발견했다.

바울이 5장에서 보이고자 하는 것은, 우리의 칭의가 영속적이라는 점이다. 다른 말로 하면, 바울의 관심은 칭의의 결과에 있지 아니하고(물론 칭의의 결과들이 더러 언급되어 있다) 칭의의 확신에 있다는 것이다. 그러므로 바울은 5장의 처음에서 이렇게 쓴다. "또한 그로 말미암아 우리가… 하나님의 영광을 바라고 즐거워하느니라"(2절). 이 말들은 그리스도인의 영화(榮化)와 하나님의 일이 그리스도인 속에 틀림없이 만들어 놓는 결과를 언급한다. 계속 몇 절을 더 보면, 이 때문에 바울이 "그러면 이제 우리가 그 피를 인하여 의롭다 하심을 얻었은즉 더욱 그로 말미암아 진노하심에서 구원을 얻을 것이니"(9절) 하고 말하는 것을 우리는 발견한다. 이 말들은 8장을 마무리하며 언급하는 승리의 진술을 미리 내다본다. "… 만일 하나님이 우리를 위하시면 누가 우리를 대적하리요 자기 아들을 아끼지 아니하시고 우리 모든 사람을 위하여 내어주신 이가 어찌 그 아들과 함께 모든 것을 우리에게 은사(恩賜)로 주지 아니하시겠느뇨"(롬 8 : 31-32)

로마서 8장에서는 물론이고 로마서 5장에서도 사도 바울이 칭의에서 영화로 곧장 넘어가는 것은, 그가 그 순서 가운데 성화가 들어가야 어울린다는 것을 몰라서가 아니라 우리의 칭의가 갖는 영구적인 성격을 강조하고 싶기 때문이다. "또 미리 정하신 그들을 또한 부르시고 부르신 그들을 또한 의롭다 하시고 의롭다 하신 그들을 또한 영화롭게 하셨느니라"(롬 8 : 30).

내가 앞에서 이 요점을 분명하게 말하지 않았으므로, 로마서 5장의 후반부가 이 방향을 향하고 있었다는 점을 지금 또한 지적하겠다. 12-21절은 그리스도인이 예수 그리스도와 이루는 연합을 다룬다. 우리가 아담과 연합하여 그의 타락이 우리의 타락이 되고 우리가 그 안에서 정죄받았던 것처럼, 그리스도인들은 이제 예수 그리스도와 연합하여 그리스도께서 죄에 대하여 죽으신 것이 우리가 죄에 대하여 죽은 것이 되고 그의 승리가 곧 우리의 승리가 되었음을 여기서 보여 준다. 또한 이 칭의는 영구적이다. 그래서 바울은 5장의 말미에 이르러 '우리 주 예수 그리스도로 말미암아 영생에 이르게 하려고 의로 말미암아' 은혜가 '왕 노릇' 하는 것을 말할 때, 그가 말하고자 하는 요점은 우리를 향하신 하나님의 큰 계획을 방해할 수 있는 것은 아무것도 없다는 것이다. 이처럼 넘치는 생각에 비추어 볼 때 5장 다음에 곧장 따라 나오는 것은 8장이다.

그러나 그렇다면, 즉 로마서의 이 중간 장들이 주로 (칭의의) 확신을 다루고 있다면, 6, 7장은 왜 여기 있는가? 혹은 달리 표현하면, 내가 6장을 삽입구라고 불렀으므로, 왜 바울은 여기서 편지의 자연스러운 흐름을 방해하는가?

그 해답은 5장에서 바울이 말한 바에 담겨 있다. 20절에서 바울은 하나님이 율법을 주신 것은 "범죄를 더하게 하려 하심"이라고 말했다. 그런 후에 21절에서 바울은 우리 속에서 이루어지는 하나님의 은혜의 승리를 말했다. 이것들을 주의 깊게 생각해 온 사람이라면 이 20, 21절이 두 가지 문제를 이끌어들이는 것을 곧바로 알 것이다. 첫째로, 바울이 말하는 것처럼 은혜가 우리 가운데서 승리하도록 되었다면, 그 결과 필연적으로 흐트러진 생활이 생기는 것이 아닌가? 사실 이는 은혜가 승리를 거둘 공간을 더 갖게 하려고 우리가 더 죄를 범해야 한다고 말하고 있지 않은가? 그것은 옳은 말일 수 없다. 그러나 이런 생각이 바울의 가르침으로부터 나오는 것 같으므로, 이 생각은 바울의 교리를 믿지 못하게 만들지 않는 가? 두번째 문제는 율법과 관련된 것이다. 12-21절에서 바울은 아담에서 예수 그리스도로 재빨리 나아갔으나 모든 사람은 이 두 가지 큰 역사적 사건 중간에 이스라엘이 율법을 받은 것을 알고 있다. 율법은 한 가지 목적을 갖고 있음에 틀림없다. 그렇지 않다면 하나님은 율 법을 주시지 않았을 것이다. 그러나 어떻게 이것이 바울의 가르침과 어울릴 수 있는가? 당 신이 율법을 지킨다면, 예수 그리스도로 말미암아 하나님의 은혜로 구원의 복음을 파괴한 다. 그러나 반면에 당신이 복음을 계속 갖고 있다면, 율법은 없어도 되는 것이다.

이 질문은 물을 만한 것이다. 사도 바울은 이 질문들을 무시하여 곧장 8장에서 말하는 것 으로 넘어가지 않고서, 이 시점에서 멈추어 그 질문에 답하고 있다. 바울은 6장에서는 도덕 률 폐기론(Antinomianism)의 문제를 다루고 7장에서는 율법의 문제를 다루고 있다.

합리적인 반대

로마서 6장을 시작함과 동시에 우리는, 마치 바울이 여기서 그리스도인의 성화(聖化)라 는 문제를 처음으로 이야기하고 있다는 듯이, 근본적으로 새로운 단락으로 들어가고 있는 것이 아님을 본다. 이는 6장이 우리로 하여금 곧 바로 5장을 다시 살피게 하는 물음으로 시 작하기 때문이다. "그런즉 우리가 무슨 말 하리요?" 하고 바울은 묻는다.

"무엇에 관한 말입니까?" 하고 우리는 응답한다.

명백하게 이는 바울이 로마서 5장에서 말한 것에 대한 것이다. "… 그러나 죄가 더한 곳 에 은혜가 더욱 넘쳤나니, 이는 죄가 사망 안에서 왕 노릇 한 것같이 은혜도 또한 의로 말미 암아 왕 노릇 하여 우리 주 예수 그리스도로 말미암아 영생에 이르게 하려 함이니라"(20- 21절). 다른 말로 하면, 하나님의 은혜의 승리라는 교리는 우리를 어디로 이끄는가? 두 가 지 가능성이 있다. 한편으로 이 교리는 죄악된 행동에 이르게 할 수 있다. 즉 도덕률 폐기론 적인 반론이다. 만일 죄가 은혜에 의하여 정복된다면, 계속 죄를 짓자는 주장이다. 죄는 중 요하지 않다는 것이다. 다른 한편으로 은혜의 승리는 의에 이르게 할 수 있다. 바울이 실제로 지지하게 될 입장은 바로 이것이다.

이런 저런 식으로 6장 전체는 이 물음에 대한 대답이 될 것이다. 그러나 이 장으로 들어가기 전에 시간을 갖고 반대자의 주장을 충분히 알아보아야 한다. 나는 여러분이 이 반대자의 주장에 대하여 세 가지 점을 보기를 바란다.

1. 이 주장은 **논리적이다**(logical). 이 말은, 이 질문은 우리가 참된 복음을 이해한 다음에 물을 만한 질문이라는 뜻이다. 복음은 인간의 행위를 떠나서 은혜로 얻는 구원에 대한 복된 소식이다. 복음이 그렇다면, 즉 행위가 우리 구원의 기초가 아니라면, 왜 우리는 행위에 대하여 걱정해야 하겠는가? 계속해서 죄를 지어도 그만 아닌가?

이 질문은 어떤 의미에서 어떤 사람의 복음이 참으로 바울의 복음인지 아닌지 가늠하는 시험이 된다. 대부분의 종교 가르침은 그렇지 않다. 대부분의 종교는, 천당에 이르기 위하여 당신이 할 일은 죄 짓기를 그치고 선행을 할 것이며 또 선행을 충분히 오랫동안 하게 되면 구원을 받을 것이라고 말한다. 만일 한 사람이 이런 생각을 갖고 설교하고 있다면, 누가 그에게 "은혜를 더하게 하려고 우리는 계속 죄를 지어야 합니까?" 하고 물으리라고 생각할 수 없다. 그 설교자는 은혜에 대하여 말하지 않고 행위에 대하여 말하고 있다. 그러므로 그가 말하는 전체 요점은 구원이 많은 행위를 함으로써 온다는 것이다. '계속 죄를 짓는 것'은 그가 말하는 교리의 정반대이다. 지금까지 선행을 하면 의롭게 된다고 가르치는 사람에게 그런 질문을 던진 사람은 없다.

그러나 어떤 사람이 바울처럼 행위가 아니라 은혜로 구원받는다고 가르친다면, 우리가 지금 살피고 있는 그 반대가 먼저 머리에 떠오를 것이다. 경건한 사람들이 마르틴 루터(Martin Luther)에게 제기한 주장이 바로 이것이다. 조지 휫필드에게 거듭 던진 질문이 바로 그것이었다. 레이 스테드만(Ray C. Stedman)은 이렇게 말한다. "하나님의 은혜와 복된 소식의 영광에는 이런 문제를 곧바로 제기하는 무엇이 있다".[2]

2. 이 주장은 **당연하다**(natural). 스테드만(Ray C. Stedman)은 "죄는 오락"이며 "우리는 죄 짓기를 좋아한다"고 말하면서 이 요점에 대하여 또 말한다.[3] 그리스도인에 대하여 그런 말을 한다면 이것은 아주 지나친 말이 될 수 있다. 왜냐하면 그리스도인에게는 죄에 끌

리는 마음도 있지만 죄를 거부하는 저항력도 있기 때문이다. 그러나 적어도 우리의 '죄악된 본성' - 혹은 바울의 용어를 사용하여 '육신' (참조. 롬 7 : 5, 18, 25) - 이 본성적으로 죄를 지으려고 한다는 의미에서 이 요점은 적절하다. 이를 달리 표현하면, 우리의 옛 본성에 관한 한, 의(義)는 비본성적인 길 즉 자기 부인과 십자가를 지는 길(참조. 눅 9 : 23)로 우리를 부른다.

3. 이 주장은 경건하다(pious). 바울의 복음이 죄를 짓게 한다는 반대가 '경건하다' 고 말할 때, 내가 뜻하는 바는 이 반대 주장이 종교적 상황에서와 좌우간 의롭게 되기를 바라는 사람들 가운데서만 생긴다는 것이다. 이리하여, 이것이 유대인들 가운데 그처럼 중요한 문제였던 것이다.

고린도전서 1 : 23에서 바울은 복음에 대하여 "유대인에게는 거리끼는 것이요, 이방인에게는 미련한 것"이라고 썼다. 복음이 이방인에게는 미련한 것이 되었던 것은, 복음이 그들의 철학과 반대로 갔기 때문이다. 이방인들은 어떻게 하나님이 사람이 되실 수 있는지 알 수 없었다. 왜냐하면 그들 생각에 '영' 은 선하고 '육체' 는 악하므로 하나님이 사람이 되려면 '선' (하나님)이 '죄' 를 옷입어야 혹은 어떤 방식으로든 '악' 이 되어야 하기 때문이었다. 또 이방인들은 어떻게 예수님이 십자가에서 자기 자신도 구원할 수가 없었을 때 다른 사람의 구주가 되실 수 있는지 알 수 없었다. 그들이 복음에 대하여 가진 질문은 이러했다. 그런데 유대인에게는 사정이 달랐다. 유대인은 율법을 갖고 있었고, 그들의 종교는 주로 올바른 행동에 관한 것이었다. 그러므로 바울이 와서 구원은 도덕적인 생활로 얻을 수 있는 것이 아니며 선행 행위와는 관계없이 하나님의 선물임에 틀림없다고 가르쳤을 때, 유대인은 당연히 이를 실제적 의(義)에 대한 공격이며 이 의에 반대되는 것으로 보았다. '거리끼는 것' 으로 작용했던 것은 바로 그들의 종교성이었다.

만일 바울이 로마서 6장 처음에서 제기하는 문제를 보지 않거나 이 문제에 관심을 기울이지 않으면, 중요한 것을 분명히 놓치고 있다. (1)당신은 복음을 아직 이해하지 못했고 (2)자신의 죄악된 경향을 모르고 있거나 혹은 (3)당신은 종교에 대하여 참으로 관심이 없다. 반면에 이런 일들 가운데 어떤 것이라도 당신에게 해당한다면, 당신은 그 문제를 보게 될 뿐만 아니라 그 문제로 괴로움을 겪을 것이다.

생각할 수 없는 입장

그러나 당신은 오랫동안 괴로워해서는 안 된다. 왜냐하면 바울이 로마서 6장에서 그러듯이, 이 문제를 살펴보기가 무섭게 우리는 그리스도인들이 '계속 죄를 짓는다'는 추론은 생각할 수도 없다는 것을 알기 때문이다.

바울은 "은혜를 더하게 하려고 죄에 거하겠느뇨?" 하고 질문한 다음에 무엇이라고 대답하느냐 하면 "그럴 수 없느니라!"(2절)고 한다. 이 표현은 이미 3장에도 비슷한 형태로 나타났지만, 강력한 표현이다. 이 헬라어(메 게노이토 : me genoito)는 말 그대로 "그렇게 되게 하지 말라"라는 뜻이다. 그리고 이 말은 강력한 부정(否定)의 어조를 갖고 있다. 이 말이 실제로 뜻하는 바는, "그것이 그렇게 되는 것은 상상할 수 없다" 혹은 "그것은 생각할 수 없다"이다. 즉 "그것은 상상조차 해서는 안 된다"이며 어떤 번역가는 "하나님이 금하신다"로 그 표현을 바꾼다.

왜 그것은 생각할 수 없는가? 어떤 사람은 이렇게 물을지 모른다. "사실 이렇게 말하면 모순이 되는 것은 아니지 않는가? 당신은 1절에서 제기한 질문이 논리적이라고 방금 말했다. 이 질문이 당연하며 경건하다고 인정했다. 그런데 그것을 상상조차 하지 말라고 말할 수 있는가?"

물론 그 질문에 대한 대답은, 그 반대가 겉으로는 하나님의 은혜로 믿음으로 말미암은 구원의 복음을 새로이 듣고 있는 자들에게는 논리적이고 당연하고 경건하지만 좀더 살피면 이 반대는 전혀 내세울 수 없는 것으로 드러난다는 것이다. 사실 우리는 깊이 파고들 필요도 없다. 바울이 격렬하게 반박하고 난 바로 다음에 확언하는 것처럼, 아주 간단하게 표현되어 있는 그 대답은 이렇다. "죄에 대하여 죽은 우리가 어찌 그 가운데 더 살리요?" 바울이 "우리가 죄에 대하여 죽었다"는 진술에 담으려 한 뜻에 대해서는 어찌나 오해가 많은지, 욕심 같아서는 다음 한 장에서 그것을 설명하는 데 몽땅 할애하고 싶다. 그러나 이 구절을 완전히 살피지 않더라도 우리는 '계속 죄를 짓자'는 입장이 어리석음을 곧 알 수 있다.

왜 이 반대는 불합리한가? 서너 가지 이유가 있다.

첫째로, 이 반대는 바울이 펼치고 있었던 구원 계획에 나타난 하나님의 **목적**을 간과한다. 이 목적은 무엇인가? 분명히 이 목적은 우리를 죄에서 구원하는 것이다. 이는 무슨 뜻인가?

이는 우리가 죄를 지었으니 마땅히 받을 형벌에서 우리를 건진다는 뜻인가? 물론 그런 뜻이 있다. 하지만 그것만이 아니다. 우리는 마지막 심판 때 진노에서 구원받기 위하여 하나님으로부터 의롭다 하심을 받았다. 그러나 그것은 하나님의 계획을 이루는 한 부분에 불과하다. 그런데 구원은 하나님이 죄책에서 우리를 구원하고 있다는 뜻인가? 물론 그렇다. 그러나 그것만이 아니다. 죄는 죄책을 가지고 오며, 그처럼 구원의 복 가운데 하나는 죄책에서 건짐을 받는 것이다. 그러면서 단순히 죄를 간과하거나 용서했을 뿐만 아니라 죄가 예수 그리스도 안에서 처벌을 받았다는 것을 안다. 그런데 죄책으로부터 건짐을 받는 것은 구원의 일부에 불과하다. 죄의 존재로부터 건짐을 받는 것은 어떤가? 물론이다. 그러나 이 일은 오직 우리가 영화될 때인 마지막에 일어날 것이다.

이 문제는 다 중요하다. 그러나 지금까지 언급되지 않은 한 가지는 **지금** 죄의 습관에서 건짐을 받는 구원이다. 이것도 하나님의 목적을 이루는 부분이 분명해서 우리가 지금 죄를 계속 짓고 있다면 우리의 구원에 나타나는 하나님의 목적을 어기고 있는 것이다.

둘째로, 그와 같은 도덕률 폐기론적 반론은 하나님이 죄인을 구원하시는 **수단**을 간과하므로 불합리하다. 우리가 로마서의 앞 장에 대하여 논의할 때는 칭의를 다루었는데 즉 하나님이 한 사람을 예수 그리스도의 죽음에 마땅한 공의(公義) 앞에 올바른 위치에 있다고 선언하시는 행위이다. 그러나 동시에 우리는 이것이 관계된 모든 것이 아님을 보았다. 하나님은 의롭다 하시지만, 그리스도께서도 구속하신다. 하나님은 용서하시지만, 성령님은 우리가 사죄를 깨닫고 믿음으로 받아들이도록 하시기 위하여 우리를 영적으로 살아 있게 하신다.

실로 바울이 로마서 5장에서 무엇을 말하고 있었는가? 바울은 신자와 예수 그리스도의 연합에 대하여 말하고 있지 않았는가? 그리고 그 연합은 무엇과 같은가? 그것은 기계적인 연대나 법적인 연대만이 아니다. 그것은 포도나무와 가지 혹은 머리와 몸의 다른 지체 사이의 연합처럼 살아 있는 것이다. 그러므로 우리가 구원받았으면, '그리스도 안에' 있다. 그리고 우리가 '그리스도 안에' 있으면 그리스도께서 우리 안에 있으며 우리 가운데 있는 그의 생명은 필연적으로 우리를 죄에서 의(義)로 돌릴 것이다.

찰스 하지(Charles Hodge)는 이렇게 말한다. "거룩함의 유일한 원천인 그리스도와 맺은 연합은 죄의 원천일 수 없다."[4] 그러므로 우리가 "은혜를 더하게 하려고 계속 죄를 지을" 수 있다면, 우리가 참으로 구원받지 않았다는 것을 우리 행동으로 입증하는 것밖에 안 된다.

이는 그처럼 단순하고 강력하다. 바울은 이렇게 말한다. "죄에 대하여 죽은 우리가 어찌 그 가운데 더 살리요?"

셋째로, 우리가 "은혜를 더하게 하려고 계속 죄에 거할" 수 있다고 생각하는 것이 불합리한 것은, 우리가 그런 식으로 생각하면 하나님의 은혜를 결코 이해하지 않은 것이기 때문이다. 앞의 여섯 장에서 나는 은혜가 죄 때문에 줄지도 철회되지 않는다고 말했다. 즉 하나님은 우리가 죄를 짓는다고 하여 우리에게 은혜롭게 대하기를 멈추지 않으신다. 그러나 은혜가 죄에 의하여 줄지 아니한다고 하여, 은혜가 죄에 패배한다는 뜻은 아니다. 사실 그 반대이다. 바울이 말한 것처럼, "… 은혜가 더욱 넘쳤나니,… 은혜도 또한 의로 말미암아 왕 노릇 하여 우리 주 예수 그리스도로 말미암아 영생에 이르게 하려 함이니라"(롬 5 : 20-21).

마틴 로이드 존스(D. Martyn Lloyd Jones)는 이렇게 묻는다. "은혜가 하는 일은 무엇인가? 은혜는 우리로 죄를 계속 짓게 하는가? 아니다! 은혜는 죄의 속박과 통치로부터 우리를 건지며 우리로 은혜의 통치를 받게 한다."[5] 지금 통치하는 제왕은 승리를 거둔 제왕이다. 은혜가 우리 안에서 다스리고 있으면, 은혜는 계속 죄를 정복하고 있다. 그런데 그리스도인도 죄를 짓는다. 그러나 그리스도인들은 죄에 지지 않아서 죄를 계속 짓지 않는다.

이제 당신은 이 반대자의 질문이 불합리하다는 것을 이해하는가?

"은혜를 더히게 하려고 죄를 짓겠는가?" 당신이 은혜의 성격을 이해하면, 은혜가 더하기 위하여 죄가 늘어나지 말고 줄어들어야 한다는 것을 이해할 것이다. 은혜의 목적은 죄를 파괴하고 정복하는 것이므로 그 반대가 말하듯이 한 사람이 죄를 계속 짓고 있으면, 그는 실제로 은혜 가운데 전혀 참여하지 않았고 구원받지 않음을 드러낸다.

두 경고

두 경고를 지적하고 마치려고 하는데, 첫번째 경고는 내가 말한 것으로부터 분명하게 나타나며, 두번째 경고는 첫번째 경고로부터 연역(聯繹)되어 나오는 것이다.

첫번째 경고는 종교계에서 교리에 대하여 으뜸되는 지식을 많이 알고 있으며 그런 것들을 알고 있는 지적(知的)으로 그 지식에 동의하고 있다는 그 이유로 자기 영혼의 모든 일이 잘 된다고 가정하는 많은 사람들에게 특별히 하는 것이다. 반드시 그런 것은 아니지만 당신이 그런 사람이라면 당신이 이렇게 믿는 것만으로는 충분하지 않음을 나는 경고해야 할 것이다. 구원은 단순한 지식이 아니다. 그것은 새생명이다. 그리스도와 맺은 연합이다. 그러므로 당신이 예수 그리스도를 따라 죄에서 돌이켜 의(義) 가운데 행하지 않으면, 당신은 구원받지 못했으며 구원받았다고 믿으면 그건 주제넘는 짓이다. 그러므로 당신의 삶을 살펴보라. 구원받았는지 확인하라. 성경은 "… 너희 부르심과 택하심을 굳게 하라…"(벧후 1 : 10)고 경고하고 있다. 칭의와 은혜와 성화의 교리는 당신에게 이런 일을 하라고 촉구하고 있다.

또 하나의 경고는 모든 그리스도인에 대한 것이다. 이는 우리가 로마서에서 다루고 있는 구절과 관련하여 다음과 같이 질문하는 원로 청교도 설교자의 말이다. "여기, 자기 행실을 이렇게 반대로 행할 기회를 엿보는 자가 있는가?" 당신이 죄를 계속 지으면서 구원받을 수 있다고 믿을 수는 없다. 바라건대 그렇게 믿지 않을 것이다. 그러나 당신의 삶이 매우 되먹지 않아서, 이를 옆에서 바라보는 구원받지 못한 사람이 은혜로 의롭다 하심을 받는다는 교리에 따라 그리스도인이 사는 모습이 저렇구나 하고 매우 그럴 듯하게 결론을 내릴 수 있게 되는 것은 아닌가?

만일 그렇다면, 즉시로 그런 인상을 바로잡으라. 우리 주님의 말씀을 기억하라. "… 실족케 하는 것이 없을 수는 없으나, 있게 하는 자에게는 화(禍)로다. 저가 이 작은 자 중에 하나를 실족케 할진대, 차라리 연자 맷돌을 그 목에 매이우고 바다에 던지우는 것이 나으리라"(눅 17 : 1-2).

내가 인용하고 있는 도널드 그레이 반하우스(Donald Grey Barnhouse)는 이렇게 말한다. "거룩하지 못한 행실로 복음을 욕되게 하는 사람이 사람들의 영혼에 해를 끼치는 것이 10명의 거룩한 사람들이 그 사람들의 영혼에 선을 끼치는 것보다 많으니 한탄할 일이로다."[6] 당신이 문제를 일으키는 사람이 아니라 문제를 푸는 사람 곧 10명 가운데 하나가 되기를 간절히 권한다. 다른 사람의 선을 위할 뿐만 아니라 당신 자신의 영혼의 선을 위하여, 당신의 삶이 의(義)로 돋보이도록 하고 죄(罪)로 흐려지지 않게 하라.

● 각주 ●

1. Leon Morris, *The Epistle to the Romans* (Grand Rapids : Wm. B. Eerdmans, and

Leicester, England : Inter-Varsity Press, 1988), p. 243에 나오는 주 1번을 보라.

2. Ray C. Stedman, *From Guilt to Glory*, vol. 1, *Hope for the Helpless* (Portland : The Multnomah Press, 1978), p. 171.

3. Ibid.

4. Charles Hodge, *A Commentary on Romans* (Edinburgh and Carlisle, Pa. : The Banner of Truth Trust, 1972), p. 191. (Original edition 1935).

5. D. M. Lloyd Jones, *Romans : An Exposition of Chapter 6, The New Man* (Grand Rapids : Baker Book House, 1979), pp. 10, 11.

6. Donald Grey Barnhouse, *God's Freedom : Exposition of Bible Doctrines, Taking the Epistle to the Romans as a Point fo Departure*, vol. 6, Romans 6 : 1-7 : 25(Grand Rapids : Wm. B. Eerdmans, 1961), p. 13

78
죄에 대하여 죽음
로마서 6:2

... 죄에 대하여 죽은 우리가 어찌 그 가운데 더 살리요

때로 우리는 성경 공부를 하면서 근본적으로 중요하다는 생각이 드는 절을 만나는데 이것은 개인적인 문제이기도 하다. 알다시피 어떤 절은 다른 사람들에게는 그렇게 말하지 않을 방식으로 우리에게 말한다. 만일 당신이 그리스도인으로서 얼마간 성경 공부를 충실히 했다면, 아마 그런 절이 많이 있을 것이며 심지어 이 절들을 보면 살면서 겪은 구체적인 시련과 성장과 은총의 시간들이 떠오를 수도 있다. 좀더 넓은 의미에서 중요한 절들도 있는데 이 절들은 성경의 근본 교리를 말하는 고전적인 진술로서 두드러진다. 우리가 지금 접하는 이 절도 이 두번째 범주에 속한다.

존 머리(John Murray)는 로마서 6장 2절을, 이 장에 나타나는 사도의 사상을 깔고 있는 '근본적 전제'(fundamental premise)라고 부른다.[1] 참으로 말 그대로다. 1절에서 바울은 사역을 하면서 틀림없이 많이 들었던 다음과 같은 질문을 던지면서 자신의 교리에 대한 반

대 의견을 제시한다. "… 은혜를 더하게 하려고 죄에 거하겠느냐?" 그의 대답은 단호하다. "그럴 수 없느니라…" 그리고 그의 설명은 직설적이다. "죄에 대하여 죽은 우리가 어찌 그 가운데 더 살리요?"(2절). 이것이 그의 전체 입장이다. 그러므로 어떤 의미에서 로마서 6장 이후에 나오는 모든 것은 2절에 대한 자세한 설명이다. 한 가지 예를 들면, 바울은 8절까지 절마다 우리가 죄에 대하여 죽었다는 개념을 되풀이한다. "무릇 그리스도 예수와 합하여 세례를 받은 우리는 그의 죽으심과 합하여 세례 받은 줄을 알지 못하느냐?"(3절). "그러므로 우리가 그의 죽으심과 합하여 세례를 받음으로 그와 함께 장사되었나니…"(4절). "만일 우리가 그의 죽으심을 본받아 연합한 자가 되었으면…"(5절). "… 우리 옛사람이 예수와 함께 십자가에 못박힌 것은…"(6절). "이는 죽은 자가 죄에서 벗어나 의롭다 하심을 얻었음이니라"(7절). "만일 우리가 그리스도와 함께 죽었으면…"(8절).

10절 끝까지 바울은 자신의 교리를 설명한 후에 그는 다음과 같이 독자들을 권하면서 이 교리를 적용한다. "이와 같이 너희도 너희 자신을 죄에 대하여는 죽은 자요, 그리스도 예수 안에서 하나님을 대하여는 산 자로 여길지어다"(11절). 이 적용은 14절까지 계속된다. 그 다음 16절에서 바울은 다른 상(像) 즉 종의 상(像)을 사용함으로써 같은 말을 다시 하기 시작한다.

6장을 분석하면, 근본적으로 우리가 죄에 대하여 죽었다는 개념이 철저하게 드러난다. 그래서 2절에 나오는 "죄에 대하여 죽은 우리"라는 진술을 이해하는 것이 6장 전체를 이해하는 데 결정적이다.

그러나 이 진술은 그보다 훨씬 더 중요하다. 왜냐하면 이 진술은 바울이 로마서에서 그리스도인의 생활 특히 하나님을 기쁘시게 하는 경건한 삶을 사는 것에 대하여 말하기 시작하는 첫 단락이기 때문이다. 만일 로마서 6장 2절이 이 단락을 이해하는 열쇠라면, 로마서 6장 2절은 분명 성화 교리를 이해하는 열쇠이기도 하다. 이 진술을 이해하는 것은 어떻게 거룩한 삶을 사는지를 이해하는 것이고 이 진술이 성화를 이해하는 열쇠이기 **때문에**, 나는 로마서 6장 2절은 오늘날 복음적인 교회들의 신자들이 성경에서 이해해야 할 가장 중요한 절이라고 말하고자 한다.

"죄에 대하여 죽은 우리"

하지만 이 절은 이해하기 쉽지 않다. 나는 먼저 "죄에 대하여 죽은 우리"라는 핵심 낱말들의 뜻에 대하여 그릇되거나 불충분한 설명을 분석하고 그런 다음에 내가 믿기에 적절한 이해를 제시함으로써 이 절을 다루고 싶다. 이 일을 하기 전에 이 절이 말하는 바를 정확하게 지적하면 도움이 될 것이다.

기억해야 할 일이 둘 있다. 첫째로, **우리**라는 낱말을 강한 어조로 사용한다는 점이다. 아마 알겠지만, 헬라어에서 동사들의 대명사 주어는 동사 어미에 나온다. 그래서 따로 대명사를 가질 필요가 없다. 하지만 저자가 주어를 강조하고 싶을 때는 대명사를 문장에 명시적으로 덧붙일 수 있는데, 지금이 바로 그 경우이다. 이 진술의 핵심은 이제 그리스도 안에 있는 '우리'를 (1)그리스도 안에 있지 않고 여전히 아담 안에 있는 다른 사람들과 (2)하나님이 우리를 구원하시기 전의 우리 자신과 대비시키는 것이다. 이는 올바른 해석을 위한 중요한 열쇠이다. 마틴 로이드 존스(D. Martyn Lloyd Jones)가 말하듯이, "모든 강조점이 우리의 독특함, 우리의 특별한 위치 즉 '지금 이대로의' 우리에 있다. 이것이 1절의 질문을 생각할 수 없는 것으로 만든다."[2]

우리가 이 절에 대한 다양한 해석을 샅샅이 살피면서 염두에 두어야 할 두번째 것은, 죽었다(died)는 동사의 시제이다. 이 동사의 시제는 부정과거(aorist)이므로, 이 동사는 과거에 일어나서 완료된 하나의 행위를 가리킨다. 우리가 계속 공부하면서 이 점이 얼마나 중요한지 보게 될텐데, 많은 사람이 이 절에서 '죽었다'를 마치 전혀 다른 시제인 듯이 읽기 때문이다. 어떤 사람은 이 동사가 현재형인 듯이 이 절을 읽는다 : "우리는 죄에 대하여 죽고 있다". 어떤 사람은 반과거형으로 읽는다 : "우리는 죄에 대하여 죽었고 계속 죽고 있다". 어떤 사람은 미래형으로 읽는다 : "우리는 죄에 대하여 죽을 것이다". 그러나 이 절에 나오는 '죽었다'(died)는 그 어떤 것도 아니다. 이 동사는 부정과거(aorist)로서 하나의 완료된 과거 행위를 가리킨다.

다섯 가지 오해

이 절은 왜 그리고 어떻게 우리가 거룩한 삶을 살아야 하는지를 이해하는 데 결정적이므로, 우리는 아주 조심해서 나아가야 한다. 우리는 이 절을 이해하기 위하여 먼저 몇몇 오해를 제거하는 일부터 시작하도록 하자. 그 가운데 다섯 가지를 논의하고자 한다.

1. 그리스도인은 더 이상 죄에 반응하지 않는다. 이는 해로운 견해이긴 하지만 아주 널리 퍼져 있는 견해이다. 이는 유추(類推)에 의한 주장인데, 흔히는 다음과 같이 전개된다. 죽은 몸을 가장 두드러지게 하는 것은 무엇인가? 그것은 몸의 감각기관이 작동하지 않는다는 것이다. 죽은 몸은 더 이상 자극에 반응할 수 없다. 만일 당신이 길을 따라 걷다가 사슬에 묶여 누워있는 개를 보았는데 살았는지 죽었는지 분명히 알지 못할 때 그것을 알아보려면 그 개를 툭 차 보기만 하면 된다. 만일 개가 바로 벌떡 일어나 달아나면 그 개는 산 것이다. 그렇지 않고 계속 누워있으면, 죽은 것이다. 그처럼(첫번째의 주장이 다음에 펼쳐진다.) 죄에 대하여 죽은 자는 죄에 대하여 반응하지 않는다. 죄는 그 사람에게 영향을 주지 못한다. 시험이 올 때에, 참된 신자는 그 시험을 느끼지도 그 시험에 반응하지도 않는다.

가장 잘 알려진 신약성경 번역본 가운데 하나인 필립스역을 번역한 필립스(J. B. Phillips)는 이 견해를 취했던 것 같다. 내가 이 말을 하는 것은, 그가 7절을 "죽은 사람은 죄의 능력에서 벗어났다고 안심하고 말할 수 있다"로 번역하고, 11절은 우리가 우리 자신을 "죄의 호소와 능력에 대하여 죽은" 것으로 보아야 한다고 번역하고 있기 때문이다.[3]

우리는 이 해석에 대하여 무엇이라고 말해야 하는가? 이 주장에 유리한 한 가지 점은, 이 해석이 '죽었다'로 번역된 헬라어 동사의 시제를 액면 그대로 본다는 것이다. 이 해석은, 그리스도인이 말 그대로 죄의 호소에 대하여 죽었다고 말한다. 그러나 이 해석은 명백하게 그릇되므로 문제가 있다. 이런 해석이 전혀 옳지 않다면, 이 해석을 믿고서 자신이 죄의 호소에 대하여 죽었다고 생각하는 사람은 단호하게 착각에서 벗어나야 마땅하다. 게다가 이 해석은 11-13절에서 바울이 그리스도인에게 하는 호소를 무의미하게 만든다. 이 절에서 바울은 다음과 같이 말한다. "이와 같이 너희도 너희 자신을 죄에 대하여는 죽은 자요 그리스도 예수 안에서 하나님을 대하여는 산 자로 여길지어다. 그러므로 너희는 죄로 너희 죽을 몸에 왕 노릇 하지 못하게 하여… 너희 지체를 불의의 병기로 죄에게 드리지 말고…" 우리는 시체가 물리적 자극에 반응하지 않듯이 죄에 대하여 반응하지 않는 사람더러 죄에 대하여 반응하지 말라고 권하지 않는 법이다.

2. **그리스도인은 죄에 대하여 죽어야 한다.** 이런 견해는 경건회 모임에서 흔해 빠진 것이다. 이런 모임에서는 그리스도인들에게 죄에 대하여 죽으라고 권한다. 그리스도인들은 '옛 사람을 십자가에 못박아야' 한다. 그들은 이것이 '승리하는' 그리스도인의 생활을 하는 비결이라는 말을 들었다. 이런 견해를 가장 좋게 이야기해 줄 때, 그리스도인들에게 죄를 짓지 말라고 권하는 것은 분명히 옳다는 말밖에는 없다. 사실 바울이 뒤에서 말하려 하는 것이 바로 그것이다. "그러므로 너희는 죄로 너희 죽을 몸에 왕 노릇 하지 못하게 하여…"(12절) 그리고 "또한 너희 지체를 불의의 병기로 죄에게 드리지 말고…"(13절). 그러나 그런 점을 제쳐놓으면 이 견해의 나머지 모든 것은 그릇되다. 출발점이 그릇되며 이 견해는 하나님보다 사람에서 출발한다. 그리고 이 견해가 그리는 상(像)이 그릇되다. 자신을 십자가에 못박는 것은 누구도 할 수 없는 일이다. 무엇보다도 이 동사의 시제가 잘못이다. 왜냐하면 바울은 우리가 자신을 십자가에 못박아야(죽어야) 한다고 말하지 않고 우리가 **죽었다**고 말하고 있기 때문이다. 우리가 그리스도인이라면 이미 우리에게 해당하는 것을 바울은 말하고 있는 것이다.

3. **그리스도인은 매일 죄에 대하여 죽고 있다.** 이런 견해는 모두 다음과 같은 뜻을 담고 있다. 즉 그리스도와 연합한 사람은 자꾸 거룩하여질 것이라는 것이다. 맞는 말이다. 그러나 자꾸 거룩하여지는 일은 점점 죄에 대하여 죽음으로써 되지 않는다. 우리가 지금처럼 생의 마지막에도 죄의 시험을 역시 막아내야 할 것이라고 말하면 옳다. 물론 우리는 생의 마지막에는 더 일관되고 효과적으로 죄의 시험을 막아낼 것이다. 이 말이 참된 내용을 담고 있긴 하지만, 이 절을 이런 식으로 보게 되면, 우리는 죄를 다루는 고유하고 유일하게 효과적인 방식에서 벗어나게 된다. 그리고 그만큼 중요한 점은, '죽었다'에 해당하는 헬라어 시제가 여기서 다시 그릇되다는 것이다. 이 해석은 '죽었다'를 바울이 실제로 말하고 있는 것처럼 부정 과거('죽었다')로 보지 않고 마치 불완전 시제('죽어가고 있다')로 본다.

이는 중요한 점이다. 우리가 6장을 다 살필 때 다시 보게 될 요점이다. 나는 그 점을 이렇게 표현한다. 현재 우리의 체험이나 감정이 아무리 의미있고 강하다 해도 성화(聖化)의 비밀은 그런 체험이나 감정이 아니라 이미 우리에게 일어난 일이다.

4. 그리스도인은 죄와 관계를 끊었기 때문에 계속 죄를 지을 수 없다. 이 견해는 찰스 하지(Charles Hodge)라는 비중있는 인물의 지지를 받고 있으므로, (다른 이유가 아니라면) 그런 이유로 존중받고 있다. 먼저 전에 프린스턴 신학대학원의 교수로 지낸 이 위대한 교수는 "이 동사는 우리의 과거역사에 일어난 특별한 한 행위를 가리킨다"고 올바로 말하면서, **죽었다**는 동사의 부정과거 시제를 충분히 지적한다.

그러나 그 행위는 무엇이었나? 찰스 하지(Charles Hodge)는 이 행위는 '우리가 그리스도를 우리의 구주로 받아들임'이었다고 대답한다. 그 행위에는 우리가 죄와 결연히 관계를 끊는 일이 포함되어 있었는데, "죄 가운데 살기 위하여 죄로부터 건짐을 받으려고 그리스도께 의지하는 사람은 아무도 있을 수 없기 때문이다". "값없이 베푸시는 칭의는 죄를 지어도 좋다는 허가증이라고 말하는 것은 사망이 생명이라고 말하거나 어떤 것에 대하여 죽는 것은 그 가운데 사는 것이라고 말하는 것만큼이나 모순이다."[4] 이것은 두 가지 이유에서 좋은 해석이다. (1)이는 **죽었다**는 부정과거 동사의 의미를 충분히 인정하며 (2)이 견해가 주장하는 바가 참되다는 이유이다. 구주이신 그리스도께 가는 것은 참으로 죄와 관계를 끊는 일을 포함한다. 죄와 관계를 끊으면서 동시에 죄 가운데 계속 있다는 것은 진짜 모순이다. 다른 해석이 없다면, 이는 매력적인 설명일 것이다.

그러나 마틴 로이드 존스(D. Martyn Lloyd Jones)가 이 해석을 바울의 뜻과 다른 것이라고 거부할 때 옳다는 느낌을 나는 떨칠 수 없다. 왜 다른가? 하지의 해석에서 '죄에 대하여 죽음'이란 우리가 하는 어떤 일이기 때문이다. 그것은 우리의 행위, 우리가 그리스도를 받아들이는 행위이다. 하지만 바울이 이 개념을 전개할 때 '죄에 대하여 죽음'이란 우리가 하는 혹은 했던 것이 아니라 우리에게 이루어진 일이다. 이는 우리가 예수 그리스도와 연합한 것과 마찬가지로 우리에게 이루어진 일이다. 바울은 세례의 상징을 사용하여 잠시 이 점을 말하게 될 것이다. 우리가 자신을 그리스도께 연합시킨 것이 아니었다. 오히려 우리는 아담 안에 있었고 그래서 하나님께서 은혜로 우리를 그런 자리에서 데려다가 당신의 아들의 나라로 옮기셨다.

우리가 이제 더 이상 죄를 계속 지을 수 없는 것은 우리에게 일어난 어떤 일 때문이다. 우리가 죄를 계속 짓는 일을 생각할 수 없는 것은 하나님이 하신 일 때문이다.

5. 그리스도인은 죄책에 대하여 죽었다. 내 견해로는 '죄에 대하여 죽은 우리'라는 구절에 대한 이 마지막이자 불충분한 해석은 로버트 홀데인(Robert Haldane)의 것이다. 그는 이 구절이 성화와 아무런 관계가 없고 오히려 칭의나 칭의의 한 결과에 대하여 달리 말하는 것이라고 본다. 홀데인은 이렇게 말한다. "이 구절은 오로지 신자의 칭의와 그들이 죄의 책임으로부터 자유롭다는 것을 가리킨다."[5] 이 진술의 문제는 오로지(exclusively)이다. 내가 이렇게 말하는 것은 홀데인이 말하는 것이 거기까지[오로지이라는 말을 빼면] 틀림없이 옳기 때문이다. 신자의 칭의는 분명히 그를 죄책으로부터 벗어나게 했다. 그리고 이런 의미에서 그 사람은 죄책에 대하여 참으로 죽은 것이 사실이다. 죄책과 그로 말미암은 정죄에 관한 한, 죄는 더 이상 그리스도인에게 영향을 주지 못하며 그리스도인은 죄책과 상관이 없다.

그러나 이 견해는 할 말을 충분히 하지 않는다. 참으로 우리는 죄책에 대하여 죽었다. 그러나 바울이 이 장에서 다루고 있는 것은, 왜 우리가 더 이상 죄 가운데 살지 않는가?이다. 만일 그가 말하고 있는 것이 우리가 죄의 저주로부터 벗어난다는 것뿐이라면, 1절의 물음에는 답변이 없는 셈이다. "은혜를 더하게 하려고 죄에 거하겠느뇨?" 5장 끝에서 바울은 필연적인 은혜의 통치를 말했고, 이제 (6장에서) 우리는 왜 은혜의 통치가 필연적인지 이유를 들어야 한다.

우리의 옛 생활과 새 생활

"죄에 대하여 죽은 우리"라는 구절에 대하여 찰스 하지와 로버트 홀데인의 해석과 같이 꽤 비중있는 해석을 포함하여 다섯 가지 중요한 해석을 거부했으니, 주제넘어 보일지 모르지만 내게 더 좋은 견해가 틀림없이 있는 게 분명하다. 그러나 나는 내가 취하는 이 새로운 견해를 생각해 낸 것은 아니지만, 이 것이 더 나은 견해라고 생각한다. 이 견해는 고데(F. Godet), 존 머리(John Murray) 그리고 마틴 로이드 존스(D. Martyn Lloyd Jones)와 같은 학자들이 여러 형태로 표현한 것이다.[6] 나는 존 스토트(John R. W. Stott)의 「새로워진 인간」(Men Made New : An Exposion of Romans 5-8)에서 이 견해가 가장 유익하게 표현된 것을 발견한다.

먼저 스토트(Stott)는 로마서 6장에서 바울이 '죄에 대하여 죽었다(혹은 죽은)' 하는 구절을 사용하는 절이 셋 있다고 지적한다. 이 구절은 우리가 공부하고 있는 2절에 나오며, 10, 11절에 다시 나온다. 이 경우들 가운데 첫째와 둘째 경우는 그리스도인인 우리를 가리키고 세번째 절은 그리스도를 가리킨다. 동일한 구절이 한 문맥에 여러 번 나올 때 다르게 볼 수 있는 강력한 이유가 없을 경우 같은 방식으로 보아야 한다는 원칙은 건전한 것이다. 그렇다면, 우리가 어떻게 죄에 대하여 죽었는지 이해하기 위하여 제기해야 하는 첫번째 질문은 어떻게 그리스도께서는 죄에 대하여 죽으셨는가이다. 왜 예수 그리스도께서는 죄에 대하여 죽으셨는가?

우리가 말하고 싶은 첫번째 대답은, 예수님이 죄의 형벌을 지심으로써 죄에 대하여 죽으셨다는 것이다. 예수님은 우리 대신 우리 죄를 위하여 벌을 받으셨다. 우리가 그 분석을 철저하게 밀고 나가면, 로버트 홀데인의 입장에 가깝게 될 것이며 우리는 칭의만 생각하여 자신이 죄책에 대하여 죽은 것으로 생각하고 있을 것이다.

그러나 나는 여러분이 두 가지 점을 주목하기를 바란다. 첫째로, 10절에서 예수님의 죽으심을 언급한다고 해서, 예수님이 죄를 위하여 죽으셨다는 것은 아니다. 물론 예수님은 죄를 위하여 죽으셨다. 그러나 그뿐만 아니라 죄에 대하여 죽으셨다. 우리도 꼭 마찬가지이다. 그러니 죄를 위하여 죽으셨다는 것은 다른 개념이며, 적어도 달리 보인다.

둘째로 바울의 진술은 그리스도께서 "죄에 대하여 죽으셨다"고 말할 뿐만 아니라 '단번에' 라는 중요한 말을 덧붙인다(롬 6 : 10). "그의 죽으심은 죄에 대하여 단번에 죽으심이요, 그의 살으심은 하나님께 대하여 살으심이니". 이 말은 죄에 관한 한 예수님과 죄의 관계는 영원히 끝났다는 뜻이다. 예수님이 땅에 계셨을 때에는 죄와 어떤 관계가 있었다. 예수님은 죄를 위하여 죽으려고 오셨고 죄가 우리에게 요구하는 주장을 없애려고 오셨다. 그러나 이제 죽으신 후에는 그 분의 생애에서 죄와 관계가 있는 시기는 지나갔고 다시 되풀이되지 않을 것이다. 게다가 10절로 이어지는 9절은 이렇게 정확하게 말한다. "이는 그리스도께서 죽은 자 가운데서 사셨으매, 다시 죽지 아니하시고 사망이 다시 그를 주장하지 못할 줄을 앎이로라."

　이제 우리는 '죄에 대하여 죽음'에 대한 깨달음을, 우리를 가리키는 다른 두 경우에 적용해야 한다. 어떻게 적용해야 하는가? 우리가 그리스도의 죽으심과 부활에서 그리스도와 연합한 결과로 아담 안에 있는 죄의 옛 생활이 우리에게도 지나갔다는 사실을 깨달음으로써 우리에게 적용해야 한다. 우리는 결코 옛 생활로 돌아갈 수 없다. 우리는 사망으로 끝날 옛 생활로부터 의를 얻게 될 새 생명으로 이끄심을 받았다. 그러므로 우리에게 사정이 이렇다면, 실제로 그런 줄로 받아들이고 의(義)를 위하여 살아야 한다.

　그러나 아마 이 정도로 말해서는 분명하지 않을 것이다. 그러므로 존 스토트(John R. W. Stott)가 사용하는 실례(實例)를 살펴보자.

　존 존스라고 하는 나이든 기독교 신자가 그의 오랜 생애를 되돌아보고 있는데 그의 생애 활동은 두 부분으로 나뉘었다. 즉 옛 자아(회심전 존 존스)와 새 자아(회심 후 존 존스)로 나뉘었다. 옛 자아와 새 자아(혹은 '옛 사람'과 '새 사람')는 존 존스의 두 본성이 아니라 새롭게 나누어진 그의 생애를 이루는 두 부분이다. 세례로 표시되는 회심 때에 존 존스 즉 옛 자아는 그의 죄책을 담당하신 그리스도와 연합함으로 말미암아 죽었다. 동시에 존 존스는 죽음으로부터 다시 일어나 새 사람으로 하나님께 대하여 새로운 생활을 산다.

　　그런데 존 존스는 모든 신자이다. 우리가 그리스도 안에 있으면 우리도 존 존스이다. 우리의 옛 자아는, 우리가 그리스도와 함께 십자가에 못박힘으로써 죽는다.

　　(조금 더 나아가 **스토트**는 다음과 같이 자신의 실례를 확대한다.) 우리의 전기는 두 권으로 기록된다. 1권은 옛 사람, 옛 자아 즉 회개하기 전의 나에 대한 이야기이다. 2권은 새 사람, 새 자아 즉 그리스도 안에서 새로운 피조물로 지음받은 후의 나에 대한 이야기이다. 나의 전기 1권은 옛 자아의 법적인 사망으로 더불어 끝났다. 나는 죄인이었으므로 죽어 마땅했다. 나는 정말 죽은 것이다. 그런데 나는 대속자(my substitute) 안에서 응분의 상을 받았다. 나는 그와 더불어 하나가 되었다. 나의 전기 2권은 나의 부활부터 시작되었다. 나의 옛 생활은 끝나고 하나님께 대한 새 생활이 시작되었다.[7]

아무데도 갈 데가 없고 다만 앞으로

나는 바로 앞 장에서 이런 질문을 던졌다 : 우리는 여기서부터 어디로 가는가? 그리고 나는 두 가지 대안을 제기했다 : 우리는 어떤 사람들이 경건하게 표현하려 하는 것처럼 은혜를 더하게 하려고 죄의 생활을 계속하는가? 아니면 다른 길 즉 하나님과 같은 행위를 하는 길을 택하는가? 지금까지 당신은 참으로 구원받은 사람들에게 하나님의 길 말고는 달리 대안이 없다는 것을 볼 수 있어야 한다. 정말이지 우리는 죄의 생활에 대하여 죽었다. 우리에게 돌아갈 길은 없다. 다시 우리 주님께서 고난을 받고 인간의 죄로 말미암아 죽으시기 위하여 돌아가실 길이 없는 것과 같다. 만일 돌아갈 길이 없다면 즉 그런 가능성이 제거되었다면, 우리로서는 가는 길 말고는 달리 방향이 없다.

이러므로 나는 로마서 6 : 2에 대한 바른 이해가 성화(聖化)를 이해하는 열쇠라고 말한다.

어떤 사람들은 하나님과 가깝다는 것을 느낄 수만 있다면 거룩해질 것이라고 생각하고서, 강렬한 감정적 체험에서 그 열쇠를 찾으려고 한다. 또 어떤 사람들은 특수한 방법론을 통하여 성화를 발견하려고 한다. 그들은, 어떤 일을 하거나 규정된 의식(儀式)을 따른다면 거룩해질 것이라고 생각한다. 경건함은 이런 식으로 오지 않는다. 사실 이런 접근법은 속이는 것이다. 거룩한 생활은 앎(knowing)으로부터(나는 이 점을 강조하는 바이다), 당신이 돌이킬 수 없고 죄에 대하여 죽었고 하나님께 대하여 살게 되었다는 것을 아는 것으로부터 온다. 존 스토트(John R. W. Stott)는 이렇게 말한다. "어른이 어린이 때로, 혼인한 남자가 총각 때로 혹은 풀려난 죄수가 감옥으로 돌아갈 생각을 해서는 안 되듯이 거듭 난 그리스도인은 옛 생활로 돌아갈 생각을 해서는 안 된다."[8]

어른이 아직도 어린이나 영아가 되고자 할 수 있는가? 행복한 혼인 생활을 하는 남자가 아직도 총각이 되고자 할 수 있는가? 풀려난 사람은 다시 죄수가 되고자 할 수 있는가? 그럴 수도 있다. 그러나 생각이 제대로 된 사람이라면 그렇게 하고 싶지 않을 것이다.

● 각주 ●

1. John Murray, *The Epistle to the Romans* (Grand Rapids : Wm. B. Eerdmans, 1968), p. 213.

2. D. M. Lloyd Jones, *Romans : An Exposition of Chapter 6, The New Man* (Grand

Rapids : Baker Book House, 1979), p. 14.

3. 존 스토트(John R. W. Stott)는 이를 시대에 맞게 표현한 것을 두 가지 인용한다. 본(C. J. Vaughan)은 이렇게 썼다. "죽은 사람은 죄를 지을 수 없다. 그리고 당신은 죽었다… 이미 죽으신 그분처럼 모든 죄에 대하여 수동적이고 무각각하고 요지부동하라." 이와 비슷하게 리던(H. P. Liddon)은 이렇게 논평한다. "죽은 사람이 감각 세계의 대상에 대하여 무감각한 것처럼, 아마 이(죽음)는 그리스도인을 죄에 대하여 무감각하게 만들었다." *Men Made New : An Exposition of Romans 5-8* (Grand Rapids : Baker Book House, 1984), pp. 38, 39을 보라.

4. Charles Hodge, *A Commentary on Romans* (Edinburgh and Carlisle, Pa. : The Banner of Truth Trust, 1972), p. 192. (Original edition 1935.)5. Robert Haldane, *An Exposition of the Epistle to the Romans* (MacDill AFB : MacDonald Publishing, 1958), p. 239.

6. 고데(F. Godet)는 이를 과거와의 '절대적 단절' (an absolute breaking)이라고 말한다. 그는 이 단절을 '그 실현에서는 점진적이나 원칙에서는 절대적이며 결정적인' 것이라고 한다(F. Godet, *Commentary on St. Paul's Epistle to the Romans*, trans. A. Cusin [Edinburgh : T.& T. Clark, n.d.], vol. 1, p. 404). 존 머리(John Murray)는 이렇게 말한다. "사도가 염두에 두고 있는 것은 신자의 정체성을 형성하는, 죄와 단번에 결정적으로 나뉘는 단절이다. 그러므로 신자는 죄 가운데 살 수 없다. 죄 가운데 사는 사람이 있다면 그 사람은 신자가 아니다"(Murray, *The Epistle to the Romans*, p. 213). 마틴 로이드 존스(D. Martyn Lloyd Jones)는 "우리 주님의 죽으심과 부활이 모든 신자에 대하여 죄의 통치를 끝내었다"고 주장하면서 죄의 통치와 은혜의 통치에 초점을 둔다(Lloyd Jones, *Romans : An Exposition of Chapter 6, The New Man*, p. 20).

7. Stott, *Men Made New : An Exposition of Romans 5-8*, pp. 48, 49.

8. Ibid., p. 51.

79

예수 그리스도와 합하여 세례받음
로마서 6:3-4

무릇 그리스도 예수와 합하여 세례를 받은 우리는 그의 죽으심과 합하여 세례 받은 줄을 알지 못하느뇨 그러므로 우리가 그의 죽으심과 합하여 세례를 받음으로 그와 함께 장사되었나니 이는 아버지의 영광으로 말미암아 그리스도를 죽은 자 가운데서 살리심과 같이 우리로 또한 새 생명 가운데서 행하게 하려 함이니라.

내가 전에 앞 장의 내용으로 설교를 전한 후에, 제십장로교회(Tenth Presbyterian Church)의 많은 교인이 이렇게 말했다. "그 메시지가 어찌나 중요하고 이해하기 어려운지, 목사님이 다음 주에 그 설교를 다시 해주셔야 하겠습니다". 나도 그렇게 느끼고는, 그렇게 했다. 하지만, 나는 바울처럼 했고 즉 이제 공부하려는 로마서 6 : 3-4로 나아가서 이미 한 설교를 다시 했다. 이 두 절은 2절에서 주장하는 경건한 생활을 꾸려가는 원칙을 다시 서술한다.

나는 우리가 지금 어디 있는지 여러분에게 생각나게 하겠다. 바울은 사역을 하면서 수천 번 받았음에 틀림없는 질문을 던졌다 : "은혜를 더하게 하려고 죄에 거하겠느뇨?" 그리고 이렇게 대답했다 : "그럴 수 없느니라. 죄에 대하여 죽은 우리가 어찌 그 가운데 더 살리요?"

이 질문에 나타나는 핵심 낱말은 "죄에 대하여 죽은 우리"이다. 우리는 바로 앞 장에서 이 낱말을 해석하는 방법이 많음을 보았다. 즉 (1)그리스도인은 더 이상 죄에 반응하지 않는다. (2)그리스도인은 죄에 대하여 죽어야 한다. (3)그리스도인은 매일 죄에 대하여 죽고 있다. (4)그리스도인은 죄와 관계를 끊었기 때문에 계속 죄를 지을 수 없다. (5)그리스도인은 죄책에 대하여 죽었다. 그러나 우리가 보았듯이 , 이 구절의 진짜 뜻은 하나님이 우리를 구원하셨을 때 우리가 우리의 옛 생활에 대하여 죽었다는 것이다. 나는 회개하기 전의 존 존스와 회개하고 난 후의 존 존스 그리고 '우리의 전기' 1권과 2권에 대한 존 스토트(John R. W. Stott)의 실례를 사용했다.

이 논의의 결론은, 거룩한 생활을 여는 열쇠는 우리의 체험이나 감정이 (아무리 뜻 있고 강렬하다 해도) 아니고 우리에게 일어난 일에 대한 우리의 지식(knowledge)이라는 점이다. 나는 지식이라는 낱말을 강조했는데, 그리스도인의 생활이 향상할 수 있는 가장 중요하고 기본적인 이유는 우리가 되돌아갈 수 없다는 것이기 때문이다.

아는 것과 자라는 것

당신이 이 말을 처음으로 들을 때, 아마 말이 너무 단순하다거나 로마서 6 : 2에 대한 기발한 (따라서 문제 있는) 해석이라고 생각할지 모르겠다. 그러나 나는 이 해석이 기발하다거나 문제 있는 것이 아니라고 주장하며, 이를 입증하기 위하여 바울이 그 다음에 쓰는 말을 들고자 한다. "… 알지 못하느뇨?"(NIV : Don't you know … ?) 이 말들은 바울이 우리가 예수 그리스도와 하나 되었음을 상기시키기 위하여 던지는 물음의 시작이다.

이 말들을 가볍게 봐넘기지 말라. 바울이 서바나(Spain : 서반아[西班牙] : 스페인의 음역 - 역자)로 여행할 것을 염두에 두고 로마를 방문하고자 계획했지만 결국 로마에 가지 못했던 것을 기억하라(롬 15 : 23-24). 그는 로마에 있는 그리스도인들에게 개인적으로 가르치지 않았다. 게다가 우리가 아는 한, 로마 교회는 바울의 가르침을 결코 직접 받지 못했다. 하지만 로마에 있는 그리스도인들이 바울의 가르침을 결코 직접 받지 못했지만, 바울은 이 말로써 그들이 이 교리를 알고 있다고 전제한다. 바꿔 말하면, 바울이 여기서 언급하고 있는 것은 보편적인 기독교 지식이다. 정말이지 그리스도인은 죄에 대하여 죽었다. 혹은 바울이 그 다음에 사용할 말로 표현하면, 그리스도인은 "그리스도 예수와 합하여 세례를 받아서 그의 죽으심과 합하였다." 바울은 어느 곳에서든 신자라면 이를 알고 있다고 전제한다. 그래서 바울은 이 사실에 대한 우리의 지식을, 우리의 거룩한 성장이 있게 하는 열쇠로 호소한다.

그래서 나는 그 점을 다시 말한다. 성화(聖化)의 비밀은 멋진 체험이나 감정들이 (아무리 뜻 있고 강렬하다 해도) 아니다. 그것은 당신에게 일어난 일을 아는 것(knowing)이다.

'세례' 의 뜻

바울이 3, 4절에서 우리가 알아야 한다고 말하는 바가 2절에 대한 나의 해석을 또한 지지한다. 그러나 이 점을 살피기 전에, **세례**라는 낱말의 뜻에 대하여 생각해 보아야 한다. 이는 세례라는 단어가 바울이 사용하는 핵심 용어이기 때문이다.

우리가 세례의 뜻을 알아야 하는 이유는, 오늘날 거의 모든 사람들에게 세례를 말하면 그들은 당장에 물 세례의 성례에 대하여 생각하게 되고 그래서 이 세례를 언급하는 본문이 실제로 말하고자 하는 것을 보지 못하기 때문이다. 물론 주석가들에게도 그것은 마찬가지였다. 그들도 성례를 일종의 예식이라 생각하므로 자신의 전제를 기초로 삼아 이 절들에 대하여 그릇된 해석을 많이 내놓았다. 어떤 사람들은 이 성례가 우리를 그리스도와 연합시키고 따라서 구원에 필수적이라고 말한다. 이 견해를 일러 '세례의 중생' (baptismal regeneration)이라고 한다. 어떤 사람들은 바울이 우리의 세례 서약을 생각하고 있다고 가정하고, 또 어떤 사람들은 그리스도의 영향을 받게 되는 문제라고 가정하고, 또 어떤 사람들은 우리가 그리스도를 믿는 우리의 믿음을 공적으로 증거하는 것이 중요하다고 가정한다.[1] 이 여러 견해 가운데 마지막 세 개는 물 세례와 실제로 관계가 있다. 그러나 바울은 이 절에서 도무지 그런 식으로 생각하고 있지 않다. 따라서 물 세례의 성례를 으뜸으로 생각하고 이 절을 접근하는 것은 그릇된 데로 흐를 것이다.

'세례' 란 무엇인가? 좋은 해답을 얻으려면, 먼저 헬라어에는 세례를 가리키는 밀접한 두 낱말이 있고 이 낱말들이 반드시 같은 뜻을 갖는 것은 아니라는 것을 깨달아야 한다. 하나는 밥토(bapto)로, 그 뜻은 '담그다' (dip) 혹은 '잠그다' (immerse)이다. 또 하나는 **밥티조**(baptizo)인데, '잠그다' 라는 뜻도 갖지만 다른 뜻도 갖고 있다. 이런 일은 헬라어에 보통 있다. 더 간단한 낱말은 흔히 아주 직설적인 뜻을 담고 있으며 더 긴 낱말은 특별하고 때로는 은유적인 뜻들을 갖고 있다.

신약에서 '세례'를 가리켜 사용하는 말은 좀더 긴 낱말이다. 그래서 우리는 좀더 긴 낱말의 정확한 뜻이 무엇인지 다음에서 물어야 하겠다.

고전 문헌을 살펴보면 도움이 된다. 그리스인들은 B.C. 약 400년부터 주후(after christ) 약 2세기까지 **밥티조**라는 낱말을 사용했다. 그리고 그들의 문헌에서 **밥티조**는 어떤 수단에 의하여 일어난 변화를 항상 가리켰다. 요세푸스(Josephus)는 예루살렘에 몰려들어 '이 도시를 엉망으로 만든' 군중에 대하여 이 말을 썼다.[2] 다른 예로는 옷 염색과 지나치게 많은 포도주를 마시는 것이 있다. 어느 경우든 액체나 액체 같은 것이 있지만 – 즉 군중은 인간 '파도'와 같고, 염료와 포도주는 액체이다 – 핵심적 개념은 실제로 변화의 개념이다. 예루살렘은 엉망이 되었고 염색된 옷은 색이 변하며 술 먹는 사람은 달라져 단정하지 못하다.

내가 알기로 **밥티조**의 이런 의미를 가장 분명하게 보여 주는 예는 B.C. 200년 경에 살았던 그리스의 시인이자 의사인 니칸드로스(Nikandros)에게서 나온다. 그것은 피클(pickle : 야채절인 것 – 역자) 만드는 요리법이다. 이는 위의 두 낱말을 다 사용하므로 도움이 된다. 니칸드로스는 피클을 만들려면 먼저 야채를 끓는 물에 '담그고' (밥토) 식초 용액에 '잠가야' (밥티조) 한다고 말한다. 이 두 동사는 야채를 어떤 용액에 담그는 것과 관계 있지만, 첫째 동사는 잠깐 담그는 것이다. 두번째 즉 야채를 '잠그는' 행위는 영구적 변화를 낳는다.

이런 차이를 기억해 두면, 우리가 다루고 있는 로마서 본문을 포함하여 세례를 언급하는 신약 구절을 이해하는 데 엄청난 도움이 된다. 그러니 로마서의 이 본문에 대하여 말 그대로 물에 잠그는 것으로 보면, 말도 안 되는 생각이다.

고린도전서 10 : 1-2을 예로 들어 보자. "형제들아 너희가 알지 못하기를 내가 원치 아니하노니, 우리 조상들이 다 구름 아래 있고 바다 가운데로 지나며 모세에게 속하여 다 구름과 바다에서 세례를 받고." 이는 물 세례를 가리키는 것일 수 없는데, 물에 잠긴 사람들은 애굽 군인들뿐이었고 이들은 물에 빠져 죽었기 때문이다. 이스라엘 백성은 발도 젖지 않았다. 이 절들은 무엇을 뜻하는가? 명백하게 이 절들은 이스라엘 백성이 홍해를 건넌 결과 모세와 영원히 하나 된 것을 가리킨다. 이 일이 있기 전, 그들은 애굽에 있을 때 여전히 바로에게 충성하며 모세의 지도력을 거부했다. 그러나 일단 홍해를 건너고 나서는 광야에서 방랑하는 동안 모세에게 연합되었다. 그들은 되돌아갈 수 없었다.

지금 당신은 왜 이와 같은 세례 논의가 중요하며 왜 바울이 3, 4절에서 **세례받았다**(baptized)와 **세례**(baptism)라는 말을 사용했는지 아마 알기 시작할 것이다. 그러나 단순히 물에 잠김이 아니라 변화로서 세례를 이해하면 분명해지는 본문을 몇 군데 더 언급하겠다.

갈라디아서 3 : 27. "누구든지 그리스도와 합하여 세례를 받은 자는 그리스도로 옷 입었느니라." 이는 물 세례를 언급하는 것이 아니다. 왜냐하면 이것이 물세례를 언급하고 있다면 그리스도로 옷 입는다는 예는 부적절할 것이기 때문이다. 오히려 이는 마치 아이가 엄마의 옷을 입고서 엄마와 일체감을 느끼듯이 혹은 군인이 제복을 입을 때 자기 나라의 군대와 일체감을 느끼는 것과 같이 우리가 그리스도와 하나 됨을 언급하고 있다.

마가복음 16 : 16도 유명한 절이다. 여기서 예수님은 이렇게 말씀하신다. "믿고 세례를 받는 사람은 구원을 얻을 것이요…" 이 절을 보고서, 어떤 사람이 처음에 그리스도를 믿고 또한 물에 잠기지 않으면 구원 받을 수 없다고 그릇되이 결론을 내렸던 사람이 스무 사람이나 된다. 그러나 아무리 성경을 제대로 모르는 연구가라도 이것이 참되지 않음을 안다. 사람은 오직 예수 그리스도를 믿는 믿음으로 말미암아 은혜로 구원을 받는다. 물 세례가 구원에 필수적이라면, 그리스도와 함께 십자가에 못박혔다가 그리스도를 믿은 강도는 멸망했다.

일단 우리가 세례란 항상 물 세례를 가리킨다는 잘못된 생각을 털어내버리면, 이 절은 분명해진다. 왜냐하면 예수님이 마가복음 16 : 16에서 말씀하고 있는 것은 사람이 구원받으려면 자신과 하나 되어야 한다는 점이다. 예수님은 기독교 교리에 대한 단순한 지적 동의로는 충분치 않다고 말씀하고 계셨다. 그의 다른 가르침을 보면 다음과 같은 일이 필요하다. "… 아무든지 나를 따라 오려거든, 자기를 부인하고 날마다 제 십자가를 지고 나를 좇을 것이니라"(눅 9 : 23). 이 마지막 절은 바울이 로마서 6 : 3-4에서 가르치고 있는 것과 꼭 같다. 왜냐하면 이 절은 그리스도를 참되게 따르는 자는 자신의 과거 생활에 대하여 죽었음을 뜻하기 때문이다. 마치 사형장으로 가는 사람과 같다. 오직 로마서 6장에서는 이 사람은 이미 죽어 장사되었을 뿐이다.[3]

세례받아 장사됨

세례라는 낱말의 뜻에 대하여 이처럼 길디 긴 논의를 염두에 두고서, 나는 이 개념이 어떻게 결합되는지 보여 주기 위하여 우리 본문으로 돌아가겠다. 로마서 5 : 12-21에서 주된 개념은 무엇이었는가? 그것은 우리가 그리스도와 연합했다는 개념이지 않았는가? 전에 우리는 아담 안에 있었다. 그런데 이제 우리는 그리스도 안에 있다. 그리고 "은혜를 더하게 하려고 죄에 거하겠느뇨"(롬 6 : 1)라는 질문에 대한 바울의 대답은 무엇인가? 그것은 우리가 죄에 대하여 죽었다는 점이다. "… 죄에 대하여 죽은 우리가 어찌 그 가운데 더 살리요"(롬 6 : 2) 참으로 우리는 그리스도와 연합했고 또 죄에 대하여 죽었다.

그러나 다음을 주목하라. 이것이 바로 세례가 표시하는 바이며, 순서도 동일하다. 가장 중요한 개념은, 우리가 어떤 상태에서 벗어나 다른 상태에 놓이게 되었다는 것이다. 우리는 유대인이 홍해를 통과한 후에 가졌던 체험과 같은 체험을 했다. 유대인은 모세에게 연합되었고 우리는 그리스도께 연합되었다. 혹은 갈라디아서 3 : 27의 말로 표현하면, 우리는 그리스도로 옷 입었으며 우리는 그리스도라는 제복을 입고 있다. 그리고 우리가 회고해 본다면, 이것이 뜻하는 바는 우리가 전에 행하던 것은 무엇이든지 그것에 대하여 죽었다는 것이다. 그리스도께서 우리를 새 생활로 옮겨놓으셨을 때 우리는 옛 생활에 대하여 죽었다.

이 개념들이 어떻게 결합되는지 보자 마자, 우리는 바울이 세례라는 낱말을, 자신이 "어찌 죄 가운데 더 살리요?" 하고 말했을 때 마음에 두었던 것을 풀어내는 방법으로 살피게 되었는지 본다.

나는 여러분이 그밖의 다른 것도 보기를 바란다. 신학자들이 우리가 '그리스도와 연합함'에 대하여 그리고 어떻게 해서 우리가 그리스도와 연합했다는 것이 성령으로 우리가 그리스도와 연합했다는 것과 같은지에 대하여 쓸 때, 우리가 모든 점에서 그리스도와 하나 되었음을 강조한다. 즉 우리는 그의 죽으심과 장사되심과 부활하심에서(혹은 그의 죽으심과 장사되심과 부활하심으로 세례를받아) 그리스도와 하나 되었다.[4] 도널드 그레이 반하우스 (Donald Grey Barnhouse)는 이 주제를 아주 깊이 파고 들어가, 우리가 그리스도의 선택과 동정녀 탄생과 할례와 신체 발육과 세례 요한에게 받으신 세례와 고난과 십자가에 달림과 장사됨과 부활과 승천에서 그리스도와 하나되었다는 것과 유사한 것들을 밝혀 냈다.[5] 물론 이것은 대부분 참되다. 우리가 지금과 마찬가지로 그리스도와 하나 되었다면, 많은 점에서 특히 그의 죽으심과 부활하심에서 그와 하나 된다.

그러나 내가 지적하고 싶은 것은 바울이 여기서 이와 같이 다른 점은 세례로 그리스도와 하나 되었다는 것을 말하고 있지는 않다는 점이다. 가령 바울은 우리가 그리스도의 부활과 합하여 세례를 받았다고 말하지는 않는다. 물론 "… 아버지의 영광으로 말미암아 그리스도를 죽은 자 가운데서 살리심과 같이 우리로 또한 새 생명 가운데서 행하게 하려 함이니라" (4절) 또 후에 우리가 "… 그의 부활을 본받아 연합한 자…"(5절)였다고 계속 말하기는 한다. 3절에서 바울은 우리가 오직 한 측면 즉 "그의 죽으심과 합하여" 세례받았다고 말한다. 그리고 그 다음 구절에서 그는 자신이 특별히 마음에 두고 있는 것은 그리스도의 장사 되심임을 보여 준다. "그러므로 우리가 그의 죽으심과 합하여 세례를 받음으로 그와 함께 장사되었나니."

이와 같은 사고의 흐름이 어찌나 뚜렷하든지, 고데(F. Godet)는 다음과 같이 올바르게 말한다. "이 말씀에 따르면 바울이 세례에 비유하는 것은 죽으심이 아니라 죽은 자의 갇힘(internment of the dead)이다."

이는 놀랍기도 하고 아주 혼란스럽기도 하다. 가령 나는, 신학자들이 우리와 그리스도의 하나 됨과 비슷한 점을 밝혀낼 때 어떻게 우리가 그와 함께 십자가에 못박혔고 그와 함께 부활하게 되고 심지어 그와 함께 승천하게 되었는지를 보여 주는데 별로 힘들어 하지 않는 것을 주목한다. 그러나 장사됨을 설명할 때는 힘들어 한다. "어떻게 우리가 그리스도와 함께 장사되었다고 말할 수 있는가?" 하고 그들은 묻는다. "그리고 이 구절에 따라 우리가 죄에 대하여 죽은 것으로도 해결되지 않은 무엇이 더 있단 말인가?" 하지만 바울은 장사됨을 강조한다.

이를 어떻게 설명하겠는가? 그리고 바울이 이를 까다롭게 표현하는 것('그의 죽으심과 합하여 세례를 받음으로 장사됨')을 어떻게 설명하겠는가? 여러 주석가들이 이 구절의 어색함을 해결하려고 애를 썼는데, 어떤 경우에는 뜻을 뒤집어서 말하기도 했다. 왜냐하면 사람이 죽었기 때문에 장사되는 것이지 장사되어 죽는 것(즉 죽기 위하여 장사되는 것)이 아니기 때문이다.

만일 내가 지금 말하는 것과 같이 이 구절을 접근하면, 문제는 어렵지 않다. 장사됨이 죽음 이후에 중요한 단계가 되는 이유는, 장사됨이 죽은 사람을 이 세상에서 영원히 떨어지게 하기 때문이다. 시체는 생명에 대하여 죽은 것이다. 그러나 어떤 의미에서 시체가 묻히지 않은 동안은 여전히 생명 속에 있다고 말할 수 있다. 그런데 묻힐 때 즉 땅 속에 놓여 흙에 덮힐 때, 시체는 이세상의 영역에서 영원히 제거된다. 즉, 사라진다. 그러므로 우리가 죄와 사망의 통치에서 완전히 벗어나 그리스도의 통치로 옮겨간 것을 강조하고 싶었던 바울은 장사됨을 강조하고 있는 것이다. 그 자신은 이미 우리가 죄에 대하여 죽은 것을 되풀이하여 말하고 있을 뿐만 아니라 더 힘 주어 이렇게 말한다. "당신은 단지 죄에 대하여 죽었을 뿐만 아니라 죄에 대하여 장사되었다". 일단 그리스도와 연합했는데 다시 죄를 지으면, 죽은 송장을 파 올리는 것과 같다.

공적인 신앙고백

나는 이 장에서, 바울이 우리가 그리스도와 합하여 세례받은 것을 언급할 때 세례라는 성례에 대하여 별로 생각하지 않고 우리가 성령으로 그리스도와 연합한 것을 생각하고 있다는 것을 줄곧 말해 왔다. 이 말을 다시 하고 싶지 않다. 이 다음 절들은 이런 견해를 입증해 주는데, 이 절들에서 바울은 우리가 '그리스도의 죽으심과 부활로 그리스도와 연합' 한 것을 명시적으로 말하기 때문이다. 이는 성령께서 하시는 일이다.

그러나 나는 이 점을 강조하면서도, 그리스도인이 자신의 과거 생활을 공적으로 버리고 그리스도와 새롭게 하나됨을 고백하는 세례라는 성례의 의의를 놓치고 싶지 않다.

이(공적인 신앙 고백)는 오늘날 우리에게는 그다지 분명하지 않은데, 세례가 일반적으로 기독교적 환경에서 일어나는 일인지라 많은 사람에게는 별 대수롭지 않지만 바울의 시대에는 그렇지 않았다. 그리고 오늘날도 세계의 많은 곳에서는 그렇지 않다. 고대 세계에서 세례로 그리스도와 하나 된다는 것은 대담하고 위험을 감수하는 선언이었다. 흔히 세례를 받게 되면 신자의 삶은 위태로와졌다. 기독교의 설교나 주장을 듣는 데는 문제가 없었으나 그리스도인이 세례를 받았을 때, 그는 이제 예수 그리스도를 따르는 자이며 어떤 결과가 생기더라도 그분께 충성할 것임을 동료 신자들은 물론이고 국가에 대해서도 말하고 있었던 것이다. 이는 '가이사보다 그리스도' 를 위한다는 뜻이었다.

세례는 예수 그리스도 안에 있는 신자라야 내딛을 수 있고 돌이킬 수 없는 발걸음에 다름
아니었다. 그러므로 바울이 로마서 6장에서 물 세례에 대하여 별로 생각하고 있었던 것은
아니지만 - 물 세례는 우리가 행하는 것이며, 바울이 말하고 있는 세례는 우리에게 이미 일
어난 어떤 것이다 - 그래도 세례라는 성례는 성령으로 그리스도와 합하여 세례받는 것의 의
미(즉 우리가 그리스도와 연합했고 우리에 대하여 옛 생활은 영원히 사라졌다)가 무엇인지
를 입증하는 공적인 증거에 어울린다. 당신이 세례를 받았을 때 특히 당신이 성인으로 세례
를 받았을 때 고백했던 것은 바로 그것이다. 당신은 이제 자신이 되돌아가지 아니하며 예수
님과 더불어 앞으로 향하고 있다고 세상에 말했다.

그러나 내가 아는 많은 사람들이 묻는 질문들을 살펴보도록 하자. 이 질문들은 내가 바로
앞 장의 끝에서 다루었던 것이다. "그러나 우리가 되돌아가면 어떻게 되는가? 내가 죄를 지
으면 어떻게 되는가?"

여기 기억해야 할 요점이 세 가지가 있다.

1. **그래도 그렇게는 안 된다.** 당신은 어린 시절로 돌아가려고 하는 어른에 대한 나의 예
화를 기억하는가? 그가 돌아갈 수 있는가? 글쎄 그는 어린이같이 행동할 수는 있다. 물론
그렇게 하면 그에게는 수치스러운 일이며 다른 모든 사람에게 당혹스러운 일일 것이다. 그
러나 다시 어린이가 될 수 있는가? 그런 일은 일어날 수 없다. 어른이라도 유아처럼 행동할
수 있다. 그러나 어른은 어린이가 될 수 없다. 그처럼 당신이 참된 그리스도인이라면 이전
처럼 돌아가 다시 그렇게 죄를 지을 수 없다. 당신은 죄를 지을 수는 있다. 사실 우리는 죄
를 짓는다. 그러나 이전과 같지는 않다. 당신은 이전처럼 죄를 즐길 수 없고 당신은 확신을
갖고서 죄를 즐길 수 없을 것이다. 당신은 예수님께 삼 년을 배우고 난 후에 예수를 모른다
고 맹세하려 한 베드로와 같다 할 것이다. 사람들은 당신을 바라보며 이렇게 말할 것이다.
"그러나 정말 당신은 그의 제자입니다."

2. **하나님이 당신을 막으실 것이다.** 하나님은 당신이 죄를 못 짓게 하시지는 않지만, 계
속 죄를 짓지는 못하게 하실 것이다. 그리고 하나님은 다음 두 가지 가운데 한 가지 방식으
로 그리하실 것이다. 하나님이 당신의 삶을 아주 비참하게 만드셔서 당신은 죄를 짓게 된

날을 저주하고 죄악에서 건져 달라고 하나님께 간구하게 될 것이다. 혹은 하나님이 당신의 생명을 끊어버리실 수도 있을 것이다. 바울은 고린도 교인들에게 말하기를, 그들이 주의 만찬을 욕되게 했으므로 하나님이 실제로 그들 가운데 몇 사람을 하늘로 데려가셨다고 했다 (고전 11 : 30). 만일 하나님이 그와 같은 범죄에 대하여 그들의 생명을 빼앗으셨다면, 더욱 죄악된 일을 계속 하는 당신에게도 그리하실 것이다.

3. 만일 당신이 그리스도께로 오기 전에 살던 생활로 돌아가면 그래서 계속 그 생활을 하면, 구원받지 못한 것이다. 이렇게 되면 사정은 그보다 더 나쁘다. 일단 당신이 그리스도께로 와 놓고 다시 돌아갈 수 있다면, 그것은 당신이 구원받지 않았을 뿐만 아니라 당신은 기독교를 받아들이지 못하게 하는 사상에 사로잡혀 있었다는 뜻이다.

나는 바로 이 때문에 히브리서 기자가 다음과 같이 썼다고 확신한다. "한번 비췸을 얻고 하늘의 은사(恩賜)를 맛보고 성령에 참예한 바 되고 하나님의 선한 말씀과 내세의 능력을 맛보고 타락한 자들은 다시 새롭게 하여 회개케 할 수 없나니⋯"(히 6 : 4-6). 이 절들은 그리스도를 참으로 믿는 신자가 멸망하는 것을 가리키는 것이 아니라 – 로마서 5-8장에 나타나는 바울의 가르침에 비추어 볼 때 어떻게 그럴 수 있는가? – 그리스도의 실재를 맛보았을 정도로 가까이 있었지만 그래도 되돌아갔던 자들을 가리키고 있다. 이는, 당신이 그리스도께 가까이 있으면 있을수록 만일 되돌아가는 일이 있을 경우 그리스도께 다시 오기가 더 어려워질 것이라고 가르친다. 여기서 서술한 경우처럼 어떤 경우에는 그리스도께 돌아오는 일이 불가능할 것이다.

그러므로 돌아가지 말라.

내가 다시 말하지만, 돌아가지 말라!(Don't go back!)

당신이 예수님에 의해 구원받았으면, 영원히 구원받은 것이다. 당신에게는 의(義) 가운데서 성장하는 일말고는 아무것도 없다.

● 각주 ●

1. 이 그릇된 생각에 대한 논의를 알려면, D. M. Lloyd Jones, *Romans : An Exposition of Chapter 6, The New Man* (Grand Rapids : Baker Book House, 1979), pp. 30-33을 보라.

2. *Josephus in Nine Volumes*, trans. H. St. J. Thackeray, vol. 3, *The Jewish War*, books

IV-VII(London : William Heinemann, and Cambridge, Mass. : Harvard University Press, 1961), pp. 40, 41.

3. 필자는 다음에서 그리스도와 합하여 세례받음의 의미를 좀더 폭넓게 논의한다. James Montgomery Boice, *Foundations of the Christian Faith : A Comprehensive and Readable Theology* (Downers Grove, Ill., and Leicester, England : InterVarsity Press, 1986), pp. 597–601. 이 낱말의 초창기 역사에 대한 연구는 Gerhard Kittel, ed., *Theological Dictionary of the New Testament,* trans. Geoffrey W. Bromiley(Grand Rapids : Wm. B. Eerdmans, 1964), vol. 1, p. 529ff.을 보면 알 수 있을 것이다.

4. Lloyd Jones, *Romans : An Exposition of Chapter 6, The New Man* ; John Murray, *The Epistle to the Romans* (Grand Rapids : Wm. B. Eerdmans, 1968), pp. 214–217; Leon Morris, *The Epistle to the Romans* (Grand Rapids : Wm. B. Eerdmans, and Leicester, England : InterVarsity Press, 1988), pp. 247, 248 등을 보라.

5. Donald Grey Barnhouse, *God' s Freedom : Exposition of Bible Doctrines, Taking the Epistle to the Romans as a Point of Departure,* vol 6, Romans 6 : 1–7 : 25(Grand Rapids : Wm. B. Eerdmans, 1961), pp. 32–84.

6. F. Godet, *Commentary on St. Paul' s Epistle to the Romans,* trans. A. Cusin(Edinburgh : T. & T. Clark, n.d.), vo;l. 1, p. 405.

80
이제 예수님과 함께 삶
로마서 6:5-10

만일 우리가 그의 죽으심을 본받아 연합한 자가 되었으면 또한 그의 부활을 본받아 연합한 자가
되리라 우리가 알거니와 우리 옛 사람이 예수와 함께 십자가에 못박힌 것은 죄의 몸이 멸하여 다
시는 우리가 죄에게 종 노릇 하지 아니하려 함이니 이는 죽은 자가 죄에서 벗어나 의롭다 하심을
얻었음이니라
만일 우리가 그리스도와 함께 죽었으면 또한 그와 함께 살 줄을 믿노니 이는 그리스도께서 죽은
자 가운데서 사셨으매 다시 죽지 아니하시고 사망이 다시 그를 주장하지 못할 줄을 앎이로라 그
의 죽으심은 죄에 대하여 단번에 죽으심이요 그의 살으심은 하나님께 대하여 살으심이니.

많은 사람들이 기독교를 부정적으로 받아
들이는 것은 슬픈 사실이다. 사람들은 기독교란 하지 말라는 것의 연속이라고 본다. "술 마
시지 말라. 카드놀이(trump : 트럼프)를 하지 말라. 빈둥거리지 말라. 너무 크게 웃지 말
라". 말이 났으니 말이지, 우리가 재미를 위하여 놀면 하나님이 하늘에서 굽어보시고는 "이
제 그 짓을 그만 두라"고 말씀하실 것이므로 "재미를 위하여 놀지 말라".

어떤 독자는 로마서 6장에 대하여 우리가 공부한 것들을 부정적으로 여겼을 수 있다. 왜
냐하면 일단 사람이 예수 그리스도와 연합했다면 더 이상 죄를 지을 수 없다는 사실을 강조
했기 때문이다. "은혜를 더하게 하려고 죄에 거하겠느뇨?" 라고 바울은 물었다. 그리고는
대답하길 "그럴 수 없느니라"고 했다. "죄에 대하여 죽은 우리가 어찌 그 가운데 더 살리

요?"(1-2절). 특히 비그리스도인에게 이 말은 사실 부정적으로 들린다. 죽음! 그리고 죽어 가고 있다! 당신이 기독교를 그 정도만 안다면, 기독교를 '그 정도' 밖에 보이지 않는다.

그러나 물론 참된 기독교는 그렇지 않다. 사실 정반대이다. 죄는 부정적이다. 그러므로 죄에서 벗어나는 것은 긍정적인 것, 곧 새 생명을 누릴 자유가 있다는 것이다. 좀더 참신하고 탁월한 로마서 주석가 가운데 한 사람인 레온 모리스(Leon Morris)는 이렇게 말한다. "기독교의 방식은 부정적이지 않다. 물론 옛 방식에 대하여는 죽는다. 그러나 신자가 그리스도의 죽으심에서 그와 하나가 될 때 그는 새로운 생활로 들어간다".[1] 이처럼 말하는 기독교의 방식은, 그리스도인에게 죽은 다음에는 부활이 있다고 말한다.

그리고 그런 새 생활은 종말에 있는 것이 아니다. 참된 기독교는 **지금** 예수 그리스도와 더불어 새롭고 기쁘고 충만하고 부활한 생활을 사는 것이다.

풍성한 새 단락

우리는 이런 내용이 전개되고 있었다는 것을 이미 여러 번 암시를 받았다. 바울은 은혜의 통치가 죄와 사망의 통치를 대신한다고 말함으로써 로마서 5장을 마감하고 6장에서는 "그러므로 우리가 그(그리스도)의 죽으심과 합하여 세례를 받음으로 그와 함께 장사되었나니, 이는 아버지의 영광으로 말미암아 그리스도를 죽은 자 가운데서 살리심과 같이 우리로 또한 새 생명 가운데서 행하게 하려 함이니라"(4절)고 결론을 지었다. 그런네노 우리가 지금 살피고 있는 이 단락에서(5-10절) 이 새롭고 풍성한 새생명은 처음으로 충만하게 펼쳐진다.

이 단락은 우리가 앞의 여러 장에서 공부해 오던 서너 단락에 비교할 때 긴 편이다. 사실 우리가 이미 핵심 용어를 대부분 다루지 않았더라면 한 번에 연구하기에는 너무 길다. 예수님은 죄의 영역에 속하여 사시던 생애의 단계를 끝내시고 하늘로 돌아가심으로써 죄에 대하여 죽으셨다('죄를 위하여'가 [물론 참된 말이긴 하지만] 여기서는 아니다.) 그처럼 우리가 죄와 맺고 있던 옛 관계도 역시 끝났다. 우리가 아담에게서 벗어나 그리스도와 연합했을 때 하나님은 우리의 미래를 정해 놓으셨다. 우리는 옛 생활로 돌아갈 수 없다. 내가 여러 번 말했지만, 우리에게는 앞으로 향하는 길말고는 달리 갈 데가 없다.

이 절들의 개요는 단순하다. 5절에서 바울은 한 입론을 말하는데, 이 입론은 6-10절에서 전개된다. 이 개요는 두 부분으로 이루어져 있다. "만일 우리가 그의 죽으심을 본받아 연합한 자가 되었으면…"(이것이 첫째 부분이다. 이것은 바울이 이미 폭넓게 말해 왔다). 그리고 "… 또한 그의 부활을 본받아 연합한 자가 되리라"(이것이 둘째 부분이며 앞으로 전개될 새로운 개념이다). 바울은 6, 7절에서 첫째 부분의 뜻을 전개하며, 8-10절에서 두번째 부분을 설명한다.

죄의 몸

몇 문장 앞에서 나는 5절의 첫째 부분(우리는 그리스도의 죽으심을 본받아 그와 연합했다)이 이미 폭넓게 다루어졌다고 썼는데, 그것은 옳다. 그러나 바울이 6, 7절에서 이 문장의 뜻을 설명할 때, 단순하게 말을 되풀이하지 않는다. 이는 바울이 그리스도인의 생활에 대하여 특히 그리스도인이 죄에 대하여 거두는 확실한 승리에 대하여 말을 꺼내기 시작하는 시점이다. 이제 바울이 그리스도의 죽으심을 본받아 그와 연합하는 것을 언급할 때, 어떻게 이 연합이 우리를 죄의 굴레에서 벗어나게 하는지 보여 준다.

바울이 이 절들에서 하고 있는 것을 가장 제대로 보여 주려면, 두 핵심 구절에 초점을 두어야 한다.

1. **우리 옛 사람.** 첫번째 구절은 '우리 옛 사람'인데, 이 옛 사람은 그리스도와 '함께 십자가에 못박혔다'고 바울은 말한다. 앞의 여러 장에서는 어떻게 이 구절을 보아야 하는지 이미 지적했다. '옛 사람'은 우리의 옛 생활 즉 우리가 하나님의 구원을 받기 전에 아담 안에 있던 모습을 가리킨다. 이 옛 생활은 사라졌다. 우리는 그 생활에 대하여 죽었다. 그러므로 바울은 이 옛 생활이 '십자가에 못박혔다(혹은 '못박혀 버렸다')'고 말한다.

많은 주석가는 이 시점에서 길을 잃는다. 왜냐하면 그들은 '옛 사람'과, 바울이 뒤에서 사용하는 구절인 그리스도인의 '옛(혹은 '죄악된') 본성'(한글개역성경은 '육신'으로 표현함)을 혼동하기 때문이다. 육신은 우리에게 남아 있기 때문에 이 선생들은 언제나 이 옛 사람을 십자가에 못박으라거나 죽이라고 신자들에게 권하고 있다. 도널드 그레이 반하우스(Donald Grey Barnhouse)는 이처럼 옛사람을 십자가에 못박는 것이 '질질 끄는' 과정이라고 논평함으로써 신자 안에 죄가 존속하는 것을 설명한다.[2] 그런데 그리스도인의 생활이 죄와 더불어 싸우는 길디 긴 전쟁인 것은 **사실**이다. 로마서 7장에 가면 나타나겠지만, 로마서 7장은 바로 그런 것을 다룬다. 그러나 죄에 대하여 거두는 승리의 비밀은 옛 사람을 십자가에 못박거나 죽이는 것이 아니다. 왜냐하면 간단하게 말해서 옛 사람은 이미 죽었기 때문이다. 그러므로 성경은 옛 사람을 십자가에 못박으라고 우리에게 결코 말하지 않는다. 옛 사람이 이미 죽었다면 우리는 어떻게 옛 사람을 십자가에 못박을 수 있는가?

내가 이 요점을 강력하게 제시하는 것은, 그리스도인의 생활이 참으로 전쟁이라 할지라도 (옛 사람이 이미 그리스도와 함께 십자가에 못박혔을 때) 우리의 옛 사람을 죽이는 것과 이 전쟁을 같게 보는 것은 하나님이 우리의 승리를 위하여 우리에게 주신 진리를 놓치는 것이 되기 때문이다.

2. **죄의 몸.** 두번째 핵심 구절은 '죄의 몸'이다. 이 구절은 "죄의 몸이 멸하여(사라져)"라는 절에 나온다. 지금 우리는 이 구절을 처음으로 보지만, 앞으로 그 구절이나 비슷한 구절이 여러 번 더 나올 것이다. 그럼 이 구절은 무엇을 가리키는가?

우리는 먼저 죄의 몸을 우리 옛 사람과 같은 것으로 생각하는 경향이 있는데, 이는 이미 언급한 바와 같다. 이는 아마 옛 사람이 십자가에 못박혔다고 말하기 때문이다. 한 몸이 십자가에 달렸고, 죄의 몸이 십자가에 달렸다면 따라서 그 몸은 분명히 무력해진 것이다. 그러니 이는 본문이 말하고 있는 것이다. 그러나 죄의 몸은 그런 개념이 아니다. 내 생각으로 마틴 로이드 존스(D. Martyn Lloyd Jones)는 바울이 '죄의 몸'이라는 용어를 육신〔NIV에서 육신을 '죄악된 본성'으로 번역한다〕에 대하여 사용하고 있고 어느 정도 말 그대로 몸(즉 우리의 물리적 몸)이라는 뜻으로 쓰고 있다고 정확하게 말하고 있다.[4] 앞에서 바울은 이 점에 대하여 말하지 않았다. 옛 자아(혹은 옛 사람)는 육신이 아니다. 옛 자아는 죽은 '옛날의 나'이다. 그러나 바울이 로마서에서 처음으로 '죄의 몸'에 대하여 말할 때 (마땅히 다루어야 할) 그리스도인이 실제로 죄를 짓는 경향을 언급하므로 **사실상** 육신에 관하여 말하고 있다.

물론 6절의 의미도 그렇다. 왜냐하면 바울이 6절에서 말하는 것은, 하나님이 다음의 두 가지 목적을 위하여 우리를 아담에서 벗어나게 하여 그리스도 안에 두셔서 우리로 옛 생활에 대하여 죽게 하셨기 때문이다. 즉 (1)우리가 지금 죄를 지으려는 경향을 무력하게 하고 (2)우리가 틀림없이 죄의 종 노릇 하는 데서 건짐을 받게 하기 위함이다.

개인적으로 나는 이 시점에서 '죄의 몸' 이라는 구절에 대하여 반대 의견을 말하고 싶다. 바울이 오늘날 우리와 함께 있게 되어 내가 바울에게 이야기할 기회를 얻는다면, 바울이 다른 방식으로 우리의 육신에 대하여 말해 주기를 바란다고 아마 말할 것이다. 이렇게 말하려는 것은, 이 구절처럼 그리스도인이 죄를 지으려는 계속적인 경향을 '몸' 에 있는 것으로 말하면 일반적으로 두 가지 그릇된 개념이 넌지시 드러나는 것 같기 때문이다. 첫째로 이렇게 하면, "나는 죄인이 아니다. 죄를 짓는 것은 내 몸일 따름이다" 하는 생각이 넌지시 나타난다. 우리는 그렇게 말하기를 원치 않는다. 요한은 "만일 우리가 죄 없다 하면 스스로 속이고…"(요일 1 : 8) 라고 우리에게 말한다. 그리고 둘째로, 그렇게 하면 아무튼 몸이 원래 악한 것으로 넌지시 나타난다. 그리고 이것은 헬라나 힌두교의 개념이지 유대 기독교의 개념이 아님을 우리는 안다. "다른 표현을 생각하실 수는 없었습니까?" 하고 나는 사도에게 물어 보았을 것이다.

하지만 나로서도 더 나은 개념을 생각할 수 없다고 고백한다. 그리고 엄밀하게 말해서 내가 내 몸은 아닐지라도, 나에게 몸과 관련된 부분이 아주 많아서 내가 몸의 영향력을 벗어날 수 없다는 것을 깨닫는 한, 그 구절은 도움이 된다. 이 구절은, 영화(榮化) 되기 전인 지금 우리의 물리적 상태에서 죄는 우리 몸을 소유하고 있으며 따라서 그런 수준에서 죄를 다루어야 한다고 우리에게 가르친다.

몸에 있는 죄

여기 죄가 우리 몸에서 어떻게 활동하는지를 보여 주는 몇 가지 예가 있다.

우리가 식사를 하려고 앉게 되면, 우리의 여주인은 아름다운 식탁보를 우리 앞에 놓는다. 여주인이 준비한 것이나 우리의 식사에서 원래부터 그릇된(죄악된) 것은 없다. 몸은 하나님께로부터 나온다. 하나님이 그런 식으로 만드셨기에 몸은 먹어야 한다. 그러나 우리는 음식이 보이고 냄새가 나면 그 모습과 냄새에 이끌려서, 자연적으로 몸을 놀려서 가고자 하는 곳으로 몸을 움직인다. 지나치게 먹거나 마신다. 배가 터지도록 먹는다. 지나친 방종은 죄이며, 게다가 그것이 습관으로 굳어지면 더 큰 죄가 되기도 한다. 이런 식사 습관 때문에 우리는 몸을 해치며 시간이 흐르면 다른 사람(가령 배고파 하는 사람)의 필요에 그리고 우리에게 음식을 주신 하나님에 대하여 나 몰라라 한다. 우리는 배은망덕하여 그분께 감사하지 못하고 심지어는 장차 어떤 이유로 마음껏 배 터지게 먹지 못하게 되면 불평도 한다.

다른 예로 잠자는 것을 들어 보자. 몸은 휴식이 필요하다. 우리는 쉬지 않고 일을 할 수 없다. 잠을 자거나 편히 쉬면 기분이 좋을 정도로 몸이 가뿐하게 된다. 그러나 우리는 몸이 편하고자 나태함과 무감각의 죄를 지을 수 있고 게다가 다른 사람들이 우리를 위하여 일을 해야 한다는 훨씬 죄악된 신념을 갖게 만든다. 우리는 심지어 우리를 위하여 일하는 다른 사람들보다 자신이 우월하다고 생각할 수 있다. 왜냐하면 우리가 보기에 그들은 주로 우리가 안락하게 되는 것을 지켜보기 위하여 존재하기 때문이다.

우리의 분비선과 호르몬도 몸의 일부이다. 그것들은 하나님이 우리에게 주신 것이므로 역시 선한 것이다. 그것들은 우리의 감정을 살찌운다. 위험이 오면 생명을 위협하는 상황에서 재빨리 벗어나도록 반응할 수 있게 하려고 아드레날린이 나온다. 성(性) 호르몬은 우리로 하여금 이성의 특성에 대하여 눈이 뜨이게 하고, 그래서 사랑하고 혼인하여 자식을 갖게 한다. 그러나 이런 분비선은 그릇되게 그리고 정해진 분량보다 더 강렬하게 반응하기도 한다. 오직 어떤 사람이 우리를 공격했기 때문에 아드레날린은 흐를 것이다. 그리고 우리가 나약한 모습을 보여야 할 때 뒤에서 싸울 것이다. 우리의 성분비선은 특히 세상 문화에 자극을 받을 때 정욕과 간통과 난교(亂交)와 다른 악을 저지르도록 만든다. 사실 우리가 하나님의 율법은 그런 경향을 금한다는 말을 들을 때 이 악들을 행하여 하나님을 거스른다.

이성을 가진 사람은 몸이 잘못이 아니라 우리 마음이 잘못이라고 말할 수 있다. 죄는 마음이나 정신에서 출발한다. 그러나 내가 죄의 원천이 마음이나 정신에 있고 정신이 몸이 아니라는 것을 알지만, 그래도 **마음**을 몸과 분리하는 일은 불가능하다. 우리는 생각하면서 존재한다. 그리고 사유(思惟) 과정은(어떤 사람이라도 결심을 할 수 있는 한) 심리적이다. 그래서 이런 수준에서도 몸은 우리가 건짐을 받아야 하는 '죄의 몸'이 분명하다.

죄를 짓지 않을 수 있음

우리가 그리스도의 죽으심을 본받아 그와 연합함으로써 죄에 대하여 죽었다는 것은 바로 이 말을 성취하려고 하는 것이다. 바울은, 우리가 그리스도의 죽으심을 본받아 그와 연합함이 우리로 "다시는 죄에게 종 노릇 하지 아니하려고" 죄의 몸을 무력하게 만들었다는 것을 말한다. NIV에서처럼 '무력하게 됨' (혹은 '없어짐')이 '멸망함' (KJV, RSV)보다 나은 번역이다. 그러나 사람에 따라서는 '무력하게 됨' 이라는 말도 오해할 수 있다. 이 말에 해당하는 헬라어는 카타르게오(katargeo)로, 로마서 앞 부분에 3번 나오는 것을 포함하여 신약 성경에 27번 나온다. 로마서에서는 3 : 3, 31에 이 말이 나오는데, 여기서 이 말이 '폐하다' ("그 믿지 아니함이 하나님의 미쁘심을 폐하겠느뇨?"와 "우리가 믿음으로 말미암아 율법을 폐하느뇨?")로 번역되어 있다. 또 로마서 4 : 14에 나오는데, 여기서는 '헛것이 되다' ("만일 율법에 속한 자들이 후사이면 믿음은 헛것이 되고")로 번역되어 있다. 로마서에서 나머지 두 번은 로마서 7장에 나오는데, 여기서 이 말은 '벗어났다' (만일 그 남편이 죽으면 남편의 법에서 벗어났느니라"[2절]와 "우리가 율법에서 벗어났으니 이러므로 우리가 영의 새로운 것으로 섬길 것이요"[6절])로 번역되어 있다.

이 가운데 어떤 경우도 '멸망했다' 는 뜻은 없으며 이 말과 관련된 것이 더 이상 영향력을 행사하지 못한다고 말할 수 있는 의미에서 '무력하게 되었다' 는 뜻도 갖고 있지 않다. 오히려 위의 경우는 다음과 같은 뜻을 갖는다. '더 이상 통제력이나 능력을 행사하지 못함' 혹은 '효과없이 됨' 이다.

다른 말로 하면, 하나님이 우리를 아담과 맺은 연합에서 데려다가 그리스도께 연합시킨 이유(그래서 우리는 우리 과거에 대하여 죽었다)는, 우리 몸에서 아주 강력하게 활동하는 죄의 경향이 더 이상 우리에게 효과적인 능력이나 통제력을 행사하지 못하게 하려 함이다. 죄를 지으려는 경향이 여전히 우리 몸에 있으나, 이제부터는 이 경향이 우리를 좌우하지 못할 것이다. 그 전에 우리는 "죄에게 종 노릇했지만" (6절) 이제는 죄에 대하여 죽었으므로 죄에서 '벗어났다' (7절).

우리는 죄를 지으려 하는가? 정말 그렇다. 그러나 우리는 그렇게 해서는 안 된다. 우리는 그리스도인의 생활을 꾸려 가면 갈수록 점점 죄를 덜 짓게 될 것이다. 당신은 성 아우구스티누스가 어떻게 타락 전 아담의 상태와 타락 후 아담의 상태, 그리고 그리스도의 사역으로 말미암아 하나님에 의해 구원받은 사람들의 상태와 그리스도인으로서 영광 가운데 있을 우리의 최종적 상태를 비교했는지 기억할 것이다.

아우구스티누스는 타락 전에 아담은 **포세 페카레**(posse peccare, : '죄를 지을 수 있는') 상태였다고 말했다. 아담은 아직 죄를 짓지 않았지만, 죄를 지을 수는 있었다.

아우구스티누스에 따르면 타락 후에 아담은 **논 포세 논 페카레**(non posse non peccare : '죄를 짓지 않을 수 없는') 상태가 되었다. 아담은 스스로 죄에서 벗어날 수 없었다.

신자 즉 그리스도께서 구원하신 자들의 상태는 이제 **포세 논 페카레**(posse non peccare : '죄를 짓지 않을 수 있는') 상태이다. 이는 바울이 로마서 6장에서 쓰고 있는 상태이다. 이들에게는 죄의 독재가 무너졌다.

우리가 열망하는 영화롭게 된 상태는 **논 포세 페카레**(non posse peccare : '죄를 지을 수 없는') 상태이다. 영화롭게 된 상태에서 우리는 죄에게 시험받거나 다시 떨어져 죄를 지을 수 없을 것이다.

현재의 부활

5절에서 바울이 쓰고 있는 주제 문장의 두번째 부분("우리가 그의 부활을 본받아 연합한 자가 되리라")에 대해서는 8-10절에서 설명한다. 여기서 바울은 현재의 부활에 내하여 밀한다. "만일 우리가 그리스도와 함께 죽었으면, 또한 그와 함께 살 줄을 믿노니, 이는 그리스도께서 죽은 자 가운데서 사셨으매 다시 죽지 아니하시고 사망이 다시 그를 주장하지 못할 줄을 앎이로다. 그의 죽으심은 죄에 대하여 단번에 죽으심이요, 그의 살으심은 하나님께 대하여 살으심이니".

내가 이 절들을 전부 인용한 것은, 우리가 이 절을 전체로 보지 아니하면 "우리가 또한 그와 함께 살 것이라"는 말이 우리의 미래 부활을 가리키는 것으로 이해할 것이기 때문이다. 그러나 실제로 이 말은 여기 살면서 겪는 부활의 체험과 그 방법을 가리키고 있다.

오해하지 말라. 미래의 부활이 있다. 그리고 우리가 지금 이야기해 온 신자와 그리스도의 연합은 미래의 부활을 보장한다. 그러나 이 절들이 지금 다루고 있는 것은 미래의 부활이 아니다. 우리는 이 절들이 그리스도의 경우에 대하여 어떤 뜻을 담고 있는지 이미 보았다.[5] 이 절들은 예수님께서 죽음이 다스리던 영역에서 부활의 영역으로 옮기신 것을 가리킨다. 그리고 예수님은 부활의 영역에서 지금 계신 곳으로 옮기셨다. 그처럼 이 절들은 **우리가 죽음**의 통치에서 은혜의 통치로 즉 현재의 부활로 옮긴 것을 가리킨다. 이는 바울이 빌립보서에서 자신에 대하여 다음과 같이 쓰면서 말하는 바이다. "내가 그리스도와 그 부활의 권능과··· 알려 하여···"(빌 3 : 10). 바울은 자신이 죄에 대하여 승리하기를 원하다는 뜻으로 이렇게 쓴다.

나는 스티븐 호킹(Stephen W. Hawking)이 현대 물리학에 대하여 독자로 하여금 생각을 많이 하게끔 쓴 책 「시간의 역사」(A Brief History of Time)를 읽고 있었다.[6] 호킹은 루게릭병(Lou Gehrig's disease : 근(筋) 위축성 측색(側索)경화증 - 역자)을 앓기 때문에 꼼짝없이 휠체어를 타고 있어야 하지만 소위 '블랙홀'(black holes)이나 '특이점'(singularities)을 분석하는 일을 개척해 오고 있는 영국의 저명한 물리학자이다. 블랙홀은 붕괴된 별로 밀도나 중력이 어마어마하여 그 어떤 것도 블랙홀을 벗어날 수 없으며 심지어 빛도 벗어날 수 없다. 그래서 블랙홀은 하늘의 파노라마에서 검은 점으로 보인다. 블랙홀을 향하여 빨리 날라가는 대상은 무한한 질량에 접근할 뿐만 아니라 빛의 속도에 접근한다. 그 결과 물리학의 일반 법칙이 블랙홀의 중심에서는 무의미해지려고 한다. 한 대상이 그 중심에 이를 때 어떤 일이 일어나는지 아무도 모르지만, 어떤 사람들은 대부분의 사람들이 파악하지 못하는 몇 가지 이유로 블랙홀의 중심으로 날아가는 대상은 '구멍'을 통하여 지나가서 다른 시대나 존재 세계로 넘어간다고 사색했다.

나는 블랙홀에 대하여 과학자보다 많이 알지 못한다. 그래서 그런 사색이 옳은지 그른지 모른다. 그러나 문득 블랙홀을 지나가는 것이, 그리스도인이 죄에 대하여 죽었고 그리스도 안에 새 생명이 살았다는 것을 적절하게 설명한 예화라는 생각이 든다. 물론 그리스도인이 다시 돌아갈 수 없다는 이유에서 그렇다. 그처럼 그리스도께 연합된 자라면 죄에 대하여 죽었고, 하나님께로 다가가고 있고, 이전의 존재 영역으로 결코 되돌아 갈 수 없다.

그리고 물론 다음과 같은 점도 있다. 우리 대부분에게는, 공간에서 블랙홀을 지나가는 것이 물리적 측면에서 우리가 상상할 수 있는 가장 중요하고 기념비적이고 되돌이킬 수 없고 삶을 바꾸는 체험이 될 것이다. 그러나 그것이 큰 체험이 될지라도 죄의 영역에서 들려 벗어나 예수 그리스도와 연합한 자에게 이미 일어난 변화보다는 크지 못할 것이다.

모든 것을 살피고 나니, 블랙홀을 지나가는 것은 여전히 어떤 물리적 우주에 갇혀 있음을 뜻할 것이다. 그러나 그리스도와 연합함은 우주를 만드시고 (블랙홀[black hole]과 준항성체[準恒星體 : quasars : 퀘이사, 별과 구별되는 천체 - 역자]와 중성자 별[중성자(中性子- : neutron stars : 뉴트론 스타, 질량이 큰 별의 마지막 진화 단계 - 역자] 과 나머지 모든 것을 포함하여) 하늘과 땅이 사라졌을 때에도 여전히 계실 분과 연합함을 뜻한다.

그러나 거기서 이야기를 끝내고 싶지는 않다. 이 마지막 요점은 내가 아는 한 환상적인 비약이다. 그러나 내가 말하기 시작했던 것은 그리스도의 삶이라는 현실에 의하여 죄의 세력으로부터 건짐을 받은 긍정적인 그리스도인의 체험이다. 다시 핵심 질문으로 돌아가자.

첫째 질문 : "은혜를 더하게 하려고 죄에 거하겠느뇨?"

대답 : "그럴 수 없느니라. 죄에 대하여 죽은 우리가 어찌 그 가운데 더 살리요?"

둘째 질문이며 이 장에서 다룬 질문 : "어떻게 우리는 죄에 대하여 승리할 수 있는가?"

대답 : "하나님이 우리를 그리스도께 연합시키셨을 때 우리를 위하여 하신 일을 앎으로써." 우리는 11절을 다룰 다음 장에서 이것의 의미를 훨씬 더 살피게 될 것이다. 그러나 우리가 5-10절을 연구했을 때 (내가 성화라는 전체 문제를 해결하는 열쇠라고 불렀던) 중요한 낱말 안다가 여기서 다시 나오되 한 번이 아니라 두 번 나오는 것을 여러분이 주목하기를 바란다. 우리는 먼저 3절에서 이 낱말을 본다. "무릇 그리스도 예수와 합하여 세례를 받은 우리는 그의 죽으심과 합하여 세례받은 줄을 알시(NIV : know) 못하느뇨?" 어기 6질에서 안다는 말이 또 나타난다. "우리가 알거니와(NIV : know) 우리 옛 사람이 예수와 함께 십자가에 못박힌 것은." 그리고 9절에도 또 나온다. "이는 그리스도께서 죽은 자 가운데서 사셨으매 다시 죽지 아니하시고 사망이 다시 그를 주장하지 못할 줄을 앎(NIV : know)이로라".

예수님께 옳으면, 우리에게도 옳다. 그분이 이세상에 계시는 동안 갖고 계셨던 죄에 대한 관계는 영원히 사라졌다. 그러니 우리에게도 마찬가지이다. 왜냐하면 우리가 그리스도와 연합했기 때문이다. 거룩함을 이해하는 열쇠는 거룩함을 알고 앞으로 나아가는 것이다.

● 각주 ●

1. Leon Morris, *The Epistle to the Romans* (Grand Rapids : Wm. B. Eerdmans, and Leicester, England : Inter-Varsity Press, 1988), p. 254.

2. Donald Grey Barnhouse, *God's Freedom : Exposition of Bible Doctrines, Taking the Epistle to the Romans as a Point of Departure*, vol. 6, Romans 6 : 1-7 : 25(Grand Rapids : Wm. B. Eerdmans, 1961), p. 100.

3. D. M. Lloyd Jones, *Romans : An Exposition of Chapter 6, The New Man* (Grand Rapids : Zondervan, 1973), p. 69. 로이드 존스는 70-80쪽에서 신약 다른 곳에 몸(body)이라는 낱말을 언급하는 많은 구절을 포함하여 이 구절에 대한 폭넓은 논의를 펼친다.

4. Ibid., p. 72.

5. '죄에 대하여 죽음'(로마서 6 : 2)이라는 장에서.

6. Stephen W. Hawking, *A Brief History of Time from the Big Bang to Black Holes* (New York, etc. : Bantam Books, 1988).

81
그것에 근거하여 여길 수 있음
로마서 6:11

이와 같이 너희도 너희 자신을 죄에 대하여는 죽은 자요 그리스도 예수 안에서 하나님을 대하여
는 산 자로 여길지어다.

로마서의 앞 장들에 대하여 찔막힌 퀴즈 한
문제를 내면서 이 장을 시작하고자 하는데, 내가 묻고 싶은 문제는 다음과 같다. 이 편지에
서 지금까지 바울이 독자들에게 무엇을 하라고 권한 것은 몇 번이나 되겠는가? 즉 권고가
몇 번이나 있었겠는가?

10번 넘겠는가? 서른 번 넘을까? 아니면 다섯 번도 안 되겠는가? 1장에는 명령형 문장
이 몇 번 나왔을까? 4장보다 5장에 권고가 더 많겠는가?

여러분은 어떻게 생각하는가? 바울이 지금까지 몇 번 권고했겠는가?

이 질문에 대한 대답은, 한 번도 없었다는 것이다. 그리고 내가 이 점을 강조하는 것은 로
마서 6 : 11에서 주의할 가장 중요한 것이 무엇인지 지적하기 위함이다. 다섯 장 반 만에 처
음으로 사도는 여기서 독자들에게 무엇을 하라고 권했다.

그럼 독자들은 무엇을 해야 하는가? 본문은 다음과 같이 말한다. "이와 같이 너희도 너희 자신을 죄에 대하여는 죽은 자요, 그리스도 예수 안에서 하나님을 대하여는 산 자로 여길지어다".

로마서 6 : 11은 이 절이 그 자체로도 아주 중요할 뿐만 아니라, 이 서신에서 전환점이 된다는 것을 우리가 깨달을 때 더욱 중요하게 된다. 이 말은, 병에서 처음 올리브를 꺼내면 다른 올리브들이 자연스럽게 굴러 나온다는 뜻이다. 그래서 그 다음 절들에는 권고가 많다. "그러므로 너희는 죄로 너희 죽을 몸에 왕 노릇 하지 **못하게 하여**… 너희 지체를… 죄에게 **드리지 말고**… 오직 **너희 자신을**… 하나님께 **드리며**… 너희 지체를… 하나님께 **드리라**" (12-14절, 고딕체는 필자의 표기).

하나님이 하신 일

현대 미국인은 대부분 행동주의자들이다. 그래서 우리는 이 절에 이르게 될 때, 우리가 드디어 중요한 문제를 다루게 되었다고 생각하는 경향이 있다. 그러나 대부분의 사람들이 참을 수 없을 정도로 앞 장들에 대한 논의를 길게 끌었는지 모르지만, 내가 말하고 있는 요점, 즉 이것이 이 서신에서 **첫 권고**라는 사실이 아주 실제적으로 중요하다는 것은 언급되어야 한다.

다음과 같이 이 절을 접근해 보자. 우리는 일반 세상에서는 물론이고 기독교 진영에서도 자립(自立)에 관한 서적과 세미나가 판을 치는 시대를 살고 있다. 그리고 이 작은 책들(흔히는 작은 책들이다)과 짧은(아마 주말) 과정은 수요자들에게 큰 일을 약속한다. 기독교 계통의 자립에 관한 서적과 세미나는, 우리가 남보다 그리스도인의 생활을 빨리 앞서 나갈 수 있을 것이라고 제안한다. 이것들은 위대한 기도의 군사가 되는 법을, 심지어는 기도로 '세계를 변화시키는' 법을 우리에게 가르치며 빠르고 효과 있는 성경 공부 방법을 약속한다.

물론 이런 '응급 처치' 방법이 쓸모없다고 말하고 싶지는 않다. 사실 쓸모없는 것은 아니다. 많은 사람들에게 도움을 주고 있으며, 특히 오늘날 정신없이 빠르고 해결책 찾기에 급급한 문화에서는 나름대로의 자리를 분명 차지하고 있다. 그래도 이런 책들을 읽거나 이런 세미나를 참석해 보았으면, 대체로는 어느 정도에 이르러 실망하고 심지어 깊은 좌절을 느끼지 않았는가? 아마 어찌나 좌절되든지 기독교 신앙 가운데 점점 군세어지게 한다는 이런 방법들을 몽땅 단념하기도 했을 것이다. 그리고는 이렇게 말할 것이다. "정말이지, 이런 방법들은 다른 사람들에게는 먹혀 들어 가겠지만, 내겐 그렇지 않아. 도움은 되지만, 충분하지 않아. 아마 그 어느 것도 내게 도움을 주지 못할 거야. 나는 그저 평범한('2등'이란 뜻이다) 그리스도인이 되라고 부르심을 받은 모양이지.

  "여기서는 뭐가 잘못인가? 우리 북미 사람들은 특히 근본적인 문제나 힘들고 시간을 끌어야 하는 일을 참지 못하므로, 우리도 기독교의 '권고' 부분으로 빨리 앞질러 뛰어넘어 가서 근본 가르침을 이해하고 바로 평가할 충분한 시간을 갖지 않았던 것이다. 사실이 이렇다면 바울이 로마서에서 전개하는 절차는 틀림없이 우리에게 큰 도움이 된다. 바울은 로마 그리스도인들의 영적 성장에 관심이 없었는가? 물론 그는 거기에 관심을 갖고 있었다. 그러나 그는, 먼저 하나님이 예수 그리스도 안에서 로마 그리스도인들을 위하여 하신 일을 그들에게 충분히 교훈하지 않고서 어떻게 그리스도인의 생활을 꾸려 가야 하는지를 말해 주려고 애가 타봐야 아무 짝에 소용이 없음을 알고 있었다. 이는 그리스도 안에서 이루어진 하나님의 일이 그 어떤 것보다도 기독교의 기초가 되기 때문이다.

  바울이 여기서 독자들이 깨닫게 되기를 주로 바랐던 것은, 신학자들이 말하는 신자와 예수 그리스도의 신비한 연합(mystical union)이다. 바울이 이 신비한 연합에 관하여 말할 때, 그리스도인들이 '그리스도 안에' '예수 그리스도 안에' 혹은 '그 안에' 있다고 말한다. 그 횟수를 헤아려 본 사람들은, 그런 구절이 바울의 서신에 164번 나온다고 한다. 그 가운데 한 번이 우리가 다루는 본문에 나오며, 정확하게 그 표현이 로마서에서 나온 것은 이것이 처음이다. 하지만 바울은 서너 장에 걸쳐서 실제로 이 신비한 연합에 대하여 말해 왔다. 로마서 5장은 우리가 전에 아담 안에 있던 것과 지금 그리스도 안에 있는 것을 대비하면서 이 연합을 직접 다루었다. 로마서 6장에서는 우리가 죄에 대하여 죽었고 예수의 부활을 본받아 예수와 연합했다는 측면에서 간접적으로나마 이 연합을 이미 제시했다.

  이 연합은 하나님이 우리를 위하여 하신 일이다. 그것은 하나님의 일이었지 우리의 일이 아니었다. 우리가 우리 죄를 위하여 죽은 것이 아니듯이 우리가 예수님의 부활을 본받아 예수님께 연합한 것이 아니다. 우리가 그리스도인이라면, 필요한 것은 하나님이 우리를 위하여 하신 일뿐이다.

부기 용어

일반적으로 바울이 로마서 1-5장에서 베풀었던 많은 가르침을 살피면서 우리가 배우는 교훈은, 그가 로마서 6：11에서 사용하고 있는 동사로 인하여 더 든든해진다. 그 동사는 여기다(혹은 다른 몇몇 번역본처럼 '～라고 보다')이다. 이 낱말에 해당하는 헬라어는 **로기조마이**(logizomai)인데, 이 말은 '말씀', '행위', 혹은 '사실'을 뜻하는 **로고스**(logos)라는 좀 더 일반적인 용어와 관련되어 있다.

고전 헬라어에서 **로기조마이**에는 다음과 같이 두 가지 주된 용법이 있다.

1. 이 말은 상업 거래에서 어떤 물건의 가치를 평가하거나 계획의 손실을 셈하는 의미로 사용되었다. 다른 말로 하면 이 말은 부기(簿記) 용어였다. 영어에도 **측정기**(log), **병참술**(logistics), **대수**(對數 : logarithm)와 같은 낱말에 이 낱말의 뜻이 얼마간 남아 있다. 측정기는 배의 항해나 비행기의 항공을 수로서 표시하는 것을 가리킨다. 병참술은 군대나 보급의 수와 동향을 다루는 군사 용어이다. 대수(對數)는 정해진 수를 산출하기 위하여 통계의 기수(基數 : base number)를 나타내는 지수이다.

2. **로기조마이**는 또한 객관적인 혹은 비감정적인 추론이라는 뜻으로 철학에서 사용된다. 영어에도 '논리' 그리고 '논리적'이라는 낱말에 이 뜻이 남아 있다.[1]

이 낱말의 이 두 가지 용법에 공통적인 토대는, **로기조마이**라는 말이 현실(現實)과 즉 실제로 있는 그대로의 사물과 관계 있다는 점이다. 다른 말로 하면, 이 낱말은 소원을 비는 생각과 아무 상관이 없다. 이것은 어떤 일이 지나가게 하거나 혹은 일어나게 하는 활동이 아니다. 이것은 이미 사실인 혹은 이미 일어난 어떤 일에 대한 인정 혹은 그 일을 기초로 한 활동이다. 가령 부기에서 이 낱말은 실제로 존재하는 것과 일치하는 금액을 원장에 쓴다는 뜻이다. 만일 거래장에 100달러를 갖고 있다고 '셈하면' 참으로 100달러를 갖고 있는 것이다. 그렇지 않다면, 내가 사용하고 있는 '셈'은 잘못된 말이다. 차라리 그것은 '스스로를(혹은 남을) 속이는 것'이다.

로기조마이라는 말이 로마서에서 이미 서너 번 사용되었고 사용될 때마다 사실적인 무엇을 인정하는 것을 가리키고 있다는 것을 깨달으면, 로마서 6：11을 이해하는 데 도움이 될 것이다. 사실 로기조마이는 지금까지 (6 : 11까지) 14번 나왔는데, 앞으로 (로마서 8, 9장에서) 다시 나올 것이다.[2] 주된 용법은 4장(11번 나옴)에 나왔다. 여기서 바울은 어떻게 우리의 죄가 그리스도의 것으로 간주되어 그리스도께서 그 형벌을 받으셨는지 그리고 그의 의(義)가 우리의 것으로 간주되었는지 ('전가되었는지')를 보여 주기 위하여 이 낱말을 사용했다. 이 두 가지 '간주'는 칭의(稱義)의 나란한 두 면이다. 그리고 우리가 (1권에서) 이 둘을 연구했을 때, 이 둘의 강점이 현실과 관련되어 있다는 사실을 아는 데서 나오는 것을 보았다. 이 둘은 단순히 상상적인 일이 아니다. 예수님은 실제로 우리 죄를 위하여 죽으셨고, 우리 범죄를 위하여 고난당하셨다. 그처럼 그의 의(義)가 옮겨져 우리 것이 되어, 하나님은 그리스도 안에서 우리를 의롭다고 보신다.

이것은 바울이 로마서 6 : 11에서 우리에게 말하는 권고와 관계 있다. 바울은 이 장에서 우리가 할 일과 취할 행동을 말하고 있지만, 그래도 그의 출발점은 하나님이 우리를 위하여 이미 하신 일을 우리가 참된 것으로 여기라는 것이다.

이 점은 아주 중요하므로 나는 다음과 같이 분명하게 묻고 싶다. 당신과 나는 참으로 이 점을 이해하는가? 우리는 이 점을 이해하지 않고서 앞으로 나아갈 수 없다.

이 점을 더 분명하게 말할 수 있을까?

이렇게 해 보자 : 우리가 거룩하게 성장하는 첫 단계는 실제로 참된 것을 참된 것으로 여기는 것이다.

그리고 이렇게 해보자 : 그리스도인의 생활을 해나가는 열쇠는 먼저 하나님이 우리를 아담에게서 벗어나게 하셔서 우리를 예수 그리스도께 연합시키셨고 우리가 더 이상 죄와 사망의 통치를 받지 않고 하나님이 베푸시는 풍성한 은혜의 나라로 옮겼다는 것을 아는 데 있다.

그리고 이렇게 해보자 : 거룩한 생활의 비밀은 하나님을 믿는 것이다.

첫번째 현실 : 죄에 대하여 죽음

본문에서 바울은 하나님이 하셨고 우리가 의지해야 할 일이 두 가지 있음을 말한다. 첫째로 우리가 그리스도인이라면 우리는 죄에 대하여 죽었다. 우리는 이 일을 어떻게 보아야 하는지 이미 살폈다. 이 말은 우리가 죄나 시험에 면역이 되었다는 뜻이 아니다. 또 우리가 죄를 짓지 않을 것이라는 뜻도 아니다. 이 말은 우리가 옛 생활에 대하여 죽었으니 옛 생활로 돌아갈 수 없다는 뜻이다.

이것은 바울이 로마서 6장을 시작하며 2절에서 명시적으로 처음 말한 현실이다. 그는 "죄에 대하여 죽은 우리"라고 말했다. 3, 4절에서 바울은 이를 다시 말했다. 우리는 "그의 죽으심과 합하여 세례받았다" 또 "그의 죽으심과 합하여 세례를 받음으로 그와 함께 장사되었다." 그리고 5절에서도 말했다. "우리가 그의 죽으심을 본받아 연합한 자가 되었다." 6절도 역시 이를 말했다. "우리 옛 사람이 예수와 함께 십자가에 못 박혔다." 7절은 우리가 그리스도와 함께 '죽었다'는 뜻을 또한 강조했다. 이 모든 진술은 사실적이었다. 이 진술들은 일어난 일을 서술한다.

이 진리를 기초로 삼고서 바울은 이제 우리 자신을 그리스도 예수 안에서 죄에 대하여 죽은 자로 '여기라'고 우리에게 말한다. 마틴 로이드 존스(D. Martyn Lloyd Jones)는 이 말을 이렇게 바꾼다. "당신 자신에 대하여 말하는 이 진리를 살피고 언제나 당신 앞에 두라."[3] 다른 말로 하면 자신을 죄의 영역에서 건짐을 받은 자로 생각할 줄 알라는 것이다.

이는 대단히 핵심적인 본문이므로, 이 진술이 뜻하지 않는 것들을 열거할 가치가 있다. 로이드 존스(Lloyd Jones)는 여섯 가지를 열거한다.

1. 이 본문은, 죄에 대하여 죽는 것이 그리스도인으로서 나의 의무라고 말하지 않는다. 이 본문은 의무와 상관없다. 이것은 사실과 관계 있다.

2. 이 본문은 나더러 죄에 대하여 죽으라 하는 명령이 아니다. 어떻게 나는 이미 내게 이루어진 일을 하라는 명령을 받을 수 있는가?

3. 이 본문은, 나는 내 속에 있는 한 세력으로서 죄가 죽었다고 여겨야 한다는 뜻이 아니다. 만일 그렇다면 사실과 다를 것이다. 물론 나를 지배하는 죄의 실질적 능력이 무너지긴 했지만, 지금도 죄는 내 속에 있는 세력이다(6절).

4. 이 본문은 내 속에 있는 죄가 지워졌다는 뜻이 아니다.

5. 이 본문은 내가 죄를 지배하는 과정에 있는 한 내가 죄에 대하여 죽었다는 뜻이 아니다. 만일 그렇다면 이 진술은 실험적인 것을 가리키게 될 것이다. 그러나 이 본문은 그것을 가리키지 않는다. 지나간 사건을 가리킨다.

6. 이 본문은, 나 자신을 죄에 대하여 죽은 자로 여기는 것이 나를 죄에 대하여 죽은 자로

만든다는 뜻이 아니다. 사실은 정반대이다. 바울이 말하고 있는 것은, 우리가 죄에 대하여 죽었기 때문에 우리는 죄에 대하여 죽은 것으로 여겨야 한다는 것이다.[4]

두번째 현실 : 하나님께 대하여 삶

바울이 우리로 의지하라고 말하는 두번째 현실은 우리가 이제 "그리스도 예수 안에서 하나님께 대하여 산" 자라는 점이다. 이 진술은 5절과 완전한 대비를 이룬다. 여기서 바울은 이렇게 말했다. "만일 우리가 그의 죽으심을 본받아 연합한 자가 되었으면, 또한 그의 부활을 본받아 연합한 자가 되리라." 이 절(11절)은 어떻게 앞 절(5절)을 보아야 할지 설명한다. 우리가 앞의 연구에서 5절을 논의하고 있었을 때 내가 거기서 언급된 부활은 종말에 있을 신자의 장차 부활이 아니라 지금 그리스도의 부활 생명에 대한 현재의 체험임을 강조했던 것을 여러분은 기억할 것이다. 11절이 우리를 이끌어갔던 곳이 바로 거기이다. 11절은 우리가 죄에 대하여 죽었으므로(그러므로 그렇게 여겨야 한다) 그처럼 우리가 예수 그리스도 안에서 하나님께 대하여 산 자가 되었다(그러므로 역시 그렇게 여겨야 한다)는 것을 우리에게 말한다.

이는 이 문제의 긍정적인 측면이다. 즉 우리가 앞 장에서 열어 보이기 시작한 측면이다. 그러나 거기서는 이 측면을 간단히 다루었을 따름이다. 여기서 우리는 이렇게 물을 수 있다. "예수 그리스도 안에서 하나님께 대하여 산 자가 되었다는 것은 정확하게 말해서 대체 어떤 뜻인가? 어떤 변화가 일어났는가?" 그 몇 가지를 언급하겠다.

1. **우리는 하나님과 화목되었다.** 로마서 앞 장들에는 다음과 같은 무시무시한 낱말들이 줄지어 나타났다. 죄, 진노, 심판, 사망. 그러나 하나님은 은혜, 순종, 의(義), 영생과 같은 실재에 의하여 우리를 밑으로 휘돌아 내려가는 길에서 벗어나게 하여 들어올리셨다. 이 말은, 우리가 하나님의 진노를 받아야 했지만 이제는 우리가 그리스도 안에 있으므로 하나님 앞에서 은혜를 받는 위치에 서 있다는 뜻이다. 전에 우리는 하나님의 원수였다. 그러나 이제는 하나님의 친구이며, 더 중요한 것은 하나님이 우리에게 친구가 되신다는 점이다. 새로운 관계가 생겼다.

2. **우리는 그리스도 안에서 새로운 피조물이 되었다.** 우리와 하나님 사이에는 그 자체로 도 놀라운 새로운 관계가 있을 뿐만 아니라, 또한 우리가 전과 다른 사람이 되었다. 고린도 후서에서 바울은 이 사실을 다음과 같이 표현한다. "그런즉 누구든지 그리스도 안에 있으 면, 새로운 피조물이라. 이전 것은 지나갔으니, 보라 새 것이 되었도다. 모든 것이 하나님께 로 났나니, 저가 그리스도로 말미암아 우리를 자기와 화목하게 하시고…"(고후 5 : 17-18).

이를 달리 표현하면, 중생 혹은 예수님의 표현대로 하면 거듭남이라고 할 수 있다. 예수 님은 니고데모에게 이렇게 말씀하셨다. "거듭나야 하겠다"(요 3 : 7). 이는 전에 하나님이 우리 시조 아담에게 생명을 불어 넣으셔서 그가 '생령'(창 2 : 7)이 되게 하신 방법을 조심 스럽게 언급한 것이다. 하나님이 생명을 불어 넣으시기 전에 아담은 전적으로 움직일 힘이 없고 생명 없는 형태였다. 그러나 하나님이 아담에게 그 숨을 불어넣으셨을 때, 아담은 하 나님과 만물에 대하여 산 자가 되었다. 그처럼 하나님이 중생이라는 활동으로 신령한 새생 명을 우리에게 불어 넣으실 때 이런 일이 일어난다. 우리는 이전과 다른 사람이 된다. 우리 는 새 생명을 갖는다. 이 생명은 그 생명을 주신 분께 반응한다.

그 전에 우리가 성경을 읽거나 들을 때 성경은 우리에게 아무런 뜻이 없었다. 이제 성경 은 생동감 넘치며 흥미진진하고 우리는 성경에서 하나님의 음성을 듣는다.

그 전에 우리는 하나님의 백성과 상관이 없었다. 그리스도인은 우리에게 낯설게 활동했 다. 그들의 우선 순위는 우리의 우선 순위와 달랐다. 이제 그들은 우리의 가장 좋은 친구이 며 동역자이다. 우리는 그들의 일행을 사랑하고 힘써 사랑한다.

그 전에는 교회에 가는 것이 싫증났다. 이제 우리는 예배를 드릴 때 하나님의 임재를 생 생히 느낀다. 우리의 예배 시간은 1주일 가운데 가장 좋은 시간이다.

그 전에는 다른 사람에게 봉사하고 길잃은 자들에게 진리를 증거하는 것이 이상한 일이 고 지각 없는 짓처럼 보였는데 이제는 그 일이 우리의 중요한 기쁨이 되었다.

무엇이 달라졌는가? 달라진 것은 우리 자신이다. 하나님이 우리를 변화시키셨다. 우리는 하나님께 대하여 살아 있게 되었고 우리는 새로운 피조물이다.

3. **우리는 죄의 굴레에서 자유롭다.** 우리가 죄에 대하여 죽고 하나님께 대하여 산 자가

되기 전에, 우리는 육신의 종이었으며 죄가 우리를 황폐하게 만들고 있었다. 그러나 흔한 일은 아니지만, 우리는 죄가 우리를 황폐하게 만들고 있는 것을 분명히 보고 시인할 수 있을 때라도, 여전히 그 점에 대하여 아무 일도 할 능력이 없었다. 우리는 이렇게 말했다. "술을 그만 먹어야 해. 그렇게 먹다가는 죽지." 혹은 "이처럼 함부로 성적 탐닉을 하다가는 내 명예가 산산조각날 거야." 혹은 "성질을 죽여야지. 씀씀이[뭐든지]를 줄여야지." 그러나 우리는 그렇게 할 수 없었다. 그리고 훌륭한 치료사나 친구나 가족의 도움을 받아 우리 생활 가운데 한 가지 중요한 영역을 제대로 다스린다 해도, 곤두박질치며 파괴적인 대세는 변하지 않는다. 우리는 성 아우구스티누스가 서술한 것처럼, 참으로 **논 포세 논 페카레**(non posse non peccare : '죄를 짓지 않을 수 없는') 상태이다.

그러나 우리는 하나님께 대하여 살아 있기 때문에 지금 파괴적인 (죄의) 굴레에서 자유로움을 발견한다. 우리는 여전히 죄를 짓는다. 그러나 항상 그리고 자주 죄를 짓는 것은 아니다. 그리고 우리는 우리가 죄를 짓지 말아야 한다는 것을 안다. 지금 우리는 포세 논 페카레(posse non peccare : '죄를 짓지 않을 수 있는') 상태이다. 우리는 참된 승리를 이룩할 수 있다.

4. 우리는 확실한 미래와 새로운 목적을 향하여 달리고 있다. 전에 우리는 그렇지 않았다. 우리는 세상과 시간에 얽매인 사악한 세상 풍조에 걸려 들었다. 우리는 구원받았기 때문에 이제 우리가 하나님과 영원한 교제를 나누며 복을 얻도록 되어 있음을 안다. 아직 우리는 그곳에 이르지 못했고 우리는 완전하지 못하다. 그러나 우리는 바울이 빌립보 교인들에게 그리스도 안에 있는 자신의 새생명을 서술하면서 말한 것을 그대로 되풀이한다. "내가 이미 얻었다 함도 아니요, 온전히 이루었다 함도 아니라. 오직 내가 그리스도 예수께 잡힌 바 된 그것을 잡으려고 좇아가노라. 형제들아, 나는 아직 내가 잡은 줄로 여기지 아니하고, 오직 한 일 즉 뒤에 있는 것은 잊어버리고 앞에 있는 것을 잡으려고 푯대를 향하여 그리스도 예수 안에서 하나님이 위에서 부르신 부름의 상을 위하여 좇아가노라"(빌 3 : 12-14).

5. 우리는 이 세상과 이 세상이 주는 것에 더 이상 만족할 수 없다. 확신컨대, 세상은 정말이지 우리를 결코 만족시키지 못할 것이다. 유한한 세상은 하나님과 더불어 무한히 교제를

나누며 하나님을 무한히 기뻐할 수 있는 능력을 가진 존재인 우리를 결코 제대로 충족시킬 수 없다. 그러나 우리는 세상과 그 가치가 만족을 주고 있다고 생각했다. 우리는 만족 얻을 것을 기대했다.

이제 우리는 결코 그렇게 되지 않으며, 우리 주위에서 보는 모든 것이 때때로 정해진 세상적 의미에서 가치를 갖고 있지만 그래봤자 사라질 것이며 언젠가는 깡그리 잊혀질 것이다. 우리의 아름다운 가구와 자동차와 은행 통장은 (아일랜드 공화국군〈IRAS〉과 키오 플랜〈Keogh plan : 자영업자를 위한 퇴직 기금 제도 – 역자〉까지도) 사라져 버릴 것이다. 그처럼 손으로 만질 수 있는 모든 것들은 더 이상 우리를 실제로 좌우하지 못한다. 우리는 그것들에 대하여 죽었고, 그 대신에 만질 수 없고 눈으로 볼 수 없고 영원하고 우리가 상상할 수 있는 그 어떤 것보다도 더 생생하고 근본적인 하나님께 대하여 산 자가 되었다.

그러므로 우리는 자신이 이 땅에서 순례자일 뿐임을 안다. 우리는 지나가고 있다. 아브라함처럼 우리는 "하나님의 경영하시고 지으실 터가 있는 성을 바라고"(히 11 : 10) 있다.

'나와 같은 자'

너희 자신을 죄에 대하여는 죽은 자로 여기고 예수 그리스도 안에서 하나님을 대하여는 산 자로 여길지어다.

나는 이 말의 뜻과 우리가 마땅히 취해야 할 태도가 무엇인지를 보여 주는 예를 들 때, 느헤미야(Nehemiah)를 생각한다. 느헤미야는 황폐하고 내팽개쳐진 예루살렘 성벽을 복구하기로 결심했는데, 그 일 때문에 주위의 경쟁 도시 국가의 통치자로부터 반대를 받았다. 느헤미야의 적대자 가운데 사마리아의 산발랏과 아라비아 사람 게셈이 있었다. 그들은 예루살렘으로부터 한 시간 여행길인 오노의 들녘에서 모임을 갖자고 느헤미야를 초대했다. 느헤미야의 계획을 무너뜨리고 심지어 그를 납치하거나 죽이려는 음모였다. 느헤미야는 그 일을 중단하고서는 거기를 가지 않으려 했고 그의 말은 고전이 되었다. "… 내가… 어찌하여 역사를 떠나 정지하게 하고 너희에게로 내려가겠느냐?"(느 6 : 3).

후에 그 사람들이 느헤미야의 생명을 노린다는 음모를 소문으로 퍼뜨려 그를 위협하려 했을 때, 느헤미야는 다음과 같이 대답했다. "… 나 같은 자가 어찌 도망하며, 나 같은 몸이면 누가 외소에 들어가서 생명을 보존하겠느냐? 나는 들어가지 않겠노라"(11절).

당신에게 권하고 싶은 이 행위야말로 생명에 대한 용기있고 자각이 있는 태도이다. "은혜를 더하게 하려고 죄에 거하겠느뇨?" 당신이 다음과 같이 대답할 수 있어야 한다. "나 같은 자가 어찌 그리할 수 있습니까? 죄에 대하여는 죽었고 그리스도 예수 안에서 하나님께 대하여는 산 자인 내가 말입니다." 왜냐하면 당신이 그리스도인이라면 그런 일이 당신에게도 일어날 수 있기 때문이다. 당신은 이전 상태에서 벗어나 다른 상태로 옮겼다. 당신이 할 일은 그 상태를 있는 그대로 여기는 것, 그 상태를 의지하는 것이다. 당신은 이렇게 말해야 한다. "나 같은 자에게는 계속 죄 짓는 것은 그만두고 해야 할 더 좋은 일이 있다."

● 각주 ●

1. 로기조마이(logizomai)와 그와 관련된 로기스모스(logismos)의 고전 문학과 성경의 용법을 다룬 자세한 연구를 알려면, 다음의 논문을 보라. H. W. Heidland in *Theological Dictionary of the New Testament*, vol. 4 ed. Gergard Kittel, trans. Geoffrey W. Bromiley(Grand Rapids : Wm. B. Eerdmans, 1967), pp. 284-292.

2. 로마서 2 : 15, 26; 4 : 3-6, 8-11, 22-24; 5 : 13; 6 : 11; 8 : 18; 9 : 8.

3. D. M. Lloyd Jones, *Romans : An Exposition of Chapter 6, The New Man* (Grand Rapids : Zondervan, 1973), p. 113.

4. Ibid., pp. 116-118.

82

하나님의 병기

로마서 6:12-14

그러므로 너희는 죄로 너희 죽을 몸에 왕 노릇 하지 못하게 하여 몸의 사욕을 순종치 말고 또한 너희 지체를 불의의 병기로 죄에게 드리지 말고 오직 너희 자신을 죽은 자 가운데서 다시 산 자 같이 하나님께 드리며 너의 지체를 의의 병기로 하나님께 드리라 죄가 너희를 주관치 못하리니 이는 너희가 법 아래 있지 아니하고 은혜 아래 있음이니라.

대학 시절 나는 영문학을 전공했던 터라 그 시절 내내 에드먼드 스펜서(Edmund Spencer)로부터 윌리엄 워즈워스(William Wordworth)를 집중적으로 연구했는데, 어찌나 훌륭한 교훈을 배웠든지 이상하게도 그때 배운 것이 지금도 되살아나곤 했으며 로마서 6 : 12-14을 연구하기 시작했을 때도 그랬다. 「전주곡」(The Prelude)에 나오는 말이 생각났는데 14권으로 된 시(詩)의 제6권에서 윌리엄 워즈워스는 친구와 더불어 스위스에서 심플론(Simplon) 산길을 지나 이탈리아로 다녔던 도보 여행에 대하여 말하고 있다. 워즈워스와 친구는 길을 잃어 협곡으로 내려가서, 한 농부에게 이탈리아로 가는 길이 어디냐고 물었다. 그때 워즈워스는 이렇게 썼다.

농부의 입술에서 나오는 말마다

우리의 감정으로 뒤바뀌더니

결국 우리는 알프스를 지나온 것이었다네.

이 장을 시작할 때 이 말들이 생각났던 것은, 어떤 의미에서 이런 일이 우리에게 일어났기 때문이다. 우리는 다섯 장 반 넘게 하나님이 우리를 구원하시기 위하여 하신 일에 대한 위엄있는 산과 같은 교리를 오르고 있었다. 이제 처음으로 우리는 가장 높은 산봉우리를 넘어 하나님의 행위에 반응하여 우리가 할 일이 무엇인지 말하는 구절에 이르렀다.

다른 말로 하면 자세하게 공부를 많이 한 후에 마침내 우리는 그 공부를 다 거치고 믿음으로 말미암아 은혜로 의롭다 하심을 얻는다는 높은 교리에서 성화(聖化)에 이를 수 있게 되었다.

이미 우리는 바로 앞 장에서 이 성화의 교리로 천천히 들어오고 있었다. 왜냐하면 로마서 6 : 11에서 우리는 바울이 이 서신에서 독자들에게 처음으로 베푸는 권고에 맞닥뜨렸기 때문이다. 바울은 독자들로 하여금 자신이 그들에게 말한 모든 것을 의지하라고, 그런 일들을 사실 그대로 '여기라'고 말했다. 이제 그는 그러므로라는 말이 앞에 붙은 네 개의 특별한 권고를 베푼다. 바울이 이미 말했기 때문에 신자들은 다음과 같이 해야 한다. "그러므로 너희는 죄로 너희 죽을 몸에 왕 노릇 하지 못하게 하여 몸의 사욕을 순종치 말고, 또한 너희 지체를 불의의 병기로 죄에게 드리지 말고, 오직 너희 자신을 죽은 자 가운데서 다시 산 자같이 하나님께 드리며 너희 지체를 의의 병기로 하나님께 드리라 죄가 너희를 주관치 못하리니, 이는 너희가 법 아래 있지 아니하고 은혜 아래 있음이니라"(롬 6 : 12-14) (고딕체는 필자의 표기).

성화의 원칙들

이장이 로마서에서 성화에 대하여 직접적으로 가르치는 첫번째 경우이므로, 여기서 말하고 있는 것을 이해하는 일은 중요하다. 그러려면 우리는 여기서 성화에 대하여 어떤 원칙을 가르치고 있는지 알기 위하여 이 구절을 전체로 보아야 한다. 그런 후에 우리는 할 수 있는 대로 현실의 용어로 이 가르침을 적용해야 한다.

먼저 원칙이 무엇인지 알아 보자. 그 원칙들은 무엇인가?

1. 죄는 그리스도인에 대하여 심지어 가장 성숙하고 경건한 그리스도인에 대하여 죽지 않았고, 오히려 우리가 언제나 맞서서 싸워야 할 대상이다. 이미 나는 앞의 여러 장에서 여러 가지 방식으로 이 점을 말했지만, 두 가지 이유에서 다시 되풀이해야겠다. 첫째로, 이 원칙은 이 구절에 분명히 나타난다. 만일 우리가 우리 지체를 불의의 병기로 죄에게 드리는 경향이 없다면, 우리 지체를 '불의의 병기'로 죄에게 드리지 말고 '의의 병기로' 하나님께 드리라고 하는 것은 말이 안 된다. 우리가 죄에 맞서서 싸워야 하는 이유는 우리가 죄인이기 때문이다.

둘째로, 자신에게는 죄가 없다거나 자기 속에 있는 죄는 언젠가 시간이 지나면 지워질 수 있는 것이라고 주장하려 드는 완벽주의자들이 있다. 이 교리는 잘못된 것일 뿐만 아니라(모든 성경이 이 교리를 반대한다) 자신의 완벽함을 믿지만 그래도 언제나 죄와 싸워야 하는 사람들을 좌절하게 하는 원인이기도 하다.

2. 죄는 우리의 몸에서 혹은 우리의 몸으로 말미암아 우리를 장악한다. 이는 우리가 앞에서 (로마서 6 : 6을 언급할 때를 제외하고는) 살핀 적이 없는 것이다. 그러나 이것은 아주 중요하며, 따라서 우리는 이를 주의 깊게 살펴야 한다. 죄가 우리의 몸에서 혹은 우리의 몸으로 말미암아 우리를 장악한다고 말할 때, 죄가 우리 속에 있다고 하지 않고 우리 몸에 있다는 뜻으로 말하는 것은 아니다. 즉 죄가 우리 몸에 있으므로 우리 자신은 죄인이 아니라고 하거나 죄가 우리에게 외부적인 것일 뿐이라고 주장하고 있다는 듯이 말하는 것은아니다. 물론 우리는 죄인이며, 죄는 우리에게 단순히 외부적인 것이 아니라 우리 속에 있다. 그러나 요점은 다음과 같다. 바울이 설명하고 있는 새 사람에 관한 한, 즉 하나님이 나를 아담에게서 벗어나 그리스도께 연합시킴으로써 내가 새로운 피조물이 되므로 새 사람은 죄에 대하여 죽었고 그래서 죄는 사실상 나를 주관하지 못하고 내 몸을 주관한다.

확실히 우리는 바울이 이 절들에서 얼마나 직접적이고 말 그대로 뚜렷하게 우리의 물리적 몸을 실제로 강조하는지 보지 않고 지나칠 수가 없다. 12절에서 바울은 우리의 '죽을 몸' 즉 죽어가고 있는 우리 육신의 몸을 가리키고 있다. 13절에서는 우리 몸의 '지체' 즉 우리 손과 발과 눈과 혀 등을 두 번 가리킨다. 죄는 이와 같이 우리 몸의 물리적 지체들을 통해서 활동하며, 이 물리적 지체들을 통하여 우리를 강력하게 주관한다.

3. 죄는 우리 몸에서 다스리거나 우리 몸을 지배할 수 있다. 죄는 내가 그리스도 안에서 얻은 새 인격을 지배하거나 파괴할 수 없다. 이 새로운 '나'는 언제나 죄를 싫어하고 의를 갈망한다. 그리고 하나님이 그 백성 속에 그리스도의 거룩한 품성을 만들어 놓으시려고 결정하셨기에 이 새로운 '나'는 죄를 싫어하고 의를 갈망할 것이다. 그러나 죄는 분명 내 몸을 지배할 수 있다. 나는 몸의 욕망에 끌려갈 수 있다. 만일 그렇지 않다면, 바울이 실제로 "너희는 죄로 너희 죽을 몸에 왕 노릇 하지 못하게 하여 몸의 사욕을 순종치 말라"고 말한다면 뜻 없는 말이 될 것이다.

4. 죄가 우리 몸에서 다스리거나 우리 몸을 지배할 수 있다 해도, 반드시 그러는 것은 아니다. 다른 말로 하면 우리가 "(우리) 지체를 불의의 병기로 죄에게 드릴" 수 있다 해도, 반드시 그래야 하는 것은 아니다. 반대로 이제 우리는 예수 그리스도께 연합되었으므로, 예수 그리스도의 새 생명을 속에 갖고 있으며, 그의 능력을 발휘할 수 있다. 성 아우구스티누스의 표현을 사용하자면, 우리는 **논 포세 논 페카레**(non posse non peccare : '죄를 짓지 않을 수 없는' 상태였다가, 이제는 **포세 논 페카레**(posse non peccare : '죄를 짓지 않을 수 있는') 상태가 되었다. 우리는 자주 죄를 짓는다. 그래서 바울은 우리 몸을 죄에게 바치지 말라고 우리를 권면하고 있다. 그러나 우리는 더 이상 죄를 지어야만 하는 것이 아니며 우리는 대안을 갖고 있다.

5. 이것은 마지막이며 긍정적인 진리에 이른다. 그리스도인으로서 우리는 이제 우리 몸의 지체를 의의 병기로 하나님께 드릴 수 있다. 이것이 이 구절의 요점이며 또 바울이 우리에게 권하고 있는 것이다.

우리 몸의 지체들

성화의 주제에 접근할 수 있는 길은 많다. 바울은 서너 가지로 이 주제에 접근한다. 그러나 나는 바울이 여기서 어떻게 거룩한 생활을 하는가 혹은 의 가운데 자라는가에 대하여 말하는 방법보다 더 실제적이며 균형 잡히고 구체적인 방식을 알지 못한다. 바울은 11절에서 이해하기 쉬운 한 원칙을 우리에게 말했다. "너희도 너희 자신을 죄에 대하여는 죽은 자요 그리스도 예수 안에서 하나님을 대하여는 산 자로 여길지어다." 이제 바울은 이 큰 원칙을 어떻게 실제 생활에 적용할 것인지 우리에게 말한다. 그것은 우리가 우리 몸을 어떻게 대할 것인가 하는 것이다. 이 말은 무슨 뜻인가? 그 대답은 몸의 지체와 이 지체가 선악 간에 행할 수 있는 잠재력을 살필 때 나온다.

마음

먼저 마음을 살필 것인데, 우리는 우리 자신이 대개 마음에 의하여 어떤 사람인지 규정된다고 생각하고서 우리 마음을 우리 몸과 구별하지만, 우리 마음은 실제로 우리 몸의 지체이다. 마치 우리가 이룩해야 할 승리가 여기서 시작되어야 하는 것과 마찬가지이다. 여러분에게 로마서 12 : 1-2을 말하고자 하는데, 여기서 바울은 로마서 6장에서처럼 쓰고 있다. "그러므로 형제들아 내가 하나님의 모든 자비하심으로 너희를 권하노니, 너희 몸을 하나님이 기뻐하시는 거룩한 산 제사로 드리라. 이는 너희의 드릴 영적 예배니라. 너희는 이 세대를 본받지 말고 오직 **마음을 새롭게 함으로** 변화를 받아 하나님의 선하시고 기뻐하시고 온전하신 뜻이 무엇인지 분별하도록 하라"(고딕체는 필자의 표기).

이 본문은 로마서 6 : 12-13("그러므로… 너희 지체를… 하나님께 드리라")과 거의 같은 방식으로 시작된다. 그러나 바울이 이를 말하기 시작할 때, 놀랍게도 그는 마음을 우리 몸의 첫번째 지체로 언급한다.

마음을 어떻게 갖느냐에 따라서 장차 그리스도인으로서 어떻게 되느냐가 상당히 결정될 것이라는 사실을 주의깊고 철저하게 생각해 본 적이 있는가? 세속 문화의 산물들을 당신의 마음에 가득 채우면, 당신은 여전히 세속적이고 죄악될 것이다. 추잡한 '대중' 소설이 머리에 가득 채우면, 당신은 저질 연애 소설의 추잡한 남녀주인공들과 같이 살기 시작하게 될 것이다. 텔레비전만 들여다 보면, '달라스'(Dallas)나 '팔콘 크레스트'(Falcon Crest)나 주간 연속 드라마에 나오는 건달처럼 생각하기 시작하게 될 것이다. 그리고 그들처럼 행동하게 될 것이다. 반대로 당신의 마음이 성경과 기독교 출판물로 가득 차고, 경건한 대화로 그 내용을 전하고, 성경의 진리를 적용하여 다른 데서 보고 들은 것을 비판하기 위하여 성경 내용을 공부하면, 당신은 거룩하게 성장하고 하나님께 더욱 쓸모있는 사람이 될 것이다. 당신의 마음은 의의 병기가 될 것이다.

몇 년 전, 존 스토트(John R. W. Stott)는 「당신 지성의 문제들」(Your Mind Matters)이라는 책을 썼는데, 이 책에서 그는 '지성 없는 기독교'(mindless christianity)의 성장을 한탄하고 어떻게 우리 마음(mind, 지성)을 제대로 사용해야 그리스도인으로서 우리가 모든 경험 영역에서 성장할 수 있는지를 보여 주었다. 그는 이 지성을 예배, 믿음, 거룩하려는 노력, 인도(引導), 복음을 다른 사람에게 제시하는 것, 신령한 은사를 발휘하는 것에 관련지었다.

그는 한 곳에서 이렇게 묻는다. "하나님이 우리에게 말씀하셨는데 우리는 그의 말씀을 듣지 않을 것인가? 하나님이 그리스도로 말미암아 우리 지성을 새롭게 하셨는데 지성으로 생각하지 않을 것인가? 하나님은 당신의 말씀으로 우리를 판단하실 것인데 우리는 지혜롭게 되어 이 반석 위에 우리 집을 짓지 않을 것인가?"[1]

그리고 또 다른 질문이 있다. 그리스도인이 자신의 지성을 하나님께 드려 하나님이 그 지성을 새롭게 해주시도록 맡긴다면, 그리스도인으로서 자신을 생각하고 표현하기 시작할 것이며 해리 블레마이어(Harry Blamires)가 말하는 '기독교적 지성'(a christian mind)을 회복하기 시작할 것이다.

블레마이어는 이렇게 쓴다.

이제 더 이상 기독교적 지성은 없다. 물론 기독교적 윤리, 기독교적 관행, 기독교적 영성은 있다. 도덕적 존재로서 현대 그리스도인은 비그리스도인의 법전과 다른 어떤 법전을 동의한다. 교회의 지체로서 그는 비그리스도인이 무시하는 의무와 의식(儀式)을 행한다. 영적인 존재로서는 기도와 묵상을 하면서 비그리스도인이 살피지 않는 삶의 차원을 계발하려 한다. 그러나 **생각하는** 존재로서 현대 그리스도인은 세속화에 굴복했다… 현대 세계에서 우리 그리스도인은 대개 순전히 개인적인 행동의 문제를 다루는 아주 좁은 사고 영역을 제외하고서는, 세속적 지성이 세워둔 준거(遵據)기준과 세속적 평가를 반영하는 기준들을 정신 활동의 잣대로 받아들인다.[2]

내가 주장하는 것처럼 지성을 사용하는 일이 성화(聖化)에 중요하다면, 그리고 블레마이어가 주장하듯이 우리가 오늘날 '기독교적 지성'을 갖고 있지 않다면, 오늘날 그토록 많은 그리스도인이 주위의 비그리스도인과 대개 구분되지 않는 것은 놀랄 일이 아니다. 명백하게 우리가 개인으로나 교회로서 거룩하게 성장하려면, 여기서 출발해야 한다.

여기 이 영역에서 당신이 추구할 간단한 목적이 있다. 당신이 읽는 모든 세속 서적 대신에, 한 권의 좋은 기독교 서적(good christian book) 즉 당신의 지성을 영적으로 성숙시키는 서적을 읽는 것을 당신의 목표로 또한 삼으라.

우리의 눈과 귀

우리는 우리 지체 가운데 지성만으로 관념과 인상(印象)을 받아들이지 않는다. 따라서 의의 병기로 하나님께 바쳐야 할 지체는 지성만 있는 게 아니다. 우리는 우리 눈과 귀로도 인상을 받아들인다. 그러니 이 눈과 귀도 하나님께 복종시켜야 한다.

아간을 기억하는가? 그는 여호수아 밑에서 여리고 전쟁에 참여했다가 전리품을 취하지 말고 하나님께 바치라는 하나님의 명령을 어긴 이스라엘 군인이었다. 아간이 후에 고백했던 것처럼, "내가 노략한 물건 중에 시날 산의 아름다운 외투 한 벌과 은 이백 세겔과 오십 세겔 중의 금덩이 하나를 **보고** 탐내어 취하였나이다 **보소서** 이제 그 물건들을 내 장막 가운데 땅속에 감추었는데 은은 그 밑에 있나이다"(수 7 : 21). 아간은 자기 죄 때문에 돌에 맞아 죽었다. 그런데 어찌하여 그런 일이 생겼는가? '안목의 정욕'(요일 2 : 16) 때문이었다. 아간의 눈은 거룩한 성장을 위한 병기가 아니라 불의의 병기가 되었던 것이다.

오늘날도 다르지 않다. 사회학자들은, 평균 21세의 젊은이들은 300,000개의 상업 광고 메시지의 공격을 받는데 이 메시지는 다음과 같은 동일한 전제를 깔고 주장하는 것이라고 말한다 : 개인의 **만족이 삶의 주된 목적이다.**[3] 텔레비전과 다른 의사전달 매체는 경건함보다 물질 추구를 앞세운다. 사실 이것들은 경건함 따위는 언급도 하지 않는다. 그러므로 당신이 계속 텔레비전을 보거나 인쇄 광고를 읽거나 세속적인 라디오를 청취한다면, 어떻게 계속 경건하게 성장할 수 있겠는가?

내 말을 오해하지 말라. 지금 나는 문화에서 물러서는 복음주의적 금욕 생활을 옹호하고 있지는 않다. 물론 문화에 함몰되어 파멸하느니 거기서 물러나는 편이 훨씬 낫다. 그러나 아무튼 마음에 들어오는 세속적인 내용이 영적인 내용보다 많은 것은 틀림없다.

　텔레비전을 보는 것만큼 성경을 공부하고 기도하고 교회가는 데 시간을 드리는 것을 한 가지 간단한 목표로 삼아도 될 것이다.

우리의 혀

　혀도 몸의 한 지체이며, 우리가 혀로 하는 일은 중요하다. 주의 형제 야고보는 혀에 대하여 많이 생각했던 게 분명하다. 왜냐하면 야고보는 성경 어느 기자보다 혀와 선악간 혀의 능력에 대하여 많이 말하기 때문이다. 야고보는 이렇게 썼다. "이와같이 혀도 작은 지체로되, 큰 것을 자랑하도다 보라 어떻게 작은 불이 어떻게 많은 나무를 태우는가 혀는 곧 불이요 불의(不義)의 세계라 혀는 우리 지체 중에서 온 몸을 더럽히고 생의 바퀴를 불사르나니 그 사르는 것이 지옥불에서 나느니라"(약 3 : 5-6).

　만일 당신의 혀가 하나님이 쓰시는 의의 병기로 하나님께 드린 바 되지 않으면, 야고보가 쓰고 있는 것이 당신에게 해당할 것이다. 히틀러 같은 사람이 되어 혀로 해를 끼치려고 세계를 군사적 갈등으로 몰아가서는 안 된다. 사소한 험담도 마찬가지이다. 무심결에 던지는 거짓말이나 비방도 그에 못지 않을 것이다.

　당신은 하나님을 찬양하고 섬기는 데 혀를 사용해야 한다. 가령 혀로 성경을 암송하는 법을 배워야 한다. 아마도 당신은 대중 가요의 가사를 많이 암송할 수 있을 것이다. 하나님의 말씀을 말하는 데 당신의 혀를 사용할 수도 있지 않겠는가? 예배에 대해서는 어떤가? 당신은 찬송이나 다른 기독교 복음성가로 하나님을 찬양하기 위하여 혀를 사용해야 한다. 무엇보다도 당신은 다른 사람들에게 그리스도의 인격과 사역을 증거하는 일에 혀를 사용해야 한다. 그것이 예수님이 "너희가 내 증인이 되리라"(행 1 : 8)고 말씀하실 때 당신에게 주신 사명이다.

　여기 당신이 거룩하게 성장하기를 바란다면 또 하나의 목표가 있다. 한가하게 대화하는 것만큼이나 예수님에 대하여 다른 사람들에게 말하는 데 혀를 사용하라.

우리의 손과 발

　우리의 손과 발은 우리가 하는 것과 가는 곳을 결정한다. 그래서 우리가 어떻게 우리 몸을 의의 병기로 하나님께 드릴지를 살피고 있을 때, 우리의 손과 발을 잊지 말도록 하자.

나는 이런 관점에서 서너 가지 중요한 구절을 생각한다. 바울은 데살로니가전서 4 : 11-12에서, 우리가 스스로 생계를 꾸리고 누구에게 의존하지 않도록 우리 손을 쓸모있게 사용하는 일에 대하여 쓰고 있다. "또 너희에게 명한 것같이 종용하여 자기 일을 하고 너희 손으로 일하기를 힘쓰라 이는 외인을 대하여 단정히 행하고 또한 아무 궁핍함이 없게 하려 함이라". 그처럼 바울은 에베소서 4 : 28에서 우리가 빈궁한 사람들에게 구제하기 위하여 손으로 일할 것에 대하여 쓴다. "도적질하는 자는 다시 도적질하지 말고, 돌이켜 빈궁한 자에게 구제할 것이 있기 위하여 제 손으로 수고하여 선한 일을 하라."

그리고 우리 발에 대해서는 어떻게 쓰는가? 바울은 로마서의 몇 장 뒤에서, 다른 사람들이 복음에 관하여 갖는 필요에 대하여 다음과 같이 쓴다. "그런즉 저희가 믿지 아니하는 이를 어찌 부르리요 듣지도 못한 이를 어찌 믿으리요 전파하는 자가 없이 어찌 들으리요 보내심을 받지 아니하였으면 어찌 전파하리요 기록된 바 '아름답도다 좋은 소식을 전파하는 자들의 발이여' 함과 같으니라"(롬 10 : 14-15).

당신의 발은 당신을 어디로 데리고 가는가?

당신은 그리스도를 부인하거나 참람되게 하는 곳으로 가지 않는가? 당신의 발은 죄를 마구 행하는 곳으로 당신을 이끌지 않는가? 당신은 세상의 즐거움을 만끽하거나 술집이나 '화끈한' 독신자 클럽에서 빈둥거리는 데 대부분의 시간을 보내지 않는가? 거기서는 경건하게 성장하지 못할 것이다. 오히려 의로운 행위에서 멀어질 것이다. 대신에 주님을 사랑하고 섬기는 사람들과 교제를 나누는 곳으로 발걸음을 옮기라! 혹은 당신이 세상으로 향할 때, 세상에 봉사하며 그리스도의 이름으로 세상 사람들에게 증거하는 목적을 위하여 그리로 가라!

여기 또 하나의 목표가 있다. 구체적인 모든 세속적인 활동을 하면서 기독교적인 활동도 함께 하겠다고 결심하라! 그리고 당신이 세속적인 활동을 하게 될 때, 말과 행동으로 주 예수 그리스도를 위하는 증인으로서 그 일을 하도록 하라!

전쟁과 경주

우리가 실제로 개입하여 치루고 있는 것은 영적 전쟁, 곧 은혜 가운데 우리가 성장하고 다른 사람의 선(善)을 위하여 죄에 맞서서 벌이는 계속되는 싸움이다. 그리고 상당히 큰 전쟁을 맞닥뜨리고 있는 모든 군사처럼 우리는 그 일을 대비하여 우리 몸을 훈련시켜야 하고 의지를 굳게 해야 한다.

바울이 때때로 그리스도를 따르는 자들이 하나님의 갑옷을 입어야 하는 전쟁에 대하여 말하고 또 때때로는 경주에 대하여 말하면서 이런 용어로 생각을 전개한다(참조. 엡 6 : 10-18). 바울은 디모데전서 6 : 12에서 "믿음의 선한 싸움을 싸우라…"고 말한다. 디모데후서 4 : 7에서는 "내가 선한 싸움을 싸우고 나의 달려갈 길을 마치고 믿음을 지켰으니" 하고 말한다.

나는 바울이 고린도전서에서 이 일에 대하여 표현하는 방식을 좋아한다. "운동장에서 달음질하는 자들이 다 달아날지라도 오직 상 얻는 자는 하나인 줄을 너희가 알지 못하느냐 너희도 얻도록 이와 같이 달음질하라 이기기를 다투는 자마다 모든 일에 절제하나니 저희는 썩을 면류관을 얻고자 하되 우리는 썩지 아니할 것을 얻고자 하노라 그러므로 내가 달음질하기를 향방 없는 것같이 아니하고 싸우기를 허공을 치는 것같이 아니하여 내가 내 몸을 쳐 복종하게 함은 내가 남에게 전파한 후에 자기가 도리어 버림이 될까 두려워함이로라"(고전 9 : 24-27).

아마 당신은 최근에 어떤 스포츠화 제품 선전을 위하여 힘이 팔팔 넘치는 예닐곱 명의 선수가 경기를 끝까지 해내고 있는 텔레비전 광고를 보았을 것이다. 이 광고의 장면은 아주 빨리 바뀌고 그 바뀌는 속도가 상업 광고 내내 빨라지다가 느닷없이 중단되면서 자막에 굵고 검은 세 단어가 이렇게 나타난다. "다만 그것을 하라"(Just do it).

내가 당신에게 권하고 싶은 것이 바로 그 점이다. 당신은 무엇인가 하기 위하여 로마서의 다섯 장 반을 내내 기다려 오고 있다. 이제 당신은 무엇을 갖고 있으며 그것이 무엇인지 당신은 안다. 그러므로 그것을 하라. 다만 그것을 하라. "또한 너희 지체를 불의의 병기로 죄에게 드리지 말고, 오직 너희 자신을 죽은 자 가운데서 다시 산 자같이 하나님께 드리며 너희 지체를 의의 병기로 하나님께 드리라"(롬 6 : 13).

왜 당신은 이것을 해야 하는가? 왜 당신은 엄격한 훈련을 받아야 하는가? 당신이 그것을 하지 않을 수 없기 때문이 아니다. 당신이 주 예수 그리스도의 은혜로 죄에서 자유롭게 되어 그것을 하고 싶어졌기 때문이다. 당신은 그리스도를 위하여 살기를 원한다. 그래서 바울은 다음과 같은 말로 마감한다. "죄가 너희를 주관치 못하리니, 이는 너희가 법 아래 있지 아니하고 은혜 아래 있음이니라"(롬 6 : 14).

● 각주 ●

1. John R. W. Stott, Your Mind Matters : The Place of the Mind in the Christian Life(Downers Grove, Ill : InterVarsity Press, 1972), p. 26.

2. Harry Blamires, The Christian Mind : How Should a Christian Think? (Ann Arbor, Mich. : Servant Books, 1963), pp. 3, 4.

3. Mike Bellah, Baby Boom Believers : Why We Think We Need It All and How to Survive When We Don's Get It (Wheaton, Ill. : Tyndale House, 1988), p. 27.

83
당신은 누구의 종인가?
로마서 6:15-18

그런즉 어찌하리요 우리가 법 아래 있지 아니하고 은혜 아래 있으니 죄를 지으리요 그럴 수 없느
니라 너희 자신을 종으로 드려 누구에게 순종하든지 그 순종함을 받는 자의 종이 되는 줄을 너희
가 알지 못하느냐 혹은 죄의 종으로 사망에 이르고 혹은 순종의 종으로 의에 이르느니라 하나님
께 감사하리로다 너희가 본래 죄의 종이더니 너희에게 전하여 준 바 교훈의 본을 마음으로 순종
하여 죄에게서 해방되어 의에게 종이 되었느니라.

이 장의 요점은 대부분의 사람들이 받아들
이기 어렵다. 그래서 나는 먼저 이 요점을 쉽게 말하고자 하며, 이 장의 나머지 내용을 들어
이 요점을 설명하고 옹호하고자 한다. 요점은 다음과 같다. 누구에게든지 절대 자유 같은
것은 없다. 어느 누구도 뭐든지 할 수 있는 자유는 없다. 물론 우주에서 **전적으로** 자유로운
존재는 한 분 있다. 즉 하나님이시다. 그러나 나머지 모든 존재는 누군가에 혹은 무엇에 의
하여 제한되어 있다. 그 결과 이런 점에서 유일하게 뜻 있는 질문은 다음과 같다. 당신은 누
구를 혹은 무엇을 섬기고 있는가?

캘리포니아 팔로 알토(Palo Alto)에 있는 페닌슐라 바이블(Peninsula Bible) 교회의 목
사 레이 스테드만(Ray C. Stedman)은 어느 날 로스앤젤레스의 거리를 걸어 내려가면서

어깨에 어떤 표지판을 매고 자신 쪽으로 오고 있는 한 사람을 본 일을 이야기 한다. 그 표지판에는 이렇게 쓰여 있다. "나는 그리스도를 섬기는 종입니다." 그 사람이 자신을 지나친 후에, 스테드만은 조금 괴상한 이 사람을 살펴보려고 돌아섰는데 그의 등에는 "당신은 누구의 종입니까?" 하고 쓰여 있는 또 하나의 표지판이 있었다.

바로 이것이 이 구절의 요점이다. 당신과 나는 인간이지 하나님이 아니므로 우리는 결코 자율적일 수 없다. 우리는 죄의 종이 되든지 예수 그리스도의 종이 되든지 해야 한다.

그러나 여기 멋지고 아주 놀라운 일이 있다. 예수 그리스도의 종이 되는 것이 참된 자유이다.

이 장의 두번째 부분

이 모든 것은 로마서 6장에 대한 우리의 연구로부터 나오지만, 우리는 지금 우리가 바울의 주장을 얼마만큼 살피고 있는지 알기 위하여 조금 뒤로 돌아가야 한다.

우리가 여기서 살피고 있는 절은 15-18절로서 이 장의 마지막까지 계속되는 조금 긴 대목의 시작 부분이다. 살짝 보면, 이 대목이 이 장의 첫째 대목 즉 1-14절과 비슷하다는 것을 알게 된다. 각 대목은 거의 동일한 문제를 다루고 있다. 첫 대목의 첫 절은 이렇게 질문한다. "그런즉 우리가 무슨 말하리요? 은혜를 더하게 하려고 죄에 거하겠느뇨"(1절). 두번째 대목의 첫 절도 동일한 문제를 제기한다. "그런즉 어찌하리요? 우리가 법 아래 있지 아니하고 은혜 아래 있으니 죄를 지으리요…"(15절).

이 질문들 다음에는 동일한 대답이 따른다. "그럴 수 없느니라"(2, 15절). 바울이 왜 그리스도 안에 있는 신자가 계속 죄를 지을 수 없는지 그리고 반대로 왜 그리스도인이 자신의 지체를 의의 병기로 하나님께 드려야 하는지를 설명할 때, 동일한 대답을 하고 난 다음 이 두 대목은 동일한 과정을 밟는다. 이 주장들은 어찌나 서로 밀접한지 한 대목에서 용어를 취해다가 의미를 사실상 바꾸지 않고서 다른 대목에 사용할 수 있을 정도이다.

하지만 로마서 6장의 두 부분은 동일하지 않다. 이 두 부분은 동일한 목적을 갖고 있다. 즉 그리스도 안에 있는 신자가 계속 죄를 지을 수 없음을 보여 주는 것이다. 그러나 이 두 부분은 서로 다르면서도 상호보완적인 방식으로 이 중요한 요점을 말한다.

첫째 대목은 5장에 나오는 논의에서 비롯한다. 5장에서 바울은 그리스도인이 율법 아래 있지 않고 은혜 아래 있으며 은혜가 승리할 것이라고 주장했다. 바울은 우리가 그리스도께 연합되었으므로 은혜가 죄에 이르지 않음을 보인다. 만일 우리가 그리스도께 연합했다면, 과거는 우리 뒤로 지나갔으며 우리는 의로운 행동을 행하여 앞을 향하여 살아가는 것말고는 달리 방법이 없다. 두번째 대목은 로마서 6 : 1-14에서 비롯한다. 여기서 바울은 율법을 의의 수단으로 인정하지 않는다. 바울은 율법으로부터 벗어나는 자유도 죄에 이르지 않는 다고 주장한다. 그가 제시하는 이유는, 우리가 자율적인 피조물(우리는 결코 이런 피조물이 될 수 없다)이 되기 위해서가 아니라 하나님의 종이 되기 위하여 율법에서 자유롭게 되었기 때문이다. 우리는 의의 종이 되어야 한다.

두 가지 오류

바울은 은혜로 얻는 구원의 교리에 대하여 두 진영에서 제기하는 반대에 답하고 있었다. 이 반대는 우리가 오늘날 맞부딪히는 것이다.

한 진영은 모세의 율법에 헌신하는 유대교의 전통주의자들이다. 그들은, 바울이 명백히 그렇듯이 구원 방도로써 율법을 받아들이지 않으면 필연적으로 부도덕과 다른 모든 해악이 따른다고 주장했다. 바울은 그렇게 되지 않음을 보인다. 사실 바울은 정반대임을 보인다. 그는 다음과 같이 보인다.

1. 율법은 의에 이르지 못한다. 왜냐하면 간단히 말해 율법은 어느 누구 속에서도 의를 만들 수 없기 때문이다. 율법은 정죄할 수 있을 따름이다.

2. 역설적이게도, 우리가 율법이 요구하는 것을 할 수 있는 힘을 얻는 것은 율법과 그 정 죄로부터 건짐을 받았기 때문이다.

다른 하나의 반대는 유대교의 율법주의자가 아니라 소위 도덕률 폐기론자라고 하는 사 람들에게서 나왔다. 그들은 율법을 은혜의 방도로 받아들이지 않을 뿐만 아니라 올바른 행위의 한 표현으로서도 받아들이지 않는다. 도덕률 폐기론은 이렇게 말한다. "우리는 율법 으로부터 자유롭기 때문에 원하는 것은 무엇이든지 할 수 있다. 우리는 죄를 계속 지을 자 유도 있다. 사실상 우리는 죄에 빠져 허우적거릴 수 있다." 바울은 로마서 6장에서 이 오류들에 답하고 있다.

다섯 가지 건전한 이유

"우리가 법 아래 있지 아니하고 은혜 아래 있으니 죄를 지으리요?" 이제 우리가 이미 알고 있듯이 그 대답은 "그럴 수 없느니라"이다.

"왜 그럴 수 없는가?" 라고 질문해 보자.

이 대목에서 바울은 다섯 가지 건전한 이유를 댄다.

1. 죄는 종 노릇이다. 그리스도인이 율법 아래 있지 아니하고 은혜 아래 있을지라도 죄를 짓지 말아야 하는 첫번째 이유는, 죄가 사실상 종 노릇이기 때문이다. 종 노릇에서 건짐을 받아 다시 종 노릇하는 데로 되돌아가는 것은 어리석은 짓일 것이다. 여기서 어려운 점은, 우리가 이런 식으로, 즉 죄의 참된 모습을 정확하게 보는 경우가 드물다는 것이다. 흔히는 죄를 종 노릇으로 제시하기보다 자유의 본질로 서술한다. 이는 마귀가 에덴 동산에서 "하나님의 말씀에 얽매이지 말라. 자유로와져라. 나무의 실과를 먹고 선악을 알아서 하나님과 같이 되라"고 주장했을 때 하와에게 말했던 것이다.

중국과 미국의 관계가 최근과 같이 해빙기를 맞기 여러 해 전에, 홍콩에서 몇몇 그리스도인들이 얼마전에 중국에서 나온 82살 먹은 할머니와 이야기를 나눈 적이 있었다. 이 할머니는 그리스도를 믿는 신자였지만, 할머니의 말에는 공산주의의 용어가 대부분이었다. 모두 이 할머니가 몇 십 년 동안 들어오던 용어였다. 할머니가 즐겨 쓰는 표현 가운데 하나는 '해방'이다.

이야기를 나누는 사람들은 할머니에게 이렇게 물었다. "할머니께서 전에 중국에 있었을 때 다른 그리스도인들과 더불어 예배를 자유롭게 드릴 수 있었습니까?"

할머니는 이렇게 대답했다. "아니지요. 해방 이래로 누구도 예배를 드리려 함께 모일 수 없었어요."

"그렇지만 확실히 여러분은 기독교 신앙에 관하여 이야기 하기 위한 작은 모임으로 모일 수 있지 않았습니까?" 하고 그들은 계속 말했다.

"그렇지 않아요. 우리는 그렇게 할 수 없었어요. 해방 이래로 그와 같은 모임은 모두 금지되었어요."

"자유롭게 성경을 읽을 수 있었습니까?"

"해방 이래로 누구도 성경을 읽을 자유가 없었어요."

이 대화를 보면, '자유'는 말에 있지 않고 실재에 있음을 알게 된다. 다음에 어떤 사람이 말하기를 당신은 자유롭게 되기 위하여 죄를 지어야 한다고 할 때 이 대화를 기억하라. 단순히 자유라는 말을 죄에 갖다 붙이는 것으로 죄가 해방의 방법이 되지 않는다. 사실 죄는 속박이다. 죄는 우리의 소원과는 상관없이 그 손아귀에서 벗어나지 못하게 하려고 우리를 종으로 만든다. 당신이 육적인 정욕에 빠지면, 정욕의 종이 될 것이며 탐욕에 빠지면 탐욕의 종이 될 것이다. 다른 모든 해악과 잘못된 행위에 대해서도 마찬가지이다.

2. 죄는 사망에 이른다. 우리가 율법 아래 있지 않고 은혜 아래 있더라도 죄를 짓지 말아야 하는 두번째 이유는 죄가 사망에 이르기 때문이다. 바울은 이 절들에서 서너 번 이 점을 말한다. "… 죄의 종으로 사망에 이르고…"(16절), "… 그 마지막이 사망임이니라"(21절), "죄의 삯은 사망이요…"(23절).

이것 역시 우리가 흔히 듣는 말은 아니다. 물론 이는 마귀가 하와에게 한 말과 반대이다. 하나님은 이렇게 말씀하셨다. "선악을 알게 하는 나무의 실과는 먹지 말라 네가 먹는 날에는 정녕 죽으리라"(창 2:17). 마귀는 이렇게 응수했다. "너희가 결코 죽지 아니하리라 너희가 그것을 먹는 날에는 너희 눈이 밝아 하나님과 같이 되어 선악을 알 줄을 하나님이 아심이니라"(창 3:4-5).

여기 이 여자에게 참으로 위기가 있었다. 하나님은 "네가 정녕 죽으리라" 하고 말씀하셨다. 마귀는 "너희가 결코 죽지 아니하리라" 하고 말했다. 누가 옳았는가? 이 여자는 누구를 믿어야 했는가?

이 여자는 스스로 이 딜레마를 풀려고 결심했다. 이 여자는 나무를 시험해 보고 그 나무가 "먹음직도 하고 보암직도 하고 지혜롭게 할 만큼 탐스럽기도"(창 3:6) 한 나무임을 보았다. 여자는 이렇게 결론을 내렸다. "해도 좋은 일 같은데 무슨 잘못이 있을라구?" 그래서 여자는 실과를 따서 먹고 아담에게도 주었더니 아담도 그 실과를 먹었다.

어떤 일이 일어났는가? 그들은 죽어 버렸다. 그들은 곧바로 영적으로 죽었다. 왜냐하면 그들이 이때까지 하나님과 즐기던 교제가 끝났기 때문이다. 하나님이 동산에 있는 그들에게 나아가셨을 때 그들이 하나님을 피하는 것을 보면, 그 교제가 끝난 것이 드러난다. 그들의 품성은 부패하기 시작했다. 왜냐하면 그들은 거짓말하여 책임을 서로 미루기 시작했기 때문이다. 마침내 하나님이 말씀하신 것처럼 그들의 몸도 죽었다. "… 너는 흙이니 흙으로 돌아갈 것이니라"(창 3 : 19).

유일하게 밝은 점이 있다면, 하나님이 은혜로우시게도 그들을 그 죄에서 구원하실 구세주를 약속하신 것이다.

죄가 해롭지 않다고 말하는 사람들의 말을 듣지 말라. 무엇보다도, 이런 일들에서 자신의 판단을 신뢰하지 말라. 당신은 그런 상황을 판단할 수 없다. 당신은 하나님을 의지해야 한다. 왜냐하면 하나님은 죄를 짓는 것이 죽는 것임을 당신에게 말씀하시기 때문이다. 사실 당신이 죄인이라면 이미 죽어가고 있고 당신의 윤리 생활은 부패하고 있다. 당신의 몸은 무덤을 향하여 가고 있다. 어느 날 당신은 둘째 사망을 체험할 것이다. 만일 하나님이 먼저 당신을 구원하지 않으시면, 당신은 이 둘째 사망을 당해 영원히 지옥에서 하나님과 단절되는 것이다. 죄에 대하여 유일하게 현명한 반응은 죄에서 돌이켜 주 예수 그리스도 안에서 구원을 얻는 것이다.

3. 그리스도인은 죄의 종 노릇하는 데서 건짐을 받았다. 그리스도인이 율법 아래 있지 않고 은혜 아래 있지만 죄를 계속 짓지 말아야 하는 세번째 이유는, 그들이 참으로 그리스도인이라면 예수님에 의하여 죄의 압제에서 건짐을 받았기 때문이다. 이 사실이 얼마나 놀랍든지 실제로 이 시점에서 바울은 다음과 같이 말하면서 송영 혹은 '하나님께 찬송'을 터뜨린다. "하나님께 감사하리로다 너희가 본래 죄의 종이더니… 죄에게서 해방되어 의에게 종이 되었느니라"(17-18절).

이는 프린스턴 신학대학원의 교수였던 워필드(B. B. Warfield)가 기독교 단어에서 가장 '고귀한' 용어라고 불렀던 '구속자'와 '구속'의 뜻이다.[1] 구속은 돈 주고 죄의 종 노릇하는 데서 사 내어 온다는 뜻이다. 이 일은 우리의 구속자인 예수님이 우리를 위하여 이룩하신 것이다. 우리는 잔인한 감독인 죄의 종이었다. 그러나 예수님이 죽으심으로써 우리의 속전을 갚으셨다. 그분은 피로 우리를 사셨다. "너희가 알거니와, 너희 조상의 유전한 망령된 행실에서 구속된 것은 은이나 금같이 없어질 것으로 한 것이 아니요, 오직 흠 없고 점 없는 어린 양 같은 그리스도의 보배로운 피로 한 것이니라"(벧전 1 : 18-19).

이것이 바로 속죄의 목적이다. 그러면 구속받은 자들이 어찌 죄악된 생활로 돌아갈 수 있겠는가? 그렇게 하면 그리스도를 거부하는 것이며 그리스도께서 대표하시는 모든 것에서 돌아서는 것일 것이다. 즉 배도가 될 것이다. 참된 그리스도인은 그럴 수 없다.

4. 그리스도인을 죄의 종 노릇에서 건져낸 그 사역이 그들을 하나님의 종이 되게 하였으며, 하나님의 종이 되는 이것이 곧 참된 자유이다. 왜 그리스도인이 율법 아래 있지 아니하고 은혜 아래 있지만 계속 죄를 지을 수 없는지에 대하여 바울이 펼치는 네번째 주장은, 우리를 죄로부터 건진 그리스도의 동일한 행위가 우리를 '하나님의 종'이 되게 했다는 것이다(22절). 예수님은 구속의 행위로 자신을 위해, 즉 자신을 섬기게 하려고 사람을 사셨다.

어떤 이는 이렇게 말한다. "아, 그 소득이 무엇인가? 우리가 다른 이의 종이 되는 것뿐이라면 한 주인에게서 벗어나 봐야 무슨 유익이 있는가?" 우리가 육체적인 의미에서 종인데, 잔인한 주인에게서 풀려나서 친절하고 우리가 가장 잘 되기를 바라는 주인의 종이 된다 해도 상당한 소득이 될 것이다. 그것도 환영할 만한 변화일 것이다. 사실 그런 점도 있다. 왜냐하면 죄가 잔인하고 해로운 만큼 하나님은 선하시고 친절하시고 사랑이 많으시기 때문이다. 그러나 그것으로 끝나지 않는다. 성경은 이 '종 노릇'이 실세로 자유를 갖다 준다고 가르친다.

이 자유는 무엇인가? 그것은 자율 즉 무엇이든지 절대적으로 할 수 있는 허가가 아니다. 참된 자유는 "자신의 멋진 운명을 이룰 수 있는 즉 자신의 궁극적인 목표를 이룬다는 측면에서 활동할 수 있는 능력"이다.[2]

참된 자유는 옳은 일을 하는 것이다.

요한복음에 기록되어 있듯이, 주 예수 그리스도께서 당대 유대인 지도자들과 나누신 대화를 기억하는가? 예수님은 자신의 가르침이 어디서 오는지에 대하여 말씀하셨고 몇몇 유대인들은 근본적으로 예수님을 믿었다. 그래서 예수님은 다음과 같이 말씀하시며 그들더러 자신과 더불어 있으며 계속 자신에게서 배우라고 권하셨다. "… 너희가 내 말에 거하면 (즉 내 말을 붙잡으면) 참 내 제자가 되고, 진리를 알지니 진리가 너희를 자유케 하리라"(8 : 31-32).

예수의 말을 듣던 사람들 가운데 몇 사람은 이 말에 격분했다. 아마 이들은 은근히 자신들이 자유롭지 못하다고 하는 이 말을 좋아하지 않았기 때문에 참된 제자가 아니었을 것이다. 오늘날 많은 사람이 은근히 그와 같은 말을 들으면 질색하는 것과 마찬가지였다. 그들은 이렇게 말했다. "우리가 아브라함의 자손이라 남의 종이 된 적이 없거늘 어찌하여 우리가 자유케 되리라 하느냐"(33절). 물론 이는 우스운 답변이다. 유대인들은 출애굽하기 전에 오랫동안 애굽 사람들의 종이었다. 사사 시대에 그들은 적어도 7번 외국인의 통치를 받았다. 또한 70년이란 오랫동안 바벨론의 포로로 지냈다. 사실 그들이 예수님에게 말하고 있는 그 시간에도 그들은 로마 점령군에게 감시를 받고 있었고 로마가 자기네 경제를 지배하고 있음을 입증하는 동전을 호주머니에 갖고 다녔다. 바로 이 점 때문에 아마 그들은 자신들이 참으로 자유롭지 못하다고 넌지시 던지는 말에 그토록 과민한 반응을 보였을 것이다.

그러나 예수님은 이처럼 명백한 사실들을 그들로 상기시키신 것이 아니라 영적인 차원에서 대답하시면서 이렇게 말씀하셨다. "진실로 진실로 너희에게 이르노니, 죄를 범하는 자마다 죄의 종이라" "그러므로 아들이 너희를 자유케 하면 너희가 참으로 자유하리라"(34, 36절).

예수님은 어떤 자유에 대하여 말씀하고 계시는가? 물론 참된 자유, 유일하게 실재하는 자유이다. 그것은 그저 무엇이든지 할 수 있는 자유가 아니다. 우리가 죄를 택하면 그 결과는 속박이다. 참된 자유는 복음을 알고 주 예수 그리스도를 섬기는 일에 헌신함으로 말미암아 온다.

이를 분명하게 표현할 수 있을까? 당신이 이세상에서나 장차 생활에서나 계속 알게 될 유일하게 참된 자유는 예수 그리스도를 섬기는 자유이다. 그리고 이 자유는 의(義)의 생활을 뜻한다. 세상이 거짓말과 거짓 가르침을 통하여 무엇을 약속하든지 의의 생활이 아닌 모든 것은 참으로 죄의 종 노릇이다.

5. 바람직한 이 두번째 종 노릇의 끝은 의(義)이다. 이리하여 바울의 마지막 요점 즉 그리스도인이 율법 아래 있지 아니하고 은혜 아래 있을지라도 계속 죄를 지어서는 안 되는 다섯

번째 이유가 있다. 그것은 하나님과 예수 그리스도에 대한 바람직한 이 두번째 종 노릇의
끝은 의이다. 참된 기독교는 방종 즉 바울이 이 구절에서 논박한 잘못으로는 결코 이를 수
없다. 참된 기독교는 하나님과 예수 그리스도의 종이 되기 위하여 죄로부터 벗어나는 해방
이므로, 기독교는 하나님이 바라시는 것, 즉 의(義)에 필연적으로 이르게 된다.

믿음의 순종

순종이라는 한 단어를 더 살피고 이 연구를 마감하도록 하자. 이 말은 16절의 "… 순종의
종으로…"이라는 구절에 나오는데, **순종하다**는 동사도 있으므로 그 사용폭이 넓어진다. 이
동사는 이 대목에 세 번 더 나온다(한 번은 16절에 다른 두 번은 17절에 나온다). 이는 중요
한 개념이다.

적어도 처음 보면 이 말은 혼란스럽다.

왜 그런가? 16절에 이 말은 죄의 반대 개념으로 나오는데("죄의 종으로… **순종**의 종으
로) 이것이 우리에게는 정확하게 옳아 보이지 않기 때문이다. 우리는 '순종' 대신에 의(義)
라는 낱말을 기대했을 것이다. 그런데 17절에서 이 의라는 말은 우리가 보통 '믿음'이라는
개념이 나올 것으로 기대하는 데서 나온다("너희가 본래 죄의 종이더니, 너희에게 전하여
준 바 교훈의 본을 마음으로 **순종하여**"). 우리는 좀더 자연스럽게 이렇게 말했을 것이다.
"너희가 복음을 마음으로 **믿어**".

바울이 **순종**이라는 말을 사용하는 한 가지 이유는, 이 말이 바울이 전개하여 온 상(像) 즉
죄의 종이 되거나 예수 그리스도의 종이 된다는 상을 완성시키기 때문이다. 순종은 종이 자
기 주인에게 순종하는 활동이다. 그러나 순종은 그리스도를 따르려고 하는 사람이라면 갖
추어야 할 본질적 요구 조건이므로 순종이라는 말은 그저 주인에게 순종하는 활동이라는
뜻을 넘어선다. 그리고 우리가 먼저 믿고 그 다음에 순종하기 위하여 부르심을 입은 것처럼
그 뜻을 확대해서도 안 된다. 순종은 믿음의 본질이다. 그것이 바로 믿음의 전부이다.

나는 믿음에 관하여 가르칠 때 흔히, 믿음은 세 가지 요소 즉 (1)지적 요소(나는 무엇을
믿어야 하는데, 그것은 복음이다) (2)감정적 요소 (복음의 내용이 우리를 개인적으로 감동
시켜야 한다) (3)헌신(우리는 흔히 큰 값을 치루면서 개인적으로 제자가 됨으로써 예수께

우리 자신을 드려야 한다)을 갖고 있다고 말한다. 마지막 요소에서 순종은 아주 결정적이다. 왜냐하면 순종이 없다면 우리가 어떤 의미에서 그리스도를 믿을 수 있을지 모르지만 실제로 그리스도께 우리 자신을 드리지는 않았기 때문이다. 그리고 그 헌신이 없으면 우리는 구원받지 못한 것이다. 즉 우리는 참된 그리스도인이 아니다.

성경이 중요한 인물들을 다룰 때 순종이 얼마나 중요한지 살펴본 적이 있는가? 나는 두 모범을 인용하고자 한다.

첫번째는 여호수아이다. 순종은 이 위대한 인물의 생애에서 돋보이는 주된 특징이었다. 여호수아는 공적 활동을 시작할 때 범사에 하나님을 순종하라는 요구를 받았기 때문이다. "… 나의 종 모세가 네게 명한 율법을 다 지켜 행하고 좌로나 우로나 치우치지 말라. 그리하면 어디로 가든지 형통하리니"(수 1 : 7). 그런데 그는 끝까지 어김없이 이 말씀대로 행했다. 그의 전생애는 순종으로 두드러졌다.

또 한 모범은 아브라함인데, 그는 참으로 믿음의 거인이었으므로 히브리서 11장에서는 네 번이나 그의 믿음을 칭송했다. 그의 믿음은 어찌나 컸던지, 아브라함이 늙어 아이 낳을 나이가 지나고 그 아내 사라도 잉태할 나이가 지났지만 하나님이 아들을 주시겠다고 약속했을 때 아브라함은 "믿음이 없어 하나님의 약속을 의심치 않고 믿음에 견고하여져서 하나님께 영광을 돌리며 약속하신 그것을 또한 능히 이루실 줄을 확신하였으니"(롬 4 : 20-21).

그러나 이때 아브라함의 신앙이 가장 큰 업적을 쌓았던 것은 아니다. 대개 그때의 행위를 두고 히브리서가 그를 칭찬하는 것은 아니다.

아브라함의 긴 신앙 생활은 하나님이 모리아 산에서 그 아들 이삭을 바치라고 아브라함에게 말씀하셨을 때 중대한 시점에 이르렀다. 아브라함은 여기서 사람으로는 믿을 수 없는 믿음을 보였다. 그때 아브라함은, 만일 하나님이 자기 아들을 바치라고 말씀하시고 자기 아들이 하나님이 약속하신 자녀를 낳지 못하였다 해도 하나님은 당신의 약속을 이루시기 위하여 이삭을 죽은 자 가운데서 일으키실 게 분명하다고 믿었다(참조. 히 11 : 19). 그러나 이 이야기를 전하는 창세기를 보면 아브라함이 하나님께 칭찬을 받은 자질은 믿음이 아니라 순종이었다. "… 네가 이같이 행하여 네 아들 네 독자를 아끼지 아니하였은즉 내가 네게 큰 복을 주고 네 씨로 크게 성하여 하늘의 별과 같고 바닷가의 모래와 같게 하리니 네 씨가 그 대적의 문을 얻으리라 씨로 말미암아 천하 만민이 복을 얻으리니 **이는 네가 나의 말을**

준행하였음이니라하셨다 하니라"(창 22 : 16-18, 고딕체는 필자의 표기).

　벗어날 길은 없다. 사망에 이르는 죄에 순종하여 그 종이 되든지 죄에서 자유롭게 되어 하나님을 섬기든지 둘 중에 하나이다. 만일 우리가 죄에서 자유롭게 되었다면, 하나님을 섬길 것이다. 선택의 여지가 없다.

● 각주 ●

1. Benjamin Breckinridge Warfield, "'Redeemer' and 'Redemption,'" in *The Person and Work of Christ,* ed. Samuel G. Craig(Philadelphia : The Presbyterian and Reformed Publishing Company, 1970), pp. 325-348. 처음에 이 연설은 *The Princeton Theological Review,* vol. xiv, 1916, pp. 177-201에 실렸다.

2. Roger R. Nicole, "Freedom and Law," *Tenth : An Evagelical Quarterly,* July 1976, p. 23.

84
핵심
로마서 6:19-22

너희 육신이 연약하므로 내가 사람의 예대로 말하노니 전에 너희가 너희 지체를 부정과 불법에 드려 불법에 이른 것같이 이제는 너희 지체를 의에게 종으로 드려 거룩함에 이르라 너희가 죄의 종이 되었을 때에는 의에 대하여 자유하였느니라 너희가 그때에 무슨 열매를 얻었느뇨 이제는 너희가 그 일을 부끄러워하나니 이는 그 마지막이 사망임이니라 그러나 이제는 너희가 죄에서 해방되고 하나님께 종이 되어 거룩함에 이르는 열매를 얻었으니 이 마지막은 영생이라.

우리는 로마서 6장의 끝에, 그러니까 성경에서 그리스도인의 생활을 다루는 아주 중요한 장의 끝에 다다르고 있다. 우리가 이 장을 공부하기 시작했을 때 내가 지적했던 것처럼, 이상하게도 이 장은 일종의 삽입구이며 7장도 역시 삽입구인 것과 마찬가지이다.

바울은 구원의 영구적 성격에 대하여 이야기하고 있었다. 이것은 5장에서 바울이 제시하는 주제이며, 앞으로 나타날 찬란한 8장의 두드러지는 특징이기도 하다. 이 두 장 사이에서 바울은, 한편으로 "예수 그리스도 안에서 하나님의 은혜로 얻는 구원이 확실하다면, 즉 그 구원은 잃어버릴 수 없는 것이라면 왜 우리는 죄악된 생활을 계속하지 말아야 하는가? 아무튼 우리는 구원을 받을 게 아닌가?" 하고 말하고 다른 한편으로 "우리는 구약 율법과 관계 없이 하나님의 은혜로 구원받았으니 왜 우리가 무법한 자가 되지 말아야 하는가?" 하고 말할 사람들의 오류를 살피고 있었다. 우리가 여기서 공부할 절들의 바로 앞 절들에서, 이 사도는 그리스도인이 된다는 것이 하나님의 자원하는 종이 되기 위하여 즉 참된 자유를 누리기 위하여 죄에게 종 노릇 하는 데서 건짐을 받는다는 뜻임을 보임으로써 첫번째 질문에 답했다. 우리는 계속 옛 주인을 섬길 수 없다.

이 말은 '그리스도인인 것'과 '그리스도인이 아닌 것'이 서로 배타적인 두 범주임을 뜻한다. 그러므로 일단 우리가 전에 믿지 않는 상태에서 벗어나 그리스도인이 되었다면, 거룩하게 하나님을 섬기는 것을 뜻하는 그리스도인의 생활을 하며 앞으로 나아가는 것말고는 별다른 선택의 여지가 없다.

존 스토트(John R. W. Stott)는 이를 다음과 같이 표현한다.

> 그러므로 여기 전혀 다른 두 생활이 있다. 이는 옛 자아의 생활과 새 자아의 생활로 전적으로 서로 대립한다. 이 생활들은 예수님이 멸망에 이르는 넓은 길과 생명에 이르는 좁은 길이라고 말씀하신 바로 그것이다. 우리는 태어나면서 죄의 종이다. 그런데 우리는 은혜와 믿음으로 하나님의 종이 되었다. 죄의 종 노릇은 점점 도덕적으로 황폐해지다가 결국은 죽는 것말고는 보답이 없다. 하나님의 종 노릇은 성화와 마침내는 영생이라는 고귀한 보답을 준다. 그러므로 이 대목이 주장하는 것은 우리의 회개, 즉 하나님께 복종하거나 순복하는 이 행위는 종 노릇의 상태에 이르며 이 종 노릇에는 순종이 포함된다는 점이다.[1]

당신은 누구를 섬길 것인가?

바울은 다음과 같이 말하면서 자신의 요점, 즉 19절에서 암시하는 사실을 밝히기 위하여 종 노릇의 비유를 사용하고 있다. "너희 육신이 연약하므로 내가 사람의 예대로 말하노니…"[2] 그리고 그 요점은 우리가 살면서 두 주인 가운데 한 주인을 섬겨야 한다는 것이었다. 우리는 죄를 섬기거나 하나님을 섬겨야 한다. 중립 지대는 없다.

이것은 바울의 주된 요점이다. 그러나 우리는 이것을 참으로 믿는가? 만일 우리가 이것을 이해하고 참으로 믿는다면, 우리는 때때로 그렇듯이 그렇게 자주 혹은 그렇게 쉽게 죄를 지으려 하겠는가? 우리는 흔히 그렇듯이 죄를 가볍게 여기고 의(義)를 추구하는 일에 마음을 소홀히 하겠는가?

두 길의 교훈

바울이 이 절들에서 서술하고 있는 것은 성경 곳곳에 나타나는 두 길의 교훈이다.

이 교훈에 대한 가장 유명한 것은 산상보훈에 기록된 예수님의 말씀에 있다. 이 설교의 마지막 대목은 선택을 내려야 할 대조들을 잇달아 열거한다. 두 문과 두 길, 두 나무와 두 열매, 두 집과 두 기초 등이다. 이 두 길을 살피는 부분은 이렇게 말한다. "좁은 문으로 들어 가라 멸망으로 인도하는 문은 크고 그 길이 넓어 그리로 들어가는 자가 많고 생명으로 인도 하는 문은 좁고 길이 협착하여 찾는 이가 적음이니라"(마 7 : 13-14). 요컨대, 두 길이 전혀 다르며 정반대의 방향으로 향하고 있으므로 사람은 이 두 길 가운데 한 길에만 설 수 있다 는 것이다.

이 교훈에 대한 고전적인 진술은 시편 1편에 있는데, 이 시편 1편은 바울이 로마서 6장 에서 밝히는 그 요점을 담고 있다. 시편은 전혀 다른 두 범주의 사람, 즉 '악인' 과 '의인' 을 서술하고 있다.

이 시편은 이 두 사람이 각각 제 길을 가고 있음을 보인다. 한편으로 불의(不義) 가운데 행하는 사람이 있다. 첫번째 범주에 속하는 자들은 먼저 '악인의 꾀를 좇고' 그런 후에는 '죄인의 길에 서고' 마침내는 '오만한 자의 자리에 앉는다' (1절). 다른 말로 하면 그들은 점 점 불경건을 행하면서 불경건 속에 자리를 잡게 된다. 게다가 그들의 생활은 아무런 열매를 맺지 못한다. 그들은 '바람에 나는 겨와 같은' (4절) 메마른 식물이다. 다른 한편, 경건 가운 데 행하는 사람이 있다. 의인은 '여호와의 법을 즐거워 하며' 끝없이 열매를 맺는다. 그는 "시냇가에 심은 나무가 시절을 좇아 과실을 맺으며 그 잎사귀가 마르지 아니함과 같으니 그 행사가 다 형통하리로다"(2-3절).

마지막으로 이 시편은 두 종류의 사람들이 이르는 결국을 보여 준다. "그러므로 악인이 심판을 견디지 못하며 죄인이 의인의 회중에 들지 못하리로다"(5절). 즉 하늘에서 이루어지는 의인들의 교제에 들지 못한다. "대저 의인의 길은 여호와께서 인정하시나 악인의 길은 망하리로다"(6절). 의인의 결국은 영생이지만 악인의 결국은 심판이다.

이것이 바로 바울이 이 절들에서 말하고 있는 것임이 명백하다. 물론 그의 종 노릇 비유가 성문에서 돈을 걷는 악당이나 추수 때 쓸모없는 겨를 흩어버리는 것에 대해서는 말하지 않는다. 또한 바울은 '하나님을 섬기는 종'을 열매 맺는 나무라고 언급하지 않는다. 그러나 그는 두 가지 다른 행로를 서술한다.

첫번째 길은 죄의 종 노릇 하는 것에서 시작한다. 우리는 태어나면서 이런 상황에 속한다. 왜냐하면 우리 가운데 누구도 나면서 의로운 사람은 없기 때문이다. 죄는 우리의 잔인한 주인이다. 죄는 우리를 몰고 다닌다. 우리는 혼자서 이 가혹한 압제에서 벗어날 수 없다. 이 종 노릇은 '부정과 불법'(롬 6 : 19)에 이른다. 부정은 개인에게 영향을 미치는 죄를 가리킨다. 이는 개인적인 더러움 특히 죄에 의하여 생기는, 순결과 반대되는 더러움을 뜻한다. 불법은 하나님의 법이나 인간의 법을 어기는 것을 뜻한다. 로버트 홀데인(Robert Haldane)은, '부정이 주로 오염을 가리키며, 불법은 죄의 책임을 가리킨다'[3]고 말한다. 게다가 이 불법은 점진적이다. 헬라어 본문은 특별히 이 요점을 은근히 말하는데, 이 본문은 문자 그대로 보면 다음과 같기 때문이다. '너희는 너희 지체를… **불법에 이르는 불법**에 종으로 드렸다." 다른 말로 하면, 죄는 바울이 로마서 1장에서 이미 보여 주었듯이 내리막길이다. 악인의 꾀를 좇음으로써 시작하는 자들은 곧 죄인의 길에 서게 되고 마침내는 오만한 자의 자리에 앉게 된다.

이 멸망하는 길의 결국은 사망이다. 바울은 이 대목에서 이것을 세 번 언급한다(16, 21, 23절). 이 사망은 물리적 사망을 뜻하지 않는다. 왜냐하면 악인은 물론이고 의인도 물리적 죽음을 경험하기 때문이다. 바울이 여기서 말하는 사망은 영원한 처벌 곧 죄의 완전한 형벌을 뜻한다.

두번째 길은 하나님을 섬기는 종 노릇으로부터 출발한다. 이 종 노릇은 하나님이 우리 가운데 이루어 놓으시는 것이며 실제로는 자유이다. 이 길은 '의'에 이르며, 이 의는 '거룩함'에 이른다(19절). 이 낱말들은 '부정'이 '점점 커지는 불법'에 이른다는 원칙과 나란하며, 하나님이 내 것이라고 주장하신 자들의 정반대 체험을 서술한다. 이 문맥에서 '의'는 주로 의로운 행위를 뜻한다. '거룩함'은 하나님의 뜻과 성품에 따르는 것이 돋보이는 내적 상태이다. '거룩함에 이르는 의' 라는 구절은 겉으로 드러나는 경건의 연습이 내적인 경건에 이르다는 것, 즉 옳은 일을 하는 것이 실제로 영적 성장의 길에 서게 한다는 것을 가르친다.

이 건전하고 발전하는 길의 결국은 영생이다(22절). 이 문맥에서 '영생' 은 경건한 생활의 열매 혹은 마지막 결과를 가리키는 것으로 생활 자체나 그 보답을 가리키지 않는다. 이 영생은 영생의 원천이신 하나님과 나누는 영원한 교제를 가리킨다.

다만 그것을 하라

바울이 두 길을 분석하는 요점은 그리스도인더러 거룩한 생활을 하라고 권하고자 함이다. 그런데 그는 이런 적용을 문단의 끝이 아니라 처음에서 하고 있다. "… 너희가 너희 지체를 부정과 불법에 드려 불법에 이른 것같이 이제는 너희 지체를 의에게 종으로 드려 거룩함에 이르라"(19절).

이 적용에 대하여 무엇을 더 말할 수 있겠는가?

우리가 주목하는 첫번째 것은, 이 적용이 로마서 6장의 전반부에 나오는 13절의 권고와 거의 같은 권고라는 점이다. 거기서 바울은 그리스도인은 죄에 대하여 죽고 그리스도 안에서 하나님에 대하여는 산 자가 되었음을 이미 보였다. 그는, 사실이 그러하므로 우리가 이 변화를 깨닫고 그 변화를 터 삼아 행동해야 한다고 주장한다. "이와같이 너희도 너희 자신을 죄에 대하여는 죽은 자요, 그리스도 예수 안에서 하나님을 대하여는 산 자로 여길지어다"(11절). 그럼 우리는 어떻게 그렇게 할 수 있는가? 자신을 죄에 대하여 죽은 자요 그리스도 안에서 산 자로 여긴다는 것은 무슨 뜻인가? 그 대답은 다음과 같았다. "또한 너희 지체를 불의의 병기로 죄에게 드리지 말고 오직 너희 자신을 죽은 자 가운데서 다시 산 자같이 하나님께 드리며 너희 지체를 의의 병기로 하나님께 드리라"(13절).

이는 바울이 19절에서 다시 전반적으로 말하는 바로 그것이다. 바울은 우리 몸의 지체를 언급하면서, 그 지체를 죄에게 드린 이전 상태와 의(義)에 드린 현재 상태를 대조한다. 여기서 유일하게 눈에 띄는 차이점은, 19절에서 바울이 죄에 대한 **종 노릇**과 의에 대한 **종 노릇**에 대하여 말한다는 것이다. 그리고 이 차이점은 그가 펼치고 있는 새로운 비유와 맞아 떨어진다.

왜 바울은 이처럼 되풀이하여 말하는가? 분명히 우리가 의(義) 가운데 성장하는 길이 따로 없다는 요점을 밝히기 위해서이다. 거룩함에는 비밀 공식이나 마술적인 방식이 없다. 유일한 방도는 하나님께서 우리를 위하여 하신 일이 무엇인지 깨닫고서 우리 지체를 곧 우리의 마음과 눈과 귀와 혀와 손과 발을 훈련하는 것, 즉 그 깨달음에 따라 하는 것이다.

이 요점은 아무리 강조해도 지나치지 않는데, 이는 그리스도인들이 힘든 일을 피하고 쉬운 해결책이나 즉효약을 (찾기를 고심하긴 하지만) 찾아다니고 있는 시대에 우리가 살고 있기 때문이다. 우리는 정기적으로 우리의 물리적, 정서적 생활에서 손쉬운 해결책을 찾고 있다. 우리는 절망스러울 때 영화를 보거나 쇼핑을 하거나 진정제를 먹는다. 인간 관계에 문제가 있으면 충고를 받기 위하여 주말 세미나에 참석하거나 새로운 사람을 만나기 위하여 독신자 술집에 간다.

우리 그리스도인들은 이런 관점으로 신앙 생활을 꾸려가는 것을 쉬운 일로 여긴다. 이렇게 하는 어떤 사람들은 구체적인 '승리'의 공식("가서 하나님께 맡기자", "믿음으로 하자" 혹은 다른 손쉬운 슬로건)을 찾는다. 어떤 사람들은 강력한 감정적 체험을 찾는다. 또 어떤 사람들은 기적을 구한다.

그러나 이런 것들은 하나님의 응답이 아니다. 하나님은 우리가 알아야 하거나 우리가 구해야 하는 어떤 것을 비밀처럼 감추지 않으신다. 하나님은 이미 우리의 구원을 위하여 필요한 모든 것을 하셨고 우리가 일관성 있게 그리스도인의 생활을 꾸려가는 데 필요한 모든 것을 셨다. 그래서 우리가 그리스도인의 생활을 꾸려가지 못한다면, 우리가 하나님이 하신 것을 배우지 못하여 어떻게 그리스도인으로서 행동해야 할지 모르기 때문이거나 단순히 우리가 너무 죄악되거나 게으르기 때문이다.

마틴 로이드 존스(D. Martyn Lloyd Jones)는 이렇게 썼다. "당신은 '경건한 생활에 관련된 모든 것'을 이미 받았다. 다른 체험이 필요치 않다. 어떤 새로운 은사가 필요치 않다. 당신은 그리스도 안에서 모든 것을 받았다. 당신은 그리스도인의 생활을 시작하면서부터 '그분 안에' 있었다. 당신이 이런 생활을 하고 있지 않다면, 그것은 당신이 그저 태만하고 비천할 뿐이며, 게으르고 무성의하고 참으로 '거짓말쟁이'이기 때문이다."[4] 로이드 존스는 이것이 신약 성경이 거룩함과 성화(聖化)를 전하는 방식이라고 말하는데, 그의 말이 맞다.

우리의 합당한 예배

핵심은 무엇인가? 로이드 존스는 이를 여섯 가지 명제로 말한다.[5]

1. 11-13절에 나오는 가르침처럼 19절에 나오는 성화(聖化)에 대한 가르침도 권고이다. 사실상 그것은 명령이다. 회개하기 전에, 우리는 죄의 다스림을 받고 있었으며 그러므로 죄는 불의한 행동을 위하여 우리 지체를 자기에게 바치라고 명령했다. 그때 우리는 죄에게 순종해야만 했다. 이제 우리는 하나님의 명령을 받게 되었으므로 하나님은 우리에게 의의 행동을 위하여 우리 몸을 하나님께 드리라고 명령하신다.

2. 하나님의 목적을 위하여 우리 지체를 하나님께 드리라는 명령은 일종의 권고이므로, 우리가 해야 할 일이다. 사실 그것은 우리가 할 수 있는 일이다. 우리가 회개하기 전에 이 명령을 받았다면, 우리는 그것을 할 수 없었을 것이다. 아우구스티누스가 말했듯이 우리는 그때 논 포세 논 페카레(non posse non peccare : '죄를 짓지 않을 수 없는') 상태였다. 그러나 우리는 죄의 속박에서 벗어나 신생(新生)으로 하나님의 자원하는 종이 되었으므로, 이제 포세 논 페카레(posse non peccare : '죄를 짓지 않을 수 있는') 상태이다. 이를 긍정적인 말로 표현하면, 우리는 이제 하나님께 순종하고 선한 일을 하며 의로운 생활을 꾸릴 수 있다.

3. 의의 병기로 우리 지체를 드리라는 명령은 이미 우리에게 일어난 어떤 일을 기초로 삼고 있다. 그것은 이미 일어난 일이지 우리에게 일어날지 모르는 혹은 앞으로 일어날 일이 아니다.

여기 당신이 풀어야 할 연습 문제가 있다. 로마서 6장을 계속 살펴보고, 과거 시제로 우리 가운데 그리스도인인 우리에게 일어났던 일을 말하는 동사에 밑줄을 쳐 보라. 거의 모든 중요한 동사에 밑줄을 치고 있음을 발견하게 될 것이다. "죄에 대하여 죽은 우리가…"(2절); "그리스도 예수와 합하여 세례를 받은 우리는 그의 죽으심과 합하여…"(3절); "그러므로 우리가… 세례를 받음으로 그와"(4절); "우리가 그의 죽으심을 본받아 연합한 자가 되었으면…"(5절); "우리 옛 사람이 예수와 함께 십자가에 못박힌 것은…"(6절); "우리가 그리스도와 함께 **죽었으면…**"(8절) : "… 너희가 너희에게 전하여 준 바 교훈의 본을 마음으로 **순종하여**"(17절); "**죄에게서 해방되어 의에게 종이 되었느니라**"(18절); "**너희가 죄에게서 해방되고 하나님께 종이 되어…**"(22절). 이 동사들은 참으로 모든 그리스도인의 체험을 서술한다. 그들이 하나님의 능력으로 말미암은 거룩한 생활을 꾸려갈 수 있는 것은 그들의 체험이 이런 용어로 서술될 수 있기 때문이다. 즉 이미 일어난 일 때문이다.

4. 그러므로 성화(聖化)에 대한 신약의 접근법은 우리더러 우리의 처지를 깨닫고 그에 따라 행동하게 하는 것이다. 신약은 우리의 장차 갖출 모습을 갖추라고 우리에게 말하지 않는다. 오히려 신약은 현재 그대로의 모습을 지니라고 우리에게 말한다. 로이드 존스(D. Martyn Lloyd Jones)는 이렇게 말한다. "'그리스도께서 당신을 위하여 십자가에 못박히셨으니, 이제 남은 것은 당신이 그리스도와 함께 십자가에 못박히는 것이다'라고 말하는 교훈을 신약 어디서도 발견할 수 없다. 이 가르침은 사람들에게 널리 퍼져 있던 것이지만, 신약에는 그런 가르침이 없다. 그리스도인이라면 이미 그리스도와 함께 십자가에 못박혔다… 이 명령을 우리에게 하시는 것은 그 일(우리가 십자가에 못박힌 일)이 이미 일어났기 때문이다. 우리에게 그 일이 해당하기 때문이다."[6]

5. 이 요구는 전적으로 합당하다. 사실, 이 요구에 반대되는 것은 무엇이든지 합당하지 못하다. 우리는 구원받기 전에는 죄를 섬겼다. 그리고 그렇게 하는 것이 일관성 있고 합당했다. 그러나 이제 우리가 회개했으므로, 우리는 하나님을 섬기는 것이 합당하다.

바울이 여기서 우리에게 논증하고 있는 사실을 납득하겠는가? 조금 전 나는 로마서 6장에서 우리가 구원받을 때 우리에게 일어난 일을 말하는 동사를 찾으라고 말했다. 이제 다시 돌아가 로마서 6장을 보되, 바울이 다음과 같은 행위에서 이끌어내는 내용을 주목해 보라. "… 죄에 대하여 죽은 우리가 **어찌** 그 가운데 더 살리요"(2절); "만일 우리가 그의 죽으심을 본받아 연합한 자가 되었으면, **또한** 그의 부활을 본받아 연합한 자가 **되리라**"(5절); "**그러므로** 너희는 죄로 너희 죽을 몸에 왕 노릇 하지 못하게 하여 몸의 사욕을 순종치 말고"(12절). "죄가 너희를 주관치 못하리니, 이는 너희가 법 아래 있지 아니하고 은혜 아래 있음이니라"(14절); "그런즉 어찌하리요 우리가 법 아래 있지 아니하고 은혜 아래 있으니 죄를 지으리요 그럴 수 없느니라"(15절); "… 너희가 너희 지체를 부정과 불법에 드려 불법에 이른 것같이, 이제는 너희 지체를 의에게 종으로 드려…"(19절).

성경은, 당신이 죄악된 생활을 하고 있으면 당신의 행동이 당신이 내비칠 기독교적 신앙 고백과 도무지 일치하지 않는다고 말한다. 당신이 그리스도인이라고 내세우면, 그에 따라 당신의 생활을 반듯하게 해야 한다. 아니면 당신은 참된 신자라고 감히 오랫동안 가정하지 못한다. 그것은 주제넘는 짓일 것이다. 하나님은 우리 가운데 누구든지 은혜가 넘칠 것이라고 생각하고서 계속 죄를 짓는 일을 하지 말라고 금하신다.

6. 우리가 거룩한 생활을 하려 할 때 범하는 실수는 거의가 이 진리를 깨닫지 못하거나 게으르거나 이 진리를 우리 행동에 적용하지 못하기 때문이다. 성화에 대한 예수님의 말씀을 기억하는가? 예수님은 제자들을 위하여 이렇게 기도하셨다. "저희를 진리로 거룩하게 하옵소서. 아버지의 말씀은 진리니이다"(요 17 : 17). 이는 바울의 저술에서 우리가 배우는 것과 동일한 교훈이다. 이는 오늘날에도 진리이다.

얼마전에 나는 루이스(C. S. Lewis)의 「영광의 무게」(The Weight of Glory)라는 논문을 다시 읽고 있었다. 루이스는 이 논문을 마칠 때 사람들을 매일 하나님다워지거나 마귀다워지는 영원한 피조물이라고 생각하라고 그는 우리에게 이렇게 권한다.

> 온갖 신과 여신이 득실대는 사회에서 살아가는 일이란, 당신이 이야기 붙일 수 있는 사람 가운데 가장 무미건조하고 재미없는 사람을 어느날 경배를 드리고 싶은 생각이 강하게 들게 하는 피조물이 되거나 그렇지 않으면 지금 당신이 혹시 악몽에서나 접할 수 있듯이 공포스럽고 추한 피조물이 될 수 있다는 것을 기억하기란 여간 어려운 일이 아니다… **보통** 사람은 없다. 당신은 그저 죽을 인생과 이야기한 적이 없다. 국가와 문화와 예술과 문명, 이것들은 사라질 것이며, 그 생명은 우리에게 죽을 수밖에 없는 운명의 생명과 같다. 그러나 우리가 함께 농담을 주고 받고, 함께 일하고, 결혼하고, 윽박지르고, 착취하는 사람은 불멸의 존재이다. 불멸의 공포 아니면 영원한 광채이다.[7]

루이스는 그런 식으로 다른 사람들을 생각할 수 있다면 그들을 더 잘 대할 것이라고 말한다. 그러나 이것이 다른 사람에게 맞는 말이면, 우리에게도 정말 맞는 말이다. 우리가 지금 하는 일은 언젠가 우리가 할 일과 관계 있다. 그리고 이는 거꾸로도 역시 타당하다. 우리가 장차 할 일은 우리가 지금 하는 일을 결정함에 틀림없다. 우리가 예수님에 의하여 구원받아 예수를 닮게 될 것이라면, 그와 같이 그를 위하여 매일 살아가기를 시작해야 한다.

● 각주 ●

1. John R. W. Stott, *Men Made New : An Expostion of Romans 5-8* (Grand Rapids : Baker Book House, 1984), p. 55.

2. 바울의 말은, 그가 사도로서가 아니라 단순한 사람으로서 말한다는 즉 영감을 받지 않은 비유를 제시하고 있다는 뜻이 아니다. 그의 말은, 자신이 신령한 것들을 이해하기 힘들어 할 사람들을 도우려고 일반 생활에서 비유를 빌리고 있다는 뜻이다. 그리고 모든 비유처럼 그것은 완벽하지 않다. "결국 그리스도 안에 있는 새 생명은 그것이 사람들 가운데 있듯이 '종 노릇'이 아니다. 그것은 가장 높고 유일한 자유이다. 그러나 이와 같은 종 제도는 그리스도와 연합하는 것과 관련되어 있는 죄의 속박으로부터 벗어나는 해방이며 하나님께 대한 우리의 모든 헌신을 드러내는 데 이바지한다"(John Murray, *The Epistle to the Romans* [Grand Rapids : Wm. B. Eerdmans, 1968], p. 233).

3. Robert Haldane, *An Exposition of The Epistle to the Romans* (MacDill AFB : MacDonald Publishing, 1958), p. 263.

4. D. M. Lloyd Jones, *Romans : An Exposition of Chapter 6, The New Man* (Grand Rapids : Zondervan, 1973), p. 269.

5. Ibid., pp. 258 265.

6. Ibid., p. 262.

7. C. S. Lewis, *The Weight of Glory and Other Addresses,* ed. Walter Hooper(New York : Collier Books, Macmillan, 1980), pp. 18, 19.

85
죄의 삯과 하나님의 은사
로마서 6:23

죄의 삯은 사망이요 하나님의 은사는 그리스도 예수 우리 주 안에 있는 영생이니라.

성경 곳곳에는 아무리 주의력이 부족한 독자라도 곧바로 알아볼 수 있는 매우 중요한 구절들이 있다. 그렇다고 다른 절이 중요하지 않다는 것은 아니다. 왜냐하면 "모든 성경은 하나님의 감동으로 된 것으로… 유익하기"(딤후 3 : 16) 때문이다. 그러나 어떤 본문은 아주 중요한 교훈을 놀랍게 요약하는 점에서 다른 절보다 돋보인다. 특히 복음의 핵심에 있는 절들이 그렇다.

로마서 6 : 23이 그런 절이다. 이 절은 다음과 같다. "죄의 삯은 사망이요 하나님의 은사는 그리스도 예수 우리 주 안에 있는 영생이니라".

이 절은 성경에서 가장 익숙한 절 가운데 하나이다. 한 가지 예를 들어 이 절은 특히 유명한 성경인 로마서에 나온다. 그리고 이 절은 짧고 외우기 쉽다. 영어로는 스무 낱말이다(헬라어에는 열아홉 낱말이다). 이 낱말들 가운데서 오직 세 낱말 즉 '삯'(wages), '영원한'

(eternal), '예수' (Jesus) 등이 한 음절 이상이지만 그것들도 어렵지는 않다. 로마서 6 : 23
은 수백만 주일 학교 학생들이 배우고 수십 종의 전도 책자에 들어간 것이다. 이처럼 복음
을 제시할 때 이 본문은 로마서 3 : 23("모든 사람이 죄를 범하였으매 하나님의 영광에 이
르지 못하더니") 바로 다음에 그리고 모든 성경 구절 가운데 가장 유명한 절인 요한복음
3 : 16("하나님이 세상을 이처럼 사랑하사 독생자를 주셨으니 이는 저를 믿는 자마다 멸망
치 않고 영생을 얻게 하려 하심이니라") 앞에 나온다.

　찰스 H 스펄전(Charles H. Spurgeon)은 로마서 6 : 23을 '기독교의 격언이며 황금 문
장이며 하늘을 가로질러 기록될 만한 하나님의 진리'라고 불렀고 이렇게 썼다. "예수님이
당신의 장사를 위하여 기름 부은 여인에 대하여 '온 천하에 어디서든지 이 복음이 전파되는
곳에는 이 여자의 행한 일도 말하여 저를 기념하리라'고 말씀하셨던 것처럼, 나도 '복음이
전파되는 곳마다 사도 바울이 남긴 이 황금 문장은 이 사도가 믿음을 얼마나 분명하게 보였
는지를 입증하는 증거로 반복될 것이라'고 말할 수 있을 것이다. 여기서 당신은 복음의 본
질과 복음이 믿는 모든 자를 비참에서 건져낸다는 진술을 둘 다 보게 된다."[1]

　바울은 짧으면서도 표현이 잘 된 말을 좋아했던 것 같다. 틀림없이 그런 말이 선교 최전
선에서 가르칠 때 아주 유익했기 때문이다.

두 길

　이 절이 호소력을 갖는 것은 두 길의 교훈을 요약하기 때문이다. 이 두 길의 교훈은 우리
가 바로 앞 장에서 공식적으로 도입한 것이긴 하지만 6장 전체에서 그리고 심지어는 로마
서 5장에서도 연구해 오던 것이다. 이 교훈은 여러 표현이긴 했지만 거듭 제시되어 왔다.

　로마서 5장에서 이 교훈은 아담 안에 있음과 그리스도 안에 있음의 차이로 표현되었다.
두 길은 인류의 두 대표적 우두머리가 행한 정반대 되는 행위로부터 펼쳐졌다. 우리가 들은
바와 같이 아담은 하나님께 순종하지 않았다. 그리고 그의 불순종은 정죄와 사망을 그 후손
에게 가져다 주었다. 예수님은 하나님께 순종했다. 그리고 그의 순종은 그와 연합한 자들을
위하여 칭의와 생명을 낳았다. 로마서 5장의 끝에서는 율법과 은혜의 대조를 서술했는데
율법은 죄를 불러일으켰고, 죄의 결과는 사망이었다. 은혜는 의와 영생에 이른다.

로마서 6장에서도 상황은 비슷한데, 다만 여기서는 두 길이 두 가지 종 노릇으로 서술되었을 뿐이다. 첫째, 죄에 대한 종 노릇이 있는데, 우리는 각각 나면서 '부정과 불법'(19절)에 이르는 이런 종 노릇을 한다. 그 마지막은 사망이다(21절). 또 다른 한편은 하나님에 대한 종 노릇이 있다. 이 종 노릇은 의에게 드려 거룩함(19절)에 이르며 그 마지막은 영생이다(22절).

이것이 우리 본문의 요약이다. 바울이 "죄의 삯은 사망이요 하나님의 은사는 그리스도 우리 주 안에 있는 영생이니라"고 말할 때 뜻하는 바가 바로 이것이다.

사망의 길

사도 바울이 이 본문에서처럼 '사망'과 '영생'을 대조할 때면, 우리는 곧바로 무덤 너머에 있는 영혼의 상태를 생각한다. 즉 우리는 영생을 하늘에서 하나님의 자녀가 누리는 생활로, 영원한 사망을 예수 그리스도와 상관없이 죽는 자들이 형벌로 받는 사망[요한계시록에서는 이를 '둘째 사망'이라고 한다]으로 생각한다. 이는 전체 그림의 일부이지만 그래도 중요한 부분이다. 그러나 우리는 로마서 6장에서 바울이 신자의 **현재** 생활에 대하여 쓰고 있으며 그리스도인이 죄에게 종 노릇 하는 데서 자유롭게 되어 이후로는 하나님을 섬기기 위하여 살아야 한다고 강조하는 것을 기억해야 한다.

이것들의 영원한 끝이 장차의 사망과 생명일지라도, 우리에게는 살펴보아야 할 현재의 사망과 현재의 생명이 있음을 간과하지 말아야 한다.

마음 같아서는 그보다 더 나아가, 이 절에서 바울은 **이세상**에 나타나는 죄와 의의 효과에 특별히 관심을 갖고 있으며, 다가올 세상에 대하여는 특별히 관심을 갖고 있지 않다고 생각하고 싶다. 이렇게 생각하는 이유는, 바울이 죄의 효과를 서술하기 위하여 오프소니아(opsonia : '삯')를 사용하고 있기 때문이다. 이 낱말은 로마 군사에게 복무한 대가로 주는 매일 식량 배급을 표현할 때 사용하던 말이다. 다른 말로 하면 이 낱말은 군사가 복무 기간을 마칠 때 받는 많은 급료를 가리키지 않고 매일 그에게 배당된 것을 가리킨다. 그러므로 바울이 여기서 염두에 두는 것은 개인의 현재 상태이지 그의 미래 상태가 아니다.

다른 말로 하면, 우리는 로마서 1장에서 하나님의 '진노'에 관하여 이미 살폈던 것과 유사한 점을 이 절에서 본다. 우리 생각에 '진노'는 종말에 일어나는 일, 즉 하나님이 마지막 날에 죄에 대하여 갚으시는 마지막 심판을 보인다. 확실히 진노에는 그런 측면이 있으나 바울이 로마서 6장에서 실제로 말하고 있는 것은, 하나님을 거부했던 자들이 내리막 인생길로 치달을 때 나타나는 것처럼 하나님이 사람에게 내리시는 진노의 **현재적** 시행이다.

이는 현실과 깊이 관련되어 있다.

얼마 전에 나는 죄에 대한 고전적인 연구서를 읽고 있었다. 원래 이 책은 캔자스 토피카 (Topeka)의 유명한 메닝거 클리닉(Menninger Clinic)의 칼 메닝거(Karl Menninger)가 쓰고 1973년에 출판된 것이다. 그 제목은 「도대체 죄는 어떻게 되었는가?」(Whatever Became of Sin)이다. 메닝거는 정신과 의사이다. 그런데 그의 마음을 어지럽히고 결국 그로 하여금 이 책을 쓰게 했던 것은, 그가 주의깊게 관찰하고 상담한 것을 기초로 할 때 '죄'라는 개념이 국민들의 의식에서 거의 사라졌고 그리하여 참혹한 결과가 따랐다는 각성이었다.

죄란 무엇인가? 메닝거는 죄를 고전적인 말로 정의한다. "죄는 하나님의 법을 범하는 것, 하나님의 뜻에 불순종하는 것, 도덕적 실패이다. 죄는 현재 상황에서 할 수 있는 대로 온전하게 행동과 성품에서 도덕적 이상(理想)을 실현하지 않는 것, 사람이 마땅히 다른 사람에게 해야 할 일을 하지 않는 것이다."[2]

죄는 어떻게 되었는가? 간단하게 말하면 '죄'는 먼저 '범죄'(crime, 하나님의 법을 범하는 것이라기보다 인간의 법을 범하는 것)가 되었고, '범죄'는 '증상'(症狀 : symptoms)이 되었다. 증상은 범법자에게 외부적인 것으로 생각되는 요인들과 따라서 그 사람에게 명백하게 책임이 없는 사물들에 의하여 생겼다.

메닝거는 안나 러셀(Anna Russell)이 쓰고 노래한 정신병학에 관한 풍자시를 인용하여 어떤 일이 일어났는지 언급한다.

> 세 살 때 남자 형들에게 양향성(兩向性 : ambivalence)의 감정을 느꼈지.
> 그러자 자연스럽게
> 난 나의 모든 연인을 독살하게 되었지.
> 하지만 이제 난 행복해. 난 알았어,
> 이것이 가르치는 교훈을.

내가 하는 모든 잘못된 짓이 다른 사람의 책임이라는 걸.

메닝거는 이렇게 묻는다. "우리는 책임감 없이 정신 건강을 유지할 수 있을까? 달리 말하면 도덕적 건강이 없이 정신적 건강을 지닐 수 있을까?" 그는 정신과 의사들이 사실 "증상보다 더 심각한 죄를 안고 있고 감당할 수 없는 짐을 지고 있는 사람들에게 도움을 줄 수 있는데도 그것을 무시함으로써"[4] 이 문제를 뒤섞어버렸을 수 있다고 말한다.

그러나 이런 배경 지식은 내가 메닝거를 인용하는 이유를 이해하는 데 필요하긴 하지만, 그것 때문에 내가 메닝거를 언급하는 것은 아니다. 내가 그를 언급하는 것은, 그가 수천 명의 환자들을 치료한 체험으로부터, 우리가 죄라는 개념을 어떻게 생각하든지 상관없이 죄는 하나의 실재이며 ("'죄'와 '은혜'라는 낱말을 대신할 수 있는 것은 없다"고 그는 주장한다) 또 죄는 파괴적이라는 것을 확신하기 때문이다. 그는 이 책의 후반부에 나오는 한 단락에서 그가 말하는 '일곱 가지 오래된 치명적인 죄(그리고 몇몇 새로운 죄)'를 분석하고 다음과 같이 지혜로운 결론을 내린다. "미움(그는 이것이 많은 유형의 죄를 가장 적절하게 요약하는 낱말이라고 생각한다)의 장기적 결과는 자기 파괴이다. 그러므로 **죄의 삶은 참으로 사망이다**"[6](고딕체는 필자의 표기).

자기 파괴는 어떻게 작용하는가? 메닝거는 자기 파괴가 모든 오래된 '치명적 죄'에서 관찰될 수 있다고 말한다.

(권력이나 지식이나 덕에 대한) 교만(pride)은 관계를 파괴한다. 교만은 우리로 다른 사람들을 모아다가 착취하거나 통제할 소유물로 보는 사람이 되게 한다.

(모든 성적[性的] 죄를 포함하는) 정욕(lust)은 개인의 인격을 파괴한다. 정욕은 헌신적인 애정을 약하게 하고 신뢰를 갉아먹고 정직을 파괴한다.

탐식(gluttony)은 몸을 파괴한다. 음식이나 음료수나 약물을 지나치게 먹는 것으로 나타나든 그 어떤 형태로 나타나든 몸을 파괴한다. "탐식은… 자멸적인 사랑을… 상징하므로 죄악되다."[7]

분노(anger)는 폭력이든지 그냥 말만으로든지 다른 사람을 파괴한다. 말로 다른 사람의 자존심이나 위상을 해치는 것은 천천히 '그를 죽이는 것'이다.

게으름(sloth)은 기회와 야망을 파괴한다.

시기(envy), 욕심(greed), 탐욕(avarice), 물질적 풍요(affluence)는 만족을 파괴하고 심지어는 자유와 고상함에 대한 올바른 감정도 파괴한다. 메닝거는 자살하려는 어느 부자를 친척들이 자기에게 상담시키려고 데려온 일에 대해 말한다. 그에게는 삶이 아무런 관심 거리가 되지 못했다. "내 모든 돈을 가지고 무엇을 해야 한다는 생각이 조금도 들지 않아요. 돈이 필요치는 않지만 돈을 포기하는 건 참을 수 없어요" 하고 그는 말했다.

"그러면 돈에서 벗어나기 위하여 자살하겠다고 결심하십시오" 하고 메닝거는 대답했다.

"달리 내가 할 수 있는 일이 있나요?"

"사랑하는 아버지의 이름을 담은 예술품을 전국의 작은 도시에 기증하면서 아버지께 바칠 기념관을 세워 보시죠" 의사는 이렇게 제안했다.

부자의 얼굴이 환하게 밝아졌다. "그거 멋지겠군요. 아버지는 그런 걸 좋아하셨을 겁니다. 정말이지 그건 쉽게 할 수 있겠군요. 재미있겠습니다. 그 일을 하면 아버지께 명예가 돌아가고, 아니 우리 두 사람에게 영원히 명예가 돌아가겠군요. 그 일을 생각해 봐도 되겠죠. 틀림없이 그 일을 하게 될 겁니다."

그러나 그는 그 일을 하지 않았다. 그 사람은 몇 년 더 살다가 죽을 때도 아닌데 죽고 말았다. "아직 이 사람처럼 곤경에 빠지지 않은 상속자들과 동업자에게 좋은 일만 시킨 것이다. 그러나 이들도 같은 '질병'을 앓고 있었다" 고 메닝거는 말한다.[8]

낭비(waste), 사기(cheating), 도적질(stealing), 거짓말(lying), 잔인함(cruelty) 그리고 다른 해악들(other vices), 이 모든 것은 죄이며 모두 파괴석이나.

성경이 말하고 메닝거가 확증하고 있듯이 죄의 삯은 참으로 사망이다. 그리고 이 사망이 현재와 같이 현세에서 분명히 당하는 죽음이라면, 장차 세상에서도 분명히 사망이다.

생명의 길

이것으로 우리 본문의 첫째 부분에 대해서는 충분히 살핀 셈이다. 이제는 첫째 부분과 큰 대조를 이루고 있는 둘째 부분을 살펴보자. 두번째 부분은 이렇게 말한다. "하나님의 은사는 그리스도 예수 우리 주 안에 있는 영생이니라."

이 두 부분은 참으로 놀라운 대조를 이룬다.

사망   대   생명
죄   대   하나님
삯   대   하나님의 거저 주시는 은사

우리는 이 큰 대조들 가운데 첫째 측면을 이미 살폈다. 둘째 측면을 살피도록 하자.

1. 영생(Eternal life). 이는 물론 단순한 물리적 생명을 훨씬 넘어서는 것이다. 왜냐하면 악인도 얼마 동안 물리적 생명을 소유하기 때문이다. 또한 영생은 단순한 존재를 훨씬 넘어서는 것을 뜻한다. 왜냐하면 악인도 영원히 존재할 것이기 때문이다. 예수님이 말씀하셨듯이, '영생'은 하나님을 아는 것과 관계있다. "영생은 곧 유일하신 참 하나님과 그의 보내신 자 예수 그리스도를 아는 것이니이다"(요 17 : 3). 영생은 하나님을 점점 더 아는 것이다. 영생은 모든 기쁨과 복과 어울어지는 거룩함을 뜻한다. 우리가 창조받은 제일 목적은 "하나님을 영화롭게 하고 그를 영원토록 즐기는"(웨스트민스터 소요리문답〈The Westminster Shorter Catechism〉 제1문의 답) 일을 이루는 것을 뜻한다.

더욱이 영생은 지금 시작되고 있는 것이다. 우리는 그리스도와 새로운 관계를 맺기 시작하는 바로 그 때, 즉 우리가 그리스도를 믿기 시작하는 그때 영생을 갖는다.

2. 하나님(God). 첫 대조 즉 사망과 생명의 대조는 우리가 자연스럽게 예상하는 것이다. 하나를 말하면 자연스럽게 다른 하나를 생각한다. 생명과 사망, 사망과 생명. 그런데 두번째 대조는 그렇지 못하다. 죄의 대립자는 하나님이 아니다. 그것은 의(義)라는 낱말이다. 우리가 이 문장에서 예상하는 것은, "죄의 삯은 사망이요", "의의 삯은 영생이라"이다.

물론 바울은 이런 뜻으로 말했을 수 있다. 5장 이후로 그가 펼치고 있던 용어들을 따라가면 다음과 같은 개념에 이른다. 한편으로는 불순종과 불의와 정죄와 사망, 다른 한편으로는 순종과 칭의와 의와 생명이다. 그러나 바울이 '의의 삯은 생명'이라고 말했다면, 우리는 곧바로 우리의 선한 행위로 구원을 얻을 수 있다고 가정했을 것이다. 하지만 바울은 아주 지혜로운 선생이라서 그런 일이 생기도록 하지 않는다. 그러므로 우리 생각에 그가 '의'라고 말하리라고 보던 곳에 바울은 '하나님'을 써서, 성경이 줄곧 가르치는 것처럼 "… 구원은

여호와께로 말미암나이다"(욘 2 : 9)를 가르치려 한다.

다른 말로 하면 하나님말고는 칼 메닝거가 「도대체 죄는 어떻게 되었는가?」(Whatever Became of Sin?)에서 서술하는 곤경에서 우리를 빼낼 수 있는 자가 없다.

라틴어 명구(名句)인 기계 장치의 신(deus ex machina : god from the machine)을 아는가? 이 말은 고전 연극에 나온 말로, 하나님이 어떤 절박한 문제를 해결하려고 개입하는 사실을 가리킨다. 아리스토텔레스는 연극에서 하나님을 사용하는 규칙을 두고 있었다. 그는 등장 인물들이 심각한 딜레마에 빠졌으므로 신만이 그 인물들을 그 딜레마에서 건질 수 있는 상황이 아니라면 하나님을 기계 장치의 신으로 끌어들여서는 안 된다고 말했다. 바로 이것이 이 장과 관계가 있는데 우리가 죄를 행함으로써 빠진 문제가 바로 이것이다. 코끼리가 유사(流砂 : 그 위를 걷는 사람·짐승을 빨아들임 - 역자)에 빠지거나 집이 더러운 구덩이에 함몰되는 것처럼 우리는 그 문제에 빠졌다. 우리가 빠져나오려면 하나님이 필요하다.

3. 은사(the gift). 성경은 구원이 하나님의 선물이라고 가르친다. 이 말에 해당하는 헬라어는 카리스마(charisma : 영적인 은사)로, 실제로는 '거저 주는 선물'이라는 뜻이다. 즉 '은혜'라는 뜻이다. 삯은 우리가 버는 것이다. 그것은 우리가 활동하거나 일한 결과이다. 선물은 번 것이 아니다. 이것은 우리가 로마서 5장 끝에서 도달했던 요점이며, 우리가 이 서신에서 거듭 해명할 주제이다. 사실 우리는 이세상에서 하나님과 주고 받는 모든 일 속에서 이 선물을 발견한다. 우리는 로마서 6 : 23를 다음과 같이 번역할 수 있다. "죄의 삯은 사망이지만, 하나님의 은혜는 그리스도 예수 우리 주 안에 있는 영생이다".

당신은 예수 안에 있는가?

나는 독자들이 이 절의 마지막 것을 주목하기 바란다. 우리는 그 자체가 한 편의 설교인 여러 대조들을 다루었다. 그러나 확신컨대, 독자들은 우리에게 중요한 한 구절이 남아 있음을 주목했을 것이다. 그것은 "그리스도 예수 우리 주 안에 있는"이라는 구절이다. 이것은 대조를 이루는 부분이 아니다. '하나님'이 '죄'와 마주 서 있고, '은사'가 '삯'에 '영생'이 '사망'에 마주 서 있다. 그러면 왜 바울은 이 구절을 포함시키는가?

명백하게 이 구절이 그에게 매우 중요했던 어떤 것을 보여 주기 때문이다. 그것은 바로 **전체 로마서를 쓴 목적이 되는 큰 진리였던 것이다**. 우리는 이제 로마서 6장 끝에 있다. 바울은 복음을 요약하여 하나님이 하나님 백성에게 거저 주시는 선물로 즉, 하나님 백성이 결코 일하여 벌 수 없었던 것이라고 했다. 바울은 율법의 용도와 한계를 다루는 부분을 앞으로 말할 것이다. 그러나 그 말하는 것을 보면 마치 바울이 여기서 멈춰 서서 다음과 같이 생각하는 듯하다. "나는 구원이 하나님의 거저 주시는 선물이라고 말했다. 그러나 확실히 나는 그렇게 이야기를 펼칠 수 없다. 물론 구원은 하나님의 선물이다. 그러나 어떻게 하여 하나님이 우리에게 그토록 은혜로우실 수 있는가? 어떻게 하나님은 영생의 선물을 우리에게 주실 수 있었는가? 이런 죄인인 우리에게". 물론 그 대답은 예수 그리스도에 의하여 혹은 예수 그리스도 안에서 혹은 예수 그리스도로 말미암아이다. 그래서 바울은 '그리스도 예수 우리 주 안에 있는' 이라는 구절을 덧붙인다. 바울은 우리가 오직 예수님의 사역 때문에 죄에서 구원받은 것을 결코 잊지 않았다.

그리고 이것은 마지막 한 가지 문제를 제기한다. 신앙은 언제나 개인적인 문제이다. 마땅히 신앙은 개인적이어야 한다. 당신은 예수님 안에 있는가? 예수님은 당신의 구주, 당신의 주이신가? 당신이 그 질문에 답할 수 있는 방법은 '예' 혹은 '아니요' 이 두 가지뿐이다. 예수님은 당신의 구주이시거나 구주가 아니시다.

만일 예수님이 당신의 구주이시면, 다음과 같은 후속 질문들을 던져 보라. 당신은 예수님을 위하여 살고 있는가? 만일 그렇지 않다면 왜 그렇게 살고 있지 않는가? 예수님은 당신을 위하여 자신을 주셨고 예수님은 당신을 위하여 죽으셨다. 심지어 예수님은 당신을 위하여 살아 계신다. 바울이 로마서 6장에서 갖고 있던 목적은, 당신이 예수님에 의하여 죄의 속박에서 건짐을 받았다면 그것 때문에 당신이 그리스도인으로서 살기 시작하면서 예수님의 것이 될 것이라는 사실을 보여 주려는 것이다. 바울이 고린도 교인들에게 썼듯이, "… 너희는 너희의 것이 아니라. 값으로 산 것이 되었으니, 그런즉 너희 몸으로 하나님께 영광을 돌리라"(고전 6 : 19-20). 죄의 큰 격류에 휩쓸려 가고 있는 세상 가운데서, 당신은 예수님의 종으로 살아야 한다. 당신은 예수님을 위하여 살고 예수님을 증거해야 한다.

당신은 내 질문에 대하여 '아니요' 하고 대답할 수 있다. 그리고 만일 그렇게 대답한다면, 당신이 구원의 길을 아는데도 그처럼 자기 파괴적인 길을 기꺼이 계속 가려고 하는 이유를 묻겠다. 당신은 당할 만큼 오랫동안 죄에 빠져 있지 않았는가? 당신은 건짐 받기를 바라지 않는가?

나는 찰스 해던 스펄전(Charles Haddon Spurgeon)이 이 본문에 대한 설교를 마치면서 보여 주는 방식을 좋아한다. 그는 에스겔 선지자가 마른 뼈 골짜기에 서 있었을 때 하나님이 그에게 물으신 질문을 언급했다. "… 인자야, 이 뼈들이 능히 살겠느냐?…"(겔 37 : 3). 에스겔은 매우 지혜로웠으므로, 아마 우리가 그런 상황에서 대답했을 것처럼 말하지 않았다. 그는 이렇게 대답했다. "주 여호와여 주께서 아시나이다"(우리라면 "살지 못할 겁니다" 하고 말했을 것이다.). 그러나 에스겔이 이 마른 뼈에게 대언하라는 말을 들었을 때, 이 마른 뼈들이 결합되고 살이 붙고 일어서자 큰 군대가 되었다.

당신이 죄에서 건짐을 받으려면 바로 이런 일이 필요하다고 스펄전(C. H. Spurgeon)이 말한다. 죄의 삯은 사망이다. 영적으로 말하면 당신은 그 골짜기의 마른 뼈처럼 죽었다. 하나님말고는 사망에서 생명을 가져다 줄 자가 없다. 예수님말고는 당신이라는 마른 뼈를 살게 할 수 있는 자는 없다. 하나님은 그 일을 하실 수 있다. 그리고 당신이 하나님께로 나아갈 때 하나님은 그렇게 하실 것이다.[9] 당신은 하나님께 나아가야 한다. 지금 나아가야 한다.

● 각주 ●

1. Charles Haddon Spurgeon, "Death and Life : The Wage and the Gift" in *Metropolitan Tabernacle Pulpit*, vol. 31(London : The Banner of Truth Trust, 1971), p. 601.

2. Karl Menninger, *Whatever Became of Sin?* (New York : Bantam Books, 1978), p. 22. (이 정의는 웹스터 사전에서 인용한 것이다.)

3. Anna Russell, "Psychiatric Folksong," in Menninger, *Whatever Became of Sin?*, pp. 210, 211.

4. Menninger, *Whatever Became of Sin?*, flyleaf.

5. Ibid., p. 54.

6. Ibid., p. 200.

7. Ibid., p. 166.

8. Ibid., p. 178.

9. Spurgeon, "Death and Life : The Wage and the Gift," p. 612.

● 제8부 ●

.
.
.
.
.
.
.
.
.
.
.

율법에서 벗어나는 자유

86
율법에서 벗어나는 자유
로마서 7:1-4

형제들아 내가 법 아는 자들에게 말하노니 너희는 율법이 사람의 살 동안만 그를 주관하는 줄 알지 못하느냐 남편 있는 여인이 그 남편 생전에는 법으로 그에게 매인 바 되나 만일 그 남편이 죽으면 남편의 법에서 벗어났느니라 그러므로 만일 그 남편 생전에 다른 남자에게 가면 음부라 이르되 남편이 죽으면 그 법에서 자유케 되나니 다른 남자에게 갈지라도 음부가 되지 아니하느니라 그러므로 내 형제들아 너희도 그리스도의 몸으로 말미암아 율법에 대하여 죽임을 당하였으니 이는 다른 이 곧 죽은 자 가운데서 살아나신 이에게 가서 우리로 하나님을 위하여 열매를 맺게 하려 함이니라.

로마서 7장은 하나님의 말씀에서 가장 유명한 장들 가운데 하나이며 또한 중요한 장이다. 그러나 나와 같이 이 장을 설명하고 가르치려고 하는 자들에게는 이 장은 무섭고 두려운 것이다. 왜 그런가? 서너 가지 이유 때문이다.

첫째로, 이 장은 매우 달아 올랐던 논쟁의 핵심 문제가 되어 왔다. 이 장에서 바울은 14절부터 끝까지 죄에 맞서 벌이는 자신의 격렬한 싸움에 대하여 쓰고 있다. 그는 생애 가운데 어느 시기에 대하여 글을 쓰고 있는가? 회개하기 전의 자신에 대하여 쓰고 있는가? 아니면 이 글을 쓰고 있을 때 즉 회개한 후의 자신에 대하여 서술하고 있는가? 이론적으로만 쓰고 있는가? 아니면 실제 벌어지는 싸움을 서술하고 있는가? 이 절들은 계속 논쟁의 핵심 문제가 되는데, 왜냐하면 이 절들은 (만일 그런 것이 있다면) '육적 그리스도인' (the carnal Christian)에 관한 최근의 가르침과 소위 '주 되심의 구원' (lordship salvation)과 관계있기 때문이다.

이 장의 첫 대목(1-6절)도 역시 한 문제를 제시한다. 이 대목에서 바울은 그리스도인이 예수 그리스도와 혼인하기 위하여 어떻게 율법에서 벗어났는지를 보여 주려고 혼인의 예화를 끌어들인다.

이 예화는 겉보기에는 간단하지만, 많은 사람을 궁지로 몰고갔다. 주된 어려움은, 이 예화가 남편이 살아 있는 동안은 남편에게 얽매여 있지만 남편이 죽으면 다른 남자와 혼인할 자유가 있는 아내를 언급하고 있다는 점이다. 이 예화는 어떻게 신자가 그리스도와 혼인하기 위하여 율법에 대하여 죽었는지 예를 들어 설명한다. 그러나 이 예화에서 죽는 것은 남편이지 아내가 아니며, 다시 혼인하는 것은 아내이다. 게다가 남편은 무엇을 상징하는가? 율법인가? 만일 율법이 아니라면, 남편은 무엇을 상징하는가? 레이 스테드만(Ray C. Stedman)은 남편이 아담을 상징한다고 생각한다.[1] 성 아우구스티누스와 찰스 하지(Charles Hodge)는 우리의 육신 혹은 부패한 본성을 상징한다고 생각했다.[2]

거의 모든 주석에서 거의 드러나는 것처럼, 이 절들에는 많은 문제가 있다.

윌리엄 바클레이(William Barclay)는 로마서 7장에 대하여 이렇게 말했다. "바울은 그처럼 까다롭고 복잡한 구절을 쓴 적이 거의 없다."[3] 도드(C. H. Dodd)는 다음과 같이 반대하면서 혹독하게 지적한다. "이 예화는 처음부터… 혼동스럽다." 그는 "할 수 있다면 이 예화를 무시하고 바울이 사실과 체험의 영역에서 실제로 말하고 있는 것이 무엇인지 물으라"[4]고 우리에게 충고한다. 이는 진지한 주석가라면 지나치지 않을 충고이다.

가장 어려운 문제 : 적용

하지만 나는 설교자로 글을 쓰고 있다. 나의 관점에서 볼 때 로마서 7장의 가장 큰 문제는 이 장의 해석이지(결국 나는 이것이 가장 어렵다고 생각지는 않는다) 그 문제를 비합법적인 우리 시대에 적용하는 일이 아니다. 그러면 이 장을 설명하겠다.

여러분은 앞의 여러 장에서 내가 로마서 6, 7장을 5-8장에 견줄 만한 조금 큰 단락에 들어있는 삽입구로 서술한 것을 기억할 것이다. 이 큰 단락은 구원의 확신과 궁극성과의 관계가 있는데, 우리가 그리스도 안에 있는 하나님의 역사하심으로 의롭다 하심을 받아서 이제 '하나님과 더불어 화평'을 누리는 진리를 말함으로 시작하여 우리를 하나님과의 관계에서 끊을 수 있는 것이 아무것도 없을 것이라는 승리의 외침(8장)으로 끝을 맺는다. 바울은 이 단락을 전개하면서, 자신의 논제(은혜로 구원받는다는 논제)로부터 자연스럽게 생기는 두 문제를 다룬다. (1)이와 같은 교리는 우리가 무엇을 하더라도 결국은 구원받을 것이라고 말하는 것 같으므로 부도덕한 행위를 낳지 않을까? (2)이 교리는 율법을 하찮은 것으로나 쓸모없는 것으로 만들지 않을까? 특히 율법을 하나님의 선한 선물로 언제나 정당하게 보았던 유대인들에게는 이 두번째 문제가 특히 예민한 문제였을 것이다.

바울은 로마서 6장에서 복음이 부도덕에 이르지 아니하고 오히려 그 반대에 도달함을 보여 주면서 처음 질문에 답한다. 왜 그렇게 되느냐 하면, 하나님이 우리를 죄에서 구원하시면서 우리를 예수 그리스도에게 연합시키셨고, 그 결과 구원받은 사람은 그리스도를 위하여 살아야 하고 그렇게 살려고 하기 때문이다. 바울은 두번째 질문 곧 "그러나 율법은 어떤가?"에 대해서는 7장에서 대답한다.

그러나 여기에 문제가 있다. 우리는 사실 대부분의 사람이 율법에 별로 관심을 두지 않고 할 수만 있다면 완악해지거나 비합법적인 시대에 살고 있다. 그러니 어떻게 당신은 율법에 대하여 관심이 없는 사람들에게 율법이 중요하다는 것을 말하겠는가? 혹은 더 분명하게 말해서, 이미 그 사람들이 율법에서 자유롭게 된 것처럼 행동하나 실상은 잘못된 방식으로 행동하고 있을 때, 어떻게 당신은 의를 위한 삶을 살기 위하여 율법에서 자유로워야 한다(이것이 로마서 7 : 1-6이 말하는 것이다)고 그 사람들에게 말하겠는가? 당신은 하나님의 율법에 관하여 마땅히 말해야 할 것을 어떻게 적절하게 말하겠는가?

보편적인 문제

주석가라면 대부분, 로마서 7장에서 언급하는 '율법'이 일반적인 법을 말하는 것이지 구체적으로 구약 율법을 말하지 않으며 1절에 나오는 **형제들**이라는 낱말이 모든 그리스도인들을 가리키는 것으로, 믿는 유대인만 가리키는 것이 아니라는 사실에 동의한다. 그러나

'모든'이란 부분들을 포함하며, 그러므로 나는 바울의 가르침이 믿는 유대인들에게 제시했음에 틀림없는 문제로부터 출발한다. 또 이 부분이 가장 이해하기 쉬우므로 나는 여기서부터 시작한다.

이 문제는 이중적이었다. 첫째로, 내가 이미 말한 문제가 있었다. 즉 율법과 상관없이 하나님이 의롭다 하심에 관한 바울의 가르침이 율법을 가치 없거나 더 못하게 하거나 더욱이 해롭게 만드는 것처럼 보였다는 문제가 있었다. 참된 유대인이라면 어떻게 그런 사실을 받아들일 수 있었겠는가? 참된 유대인은, 율법이 모세로 말미암아 시내 산에서 주신 것이며 주실 때 하나님의 현존을 나타내는 어려운 일들이 따랐다는 것을 알고 있었다. 하나님이 시내 산에서 율법을 주신 것보다 중요하거나 엄숙한 것이 있을 수 없었다. 유대인들은 율법을 하나님이 인간에게 주신 크고 선하고 유익한 선물로 정당하게 보았다. 그런 중요한 선물을 어떻게 제쳐놓을 수 있었을까?

또 하나의 문제는 다음과 같았다. 역설적이게도 율법이 선하긴 하지만 또한 엄청난 짐이었다는 점이다. 율법은, 그것을 진지하게 받아들이는 사람에게 인내심을 요구하는 율법주의적 행동을 규율하는 엄격한 법전을 부가했다. 유대인들에게는 율법의 이런 요구를 표현하는 말이 하나 있었다. 그들은 그 요구를 멍에라고 불렀다. 동물에게 힘든 일을 시킬 때 씌우는 것과 마찬가지이다. 경건한 유대인에게 율법은 그와 같았다. 경건한 유대인은 자신의 멍에를 자랑했으며 그 멍에는 하나님께로부터 왔고 또한 자신을 자기 주위의 경건하지 못한 민족과 구별되게 해주었다. 그러나 그것은 여전히 멍에였고, 크고 감당하기 힘든 짐이었다.

베드로가 사도행전 15장에 서술된 예루살렘 대공회 때 즉 특이하게 비상한 시기에 이 점에 대하여 어떻게 말했는지 기억하는가? 공회에는 구약 율법을 이방인 신자들에게 짊어지우기를 바라던 사람들이 있었다. 그래서 베드로 다음에 바울은 그렇게 하는 것을 잘못된 일이라고 주장했다. 베드로의 주장은 인상적이었다. "그런데 지금 너희가 어찌하여 하나님을 시험하여 우리 조상과 우리도 능히 메지 못하던 멍에를 제자들의 목에 두려느냐"(행 15:10) 하고 베드로는 물었다. 그의 말을 들어 보면, 하나님의 율법에 따라 사는 것은 부담스럽고 불가능하다는 사실을 솔직히 인정했다.

그러나 이것이 유대인의 유일한 문제인가? 나는 조금 전에, 전체가 부분을 포함한다고 말했다. 즉 유대인의 문제는 더 큰 문제 속에 포함되어 있는 셈이다. 그러나 어떻게 해서 그 문제에 유대인말고 더 많은 사람이 포함되어 있는가? 어떻게 해서 이 문제는 이방인에게 영향을 주는가? 다음과 같은 방식으로 영향을 준다. 케임브리지 대학교의 탁월한 교수이며 기독교 대변증가인 루이스(C. S. Lewis)가 단순한 기독교(Mere Christianity)의 서문에서, 모든 사람은 어떤 도덕 기준을 인정하며 그 기준에 따라 살아야한다고 주장했던 사실을 아마 독자들은 기억할 것이다. 루이스는 이 기준을 '인간 본성의 법'(the law of human nature)이라고 불렀고, 사람들이 주장하는 방식으로 이 기준을 예증했다. 사람들은 이런 일을 말한다. "누구라도 당신에게 동등하게 대해주기를 바라지요?", "그건 내 자리요. 내가 거기 먼저 앉아 있었소.", "그를 그냥 내버려 두라. 그 사람은 당신에게 아무런 해를 끼치지 않고 있다.", "왜 당신이 먼저 들어가야 하죠?", "네 오렌지 한 조각을 내게 다오. 내가 한 조각 네게 줬잖아?' 혹은 "자 당신은 약속했어."[5] 루이스는, 이런 진술들을 보면 세상 모든 곳의 모든 사람은 자신과 다른 사람들이 따를 것이라고 보는 행동 기준을 인정하고 있음을 알게 된다고 믿었다. 그리고 나는 그가 옳다고 확신한다.

그들은 물론 그 기준의 세세한 점들에 동의하지 않을 것이며, 그 기준을 그릇되게 적용할 것이다. 그러나 그렇더라도 모든 사람이 흔히 말하는 옳고 그름을 믿는다. 그리고 그들은 또한 다른 사람이 그와 같은 기준을 믿을 뿐만 아니라 '옳은' 기준이 있다고 믿고 그 기준에 따라 살기를 기대한다. 그래서 내가 인용했던 것처럼 옳은 행동을 하라고 호소한다.

루이스는 자신의 주장을 펼치면서 또 하나의 요점을 말했다. 그것은 우리 모두가 이 자연법(the law of nature)을 어겼다는 것이다. 더욱이 우리는 그 법을 깨뜨렸다는 데 대하여 죄책감을 느낀다. 그래서 우리는 흔히 잘못된 행동을 감추려고 하거나 변명하려고 한다.

이런 인간의 행동들을 보면, 어떤 의미에서 유대인은 물론이고 이방인도 '율법 아래' 있으며 자신이 이 율법에 의하여 정죄받았음을 알고 있는 것이 드러난다. 그러므로 바울이 로마서 7장에서 다루고 있는 문제는 인간의 보편적인 문제이다.

레이 스테드만(Ray C. Stedman)은 로마서 연구에서, 모든 사람이 구약의 구체적인 율법을 갖거나 그 율법에 따르지 않으면서도 본성적으로 '율법 아래' 있다는 네 가지 증거를 말하며 그 증거들은 열거할 가치가 있다.

1. **우리는 우리의 업적을 자랑한다.** 얼른 보면 이 증거는, 우리가 지킬 수 있었지만 아마

다른 사람은 지킬 수 없었던 (적어도 그다지 제대로 지킬 수 없었던) 한 기준을 우리가 시인하고 있음을 입증하고 있는 것 같으나, 어떻게 우리가 그 기준들에 의하여 정죄받고 있다고 느끼는지는 입증하지 못하는 것 같다. 그러나 이 증거는 실제로, 우리가 어떻게 정죄받고 있다는 것을 느끼는지 보여 준다. 왜냐하면 우리가 살면서 어떤 영역에서 행한 도덕적 업적을 지적하는 것은 흔히 다른 사람들로 하여금 우리가 다른 영역에서 실수한 것을 못 보게 하려는 것이기 때문이다. 가령 자선가는 100,000달러를 고아원에 기부하되, 먼저 그 돈을 주로 부당하게 얻고서 죄책감을 느끼기 때문에 기부하고서도 자랑할 수 있다. 아마 이 사람은 '유명'해지려고 가족을 등한히 하거나 심지어는 사람을 속였을 수 있다. 레이 스테드만 (Ray C. Stedman)은 이렇게 말한다. "율법은 실수를 드러낸로. 그러므로 율법 아래 살고 있는 사람의 첫번째 표시 가운데 하나는, 이 사람은 언제나 자신이 얼마나 잘하고 있는지를 드러내고 있다는 점이다."[6]

2. 우리는 다른 사람을 비판한다. 이것도 역시 시선을 딴 데로 돌리게 하는 전략이다. '속죄양' 음모이다. 사람들에게 다른 사람이 어떻게 실수했는지 생각하게 하라. 그러면 아마 그 사람들은 당신의 실수를 간과할 것이다. 그리고 다음과 같은 점도 있다. 이상하게도 우리는 우리가 아주 실수를 잘하는 바로 그 영역에서 다른 사람을 아주 많이 비판하는 일이 흔하다는 점이다. 다른 사람의 교만을 가장 미워하는 사람은 다름 아니라 교만한 사람이다. 동료에게 사기당하는 것에 가장 민감한 사람은 다름 아니라 자신이 사기치는 사람이다.

3. 우리는 자신의 실수를 받아들이기를 주저한다. 이는 자랑하는 일을 뒤집어 놓은 것이다. 우리가 자신의 실수를 감추려 하는 것은, 본능적으로 우리를 짓누르는 율법의 무게를 느끼기 때문이다. 만일 우리가 '율법 아래' 있는데 '율법 아래' 있다는 것을 정당하게 느끼지 못한다면, 괴로워할 이유가 있겠는가? 우리는 그 타당성을 알지 못하는 기준을 깨뜨린 사실을 부인하지 않을 것이다.

4. 우리는 의기소침과 낙담과 좌절 때문에 괴로워한다. 이 점은 이 문제의 참된 핵심에 도달한다. 왜냐하면 이 점은 사람들이 단지 새로운 법을 제정하거나 선포함으로써 도덕 기준

을 세우려고 노력하는 것이 얼마나 헛된 일인지를 보여 주기 때문이다. 일반적으로 사회 개혁가들은, 한 공동체의 도덕 기준을 세우는 데 필요한 것은 사람들에게 옳은 것을 알리고 그 사람들이 그 옳은 일을 선택하도록 자극제를 제공하는 것뿐이라고 생각한다. 그러나 그렇게 해서는 효력이 나지 않는다. 우리 모두는 이미 '율법 아래' 있으며, 이미 있는 율법을 깨뜨리고 있다. 그런데 법을 더 많이 갖는다고 해서 무슨 소용이 있겠는가? 혹은 더 나은 법이나 더 고상한 법을 갖는다고 해서 무슨 소용이 있겠는가? 소위 더 나은 법은 우리로 하여금 실패감이 더 들게 하고 우리의 근심을 더 심하게 할 뿐이다. 우리는 이미 충분히 좌절을 맛보았다.

우리는 이렇게 소리쳤을 것이다. "오호라 나는 곤고한 사람이로다. 이 사망의 몸에서 누가 나를 건져내랴"(롬 7 : 24). 바울이 로마서 7장 끝에서 그런 질문을 하고서 제시하는 대답은 새로운 것이 아니다. "우리 주 예수 그리스도로 말미암아 하나님께서"(롬 7 : 25) 건져내실 것이다. 나를 건져내시는 자는 한 위격(位格)이시다.

사망에서 새 생명으로

그러나 우리는 '율법 아래' 있다. 유대인은 구약의 율법 아래 있었다(그리고 지금도 그 아래 있다). 이방인은 자연의 법 아래 있다. 그런데 그것이 바로 문제이다. 바울이 로마서의 앞 부분에서 입증했듯이 율법은 우리를 구원할 수 없다. 바울이 지금 보여 주고 있듯이, 율법은 우리를 거룩하게 할 수도 없고, 우리는 여전히 율법 아래 있다. 거룩한 생활의 해결책이 율법이 아니라 인격이라고 말하는 것까지는 아주 좋다. 그러나 우리가 율법에 매여 있다면 별로 좋지 못하다.

물론 로마서 7 : 1-4는 바로 이런 상황에서 등장한다. 왜냐하면 바울이 이 절들에서 율법의 속박을 푸는 것은 사망이라고 우리에게 말하고 있기 때문이다. 우리는 하나(예수 그리스도)를 향하여 자유롭기 위해서는 다른 하나(율법)에 대하여 죽어야 한다. 율법은 중요한 역할을 맡고 있으며 바울은 그 다음 대목(7-13절)에서 이를 조심스럽게 설명할 것이다. 그러나 율법에 관련하여 바울이 베푸는 첫번째 가르침은, 우리가 율법에서 자유로워야 하는데 우리가 율법에서 자유로울 수 있는 유일한 방법은 사망이라는 점이다.

여기서 이 주장은 어려워진다. 그러나 이 주장을 조심스럽게 따라가 보자.

첫째로, 바울은 모두가 동의할 수 있는 한 사실을 말한다. 즉 "율법이 사람의 살 동안만 그를 주관한다"(1절)는 사실이다. 이 말은 자명한 소리로 들림에 틀림이 없다. 우리는 살아 있는 동안 우리가 살고 있는 나라의 법에 얽매여 있다. 그러나 우리가 죽으면 우리는 그 법에서 자유롭게 된다. 명백한 것은 죽은 사람에게는 무엇을 하라고 요구할 수 없으며 그가 그 일을 하지 않았다고 그를 처벌할 수 없다는 점이다. 모든 사람은 이 점에 동의할 수 있다.

둘째로, 바울은 한 남자와 혼인한 한 여자의 경우를 들면서, 공통의 체험에서 한 예화를 말한다. 그의 주장은 다음과 같다. "남편 있는 여인이 그 남편 생전에는 법으로 그에게 매인 바 되나 만일 그 남편이 죽으면 남편의 법에서 벗어났느니라 그러므로 만일 그 남편 생전에 다른 남자에게 가면 음부라 이르되 남편이 죽으면 그 법에서 자유케 되나니 다른 남자에게 갈지라도 음부가 되지 아니하느니라"(2-3절). 이 예화의 요점은 아주 단순하다. 남편의 사망이 아내를 혼인 생활에 얽매이게 하는 법에서 벗어나게 한다는 것이다.

나는 이 구절을 해석하는 데 나타나는 대부분의 오류가 바울이 의도했던 것 이상으로 이 구절에서 교훈을 이끌어내려는 데서 비롯한다고 확신한다. 우리는 이것이 바울의 요점을 입증하는 증명이 아님을 기억해야 한다. 그것은 예화에 불과하다. 더 중요한 점은 이 예화가 비유가 아니라는 점이다. 즉, 이 예화의 각 부분들에 의미를 주려고 해서는 안 된다는 것이다. 사실 우리가 이 예화의 각 부분에 각각의 의미를 주려고 한다면, 곧바로 어려움에 빠진다. 내가 맨 처음에 언급했듯이 이 예화에 나오는 남편에게 갖가지 의미를 주려 하면 그렇게 된다.

그러나 왜 바울은 이런 문제들을 피해 가면서 예화를 말하지 않았는가? 한 가지 이유는, 독자들이 아무리 문제를 피해 가 봐도 그렇게 해서는 이 예화가 제대로 효과를 나타내지 못하기 때문이다. 남편이 율법을 상징한다면, 우리가 다른 사람 즉 그리스도에게 혼인하기 위해서는 율법이 죽어야 한다. 그러나 율법은 죽지 않는다. 율법은 살아 있고 여전히 가치를 갖고 있다. 12절에서 바울은 "이로 보건대 율법도 거룩하며 계명도 거룩하며 의로우며 선하도다" 라고 주장한다. 바울이 갈라디아서 2 : 20("내가 그리스도와 함께 십자가에 못 박혔나니 그런즉 이제는 내가 산 것이 아니요…")에서 말하고 있듯이, 실제로 **우리**는 그리스도 안에서 죽었다.

그러므로 이런 식으로 생각해 보라. 죽은 남편이 우리를 상징한다고 해보라. 만일 우리가 그렇게 생각하면, 이 예화는 산산조각난다. 왜냐하면 우리가 죽었다면 (바울이 말하고자 하는 것처럼) 다른 사람과 혼인할 수 없기 때문이다.

그러면 왜 예화를 사용하는가? 내 생각에는 서너 가지 좋은 이유가 있다. 마틴 로이드 존스(D. Martyn Lloyd Jones)는 자신의 주석서에서 네 가지 이유를 든다.[7]

1. 한 남자와 혼인한 여자는 그 남자의 권위 아래 있다. 이는 오늘날 여성해방 시대에는 그다지 맞는 말이 아니지만, 바울이 글을 쓰던 시대에는 맞는 말이었다. 사실 인간 역사의 거의 모든 시대와 모든 곳에서 그러했다. 남편과 아내의 권위가 같거나 아내가 남편에 대하여 권위를 갖지 아니하고 남편이 아내에 대하여 권위를 갖고 있었다. 바울이 보여 주고자 하는 것이 바로 이것이다. 인류는 자연의 법과 하나님의 법을 지킬 의무를 지고 있다. 스스로 도덕 법전을 쓰거나 법을 전적으로 내버릴 정도로 자유로운 사람은 아무도 없다. 우리는 책임을 지고 있다.

2. 아내가 부부 생활에서 남편에게 복종하는 것은 일평생 복종하는 것이다. 오늘날 우리는 부부 생활이 이혼으로, '별 잘못 없는' 이혼으로 쉽게 무너지는 것으로 생각한다. 그러나 바울의 생각은 그런 생각과 아주 멀었다. 오늘날 그리스도인들이 결혼 예식에서 맹세하듯이 바울은 성경적으로 생각하고 있었다. 오늘날 주례사는 결혼 당사자들이 이렇게 되풀이하게 한다. "나 메리는 그대 존을 (혹은 나 존은 그대 메리를) 나의 남편으로 (혹은 아내로) 맞이하며, 사는 동안 풍족할 때나 부족할 때나 기쁠 때나 슬플 때나 병들었을 때나 건강할 때나 그대의 사랑하고 신실한 아내(혹은 남편)가되기로 하나님과 여러 증인 앞에서 약속하며 서약합니다". 이 결혼 예화는, 우리가 이세상에서 하나님 법의 권위 아래 있음을 보여 준다.

3. 이 관계와 그에 따르는 권위가 영속적 성격을 갖고 있지만, 다른 관계를 맺을 수 있는 가능성이 있다. 어떻게 있는가? 한 편이 죽으면 가능하게 된다.

바울이 특별히 지적하고자 하는 요점이 바로 이것이다. 우리는 바울이 2절에서 한 편으로 그런 요점을 밝히고 곧바로 3절에서 "… 남편이 죽으면 그 법에서 자유케 되나니, 다른 남자에게 갈지라도 음부가 되지 아니하느니라" 라고 말하면서 그 요점을 전체로 다시 말하는 사실을 보아서, 그것이 바울이 지적하고자 하는 요점인 것을 보게 된다. 바울은 이 절에서 무엇을 보이고 있는가? 바울이 남편은 무엇을 상징하고 아내는 그밖의 무엇을 상징한다는 식으로 비유를 말하고 있지 않음을 다시 반복하겠다. 바울은, 남편이 죽으면 새로운 관계를 맺더라도 혼인의 법을 범하는 것이 아님을 강조하고 있으며 오히려 그 법을 지키는 것이다. 여인은 **법적으로** 다른 남자와 혼인하기 위하여 자신을 처음 남편에 얽매이게 하는 그 법에서 벗어났다.

이런 일이 어떻게 이루어지는지 알겠는가? 바울의 반대자들은 이렇게 말하고 있었다. "그러나 율법은 어떤가? 당신이 전하고 있었던 복음이 율법을 무효로 만들거나 율법을 제쳐놓지 않는가?" 바울의 대답은, 사실상 전혀 그렇지 않다는 것이다. 하나님이 죄인에게 거저 주시는 의롭다 하심을 전하는 복음에서 율법은 온전히 존귀하게 되고 만족되고 지지를 받는다. 구원은 '율법을 성취하는 것'이다. 그러나 동시에 구원은 율법에서 해방되는 것이다. 당신과 내가 도덕적으로 열매를 맺는 생활을 살기 위하여 그리스도 안에서 앞으로 나아갈 수 있으려면 율법에서 해방되어야 한다.

이는 세번째이며 가장 중요한 요점에 이른다.

4. 새 관계의 목적은 "하나님을 위하여 열매를 맺게 하려 함이니라"(4절). 주석가들은 틀림없이 그리스도께 대하여 자손을 낳아드린다는 생각이 아무튼 외설스럽다고 느끼고는 이 마지막 요점에 대해서는 주저하는 것 같다. 내 느낌으로는 전혀 외설스럽지 않다. 바울은 하나님의 열매인 의에 관심을 가지고 있다. 그래서 그는 이렇게 생각한다. 율법(당신이 원한다면 아담이나 우리의 육신이라는 말을 써도 좋다)과 혼인해 지내는 동안, 어떻게 우리는 이 의를 얻을 수 있는가? 전(前)남편은 (의라는)자식을 낳을 능력이 없었다. 율법은 누구에게도 결코 의를 낳게 하지 못했다. 그런데 우리는 어떻게 열매를 맺을 수 있는가? 그 해답은 이렇다. 즉 우리가 예수 그리스도와 새롭고 열매 맺는 관계를 맺기 위하여 죽어서 옛 관계를 끝장내야 한다.

이런 일은 어떻게 일어나는가? 이 일은 우리가 그리스도 안에서 율법에 대하여 죽음으로써 일어난다. 즉 그리스도의 죽으심이 우리의 죽음이 된다. 그러므로 우리가 그리스도 안에서 죽을 때 율법에 대하여 죽는 것이고, 그리스도 안에서 살 때 새로운 관계에 대하여 산다. 그런데 하나님은 에덴 동산에서 우리 시조에게 "… 복을 주시며 그들에게 이르시되 생육하고 번성하여 땅에 충만하라. 땅을 정복하라…"(창 1 : 28상) 하고 말씀하신 것처럼 우리에게도 말씀하신다. 물론 몸으로 낳은 자손으로가 아니라 성령께서 낳으신 의(義)를 가지고 생육하고 번성하고 땅에 충만하고 땅을 정복하라 하신다.

● 각주 ●

1. Ray C. Stedman, *From Guilt to Glory*, vol. 1, *Hope for the Helpless* (Portland : Multnomah Press, 1978), p. 218.

2. Cf. Charles Hodge, *A Commentary on Romans* (Edinburgh and Carlisle, Pa. : The Banner of Truth Trust, 1972), p. 216. (Original edition 1935).

3. William Barclay, *The Letter to the Romans* in "The Daily Study Bible" series(Edinburgh Saint Andrews Press, 1969), p. 94.

4. C. H. Dodd, *The Epistle of Paul to the Romans* (London : Hodder and Stoughton, 1960), pp. 100, 101.

5. C. S. Lewis, *Mere Christianity* (New York : MacMillan, 1958), p. 3

6. Stedman, *From Guilt to Glory*, vol. 1, *Hope for the Helpless*, p. 216.

7. D. M. Lloyd Jones, *Romans : An Exposition of Chapters 7 : 1–8 : 4, The Law : Its Functions and Limits* (Grand Rapids : Zondervan, 1973), pp. 18–24.

87
열매맺는 우리의 두번째 연합
로마서 7:4

그러므로 내 형제들아 너희도 그리스도의 몸으로 말미암아 율법에 대하여 죽임을 당하였으니 이는 다른 이 곧 죽은 자 가운데서 살아나신 이에게 가서 우리로 하나님을 위하여 열매를 맺히게 하려 함이니라.

구원을 얻어 주 예수 그리스도께 속한다는 뜻을 담은 모든 성경 예화 가운데, 결혼의 예화처럼 사람을 즐겁게 하는 것은 없다. 왜냐하면 연애와 구혼과 결혼이 원래 사람을 즐겁게 하는데다가 우리가 예수님과 맺은 관계가 사랑의 관계이기 때문이다.

나는 결혼식 주례를 맡아 달라는 요청을 많이 받는데, 그럴 때 신랑 될 사람이든지 신부 될 사람은 결혼식에 참여할 사람 가운데 더러는 그리스도인이 아니니 결혼식 주례 말씀을 전할 때 구원의 길을 분명하게 알려 줄 수 있는지 묻는다. 그러면 언제나 나는, 복음에 대하여 말하는 것을 즐거워하며 결혼식만큼 그리스도인이 된다는 뜻을 분명하게 설명할 수 있는 것이 없으므로 금상첨화라고 대답한다. 결혼식 예배에서 나는, 성경은 예수님을 열정적으로 사랑을 하는 자, 헌신된 신랑, 신부된 교회의 신실한 남편으로 묘사하며 우리를 그 신부로 묘사하고 있다고 말한다. 게다가 나는 결혼식 서약이야말로 그리스도와 교회의 관계를 특별히 잘 설명해 준다고 말한다.

예수님이 먼저 그 서약을 하셨는데, 이는 우리가 예수님을 알고 그분에게 응답하기 오래 전에 우리를 찾으셨기 때문이다. 예수님은 이렇게 말씀하셨다.

나 예수는 그대 죄인(이는 우리 자신을 말한다)을 나의 아내로 맞이하여, 현세 동안 그리고 영원무궁토록, 풍족할 때나 부족할 때나 기쁠 때나 슬플 때나 병들었을 때나 건강할 때나 그대의 사랑하고 신실한 남편이 되기로 하늘 아버지이신 하나님 앞에서 약속하며 서약합니다.

예수님이 이 말씀을 하신 다음에는 우리가 예수님의 사랑하시는 얼굴을 바라보고 예수님처럼 뜨거운 마음을 가지고서 다음과 같이 따라하는 시간이 왔다.

나 죄인은 그대 예수님을 나의 사랑하는 신랑과 구주로 맞이하여, 현세 동안 그리고 영원무궁토록, 풍족할 때나 부족할 때나 기쁠 때나 슬플 때나 병들었을 때나 건강할 때나 그대의 사랑하고 신실한 아내가 되기로 하늘 아버지이신 하나님 앞에서 약속하며 서약합니다.

결혼을 성사시키는 것은 공식적으로 증인들 앞에서 주고 받는 이 서약이다. 마치 우리를 구원시켜 예수님과 묶는 것이 구원얻는 믿음의 충만함인 것과 마찬가지이다. 왜냐하면 단순히 한 사람에 대하여 안다고 해서 한 여인이 한 남자와 혹은 한 남자가 한 여자와 연합하게 되는 것은 아니듯이 믿음은 예수님에 대한 단순한 지식이 아니다. 또한 믿음은 예수님을 사랑하는 것(물론 이는 중요한 일이다)도 아니다. 그것은 영원히 예수님의 것이 된다는 약속이다.

예수께 연합함

우리가 앞 장에서 보기 시작했던 것처럼, 바울이 로마서 7장의 첫 절에서 펼치고 있었던 것은 바로 이 예화이다. 바울은 하나님이 우리를 그리스도 안에서 건지셨다고 해서 율법이 폐지되는 것이 아니고 오히려 존귀하게 되고 율법의 조건이 충족되었음을 보여 주었다. 바울은 율법이 사람이 살아 있는 동안에만 사람에게 주장할 권리를 갖고 있음을 보임으로써, 일단 사람이 죽으면 그들이 율법과 맺는 관계가 끝이 난다.

우리가 – "남편 있는 여인이 그 남편 생전에는 법으로 그에게 매인 바 되나 만일 그 남편이 죽으면 남편의 법에서 벗어났느니라" 하는 사실을 보여 주는 – 이 예화를 처음 보기 시작했을 때, 나는 이 예화를 비유로 해석하면 혼란이 따른다는 것을 지적했다. 즉 우리는 죽은 남편이 누구인지를 확정하려고 시도하자마자, 혼란을 겪는다는 것이다. 죽은 남편은 율법이 될 수 없다. 왜냐하면 율법은 죽지 않았기 때문이다. 또한 우리 자신도 될 수 없다. 왜냐하면 바울이 여기서 지적하는 요점은, 그리스도인들은 다른 이와 결혼하기 위하여 율법에 대하여 죽었다는 것이기 때문이다. (만일 우리가 좌우간 결혼하는 남자와 여자 가운데 하나여야 한다면, 차라리 여자임에 틀림없다.) 우리가 6장에서 이 예화를 공부했을 때, 나는 이 대조를 비유적으로 해석해서는 안 되고 누구든지 죽어야 율법에서 풀려난다는 것을 보여 주기 위한 예화로 해석해야 한다고 주장했다.

하지만 바울이 이 예화를 사용하는 마지막 절인 4절에서, 바울은 어떻게 우리가 율법에 대하여 죽게 되며 그 결과 새롭고 열매맺는 관계가 생기는지 보여 주면서 우리가 그리스도와 맺은 관계라는 측면에서 실제로 이 예화의 뜻을 밝힌다. 4절에서 바울이 가르치는 것은 그가 든 예화와 시시콜콜 일치하지 않는다. 사실 예화라는 것은 완벽하지 못한 법이다. 그렇지만 바울의 가르침은 참으로 **복음이다.**

바울의 요점은 무엇인가? 간단하게 말해서, 하나님이 우리를 전에 얽매여 있던 율법에서 자유롭게 하시는 목적은 우리로 그리스도께 연합되고 열매 맺게 하려 하심이다. 사실상 그 목적은 그리스도께 연합되기 위한 목적보다 훨씬 강력하다. 헬라어에서는 문장이 "… 우리로 하나님을 위하여 열매를 맺게 하려 함이니라"(롬 7 : 4 하) 는 말로 끝나는데, 이는 여기서 강조하는 것이 그리스도인이 그리스도와 연합했다는 점보다 그리스도인이 열매를 맺는다는 점임을 뜻한다.

어째서 그리스도인과 그리스도의 연합보다 그리스도인이 열매 맺는다는 점을 강조하는가? 바울은, 우리가 하나님에 의하여 구원받았으므로 거룩한 생활을 해야 한다고 가르치고 있었다. 이제 바울은 열매 맺는 결혼 생활의 상(像)을 들어서 하나님이 우리를 구원하실 때 줄곧 갖고 계시던 목적이 바로 이런 거룩한 생활이었다는 것을 가르치고 있다.

왜 하나님은 우리를 구원하셨는가? 오늘날 자기 중심적 문화에서 심지어 그리스도인인 우리까지도 우리를 향한 하나님의 사랑에 대하여 말하면서 전적으로 개인적인 측면에서 이 질문에 대답하려 든다. 이렇게 대답하는 것이 잘못은 아니다. 왜냐하면 예수님은 우리에게 다음과 같이 말씀하셨기 때문이다. "하나님이 세상을 이처럼 사랑하사, 독생자를 주셨으니, 이는 저를 믿는 자마다 멸망치 않고 영생을 얻게 하려 하심이니라"(요 3 : 16). 그러나 우리는, 우리로 거룩하게 될 수 있도록 하나님이 우리를 사랑하셨고 예수님은 우리를 위하여 죽으셨다고 대답하는 편이 훨씬 나을 것이다.

하나님이 우리를 구원하실 때 가지셨던 목적은 무엇이었나? 이를 분명하게 말해 보자. 로마서 7장의 앞부분 몇 절에 따르면, 하나님은 전에 죄와 불의 가운데 길을 잃었던 우리로 거룩한 생활을 하게 하시려고 우리를 구원하셨다.

이 장에서 나는, 결혼 관계의 예를 통하여 드러나는 신자와 그리스도의 연합이 실제로 어떻게 해서 이런 결말에 이르는지를 추적하고 싶다. 즉 나는 어떻게 이 새로운 관계가 거룩함을 낳는지 보여 주고자 한다. 중요한 서너 가지 방식으로 이 새로운 관계는 거룩함을 낳는다.

죄인 양(孃), 그리스도인 부인(婦人)

첫째로, 마치 전통적으로 미국에서 한 여인이 결혼하면 남편의 성을 자기 성으로 취하는 것처럼 우리가 그리스도인이 될 때 주 예수 그리스도의 이름을 우리의 것으로 취하므로 우리는 거룩하게 된다. 가령 위에서 말한 여인이 처녀 시절 존스 양으로 교회에 왔다고 하자. 그런데 존스 양과 결혼하는 남자의 이름이 스미스라면, 존스 양은 스미스 부인으로 교회 문을 나선다. 기독교 결혼식이라면 대개가 이런 변화가 일어난다. 사실 나는 결혼식 주례를 맡으면서 이런 일 하기를 가장 좋아한다. 신랑과 신부가 서약을 하고 결혼 반지를 주고 받고 내가 기독교 결혼에 대하여 말하고 이 부부가 결혼의 연합을 이루도록 기도하고 나면, 나는 이렇게 말한다. "이제 예수 그리스도의 교회 사역자로서 내게 주신 권위에 의하여 나는 하나님의 규례와 펜실바니아 주 법률에 따라 존 스미스와 메리 존스 스미스가 이제 남편과 아내가 되었음을 선언합니다."

이쯤 되면 새 신랑과 새 신부는 대개 긴장이 풀어져서 미소를 짓게 된다. 신부는 드디어 신랑에게 속하였다는 달콤하고 만족스러운 기쁨을 누리며, 신랑은 신부가 자신의 신부가 되었으므로 역시 감격하며 기쁨을 누린다.

당신이 열매 맺는 기독교적 연합을 이루며 예수님께 합하였을 때 이런 일이 일어난다. 이 일이 있기 전에, 당신은 죄인 양(孃)이었다. 왜냐하면 당신은 하나님의 율법 아래 있다가 마땅하게 그 율법에게 정죄를 받았기 때문이다. 당신은 자신의 뜻대로 죄를 짓는 죄인이었고 또 하나님의 작정에 의하여 죄인이었다. 그러나 당신이 그리스도 안에서 옛 연합에 대하여 죽음으로써 그 옛 연합에서 풀려 자유롭게 되어 '그리스도 안에 있는' 다른 연합에 대하여 살게 되었을 때, 하나님은 당신에게 그리스도의 이름을 주신다. 그래서 전에 죄인 양(孃)이던 당신은 이제 그리스도인 부인(婦人)이 된다. 이때 '그리스도인'이란 '그리스도의 사람'이라는 뜻이다. 그리고 이때부터 당신은 무엇을 하든지 싫건 좋건 그리스도를 반영한다.

이 일은 우리 그리스도인이 지금 어떻게 사는가에 영향을 주는가? 물론이다. 만일 그렇지 못하다면, 우리가 실제로 그리스도와 연합하였는지 의문이다.

사람들이 종종 자신의 이름에 대하여 얼마나 자부심을 갖고 있는지 주목해 보았는가? 어떤 사람은 미국 역사의 시초에 메이플라워 호를 타고 미국에 왔던 조상을 두고 있다. 그들은 그것을 자랑스러워 한다. 어떤 사람들은 미국 혁명에서 싸웠던 애국자들의 후손이다. 미국 혁명의 딸(DAR, Daughters of the American Revolution)은 이 애국자들을 기념하는 단체이다. 또 어떤 사람들은 자기 가문 사람으로 남북 전쟁에서 싸운 군인들을 내세운다. 어떤 사람들은 재산이 많았거나 정치와 예술과 문학과 과학에 중요한 기여를 하여 이름을 날린 조상이 있다. 이런 조상을 둔 것은 여러모로 보아 자부심을 가져도 좋을 이유가 된다. 하지만 우리가 예수 그리스도의 신부로서 마땅히 가져야 할 자부심과는 비교할 수가 없다. 빌립보서는 하나님이 '… 모든 이름 위에 뛰어난 이름'(빌 2:9 하)을 예수님께 주셨다고 우리에게 말한다. 예수의 이름을 가지는 것, 즉 그리스도인으로 알려지는 것보다 더 나은 특권은 없다. 그런데 우리가 어찌 그 이름을 욕되게 할 수 있는가? 우리가 계속 그리스도인으로서 거룩한 생활을 꾸려 가는 일보다 더 나은 일은 있을 수 없다.

왕의 딸들

그리스도와 맺은 이 결혼이 거룩함에 이르는 두번째 방법은 우리에게 주는 새로운 지위를 통한 방법이다.

이는 이 땅의 결혼에서도 마찬가지이다. 한 여인이 뛰어난 가문의 출신인데, 알콜 중독자와 결혼하면 그후로 그 여인은 건달의 아내로 알려질 것이다. 이 여인은 자기 조상의 뛰어난 자질보다는 남편의 지위에 의하여 사람들에게 알려진다. 반면에 한 여인은 아주 비천한 집안 출신이지만 왕위를 확실히 승계할 후계자와 혼인하면 그후엔 황태자비로 마침내는 왕비가 될 것이다. 우리 그리스도인이 그와 같다. 우리가 구원받기 전에는 바울이 에베소서 교인(이들은 대부분은 이방인이었다)에게 보내는 편지에서 서술하듯이 낮은 지위를 갖고 있었다. 우리는 "… 그리스도 밖에 있었고, 이스라엘 나라 밖의 사람이라. 약속의 언약들에 대하여 외인이요, 세상에서 소망이 없고 하나님도 없는 자이더니"(엡 2 : 12). 이제 우리는 "… 외인도 아니요, 손도 아니요, 오직 성도들과 동일한 시민이요, 하나님의 권속이라. 너희는 사도들과 선지자들의 터 위에 세우심을 입은 사라. 그리스도 예수님께서 친히 모퉁잇돌이 되셨느니라"(엡 2 : 19-20).

우리는 예수 그리스도와 연합함으로써 우주를 다스리는 위대한 임금이신 하나님 아버지의 아들딸이 되었다. 그보다 높은 지위는 없다. 우리는 그 지위에 따라 살아야 한다. 하나님의 자녀들이 어찌 마귀의 자손처럼 행동할 수 있는가?

"그로부터 생기는 권리와 특권"

우리의 새롭고 높아진 지위에는 특권이 따른다. 얼마 전에 나는 어느 대학 졸업식에 참석하여 그런 때면 졸업생들에게 흔히 하는 말을 다시 들었다. 학장은 백여 명 되는 졸업생들에게 '학식있는 사람들의 공동체'에 들어온 것을 환영하고 '그로부터 생기는 모든 권리와 특권과 의무'를 그들에게 전해 주었다. 그처럼 결혼으로 새로운 지위가 생기므로, 결혼은 그에 상응하는 권리와 특권과 의무를 가져다 준다. 특별히 우리가 예수 그리스도와 맺은 결혼도 그러하다. 그리스도의 신부로서 우리 그리스도인은 구체적인 특권을 많이 갖는데, 그 모든 것이 우리 가운데 거룩함을 낳는다.

1. **기도로 하나님께 다가감.** 앞에서 "그로 말미암아 우리가 믿음으로 서 있는 이 은혜에 들어감을 얻었으며…"(롬 5 : 2)라는 구절을 공부할 때, 나는 이 구절이 기도를 언급하기보다는 우리가 하나님 앞에 의롭다 하심을 입은 사람으로서의 지위를 얻었다는 것을 언급하고 있음을 지적했다. 이제 나는 로마서 5 : 2이 기도에 대하여 특별히 이야기하고 있지는 않아도 이 구절이 가리키는 지위는 우리가 기도할 때 하나님께 나아갈 수 있도록 보장하는 사실을 덧붙여 말해야겠다. 우리가 하나님의 자녀이므로 우리는 하나님께 나아갈 수 있다.

"아무것도 염려하지 말고, 오직 모든 일에 기도와 간구로 너희 구할 것을 감사함으로 하나님께 아뢰라 그리하면 모든 지각에 뛰어난 하나님의 평강이 그리스도 예수 안에서 너희 마음과 생각을 지키시리라"(빌 4 : 6-7) 고 바울은 말했다.

우리는 예수님이 다음과 같이 우리에게 말씀하신 것에서, 염려 없이 기도하며 하나님께 나아갈 수 있다는 점에 대한 가장 나은 증거를 발견한다. "너희가 내 이름으로 무엇을 구하든지 내가 시행하리니, 이는 아버지로 하여금 아들을 인하여 영광을 얻으시게 하려 함이라. 내 이름으로 무엇이든지 내게 구하면 내가 시행하리라"(요 14 : 13-14).

2. **우리의 모든 필요를 채워 주심.** 우리는 수요 중심의 시대에 살고 있다. 이 말은, 대부분의 사람들이 항상 필요한 것에 대하여 생각하고 무엇이 필요한지, 필요한 그것을 어떻게 얻을 수 있는지 생각한다는 뜻이다. 이는 현대 사회의 부정적 측면이고 우리를 좌절하게 만드는 측면이다. 그리스도인으로서 우리는 항상 우리 자신의 필요에 대하여 생각하기보다, 다른 사람의 필요에 마음을 기울여야 한다. 하지만 우리에게도 필요가 있는 것이 사실이다. 그리고 우리가 예수 그리스도로 말미암아 하나님 아버지와 맺은 새로운 관계가 주는 특권들 가운데 하나는, 하나님이 그리스도인들에게 필요한 것을 공급하여 주신다고 약속하신

점이다. 피조물에게 선을 행하시는 것이 하나님의 본성에 해당하므로, 하나님은 우리에게 필요한 것을 기꺼이 공급해 주실 것이다. 하나님은 전능하셔서 무한히 부(富)를 공급하실 수 있으므로 우리가 원하는 것을 공급할 능력이 있으시다. 바울도 빌립보 교인들에게 다음과 같이 이 점에 대하여 말했다. "나의 하나님이 그리스도 예수 안에서 영광 가운데 그 풍성한 대로 너희 모든 쓸 것을 채우시리라"(빌 4 : 19).

3. **예수님의 인격적인 돌보심과 보호하심.** 아내가 심각한 어려움에 처해 있는 데 남편이 도와주기를 거부한다면, 당신은 어떻게 생각하겠는가? 당신은 이렇게 말할 것이다. "그 별로 좋지 못한 남편이군. 자기 아내에 대하여 어떻게 그렇게 무정하며 냉정할 수 있단 말인가?" 예수님께 대하여 그런 불평을 할 수 있는 사람은 아무도 없을 것이다. 예수님은 우리를 신실히 돕는 분이시며 항상 보호하시는 분이다.

우리의 신랑이신 예수님은 우리가 인생 여정을 지날 때 언제든지 우리와 함께 하신다. 예수님은 이렇게 말씀하셨다. "… 볼지어다. 내가 세상 끝 날까지 너희와 항상 함께 있으리라"(마 28 : 20 하). 예수님이 우리와 동행하실 때, 그분은 우리를 언제나 변하지 않게 하시려고 우리와 함께 일하실 것이다. 바울이 에베소서에서 역시 결혼에 대하여 말하면서 이렇게 쓰고 있다. "남편들아 아내 사랑하기를 그리스도께서 교회를 사랑하시고 위하여 자신을 주심같이 하라 이는 곧 물로 씻어 말씀으로 깨끗하게 하사 거룩하게 하시고 자기 앞에 영광스러운 교회로 세우사 티나 주름 잡힌 것이나 이런 것들이 없이 거룩하고 흠이 없게 하려 하심이니라"(엡 5 : 25-27). 예수님은 이 일을 우리에게 온전히 해주신다.

또한 예수님은 우리를 시험에서 건져 주시기 위하여 임재하신다. 바울은 다음과 같이 우리에게 확신을 갖게 한다. "사람이 감당할 시험밖에는 너희에게 당한 것이 없나니 오직 하나님은 미쁘사 너희가 감당치 못할 시험 당함을 허락지 아니하시고 시험 당할 즈음에 또한 피할 길을 내사 너희로 능히 감당하게 하시느니라"(고전 10 : 13).

4. **성경.** 어떤 의미에서 온 세상 사람이 성경을 갖고 있다. 누구든지 성경을 얻어서 읽어 볼 수 있기 때문이다. 그러나 우리가 그리스도인이라면, 성경을 갖는다는 것은 그저 성경을 얻어서 읽어 본다는 것으로 그치지 않는다. 우리에게는 성경과 아울러 성령의 사역이 있어

서, 우리가 성경을 읽을 때에 성령님이 성경을 해석해 주시므로 주의 음성을 듣게 된다.

거룩한 책 너머로 나 주님을 봅니다.
내 영혼이 살아계신 말씀을 향하여 갈망하나이다.

한 찬송 작시가는 아주 중요한 개인 성경 공부 시간에 대하여 다음과 같이 풍부히 표현했다.

저 장미꽃 위의 이슬
아직 맺혀 있는 그때에
귀에 은은히 소리 들리니,
주 음성 분명하다.
주가 나와 동행을 하면서
나를 친구 삼으셨네.
우리 서로 받은 그 기쁨은
알 사람이 없도다.
(한글통일찬송가 499장)

로마서 7 : 4을 연구하면서 이런 특권을 많이 열거하고 있는 마틴 로이드 존스(D. Martyn Lloyd Jones)는 다음과 같이 말한다.

당신이 예수님의 사랑이 '무엇'인지 알려 한다면, 주께서 당신에게 말씀하실 기회를 드리라. 예수님은 성경에서 당신과 만나실 것이며 당신에게 말씀하실 것이다. 시간을 드리고 장소를 드리고 기회를 드리라. 다른 일을 제쳐놓으라. 그리고 다른 사람에게 이렇게 말하라. "해달라고 부탁하시는 일을 할 수 없습니다. 다른 약속이 있거든요. 제가 알기론, 그분이 오고 계시며 저는 그분을 기다리고 있습니다". 당신은 그분을 바라보는가? 그분을 기다리고 있는가? 그분을 인정하는가? 그분에게 말씀하실 기회를 드리는가? 그분이 당신을 사랑하는 것을 당신에게 알게 하시게 하는가?

당신이 거룩하게 성장하려면 다른 어떤 방법보다도 그처럼 조용한 만남을 가지도록 하라.

현세 동안 그리고 영원무궁토록

우리가 예수 그리스도와 맺은 새로운 결혼 관계가 거룩함을 낳는 네번째 방법은 우리로 결코 사그라지지 않는 사랑을 받게 하고 결코 다함이 없는 관계 속에 들어가게 하는 방법이다. 그리스도 안에서 죽었을 때 우리가 율법과 맺은 열매 없는 첫 결혼 관계에 대하여 우리는 죽었고 그 결혼 관계는 끝났다. 그러나 이제 우리는 결코 죽지 아니하시는 그리스도 안에서 다시 살아나서 그분과 합하였으므로, 영원히 계속될 사랑에 대하여 확신한다. 내가 결혼식 서약을 고쳐 말할 때처럼, "현세 동안 그리고 영원무궁토록, 풍족할 때나 부족할 때나, 기쁠 때나 슬플 때나, 병들었을 때나 건강할 때나" 그 사랑은 있다.

당신은 이렇게 물을 것이다. "그러나 나의 사랑이 약해진다면요?", "약해진다면요?" 하고 말하지 말라. 그리스도의 새 신부로서 당신이 그리스도에 대하여 품는 사랑은 약해진다. 그러나 그 사랑은 자랄 것이다. 여기 이 땅에서도 자랄 것이며 영원토록 계속 자랄 것이다.

당신은 이렇게 반색할 수도 있다. "나의 사랑이 차가워진다면요?" 사랑이 차가워지는 데는 변명의 여지가 없으므로, 생각하면 그건 슬픈 일이다. 하지만 때때로 그런 일이 일어나는 게 사실이다. 우리는 이 세상 일에 빠져 잠시 주님을 잊는다. 기도와 성경 공부를 세을리 하고 하던 일을 멈추고 그분의 목소리를 듣지 않으며 솔로몬의 아가에 나오는 사랑받는 자처럼 우리는 예수님이 부르실 때 예수님께 가지 않는다. 우리는 이렇게 말한다. "내가 옷을 벗었으니 어찌 다시 입겠으며 내가 발을 씻었으니 어찌 다시 더럽히랴"(아 5 : 3). 그런 후에 우리가 마침내 주께로 향할 때 주께서 거기 계시지 않는다. 하지만 주께서는 여전히 우리를 찾고 계신다. 주께서는 우리가 당신을 무시하더라도 오히려 그것을 이용하여 당신의 사랑이 얼마나 큰지 그 사랑이 없으면 우리의 삶이 얼마나 공허한지를 보이셨다.

"그러나 고멜이 호세아의 사랑을 저버렸듯이 저도 하나님의 사랑을 저버리면요?" 하나님은 당신에게 그러지 말라고 금하신다. 그러나 그런 일이 일어난다 해도, 예수님의 사랑은 당신의 배신보다 훨씬 더 크시다. 예수님은 당신을 율법의 정죄에서 건지시고 당신을 값 주

고 사시기 위하여 친히 죽으셨다. 혹시 예수님이 당신을 버리실 것이라고 지금 생각하는
가? 성경은 우리에게 이렇게 말한다. "우리는 미쁨이 없을지라도, 주는 일향 미쁘시니 자기
를 부인하실 수 없으시리라"(딤후 2 : 13).

　어느 날 우주만물을 다스리시는 위대한 하나님이 잔치를 베풀려고 오실 것이다. 어느 잔
치보다 화려한 잔치가 될 것이며 이 잔치는 하늘에서 벌어질 것이다. 손님은 수십 억이 될
것이며 천군천사들은 이 존귀하게 된 손님들을 섬기려고 거기 있을 것이다. 신랑이신 예수
님이 아버지의 오른편에 앉으실 것이다. 그리고 당신도 거기 있을 것이니, 이는 어린 양의
큰 혼인 만찬이기 때문이다. 당신이 거기 있을 것이다. 이해하겠는가? 당신이 거기 있을 것
이다. 만일 당신이 예수 그리스도와 참으로 연합하였다면, 그 무엇도 당신이 이 큰 잔치에
가지 못하도록 막지는 못할 것이다.

　그러니 이제 당신은 무엇을 할 것인가? 당신은 지금 예수 그리스도를 위하여 일편단심으
로 살지 않는 게 아닌가? 당신이 어디로 향하는지 알고 있다면, 모든 영적인 생각과 모든
행동을 다해 그 날을 준비하고 있을 것이고 당신은 하나님을 위하여 열매를 계속 맺으려 할
것이다. 그래야 그 잔치에 당신은 말할 수 없는 기쁨을 안고서 깨끗한 손으로 그 열매를 들
어 하나님께 드릴 수 있을 것이기 때문이다.

● 각주 ●

1. D. M. Lloyd Jones, *Romans : An Exposition of Chapters 7 : 1-8 : 4, The Law : ts
Functions and Limits* (Grand Rapids : Zondervan, 1973), p. 62.

88
그때와 지금
로마서 7:5-6

우리가 육신에 있을 때에는 율법으로 말미암는 죄의 정욕이 우리 지체 중에 역사하여 우리로 사망을 위하여 열매를 맺게 하였더니 이제는 우리가 얽매였던 것에 대하여 죽었으므로 율법에서 벗어났으니 이러므로 우리가 영의 새로운 것으로 섬길 것이요 의문의 묵은 것으로 아니할지니라.

지금 우리가 다룰 본문은 로마서 7 : 5-6절인데, 이 절들의 한가운데는, 말하자면, 이 두 절을 연결하는 놀라운 낱말들이 있다. "[그러나] 이제는"(한글개역성경에는 '그러나' 가 빠짐 - 역자)이라는 낱말들이다. 이 낱말들은 구주이신 그리스도께 간 사람의 생애에 일어났던 놀라운 변화를 가리킨다. 이 낱말들이 어찌나 중요한지, 마틴 로이드 존스(D. Martyn Lloyd Jones)는 다음과 같이 참으로 옳은 말을 했다. "'그러나 이제는'이라는 표현을 듣고도 감동이 되지 않으면, 나는 감히 묻지만 당신이 그리스도인인지 확인해야겠다."[1]

물론 이는 바울이 줄곧 말해 오던 변화이다. 바울은 전에 그리스도를 떠나 있던 사람이 신자가 될 때 그 사람의 생활에 일어나는 차이점을 지적해 오고 있었다.

일찍이 로마서 5장에서, 바울은 우리가 아담 안에 있는 것과 그리스도 안에 있는 것을 대조했다. 아담 안에 있다 함은 우리가 회개하기 전의 상태이며 그리스도 안에 있다 함은 우리가 회개하고 난 다음의 상태, 즉 지금의 상태이다. 6장에서 바울은 우리가 원래 죄에 종 노릇 하던 것과 이제 새로이 하나님께 즐겁게 종 노릇 하는 것을 대조했다. 7 : 1절에서는 두 결혼 관계에 대하여 말했고 어떻게 우리가 후의 결혼 관계를 맺기 위하여 앞의 결혼 관계에 대하여 죽었는지 설명했다. 바울은 여기서도 같은 생각을 펼치고 있다. 바울이 **왜냐하면**(한글개역성경 로마서 7 : 5에는 이 말이 빠져 있다)이라는 낱말부터 시작하므로 그는 이 대목을 이전 대목과 연결짓고 있음이 분명하다.

바울은, 그리스도인이 되는 것이 그리스도 안에서 '새로운 피조물' (고후 5 : 17)이 되는 것임을 우리가 알기를 바란다. 바울이 앞에서 말한 것을 듣고도 우리가 이를 의심할 수 있겠는가? 구원받았다는 것은, 우리가 더 이상 이전의 우리가 아니며 다르게 살아야 한다는 뜻이다.

육신에 있느냐 영에 있느냐

이 절들의 힘은 바울이 사용하는 강력한 용어에 있으므로, 우리는 이 용어들을 이해하는 데 얼마간 시간을 들여야 한다. 첫째 중요한 용어는 '죄악된 본성' (sinful nature), 좀더 문자적으로는 '육신' (flesh)이다. '육신' (사르크스 : sarx)은 헬라어 사본에 나오는 말이다.

이 용어는 로마서에서 이미 5번 나왔다.[2] 그러나 바울이 자신의 저술에서 이 말에 아주 자주 담고 있는 특별한 신학적 의미로는 이번이 처음이다. 좀더 풍부하고 신학적인 이런 의미에서 이 용어는 7장 나머지와 8장 13절까지 해서 11번 더 나타날 것이다.[3] 이 7, 8장에서 이 용어는 매우 중요하고 자주 사용되고 있으므로, 우리는 특별히 힘을 쏟아 이 말을 이해해야 한다. 이 말을 이해하지 못하면, 이 두 절을 해석할 때도 잘못할 뿐만 아니라 7장 나머지와 8장을 해석하는 데도 역시 잘못하게 될 것이다. 물론 어떤 사람들은 이런 잘못을 저질렀고, 그 결과 적어도 한 가지 이상 잘못된 교리가 있었다(실은 그런 잘못된 교리는 여럿일 것이다).

문제는 다른 영어 낱말들처럼 **육신**(flesh)이라는 낱말이 서로 다른 의미로 사용된다는 점이다. 영어에서 **마음**(mind)이라는 낱말은 어떤 뜻을 갖고 있는가? 흔히 '두뇌' 라는 뜻을 갖는다. 그러나 '~할 마음이 있다' 처럼 '결정' 이라는 뜻도 가질 수 있다. 동사로 쓰일 때에는 '당신이 하는 일을 마음에 둔다' 와 같이 '조심한다' 는 뜻을 가질 수 있다. 철학에서 '마음' (지성)은 우주를 통제하는 정신이라는 뜻을 가질 수 있다. 헬라어 **사르크스**(sarx)도 사정은 마찬가지이다.

기본적으로 **사르크스**는 몸의 부드러운 부분 혹은 살 부분을 뜻한다. 부활하신 예수님이 제자들에게 "… 영은 살과 뼈가 없으되, 너희 보는 바와 같이 나는 있느니라"(눅 24 : 39) 하고 말씀하셨을 때 그런 뜻으로 이 말을 사용하셨다. 갈라디아서 2 : 20처럼 때때로 '육신' 이라는 말은 온몸을 뜻한다. "… 이제 내가 육체(flesh) 가운데 사는 것은 나를 사랑하사 나를 위하여 자기 몸을 버리신 하나님의 아들을 믿는 믿음 안에서 사는 것이라"(KJV). (NIV는 '육체 가운데' 를 '몸 가운데' [in the body]로 번역한다.) 때때로 **사르크스**는 우리 본성의 정욕적인(sensual) 부분을 가리킨다. 그래서 바울은 갈라디아서 5 : 17앞부분에서 다음과 같이 말한다. "육체의 소욕은 성령을 거스리고 성령의 소욕은 육체를 거스리나니…" 가령 이사야서 40 : 6과 베드로전서 1 : 24 등과 같은 구절에 나오는 '모든 육체' (KJV)라는 번역처럼 또 어떤 구절에서는 '육체' 가 인류 전체를 가리킬 수 있다.

로마서 7 : 5에서 이 '육신' (사르크스)은 무엇을 뜻하는가? 이 경우 육신은 인류 전체를 가리키지 않는데, 이 말은 '영 안에' 있는 자들과 대립되는 뜻으로 사용되고 있기 때문이다. 그리고 이 말은 몸이나 심지어는 몸의 어떤 지체를 가리키지도 않는다. 로마서에서 이 말은 거듭 나지 못한 자, 불신자를 가리키는 용어이다. 이는 하나님의 구원을 받기 전의 우리이다.

우리는 로마서 8장에서 이 점을 분명하게 본다. "육신을 좇는 자는 육신의 일을, 영을 좇는 자는 영의 일을 생각하나니, 육신의 생각은 사망이요, 영의 생각은 생명과 평안이니라. 육신의 생각은 하나님과 원수가 되나니, 이는 하나님의 법에 굴복치 아니할 뿐 아니라 할 수도 없음이라. 육신에 있는 자들은 하나님을 기쁘시게 할 수 없느니라. 만일 너희 속에 하나님의 영이 거하시면, 너희가 육신에 있지 아니하고 영에 있나니 누구든지 그리스도의 영이 없으면 그리스도의 사람이 아니라"(롬 8 : 5-9).

에두아르트 슈바이처(Eduard Schweizer)는 바울이 사용하는 이 말의 이런 특색있는 신학적 용법에 대하여 다음과 같이 말한다. "**사르크스**를 전적으로 신학적 의미로 이해할 때…

이 말은 사람의 물리적 실체가 아니라 사람이 하나님과 맺은 관계에 의하여 결정되는 사람의 존재를 가리킨다."[4]

'육적인' 그리스도인?

바울은 로마서 7, 8장에서 **육신**('죄악된 본성')이라는 말을 아주 분명하게 사용하므로, 현대 기독교의 어느 진영에서 불행히도 이 용어를 잘못 사용하는 일이 없다면 이 요점을 자세하게 설명하는 일이 필요치 않을 것이다. 이 잘못된 용법은 보통 '육적인(carnal) 그리스도인의 교리'로 알려져 있다. '육적인'이란 '육신'(flesh)을 달리 표현하는 말에 불과하다. 이 교리는 다른 구절은 물론이고 로마서의 다음 대목을 심각하게 오해하게 된다.

육적인 그리스도인이라는 개념에 따르면, 인류는 세 계급으로 나누어진다. (1)구원받지 못한 사람 (2)죄악되고 비성숙한 또는 '육적인' 그리스도인 (3) '영적인' 그리스도인이다. 로마서의 한 연구서는, 로마서 7 : 14과 그 다음에서 묘사하는 '인간'이 육적인 그리스도인에 대한 예라고 자주 말한다. 이 그리스도인은 구원은 받았지만 그리스도인답게 살지 않는다. 그는 패배했다. 이럴 때 대개 하는 말은, 이 육적인 그리스도인이 해야 하는 일은 로마서 7장에서 벗어나서 로마서 8장으로 가는 것이라고 한다. 그는 '영으로' 살아야 한다.

우리는 다음에 이어지는 여러 장에서 이 점을 좀더 길게 다루게 될 것이므로, 우선 여기서는 예비적인 것을 말할 수 있을 따름이다. 그런데 예비적인 방식으로도 '육적인' 그리스도인이라는 교리가 이 문맥에 맞지 않음을 지적해야 한다. 이 점을 살피는 일이 중요한 것은, 로마서 7, 8장이 지금은 패배했지만 아무튼 승리하는 그리스도인을 서술한다고 생각하면 7, 8장을 결코 정확하게 이해하지 못할 것이기 때문이다. 바울은 육적인 그리스도인 대 영적인 그리스도인에 대하여 말하고 있지 않고 오히려 불신자 대 그리스도인에 대하여 말하고 있다. 대조를 이루는 것은 회개하기 전의 우리와 지금의 우리이다. 이는 우리가 로마서 앞 장에서 이미 보았던, 아담 안에 있음 대 그리스도 안에 있음, 혹은 율법에 종 노릇 함 대 하나님께 종 노릇 함에서 나타나는 대조와 동일하다.

대부분의 사람들은 그 점을 분명하게 볼 수 있다. 하지만 많은 사람은 "그러나 고린도전서 3장은 어떻게 되는가?" 하고 아주 납득할 만한 질문을 할 것이다. 바울은 고린도전서 3

장에서 이렇게 쓴다. "형제들아, 내가 신령한 자들을 대함과 같이 너희에게 말할 수 없어서, 육신에 속한('fleshy') 자 곧 그리스도 안에서 어린 아이들을 대함과 같이 하노라… 너희가 아직도 육신에 속한(fleshy) 자로다 너희 가운데 시기와 분쟁이 있으니 어찌 육신에 속하여 사람을 따라 행함이 아니리요"(1, 3절)〔로마서 7장의 '육신'과 고린도전서 3장의 '육신'이 서로 다른 말인데 한글개역성경은 같은 용어로 번역해 혼란을 빚고 있다. 용어를 통일시키려면 고린도전서 3 : 1의 육신에 속한 자를 다른 말로 하거나, 로마서 7장의 '육신' 해당하는 말을 고린도전서 2 : 14절에 있는 '육에 속한 사람'과 일치시켜야 할 것이다 – 역자〕.

　흔히 성경에서 육적인 그리스도인의 교리를 가장 뛰어나게 지지하는 구절로 이 구절이 인용되지만, 꼼꼼히 살펴보면 이 가르침이 바울의 진술에서 나오지 않음을 알게 될 것이다. 이 교리, 즉 이 절들이 말하는 것은 사람들이 그리스도인이 되고서도 여전히 죄악되거나 육적인 상태로 지내다가 후에야 좀더 온전히 헌신하게 된다고 가르치는 것으로 잘못 가정한다. 그러나 고린도전서 3장은 그런 말을 **전혀** 하지 않는다. 고린도 교인들은 일반 그리스도인들처럼 그릇되게 행동하고 있었다. 생활을 하면서 '세속적'이었다. 즉 그들은 그리스도인이 아닌 듯이, 중생하지 않은 '단순한 사람'인 듯이 행동하고 있었다. 그러나 그들은 중생하였고 실제로 그리스도인이므로, 그처럼 잘못된 행동을 멈추어야 했다. 그들의 죄는 그리스도 안에서 이루어진 그들의 현재 상태와 일치하지 않았고 따라서 용납할 수 없는 것이었다.

　바울이 로마서의 이 중간 장들에서 줄곧 말해 오던 것은 비로 그 점이다. 바울은 그리스도인이 거듭나기 전의 자신과 같지 않으므로 반드시 그는 다르게 살아야 한다(그리고 그렇게 살 것이다)고 가르치고 있었다.[5]

율법으로 생긴 죄

　바울이 그때의 우리와 하나님의 은혜로 인한 지금의 우리를 대조하면서 말하는 그 다음의 것은, 우리와 율법의 관계가 근본적으로 바뀌었다는 점이다. 즉 우리도 바뀌었지만, 율법과 더불어 시작되는 우리의 관계도 바뀌었다.

　여기서 다시 우리는 몇 용어를 조심스럽게 살펴야 한다. 첫째 용어는 '정욕'(passions)인데, 이는 '죄의 정욕'(파테마타 톤 하마르티온 : pathemata ton hamartion)이라는 구절에
나온다. 정욕이라는 말은 원래 중립적이며 다소 수동적이기도 하다. 이 말은 **파토스**
(pathos)라는 말을 기초로 삼고 있으며, 흔히 우리의 자연적 욕구와 충동이나 감정에 대하
여 말할 때 뜻하는 바와 상응한다. 충동은 선할 수도 있고 악할 수도 있다. 즉 충동은 좋은
욕망에서도 나올 수 있고 나쁜 욕망에서도 나올 수 있다. 그리고 이 충동은 좋은 영향력에
의하여 행동으로 나타날 수 있고, 나쁜 영향력에 의하여 행동으로 나타날 수도 있다. 그러
나 여기서 바울은 '죄의 정욕'이라고 하면서, 율법이 이 죄의 정욕에 작용하게 되고 이 정욕
이 좋은 행동이 아니라 나쁜 행동을 이루도록 부추긴다는 사실을 지적하면서 일반적으로
중립적인 이 정욕을 죄와 관련시킨다.

　이 말은 무슨 뜻인가? 바울이 12절에서 말하게 되듯이 하나님의 '선한' 율법이 도덕적으
로 중립적인 욕구나 충동을 나쁜 욕구나 충동이 되게 한다는 뜻인가? 결코 그렇지 않다. 문
제는, 거듭나지 못한 사람에게서 이 충동이 그 자체로는 선하거나 나쁘지 않지만 사실상 우
리의 육신에 의하여 오염되어 있으므로 사실상은 나쁘다고 하는 점이다. 율법이 무엇을 하
지 말아야 한다고 우리에게 말할 때, 우리의 육신은 거역하고 그 대신 악을 행한다.

　율법은 선하지만, 우리는 선하지 않다. 그러므로 우리가 회개하기 전에 율법은 사실상 부
도덕을 줄이지 않고 늘였다.

　우리는 다음의 연구들에서 이 점을 좀더 길게 다시 살필 것이다. 왜냐하면 5, 6절은 바울
이 후에 전개하는 중요한 개념들의 온상이기 때문이다. 더욱이 우리는 여기서라도 바울의
진술이 얼마나 근본적인지를 알아야 한다. 바울이 말하고 있는 것은, 죄악된 행위가 생기는
것은 거듭 나지 않은 사람들의 육신(혹은 부패한 정욕) 때문이지 선한 율법이 없기 때문이
아니라는 점이다. 사실 어떤 의미에서 이 문제는 **우리**에게 있기 때문에 하나님의 선한 율법
도 죄악된 행위를 더 심하게 만들고 더 늘이게 할 뿐이다. 우리의 부패 때문에 선한 율법은
실제로 일을 더 나쁘게 만든다.

　마틴 로이드 존스(D. Martyn Lloyd Jones)는 특히 젊은이들 가운데 선보다 해(害)를 더
입히는 세속적인 도덕 가르침이 있음을 주장하면서, 이 요점을 아주 통찰력 있게 파악했다.
이는 공립 학교에서 성(性) 교육을 실시하려는 최근의 노력과 관계가 있다. 도덕은 모범을
보이거나 정당한 가치에 대하여 토론함으로써 가르칠 수 있다. 우리는 정직과 관대함과 정

정당당함에 대하여 유익한 대화를 나눌 수 있다. 그러나 가령 변태적 성 관행이나 마약 사용과 같이 듣지도 못하고 거의 알지도 못하는 행동을 젊은이들에게 소개함으로써 도덕을 가르치려고 해봐야, 그들이 죄에 대항하게 하지 못하며, 오히려 그들에게 문제의 그 죄를 범하고자 하는 욕망을 집어넣고 말 것이다.

　　로이드 존스(D. M. Lloyd Jones)는 다음과 같이 말한다.

　　도덕을 가르친다는 것이 적극적으로는 위험한 일이 될지 모른다. 왜냐하면 도덕을 가르치게 되면, 정욕을 불붙게 하는 경향이 있다. 그 일은 정욕을 부추긴다… 한 사역자가 개인적으로 자신에게 아주 큰 해를 입힌 책이 「성(性)의 숙달」(The Mastery of Sex)이었다고 말한 적이 있다. 그런 책을 피하라. 왜냐하면 그런 책은 선을 끼치기보다 해를 끼칠 것이기 때문이다. 그 이유는 심지어는 하나님의 율법에 의해서도 사실상 '죄의 움직임'이 불붙게 되기 때문이다. 그런 책을 금하는 그 율법이 우리로 그런 책을 읽도록 부추긴다. 왜냐하면 **우리가** 정결하지 못하기 때문이다. 그러므로 도덕 교훈은 적극적으로는 위험한 일이 될 수 있다. 아이들에게 성(性)에 대하여 가르침으로써 그리고 그들에게 어떤 행동의 결과에 대하여 경고함으로써 실제로 당신은 아이들에게 문제의 그 주제를 죄다 소개하고 있는 꼴이 될 것이다. 당연히 아이들은 그 주제를 아주 즐기고, 호기심이 일어 그런 책을 더 읽으려 할 것이다.[6]

　　그러나 어떤 사람에게서 다음과 같은 질문을 나는 듣는다. "그러면 우리는 무엇을 해야 합니까? 우리 아이들에게 도덕 문제를 결코 언급하지 말라는 말씀입니까?" 그렇지 않다. 그런 말이 아니라 제대로 된 도덕 교훈을 가르칠 때가 있다. 그러나 올바른 도덕 교훈이라고 해도, 당신이 그리스도인이라면 중요한 것은 당신의 아이들이 옳고 그른 것을 아느냐 모르느냐가 아니라 (물론 이것도 중요하다), 그 아이들이 그리스도인이냐 아니냐 하는 것을 알아야 한다. 왜냐하면 그 아이들도 우리와 다르지 않기 때문이다. 그리고 바울이 여기서 말하고 있는 것은, 우리가 회개하기 전에는 율법이 우리의 죄악된 정욕을 불러일으키게 했을 뿐이라는 점이다. 율법은 우리로 하여금 죄를 짓도록 떠민다. 우리가 그리스도께로 간

후에야, 비로소 사정은 바뀌고 우리는 하나님의 성령에 의하여 의(義)의 길로 들어가고 있음을 발견했다.

아이들 문제로 시간을 허비하지 말도록 하자. 많은 아이들이 나쁜 행동을 하고 있는 이유는, 그들이 그리스도인이 아니기 때문이다. 또한 우리가 알고 있는 교회에 다니는 많은 성인에 대한 문제로 시간을 허비하지 말도록 하자. 그들이 죄악된 일을 하는 것은 그들도 역시 그리스도인이 아니기 때문이다. 그리스도인도 죄를 지을 수 있고 실제로 죄를 짓는다. 그러나 그들은 계속 죄를 짓지는 않는다. 그들은 바울이 6절에서 말하는 그것을 하고 있다. "이제는 우리가 얽매였던 것에 대하여 죽었으므로, 율법에서 벗어났으니, 이러므로 우리가 영의 새로운 것으로 섬길 것이요, 의문의 묵은 것으로 아니할지니라"(롬 7 : 6).

그분을 섬김

이리하여 우리는 5-6절에 나오는 마지막 대조를 살피게 된다. 우리는 전의 우리와 지금의 우리 사이의 대조를 살펴보았다. 또 전에 우리가 율법과 맺었던 관계와 지금 율법과 맺은 관계 사이의 대조를 살펴보았다. 마지막으로 불신자로서 우리가 한 일, 즉 우리가 맺은 '열매'와 지금 그리스도인으로서 맺는 열매의 대조가 있다.

"불신자로서 우리가 한 일의 모든 결과는 무엇이었나?"라고 바울은 묻는다. 그의 대답은 "우리가 사망을 위하여 열매를 맺었다"(5절)이다. 이는 그가 4절에서 말하는 것을 달리 표현하는 것이다. 4절에서 말한 것이나 지금 말하는 것이나 뜻은 같다. 바울은 결혼의 예화를 사용하고 있던 2-4절에서, 율법이 의의 자식을 낳을 능력이 없으므로 우리가 율법과 결혼 관계를 맺고 있는 동안은 열매가 없었다고 말하고 있었다. 바울이 뜻하는 바는, 우리가 선한 일을 할 수 없었다는 사실이다. 이제 그와 정반대로 바울은 그때 우리가 실제로 열매를 맺었다고 말한다. 하지만 그의 요점은 동일하다. 왜냐하면 그때 우리가 맺었던 열매는 사망을 위한 열매였기 때문이다. 그러므로 우리는 하나님을 기쁘시게 할 일을 아무것도 할 수 없었다. 우리가 한 일은 하나님의 기분을 상하게 하는 일뿐이었다.

우리가 일을 잘했다고 생각할지라도 사실은 그렇지 않았다. 바울은 체험으로 이 사실을 알고 있었다. 바울은 빌립보서에서, 자신이 그리스도를 만나기 전에는 올바른 행동으로 율법의 의로는 '흠 없었다' 고 주장할 수 있었다(빌 3 : 6)고 말한다. 로마서 7 : 6의 용어를 사용하자면, 바울은 '의문의 묵은 것(옛 것)으로' 보아 참으로 흠 없이 하나님을 섬기고 있었다.

그러나 그것은 '영(靈)에 관해' 있는 것이 아니었다. 그래서 하나님이 받으실 만한 것이 아니었을 뿐만 아니라, 실제로 악한 것이었다. 그것은 자기의(自己義)로 행하는 것이며, 심지어 그리스도인을 핍박하는 데 이르렀다. 그것도 일종의 '열매'였지만, 말 그대로 '사망'에 이르는 열매였다.

사람이 그리스도께 올 때는 얼마나 처지가 다른가! 사람이 그리스도께 오면 전에 율법에 대하여 열매 없던 결혼 관계에서 벗어난다. 바울이 여기서 사용하는 낱말(카테르게쎄멘 : katergethemen)은 2절에 나오는데, 여기서 바울은 전(前)남편이 죽어서 그에게 대한 결혼의 법에서 벗어난 여인에 대하여 말했으며 우리는 새롭고 열매 맺는 관계에 들어감을 얻기 위하여 율법에 대하여 죽었다.

그러나 이제 앞에서 했던 것과 조금 다르게 이 내용을 적용하겠다. 지금까지 나는 바울이 강조했던 것을 역시 강조하고 있었다. 즉 우리가 예수 그리스도의 사역으로 말미암아 하나님에 의하여 구원을 얻었다면, 다르게 살아야 한다(그리고 그렇게 살 것이다)는 것이다. 나는, 우리가 다르게 살고 있지 않고 우리가 전과 같이 계속 죄를 짓는다면, 겉으로 신앙을 고백할지라도 그리스도인이 아니라고 말했다. 나는 회개의 열매가 우리 생활에 분명히 나타나야 한다고 동류 그리스도인들에게 종종 말했다.

이제 나는 좀더 말하고자 한다. 우리 주위의 그리스도인들이 참으로 그리스도인이라면, 그들은 하나님께 대하여 열매를 틀림없이 맺어야 할 뿐만 아니라 – 하나님을 섬기되, '영의 새로운 것으로 섬길 것이요 의문의 죽은 것으로 아니한다' – 당신이 내가 하는 것과 똑같이 하고 있든 말든 상관없이 실제로 그들은 하나님께 대하여 열매를 맺고 있다. 그들은 우리와 매우 다를지 모르며 아주 다른 방식으로 섬기고 있을지 모른다. 그러나 그들이 참된 그리스도인이라면 하나님을 섬기고 있으며, 따라서 우리는 그 점을 인정해야 한다.

도널드 그레이 반하우스(Donald Grey Barnhouse)의 생애 가운데서 이 진리를 예증하는 한 사건을 말하고자 한다. 한번은 그가 목회자들의 오찬 모임에 참석했는데, 어느 목회자가 어떤 교파의 경직됨을 지적했다. 이 사람은 그 교파 목회자들이 얼마나 이뤄 놓은 일이 없어 보였든지 그것 때문에 괴로워했다. 반하우스는 다른 나머지 사람들의 생각을 조금 더 듣고서는 그 사람의 지적에 대답했다. 반하우스는 그 교파에서 신학대학원을 마치고 목사로 안수받은 한 학자에 대하여 말했다. 그런데 이 학자는 설교를 거의 하지 않았다. 사실 그는 기도 모임에도 일절 참석하지 않았고 어떤 때는 수 주일을 교회에 나가지도 않았다. 그는 말 그대로 독서광이었고 도서관에서 시간을 보냈다. 더욱 나쁜 것은 그의 무절제한 습관이 있었고 그 사람은 20년 이상을 이렇게 살았다.

"여러분은 그런 목회자를 어떻게 생각하십니까?" 하고 반하우스가 물었다.

다른 사람들이 그런 사람은 목회할 자격이 없다는 데 의견을 같이 했다.

대화가 오고가는 중에, 반하우스는 목회자들이 설교를 준비하는 데 어떤 연구서가 도움이 될는지, 특히 가장 유익한 성구 사전은 어떤 것이라고 생각하는지 물었다. 모두가 스트롱의 성구 사전(Strong's concordance)을 좋아했다. (흔히 신학원에서는 강력한 자〔strong〕들에게는 스트롱〔Strong〕의 성구 사전이, 젊은이〔young〕들에게는 영〔Young〕의 성구 사전이, 미숙한 자〔crude〕들에게 크루던〔Cruden〕의 성구 사전이 있다고 말하곤 했다.) 그들은 스트롱의 성구 사전에는 히브리어와 헬라어의 도움말과 낱말 대조 목록이 있기 때문에 그 사전을 좋아하는 듯했다. 이 사전을 쓰면 매주 일할 시간이 절약되었고, 그러니 가장 가치있는 도구라고 그들은 주장했다.

그때 반하우스는 이렇게 말했다. "당신들이 목회할 자격이 없다고 말했던 그 사람은 여러분이 그토록 가치있다고 보는 성구 사전의 저자인 바로 제임스 스트롱(James strong)이었습니다."

목회자들은 곧바로 요점을 알아챘다. 하나님은 자녀들에게 똑같은 일을 주시지 않는다. 부름을 받아 섬기는 방식은 가지각색이다. 그러나 참된 그리스도인이라면 모두가 어떤 방식으로든 섬기고 있는 것은 사실이다. 도널드 그레이 반하우스(Donald Grey Barnhouse)는 이렇게 썼다. "아주 저급한 문화 수준으로 아주 비천한 여건 가운데 가난하게 사는 아주 비참한 그리스도인이라도 하나님의 계획에서 한 가지 목적에 봉사하고 있다. 야만 부족 출신의 회심자나 서재에서 연구하는 교수나 변덕스러운 처녀나 모두가 주를 섬기고 있다. 우리는 자신이 주를 섬기고 있는 방식에 만족해서는 안 되지만, 하나님이 우리를 두신 그곳에는 만족해야 한다. 하나님은 오늘 당신이 있는 그곳에서 당신을 바라신다."[8]

다른 사람과 우리 자신을 위하여 이 점을 받아들이자. 그리고 실제로 우리가 신실하게 주를 섬기고 있는지 확인하자.

● 각주 ●

1. D. M. Lloyd Jones, *Romans : An Exposition of Chapters 7 : 1-8 : 4, The Law : Its Functions and Limits* (Grand Rapids : Zondervan, 1973), p. 83.

2. 로마서 1 : 3; 2 : 28; 3 : 20; 4 : 1; 6 : 19에 나옴.

3. 로마서 7 : 18, 25; 8 : 1, 3(두 번), 4, 5, 8, 9, 12, 13.

4. 사르크스(sarx)에 대한 철저한 연구를 알려면, 에두아르트 슈바이처가 *Theological Dictionary of the New Testament*, vol. 7, ed. Gerhard Friedrich, trans. Geoffrey W. Bromiley(Grand Rapids : Wm. B. Eerdmans, 1971), pp. 98-151에서 이 낱말에 대하여 쓴 논문을 다 보라. 본문의 인용문은 134쪽에서 나온 것이다.

5. '육적인 그리스도인'의 교리에 대한 유익한 논의를 알려면, 다음을 보라. Ernest C. Reisinger, *What Should We Think of "the Carnal Christion"* (Edinburgh, and Carlisle, Pa. : The Banner of Truth Trust, n.d.).

6. D. M. Lloyd Jones, *Romans : An Exposition of Chapters 7 : 1-8 : 4, The Law : Its Functions and Limits,* pp. 80. 81.

7. 이것은 흠정역 번역자들이 완전히 틀린 몇 구절 가운데 하나이다. 그들은 율법이 죽었음을 뜻하는 '우리가 얽매였던, 죽은 것'이라고 말했다. 그러나 그것은 4절의 요점이 아니며, 여기서도 역시 요점이 아니다. 실제로 모든 주석가들이 동의하듯, 이 두 곳에 나오는 바울의 주장은, 우리가 그리스도와 연합하여 율법에 대하여 죽었다는 것이다. 그리스도의 죽으심은 우리의 죽음이었다. 그러므로 우리가 율법과 맺고 있던 이전 관계는 끝났고, 예수 그리스도와 열매 맺는 새로운 연합에 들어갔다. 이 요점에 대한 논의를 알려면, 다음을 보라. Charles Hodge, *A Commentray on Romans* (Edinburgh and Carlisle, Pa. : The Banner of Truth Trust, 1972), p. 219.

8. Donald Grey Barnhouse, *God's Freedom : Exposition of Bible Doctrines, Taking the Epistle to the Romans as a Point of Departure,* vol. 6, Romans 6 : 1-7 : 25(Grand Rapids : Wm. B. Eerdmans, 1961), pp. 217, 218.

89
죄가 하나님의 선한 율법을 어이없이 사용함
로마서 7:7-12

그런즉 우리가 무슨 말하리요 율법이 죄냐 그럴 수 없느니라. 율법으로 말미암지 않고는 내가 죄를 알지 못하였으니 곧 율법이 탐내지 말라 하지 아니하였더면 내가 탐심을 알지 못하였으리라 그러나 죄가 기회를 타서 계명으로 말미암아 내 속에서 각양 탐심을 이루었나니 이는 법이 없으면 죄가 죽은 것임이니라 전에 법을 깨닫지 못할 때에는 내가 살았더니 계명이 이르매 죄는 살아나고 나는 죽었도다 생명에 이르게 할 그 계명이 내게 대하여 도리어 사망에 이르게 하는 것이 되었도다 죄가 기회를 타서 계명으로 말미암아 나를 속이고 그것으로 나를 죽였는지라 이로 보건대 율법도 거룩하며 계명도 거룩하며 의로우며 선하도다.

여태까지 로마서를 공부하고서도 바울이 가르치는 율법의 한계를 이해하지 못한 사람이라면 우둔해도 이만저만 우둔한 사람이 아닐 것이다. 처음 장들(1-3장)에서 바울은, 율법이 사람을 의롭다 할 수 없음을 보였다. 그 뒷장들에서는 율법이 어떤 사람도 거룩하게 할 수 없음을 또한 보였다. 그러므로 우리가 죄의 형벌과 세력에서 건짐을 받으려면, 예수 그리스도 안에서 성령으로 인한 하나님의 역사에 의하여 받아야 한다.

그러나 때때로 어떤 주장이 너무 강하면 그것 때문에 주장이 무너지는 것같이 보이곤 한다. 아마 당신을 포함하여 많은 사람들이 이쯤해서 이런 점들을 생각할지 모르겠다.

어떤 사람은 이렇게 말할지 모른다. "바울 선생, 당신은 율법이 사람을 의롭다 할 수 없고 거룩하게 할 수 없다는 것을 보였습니다. 그러니 율법은 그 사람이 정직하다고 선포할 수 없으며, 그 사람이 정직하지 않다면 그 사람이 정직한 사람이 되도록 도울 수도 없습니다. 사정이 그렇다면, 율법은 무슨 가치가 있습니까? 그 말은 율법이 실제로 아무런 가치가 없으니 그러니 완전히 무시당해야 할 따름이라는 뜻이 아닌가요?" 혹은 이렇게 말할지 모른다. "당신은 율법이 죄를 불러 일으켜 율법을 듣는 사람이 실제로는 나쁜 일을 하지 선한 일을 하지 않을 것이라고 말했습니다. 그렇다면, 율법이 악을 저지르게 하는 꼴이므로 당신은 하나님의 율법을 죄악된 것으로 만들고 있는 게 아닌가요?"

율법이 하나님께로부터 나왔고 하나님이 악을 행하실 수 없고 악한 일을 도무지 내놓지 않으시므로, 바울이 가르치는 복음은 율법에 담긴 이런 뜻에 비추어 볼 때 무너지는 것처럼 보인다. 하지만 이는 잘못된 반대들이다. 우리가 지금 살피는 이 절들은 율법이 왜 죄악되지 않은지를 분명하게 보인다. 특히 이 절들은 물론 사람을 의롭다 하거나 거룩하게 할 능력은 없지만 그래도 세 가지 선한 일을 행하는 것을 말하고 있다.

율법은 죄를 죄로써 드러낸다

7절에 따르면 율법이 이루는 첫번째 일은, 죄를 죄로써 드러내는 것이다. 이 절은 다음과 같다. "그런즉 우리가 무슨 말 하리요 율법이 죄냐 그럴 수 없느니라 율법으로 말미암지 않고는 내가 죄를 알지 못하였으니 곧 율법이 탐내지 말라 하지 아니하였더면 내가 탐심을 알지 못하였으리라"(롬 7 : 7).

여기에는 두 가지 문제가 있는데, 이 두 문제 모두 이해하는 일은 중요하다. 첫째 문제는, 사람들은 자신만 바라볼 때 자신이 죄인이라는 것을 본성적으로는 결코 생각하지 않는다. 창세기 6 : 5을 예로 들어 보자. 이 절에 따르면, 홍수 전에는 "여호와께서 사람의 죄악이 세상에 관영함과 그 마음의 생각의 모든 계획이 항상 악할 뿐임을 보시고" 이는 하나님이 보시는 죄를 그대로 서술하고 있다. **우리 마음의 생각이 항상 악함**이 바로 죄의 참 모습이다. 그러나 누가 이 말을 믿겠는가? 자신이 악을 행하려고만 한다는 것을 누가 믿겠는가? 성령님이 초자연적으로 그 마음을 조명하시는 일이 없이 그것을 믿는 사람은 아무도 없다.

또는 우리가 앞에서 연구했던 로마서 3 : 10-12을 들어 보자. "기록한 바 의인은 없나니 하나도 없으며, 깨닫는 자도 없고 하나님을 찾는 자도 없고 다 치우쳐 한가지로 무익하게 되고 선을 행하는 자는 없나니 하나도 없도다". 하나님이 어떤 사람에게 이 사실을 계시하시지 않으면 그 누구도 본성적으로 그 사실을 믿지 않는다.

두번째 문제는 다음과 같다. 어떤 방식으로 우리가 나쁜 일 한 것을 인정할 수는 있다 해도, 우리는 이 나쁜 일들이 하나님의 율법을 범하는 것이라는 것을 볼 수 없으며 그 일들을 결코 '죄'로 인정할 수 없다. 우리가 자연법을 거스리는 일을 하거나 대부분의 사람들이 인정하는 정정당당한 기준이나 다른 도덕 기준을 무시한다면, 이런 일들은 '잘못된' 것으로 인정될 것이다. 우리가 살고 있는 나라의 법률을 어기면 우리의 행위는 '범죄 행위'가 될 것이다. 그러나 우리가 도덕적으로 잘못된 행동이나 범죄 행위들이 하나님의 율법을 또한 범하는 것임을 알지 못한다면, 우리는 그런 행위들을 '죄'라고 부르지 않는다.

그래서 율법이 하는 첫번째 선한 일은 우리가 죄인이라는 것을 드러내는 것이다. 율법은 우리가 행하는 나쁜 일들이 하나님께 대한 죄라는 것을 보여 줌으로써 우리가 죄인임을 드러낸다. 레온 모리스(Leon Morris)는 다음과 같이 이 점을 바르게 말한다. "하나님의 율법이 없는 사람들은 잘못된 행위를 진정 잘못된 행위로 보지 않는다… 잘못된 행위가 죄라는 것을 보이려면 율법이 필요하다."[1]

7절의 둘째 부분에서 바울은 분명히 자신의 개인적 체험에서 나오는 한 예화를 말한다. 이렇게 말할 수 있는 것은, 바로 여기서 바울이 이 장에서 처음으로 1인칭으로 말하기 때문이다. 바울의 예는 십계명의 마지막 계명이 죄로 규정하는 탐욕과 관계가 있다. 바울은 율법이 탐욕을 죄라고 하는 것을 들은 때에야 자신이 죄인이라는 자각이 일어났다고 말하고 있는 것처럼 보인다.

하나님이 바울과 함께 일하시기 전에 바울이 자신을 어떤 사람으로 생각했는지를 알고 있다. 이는 바울이 빌립보서 3장에서 그때 자신의 면모를 말하고 있기 때문이다. 바울은 그때 자신이 죄인이라고 생각했는가? 그가 그리스도인을 미워하며 돌아다니던 때 그렇게 생각했는가? 그리고 몇 사람을 죽일 때 그렇게 생각했는가? 결코 그렇지 않았다. 바울은 반대로 자신이 아주 도덕적인 사람이라고 생각했다. 그는 '율법의 의(義)'에 관하여는 자신이 '흠 없는'(빌 3 : 6) 사람이라고 생각했다고 말한다. 그는 자신이 덕의 모범이라고 생각했다. '탐욕하지 말라'는 말씀과 더불어 율법이 그에게 작용하기 시작하던 때에야, 바울은 자신을 죄인으로 보았다[2]고 존 머리(John Murray)는 말했다.

율법은 죄를 불러일으킨다

하나님의 율법이 행하는 두번째 선한 일은 죄를 불러일으켜서 죄가 얼마나 나쁜지를 알게 하는 것이다. 바울은 그 점을 다음과 같이 표현한다. "그러나 죄가 기회를 타서 계명으로 말미암아 내 속에서 각양 탐심을 이루었나니…"(롬 7 : 8 상). 나는 이런 점을 '죄가 하나님의 선한 율법을 어이없이 사용함'이라 부른다. 서너 가지 영역에서 그 점을 살펴보자.

1. 죄는 계명으로 말미암아 기회를 타서 우리 마음에 거역의 물결이 일어나게 한다. 물론 거역하는 일은 언제나 있었다. 그게 바로 죄인이라는 말의 뜻이다. 죄인이란 하나님을 거스르는 거역자라는 뜻이다. 그러나 율법이 올 때, 잠자고 있던 이 거역이 말하자면 잠에서 깨어난다. 그래서 우리는 우리 마음이 어떤지를 발견한다.

두 가지 예화를 들겠다.

첫째는 성경의 예화이다. 창세기 3장에서 우리는 아담과 하와가 선악을 알게 하는 나무와 관련하여 어떻게 하나님을 거역했는지 읽어 본다. 만일 하나님이 이 법을 그들에게 주지 않으셨다면, 그들이 거역할 일은 없었을 것이다. 그들은 계속 무죄한 상태였을 것이다. 하지만 하나님이 "선악을 알게 하는 나무의 실과는 먹지 말라. 네가 먹는 날에는 정녕 죽으리라"(창 2 : 17)고 말씀하시자 마자, 아담은 선악과 먹는 일이 특히 하고 싶어졌다. 죄가 계명으로 말미암아 기회를 타서 아담 안에 그런 탐욕스러운 욕망을 만들어 놓았다.

우리는 아담과 하와가 본래 무구(無垢)하던 것을 안다. 그래서 어떻게 그들이 하나님의 법을 거스려 거역할 수 있었는지 설명하기란 까다롭다. 아마 불가능할 것이다. 우리는 죄가 어디서 나왔는지 설명할 수 없으나 그런데도 우리에게 주신 타락 이야기는 어떻게 법이 우리의 거역을 가져 오는지 보여 주려는 형태를 취하고 있다.

여기 역사에 나오는 한 예화가 있다. 「고백록」(Confessions)에서 성 아우구스티누스(Saint Augustine)는 젊은 시절 친구들과 어울려 밤에 배를 훔치러 이웃 과수원에 들어갔던 때를 이야기한다. 아우구스티누스와 친구들은 이웃 사람의 배나무를 흔들어 상당히 많은 배를 떨어뜨리고는 주워다가 몇 개는 먹고 대부분은 돼지에게 던져 주었다. 왜 아우구스티누스는 배를 훔쳤는가? 이 중세의 대신학자는 돋보일 정도로 철저하게 많은 분량에 걸쳐 이 문제를 분석한다.

배가 아름다웠기 때문인가? 물론 배는 하나님의 창조물에 속하므로 아름다웠다. 그러나 그것 때문에 배를 훔친 것은 아니다. 아우구스티누스의 집에는 더 아름다운 것들이 있었다.

배가 고파 먹을 것이 필요했는가? 그것도 아니었다.

아우구스티누스는 다른 사람들에게 인정을 받고 싶었는가? 그는 이것이 이유가 되기는 한다고 했다. 그러나 왜 자신과 같은 다른 사람들이 그처럼 잘못된 행동을 인정해 주어야 했는지 고백록은 설명하지 않는다. 왜 도적질이 칭찬할 만한 일이 되어야 했는가?마침내 아우구스티누스는 다음과 같은 말로 진짜 이유를 말한다. "그저 훔칠 마음으로 배를 집어들었을 뿐입니다… 도적질하는 것말고는 그 일에 대해 사랑할 것이 없었습니다." 이는 금지했기에 훔치고 싶은 욕망이 일어났다는 것을 말한다.[3]

2. 죄가 계명으로 말미암아 기회를 타서, 전에 생각지도 않았던 방식으로 죄를 지을 욕망을 불러일으킨다. 율법은 우리에게 어떤 일을 하지 말라고 할 때 사실상 그 일에 대하여 생각하도록 한다. 우리는 죄악된 사람들이므로 곧 그런 일을 하고 싶어한다.

내가 6학년이던 해의 봄에 겪은 일인데, 우리가 점심을 먹으러 집에 가려할 때 교장 선생님이 교실에 들어오셔서 몇몇 학생이 학교에 폭죽을 가지고 다닌다는 말을 들었노라고 말씀하시면서 왜 폭죽을 학교에 갖고 오면 안되는지 말씀하고자 했다. 폭죽은 위험하고 펜실바니아 주 법률로도 금지하고 있으며, 만일 어떤 학생이라도 폭죽을 갖고 오면 터뜨리지 않더라도 다시는 학교에 다니지 못하게 쫓아낼 것이라고 말씀하셨다.

나는 폭죽을 전혀 갖고 있지 않았다. 그전에는 폭죽 따위 생각해 보지도 않았다. 그러나 아시다시피, 폭죽에 대하여 생각하게 될 때, 참으로 이 폭죽은 호기심을 끄는 일이 된다. 그리고 나는 친구 하나가 폭죽 몇 개를 갖고 있음을 기억해 냈다.
점심 먹으러 집에 가는 길에 친구와 나는 폭죽을 갖고 있는 다른 친구의 집을 들러서 폭죽한 개를 얻어 45분 후에 학교로 가지고 갔다. 우리는 교실에 들어가 다른 친구에게 이렇게 말했다. "도화선 중간쯤 해서 폭죽을 잡으라구. 단단히 꽉 쥐어. 그런 다음 우리가 도화선에 불을 붙일 거야. 다른 애들은 폭죽이 폭발하게 될 것으로 생각할 테지. 그러나 도화선이 네 손가락까지 타 들어오면, 불이 꺼질 거야. 그러고는 아무 일도 없을 거야."

그러나 우리는 불 붙은 도화선이 친구 손가락에 화상을 입힐 줄은 계산하지 못했다. 불에 손을 데이자, 친구는 폭죽을 떨어뜨렸고 우리가 모여 있던 한 가운데서 폭죽이 터져 푸른 연기가 자욱하고 작은 흰 종이 조각이 어지럽게 흩어졌고, 벽장이 약간 흔들렸다.

천장이 높고 마루는 대리석으로 되어 있으며 벽에는 석회가 발린 이 오래 된 학교 건물에서 폭죽이 얼마나 큰 소리로 터졌는지 여러분들은 상상할 수 없을 것이다. 또 교장 선생님이 교장실에서 얼마나 빨리 나와서 현관을 내려와 교실로 들어오셨는지도 상상할 수 없을 것이다. 친구와 내가 사물함 방의 열린 문으로 어슬렁어슬렁 빠져 나오기도 전에 교장 선생님은 교실에 와 계셨다. 놀란 이유는 달랐지만, 우리만큼이나 교장 선생님도 놀라셨다. 교장 선생님은 하신 말씀을 또 하고 또 하셨다. 그런 후에 우리는 집으로 가서 부모님을 모시고 교장실로 돌아왔다. "저는 학생들에게 분명히 알렸어요. 폭죽일랑은 학교에 절대 갖고 오지 말라고 당부했죠. 도대체 어떻게 이런 일이 일어났는지 믿기질 않군요". 교장 선생님은 그 당시 어찌하여 이런 일이 일어났는지 믿을 수 없었다. 그러나 나는, 오랜 세월 동안 많은 아이들이 저지른 수없이 많은 거역 행동을 포함하여 우리의 거역 때문에 교장 선생님이 마침내 철저하고 확신 있는 칼빈주의자가 되셨다고, 적어도 아이들의 전적 타락을 가르치는 교리에 관해서는 확신한다.

율법은 그런 일을 한다. 율법은 불의를 불러일으키고 게다가 율법은 불의를 불러일으킬 때 죄가 죄라는 것을, 즉 하나님의 법을 위반한 것이라는 것을 우리에게 알려 준다. 뿐만 아니라 죄가 얼마나 강력한지 보여 준다. 죄가 하나님의 선한 율법조차도 그런 목적(사람을 범죄하게 하는 일)에 사용할 수 있다면 죄는 매우 강력한 것임에 틀림없다.

율법은 우리를 우리의 결국(사망)에 이르게 한다

율법이 행하는 세번째 선한 일은 우리를 우리의 결국 즉 '사망'에 이르게 하는 것이다. 바울이 이 대목의 후반부에서 말하고 있는 것은 바로 이 점이다. 바울은 이 대목의 후반에서 이렇게 말한다. "전에 법을 깨닫지 못할 때에는 내가 살았더니 계명이 이르매 죄는 살아

나고 나는 죽었도다 생명에 이르게 할 그 계명이 내게 대하여 도리어 사망에 이르게 하는 것이 되었도다 죄가 기회를 타서 계명으로 말미암아 나를 속이고 그것으로 나를 죽였는지라 이로 보건대 율법도 거룩하며 계명도 거룩하며 의로우며 선하도다"(롬 7 : 9-11).

이 말은 무슨 뜻인가? 어떤 의미에서 바울은 전에 '율법을 깨닫지 못했을 때 살았는가'? 바울은 율법에 대한 지식이 없었는가? 그리고 어떤 의미에서 바울은 죽었는가?

이 구절의 의미는 아주 분명해 보인다. 바울은 자신이 하나님 앞에서 올바르게 서서 살고 있다고 생각하던 때가 있었다. 우리는 바울이 율법의 의(義)에 대하여 자신이 흠 없다고 하는 주장에 관하여 앞에서 이야기하고 있었다. 하나님은 바울에게 무엇을 할 것인지 말씀하셨고, 바울은 그 일을 했다. 만일 하나님을 기쁘시게 한 사람이 있다면, 틀림없이 그는 바울이다. 레온 모리스(Leon Morris)가 말하는 것처럼, "바울은 하나님의 율법에 맞닥뜨린 결과, 자신이 결코 죽지 않았다는 뜻으로 살아 있었다".[4] 그러나 그런 후에 계명이 왔다. 즉 계명이 바울의 가슴에 와닿았다. 바울도 전에 계명을 알고 있었다. 이 시점에서 바울이 탐욕을 언급하고 있으므로, 아마 젊을 때 탐욕하지 말아야 할 줄 알았다. 그러나 이제 바울은 계명을 이해하기 시작했고, 이와 더불어 바울은 자기 의(自己義)와 자기 확신이 녹아져 사라지기 시작했다. 그래서 바울은 이렇게 쓴다. "나는 죽었다."

내가 서술해 오던 것은 바울에게 일어난 일이다. 율법이 마침내 바울에게 이르러 율법의 고유한 일을 하라고 요구하기 시작했을 때, 바울은 (1)자신에게 율법을 어긴 죄가 있고 (2) 그는 본성상, 죄를 범하므로 율법을 지키기를 바라지 않고 실제로는 율법을 깨뜨리기를 바란다는 것을 보았다. 율법은 죄를 내몰지 아니하고 죄를 일깨웠다. 바울은 자신의 죄악된 처지가 얼마나 절망적인지 알았다.

그러나 알다시피, 율법은 선한 것이다. 바울은 자신이 잘하고 있다고 생각하는 동안, 파멸을 향하고 걷고 있었다. 바울은 자신이 길을 잃었다고 생각했을 때에야, 구주에 관한 하나님의 말씀을 들을 준비가 되었다.

율법이 죄냐? 그럴 수 없느니라

그러면 율법이 죄인가? 바울은 이 질문부터 시작했다. 그의 대답은 "그럴 수 없느니라"

(7절)였다. 우리가 보았듯이, 사실은 그 반대로 "이로 보건대 율법도 거룩하며 계명도 거룩하며 의로우며 선하도다"(롬 7 : 12). 율법은 하나님이 세상에서 하라고 주신 바로 그 일을 한다. 그 목적은, 실제로 삼중적인 그 목적은 선하다.

이는 몇 가지 중요한 결론에 이른다.

첫째로, **율법은 누구도 결코 구원할 수 없다.** 율법은 누구도 구원하지 못했으며, 앞으로도 그럴 것이다. 그러므로 당신이 자신을 꽤 고상한 사람으로 생각했고 즉 일반적으로 어떤 합당한 도덕적 기준에 따라 사는 사람으로 생각했고 하나님이 당신의 자기 평가를 흔쾌히 받으시고 당신의 삶에 복 주시고 마침내는 천국으로 이끄실 것으로 믿는다면, 사실 당신은 율법을 듣고 지키지 않고 있다. 사실 당신은 율법을 이해하는 첫걸음도 내딛지 않았다. 율법은 당신을 정죄하고 있지만, 당신은 무지하여 모든 것이 아무 문제 없다고 가정하고 있다.

바울이 11절에 서술하고 있는 것은 당신에게 일어나 오던 일이다. "죄가 기회를 타서 계명으로 말미암아" 당신을 속였다. 어떻게 속였는가? 실제로는 당신이 멸망하고 있을 때 당신으로 하여금 모든 것이 좋다고 생각하게 만듦으로써 당신을 속였다.

죄는 참으로 교묘하다. 마틴 로이드 존스(D. Martyn Lloyd Jones)는 이 절들에 대한 주석에서 죄가 보통 우리를 속이는 아홉 가지 방법을 열거한다.

1. **죄는** 하나님께는 마음의 생각과 의도가 아주 중요한 줄 모르고 겉으로 드러나게 죄를 짓지만 않으면 우리가 잘하고 있는 것이라고 우리로 확신하게 하면서, 우리로 율법을 잘못 사용하도록 한다.

2. 때때로 **죄는** 전술을 바꾸어, 모든 것이 절망적이고 우리가 죄를 계속 짓는 것이 낫다고 말한다.

3. **죄는,** 우리가 거룩하든 거룩하지 않든 그것은 중요하지 않다고 우리에게 말한다. 죄는 이렇게 말한다. "은혜를 더하게 하려고 왜 계속 죄를 짓지 않는가?"

4. **죄는** 우리로 하여금 하나님이 무엇을 금지하시는 것은 우리를 대적하시는 것이라고 느끼고 율법에 화를 내도록 만듦으로써 우리를 속인다. 우리는 하나님이 우리를 위하신다면 우리가 하고 싶은 것을 하도록 내버려 두어 우리로 즐겁게 하실 것으로 생각한다.

5. **죄는** 율법이 불합리할 수 없으며 공정하지 못하다고 우리로 믿게 한다.

6. **죄는** 우리가 자신을 대단히 높게 생각하게 만든다. 죄는 왜 우리가 어떤 율법에 얽매

여야 하는지 의아해하게 한다. 왜 우리는 프리드리히 니체(Friedrich Nietzsche)가 말하는 '초인(超人)' '초여성(超女性)'이 되어 자신이 자신에 대한 법이 되지 말아야 하는가?

7. 죄는 율법이 압제하여 우리로 하여금 우리가 갖고 있는 놀라운 은사와 재능을 발전시키지 못하게 막는다고 말한다. 우리는 우리가 하나님의 계명에 제지당하지 않을 경우에만 우리의 은사와 재능이 나타날 것이라고 생각한다.

8. 죄는 의(義)가 단조롭고 흥미롭지 않아 보이게 한다.

9. 죄는 우리로 하여금 고의로 불순종한 결과를 대수롭지 않게 보도록 한다. 사단이 하와에게 말했던 것을 죄는 속삭인다. "너희가 결코 죽지 아니하리라"(창 3 : 4). 죄는, 주 예수 그리스도께서 성경에 나오는 그 누구보다 지옥에 대하여 자주 말씀하셨는데도 온 세상에서 가장 터무니 없는 개념이 지옥이라고 말한다.[5]

당신이 율법을 지키는 한 형식으로써 자신의 선행을 기초로 삼고서 하나님께로부터 의롭다는 판정을 받기를 기대한다면, 죄는 이런 저런 영적으로 공통된 속임수로 당신을 속인다. 또 당신이 속는다면 당신은 무엇을 위하여 율법을 우리에게 주셨는지 그 첫 단계도 알지 못한 것이다. 물론 복음은 알지도 이해하지도 못했다. 이렇게 말해 보자. 율법은 누구를 구원하려는 뜻으로 있는 것이 아니라 죄를 죄로 드러내고 죄인에게 죄를 불러일으키고 예수 그리스도를 떠난 우리의 완전히 절망스러운 상태를 분명히 드러내기 위하여 주신 것이다.

율법은 우리를 그리스도께로 향하게 한다. 특히 우리가 구원을 얻을 만큼 율법을 지킬 수 있다고 맹목적으로 믿고 있다면 우리에게는 필사적으로 구세주가 필요하다.

둘째로, 우리는 다른 사람들에게 그들이 죄악된 것을 깨닫게 하고 그들에게 구주가 필요한 것을 보여 주기 위하여 율법을 가르쳐야 한다. 청교도들은 이런 일을 훌륭하게 해냈다. 그들은 심지어 바울이 로마서에서 사용하고 있는 용어로 죄에 대하여 말했다. 그들은, 사람들이 복음으로 말미암아 '살아날' 수 있도록 율법으로 사람을 '죽이는' 일을 설교자가 해야 한다고 말했다. 사람들은 소위 자기의 선행과 자기 의(自己義)가 쓸데없다는 것을 알아야 한다. 그들은 구주가 없이 그런 자기의 선행과 자기 의를 의지하는 처지가 얼마나 절망적인지를 알아야 한다. 그들은 예수 그리스도께서 자신의 유일한 소망이라는 것을 뼛속 깊이 확신해야 한다.

그런데 우리의 교회들은, 대개가 사람들로 하여금 그들이 자기 혼자서 다 잘하고 있다거나 적어도 잘 수 있다는 느낌을 갖게 하려는 자립(自立) 설교와 세미나를 마련해 주고 있을 따름이다. 이 교회들은 율법을 사용하여, 사람들이 자기를 확신하면 마침내 어디에 이르게 될는지 깨닫게 하지 않는다.

그리고 그 결국은 더 이상 헤어날 길이 없는 결국임에 틀림없다. 그래서 청교도들은 율법으로 사람을 '죽이는 일'에 대하여 말했다. 죽이는 것은 말 그대로 살해하는 것이지, 상처를 입히거나 병들게 하는 정도가 아니다. 자기 의(自己義)를 파괴한다는 뜻이다.

피츠버그 신학대학원의 교회사 교수였다가 퇴임한 존 게스너(John H. Gerstner)는 로마서를 설교하면서 율법을 설명하고 있었다. 그는 인간의 불의를 가리고 있던 막을 벗겨내고 있었다. 예배를 마친 후에 그가 교회 뒤로 갔을 때 한 여인이 그에게 다가왔다. 그 여인은 손을 들어 집게 손가락과 엄지 손가락을 1센티미터 가량 벌리고는, 게스너에게 이렇게 말했다. "게스너 박사님, 박사님은 이만큼이라도 크다고 생각하게 만드시는군요."

게스너는 이렇게 대꾸했다. "그러나 부인, 그것도 너무 큽니다. 너무 너무 큽니다. 자기 의(自己義)가 그 정도만 되도 지옥에 간다는 것을 모르십니까?" 게스너가 옳았다. 율법을 주신 것은 우리가 예수 그리스도만을 우리의 구주로 영접할 수 있도록 자기 의를 모두 몰아내기 위함이었다.

● 각주 ●

1. Leon Morris, *The Epistle to the Romans* (Grand Rapids : William B. Eerdmans, and Leicester, England : Inter-Varsity Press, 1988), pp. 278, 279.

2. 존 머리는 다음과 같이 말한다. "명백하게 탐욕은 바울이 스스로에게 의심했던 마지막 악덕이었다. 탐욕은 제일 먼저 폭로해야 할 것이었다"(John Murray, *The Epistle to the Romans* [Grand Rapids : Wm. B. Eerdmans, 1968], p. 249).

3. Saint Augustine, *Confessions*, trans. R. S. Pin -Coffin(Harmondsworth, England : Penguin Books, 1961), pp. 47-53.

4. Morris, *The Epistle to the Romans*, p. 281.

5. D. M. Lloyd Jones, *Romans : An Exposition of Chapters 7 : 1-8 : 4, The Law : Its Functions and Limits* (Grand Rapids : Zondervan, 1973), pp. 155-160.

90
도대체 죄는 어떻게 되었는가?
로마서 7:13

그런즉 선한 것이 내게 사망이 되었느뇨 그럴 수 없느니라 오직 죄가 죄로 드러나기 위하여 선한 그것으로 말미암아 나를 죽게 만들었으니 이는 계명으로 말미암아 죄로 심히 죄 되게 하려 함이 니라.

우
리가 로마서 6 : 19-22을 공부하면서 보 았듯이, 캔자스 토피카의 세계적으로 유명한 메닝거 클리닉을 세운 칼 메닝거(Karl Menninger) 박사는 1973년에 나온 자신의 베스트셀러의 제목을 「도대체 죄는 어떻게 되었는가?」(Whatever became of sin?)라고 달았다.[1] 그의 대답은 간단했다. 그는 우리 대부분이 살아오는 동안 죄가 다시 규정되었다고 주장한다. 첫째로 죄는 범죄로 즉 하나님의 법을 범한 것이라기보다 인간의 법을 어긴 것으로, 둘째로는 증상으로 다시 규정되었다. '증상'은 외부 사물이 그 개인에게 생기게 하는 것이므로, 범죄자에게 책임이 없는 결과로 보인다. 그래서 하나님을 거스르는 죄를 나쁜 환경의 불행한 결과로 다시 규정하는 (그래서 죄가 사라지는) 일이 생겼다. 그래서 누구도 비난받지 않는다.

하지만 죄는 정말 죄다. 그리고 우리는 비난받아야 한다. 우리가 시인하든 않든 죄는 참으로 "하나님의 법을 순종함에 부족한 것이나 혹은 그 법을 어기는 것"(웨스트민스터 소요리 문답(The Westminster Shorter Catechism, 제14문의 답)이다.

물론 바울이 로마서 7장에서 말해 오던 것이 바로 그것이다. 바울은 내가 이 장을 시작했을 때 언급한 요점, 즉 우리는 자신이 죄인이라는 것을 참으로 느끼지 않는다는 점에서 시작하지 않았다. 오히려 바울은 율법과 율법의 기능에 대하여 쓰면서, 다른 측면에서 이 요점에 접근하고 있었다. 그러나 이 두 요소, 즉 죄와 율법의 관계는 중요한 문제이며 바울이 다루어 오던 바다. 바울은, 오직 하나님의 법에 의해서만 죄가 참으로 죄임을 배우고 죄가 얼마나 악하다는 것을 발견한다고 주장한다.

바울이 7-12절을 포함하는 문단에서 어떻게 이 요점을 지적하는지 기억하는가? 바울은 다음과 같이 주장했다.

1. 율법은 죄를 죄로 드러낸다.

2. 죄는 하나님의 계명으로 말미암아 기회를 타서 우리 마음에 거역의 물결이 일어나게 하고 전에 생각지도 않았던 방식으로 죄를 지을 욕망을 불러일으킨다.

3. 죄에 의하여 작용하는 율법은 이런 식으로 우리로 우리의 결국(사망)에 이르게 한다.

그리고 이 모든 일은 선하다. 우리는 율법을 받아들여 이해하기에 앞서서, 우리가 아주 잘하고 있어서 구주나 심지어 하나님도 필요치 않다고 다들 생각한다. 오직 율법이 우리가 얼마나 나쁜지를 보여 주면서 우리의 참된 본성을 우리에게 드러내었을 때에, 우리는 복음에 마음을 열게 된다.

이것이 13절에 다시 언급되어 있다. 사실 바울이 여기서 말하는 것은 7절을 곧바로 되풀이하는 것이라고 할 수 있다. "그런즉 선한 것이 내게 사망이 되었느뇨 그럴 수 없느니라. 오직 죄가 죄로 드러나기 위하여 선한 그것으로 말미암아 나를 죽게 만들었으니, 이는 계명으로 말미암아 죄로 심히 죄 되게 하려 함이니라"(롬 7 : 13).

7절에 이어서 나는 율법이 실제로 어떻게 작용하는지 이 장에서 보이고자 한다. 십계명을 다시 살피면서 이 일을 하고자 한다.

제1계명

우리도 예상할 수 있듯이, 제1계명은 우리와 하나님과의 관계에서 시작한다. 제1계명은 다음과 같다. "나는 너를 애굽 땅, 종 되었던 집에서 인도하여 낸 너의 하나님 여호와로라. 너는 나 외에는 다른 신들을 네게 있게 말지니라"(출 20 : 2-3).

이 계명은 참된 하나님을 경배하고 그분만 경배하라고 우리에게 요구한다. 존 스토트 (John R. W. Stott)는 다음과 같이 쓴다.

> 이 율법을 어기려고 해와 달과 별을 경배할 필요는 없다. 우리는 생각이나 감정에서 하나님 외에 다른 사물이나 사람을 우선할 때 이 율법을 어긴다. 그것은 정신을 빼앗는 운동이나 마음을 빼앗는 취미나 이기적인 야심일 수 있으며 혹은 우리가 우상으로 여기는 어떤 사람일 수도 있다. 우리는 안전한 투자와 견실한 은행 계좌와 같이 금과 은으로 된 신이나 재산과 소유물의 형태를 가진 나무와 돌의 하나님을 경배할 수 있다. … 죄는 근본적으로 하나님을 희생하고 자기를 높이는 것이다. 어떤 사람이 영국인에 대하여 쓴 말이 모든 사람에게도 해당한다. "영국인은 스스로 만든 자신의 창조자를 섬긴다."[2]

어떤 계명을 올바로 지키려 할 때 오직 한 가지 방법만이 있겠지만, 제1계명을 온전히 지키는 방법은 예수님이 가르치셨던 것처럼, "네 마음을 다하고 목숨을 다하고 뜻을 다하여 주 너의 하나님을 사랑하라"(마 22 : 37; 참조. 신 6 : 5)는 것이다. 이는 모든 일에, 즉 우리의 모든 사랑과 목적과 행위에 하나님을 우선으로 여기는 것을 뜻한다. 우리 자신과 우리의 모든 것을 하나님을 섬기는 데 사용하는 것을 뜻한다. 지금까지 예수님말고 이 계명을 지킨 사람은 아무도 없다.

제2계명

제1계명은 우리가 경배할 대상을 다루면서, 가짜 신은 무엇이든지 경배하지 말라고 우리에게 금한다. 제2계명은 우리의 경배가 갖는 성격을 다루면서, 참된 하나님일지라도 합당치 않게 경배하는 일을 금한다. 제2계명은 다음과 같이 이 점에 대하여 길게 말한다. "너를 위하여 새긴 우상을 만들지 말고, 또 위로 하늘에 있는 것이나 아래로 땅에 있는 것이나 땅 아래 물 속에 있는 것의 아무 형상이든지 만들지 말며, 그것들에게 절하지 말며, 그것들을 섬기지 말라. 나 여호와 너의 하나님은 질투하는 하나님인즉, 나를 미워하는 자의 죄를 갚되, 아비로부터 아들에게로 삼사 대까지 이르게 하거니와, 나를 사랑하고 내 계명을 지키는 자에게는 천 대까지 은혜를 베푸느니라"(출 20 : 4-6).

이 말은 무슨 뜻인가? 본문은 금이나 은이나 나무나 돌로 된 대상물에 경배하는 것을 금하므로 우상 숭배만을 정죄한다는 뜻인가? 분명히 이 말은 그보다 더 많은 뜻을 담고 있다. 이는 무엇이든지 적절하지 못한 방법으로 하나님을 경배하는 것과 관계가 있다.

한 가지 부적절한 방법, 즉 한 '우상'으로 우리가 머리 속에 그리는 하나님에 대한 정신적인 상(像)이 있다. 필립스(J. B. Phillips)는 이 점에 대하여 「당신의 하나님은 너무 작다」(Your God Is Too Small)라는 책을 썼다. 필립스는 장마다 다음과 같은 제목들을 붙여서 하나님에 대한 우리의 부적절한 상(像)을 말했다 : 전속 경찰, 부모적 잔존물(Parental Hangover), 위대한 노인, 온순한 분, 절대적인 완벽, 하늘의 품, 상자 속의 하나님, 관리 이사, 영원한 불만, 창백한 갈릴리 사람 등.[3] 우리는 하나님에 대한 이와 같은 부적절한 상을 모두 갖고 있다. 그래서 하나님이 우리가 이해하듯 '작은' 분으로서 순순히 응해 주지 않으실 때나 우리가 어느 때 해주기를 바라는 바로 그 일을 사양하실 때, 우리는 하나님께 화를 낸다. 그것을 보면 우리가 하나님에 대하여 부적절한 상을 갖고 있는 것이 드러난다.

우리가 합당하지 못하게 경배하는 두번째 방법은, 예배를 드리되 실제로 마음이나 생각은 없이 형식으로만 예배를 드리는 것이다. 우리는 기도하지만, 머리만 절할 뿐이지 마음은 절하지 않는다.

제3계명

제3계명은 다음과 같다. "너는 너의 하나님 여호와의 이름을 망령되이 일컫지 말라. 나 여호와는 나의 이름을 망령되이 일컫는 자를 죄 없다 하지 아니하리라"(출 20 : 7). 우리 시대는 이 율법을 크게 조롱한다. 사납게 하나님의 이름을 들먹이며 욕하는 사람은 물론이고 부드럽게라도 '맙소사' (Oh, my God, 직역하면 '오 나의 하나님' - 역자)라는 거의 보편적인 감탄사를 사용하는 사람도 이 율법을 조롱하고 있다. 우리가 예수님을 '주님' 이라고 고백하면서도 예수님을 주님으로 따르지 않거나 하나님을 '아버지' 라고 부르면서 사랑하시는 부모님으로 하나님을 의지하지 않을 때 이 계명을 범한 것이다.

위대한 청교도 목사이며 저술가인 토마스 워츤(Thomas Watson)은 다음과 같은 때에 "우리가 하나님의 이름을 헛되이 사용한다" 고 말했다.

1. 하나님의 이름을 가볍고 경건하지 못하게 말할 때…
2. 하나님의 이름을 사람 앞에서 말하지만 그 이름에 합당하게 살지 않을 때…
3. 무익한 대화에 하나님의 이름을 사용할 때…
4. 입으로 하나님을 경배하지만 마음으로는 하나님을 경배하지 않을 때…
5. 하나님께 기도하지만 하나님을 믿지 않을 때…
6. 어떤 식으로나 하나님의 말씀을 더럽히고 남용할 때…
7. 하나님의 이름으로 욕할 때…
8. 불의한 행동에 하나님을 앞세울 때…
9. 어떤 식으로나 하나님의 이름을 욕되게 하는 데 우리의 혀를 사용할 때…
10. 성급하고 불법적인 맹세를 할 때…
11. 하나님에 대하여 악하게 말할 때…
12. 약속을 저버릴 때… [4]

사람들은 대수롭지 않은 듯이 하나님의 이름을 가볍게나마 욕되게 하는 일을 여러 가지로 행할 수 있다. 그러나 하나님 자신은 제3계명을 아주 진지하게 여긴다고 말씀하신다. 하나님은 이런 범죄를 저지르는 자를 '죄 없다 하지 아니하리라' 하고 말씀하신다.

제4계명

"안식일을 기억하여 거룩히 지키라. 엿새 동안은 힘써 네 모든 일을 행할 것이나, 제칠일
은 너의 하나님 여호와의 안식일인즉, 너나 네 아들이나 네 딸이나 네 남종이나 네 여종이
나 네 육축이나 네 문안에 유하는 객이라도 아무 일도 하지 말라. 이는 엿새 동안에 나 여호
와가 하늘과 땅과 바다와 그 가운데 모든 것을 만들고 제칠일에 쉬었음이라. 그러므로 나
여호와가 안식일을 복되게 하여 그날을 거룩하게 하였느니라"(출 20 : 8-11).

이 구절들은 십계명 가운데 어느 계명보다 세밀한 설명을 담고 있다. 하지만 이 구절들의
해석에 관하여 그리스도인들 사이에 의견이 분분하다. 어떤 사람들은 이 구절들이 토요일,
즉 유대인의 안식일에 예배할 것을 그리스도인에게 요구한다고 주장한다. 제칠일 안식교도
들이 그 예이다. 또 어떤 사람들은 그리스도인이 일요일, 즉 주일에 예배해야 한다고 믿지
만, 주일을 지키되 유대교 전통에 따라 지킬 것을 즉 고대 유대인들처럼 수동적으로 쉴 것
을 원한다. 또 어떤 사람들은 주일을 기독교의 개혁으로 생각하며, 하나님이 예배와 즐거운
봉사를 하라고 교회에 주신 새 날로 본다.

나는 신약 성서가 후자의 견해를 지지한다고 생각한다. 그러나 참으로 우리가 토요일이
나 주일을 어떤 특수한 방식으로 지켜야 할지 의문이다. 우리는 예배나 기독교 봉사를 위하
여 어느 하루를 종일 사용하는가? 우리 가운데 안식일이나 주일을 참으로 '거룩하게' 지키
고 있는 사람은 누구인가?

제5계명

우리는 제4계명에서 제5계명으로 옮겨가면서, 우리와 하나님의 관계와 관련되어 있는
십계명의 첫째 돌판에서 우리와 다른 사람의 관계와 관련되어 있는 십계명의 둘째 돌판으
로 옮겨간다. 이 둘째 돌판은 가족 관계부터 시작한다. "네 부모를 공경하라. 그리하면 너의
하나님 나 여호와가 네게 준 땅에서 네 생명이 길리라"(출 20 : 12).

이는 주로 인간적 권위와 관계가 있는데, 우리의 부모는 하나님이 우리에게 세워 놓으신
첫번째 인간적 권위이기 때문이다. 다른 권위들은 권능이 같지 않고 그 한계도 다양하다.

이런 권위로는 국가, 교회의 지도자, 고용주 등이 포함된다. 우리는 이 계명을 따르기 위하여, 바울이 로마서 뒤에서 말하는 바를 지켜야 할 것이다. "모든 자에게 줄 것을 주되 공세를 받을 자에게 공세를 바치고 국세 받을 자에게 국세를 바치고 두려워할 자를 두려워하며 존경할 자를 존경하라"(롬 13 : 7). 하지만 우리 모두는 집에서부터 권위에 반발한다. 때때로 우리는 가정에서 특별히 무례하고 예의 없고 불순종하고 은혜를 모르곤 한다.

제6계명

"살인하지 말지니라"(출 20 : 13). 예수님은 이 계명을 설명하시면서 살인이 다른 사람의 생명을 앗아가는 것만이 아님을 보이셨다. 살인은 어떤 식으로든 사람의 명예를 손상하는 일과도 관계가 있다. "나는 너희에게 이르노니, 형제에게 노하는 자마다 심판을 받게 되고…"(마 5 : 22) 라고 예수님은 말씀하셨다.

이 계명은 우리 존재의 깊은 곳을 살핀다. 왜냐하면 우리가 솔직하게 자신을 살피면 자신이 화를 많이 내고, 명백하게 화를 퍼붓는 사람의 기분을 상하게 하려는 말을 한다는 사실을 인정할 것이기 때문이다. 그러나 의분(義憤)과 같은 것이 있지 않은가? 물론이다. 예수님이 환전하는 사람들을 성전에서 내쫓으실 때 의분을 나타내셨다. 그러나 우리의 화가 의분인 경우는 드물다. 오히려 우리는 대체로 다른 사람이 우리 자신을 실제로 얕보거나 얕본다고 하는 생각이 들어 화를 낼 따름이다. 우리는 살인을 하는가? 실제로 말 그대로 살인을 한다. 우리는 무시하거나 악의를 품고서 험담하거나 비방함으로써 그리고 우리 자신의 지나친 교만이나 시기에서 비롯하는 많은 행위로 살인한다.

심지어 설교자도 마찬가지이다. 역시 설교자인 토마스 워츤(Thomas Watson)은 이렇게 말했다. "목회자가 영혼을 굶주리게 만들고 해로운 교리를 가르치고 나쁜 영향을 주면… 역시 살인자이다."[5]

제7계명

우리 대부분이 십계명을 모두 암기하고 있다면, 가장 자주 생각하게 되는 것은 제7계명이다. 이는 그다지 놀라운 일이 아닌데, 우리 대부분은 성적인 문제, 심지어는 성 범죄에 관하여 아주 많은 시간 생각하고 있기 때문이다. 그리고 이 계명은 우리의 성 생활 영역에 대하여 직접 말하는 한 계명이다. 우리는 성 문제에 관하여 가장 죄책감을 많이 느끼는 것 같다.

"간음하지 말지니라"(출 20 : 14).

예수님도 이 계명에 대하여 논평하셨는데, 살인하지 말라는 금령을 해석하실 때처럼 이 계명의 본 뜻을 보이셨다. "간음치 말라 하였다는 것을 너희가 들었으나, 나는 너희에게 이르노니, 여자를 보고 음욕을 품는 자마다 마음에 이미 간음하였느니라(마 5 : 27-28). 존 스토트(John Stott)는 이 계명에 대하여 다음과 같이 썼다.

> 간음에는 사랑의 불장난을 하거나 시험 삼아 해보거나 혼자 행하는 성 체험이 포함된다. 또한 온갖 성 도착도 포함된다. 왜냐하면 사람이 변태적 본능에 대해서는 책임을 지지 않을지라도 그 본능을 방탕하게 사용했을 때는 책임을 지기 때문이다. 또 간음에는 부부간의 이기적인 요구가 포함되며, 전부는 아니지만 많은 이혼도 포함된다. 그리고 음란 서적을 일부러 읽고서 불순한 환상에 빠지는 일도 포함된다… 이 계명은 하나님의 거룩하고 아름다운 선물을 남용하는 모든 행위를 포함한다…"[6]

이 계명의 적극적인 면은 결혼 전의 순결과 결혼 후의 신실함이다.

제8계명

"도적질하지 말지니라"(출 20 : 15). 도둑질을 금하는 것은 인류의 거의 보편적 기준이다. 대부분의 문화에는 이런 금지가 있다. 그러나 절도가 사회를 분열시키고 불편하게 하는 일이라는 분명한 사실말고, 왜 훔치는 것이 잘못된 일인지 설명하는 것은 성경뿐이다. 훔치는 일이 나쁜 참 이유는, 다른 사람의 소유는 하나님이 그 사람에게 주신 것이기 때문이다. "각양 좋은 은사와 온전한 선물이 다 위로부터 빛들의 아버지께로서 내려 오나니…"(약 1 : 17). 그러므로 하나님이 주신 것을 사람에게서 빼앗은 것은 하나님께 죄를 짓는 것이다.

우리는 많은 방식으로 이 죄를 짓는다. 우리가 할 수 있는 대로 일을 잘 처리하지 않거나 시간을 낭비하거나 일찍 퇴근하는 것은 고용주의 것을 도적질하고 있는 것이다. 우리가 우리의 상품이나 용역에 대하여 지나친 대금을 요구하거나 알면서도 좋지 않은 것을 팔면 소비자에게 도적질하는 것이다. 다른 사람에게 빌리고서는 제 날짜에 빌린 것을 돌려주지 않으면 다른 사람에게 도적질하는 것이다. 우리의 재능이나 시간을 낭비하면 우리 자신에게 도적질하는 것이다. 하나님이 받으실 만하게 하나님을 경배하고 존귀히 되시게 하는 일을 게을리할 때 우리는 직접 하나님께 도적질하고 있다.

이 계명에도 적극적인 면이 있다. 바울은 에베소 교인에게 편지를 쓰면서, 전에 도적질하던 사람에게 이렇게 말했다. "도적질하는 자는 다시 도적질하지 말고 돌이켜 빈궁한 자에게 구제할 것이 있기 위하여 제 손으로 수고하여 선한 일을 하라"(엡 4 : 28). 바울에 따르면, 도적질하던 사람은 궁핍한 자를 도와주기를 시작하고 나서야 제8계명을 지킨 것이다.

제9계명

제9계명은 다음과 같다. "네 이웃에 대하여 거짓 증거하지 말지니라"(출 20 : 16). 이것은 위증(僞證)을 하지 말라는 경고이다. 그러나 또 말하지만, 이것은 단순히 위증만을 다루지 않는다. 소극적으로는 이 계명은 모든 비방과 쓸데없는 말이나 험담이나 몰인정한 소문이나 다른 사람을 희생시키면서 하는 농담이나 거짓말이나 진실에 대한 고의적인 과장이나 왜곡을 정죄한다. 이 계명은 심지어 그런 몰인정한 일을 비판하지 않고 듣기만 하는 것과도 관계있다. 적극적으로는 어떤 식으로든 말로 피해를 본 사람들을 우리가 알고서도 그들을 변호하는 일을 하지 못하는 것과 관련된다.

제10계명

제10계명은 어떤 점에서 모든 계명 가운데 가장 시사하는 바가 많고 충격적이다. 왜냐하면 이 계명은 율법의 외면적 본성도 다루지만 내면적 본성을 명시적으로 다루기 때문이다. 이 계명은 탐욕과 관계 있다. 탐욕이란 겉으로 욕심스럽게 얻으려는 행동으로 드러나기도 하고 드러나지 않기도 하는 내면적 태도이다. 성경 본문은 다음과 같이 말한다. "네 이웃의 집을 탐내지 말지니라. 네 이웃의 아내나 그의 남종이나 그의 여종이나 그의 소나 그의 나귀나 무릇 네 이웃의 소유를 탐내지 말지니라"(출 20 : 17).

탐욕은 죄의 뿌리이다. 왜냐하면 토마스 워튼(Thomas Watson)이 말하듯이 탐욕을 완전히 드러낼 때 다른 계명들을 어기게 되기 때문이다.[7]

이 얼마나 적절하고 새로운가! 그리고 지극히 유물론적인 우리 문화에 얼마나 강력한 충격을 미치는가! 우리는 욕심이 많고 그래서 공격적인 사회에 살고 있다. 유물론의 공격적인 한 요소로, 다른 사람의 필요에 무감각한 태도가 있다. 다른 사람을 희생시켜야만 자신이 앞으로 나갈 수 있기 때문에 이런 무감각한 태도가 더 심해지는 경우가 아주 많다. 재산이 많은 사람들일수록 매우 불행한 경우가 많아 보인다. 불행하게도 대중매체는 좀더 가지려는 끊임없는 욕망을 우리 속에 만들어 놓고 그 작열하는 불길에 부채질을 하려고 작정을 한 것 같다. 실제로 일어나는 일을 막기는커녕 무슨 일이 일어나는지 깨닫고 있는 사람도 드물다.

우리 시대에 두드러지는 이 죄를 그처럼 훌륭하게 폭로하는 계명은 아마 없을 것이다.

그러나 여기서 우리는 어디로 가고 있는가? 우리는 하나님이 우리에게 어떤 행동 기준을 요구하시는 10개의 영역을 알아보기 위하여 십계명을 사용했고, 그 기준에 비추어 볼 때 자신이 죄인임을 발견했다. 그리고 바울이 7 : 13의 첫째 부분("오직 죄가 죄로 드러나기 위하여")에서 쓰고 있는 것처럼, 우리는 죄인으로 드러났을 뿐만 아니라, 바울이 둘째 부분에서 말하고 있는 것("계명으로 말미암아 죄로 심히 죄 되게 하려 함이니라")처럼, 우리가 지독히 죄악되다는 사실이 또한 나타났다. 다른 말로 하면, 항상 죄는 우리가 생각히는 것보다 훨씬 나쁘다. 사실 우리가 율법을 더 읽고 더 이해할수록, 우리의 죄는 더 크게 보일 것이다. 그리고 바울처럼, 우리가 "… 이 사망의 몸에서 누가 나를 건져 내랴" 하고 소리치고 "우리 주 예수 그리스도로 말미암아 하나님께 감사하리로다…"(롬 7 : 24, 25) 라고 대답할 수 있을 때까지는, 율법을 읽고 이해할수록 우리 죄는 계속 더 크게 보일 것이다.

우리가 아무리 원한다고 해도, 하나님이 죄를 눈감아 주실 수는 없다. 결코 하나님은 죄책을 그냥 제거해 주지 않을 것이라고 우리에게 말씀하신다. 하나님은 "죄의 삯은 사망이요…"(롬 6 : 23)라고 가르치신다. 하나님은 심판을 행하실 것이다. 그러나 바로 그때 하나님은 죄를 드러내시고 죄를 치료하시는 예수님을 우리에게 보이신다.

이제 바울이 로마서 7장 첫째 부분에서 율법에 대하여 제기한 질문으로 돌아가자.

첫째 질문 : "율법이 죄냐?"

해답 : "그럴 수 없느니라. 율법으로 말미암지 않고는 내가 죄를 알지 못하였으니"(7절).

둘째 질문 : "그런즉 선한 것이 내게 사망이 되었느뇨?"

해답 : "그럴 수 없느니라. 오직 죄가 죄로 드러나기 위하여 선한 그것으로 말미암아 나를 죽게 만들었으니, 이는 계명으로 말미암아 죄로 심히 죄 되게 하려 함이니라"(13절).

그리고 율법의 목적은 생명이다. 왜 그런가? 자신이 허물과 죄로 죽은 줄 아는 사람은 구주를 찾기 때문이다. 자신이 영적으로 병든 것을 아는 사람만이 위대한 의사이신 그리스도를 찾는다.[8]

● 각주 ●

1. Karl Menninger, *Whatever Became of Sin?* (New York : Bantam Books, 1978).

2. John R. W. Stott, *Basic Christianity* (Downers Grove, Ill. : InterVarsity Press, 1971), p. 65.

3. J. B. Phillips, *Your God Is a Too Small* (New York : Macmillan, 1967).

4. Thomas Watson, *The Ten Commandments* (London : The Banner of Truth Trust, 1970), pp. 85–91. (Original edition 1962.)

5. Ibid., p. 143.

6. Stott, *Basic Christianity,* pp. 67, 68.

7. Watson, *The Ten Commandments*, pp. 177, 178.

8. 십계명에 대한 앞의 공부는 부분적으로 다음의 책에 나오는 십계명 연구를 비슷하게 따르고 있다. James Montgomery Boice, *Foundations of the Christian Faith : A Comprehensive and Readable Theology* (Downers Grove, Ill. : InterVarsity Press, 1986), pp. 226–245.

91
로마서 7장의 그 '사람' 은 누구인가?
로마서 7:14-20

우리가 율법은 신령한 줄 알거니와 나는 육신에 속하여 죄 아래 팔렸도다 나의 행하는 것을 내가 알지 못하노니 곧 원하는 이것은 행하지 아니하고 도리어 미워하는 그것을 함이라 만일 내가 원치 아니하는 그것을 하면 내가 이로 율법의 선한 것을 시인하노니 이제는 이것을 행하는 자가 내가 아니요 내 속에 거하는 죄니라 내 속 곧 내 육신에 선한 것이 거하지 아니하는 줄을 아노니 원함은 내게 있으나 선을 행하는 것은 없노라 내가 원하는 바 선은 하지 아니하고 도리어 원치 아니하는 바 악은 행하는도다 만일 내가 원치 아니하는 그것을 하면 이를 행하는 자가 내가 아니요 내 속에 거하는 죄니라.

14 절부터 시작하는 로마서 7장 마지막 부분처럼 유능한 성경 연구가들의 의견이 나누어지는 성경 구절은 거의 없다. 이는 로마서에서 바울이 죄와 격렬하게 싸우는 내면적 투쟁을 술회하면서 자신에 대하여 말하는 대목이며 여기의 문제는 다음과 같다. 바울은 자기 생애에서 어떤 단계에 대하여 말하고 있는가? 바울은 현재, 즉 서신을 쓰고 있는 그 시간에 대하여 말하고 있는가? 즉 성숙한 그리스도인이며 사도였을 때였는가? 아니면 과거에 회개하기 전의 자신에 대하여 말하고 있는가? 아니면 그 사이의 어느 때를 말하는가?

로마서 7장의 그 '사람' 은 누구인가? 교회사의 초창기 시절부터 성경 연구가들은 이 질문에 대하여 의견이 나누어졌고, 오늘날도 의견이 분분하다.

이는 또한 심각한 질문이다. 성경 해석에 관련하여 어떤 문제들은 가령 예언의 자세한 내용에 관한 문제는 그다지 중요하지 않을지 모른다. 그러나 이는 로마서에서 바울이 그리스도인의 생활을 논의하고 있는 대목이다. 바울은 두 가지 관련된 질문에 답하고 있는 것 같다. 어떻게 나는 승리하는 그리스도인의 생활을 살아 갈 수 있는가? 어떻게 나는 죄에 대하여 승리를 거둘 수 있는가? 참된 그리스도인이라면 이런 질문에 대한 해답을 얻고자 한다. 그래서 우리는 성경에 나오는 그밖의 덜 실제적인 부분에 관하여 의견이 틀리더라도 그다지 심각하게 생각하지 않다가도, 이 구절의 다양한 해석에 관하여는 본능적으로 심각하게 살핀다.

우리는 어떻게 공부해 나가야 하는가? 이 연구에서 나는 이 구절들에 대한 중요한 네 가지 해석을 제시하고 각각 평가하고자 한다.

로마서 7장의 그 '사람'은 구원받지 못한 사람이다

첫번째 견해는, 로마서 7장의 그 '사람'은 거듭나지 않았을 때 즉 아직 그리스도인이 아니던 때의 사도 바울이라는 것이다. 이는 초창기 교회에 두드러지는 견해였던 것 같다. 사실 위대한 성 아우구스티누스도 처음에는 이런 견해를 내세웠다. 물론 후에 성경을 충분히 연구한 결과, 아우구스티누스는 여기서 말하는 것이 거듭 난 사람에게 해당하는 것이라고 믿게 되긴 했다.[1] 이 견해에 따르면, 바울이 참으로 그리스도인이라면 그는 여기서 말하는 일들을 말할 수 없었다.

그것이 어떤 일들인가?

가령 '죄에게 종'(a slave to sin : NIV 14절, 한글 개역 성경에는 종이라는 말이 없음)이라는 것을 들 수 있겠다. 이 주장이 특히 다루기 힘든 것은, 전에 바울이 다음과 같이 말했기 때문이다. "하나님께 감사하리로다. 너희가 본래 죄의 종이더니, 너희에게 전하여 준 바 교훈의 본을 마음으로 순종하여 죄에게서 해방되어 의에게 종이 되었느니라"(롬 6 : 17-18). 바울이 그리스도인으로서 말하고 있다면, 어떻게 그는 6장에서 그리스도인이 죄의 종 노릇하는 데서 벗어났다고 말하고서 7장에서는 자신이 '죄에게 종'이라고 말할 수 있는가?

바울은 "내 속에 선한 것이 거하지 아니한다"(18절)고 또한 말한다. 사실 그는 곧바로

'곧 내 육신에' 라는 말을 덧붙여서 이 말을 한정한다. 그러나 그렇더라도, 신자는 하나님이 자기 속에 거하시고 "… 자기의 기쁘신 뜻을 위하여 소원을 두고 행하게 하시려고"(빌 2 : 13) 지금 일하고 계시는 줄 알면서 실제로 이런 말을 할 수 있겠는가?

조금 뒤로 가면 바울은 이렇게 소리친다. "오호라 나는 곤고한 사람이로다. 이 사망의 몸에서 누가 나를 건져 내랴?"(24절). 바울은 자신이 그리스도에 의하여 건짐 받았음을 모르는가? 어떻게 참된 그리스도인이 그런 말을 할 수 있는가?

이 해석이 상당한 호소력을 갖고 있지만, 이 견해에는 오늘날 대부분의 주석가들이 거부할 만한 서너 가지 심각한 흠이 있다. 몇 가지만 들어 보겠다.

1. 바울이 로마서 7 : 14-24에서 자신에 대하여 말하는 것은 그가 다른 구절에서 자신이 그리스도인 되기 전의 상태에 대하여 말하는 것과 다르다. 바울은 율법의 정당한 요구를 충족시킬 능력이 없기 때문에 괴로워한다. 그는 자기가 실패한 결과로 비참하다. 그는 자기 바깥에 있는 누구에게 구원해 달라고 소리치고 있다. 그러나 불신자가 그런 것을 생각하겠는가? 바울이 회개하기 전에 자신에 대하여 생각했던 바가 빌립보서 3장에 요약되어 있는데, 여기서 바울은 '율법의 의' 로는 '흠 없었다' 고 주장하고 있다(6절). 불신자는 하나님의 율법을 지키지 못했다고 괴로워하지 않는다. 반대로 그는 자신의 업적으로 만족한다. 그는 자기가 의롭다고 생각하고 자기를 믿는다. 그는 자신이 구원받을 필요가 있음을 알지 못한다.

여기 간단하게 언급된 문제가 있다. 로마서 7 : 18에서 바울은 이렇게 말한다. "… 원함은 내게 있으나 선을 행하는 것은 없노라." 그러나 바울이 이 글을 쓸 때 불신자였다면, 이렇게 말했을 것이다. "나는 선을 원하며 지금 행하고 있다."

2. 이 구절에 표현되었듯이 바울이 하나님의 법을 기뻐하는 그런 일은 불신자에게 나타날 수 없다. 바울은 로마서 7장에서, '율법이 선하다' 는 것과 '내 속 사람으로는 하나님의 법을 즐거워한다' (16, 22절)는 것을 말한다. 불신자가 그런 태도를 취하는가? 로마서 그밖의 다른 곳에 나오는 바울의 가르침에 따르면 그렇지 않다. 이 절들 바로 앞에서 바울은, 율법이 죄를 드러내고 온갖 악한 욕망 즉 율법의 요구를 거스르는 거역을 불러일으킨다고 말하면서 율법이 죄인에게 미치는 영향을 언급했다. 이 다음에 이어지는 대목인 8장에서 바울은,

"육신의 생각은 하나님과 원수가 되나니, 이는 하나님의 법에 굴복치 아니할 뿐 아니라 할 수도 없음이라"(롬 8 : 7).

로마서 7장의 그 '사람'은 거듭 나지 않은 사람이 하나님의 법에 대하여 보이는 적대감을 넘어선 사람이다.

3. 로마서 7장의 둘째 부분은 줄곧 현재 시제를 사용한다. 그리고 이는 앞 부분에서 과거 시제를 사용한 것과 명백하게 뜻 있는 대조를 이루고 있다. 7-13절에 나오는 동사는 부정과거 시제이다. "전에 법을 깨닫지 못할 때에는 내가 살았더니… 나는 죽었도다"(9절); "죄가… 나를 죽였는지라"(11절); "… 죄가… 선한 그것으로 말미암아 나를 죽게 만들었으니…"(13절). (고딕체는 필자의 표기) 이 문장은 과거 체험에 대하여 쓰고 있다. 14-24절에서는 현재 시제를 사용한다. "… 나는 육신에 속하여…"(14절); "나의 행하는 것을 내가 알지 못하노니…"(15절); "내가 이로 율법의 선한 것을 시인하노니"(16절) 등. 현재 시제의 동사는 바울의 현재에 대하여 말하고 있으며 따라서 참으로 그리스도인의 체험을 말하고 있다는 것을 부인하기란 어렵다.

패커(J. I. Packer)가 말하듯이, "바울이 14절에서 과거 시제에서 현재 시제로 옮긴 것은 이제 자신이 그리스도인이 아니던 시절 겪었던 하나님의 율법에 대한 체험에 대하여 이야기하는 데서, 글을 쓰고 있던 당시에 겪고 있는 자신의 체험에 대하여 이야기하고 있다는 설명말고는 자연스러운 설명이 없다."[2]

로마서의 그 '사람'은 '육적인 그리스도인'이다

두번째 견해는 오늘날 아주 널리 퍼져 있는 것이다. 이 견해는 '육적인 그리스도인'이라는 표현으로 가장 잘 알려져 있다. 이 견해는, (위에서 간략하게 말한 몇 가지 이유 때문에) 바울이 자신을 그리스도인으로 말하고 있지만 자신을 성숙하지 못한 혹은 순복하지 못한 상태에 있는 사람으로 말하고 있다고 주장한다. 이 견해를 지지하는 사람들은, 로마서 7장의 그 '사람'이 패배하는데, 이런 일은 성숙한 그리스도인에게는 해당하지 않음에 틀림없다고 논평한다. 그들은 이 글의 초점이 자아에 얼마나 뚜렷하게 집중하고 있는지 논평한다.

사실 '나'라는 낱말이 14-24절에 26번 나오며, '나를' '나의' 혹은 '나 자신'(myself)이라는 낱말이 12번 넘게 나온다. 그리스도인의 생활에 승리를 안겨다 주는 비밀이신 성령은 이 장에 전혀 언급되어 있지 않다.

이 견해는 흔히 패배의 장이라고 보는 로마서 7장과 흔히 성령의 능력으로 말미암은 승리의 장이라고 보는 로마서 8장 사이의 엄청난 대조를 주목한다. 때때로 그리스도인은 승리의 비밀이 '자아'를 자기 생활의 왕좌에서 내몰고 성령님이 통치하시도록 하는 데 있다는 말을 듣는다. 즉 로마서 7장에 나오는 생활을 중단하고 로마서 8장으로 나아가는 데 있다는 말을 듣는다.

이 견해는 타당한가? 이 절들이 줄곧 말하는 바가 바로 이 견해인가?

앞의 한 장에서 내가 지적했듯이, 내가 이해하기로는 그렇지 않다. 그러나 먼저 긍정적인 것을 말해 보겠다. '육적인 그리스도인'의 신학에서, 그리스도인이 육신(죄악된 본성)을 갖고 있고 성령을 떠나서 생활하면 승리를 얻을 수 없다고 말하는 데 그것은 진리이다. 로마서 7장에서 8장으로 옮겨갈 때 이 점이 분명하게 나타난다. 우리가 얻게 될 승리는 우리가 이룩하는 것이 아니다. 그것은 '우리 주 예수 그리스도로 말미암아'(25절) 그리고 성령에 의하여(롬 8장) 이룩되는 것이다.

그런데도 이 견해의 약점(그리고 나는 이 견해의 오류와 위험한 점을 또한 덧붙여야겠다)은 그 진리보다 훨씬 심하다. 중요한 약점은 바로 '육적인 그리스도인'의 교리이다. 이 견해는 두 단계 그리스도인의 체험을 가정한다. 첫째 단계에 속하는 사람은 예수님을 구주로만 받아들이고 자기 생활의 주님으로 받아들이지 않는다. 그리고 두번째 단계에서는 예수님을 주님으로 받아들이게 된다. 이는 말 그대로 성경적이지 않다. 무엇보다도 그것은 바울이 로마서에서 말하고 있거나 말해 오던 것과 다르다.

해석 규칙에는, 어떤 말이나 구절이든지 그 의미는 그 문맥에서 결정되어야 한다는 규칙이 있다. 그리고 이 규칙을 바울이 이 장들에서 사용하는 **육적인** 혹은 **육신적인**(NIV는 이를 '죄악된 본성'이라고 번역한다)이라는 낱말의 용법에 적용하면, '육적인 그리스도인' 신학과는 전혀 다른 결과가 나온다. 로마서 8 : 5-8을 보면, 이 절들은 육적인 혹은 죄악된 본성을 좇는 개인과 성령을 좇는 개인을 대조하고 있다. 그러나 이는 세속적 그리스도인과 예수 그리스도를 주님으로 받아들이는 데로 '나아간' 그리스도인을 나누는 대조가 아니다.

그리스도인과 그리스도인이 아닌 사람을 나누는 대조이다. 바울은 이렇게 분명히 드러낸다. "육신의 생각은 사망이요, 영의 생각은 생명과 평안이니라. 육신의 생각은 하나님과 원수가 되나니 이는 하나님의 법에 굴복치 아니할 뿐 아니라 할 수도 없음이라"(롬 8 : 6-7).

그러면 이는 첫번째 견해처럼, 바울이 로마서 7장에서 자신에 대하여 육적인(혹은 육신적인)이라는 낱말을 사용할 때 그는 자신을 불신자로 말하고 있다는 뜻인가? 그렇지 않다. 우리는 왜 이 견해가 옳지 않은지 그 이유를 이미 보았다. 그러면 그것은 무슨 뜻인가? 그것은 바울이 그리스도 안에서 새로운 피조물이며 새 사람인 자기 자신, 새 사람이 되었지만 어느 정도 갖고 있는 이전의 죄악 되고 비그리스도인적인 본성 사이에 싸움이 벌어지는 것을 술회하고 있음을 뜻한다. 이 싸움은 아직 완전한 상태에 이르지 못한 그리스도인이 어떤 처지에 있는지를 부분적으로 보여 준다. 그렇다고 이 싸움은 그리스도인의 생활에서 '육적'이라고 서술할 수 있는 첫 단계 혹은 초기 단계가 있음을 뜻하지 않는다.

우리는 로마서 5장에서 8장까지의 흐름이 믿음으로 얻는 칭의로부터 영화로 이어지는 흐름이며 6, 7장은 도덕률 폐기론(Antinomianism)을 다루고(6장) 율법의 목적과 한계를 다루기 위하여(7장) 5장과 8장 사이에 끼워 넣은 삽입구임을 기억해야 한다. 여기에는 '두 단계의 기독교'를 가르치는 교리가 전혀 없다.

로마서 7장의 그 '사람'은 죄를 자각하고 있다

세번째 견해는 마틴 로이드 존스(D. Martyn Lloyed Jones)가 옹호하는 것으로, 이 견해는 100년 전에 프레데릭 고데(Frederick Godet)가 간략하게 말한 제안을 따르는 것으로 보인다.[4] 이 접근법은 지금까지 말해 왔던 모든 것을 대단히 진지하게 보고서, 바울이 여기서 말하는 것이 거듭 나지 않은 사람에 대하여 말하는 것도 거듭 난 사람에 대하여 말하는 것도 될 수 없다는 매우 역설적인 결론을 내린다. 구원받지 못한 사람은 바울처럼 율법에 대하여 말할 수 없다. 이 사람은 율법의 선하고 영적인 특성을 이해하지 못한다. 이 사람은 율법에 반발한다. 다른 한편, 구원받은 사람은 그처럼 패배당하는 모양으로 말할 수 없다. 구원받은 사람이 구원을 바라고 소리칠 수 없다. 왜냐하면 자신이 그리스도의 사역으로 말미암아 죄의 권세로부터 건짐을 받았던 사실을 알고 있기 때문이다. 그러므로 로마서 7장의 그 '사람'은 누가 자신을 구원할 수 있는지 아직 모르는 사람이다.

그러나 이 견해에 따르면 우리는 어디에 있는가? 바울이 거듭 난 사람이나 거듭 나지 못한 사람에 대하여 말하고 있지 않다면, 그는 누구에 대하여 말하고 있는가? 로이드 존스는, 여기서 바울은 성령에 의하여 자신이 개인적으로 율법 없이 지내며 영적으로 무능력하다는 것을 깨달았지만 예수 그리스도의 새 생명에 참여하는 자가 아직 되지 못한 사람에 대하여 말하고 있다고 대답한다. 바울이 말하는 사람은, 18세기 미국 부흥 운동에서 쓰는 말을 사용하면 자신의 실제 처지를 '각성'했다고 할 수 있지만 '부흥하지' 못한 사람이다. 부흥의 활동은 시작되었지만, 아직 열매 맺는 데는 이르지 못했다.

고데(F. Godet)는 이런 상황을 다음과 같이 표현했다. "바울 사도는 여기서 자발적인 무지와 죄의 상태에 있는 **자연인에 대하여** 말하는 것도 아니고, 은혜로 자유롭게 되고 그리스도의 영으로 생명을 얻어 새로 태어난 **하나님의 자녀에 대하여** 말하는 것도 아니다. 오히려 그 양심이 율법에 의하여 각성되어 두렵고 떨림으로 악을 맞서서 처절한 싸움을 시작하게 되었으되, 여전히 **자기 힘으로** 싸움을 벌이는 사람에 대하여 말하고 있다."[5]

우리는 이 해석에 대하여 무엇을 말해야 할 것인가? 분명히 이 해석은 합당한 말로 들린다. 이 해석은 자료를 진지하게 살펴려고 하며, 건전한 학자들이 개진한 것이다. 특히 각 구절을 조심스럽게 검토하는 마틴 로이드 존스(D. Martyn Lloyd Jones) 같은 학자들이 개진한 것이다. 그렇지만 이 해석에도 문제가 있다.

1. 이 해석은 1-13절에서 동사가 과거 시제였다가 14절부터는 현재 시제가 되는 변화를 설명하지 못한다. 이 견해에 따르면, 바울이 14-24절에서 말하는 것은 과거에 대한 것이다. 즉 바울 자신의 영적 각성 시기에 관한 것이다. 특히 바울이 "가시채를 뒷발질하기"(행 26 : 14) 시작했을 때, 스데반이 순교할 때 자신이 맡은 역할과 관련되어 있다. 그렇게 보면, 현재 시제에 대한 이유가 전혀 없을 것이다. 로이드 존스가 이 대목을 해결할 수 있는 유일한 방법은, 동사 시제의 변화는 대수롭지 않다고 말하는 것이다.[6]

2. 로마서 7장의 그 '사람'은 누가 자신을 구속할 수 있는지 모르는 게 아니다. 바울은 우리 모두가 때때로 옳은 일을 스스로 할 수 없는 동안 그 일을 할 수 있기를 바라면서 느낀

싸움에 대하여 쓰고 있다. 그러나 그는 "오호라, 나는 곤고한 사람이로다. 이 사망의 몸에서 누가 나를 건져 내랴?" 하고 소리치기 무섭게, 다음과 같이 대답을 제시한다. "우리 주 예수 그리스도로 말미암아 하나님께 감사하리로다…"(롬 7 : 24-25). 마치 바울이 7장의 마지막 두 절 사이에서 죄를 깨닫는 상태로부터 은혜의 상태로 옮겨가는 것처럼, 이 문제와 이 대답을 잠정적으로 나누어 놓을 이유는 없다.

로마서 7장의 그 '사람'은 성숙한 그리스도인이다

후기 아우구스티누스의 시대부터 루터와 칼빈과 청교도들을 포함하여 대부분의 개혁주의 주석가들이 취하는 이 마지막 견해는, 바울은 우리 모두 체험하고 있는 바와 같이 그리스도인이 죄와 끊임없이 싸우고 있는 것을 서술하고 성령을 떠나서는 그 싸움에서 승리할수 없다는 것을 가르치면서 성숙한 그리스도인인 자신에 대하여 쓰고 있다고 주장한다. 다른 말로 하면, 로마서 7장은 율법의 기능과 한계를 논의하고 있으므로, 바울은 하나님의 율법이 사람을 의롭다 하지 못하는 것처럼(칭의는 그리스도의 사역에 의해서 가능하다), 율법은 사람을 거룩하게 하지 못한다고 말하고 있다. 성화(聖化)는 성령님이 우리 속에 이루셔야 하는 것이다.

다음은 패커(J. I. Packer)가 이 절에 대하여 요약하는 내용이다.

그리스도 안에 살아 있는 그의 마음은 율법을 즐거워하며, 그는 선하고 옳은 일을 하여 그것을 온전히 지키고자 한다… 그러나 그는 자신이 목표로 하는 완전한 순종을 이룰 수 없음을 발견한다. 그는 자신이 한 일을 측정할 때마다, 부족하다는 것을 발견한다(23절). 이로부터 그는 죄라고 하는 하나님을 반대하는 충동을 자신의 마음에서 쫓아내긴 했어도 여전히 자신의 흠 있는 본성에 거하고 있음을 알아챈다… 그래서 그리스도인의 도덕적 체험은 다음과 같다(도덕적 체험이라고 말하는 것은 바울이 자신의 체험을 전형적인 것으로 생각하지 않는다면 신학적 요점을 밝히려고 자신의 체험을 말하지 않을 것이기 때문이다). 그는 항상 깨닫는 데만큼 미치지 못하고 완벽해지려는 자신의 욕구가 자기 속에 거하는 죄의 어지럽히고 정신을 흐트러 놓는 힘 때문에 좌절당하는 것을 체험한다.

바울은 자신에 대한 이 슬픈 사실을 말하면서 그 슬픈 사실에 대하여 새롭게 괴로워한다. 그리고 24, 25절의 외침에서 바울은 하나님을 좀더 영화롭게 하지 못하는데 대한 슬픔을 말한다. "오호라. 나는 곤고한 사람이로다. 이 사망의 몸에서 누가 나를 건져 내랴?" 그와 동시에 그는 자신의 질문에 대답한다. "우리 주 예수 그리스도로 말미암아 하나님께 감사하리로다… " 이 질문은 미래 시제로 물었으므로, 대답에 나와 있는 동사도 미래형이 되어야 할 것이다. "하나님께 감사하리로다. 하나님이 예수 그리스도로 말미암아 나를 건지시리라."

여기서 바울은 25절 후반부에 요약되어 있는 것처럼 자신이 지금 원치는 않지만 불완전한 상태가 어느 날 8 : 23에서 언급하는 몸의 구속으로 말미암아 과거지사가 될 것이라고 선포한다… 우리는 신약 성서 전체에 속속들이 퍼져 있는 두 세계의 전망, 고향을 향하여 순례하는 전망, 영광을 바라는 전망을 그대로 간직하며 장차 있을 그 구속을 그리워하고 기다려야 한다.[7]

이는 다음 장에서 우리가 그리스도인이 내주하는 죄와 맞서서 계속 벌이는 싸움에 대한 이야기를 다룰 때 다시 말하고자 하는 요점이다. 그러나 여기서라도 우리는 몇 가지 논평을 해야겠다.

첫째로, 바울이 자신의 곤고한 상태를 한탄하며 24절에서 '이 사망의 몸'에 대하여 쓸 때, 로마서 6장에서 이미 말한 것을 정확하게 말하고 있다. (내가 고딕체로 썼던 말들을 주목하라.) 바울은 "**죄의 몸**이 멸하여(무력하게 되어) 다시는 우리가 죄에게 종 노릇 하지 아니하려고"(6절) 우리가 그리스도와 함께 십자가에 못박힌 것을 말했다. 몇 절 뒤에서 바울은 이렇게 썼다. "그러므로 너희는 죄로 너희 죽을 몸에 왕 노릇 하지 못하게 하여 몸의 사욕을 순종치 말고, 또한 **너희 지체**를 불의의 병기로 죄에게 드리지 말고… 하나님께 드리라"(12-13절). 로마서 6장에서 바울은 그리스도와 함께 십자가에 못박히고 그리스도와 함께 부활함으로 말미암아 우리가 갖게 되는 구원에 대하여 논의했다. 그러나 바울은 **우리의 몸으로 말미암아** 우리 속에 죄가 계속 있음을 인정했고, 우리가 죄와 맞서서 싸워야 한다는 것을 생각하게 했다. 로마서 7장에서도 마찬가지이다. 물론 7장에서 바울은 우리의 힘으로

이 싸움을 하면 그 싸움이 무익할 것임을 강조하고 있다.

둘째로, 로마서 7장에서는 극단적인 용어로 진술하긴 하지만, 그리스도인이 된 후라도 (우리가 여기서 발견하는 것처럼) 성령을 떠날 때 사람의 죄악된 본성이 얼마나 절망적인지 솔직하게 시인하는 것은 참된 거룩에 이르는 첫 걸음이다. 다른 말로 하면, "나는 로마서 7장을 지나 로마서 8장으로 들어갔다" 하고 말하는 것은 성숙한 그리스도인의 표지(標識)가 아니라 미성숙한 그리스도의 표지이다. 성숙한 그리스도인은, 성령을 떠나서는 자신이 언제나 로마서 7장의 상태라는 것을 안다. 게다가 이 사람은 성령을 의지하는 일이 단번에 얻는 것이 아니라 매일 싸우고 끊임없이 새롭게 헌신할 때 생기는 결과임을 안다.

성화(聖化)란 무엇인가? 그것은 우리가 얼마나 선하게 되어가는지를 깨닫는 것인가? 아니면 실제로 우리가 얼마나 죄악되었는지 점점 느끼며 계속 예수 그리스도께로 향하여 그분을 의지하게 되는 것인가? 우리가 그리스도 안에서 성숙하다면, 성화가 후자임을 안다.

● 각주 ●

1. 교부 시대 이래 이 구절에 대한 해석사에 대한 탁월한 요약을 알려면 다음을 보라. Charles Hodge, *A Commentary on Romans* (Edinburgh and Carlisle, Pa : The Banner of Truth Trust, 1972), pp. 239, 240. (Original edition 1935).

2. J. I. Packer, *Keep in Step with the Spirit* (Old Tappan, N.J. : Fleming H. Reveil, 1984), pp. 143, 144. 패커는 거룩함에 대한 다양한 기독교적 견해들을 평가하면서 로마서 7 : 14-24의 논의를 곳곳에서 펼친다.

3. '육적인 그리스도인' 신학의 지지자들은, 바울이 로마서에서 육적인 이라는 말을 사용하지만 이 견해의 핵심이 고린도전서 3장에 분명히 언급되어 있다고 주장할 것이다. 고린도전서 3장에서는 육신적인 그리스도인을 "그리스도 안에서 어린아이"(1절)로 규정하며 "구원을 얻되 불 가운데서 얻은"(15절) 즉 자신의 생활이 어떠했다고 보여 줄 만한 선행이 없는 사람이 있을 수 있다고 말한다. 바울의 가르침에 따르면 고린도의 그리스도인들은 신령하지 못한 교회 분열을 일으키면서(바울은 이것을 이 장에서 논의하고 있다) 참으로 육신적인 방식으로 즉 마치 그리스도인이 아닌 듯이 행동하고 있다는 사실을 우리는 시인해야 한다. 그러나 이 말은 그들이 모든 영역에서 육적이었다거나 심지어 그럴 수 있었다고 말하는 것과 아주 다르다. 사실 이런 문제가 있지만 (그리고 바울이 이 서신의 후반부에서 다루는 다른 문제가 있지만) 그들은 '모든 일에 풍족하고' '모든 은사' 에 부족함이 없다고 서술되어 있다 (고전 1 : 5, 7). 불로 인한 멸망에 관한 한, 이 서신은 특별히 기독교 사역의 열매에 대하여 쓰고 있다. 즉 회심자와 교회 건설에 대하여 쓰고 있다. 그리고 바울이 말하듯이 고린도의 그리스도인들이 분열하고 서로 경쟁하는 식으로 계속 처신하면 이 기독교 사역의 열매가 소멸할 것이다. '육적인 그리스도'

신학과 아울러 이 구절의 논의를 일반적으로 알려면, 다음을 보라. Ernest C. Reisinger, *What Should We Think of "the Carnal Christian"?* (Edinburgh, and Carlisle, Pa. : The Banner of Truth Trust, n.d.).

4. D. M. Lloyd Jones, *Romans : An Exposition of Chapters 7 : 1-8 : 4, The Law : Its Functions and Limits* (Grand Rapids : Zondervan, 1973), pp. 176-224; 7-13절의 비슷한 논의를 알려면 pp. 170-175을 참조하라; F. Godet, *Commentary on St. Paul's Epistle to the Romans,* trans. A. Cusin(Edinburgh : T. & T. Clark, 1892), vol. 2, p. 56.

5. Godet, *Commentary on St. Paul's Epistle to the Romans,* vol. 2, p. 56.

6. Lloyd Jones, *Romans : An Exposition of Chapters 7 : 1-8 : 4, The Law : Its Functions and Limits,* pp. 183, 184.

7. Packer, *Keep in with the Spirit,* pp. 128, 129. 패커는 이 책 부록에 "로마서 7장에 나오는 '곤고한 사람'"에 대한 논의를 담고 있다(pp. 263-270). 또한 다음에 나오는 논의를 보라. Leon Morris, *The Epistle to the Romans* (Grand Rapids : Wm. B. Eerdmans, and Leicester, England : Inter-Varsity Press, 1988), pp. 284-288; and John R. W. Stott, *Men Made New : An Exposition of Romans 5-9* (Grand Rapids : Baker Book House, 1984), pp. 70-79.

92
내면의 전쟁
로마서 7:21-24

그러므로 내가 한 법을 깨달았노니 곧 선을 행하기 원하는 나에게 악이 함께 있는 것이로다 내 속 사람으로는 하나님의 법을 즐거워하되 내 지체 속에서 한 다른 법이 내 마음의 법과 싸워 내 지체 속에 있는 죄의 법 아래로 나를 사로잡아 오는 것을 보는도다 오호라 나는 곤고한 사람이로다. 이 사망의 몸에서 누가 나를 건져내랴 우리 주 예수 그리스도로 말미암아 하나님께 감사하리로다 그런즉 내 자신이 마음으로는 하나님의 법을, 육신으로는 죄의 법을 섬기노라.

바로 앞 장을 시작할 때, 나는 14절부터 시작하는 로마서 7장의 마지막 부분보다, 훌륭한 성경 연구가들의 의견이 근본적으로 엇갈리는 성경 구절은 없다고 말했다. 이제 그 장을 마쳤으므로, 아마 여러분은 그 이유를 알 수 있을 것이다. 바로 앞 장에서 나는 "로마서 7장의 그 '사람'은 누구인가" 하는 중요한 질문을 던지며, 이 절들에 대한 네 가지 중요한 해석을 세심하게 다 살펴보았으며 우리는 그 대답이 다음과 같음을 보았다.

1. 구원받지 못한 사람
2. '육적인 그리스도인' (A carnal Christian)

3. 성령님이 그 생활에 활동하신 결과로 죄를 자각하게 되었지만 아직 거듭 나지 못한 사람.

4. 성숙한 그리스도인(A mature Christian).

몇 가지 점에서 마지막 견해를 받아들이기가 가장 어려워 보인다. 그러나 나는, 왜 이들 가운데 네번째 가능성이 옳은 것이며 우리가 그리스도인의 생활에서 실제로 앞으로 나아가려면 왜 이 견해를 알아야 하는지 그 이유들을 보여 주려고 했다. 우리가 그리스도인이라면, 우리는 로마서 7장이 우리 자신이 아니라 다른 사람에 대하여, 즉 구원받지 않았거나 우리처럼 믿음이 '성숙하지' 못한 자에 대하여 쓴 것이라고 가정함으로써 7장의 뜻을 이해하려고 결코 하지 않을 것이다. 바울은 성숙한 그리스도인인 자신과 모든 참된 신자에 대하여 쓰고 있다.

바로 앞 장에서 나는, 성화란 우리가 예수 그리스도를 계속 의지하게 되기 위하여 우리가 얼마나 죄악된지 점점 알아가는 과정이라고 말함으로써 논의를 마쳤다. 그리고 이 성화는 쉬운 일이 아니다. 그리스도인의 생활은 전쟁, 곧 밖으로 외부 세력에 맞서는 전쟁일 뿐만 아니라 안으로 우리의 본래 죄악된 본성에 맞서는 전쟁이다. 우리가 이 점을 아는 것은 지극히 중요하다.

한 덩어리인 이 구절

바울은 우리가 이 점을 보는 데 관심을 갖고 있었음에 틀림없고 이것이 얼마나 어려운지 깨달았을 것이다. 내가 이 말을 하는 것은, 바울이 이 절들에서 이 진리를 우리에게 가르치기 위하여 상당히 길게 이야기하고 있기 때문이다.

14-24절에서 바울이 세 번이나 정확하게 같은 것을 말하고 있음을 주목하라. 첫번째는 14-17절에 있다. 두번째는 18-20절에 있다. 세번째는 21-24절에 있다. 각 경우는 다음과 같은 문제를 진술하면서 시작된다. "… 나는 육신에 속하여 죄 아래 팔렸도다"(14절); "내 속 곧 내 육신에 선한 것이 거하지 아니하는 줄을 아노니…"(18절); 그리고 "… 선을 행하기 원하는 나에게 악이 함께 있는 것이로다"(21절). 그 다음으로 각 대목은 그 갈등을 서술하고 있다. "… 원하는 이것은 행하지 아니하고 도리어 미워하는 그것을 함이라"(15절);

"… 원함은 내게 있으나, 선을 행하는 것은 없노라. 내가 원하는 바 선은 하지 아니하고, 도리어 원치 아니하는 바 악은 행하는도다"(18-19절); 그리고 "내 속 사람으로는 하나님의 법을 즐거워하되, 내 지체 속에서 한 다른 법이 내 마음의 법과 싸워 내 지체 속에 있는 죄의 법 아래로 나를 사로잡아 오는 것을 보는도다"(22-23절). 각 대목은 왜 이 문제가 존재하는지 간략하게 진술하며 끝맺는다. "이제는 이것을 행하는 자가… 내 속에 거하는 죄니라"(17절); "… 내속에 거하는 죄니라"(20절); 그리고 "… 이 사망의 몸에서…"(24절).

이 세 대목의 차이점은, 첫째 대목에서는 바울이 문제를 일반적으로 진술하고, 둘째 대목에서는 원하지 않는 것을 자신이 한다는 측면에서 이 문제를 말하고, 셋째 대목에서는 하고자 원하는 바를 할 수 없다는 것을 발견한다고 말하는 사실이다. "… 곧 선을 행하기 원하는 나에게 악이 함께 있는 것이로다"(21절).

다시 한번 되풀이하지만, 이는 성숙한 그리스도인의 갈등을 서술하고 있으며 사실 예수 그리스도의 사도가 말년에 겪는 갈등을 서술하고 있다.그래서 바울이 말하고 있는 이 싸움은 우리 모두가 직면하고 있으며 앞으로 직면하게 될 싸움이다. 우리가 그리스도인이라면 말이다. 그리고 그가 말하는 패배는, 그리스도인의 생활을 잘해 나가고 있을 때에도 성령님을 떠나면 겪게 되는 우리 모두의 체험이다.

'미국적 방식'

하지만 바울은 우리의 패배를 변명하려고 이런 말을 쓰고 있지 않으며, 그런 패배를 권장하고 있는 것은 더욱 아니다. 그는 우리의 것이 될 수 있고, 앞으로 될 승리에 대하여 생각하고 있다(8 : 25 참조). 바울은 우리가 성령님을 힘 입어 죄와 맞서는 이 싸움에서 승리를 거두기를 바란다. 그러나 요컨대 여기서 우리가 원하는 승리는 이 싸움을 치룸으로써만 얻어지는 것이지 성공에 대한 비밀스러운 공식에 의하거나 그 싸움을 피하는 아주 쉬운 방식으로 얻어지지 않는다는 것이다.

이 점에서 우리 그리스도인들은 바울이 말하고 있는 것에 특히 귀기울여야 한다. 왜냐하면 우리는 갈등을 싫어하고 할 수 있다면 대개 어떤 방법으로든 갈등을 피하려 하고 있기 때문이다. 그리스도인들이 죄와 맞서서 싸우지 않으려고 하는 방법이 세가지가 있다. 그러나 (로마서 7장의 가르침에 따르면) 죄와 싸우는 일은 항상 우리 생활의 일부가 될 것이다.

1. **신앙형식**(A formula). 우리가 그리스도인의 생활을 꾸려가면서 싸움을 피하려고 하는 첫번째 방법은 승리를 가져다 줄 쉬운 신앙형식을 찾아나서는 것이다. 그와 같이 쉬운 신앙형식을 찾아나서는 일은 갖가지 형태를 취한다. 무엇을 하라고 말하는 기독교 서적을 찾거나, 그리스도인의 생활에서 성장할 수 있는 세 단계 혹은 네 단계 방법을 따르거나, (영화관에 가는 일과 같이) 어떤 쉬운 일을 그만두거나, (세미나에 참석하는 일과 같이) 좀더 하기 어려운 일을 시작하는 것 등이다. 내가 무얼 말하는지 독자는 알고 있다.

> "로마서 7장에서 벗어나서 로마서 8장으로 들어가라."
> "가서 하나님께 맡기라."
> "'자아'를 자신의 생활 중심에서 내몰고 그리스도를 거기 모셔라."
> "다만 예수님이 통치하시도록 하라."

이런 시도를 하게 되는 기본 동기는 우리의 게으른 낙천주의이다. 삶이란 원래 힘들게 사는 것이 아니라 쉽게 살도록 되어 있는 것이라는 기대이다. 그래서 그리스도인의 생활이 힘들다고 여기는 것은 올바른 신앙형식을 보지 못하기 때문이라고 가정한다. 누군가가 이 신앙형식이 무엇인지 우리에게 말해 줄 수 있음에 틀림없다. 만일 우리가 그 신앙형식을 발견하지 못한다면 - 그런데 우리가 찾고 있는 것이 안락이라면 결코 발견하지 못할 것이다 - 우리는 우리를 가르치는 자나 심지어는 하나님께 화를 내려고 한다.

2. **새로운 체험**(A new experience). 우리가 그리스도인으로서 살면서 싸움을 피하려 하는 두번째 방법은 새로운 영적 체험을 찾아나서는 것이다. 이것은 성령 은사 형태의 체험이 될 수 있다. 아마 방언의 체험이 될 수 있다. 또 우리가 패배한 그리스도인의 상태에서 승리하는 그리스도인의 상태로 영원히 옮겨가는, 흔히 말하는 '은혜의 두번째 사역'일 수 있다. 혹은 예배에서 느끼는 감정적인 체험과 같이 직접적인 것이 될 수 있다. 여기서 예배드리며 느끼는 감정적인 체험이 나쁘다는 뜻은 아니다. 그런 감정적인 체험은 나쁜 것이 아니며 우

리에게는 머리도 있지만 가슴도 있다. 그리고 우리는 분명 머리와 가슴을 가지고 예배를 드린다. 그러나 예배에서라 할지라도 감정이 죄와 맞서 싸우는 전투를 대신한다거나 그 전투에서 도피하는 일이라고 생각하면 그런 감정은 나쁜 것이다. 왜냐하면 죄와 맞서 싸우는 전투는 평생 계속되는 성화(聖化) 과정에서 회피할 수 없는 일이기 때문이다.

교회 예배를 마치고 "예배다운 체험을 하지 않았는가?" 하고 말하면서 집으로 돌아오더라도, 우리가 죄와 맞서 싸울 수 있게 하는 성경의 지식을 얻고서 죄와 맞서 싸우겠다고 새롭게 헌신하는 일이 없다면 예배 드린 일은 아무짝에 소용없다.

3. 회피(Avoidance). 우리가 그리스도인으로 살면서 싸움을 피하려 하는 세번째 방법은 전형적인 '미국적' 방법이다. 즉 회피라는 방법이다. 즉 우리가 패배할 때 우리는 허리를 동이고 그 문제를 다시 풀어보려고 하기보다는 그 문제에서 도망쳐서 그밖의 다른 것으로 우리 마음을 채운다. 흔히 이 '그밖의 다른 것' 은 텔레비전이나 다른 오락물이다. 때로는 심지어 기독교적인 활동에서도 나타나는 공허한 일이다. 불신자들과 꼭 마찬가지로 어떤 사람에게는 술이나 약물을 통하여 회피하는 일이 있을 수 있다.

영적 현실주의

나는 내면의 전쟁이라는 사실을 맞닥뜨리는 당신에게 패커(J. I. Packer)가 말하는 '영적 현실주의'(spiritual realism)를 권하고 싶다. 패커는 거룩함에 대한 다양한 기독교적 견해를 다루고 있는 연구서인 「성령과 보조를 맞추는 삶」(Keep in Step with the Spirit)을 마치려는 즈음에 이 영적 현실주의에 대하여 말한다. 패커의 정의에 따르면, "현실주의란 우리 자신에 대하여 달갑지 않은 진리를 기꺼이 맞닥뜨려 반드시 필요한 변화를 이루어내려는 의지가 있는가 없는가와 관계가 있다."[1] 로마서 7 : 14-24에 비추어 볼 때, 나는 이 영적 현실주의가 우선적으로 시작하는 네 가지 일을 제안하고자 한다.

1. 하나님이 우리를 그리스도인으로 부르셨을 때, 우리로 죄와 맞서서 평생 싸우라고 부르셨다.

바울이 이 구절에서 말하는 모든 것에 비추어 보면, 이 점은 틀림없다. 그러나 우리는 이 진리를 피하려고 괴상한 기준을 택하는 듯하다. 이 진리를 피하는 한 가지 방법은, 우리가 스스로 속아서 영혼의 모든 일이 잘되고 있다거나 적어도 당장 그럭저럭 잘해 나가고 있다고 생각하는 비현실적인 낭만주의로 도피하는 방법이다. 우리가 풍요하여 제대로 먹고 빚 값는 일로 걱정할 필요가 없고 이따금씩 우울함이 몰려오더라도 저녁에 외식을 하거나 휴가를 떠남으로써 언제나 싸워 나갈 수 있다면, 특별히 이런 방법은 쉽다. 우리는 "고통 없이는 얻는 것이 없다"고 말은 하지만, 영적인 성장에 필요한 고통은 피하려고 애써 노력한다.

패커가 이 영적 현실주의를 논의하면서 제안하듯이, 우리는 책임을 떠넘김으로써 이 진리를 또한 피한다. 하나님이 에덴 동산에서 아담과 하와의 죄 때문에 그들을 대면하셨을 때 아담과 하와는 책임을 서로에게 떠넘겼다.

아담은 하와에게 책임을 돌리며 이렇게 말했다. "… 하나님이 주셔서 나와 함께하게 하신 여자 그가 그 나무 실과를 내게 주므로 내가 먹었나이다"(창 3 : 12). 그러나 아담은 자신에게 그 여자를 주신 분이 하나님이시라고 지적했으므로, 실제로는 자신의 책임을 하나님께 돌리고 있었다.

하와는 마귀에게 책임을 돌렸다. "… 뱀이 나를 꾀므로 내가 먹었나이다"(창 3 : 13 하). 그러나 하나님이 분명 뱀이 동산에 들어가는 것을 허락하셨으므로, 조금 부드러운 방법이긴 하지만 이 또한 하나님께 책임을 돌린다.

패커는 이렇게 말한다. "우리는 부부 생활과 가정과 교회와 직장 등에서 무엇이 잘못되면 열을 내어 다른 사람에게 책임을 돌린다… 상처 입는 결백한 사람 노릇을 하는 데서 얻는 비현실적인 자기 만족과 감쪽같이 꾸며대는 약삭빠른 태도는 성령을 크게 소멸케 하는 특징에 속한다. 왜냐하면 이런 비현실적인 자기만족이나 감쪽같이 꾸며대는 약삭빠른 태도는, 현실주의에 입각하여 우리가 무엇을 해야 하되 긴급한 문제로 해야 하는 상황에서 아무 일도 않는 데 대한 변명이 되기 때문이다. 이 두 상태에 빠질 경우 회개하지 않은 자는 죄를 자각하지 못하게 되며 그리스도인은 영적 건강에 철저하게 나쁜 상태를 계속 유지하게 된다."[2]

영적 현실주의를 실현하는 출발점은, 우리가 이세상에서 끊임없이 영적 전쟁을 치르려고 부르심을 받았고 이 영적 전쟁이 이미 회개한 우리 속에 거하는 죄와 맞서는 전쟁이므로 쉽지 않다는 것을 깨닫는 것이다. 현실주의는 엄격한 준비, 끊임없는 주의, 견고한 결심, 유일하게 우리에게 승리를 주실 수 있는 그분을 순간 순간 의지하는 일을 요구한다. 여기 요한 프라이스타인(Johann B. Freystein)이 쓴 위대한 찬송가(캐서린 윙크워스[Catherine Winkworth]가 번역함)에 이 문제의 핵심이 들어있다.

> 내 영혼아 일어나 살피고 기도하라.
>   잠에서 깨어라.
> 무심결에 악한 날에
>   사로잡히지 말라.
> 익히 알듯이,
>   그리스도인이 잠들 동안
>   원수가 수확을 거둬 감이라.
>
> 내 영혼아 스스로 경계하라,
>   은혜를 소홀히 여기지 않도록.
> 자아가 네 생각을 사로잡지 못하게 하며,
>   하나님의 은혜를 억누르지 못하게 하라.
> 자만과 죄가 속에 숨어서
>   네 소망을 모두 흩으려 하니,
> 우쭐할 때 주의를 기울이지 않음이라.

우리 내면의 전쟁을 이처럼 사실적인 언어로 멋지게 서술하는 찬송가를 나는 알지 못한다.

2. 우리는 평생 죄에 맞서서 싸우라고 부르심을 받았지만, 그런데도 스스로 승리를 이루지는 못할 것이다.

이는 미국인들이 특히 깨달아야 하는 요점이다. 우리가 단순하고 즉효약 같은 해결책이나 회피책을 아주 쉽게 받아들이는 민족이면서도, 자신만만하게 아주 까다로운 요구도 해결할 수 있다고 자랑하기 때문이다. 우리는 사람을 달 표면에 착륙하게 하는 일처럼, 그 문제가 아무리 까다롭다 해도 충분한 힘과 기술과 계획과 결심이 있으면 풀 수 있다고 생각한다. 승리하는 그리스도인의 생활을 꾸려 갈 수 있는가? 물론 우리가 참으로 원한다면, 그리스도인의 생활을 꾸려 갈 수 있다. 그래서 우리는 "하는 일이 힘들 때는 힘든 대로 한다"거나 "할 수 있다고 믿으면 할 수 있다"고 말한다.

이럴 때 우리는 성경의 인물 가운데서 베드로 사도와 비슷해진다. 다른 제자들은 그럴지 모르지만 자신은 결코 예수님을 배반하지 않겠다고 한 베드로의 자랑을 기억하는가? 베드로는 이렇게 말했다. "… 주여 내가 주와 함께 옥에도, 죽는 데도 가기를 준비하였나이다"(눅 22 : 33).

사실 베드로는 그럴 작정이었다. 베드로는 예수님을 사랑했고, 자신이 예수님을 순전하고 뜨겁게 사랑하므로 그 어떤 영적인 전쟁을 치루더라도 굳게 설 수 있을 것이라고 믿었다.

그러나 예수님은 우리를 알고 계시듯이 베드로도 아셨다. 그리고 이렇게 대답하셨다. "베드로야, 내가 네게 말하노니, 오늘 닭 울기 전에 네가 세 번 나를 모른다고 부인하리라"(34절).

베드로는 자기 혼자서는 한 순간도 사단의 시험을 견디낼 수 없었다. 시험이 왔을 때 베드로는 넘어졌다. 그러나 다행히도 예수님은 베드로에게 그것만 말씀하시지 않았다. 베드로는 뽐내며 자신만만하였고 따라서 이 두 가지 점에서 잘못되었지만, 예수님은 베드로에게 다음과 같이 또 말씀하셨다. "시몬아, 시몬아, 보라. 사단이 밀 까부르듯 하려고 너희를 청구하였으나, 그러나 내가 너를 위하여 네 믿음이 떨어지지 않기를 기도하였노니, 너는 돌이킨 후에 네 형제를 굳게 하라"(31-32절).

베드로가 로마서 7장을 쓴다면 아마 우리에게 말하게 될 것을 우리가 다른 말로 바꿔 쓸 수 있다면, 다음과 같을 것이다. "예수님이 내 믿음이 떨어지지 않도록 나를 위하여 기도하셨다고 말씀하셨을 때, 예수님을 떠나서는 내가 잠시라도 사단과 맞설 수 없다는 뜻으로 말씀하셨다. 나 혼자서는 사단을 맞서 나갈 수 없었다. 내 헌신이 아무리 강하고 내 결심이 아무리 굳세다 하더라도, 부스러기 같은 내 헌신과 결심이 무너졌을 때 나는 예수님을 부인하려 했다. 아니나 다를까 나는 예수님을 부인했다. 그리고 앞으로 당신에게 말하려 하는 바도 이것이지만, 당신도 마찬가지로 언제나 예수님을 의지하지 않으면 예수님을 부인하게 될 것이다. 게다가 인생의 큰 전쟁을 치를 때 예수님이 당신을 위하여 기도하지 않으시면 당신은 떨어져 길을 잃을 것이 확실하다. 그런데 예수님은 우리를 위하여 기도하시겠다고 약속하셨다. '나를 떠나서는 너희가 아무 일도 할 수 없다'고 예수님은 우리에게 말씀하셨다. 나는 예수님을 부인하여 예수님의 말씀이 참된 것을 입증했다. 그리고 당신도 항상 예수님을 의지하지 않으면 예수님을 부인하게 될 것이다".

3. 우리가 성령의 능력으로 죄를 이길 때라도, 우리는 여전히 무익한 종이다.

왜 그런가? 우리가 죄를 이길 때라도 우리의 이김은 하나님의 능력과 은혜로 이기는 것이지 우리 스스로의 힘으로 이기는 것이 아니기 때문이다. 우리의 이김이 우리의 힘으로 이기는 것이라면, 우리는 승리를 거둔 데 대하여 개인적으로 영광을 어느 정도 취할 수 있을 것이다. 그리고 우리가 죽을 때 하늘 나라에서도 자랑하게 될 것이다. 그러나 우리의 이김은 우리의 것이 아니다. 그것은 하나님의 것이다. 그리고 우리의 이김이 우리의 것이 아니므로, 우리는 이 땅에서나 하늘에서 자랑하지 못할 것이며 대신에 모든 영광을 하나님께 드릴 것이다.

요한계시록에서 성도들을 대표하는 장로들이 다음과 같이 말하면서 하나님의 보좌 앞에 자기의 면류관을 드리는 위대한 장면을 살펴보라. "우리 주 하나님이여, 영광과 존귀와 능력을 받으시는 것이 합당하오니…"(계 4 : 11 상). 왜 그들이 그렇게 말한다고 생각하는가? 그리고 이 장면이 뜻하는 바는 무엇인가? 분명히 면류관이 장로들의 면류관이라는 사실은, 장로들이 죄와 하나님의 원수들을 이긴 것을 뜻한다. 그러나 장로들은 면류관을 벗어 하나님의 보좌 앞에 놓음으로써, 자신들의 승리가 스스로 얻은 것이 아니라 자기들 속에 역사하시는 하나님의 영의 능력으로 얻은 것임을 드러낸다. 다른 말로 하면, 결국 이 승리는 오직 하나님의 것이다.

4. 하지만 우리는 죄에 맞서서 싸우고 분투할 것이며, 우리가 사용할 수 있는 도구들, 중요한 것으로는 기도와 성경 공부와 그리스도인의 교제와 다른 사람에 대한 봉사와 성례로 그렇게 할 것이다.

우리는 죄와 맞서 싸우는 이 큰 전투에서 결코 물러날 수 없다. 우리는 마지막 순간까지 있는 힘을 다하여 죄와 싸워야 한다. 오직 그런 후에 우리가 정해진 길을 따라 그 경주를 다 마쳤을 때 전쟁에서 벗어나 쉴 수 있다.

모든 성경이 우리에게 말하는 것이 바로 이것이 아닌가?

에베소서 6 : 10-12. "종말로 너희가 주 안에서와 그 힘의 능력으로 강건하여지고, 마귀의 궤계를 능히 대적하기 위하여 하나님의 전신갑주를 입으라. 우리의 싸름은 혈과 육에 대한 것이 아니요, 정사와 권세와 이 어두움의 세상 주관자들과 하늘에 있는 악의 영들에게 대함이라".

빌립보서 3 : 12-14. "… 오직 내가 그리스도 예수께 잡힌 바 된 그것을 잡으려고 좇아가노라. 형제들아, 나는 아직 내가 잡은 줄로 여기지 아니하고, 오직 한 일 즉 뒤에 있는 것은 잊어버리고 앞에 있는 것을 잡으려고 푯대를 향하여 그리스도 예수 안에서 하나님이 위에서 부르신 부름의 상을 위하여 좇아가노라".

히브리서 12 : 1-4. "이러므로 우리에게 구름같이 둘러싼 허다한 증인들이 있으니, 모든 무거운 것과 얽매이기 쉬운 죄를 벗어 버리고, 인내로써 우리 앞에 당한 경주를 경주하며, 믿음의 주요 또 온전케 하시는 이인 예수를 바라보자. 저는 그 앞에 있는 즐거움을 위하여 십자가를 참으사, 부끄러움을 개의치 아니하시더니, 하나님 보좌 우편에 앉으셨느니라. 너희가 피곤하여 낙심치 않기 위하여 죄인들의 이같이 자기에게 거역한 일을 참으신 자를 생각하라. 너희가 죄와 싸우되, 아직 피 흘리기까지는 대항치 아니하고".

초자연적 복음

우리가 죄에게 승리를 거두기 위하여 할 수 있는 모든 일을 해야 하지만 어떤 일을 하건 어떤 일을 할 수 없건 상관없이 승리를 거둘 때, 그 승리는 하나님만이 거두시지 우리가 거두는 것이 아니며 또 그 승리는 우리의 영광을 위한 것이 아니라는 복음을 제시하면서 이 연구를 마친다. 이 복음은 하나님께로부터 오는 것임에 틀림없다. 결코 인간이 고안해 낸 것일 수 없다. 우리 복음의 그런 본질이, 즉 복음은 하나님께로부터 나온 것임을 입증한다.

우리는 홀로 될 때 무엇을 하는가? 다음의 두 가지 가운데 하나를 한다. 우리가 행위의 복음을 만들어서, 우리 구원은 우리 자신의 의에 의존하고 그처럼 우리의 성화(聖化)는 죄를 무찌르고 의를 택할 수 있는 우리 자신의 능력에 의존하게 된다. 그렇지 않으면 우리는 물러나 손을 거두고 이렇게 말한다. "전쟁이 하나님에게 속한 것이며 내가 승리를 거두는 데 할 수 있는 일은 없으므로, 나는 그저 물러나 하나님이 일하시도록 하는 편이 낫겠다." 우리는 아마 이 두 가지 가운데 하나의 방식으로 생각할 것이다. 그러나 바울을 통하여 살펴볼 때, 성경은 전혀 다른 것을 말한다. "그러므로 나의 사랑하는 자들아, 너희가 나 있을 때 뿐 아니라 더욱 지금 나 없을 때에도 항상 복종하여 두렵고 떨림으로 너희 구원을 이루라. 너희 안에서 행하시는 이는 하나님이시니, 자기의 기쁘신 뜻을 위하여 너희로 소원을 두고 행하게 하시나니"(빌 2 : 12-13, 고딕체는 필자의 표기).

그리스도인의 생활은 쉽지 않다. 책임 있는 사람치고 그리스도인의 생활이 쉽다고 말하는 사람은 아직 없었다. 그리스도인의 생활은 줄곧 전쟁이다. 그러나 승리하게 될 전쟁이다. 그리고 그 전쟁에서 승리할 때, 승리를 거둔 우리는 이 승리를 거두도록 우리 속에서 일하셨던 주 예수 그리스도의 발 앞에 우리의 면류관을 던질 것이며 영원토록 그분을 찬양할 것이다.

● 각주 ●

1. J. I. Packer, *Keep in Step with the Spirit* (Old Tappan, N.J. : Fleming H. Reveil, 1984), p. 258. '영적 현실주의'에 대한 논의는 258-261쪽에 있다.

2. Ibid., pp. 258, 259.

93

예수 그리스도 우리 주로 말미암는 승리!
로마서 7:25

우리 주 예수 그리스도로 말미암아 하나님께 감사하리로다
그런즉 내 자신이 마음으로는 하나님의 법을, 육신으로는 죄의 법을 섬기노라.

사

도 바울은 고린도후서 1장에서 자기 생애의 한 때를 묘사하고 있는데 당신도 특별히 죄와 맞서 싸워 오고 있다면 그 시기를 공감할 수 있을 것이다. 바울은 거기서 죄와 맞서 싸우는 것에 대하여 쓰지 않는다. 그는 신체적인 헐벗음과 위험에 대하여 생각하며 다음과 같이 유익한 말을 쓰고 있다. "형제들아, 우리가 아시아에서 당한 환난을 너희가 알지 못하기를 원치 아니하노니, 힘에 지나도록 심한 고생을 받아 살 소망까지 끊어지고"(고후 1 : 8).

당신은 거의 절망에 빠져서 죄와 맞서 싸우고 있었을 때 아마 그처럼 느꼈을 것이며 사실 확신컨대 당신이 참으로 그리스도인이라면 그런 체험을 갖고 있을 것이다. 내가 이 말을 하는 이유는, 로마서 7 : 14-25에 대한 우리의 해석이 옳다면, 즉 이 대목이 불신자나 '육적인 그리스도인'으로서가 아니라 성숙한 그리스도인으로서 사도 바울에 대한 서술이라면, 죄와

맞서 싸우는 이와 같이 거의 절망적인 싸움은 때때로 우리 모두가 한번쯤 겪는 체험이다. 모든 그리스도인은 (자기 속에 있는 그리스도의 생명 때문에) 옳은 일을 하기를 바라지만 (자기 속에 죄가 계속 있기 때문에) 하고자 하는 그 일을 할 수 없다는 사실을 발견한다. 사실 사정은 그보다 더 나쁘다. 왜냐하면 우리가 예수 그리스도께 더 가까이 나아가고 그래서 더욱 예수님처럼 되어 예수님을 더욱 기쁘시게 하기를 바라면서 그리스도인의 생활을 성숙하게 꾸려갈 때, 실제로 이 싸움은 우리가 연약할 때보다 더 심해지기 때문이다. 죄와 맞서 서 있는 힘을 다해 싸우는 사람은 미성숙한 그리스도인이 아니라 성숙한 그리스도인이며 하나님의 성도들이 싸우는 전쟁은 아주 힘든 것이다.

고린도후서 2장에 나오는 바울의 말을 빌리면, 우리는 죄와 싸우는 중에 때때로 절망의 언저리로 밀려난다. 그러나 당신이 이런 지경에 이르게 되어 소극적으로 생각하고 있다면, 때때로 우리 대부분이 그러하듯이 나는 다음과 같이 말하고자 한다. 죄와 싸우는 이 싸움이 현실이며 까다롭지만 그 결과는 황량한 전쟁터처럼 불확실하지 않고 영광스럽다. 왜냐하면 하나님 때문이다.

바울은 로마서 7장 끝에서 이 요점에 이른다. 바울이 "이 사망의 몸에서 누가 나를 건져내랴" 하고 물으면서 여지없이 형편 없는 상태에 이른 후에, 찰스 하지(Charles Hodge)가 말하는 것처럼 '강하고 갑작스런 감사의 심정'[1]을 품고 대답한다. "우리 주 예수 그리스도로 말미암아 하나님께 감사하리로다"(25절). 즉, 사도 바울은 승리의 소망을 가질 이유를 자신 속에서 조금도 발견할 수 없었지만 자신이 가장 약하던 순간에도 그 결말이 두렵지 않았다. 그리스도인으로서 그는 하나님이 자신을 위하고 계시는 것을 알고 있었기 때문이다. 하나님은 그리스도의 사역을 통한 승리를 모든 신자에게 확신하게 하셨다.

아주 재미있게도, 바울이 고린도후서에서 바로 그것을 말한다. 내가 이미 말했지만, 여기서 바울은 죄와 싸우는 싸움에 대하여 말하지 아니하고 신체적인 위험과 어려움에 대하여 말하고 있다. 절망적으로 외치고 난 직후("우리 마음에 사형 선고를 받은 줄 알았으니"), 바울은 이렇게 덧붙인다. "이는 우리로 자기를 의뢰하지 말고, 오직 죽은 자를 다시 살리시는 하나님만 의뢰하게 하심이라. 그가 이같이 큰 사망에서 우리를 건지셨고 또 건지시리라 또한 이후에라도 건지시기를 그를 의지하여 바라노라"(고후 1 : 9-10).

당신이 죄와 맞서 싸우고 있다면 - 이미 알고 있듯이 당신이 참된 그리스도인이라면 - 로마서 7장에 대한 이 마지막 장의 결론으로써 당신에게 남기고 싶은 것은 다음과 같다. 당신이 죄와 싸우는 이유는, 자신을 의지하지 말고 죽은 자를 다시 살리시는 하나님을 의지하도록 가르치기 위함이다. 그리고 당신에게 확신을 주고 싶은 것은 하나님이 당신을 '큰 사망'에서 건지셨고 또 건지실 것이라는 점이다.

죄의 형벌에서 건짐

하나님이 예수 그리스도로 말미암아 우리를 죄로부터 건지시는 데는 세 단계가 있는데, 첫째는 죄의 형벌 곧 우리가 죄인된 결과로 마땅히 받아야 할 하나님의 심판과 진노로부터 건지심이다. 이는 로마서 7 : 25에서 말하는 건짐이 아니고 기초적인 건짐이다. 그리고 바울은 로마서 처음 장들에서 이 건짐에 대하여 주의 깊게 논의했다. 장차 모든 건짐은 바로 이 기초 위에 서 있다.

아이언사이드(H. A. Ironside)는 설교 예화책에서, 러시아 제일인자인 니콜라스(Nicholas) 황제 친구의 아들이었던 젊은이에 대하여 말한다. 이 젊은이는 러시아 군대의 국경 요새에서 국고(國庫) 관리를 부여 받았는데, 이 일은 황제의 돈을 관리하고 군인들의 봉급을 나누어 주는 책임이 막중한 자리였다. 그러나 이 젊은이는 노름에 빠져 국고에서 돈을 조금씩 빼다가 잃은 돈을 메꾸기 시작했다. 하루는 정부 감사관이 장부를 검사하러 온 것을 알아채고서, 자리에 앉아 빼내간 것을 채워 넣었다. 엄청난 금액이었다. 그는 보잘것 없는 재산을 모두 긁어모아 정부의 계정에 있어야 할 금액을 채워넣었지만 남은 차액이 엄청난 것을 발견했다. 그런 후에 그는 갚아야 할 금액 아래 이렇게 썼다. "엄청난 빚이로다. 누가 갚을 수 있겠는가?"

이 젊은이는 자기가 그 금액을 메꿀 수 없음을 알았고, 자신을 도와 줄 만한 사람도 없다는 것을 알았다. 그래서 체포당해 심문받고 수치를 당하기보다는, 한밤중에 권총으로 자살하려고 결심했다. 그 좋은 기회를 허비한 사실을 반성하며 시계의 종이 치기를 기다리다가, 졸음이 와서 스르르 잠이 들었다.

그런데 마침 그 밤에 니콜라스 황제가 일반 병사처럼 옷을 입고 총안(銃眼)이 있는 흉벽(胸壁)을 조사하러 요새에 들어섰으며 규율에 따르면 모든 불을 꺼야 했다. 그러나 황제가 친구 아들이 졸고 있는 국고담당관의 사무실을 지나가고 있었을 때, 불이 켜져 있는 것을 보고 안으로 들어갔다. 거기에는 잠이 든 젊은이와 연발 권총과 펼쳐져 있는 장부들이 있었는데, 살펴보니 금액이 모자랐고 이상한 메모가 있었다. 이 젊은 장교는 황제인 자신의 신임을 저버렸고 여러 달 동안 계획적으로 돈을 훔치고 있었던 것이 분명했다.

처음에 황제는 이 젊은이를 깨워 체포할까 생각했으나 안스러운 마음이 생겼고, 젊은이의 아버지, 즉 자신의 친구가 생각났다. 그 아들이 체포될 때 친구의 마음은 얼마나 찢어지겠는가 생각했다. 그래서 가혹하게 일을 처리하지 아니하고, 몸을 굽혀 젊은이의 가련한 금액 계산서 밑에 무엇인가 기록하고 나갔다.

이 젊은 군인은 여러 시간을 자다가, 주위가 시끄러워 갑자기 깨어나 벌떡 일어섰다. 한참이나 지난 밤중이었다. 그는 권총을 집어 머리에다 겨누고 방아쇠를 당기려는 순간, 자기 앞에 종이를 훑어 보다가 다른 사람이 써 놓은 글을 보게 되었다. 자신이 던진 질문("엄청난 빚이로다. 누가 갚을 수 있겠는가?") 아래 "니콜라스"라는 단 하나의 단어가 써 있었다. 어찌 그런 일이 있을 수 있겠는가? 황제가 왔단 말인가? 그는 곧바로 황제의 서명이 쓰인 문서가 있는 서류철을 조심스럽게 살펴보았다. 자신이 작성한 서류에 쓰여 있는 서명은 진짜였다. 그는 혼잣말로 이렇게 말했다. "황제가 여기 오셨구나. 이 서류들을 보신 거야. 내가 한 일을 아시며 내 잘못도 아시겠지. 그러나 친히 그 빚을 떠맡으셨다니!" 그래서 이 젊은 군인은 자살하지 않고 아침을 기다렸다. 예상했던 대로 니콜라스 황제로부터 금화 한 자루가 도착했다. 이 젊은이는 금고에 금화를 두었고, 검사관이 회계감사를 하려고 도착했을 때 금고에 필요한 금액이 정확하게 있었다.[2]

당신이 그리스도인이라면, 예수 그리스도께서 당신을 죄로 인한 형벌에서 이와 같이 건지셨다. 당신은 하나님의 법을 어기고 하나님의 영광을 짓밟은 책임이 있다. 당신은 죽어야 마땅하다. 그러나 예수님이 당신의 범죄를 위한 빚을 갚아 주셨다. 이때 예수님이 지불하신 것은 유한한 계정의 금액을 맞추려고 주시는 금화 한 자루가 아니라, 당신의 생명대신 주신 자신의 생명이었다. 예수님은 당신이 죄의 형벌에서 건짐을 받을 수 있도록 죽으셨다.

누가 갚을 수 있는가? 예수님이다. 그리고 예수님은 우리의 죄값을 갚아 주셨다.

죄의 권세로부터 해방

둘째로, 하나님이 그리스도의 사역으로 말미암아 신자를 죄에서 해방하실 때, 죄의 세력에서 즉 우리가 매일 죄와 싸우면서 죄에 항상 패배하는 데서 해방하신다. 내 생각으로, 로마서 7 : 25은 이것을 주로 말하지 않는다. 이 본문에서 말하는 해방은 미래의 해방이지 현재의 해방이 아니다. 그러나 현재의 해방이 이 문맥과 관계가 있다. 왜냐하면 바울이 로마서 7장에서 자신이 지금 죄와 맞서 싸우는 싸움에 대하여 이야기해 오다가 8장에서 (미래의 해방은 물론이고) 현재의 해방에 대하여 이야기할 것이기 때문이다.

이 현재의 해방은 어떻게 작용하는가? 이 물음에 답하기 위하여 우리가 로마서 5-7장에서 그리스도인의 생활에 대하여 이미 보았던 것들 가운데 몇 가지를 다시 살펴보자.

1.우리는 죄인이며 그리스도인으로서 살면서도 줄곧 죄인으로 남을 것이다. 이와 같이 되는 것은 그리스도인의 생활이 언제나 죄와 싸우는 싸움이 될 것이기 때문이다. 물론 우리는 그런 말을 듣고 싶지 않다. 일이 쉬울 것이라는 말을 듣고 싶다. 그런데도 성경을 연구해 보면, 처음부터 끝까지 죄와 싸우는 싸움에 대하여 가르치는 것을 우리는 발견한다.

우리는 하나님께 의인이라는 증거를 받은 욥과 같은 뛰어난 인물에 대하여 생각할 때처럼 실례를 통하여 그 사실을 발견한다. 사단이 하나님 앞에 모습을 나타냈을 때, 하나님은 다음과 같이 말씀하시며 욥에게 관심을 기울이셨다. "… 네가 내 종 욥을 유의하여 보았느냐? 그와 같이 순전하고 정직하여 하나님을 경외하며 악에서 떠난 자가 세상에 없느니라"(욥 1 : 8). 하지만 욥은 자신을 그렇게 생각하지 않았다. 욥은 직접적으로 자기의 죄 때문에 자신이 그토록 엄청난 비극을 당할 수 없음을 알고 있었지만, "나 같은 의인을 보라"고 말하지는 않았다. 대신에 그는 하나님 앞에 섰을 때, 이렇게 말했다. "나는 미천하오니, 무엇이라 주께 대답하리이까? 손으로 내 입을 가릴 뿐이로소이다… 내가 주께 대하여 귀로 듣기만 하였삽더니, 이제는 눈으로 주를 뵈옵나이다. 그러므로 내가 스스로 한(恨)하고 티끌과 재 가운데서 회개하나이다"(욥 40 : 4, 42 : 5-6).

또 다른 예로 다윗이 있다. 물론 밧세바와 더불어 죄를 지은 후의 다윗은 그런 예가 되지 않는다. 그는 시(詩)로 자신의 죄를 종종 말한다.

이사야도 역시 그러한 한 가지 예이다. 이사야는 선지자 가운데 가장 위대했지만 이사야서 6장에 기록된 것처럼, 그는 하나님에 대한 큰 이상을 보았을 때 이렇게 말했다. "··· 화로다. 나여, 망하게 되었도다. 나는 입술이 부정한 사람이요, 입술이 부정한 백성 중에 거하면서 만군의 여호와이신 왕을 뵈었음이로다"(사 6 : 5).

언제나 그런 식이다. 성경의 특별한 인물들은 자신의 범죄를 아주 민감하게 깨닫는다.

또 우리는 그리스도인의 생활이 죄에 맞서는 끊임없는 싸움이라는 사실을 로마서와 그밖에 나타나 있는 성경의 명시적인 가르침을 통하여 배운다. 바울은 뒤에서 이렇게 말할 것이다. "그러므로 형제들아, 내가 하나님의 모든 자비하심으로 너희를 권하노니, 너희 몸을 하나님이 기뻐하시는 거룩한 산 제사로 드리라. 이는 너희의 드릴 영적 예배니라. 너희는 이 세대를 본받지 말고···"(롬 12 : 1-2). 그리고 "밤이 깊고 낮이 가까웠으니, 그러므로 우리가 어두움의 일을 벗고 빛의 갑옷을 입자"(롬 13 : 12).

에베소서 6 : 13은 다음과 같이 말한다. "그러므로 하나님의 전신갑주를 취하라. 이는 악한 날에 너희가 능히 대적하고 모든 일을 행한 후에 서기 위함이라."

고린도전서 9 : 24-27에는 이렇게 쓰여 있다. "운동장에서 달음질하는 자들이 다 달아날지라도 오직 상 얻는 자는 하나인 줄 너희가 알지 못하느냐 너희도 얻도록 이와 같이 달음질하라 이기기를 다투는 자마다 모든 일에 절제하나니 저희는 썩을 면류관을 얻고자 하되 우리는 썩지 아니할 것을 얻고자 하노라 그러므로 내가 달음질하기를 향방(向方) 없는 것같이 아니하고 싸우기를 허공을 치는 것같이 아니하여 내가 내 몸을 쳐 복종하게 함은 내가 남에게 전파한 후에 자기가 도리어 버림이 될까 두려워함이로다".

이 성구들은 그리스도인의 생활이 마지막까지 죄와 싸울 것이며 그렇게 되는 이유는 우리가 그 문제의 근원, 즉 죄를 우리 마음 속에 갖고 있기 때문임을 가르친다.

18세기의 비국교도 사역자인 필립 도드리지(Philip Doddridge)는 죽을 때에 이렇게 말했다. "내가 살면서 가장 훌륭하게 드린 기도라도 정죄받을 만하다." 그리고 '만세 반석 열리니' 라는 찬송시를 썼고, 도드리지의 말을 전한 아우구스투스 톱레이디(Augustus Toplady)는 이렇게 말했다. "나같이 비참한 자라도 자신을 대단하게 생각하려는 유혹을 얼마나 쉽게 받아들이는지 모른다."[3] 이는 정신적으로 균형이 잡히지 않은 별난 사람의 말이 아니라 바울에게 충만하셨던 그 성령으로 충만한 성숙한 신자들의 말이다.

2. 우리가 죄인일지라도, 예수님은 죄인을 구원하시기 위하여 죽으셨고, 예수님이 하시고 있는 일은 바로 죄인을 구원하는 일이다. 내가 방금 말했던 요점, 즉 우리가 살면서 줄곧 죄와 맞서 싸워야 할 것이라는 요점은, 우리가 대체로 로마서 7장에서 배운 것이다. 그러나 여기서 우리는 한 장 뒤로 즉 로마서 6장으로 돌아가서, 예수님이 죽으셨을 때 우리가 그 안에서 죽었고 예수님이 죽은 자 가운데서 다시 살아나셨을 때 우리가 그 안에서 다시 살아났다는 가르침을 살펴보자. 다른 말로 하면 그리스도께서 우리를 대신해서 하신 일로 인하여, 이전의 우리는 거듭나게 되었다. 우리는 과거에 대하여 죽었고 새롭고 복된 미래를 받았다. 그러므로 이 세상에서 우리에게는 앞으로 나아가는 것말고는 다른 방향이 없다. 우리가 로마서 6장에서 이 주제들을 연구하고 있었을 때 내가 이를 어떻게 표현했는지 기억하는가? 나는 이렇게 말했다. "되돌아가는 일은 없다. 그런 가능성은 영원히 없어졌다. 우리에게는 앞으로 나아가는 것말고는 다른 방향이 없다".

바울은 다음과 같이 그 요점을 표현했다. "이와 같이 너희도 너희 자신을 죄에 대하여는 죽은 자요, 그리스도 예수 안에서 하나님을 대하여는 산 자로 여길지어다. 그러므로 너희는 죄로 너희 죽을 몸에 왕 노릇 하지 못하게 하여 몸의 사욕을 순종치 말고 또한 너희 지체를 불의의 병기로 죄에게 드리지 말고 오직 너희 자신을 죽은 자 가운데서 다시 산 자같이 하나님께 드리며 너희 지체를 의의 병기로 하나님께 드리라. 죄가 너희를 주관치 못하리니, 이는 너희가 법 아래 있지 아니하고 은혜 아래 있음이니라"(롬 6 : 11-14).

예수님이 우리를 죄의 형벌에서 구원하셨고 지금 죄의 세력에서 우리를 구원하고 계시므로, 우리는 죄에 맞서서 싸우고 있다. 하지만 예수님이 우리를 구원하고 계시므로 우리는 마지막 승리를 확신할 수 있다.

3. 우리는 하나님의 은혜로 인하여 반드시 얻을 승리를 확신한다. 지금 우리가 죄의 세력으로부터 해방받을 때 세번째 요소는 또 한 장 뒤로 가서 5장에서 살펴보던 것이며 또 8장에서 살펴볼 것이다. 이리하여 하나님이 예수 그리스도로 말미암아 우리를 죄로부터 건지실 때 나타나는 세 단계 가운데 마지막 단계가 나타난다.

죄의 현존으로부터 해방

우리가 죄의 형벌에서 해방된 것과 죄의 세력에서 해방된 것을 생각하고 있었을 때, 지금 우리의 본문인 로마서 7 : 25는 이 두 가지 해방에 대하여 사실상 말하고 있지 않다는 말을 나는 했다. 물론 첫째 경우인 죄의 형벌로부터 해방은 기초적이며 둘째 경우에는 중복되는 점이 있긴 하다. 하지만 우리가 죄의 **현존**으로부터 해방된 것에 대하여 말할 때, 즉 미래의 해방에 대하여 말할 때, 본문의 방향을 제대로 잡고 말하는 것이다.

사도 바울은 우리가 이세상에서 죄와 맞서 싸우는 싸움에서 완전히 벗어나기를 바랄 수 없다고 강조하면서 자신이 현재 죄와 맞서 싸우는 것을 묘사했다. 게다가 바울은 자신의 결국에 이르러 "오호라. 나는 곤고한 사람이로다. 이 사망의 몸에서 누가 나를 건져 내랴?" 하고 소리쳤다. 그런 후에 그는 이렇게 대답한다. "우리 주 예수 그리스도로 말미암아 하나님께 감사하리로다 이 사망의 몸에서 누가 나를 건져 내랴?" 하는 질문은 미래 시제로 되어 있다. 그러므로 질문이 미래 시제로 되어 있으므로, 그 대답도 미래 시제로 이해해야 한다고 결론을 내려야 한다. 즉 "예수 그리스도로 말미암아 나를 건지신 하나님께 감사하리로다" 가 아니라 "예수 그리스도로 말미암아 나를 건져 내실 하나님께 감사하리로다" 이다.

다른 말로 하면, 바울이 여기서 바라보고 있는 해방은 구체적으로 말해서 죄의 현존으로부터 벗어나는 마지막 해방이다. 왜냐하면 죄가 오직 '이 사망의 몸' 혹은 '이 죽어가는 몸'으로 말미암아 지금 바울을 장악하고 있기 때문이다. 바울의 최종적 해방은 죽음과 부활을 통해서 이루어졌을 것이다.

이 점을 종합하기 전에, 이렇게 해석해야 7장 마지막 문장의 뜻이 통한다는 말을 덧붙이고자 한다. 이 문장에서 바울은 그리스도 안에서 우리의 것인 승리를 말한 후에, 앞에서 말하고 있던 것으로 되돌아간다. "… 그런즉 내 자신이 마음으로는 하나님의 법을, 육신으로는 죄의 법을 섬기노라"(롬 7 : 25).

만일 25절의 첫 부분에 나오는 해방이 과거에 있었다면(혹은 현재에 있다면), 바울 자신이 서술하고 있는 싸움을 되풀이하면서 이 장을 마감하는 것은 이상한 역행일 것이다. 바울은 "우리 주 예수 그리스도로 말미암아" 우리의 것이 된 승리로 인하여 그 싸움을 넘어섰어야 한다. 하지만 내가 말했듯이 이 절의 첫 부분이 미래를 가리키고 있다면, 이 요약 구절은 뜻이 통한다. 왜냐하면 바울은 자신이 죄에 대한 마지막 승리를 확신하고 있지만 그래도 죽을 때까지 매일 죄와 맞서서 계속 힘들여 싸워야 할 것임을 알고 있다고 말하고 있기 때문이다.[4]

바울은 죄에서 구원받았다. 그는 죄에서 구원받고 있다. 그는 아직 죄에서 구원받아야 할 것이다. 그러나 마지막 해방의 날까지 바울은 죄와 계속 싸워나가야 할 책임이 있다.

이긴 측

나는, 바울이 로마서 7장에서 쓴 많은 내용이 힘 빠지게 하는 소리처럼 들리지만 실제로는 전혀 그렇지 않다는 점을 지적하면서 끝을 맺고자 한다. 사실 바울이 말하는 내용에는 참으로 힘이 나게 하는 엄청난 근거가 있다.

첫째로, 죄와 맞서 벌이는 전쟁의 결과가 확실하므로 우리는 힘을 얻는다. 이 주제들을 요약하려고 우리는 7장에서 6장을 거쳐 5장까지 살펴보았다. 그러나 5장을 이르렀을 때, 다시 하나님의 은혜의 승리를 말하는 구절로 돌아온다. "율법이 가입한 것은 범죄를 더하게 하려 함이라. 그러나 죄가 더한 곳에 은혜가 더욱 넘쳤나니, 이는 죄가 사망 안에서 왕 노릇 한 것같이 은혜도 또한 의로 말미암아 왕 노릇 하여 우리 주 예수 그리스도로 말미암아 영생에 이르게 하려 함이니라"(롬 5 : 20-21).

"우리 주 예수 그리스도로 말미암아." 이는 우리가 7장 끝에서 이르게 된 바로 그 요점이다. 승리는 우리의 것이다. 아무리 지금 우리의 모습을 개의치 않기로 하며 혹은 이 싸움이 치열하거나 오래 끌기 때문에 거의 절망적일지라도, 은혜의 승리는 확실하다. 우리로 계속 싸울 수 있게 하는 것은 마지막 승리에 대한 이런 지식이다.

올리버 크롬웰(Oliver Cromwell)의 군대가 영국 내전에서 승승장구하고 있었을 때, 사람들은 그 군대가 채 싸우기도 전에 하나님이 승리를 주셨다고 알고 있었기 때문에 질 수 없다고 말했다. 나는 크롬웰의 군대가 얼마나 그런 지식을 갖고 있었는지 모른다. 이 전쟁을 치루는 쌍방이 그리스도인이었다. 그리고 크롬웰의 대의 명분에는 천박한 동기도 얼마간 섞여 있었다. 그러나 그처럼 매우 인간적인 전쟁을 벌이고 있는 크롬웰 군인들의 사정이 어떠했는지 상관없이, 그 원리(하나님이 승리를 주심을 알면 전쟁에서 이긴다는 원리)는,

죄와 맞서서 격렬한 영적 전쟁에 참여하고 있는 예수 그리스도의 군인인 우리에게도 타당하다.

예수님을 떠나서 우리 가운데 누구하나 잠시라도 이길 수 없다. 그러나 우리는 예수님과 연합할 때 이길 가능성만 있는 것이 아니다. 우리는 틀림없이 이길 것이다. 성경은 이렇게 약속한다. "너희 속에 착한 일을 시작하신 이가 그리스도 예수의 날까지 이루실 줄을 우리가 확신하노라"(빌 1 : 6).

그리고 이런 점도 있다. 당신의 싸움이 질질 끌고 힘들 수 있겠지만, 그 싸움은 바울과 성경의 다른 위대한 인물들을 포함하여 당신보다 앞서 간 많은 신자들이 치룬 싸움과 본질적으로 다른 싸움이 아니라는 것이다. 그들은 승리했고, 당신도 승리할 것이다. "사람이 감당할 시험밖에는 너희에게 당한 것이 없나니 오직 하나님은 미쁘사 너희가 감당치 못할 시험 당함을 허락지 아니하시고 시험 당할 즈음에 또한 피할 길을 내사, 너희로 능히 감당하게 하시느니라"(고전 10 : 13).

● 각주 ●

1. Charles Hodge, *A Commentary on Romans* (Edinburgh, and Carlisle, Pa. : The Banner of Truth Trust, 1972), p. 238. (Oringinal edition 1935.)

2. H. A. Ironside, *Illustrations of Bible Truth*(Chicago : Moody Press, *1975), pp. 67-70.*

3. *이 인용문은 다음에 온 것이다.* Robert Haldane, *An Exposition of the Epistle to the Romans* (MacDill AFB : MacDonald Publishing, 1958), pp. 307, 308.

4. 이 입장에 대하여 훌륭하게 제시한 내용을 알려면, 다음을 보라. John Murray, *The Epistle to the Romans* (Grand Rapids : Wm. B. Eerdmans, 1968), pp. 269, 270.

● 제9부 ●

성령으로 행하는 생활

94
성경에서 가장 위대한 장
로마서 8:1-39

그러므로 이제 그리스도 예수 안에 있는 자에게는 결코 정죄함이 없나니 이는 그리스도 예수 안에 있는 생명의 성령의 법이 죄와 사망의 법에서 너를 해방하였음이라 율법이 육신으로 말미암아 연약하여 할 수 없는 그것을 하나님은 하시나니 곧 죄를 인하여 자기 아들을 죄 있는 육신의 모양으로 보내어 육신에 죄를 정하사 육신을 좇지 않고 그 영을 좇아 행하는 우리에게 율법의 요구를 이루어지게 하려 하심이니라.

바울은 위의 말을 하면서 내가 생각하는 성경에서 가장 위대한 장을 연다. 모순에 빠지려고 작정하지 않고서야 성경의 한 장을 '가장 위대한 장'이라고 말하는 것은 위험하고 아마 어리석은 행동일 것이다. 내가 이 말을 널리 말하자 마자, 내게도 이런 일이 일어났다. 한 친구가 지적하기를, 내가 이미 「소선지서」(The Minor Prophets, 1983) 1권에서 호세아 3장을 '성경에서 가장 위대한 장'이라고 말했다고 했다. 그리고 분명히 호세아 3장과 로마서 8장 둘 다가 그런 동일한 자격을 가질 수 없다.

게다가 사람이란 시간이 지나면 생각도 바뀌기 십상이다. 어느 해에 하나님 말씀의 가장 위대한 부분처럼 보던 것을 후에는 덜 중요한 것으로 볼 수 있고, 다른 책이나 장을 가장 위대한 부분이라고 할 수 있다. 언젠가 마틴 로이드 존스(D. Martyn Lloyd Jones)가 설교자에게 성경의 가장 위대한 책은 그 순간 설교하고 있는 책이어야 한다고 말했던 것이 기억난다.

이 모든 것을 제쳐놓더라도, 어떤 의미에서 로마서 8장은 참으로 위대하며 심지어는 가장 위대하다. 그러니 그 점을 시인한 다음 일반적인 개요를 제시하지 않고서 이 장을 자세히 연구하려는 것은 그릇된 일일 것이다. 스위스의 주석가인 고데(F. Godet)는 이 서른아홉 절이 '정죄함 없음'에서 시작하여 '끊어지지 않음'[1]으로 끝나기 때문에 이 절들을 위대하다고 했다. 이 점에 대하여 또 한 사람의 저술가인 폭스(C. A. Fox)는 '정죄함 없음'과 '끊어지지 않음' 사이에 '패배하지 않음'[2]이 있다고 덧붙였다.

지금은 없어진 「선데이 스쿨 타임즈」(Sunday School Times)의 편집자인 찰스 트럼불(Charles G. Trumbull)은 앞의 논평들을 받아들이면서 도널드 그레이 반하우스(Donald Grey Barnhouse)의 말을 인용하여 이렇게 썼다.

> 로마서 8장은 내게 특히 소중해졌다. 이 로마서 8장은 '정죄함 없음'에서 시작하여 '끊어지지 않음'으로 끝나고 그 사이에는 '패배하지 않음'이 있다. 이 놀라운 장은 복음과 구원의 계획, 자유와 승리의 생활, 자연인의 무력함과 거듭 난 사람의 의, 그리스도와 성령의 내주, 몸의 부활과 그리스도의 재림에 대한 복된 소망, 모든 일이 합력하여 우리의 선을 이룸, 그리스도인의 과거 생활과 현재 생활과 미래 생활, 영광스럽고 절정의 승전가, 시간 속에서나 영원토록 "우리 주 예수 그리스도 안에 있는 하나님의 사랑에서" 끊어지지 않음을 설명한다.[3]

슈페너(Spener)라고 하는 나이든 독일 주석가는, 성경이 반지이고 로마서가 그 반지에 물린 보석이라면 로마서 8장은 '보석의 반짝이는 점'일 것이라고 말했다.[4] 다른 많은 사람이 이 의견에 동의했다.

8장은 몇 대목으로 되어 있나?

로마서 8장을 개관하는 것은 쉽지 않다. 8장의 주장은 한 생각이 다른 생각으로 긴밀하게 이어지면서 아주 주의깊게 얽혀 있으므로, 찰스 하지(Charles Hodge)의 주장대로[5] 이 8장을 대목으로 나누는 일은 필연적으로 어느 정도 '자의적'이게 보인다. 하지는 8장을 여섯 대목으로 나누었고, 레온 모리스(Leon Morris)도 그렇게 나눈다. 고데는 네 대목으로 보았다. 마틴 로이드 존스(D. Martyn Lloyd Jones)는 일곱 (혹은 여덟) 대목으로 나눈다. 존 스토트(John R. W. Stott)는 크게 두 부분으로 나눈다. 첫째 부분은 네 부분으로 세분되고 둘째 부분은 두 부분으로 세분되며 거기다가 (스토트가 생각하기에 사실 로마서 7장에 속하는) 시작 부분이 있으니 모두 일곱 부분으로 이루어져 있다. NIV 성경은 8장을 세 대목 아홉 문단으로 나누는데, 이는 이 장을 아홉 부분으로 나눌 수 있다는 말이다. 대부분의 주석가들은 그저 성경에 나오는 대로 이 장을 설명한다.

우리는 이 장을 한 절 한 절 연구할 것이므로, 우리로서는 이 절들을 묶는 방법이 별로 중요하지 않다. 그렇지만 이 장이 무엇을 다루는지 개관하기 위해서 우리는 여섯 부분이 있다고 제안하고자 한다. 이 구분은 하지와 로이드 존스의 방식을 비교적 철저히 따르고 있다.

율법으로부터 정죄함이 없음

1절부터 시작하자. 어떤 의미에서 이 절은 8장이 실제로 천명하고자 하는 것을 모두 말한다. 왜냐하면 "그러므로 이제 그리스도 예수 안에 있는 자에게는 결코 정죄함이 없나니" 라는 문장은 이제 그리스도 안에 있는 자들에게는 정죄함이 없으며 앞으로도 정죄함이 없을 것이라는 뜻을 담고 있기 때문이다. 이는 신자가 그리스도 안에서 갖는 완전하고 영원한 안전을 말한다. 그러나 그렇다 하더라도, 로마서 8 : 1 다음에 나오는 모든 것은 실제로도 그렇게 서로 연관되어 있다. 무엇보다 그 어느 것도 "… 우리를 우리 주 그리스도 예수 안에 있는 하나님의 사랑에서 끊을 수 없으리라"(롬 8 : 39) 하는 사실이 이어 나온다는 것이다.

1절은 8장의 주제이며, "그러므로 이제 그리스도 예수 안에 있는 자에게는 결코 정죄함이 없나니"라는 말은 로마서 전반부에서 펼쳐져 나오는 승리의 외침이다.

그러나 왜 '정죄함이 없는가?' 첫째 대답은 "그리스도 예수 안에 있는 생명의 성령의 법이 죄와 사망의 법에서 너를 해방하였기"(롬 8 : 2) 때문이다.

우리 가운데 율법의 정죄 아래 있는 것을 제대로 느끼고 있는 사람은 거의 없다. 그러나 우리는 다른 사람들의 시련을 보고서 율법의 정죄 아래 있는 것과 관련된 일을 어렴풋이나 마 알 수 있다. 한때 짐 바커(Jim Bakker)는 엄청난 사업 왕국인 전국 텔레비전 선교회의 지도자로 출세 가도를 달리고 있다. 그러나 기부금 모금을 호소하는 방법이 정직하지 못했고 기부금을 그릇되게 사용하여, 바커는 갑자기 사기 혐의로 재판을 받고 '유죄' 선고를 받았다. 정죄 받은 이 사람은 이제 징역 최고 120년에 5백만 달러 벌금형을 받을 지경이다.

한때 이반 부스키(Ivan Boesky)는 뉴욕의 부유한 증권 중개인이었다. 그러나 느닷없이 이반은 내부자 거래 혐의를 받고 법원으로부터 유죄 선고를 받았다.

몇 달 동안 우리는 남부 캘리포니아의 '한밤의 추적자'(Night Stalker) 이야기를 들었는데, 이는 살인과 강간과 야간 절도에 대한 무서운 내용이었다. 그런 후에 리처드 라미레즈(Richard Ramirez)가 살인자로 확인되어 배심원에게 13건의 살인과 30건의 중죄(重罪) 혐의를 받았다. 그리고 그는 흉악한 죄로 사망을 언도받았다.

바울이 로마서 처음 장들에서 설명하였듯이, 우리의 신분도 '유죄' 신분이었다. 우리는 정죄받은 죄인이었고 하나님이 쏟으시는 진노를 받게 되어 있었다. 그러나 갑자기 예수님이 이 세상에 오셔서 우리 대신 하나님의 진노를 짊어지시고 우리를 위하여 돌아가시므로, 이제 '정죄함이 없다'. 율법은 우리를 구원하려고 하지만 그럴 능력이 없었고 우리는 율법을 어겼다. 율법은 정죄밖에 할 수 없었으나 율법이 할 수 없는 일을 하나님은 예수님으로 말미암아 하셨다. 하나님은 우리를 정죄하지 않으시고 "그 영을 좇아 행하는 우리에게 율법의 요구가 이루어지게 하려고" 죄를 정죄하셨다. 이것이 1-4절의 주장이다.

우리의 육신(죄악된 본성)으로부터 해방

그러나 우리는 하나님이 예수 그리스도로 말미암아 우리에게 호의를 베풀어 우리를 구원하시므로 율법의 정죄로부터 해방되었을 뿐만 아니라, 우리 자신 즉 우리의 육신으로부터 해방되었다. 첫번째 해방(1-4절)은 죄의 형벌로부터 해방이다. 두번째 해방은 우리를 누르는 죄의 세력에서 해방인데, 5-14절이 이를 서술한다.

내 판단으로, 오늘날 예수 그리스도의 교회가 연약하다는 측면에서 이 절들을 고찰한다면, 이 절들이 이 장에서 가장 중요한 것 같다. 이 절들은, 우리가 그리스도에 의하여 구원받았으면 반드시 그리스도에 의하여 변화되었다고 말한다. 다른 말로 하면 예수님을 구주로 믿은 우리는 의롭다 하심을 받았을 뿐만 아니라, 거듭 났다는 것이다. **그러므로 우리가**

내주하시는 성령의 능력으로 새 생활을 하고 있지 않으면, 이는 우리가 온전하지 못한 그리스도인이라거나 패배한 그리스도인이라는 정도가 아니다. 우리가 전혀 그리스도인이 아니라는 것을 뜻한다. 우리가 뒤에서 탐구하겠지만, '하나님의 영으로 인도함을 받는 그들'이 '하나님의 아들들'(14절)이다. 성령으로 살지 아니하는 많은 사람들은 자신이 참으로 그리스도인이 아니라는 사실을 각성해야 한다.

이런 사실을 뒤집어 볼 때, 우리가 새 생활을 한다면 그것은 성령의 일이며 우리가 더 이상 정죄 아래 있지 아니하고 영원히 구원받았다는 또 하나의 증거임을 우리는 알게 된다.

하나님의 아들(딸)

성령님은 우리에게 새로운 본성을 주셔서 우리를 죄악된 자아로부터 건지셔서 우리를 변화시키실 뿐만 아니라, 우리로 하나님 앞에 새롭게 서게 하신다. 이것이 로마서의 다음 대목(15-17절)이 가르치는 바이다. 하나님 앞에 서는 이것이 이 얼마나 놀라운 일인가! 전에 우리는 종, 즉 불의하고 정죄받은 종이었다. 이제 우리는 하나님의 아들딸이 되었다. 그래서 우리는 '아바(Abba) 아버지'라고 외치며 확신을 가지고 우리의 가장 깊은 문제와 가장 쓰린 상처와 가장 절박한 필요를 하나님께 내놓는다.

장차 영광에 대한 소망

하나님의 자녀가 됨은 우리가 하나님의 독생자이신 예수 그리스도와 함께 하나님의 후사가 됨을 또한 뜻한다. 예수님이 갖고 있는 모든 것을 우리가 갖고 있으며, 예수님이 체험하신 모든 것을 우리도 어느 정도 체험하게 될 것이다. 이 체험에는 바울이 다음과 같이 말한 것처럼 예수님의 고난이 포함된다. "자녀이면 또한 후사 곧 하나님의 후사요 그리스도와 함께 한 후사니 우리가 그와 함께 영광을 받기 위하여 고난도 함께 받아야 될 것이니라"(롬 8:17).

그러나 이는 바울에게 퍽 잘 맞는다는 사실을 넌지시 보여 준다. 그는 고난을 함께 받는가? 그렇다. 그러나 또한 그의 영광도 함께 받으며, "생각건대 현재의 고난은 장차 우리에게 나타날 영광과 족히 비교할 수 없도다"(18절). 이 절들(18-25절)에서, 바울은 그리스도의 사역으로 말미암아 타락한 사람을 회복하는 일은 하나님이 구원을 베풀며 하고 계시는 일의 일부에 불과하다는 것을 확언하면서 우리의 구속 문제를 우주적 차원으로 끌어 올린다. 하나님은 자연도 역시 구속하고 계신다. 이는 하나님이 창조계를 에덴에서 아담이 타락하여 생긴 결과로 겪었던 그 부패에서 구원하고 계신다는 뜻이다.

이 얼마나 무섭고 떨리는 계시인가! 마틴 로이드 존스(D. Martyn Lloyd Jones)는 이렇게 말한다.

> 우리들 가운데 아주 많은 사람에게는 특별한 분위기나 상태에 지나치게 얽매여 있고 항상 그런 분위기와 상태를 생각하고 있다는 근본적 결핍이 있다. 사도 바울은 죄가 우리와 동료 인간들에게 영향을 줄 뿐만 아니라 전(全)창조계에도 영향을 주어 왔음을 우리에게 상기시킨다. 즉 동물과 심지어는 무생물까지 모든 것이 죄에게 영향을 입었다. 하나님이 만드신 하나님의 창조계는 망쳐져 버렸다. 죄가 들어와서 악이 하나님의 전창조계를 오염시켰다. 우리는 전우주를 회복하게 될 영광스러운 계획의 일부로써 구원과 우리 자신을 바라볼 수 있다. 그리고 하나님이 전우주에게 그런 일을 하실 것이므로, 하나님은 당신에게도 그런 일을 하실 것이다.[6]

이것도 역시 그리스도 안에 있는 자들에게 '정죄함이 없는' 이유가 된다. 우리는 은혜로 이 우주적 드라마의 배우로 발탁되었다.

성령의 중보 기도

그리스도 안에 있는 신자가 자신의 구원을 확신할 수 있고 결코 '정죄함'이 있을 수 없음을 알게 되는 다섯째 이유는 성령의 도고(禱告)이다. 성삼위의 제3위께서 우리를 대신하여 성삼위의 제1위께 중보 기도하신다는 것이다(26-27절). 이는 성부께서 설득당해 우리를 향하여 당신의 마음을 바꾸셔야 한다는 뜻이 아니다. 어떤 사람들은 예수님이나 성령님이 그런 일을 하신다고 생각한다. 그러나 바울이 지적하듯이 이 말의 뜻은, 성령님이 우리의 기도가 '그 뜻대로'(27절) 성부 앞에 드림이 되도록 우리의 기도를 올바르게 해석하신다는 것이다.

당신은 기도하려다가 무엇을 기도해야 할지 정확하게 몰라 혼동스러워 했던 적이 있는가? 나는 그런 적이 있다. 사실 나는 그리스도인으로 살아가면서 나이를 먹어감에 따라 내가 무엇을 기도해야 할지 점점 확신이 없어지는 것을 발견한다. 좀더 젊었을 때는 관심사나 체험의 범위가 한정되어 있어서 상황을 보더라도 몇몇 측면만 보았을 따름이다. 이제는 더 많은 측면을 보게 되니, 내가 위하여 기도하는 삶의 상황이 점점 복잡하게 보인다. 그런 상황에서 내가 기도할지라도 성령님이 언제나 계셔서 나의 기도를 올바르게 해석하여 주심을 아는 것이 좋다. 달리는 내가 제대로 기도하지 못했을 것이다. 왜냐하면 내 생각으로 무엇을 바라든지 결국 이루어지기를 바라는 것은 내 뜻이 아니라 하나님의 뜻이기 때문이다.

하나님의 뜻과 성품

로마서 8장의 마지막 대목인 28-39절은 모든 대목 가운데 가장 위대한 대목이다. 마틴 로이드 존스(D. Martyn Lloyd Jones)는 이 대목을 일러 하나님의 성품과 관련된 주장이라고 한다. 그래서 구원이 "어떤 신자에게 이루어지지 않는다면, 하나님의 성품은 없어져 버린 것이다."[7] 찰스 하지(Charles Hodge)는 이 절이 두 개의 구별되는 주장으로 이루어져 있다고 말한다. '하나님의 작정과 목적'(28-30절) 그리고 '하나님의 무한하고 변하지 않는 사랑'(31-39절).[8]

29, 30절은 주석가들이 (각각 하나님이 신자들을 위하여 하신 일을 가리키는) 다섯 고리로 된 황금 사슬이라고 불러 왔던 내용을 담고 있다. 이 고리들은 구원에 나타나는 하나님의 주권을 강조한다. 이 고리들은 하나님의 주권적 행위로써 이 황금 사슬에 이어져 있다. 즉 예지와 예정과 유효한 부르심과 칭의와 영화이다. 바울은 이 행위들을 그 백성을 위한 하나님의 고정된 뜻이라고 부른다.

존 스토트(John R. W. Stott)는 이 마지막 대목을 멋진 방법으로 다룬다. 우리가 나중에 뒤에서 이 방법을 다시 살피긴 하겠지만, 나는 여기서 이 방법을 먼저 간단히 살펴보겠다. 스토트는 28-39절을 '하나님의 무너지지 않을 뜻'이라고 부르면서 이 대목을 두 부분으로 나눈다. 첫째 부분은 '부인할 수 없는 다섯 가지 확증'(28-30절)을 제시하며 둘째 부분은 '대답할 수 없는 다섯 가지 질문'(31-39절)을 제시한다.

'부인할 수 없는 확증'은 내가 이미 언급한 다섯 고리로 된 끊어질 수 없는 사슬이다. 스토트는 이렇게 말한다. "이 사슬은 선(善)을 위하여 함께 작용하므로, 죄인을 구원하시는 데 나타나는 하나님의 뜻은 하나님의 마음에 있던 그 시초로부터 영원한 영광에서 절정에 이를 때까지 나타난다."[9] 이 절들은 하나님의 모든 말씀에서 가장 웅대한 진술 가운데 하나이다.

대답할 수 없는 질문들은 로마서 8:31-39에 나타난다.

1. "하나님이 우리를 위하시면 누가 우리를 대적하리요?"(31절). 많은 사람이 우리를 대적하며 그리스도인은 적이 많다. 그러나 이 질문은 "그들이 우리를 대적하는가?"가 아니라 "그들이 우리를 대적할 수 있으리요?"이다. 즉 그들이 이길 수 있는가 하는 것이다. 그 대답은 하나님이 우리를 위하시면 "절대 그럴 수 없다"이다.

2. "자기 아들을 아끼지 아니하시고 우리 모든 사람을 위하여 내어주신 이가 어찌 그 아들과 함께 모든 것을 우리에게 은사로 주지 아니하시겠느뇨?"(32절). 그리스도의 은사가 없으면, 우리는 하나님이 우리에게 모든 것을 주실까 의심할 수 있다. 그러나 하나님이 예수님을 우리에게 주셨으므로, 무엇을 주지 않으려 하실 수 있겠는가? 만일 하나님이 모든 은사 가운데 가장 큰 은사를 주셨다면, 틀림없이 그보다 못한 은사를 모두 주실 것이다.

3. "누가 능히 하나님의 택하신 자들을 송사하리요?"(33절). 이 문장에서 '하나님이 택하셨다는' 낱말이 없더라도 나머지 부분은 상당한 무게를 가질 것이다. 분명히 우리를 정당하게 송사할 수 있는 사람은 많다. 우리의 양심도 우리를 송사할 수 있다. 그러나 '하나님이 택하신' 자들에는 송사할 수 없다. 바울은 그리스도께서 위하여 죽으셨고 그러므로 이미 아시며 예정하시며 부르시며 의롭다 하시며 영화롭게 하신 자들에 대하여 말하고 있다. 그런 사람들에게는 아무 송사도 할 수 없다.

4. "누가 정죄하리요?"(34절). 대속의 죽으심과 지금도 하늘에서 우리들을 위한 중보를 하시는 예수님이 계시니 아무도 정죄할 수 없다.

5. "누가 우리를 그리스도의 사랑에서 끊으리요?"(35절). 바울은 이 마지막 질문에 관련하여, 자기가 생각해 낼 수 있는, 그리스도와 떼어낼 수 있는 것들을 말한다. 환난, 곤고, 핍박, 기근, 적신, 위험, 칼. 바울은 그리스도인이 직면하는 환난을 시인한다. "우리가 종일 주를 위하여 죽임을 당케 되며 도살할 양같이 여김을 받았나이다." 이는 시편 44:22에서 인용한 것이다. 바울은 그런 환난이 생겨날 법한 원천들을 다시 검토한다 : 사망이나 생명, 천사들이나 마귀들(한글개역성경 - 권세자들), 현재 일이나 장래 일, 그 어떤 권세(높음이나 깊음이나 전체 피조 질서 속에 있는 그 모든 것). 그러나 바울은 이 모든 것을 다시 살편 다

음 그것들을 하나님의 영원하고 그치지 않을 사랑 다음에 두고서, 그 어떤 것도 우리를 우리 주 그리스도 예수 안에 있는 사랑에서 끊을 수 없다고 올바른 결론을 내린다(39절).

하나님께 실망함이라니?

어떤 사람이 자유 계약 저술가이며 「오늘의 기독교」(Christianity Today)의 편집자인 필립 얀시(Philip Yancey)가 쓴 「하나님께 실망함」(Disappointment with God)이라는 책을 내게 보내 왔다.[10] 이 책은 저자가 하나님께 실망한 젊은 그리스도인들을 만나 상담한 것을 토대로 쓴 것이다. 그들의 불만은 다음 세 가지 비난으로 요약되었다. (1)하나님은 공평하지 않으시다 (2)하나님은 숨어 계신다 (3)하나님은 침묵하신다. 즉 기도에 응답하지 않으신다.

나는 이 비난이 진심에서 나온 것임을 확신하며, 얀시의 대답을 높이 평가한다. 그는 '하나님이 공평하시다면' 우리 모두가 각각 지옥으로 가게 될 것이라고 대답한다. 하나님은 역사적 예수 그리스도의 인격 안에 할 수 있는 대로 충만하게 당신을 계시하셨다. 그리고 하나님은 침묵하시는 시기를 박차고 나와서 인간적인 믿음의 고귀한 향기를 드러내신다.

하지만 내가 이 책을 읽고 가장 충격을 받았던 것은 그 제목이다 : 하나님께 실망함. 특별히 충격을 받은 것은 이 위대한 로마서 8장을 철저하게 연구하기 시작하고 있다가 마침 이 책을 보고서 자연히 이런 생각을 곰곰이 하지 않을 수 없었기 때문이다. 즉 어떻게 그리스도인이 하나님께 실망할 수 있는가 하는 점이다.

하나님께 실망함이라니? 하나님은 우리가 하나님의 정당한 진노와 정죄에서 벗어날 수 있도록 예수 그리스도를 보내사 우리를 위하여 죽게 하셨는데 하나님께 실망함이라니?

하나님께 실망함이라니? 하나님이 성령을 보내사 우리를 우리 자신의 죄악되고 연약하게 만드는 본성에서 벗어나 그리스도께 연합하도록 하셨는데 하나님께 실망함이라니?

하나님께 실망함이라니? 하나님이 우리를 당신의 친 아들딸로 삼으시고 그로부터 나오는 모든 특권을 주셨는데 하나님께 실망함이라니?

하나님께 실망함이라니? 하나님이 하늘과 땅까지도 포함하는 구속의 대우주적 드라마에 우리를 출연시키셨는데 하나님께 실망함이라니?

하나님께 **실망함**이라니? 성령님이 우리의 무지하고 불완전한 기도를 하나님의 선하고 기뻐하시고 받아들일 만한 뜻에 적합하게 하시며 우리를 위하여 중보 기도하시는데 하나님께 실망함이라니?

하나님께 **실망함**이라니? 하나님이 누구도 무너뜨리지 못하게 구원 활동을 잇달아 펼치시되, 먼저는 영원 전에 깊은 사랑으로 우리를 택하시고 그 다음으로는 우리를 죄에서 구원하셔서 복 되신 독생자의 형상을 닮게 하시려고 예정하셨고, 우리를 구주이신 예수님을 믿는 믿음으로 유효하게 부르시고, 의롭다 하시고, 마침내는 우리를 향하신 하나님의 모든 복된 뜻이 이루어 영화롭게 하실 것인데 하나님께 실망함이라니?

하나님께 **실망함**이라니? 하나님이 우리에게 다함이 없는 사랑을 그토록 쏟으시므로 다른 아무 피조물이라도 우리를 그 사랑에서 끊어낼 수가 없는데 하나님께 실망함이라니?

실망함이라니?

형제 자매여, 우리는 대체 무엇을 생각하고 있는가? 그렇지 않으면 우리는 생각 없이 지내는가? 그렇지 않으면 우리 자신만 생각하고 있는가? 아마 (만일 우리가 실망한다면) 우리가 실망하는 것은, 하나님이 우리를 위하여 훨씬 더 좋은 계획을 갖고 계시고 매일 그 일을 실제로 이루고 계시며 종말까지 이루실 것이라는 사실을 아랑곳하지 않고 우리가 해주시기를 바라던 것을 바랐던 때에 하나님이 정확하게 해주시지 않으셨기 때문에 기분나빠하는 것이다.

우리의 꼴사나운 실망을 고치는 확실한 치료약은, 우리 눈을 우리 자신에게서 완전히 떼서 하나님께로 향하는 것뿐이다. 왜냐하면 하나님은 우리를 위하여 이 큰 일을 행하신 분이시기 때문이다. 내가 알기로 이렇게 하는 가장 좋은 방법은 로마서 8장을 연구하는 것이다. 로마서 8장은 적어도 이런 점에서 참으로 '성경에서 가장 위대한 장'이기 때문이다.

● 각주 ●

1. F. Godet, *Commentary on St. Paul's Epistle to the Romans*, trans. A. Cusin(Edinburgh : T. & T. Clark, 1892), vol. 2, pp. 56, 57.

2. Leon Morris, *The Epistle to the Romans* (Grand Rapids : Wm. B. Eerdmans, and Leicester, England : Inter-Varsity Press, 1988), p. 299에서 인용함.

3. Donald Grey Barnhouse, *Epistle to the Romans,* part 1 of the printed radio mes-

sages(Philadephia : The Bible Study Hour, 1953), p. 1982에서 인용함.

4. Godet, *Commentary on St. Paul's Epistle to the Romans,* vol. 2, p. 57.

5. Charles Hodge, *A Commentary on Romans* (Edinburgh and Carlistle, Pa. : The Banner of Truth Trust, 1972), footnote, p. 263. Original edition 1935.

6. D. M. Lloyd Jones, *Romans : An Exposition of Chapters 7 : 1-8 : 4, The Law : Its Functions and Limits* (Grand Rapids : Zondervan, 1973), p. 266.

7. Ibid.

8. Hodge, *A Commentary on Romans,* p. 283.

9. John R. W. Stott, *Men Made New : An Exposion of Romans 5-8* (Grand Rapids : Baker Book House, 1984), p. 101.

10. Philip Yancey, *Disappointment with God : Three Questions No One Asks Aloud* (Grand Rapids : Zondervan, 1988).

95
결코 정죄함이 없음
로마서 8:1-4

그러므로 이제 그리스도 예수 안에 있는 자에게는 결코 정죄함이 없나니 이는 그리스도 예수 안에 있는 생명의 성령의 법이 죄와 사망의 법에서 너를 해방하였음이라 율법이 육신으로 말미암아 연약하여 할 수 없는 그것을 하나님은 하시나니 곧 죄를 인하여 자기 아들을 죄 있는 육신의 모양으로 보내어 육신에 죄를 정하사 육신을 좇지 않고 그 영을 좇아 행하는 우리에게 율법의 요구를 이루어지게 하려 하심이니라.

우 리는 바로 앞 장에서 로마서 8장 전체를 개관했으므로, 이제 8장의 처음으로 돌아가 1-4절을 집중적으로 살펴보자. 1절은 이렇게 되어 있다. "그러므로 이제 그리스도 예수 안에 있는 자에게는 결코 정죄함이 없나니". 바로 앞 장에서 말했듯이 이 문장은 8장의 주제이며 그밖의 모든 것은 이 문장에서 흘러 나온다. 8장의 나머지는 기본적으로 이 한 개념에 대한 강해이다.

그러나 1절은 단지 로마서 8장의 주제일 뿐만 아니라, 하나님의 모든 말씀의 주제이다. 달리 표현하면 로마서 8장 1절은 복음이다. 실로 이는 복음의 핵심이다.

8 : 1이 복음의 핵심이라는 말은, 1절이 바울 사도가 줄곧 설명해 오던 것이라는 뜻이다. 로마서 1장에서 바울은 "… 이 복음은 모든 믿는 자에게 구원을 주시는 하나님의 능력이 되

므로…"(16절) 복음을 부끄러워하지 않는다고 말했다. 그는 로마서 3장에서 "이제는 율법 외에 하나님의 한 의가 나타났으니, 율법과 선지자들에게 증거를 받은 것이라"(21절) 고 덧붙이면서 다시 이 복음에 대하여 말한다. 로마서 5장에서도 마찬가지이다. "그러므로 우리가 믿음으로 의롭다 하심을 얻었은즉 우리 주 예수 그리스도로 말미암아 하나님으로 더불어 화평을 누리자"(1절). 그리고 "그러면 이제 우리가 그 피를 인하여 의롭다 하심을 얻었은즉 더욱 그로 말미암아 진노하심에서 구원을 얻을 것이니"(9절). 바울은 다음과 같이 말하면서 5장을 끝맺었다. "… 그러나 죄가 더한 곳에 은혜가 더욱 넘쳤나니, 이는 죄가 사망 안에서 왕 노릇 한 것같이 은혜도 또한 의로 말미암아 왕 노릇 하여 우리 주 예수 그리스도로 말미암아 영생에 이르게 하려 함이니라"(20-21절).

이 구절들은 지금까지 로마서에 나타났던 복음의 많은 진술들 가운데 몇 구절에 불과하고 로마서 8 : 1은 그 구절 가운데 하나이며 이 구절은 언제나 복음이다. 바울은 복음에 대하여 말하는 일로 결코 싫증내지 않았을 것이다.

그러나 우리는 그렇지 못하다. 우리 가운데 많은 사람은 복음이 진절머리나고 은혜를 싫증나는 것으로 여긴다.

여러분 생각에는 왜 그렇다고 보는가? 왜 우리는 로마서 8장의 바울과 그토록 다른가? 내 생각에는, 눈물을 흘리며 발에 기름을 붓고 그런 후에 머리카락으로 그 발을 닦은 그 여인에 대하여 예수님이 말씀하시면서 넌지시 보여 주신 것 때문일 것이다. 그 여인에게는 죄악된 과거가 있었고, 그것을 아는 사람들은 (예수님께서 방문하신 집의 주인이던) 그 바리새인처럼 다음과 같이 혼잣말을 하면서 그 여인의 행동을 못마땅해했다. "… 이 사람이 만일 선지자더면 자기를 만지는 이 여자가 누구며 어떠한 자 곧 죄인인 줄을 알았으리라 하거늘"(눅7 : 39 하). 예수님은 큰 빚을 탕감받아 은혜 베푼 사람을 크게 사랑하는 사람에 대하여 말씀하시면서 사람들의 반대에 대답하셨다. 예수님이 말씀하시고자 하는 요점은 이것이었다. "… 사함을 받은 일이 적은 자는 적게 사랑하느니라"(눅 7 : 47 하). 정말 그렇지 않은가? 우리 대부분이 은혜를 별게 아닌 듯이 여기는 것은, 자신을 큰 죄인으로 죽을지언정 죄사함을 받아야 하는 자로 보지 않기 때문이 아닌가?

위대한 네 마디 낱말

우리가 죄인이며 하나님의 은혜로 구원받았다는 것을 시인하지 않으면, 우리는 바울이 말하고 있는 것을 제대로 평가할 수도 없고 심지어 이해하지도 못할 것이다. 1절에 있는 위대한 네 마디 낱말은 이것을 가르친다.

1. 정죄(Condemnation). 나는 바로 앞 장에서 정죄에 관하여 언급하면서, 우리 가운데 법정에서 범죄자로 선고 받아본 사람이 거의 없기 때문에 정죄가 무엇을 뜻하는지 제대로 평가하기가 어렵다고 말했다. 레온 모리스(Leon Morris)가 말하듯이 "여기서 정죄는 선고(宣告)와 형의 집행을 포함하는 법정 용어이다."[1] 그러나 지금까지 우리 대부분에게 '유죄'라고 선고한 사람은 아무도 없었다. 그러므로 우리는 기본적으로 다 괜찮은 사람이라고 생각한다. 그러나 우리는 괜찮은 사람이 아니다. 로마서 1 : 18-3 : 20은 바로 이것을 가르쳐 오고 있다.

2. 이제(Now). '이제' 는 시간을 뜻하는 낱말로, 에수 그리스도께서 죽으셔서 신자가 의롭다 하심을 받을 수 있게 되는 결과로 생기는 변화를 가리킨다. 우리는 하나님께 정죄를 받았고 따라서 '죄의 삯' 은 '사망' 이므로(롬 6 : 23) 마땅히 우리 죄로 인한 영원한 죽음의 형벌을 짊어져야 했다. 그러나 우리에게 베푸시는 하나님의 큰 은혜와 호의 때문에 죽게 된 상황이 이제 바뀌었다.

3. 없다(No). 영어 번역에는 이 낱말의 뜻이 약하다. 영어 성경 본문에는 이 낱말이 대부분의 다른 부정어처럼 단순 부정어이다. 헬라어 본문에서는 '없다' 를 힘주어 말한다. 첫째로, 이 말은 단순 부정어 우(ou)가 아니라 복합 부정어이며 따라서 뜻이 더욱 강한 우데(oude)이다. 둘째로, 이 낱말은 이 문장 처음에 나오므로 부정의 의미를 더 강하게 만든다. 도널드 그레이 반하우스(Donald Grey Barnhouse)는 이 말을 어떻게 영어로 번역해야 할지 몰라, 이렇게 표현한다. "그러므로 이제 결코 정죄함이라고는 전혀 없다"[2] 또 마틴 로이드 존스(D. Martyn Lloyd Jones)는 "이제 그리스도인은 정죄받는 처지가 아닐 뿐만 아니

라, 그리스도인을 결코 정죄하는 일이 불가능하다."[3] 이 말은 뜻이 아주 강하다.

4. 그러므로(Therefore). 이 문장에 나오는 네번째 위대한 낱말은 '그러므로' 이다. 이 말을 무엇을 가리키는가? 이 절 바로 앞에 있는 7장의 주장을 가리키는가? 5장 아니면 3장을 가리키는가? 대부분은, 바울의 '그러므로' 는 지금까지 펼쳐져 왔던 이 서신의 전체 주장을 가리키는 총괄적인 말이라는 데 동의한다. 이제 '결코 정죄함이 없는' 것은 하나님이 예수 그리스도 안에서 하신 일 때문에 그리고 성령님이 그 일을 우리에게 적용하시기 때문이다.

하나님의 일이지 우리의 일이 아니다

여기 우리가 확실히 무엇을 말하고 있는지 이해해야 할 요점이 하나 있다. 나는 하나님이 하신 일 때문에 우리에게 결코 정죄함이 없다고 언급했다. 그러나 우리는 참으로 그 사실을 믿는가? 아니면 지금도 우리는 아무튼 우리가 우리의 구원에 어떤 방식으로 이바지하고 있다고 생각하고 있는가?

바울은, "이제 그리스도 예수 안에 있는 자에게는 결코 정죄함이 없다"고 쓰고 있다. 즉 인간에게는 두 부류가 있다. 그리스도 예수 안에 있으므로 정죄 아래 있지 않은 사람과, 그리스도 예수 안에 있지 않으므로 지금도 정죄 아래 있는 사람이 있다. 바울은 오직 첫째 부류의 사람들을 위하여 약속하고 있다. 그러나 문제가 생긴다. 어떻게 우리는 한 부류에서 벗어나 다른 부류에 속하는가? 이 일은 우리가 하는 일인가? 우리는 행위로 그것을 얻을 수 있는가? 우리는 '믿음으로' 그것을 얻을 수 있는가? 만일 바울 사도가 지금까지 말하는 것을 이해한다면, 위의 어느 것도 답이 되지 않음을 알 것이다. 우리가 정죄 아래 있는 사람이었다가 정죄 아래 있지 않는 사람이 된 것은, 하나님이 우리를 그리스도께 연합하시는 일을 하셨기 때문이다. 이는 로마서 5장의 후반부와 로마서 6장 거의 전체가 다루는 바이다.

여기서 우리는 사본 문제를 다루어야겠다. 공인 영역 성서(Authorized Version, 이하 AV라고 함 - 역자) 혹은 KJV를 사용하는 사람들은 1절에 '그리스도 예수' 라는 낱말 다음에 '육신을 좇지 않고 영을 좇는 자' 가 붙어 있는 사실을 주목하게 될 것이다. KJV를 본문으로 사용하는 유명한 스코필드 성경(Scofield Bible)도 각주에서 시인하고 있듯이, 이 첨가

된 부분은 명백히 오류이다.[4] 1절이 KJV대로라면 이 구절('육신을 좇지 않고 영을 좇는 자')은 사본이 실제로 말하고 있는 것과 정반대의 내용을 넌지시 보이고 있으므로, 이 첨가된 부분이 오류임을 지적할 만하다.

잘못된 이 본문은 다음과 같다. "그러므로 이제 그리스도 예수 안에 있으며 육신을 좇지 않고 영을 좇는 자에게는 결코 정죄함이 없다." 이 본문은, 우리가 '영으로' 경건한 생활을 계속 해나가면 정죄받지 않을 것이지만 경건한 생활을 해나가지 않으면 정죄받을 것이라고 말하는 것처럼 보인다.

어떻게 이런 심각한 사본의 오류가 생겼을까? 우리는 정확하게 알지 못하지만, 어떻게 이런 일이 일어날 수 있는지 어렵지 않게 추측할 수 있다. 종교개혁 바로 전 인쇄술을 발견하기 수세기 전에는 성경 사본을 손으로 베꼈고, 따라서 때때로 필사자들은 잘못 베끼곤 했다. 우리라고 해도 잘못 베꼈을 것이다. 거의 대부분의 경우 필사자들은 정확했다. 그렇기 때문에 오늘날 우리에게는 정확한 사본이 있다. 오류가 있다고 해도, 우리는 잘못된 필사본과 좀더 완전한 여러 사본을 대조하여 오류를 바로잡을 수 있다. 그래도 실수는 있었고, 지금 이 본문이 그런 경우에 해당했던 것 같다.

우리는, 여전히 졸음이 오는 이른 아침이나 저녁 늦게 로마서를 줄기차게 베끼고 있는 지친 수도사를 상상할 수 있다. 이 수도사는 7장을 마치고 8장을 시작하면서 "이제 그리스도 안에 있는 자에게는 결코 정죄함이 없나니…"라는 부분을 쓰고 있었다. 그러나 여기서 그는 졸았든지 아니면 사본 베끼는 일을 너무 열심히 한 나머지 지쳐서 일이 얼마나 남았는지 보려고 이 책의 끝을 앞질러 보았다(실제로 이 사람은 이제 겨우 절반을 했을 뿐이다). 다시 일을 하려고 돌아왔을 때, 그는 베껴야 할 2절을 보지 않고 그만 4절 후반부를 보고서 "육신을 좇지 않고 영을 좇는 자"를 베꼈다. 물론 이는 심각한 실수이지만, 이 수도사에게는 올바른 말처럼 보였고 문법상으로도 자연스러웠다. 그래서 그는 2절과 그 다음 절을 계속 베꼈다.

이렇다고 해서 우리는 성경을 믿을 수 없는가? 그렇지 않다. 그런 문제 있는 구절은 불과 얼마 되지 않으며, 게다가 성경 본문을 연구하는 사람들은 그 구절들을 잘 알고 있다. 그래서 잘못된 이 구절들은 수정되어 왔다. 그런데도 로마서 8 : 1의 경우에는 아주 오랫동안 그런 문제가 있었다.

내가 여기서 말하고 있는 것은, 이 낱말들이 원래 속해 있지 않던 것이라는 점이다. 만일 이 낱말들이 원래부터 속해 있다면, 그 다음 단계로 비틀거리면서 가기만 하기로 하는 한 우리는 정죄에서 계속 벗어날 것이고 그렇지 않으면 죄에 빠질 것이다. 그렇게 되면 우리는 다시 정죄 아래 놓이게 될 것이다. 그러나 하나님께 감사하리로다. 참으로 구원은 그런 것이 아니다. 구원은 하나님께로부터 온다. 구원은 하나님이 베푸시는 것이다. 이 본문이 말하는 것은, 하나님 아버지께서 성령에 의해 예수 그리스도께 연합시키신 자들에게는 결코 정죄함이 없다는 것이다.

일하시는 삼위 하나님

바로 앞의 문장을 되풀이해 보자. 하나님 아버지께서 성령에 의해 예수 그리스도께 연합시키신 자들에게는 결코 정죄함이 없다. 내가 이 말을 되풀이하는 것은, 첫째 이 문장이 삼위일체의 진술이라는 점이기 때문이다. 즉 이것은 성부 하나님과 성자 하나님과 성령 하나님을 말한다. 둘째로 하나님이 우리를 위하여 하신 일과 왜 "이제 결코 정죄함이 없는지"를 바울이 바로 이런 용어로 계속 설명하기 때문이다.

독자들은 이 본문에서 이런 점을 볼 수 있는가? 바울은 1절에서 운을 떼고 난 후에 그것을 두 문장으로 설명하는데, 각 문장은 '~때문에' 혹은 '왜냐하면'으로 번역되는 가르(gar)라는 동일한 헬라어 낱말로 시작한다. NIV는 이 헬라어를 번역하면서 2절을 시작할 때는 '~때문에'로, 3절을 시작할 때는 '왜냐하면'으로 번역하여 바울의 문장들(3-4절) 가운데 두번째 문장을 두 부분으로 나누기 때문에, 같은 낱말이라는 사실을 조금 혼동시킨다. 그러나 어떻게 하든 뜻은 분명히 드러난다. 바울은 2절에서, "그리스도 예수로 말미암아(한글개역성경 - 그리스도 예수 안에 있는) 생명의 성령의 법이 죄와 사망의 법에서 너를 해방하였기" 때문에 그리스도 예수 안에 있는 자에게는 결코 정죄함이 없다고 말한다. 3, 4절에서는 "율법이 육신으로 말미암아 연약하여 할 수 없는 그것을 하나님은 하시나니, 곧 죄를 인하여 자기 아들을 [NIV에는 '속죄제가 되게 하시려고'가 붙어 있음] 죄 있는 육신의 모양으로 보내어 육신에 죄를 정하사 육신을 좇지 않고 그 영을 좇아 행하는 우리에게 율법의 요구를 이루어지게 하려 하시기" 때문에 결코 정죄함이 없다고 말한다.

왜 이제 결코 정죄함이 없는지 이 두 가지 비슷한 설명을 함께 놓고 볼 때, 하나님의 삼위가 관련되심이 드러난다.

1. 성부 하나님(God the Father). 성부 하나님은 우리의 구원을 위하여 무엇을 하셨는가? 두 부분으로 대답할 수 있다. 첫째로, 하나님은 속죄제물이 되게 하시려고 죄있는 사람의 모양으로 예수님을 보내셨다. 그리고 둘째로, 이 방법으로 하나님은 율법의 의로운 요구를 그리스도께 연합된 자들 안에서 충만히 이루어지게 하시려고 육신에 죄를 정하셨다.

이제 내가 왜 1절을 로마서의 주제일 뿐만 아니라 복음의 핵심이라고 말했는지 알겠는가? 바울이 우리 구원의 근거를 설명할 때, 거의 모든 복음이 그 다음 몇 절에 제시된다. 여기에는 성육신의 교리, 즉 하나님이 그 아들 예수를 보내사 육신의 모양이 되게 하심의 교리가 있다. 물론 모양(3절)이라는 낱말은, 예수님이 진짜 사람이 되셔서 우리처럼 느끼고 우리처럼 시험을 견디고 결국 죽으실 수 있게 되셨다고 해도 우리의 죄악된 본성에 관해서는 우리와 닮지 않으셨다는 점을 우리에게 지적하므로, 중요한 말이다. 히브리서 기자가 "우리에게 있는 대제사장은 우리 연약함을 체휼(體恤)하지 아니하는 자가 아니요 모든 일에 우리와 한결같이 시험을 받은 자로되 죄는 없으시니라"(히 4 : 15) 하고 지적할 때 품고 있는 뜻이 이 말에 담겨 있다.

바울의 말은 속죄의 교리도 담고 있다. 왜냐하면 그는 하나님이 그 아들을 보내사 속죄제물이 되게 하셨다고 주장하기 때문이다. 이 교리는 우리가 로마서 3장을 연구하고 있었을 때 대속에 관하여 배운 모든 내용과 관계 있다. 하나님은 예수를 보내어 우리 대신 죽게 하시고 그래서 하나님으로서 내리셔야 할 진노를 제쳐놓으셨다.

마지막으로 그리고 이 수단으로 "[하나님은] 육신에 죄를 정하사 육신을 좇지 않고 그 영을 좇아 행하는 우리에게 율법의 요구를 이루어지게 하려 하셨다". 이는, 우리가 완전히 의로우신 하나님 앞에 설 수 있도록 하나님이 그리스도 안에서 죄를 정하시는 일인 칭의(稱義)와 구원받은 모든 사람을 의롭다 하신 다음에 반드시 따라오는 성화(聖化)의 일을 가리킨다(우리는 다음 연구에서 성화의 본성과 필요성을 살피게 될 것이다.).

2. 성자 하나님(God the Son). 예수 그리스도는 우리의 구원을 위하여 무엇을 하셨는가? 우리는 예수님이 속죄제가 되시려고 우리처럼 되셨다고 지적함으로써 이미 이 점을 다

루었다. 바울은 로마서 3장에서 이 일을 두 가지 부분으로 설명한다.

첫째로, 예수님은 하나님께 속죄제물이 되셔서 우리 죄를 대속하셨다. 우리가 3장을 공부하고 있었을 때, 나는 대속이라는 이 용어가 고대 종교의 세계에서 빌린 것임을 지적했다. 이 말은 하나님의 진노를 제쳐놓은 사실을 가리킨다. 오늘날 많은 사람은 이런 일이 하나님의 성품에 합당치 않다고 판단하고서 이렇게 말한다. "하나님의 진노를 제쳐놓아야 한다니! 하나님은 화내지 않으신다. 하나님은 사랑이시다." 그러나 로마서를 정직하게 연구할 때 이런 주장을 펼치기란 거의 불가능하다. 바울은 로마서 처음부터, 우리 모두가 불의하므로 진노 아래 있다고 말해 왔다. 하나님의 진노는 바로 우리가 당한 문제이며 우리는 이 문제를 해결해야 한다. 어떻게 해야 하는가? 우리는 이 문제를 제쳐놓을 수 없다. 우리는 무슨 생각을 하든지 무슨 일을 하든지 항상 자신에게 진노를 쌓아 두므로, 진노를 커지게 할 뿐이다. 오직 하나님이 그 아들의 인격 안에서 그 진노를 제쳐놓으실 수 있으며, 예수님이 우리 대신에 그 진노를 담당하심으로써 하나님은 그 일을 하셨다. 이를 깨닫지 못하고 믿지 못하는 사람은 그리스도인이 될 수 없다.

둘째로, 예수님은 구속의 일을 하셨다. 또 우리가 3장을 공부하고 있었을 때, 대속이 고대 종교 세계에서 빌려 온 것이듯 구속은 고대 상업 세계에서 빌린 용어임을 나는 지적했다. 이 말은 시장에서 무엇을 파는 것을 가리키며, 또한 물건을 시장에서 사 가지고 나와서 그 물건이 다시 팔리지 않도록 하는 것을 가리킨다. 우리가 단순한 물건에 관하여 이 개념을 생각한다면, 그다지 의미는 없다. 그러나 사람들 특히 노예에 관련하여 이 개념을 생각하면 큰 의미가 있다. 노예를 구속하는 것은 그 노예를 노예 시장에서 사 가지고 나와서 그 노예를 자유롭게 한다는 것이었다. 예수님이 우리를 위하여 죽으신 것이 바로 그런 일이다. 바울은 로마서 8장에서 "그리스도 예수 안에 있는 생명의 성령의 법이 죄와 사망의 법에서 너를 해방하였음이라"(2절)고 말할 때 이 구속을 다루고 있다. 바울은 자신이 한때 죄와 사망의 노예였다고 말한다. 하지만 예수님께서 친히 구원하신 모든 사람들을 죄와 사망에서 자유롭게 하셨듯이 바울을 죄와 사망에서 자유롭게 하셨다.

3. **성령 하나님**(God the Holy Spirit). 하나님의 제3위는 2절("생명의 성령의 법이 죄와 사망의 법에서 너를 해방하였음이라")과 4절("육신을 좇지 않고 그 영을 좇아 행하는")에

나타나신다.

성령님은 우리의 구원을 위하여 무슨 일을 하셨는가? 성령님은 우리로 그리스도께서 하신 모든 일에서 유익을 얻는 사람이 되도록 우리를 그리스도에게 연합시키셨다. 우리가 로마서 5장에서 이 교리를 공부하고 있었을 때, 나는 두 가지 점을 지적했다. 첫째로, 이 교리는 두려울 정도로 중요하고 아마 바울의 서신에서 가장 결정적인 구원 교리일 것이다. 바울은 자신의 서신에서 '그리스도 안에' '그리스도 예수 안에' '그 안에' 혹은 그 동의어를 164번 사용했다. 그러니 이 점을 아무리 강조한들 지나친 일이 아니다.

둘째로, 이 연합은 이해하기 어렵다. 예수님과 바울이 추상적인 말로 이 교리를 간단하게 설명하기보다 예화를 사용하였기 때문에 우리에게는 물론이고 예수님과 바울의 시대에 살던 사람들에게도 역시 이 연합이 이해하기 어려웠던 게 사실임을 우리는 깨닫는다.

예수님은 포도나무와 가지의 관계로 이 연합을 말했다. "내 안에 거하라. 나도 너희 안에 거하리라… 너희도 내 안에 있지 아니하면 그러하리라(과실을 맺을 수 없으리라) … 나를 떠나서는 너희가 아무것도 할 수 없음이라"(요 15 : 4-5). 예수님은 먹고 마시는 일을 묘사하는 상(像)을 사용하셨다. 우리는 말 그대로 성찬에 참여할 때마다 먹고 마시는 상(像)에 마음이 간다. "이것은 내 몸이니" 그리고 "이 잔은 피로 세운 새 언약이니"(고전 11 : 24-25).

바울은 자신의 서신에서 세 가지의 아주 강력한 예화를 들어서 이 개념을 설명한다. 첫째는 머리와 몸의 연합인데, 이 예화에서 바울은 교회 성도들을 그리스도 몸의 다양한 지체에 비유한다(참조. 고전 12 : 12-27; 엡 1 : 22-23; 골 1 : 18). 둘째는 건물의 부분들이 이루는 연합이다. 이것은 때때로 주 예수 그리스도를 모퉁잇돌로 삼는 건물로써 서술된다(참조. 고전 3 : 9, 11-15; 엡 2 : 20-22). 세번째이며 가장 강력한 예화는 부부 생활에서 남편과 아내가 이루는 연합이다. 바울은 다음과 같이 말함으로써 부부 관계에 대한 교훈을 마친다. "이 비밀이 크도다. 내가 그리스도와 교회에 대하여 말하노라"(엡 5 : 32).

성령님은 우리를 그리스도께 연합시키심으로써, 우리의 구원을 인 치시며 다음과 같은 위대한 선포를 가능하게 하신다. "그러므로 이제 그리스도 예수 안에 있는 자에게는 결코 정죄함이 없다".

아니, 그럴 수 없다, 결코 그럴 수 없다

사람들이 많이 부르는 아일랜드 민요 '야성의 방랑자'(The Wild Rover)가 생각난다. 아마 여러분도 알 것이다. 이 민요는 한 젊은이의 불안한 시절과 그가 고향으로 돌아오는 것을 노래하는데 끝에 이런 합창이 붙어 있다. '아니, 그럴 수 없다, 결코 그럴 수 없다. 더 이상 거친 방랑자가 되지 않으리. 그래, 그럴 수 없다, 결코 그럴 수 없다'. 이 민요를 생각하니 이런 질문이 떠오른다. "그리스도 예수 안에 있는 자에게 정죄하는 심판이 있을 수 있을까?" 그 대답은 "아니 그럴 수 없다. 결코 그럴 수 없다"(No, Nay, Never)이다.

예수님이 요한복음 10장에서 영원한 안전에 관하여 가르치신 교훈을 기억하는가? 예수님은 자신과 성부 하나님이 우리를 얼마나 안전하게 붙드시는지 말씀하고 계셨다. "내 양은 내 음성을 들으며 나는 저희를 알며 저희는 나를 따르느니라 내가 저희에게 영생을 주노니, 영원히 멸망치 아니할 터이요 또 저희를 내 손에서 빼앗을 자가 없느니라 저희를 주신 내 아버지는 만유보다 크시매 아무도 아버지 손에서 빼앗을 수 없느니라 나와 아버지는 하나이니라 하신대"(요 10 : 27-30).

나는 요한복음을 가르치면서, 이 요한복음을 비유하기를, 때때로 판자 둘에 못을 박아 못 끝이 나오게 한 다음 나온 부분을 옆으로 구부려서 나무에 박히게 하여 못을 단단히 고정시키는 어느 목수에 비유했다. 나는 예수님이 하시는 일이 이런 일이라고 말했다. 예수님의 첫째 못은 영생, 곧 결코 끝나지 않을 생명에 대한 교리이다. 그러나 우리가 영생이 참으로 영생이라는 것을 제대로 이해하지 못하면, 예수님은 '결코 멸하지 아니할 것이라'는 설명의 말씀을 하셔서 그 교리를 단단히 말씀하신다. 그런 후에 예수님은 두번째 못을 박으시는데, 이 두번째 못은 우리가 예수님의 손에서 안전하다는 것이다. 이 경우 우리가 이 교리를 제대로 이해하지 못하면, 예수님은 하나님께서 우리를 그 손에 붙드시므로 아버지의 손에서 우리를 빼앗을 수 있는 사람이 없고 또 예수님과 하나님이 하나이시라는 말씀을 덧붙이시며 이 못을 옆으로 구부려 단단히 고정시키신다.

그처럼 바울은 "이제 결코 정죄함이 없다"고 가르치는데, 그 이유는 (1)아버지의 사역 때문에 (2)성자의 사역 때문에 (3)성령의 사역 때문이다. 이제 예수님 안에 있는 자들에게는 정죄함이 결코 없다. "아니, 그럴 수 없다, 결코 그럴 수 없다."

그러나 이 안전함을 이용하지 말라. 이 안전함은 참으로 그리스도 안에 있는 자들에게는 위대한 교리일 뿐만 아니라, 오직 그분 안에 있는 자들에게만 해당하는 것이다. 당신이 확신을 갖고 있지 않다면, 당신이 참으로 그리스도의 것이라는 확신을 성령님이 당신의 마음에 심어 놓으실 때까지 쉬지 말고 이 문제를 생각하라.

● 각주 ●

1. Leon Morris, *The Epistle to the Romans* (Grand Rapids : William B. Eerdmans, and Leicester, England : Inter-Varsity Press, 1988), p. 300.

2. Donald Grey Barnhouse, *God's Heirs : Exposition of Bible Doctrines, Taking the Epistle to the Romans as a Point of Depart,* vol. 7, *Romans 8 : 1-39* (Grand Rapids : Wm. B. Eerdmans, 1963), p. 5.

3. D. M. Lloyd Jones, *Romans : An Exposition of Chapters 7 : 1-8 : 4, The Law : Its Functions and Limits* (Grand Rapids : Zondervan, 1973), p. 271.

4. 스코필드 성경은 1절에 대한 각주에서 이렇게 말한다. "마지막 열 낱말은 4절에서 베낀 것이 분명하다. 4절에서 이 열 낱말은 엄밀히 말해서 '정죄함이 없음' 의 결과를 표현하지 그 원인을 표현하지 않는다."

96
기독교가 가르치는 거룩함
로마서 8:3-4

··· 육신에 죄를 정하사 육신을 좇지 않고 그 영을 좇아 행하는 우리에게 율법의 요구를 이루어
지게 하려 하심이니라.

우리는 로마서 8장을 공부하다가 이제 3,
4절에 이르렀다. 그러나 나는 잠시 이 두 절을 제쳐놓고 로마서 8장이 아니라 요한복음 8장
에 나오는 이야기를 먼저 하고자 한다.

예수님은 감람 산에서 기도하고 돌아오셔서, 예수님을 올무에 빠뜨리려고 계획을 짰던
바리새인과 서기관의 무리와 성전 뜰에서 마주치셨다. 그들은 간음하다 현장에서 잡힌 가
련한 여인을 붙잡고서, 이제 예수님 앞에 그 여인을 데려다가 이렇게 질문을 던졌다. "··· 선
생이여, 이 여자가 간음하다가 현장에서 잡혔나이다. 모세는 율법에 이러한 여자를 돌로 치
라 명하였거니와, 선생은 어떻게 말하겠나이까?"(요 8 : 4-5). 정나미가 떨어지는 상황이었
다. 율법은 한 범죄를, 즉 이 간음 행위를 확증할 때 두 세 증인이 있어야 한다고 요구했다.

그리고 아마 이 유대교 지도자들이 주장하던 것처럼 율법의 이 요구 조건이 충족되려면, 증인은 같이 간음했던 남자를 알아야 했을 것이다. 그들이 예수님 앞에 간음한 남자를 데리고 오지 않았던 것으로 보아, 그 남자는 이 음모의 가담자였을 수 있고, 이 간음이 틀림없이 계획된 범죄, 즉 속임수였던 것으로 드러난다. 다른 말로 하면 이 유대교 지도자들은 율법이나 그 여인에게는 관심이 없었고, 자기들이 미워했던 예수를 올무에 빠뜨리려고 했을 뿐이었다.

그것은 물론 교묘한 속임수였다. 예수님은 동정심이 많으신 분으로 알려져 있으므로 그 여인을 용서하리라고 그들은 기대했다. 그러나 예수님이 그냥 그 여인을 용서하신다면, 예수님은 하나님의 율법을 어기거나 무시한다는 비난을 받을 수 있다. 어떤 선지자가 그렇게 했겠는가? 만일 그렇게 하실 경우, 예수님은 하나님으로부터 온 선생이 아니라는 오해를 받으실 것이다. 반면에 예수님이 그 여인을 정죄한다면, 유대교 지도자들은 "수고하고 무거운 짐진 자들아, 다 내게로 오라. 내가 너희를 쉬게 하리라" 하는 예수님의 말씀을 경멸하고 무시하며 예수님을 비웃을 것이 아니겠는가? 아니 "… 내가 너를 죽이리라"고 말씀하셔야 하지 않겠는가? 그들은 하나님이라도 벗어날 수 없는 함정 속에 예수님을 빠뜨렸다고 생각했다.

여러분은 이 이야기를 알고 있다. 예수님은 율법의 모든 요구 조건을 만족시켜야 한다고 요구하시면서 율법을 성취하셨다. 율법이 요구했던 것처럼 그 죄를 목격한 자들은 앞으로 나아와 먼저 돌로 치라. 그러나 예수님은 그 사람들에게 자신들이 죄 없음을 확인하라 하셨다. 왜냐하면 그들이 이 여인을 올무에 빠뜨리려는 음모에 가담했다면 다른 죄는 제쳐 놓고서라도 이 범죄에 대하여 죄를 지고 있을 것이기 때문이다. 고소자들이 앞으로 나오지 않았을 때 예수님은 그 여인이 깨뜨렸던 율법을 기초로 삼아서 그 여인에게 판단의 권리를 행사하지 않으시고 자신이 장차 죄인을 위하여 죽으실 죽음을 기초로 삼아서 그 여인에게 판단의 권리를 행사하셨다. 즉 예수님은 우리를 구원하시는 그 방법으로 그 여인에게 판단의 권리를 행사하셨다.

예수님은 그 여인에게 이렇게 물으셨다. "너를 고소하던 그들이 어디 있느냐?" "너를 정죄한 자가 없느냐?" "주여 없나이다" 하고 여인은 대답했다.

예수님은 이렇게 대답하셨다. "나도 너를 정죄하지 아니하노니, 가서 다시는 죄를 범치 말라(NIV - 죄 짓는 생활에서 떠나라)"(10-11절). KJV은 "더 이상 죄를 짓지 말라"고 말한다.

결코 정죄함이 없음

내가 이 이야기를 하는 것은, 이 이야기가 로마서 8장의 처음 네 절에 나오는 내용을 정확하게 설명해 주는 실례가 되기 때문이다. 1절은 그리스도 예수 안에 있는 모든 자는 정죄함에서 자유로워진다는 크게 환영할 소식을 알린다. 이 말은 하나님이 예수 그리스도의 사역으로 많은 사람들을 구원하셨고 구원하고 계심을 뜻한다. 우리는 율법을 갖고 있으나 요한복음에 나오는 그 여인처럼 우리 모두는 그 율법을 지킬 수 없다. 우리는 율법에게 정죄를 받았다. 율법이 무력하므로 우리는 율법의 정죄로부터 자유로워질 수 없다. 그러나 하나님은 자기 아들을 보내사 속죄제물이 되게 하심으로써 율법이 할 수 없는 그 일을 하셨다. 로마서의 이 절들을 읽고 있자니, 예수님이 "내가 너를 정죄하지 않노라. 평안히 가라"고 말씀하시는 듯하다.

그러나 우리가 3, 4절을 볼 때, 우리가 그저 율법의 정죄로부터 건짐을 받은 것이 아님을 발견한다. 그리스도께서는 또한 율법의 권세로부터 우리를 건지셨다. 그분은 하나님의 진노에서 우리를 대속하시는 일뿐만 아니라 우리를 거룩하게 하시는 일을 시작하시려고 죽으셨고, 하나님은 그리스도의 일을 기초로 삼으셔서 신자들을 모든 죄에서 의롭다 하실 수 있었다. "… 육신에 죄를 정하사 육신을 좇지 않고 그 영을 좇아 행하는 우리에게 율법의 요구를 이루어지게 하려 하심이니라"(롬 8 : 3-4).

다른 말로 하면, 요한복음 8장에서 예수님은 이렇게 말씀하신다. "너희는 모든 정죄에서 벗어났으니, 이제 죄에서 떠나야 하리라."

요한복음 8장은, 칭의가 있으면 언제나 성화가 있는 법이므로 하나가 없이는 다른 하나가 있을 수 없다는 것을 가르치고 있다. 물론 칭의는 성화가 아니다. 우리는 이룰 수 있는 무슨 선(善) 때문에 구원받는 것이 아니다. 만일 그렇다면, 예수님은 이 여인에게 이렇게 말씀하셨을 것이다. "죄악된 생활을 떠나라. 그리하면 내가 너를 정죄하지 않을 것이다." 그러나 예수님은 그렇게 말씀하지 않으셨다. 정반대로 말씀하셨다. 결코 정죄함이 없다. 그러나 그런 후에는 거룩한 생활을 하라. 그렇지만, 칭의가 성화가 아니고 성화가 칭의가 아니기 때문에, 우리는 성화가 여하튼 중요하지 않다고 생각하지 말아야 한다. 반대로 로마서 8 : 3-4에 따라서 성화는 하나님이 우리를 구원하실 때 품으신 바로 그 목적이다.

하나님은 그 아들을 보내사 속죄제가 되게 하심으로써, "육신에 죄를 정하사 육신을 좇지 않고 그 영을 좇아 행하는 우리에게 율법의 요구를 이루어지게 하려 하심이니라"(롬 8 : 3-4).

표현이 다르긴 하지만 이 말을 다시 한 번 차근차근 이야기하겠다.

1. 두 가지 사역(Two works). 로마서 8 : 1-4에서는 하나님의 두 가지 큰 사역이 있다. 이 사역은 칭의와 성화이다. 칭의는 죄의 형벌에서 해방이며, 성화는 죄의 세력에서 해방이다. 하나님은 모든 그리스도인을 위하여 이 두 사역을 이루신다.

2. 세 행위자(Three agents). 우리를 죄의 형벌과 세력에서 건지실 때 하나님이신 세 행위자가 관련된다. 하나님은 우리의 칭의를 이루시는 행위자이시다. 우리에게 "결코 정죄함이 없다"고 선언하시는 분은 바로 이 분이다. 성령은 우리의 성화를 이루시는 행위자이시다. 왜냐하면 성령은 율법이 할 수 없는 그 일을 우리 속에 이루시기 때문이다. 성삼위 가운데 남은 한 위격이신 주 예수 그리스도는 죄를 위하여 죽으심으로써 칭의와 성화가 있을 수 있도록 하신다. 왜냐하면 예수님은 죄에 대한 하나님의 정당한 심판을 우리 대신 우리를 위하여 짊어지셨을 뿐만 아니라 구원 얻는 믿음으로 예수님과 연합한 자들에게 죄의 세력이 미치지 못하도록 하셨기 때문이다.[1]

존 스토트(John R. W. Stott)는 로마서 8장에 대하여 이렇게 말한다. "1, 2절은 구원의 범위를 말한다. 즉 결코 정죄함이 없고, 속박이 없다고 말한다. 3, 4절은 구원의 방법을 전개한다. 즉 우리는 하나님이 어떻게 구원의 길에 영향을 미치시는가를 이 절들에서 본다."[2]

3. 한 가지 목표(One goal). 이 모든 것은 한 가지 목표를 향한다. 그 목표는, "육신을 좇지 않고 그 영을 좇아 행하는 우리에게 율법의 요구를 이루어지게 하려 하심이니라"(롬 8 : 4).

바울이 여기서 말하는 것은, 역시 위대한 교리책인 에베소서에서 말하는 것과 같다. 에베소서에서 바울은 우리가 선행을 할 수 있게 하시려고 하나님은 우리의 선행과 상관없이 우리를 구원하셨다고 가르친다. 이와 관련된 본문은 다음과 같다. "너희가 그 은혜를 인하여 믿음으로 말미암아 구원을 얻었나니 이것이 너희에게서 난 것이 아니요 하나님의 선물이라 **행위**에서 난 것이 아니니 이는 누구든지 자랑치 못하게 함이니라 우리는 그의 만드신 바라. 그리스도 예수 안에서 **선한 일**을 위하여 지으심을 받은 자니 이 일은 하나님이 전에 예비하사 우리로 그 가운데서 행하게 하려 하심이니라"(엡 2 : 8-10, 고딕체는 필자의 표기).

네 가지 중요한 진리

내가 이 장을 '기독교가 가르치는 거룩함'이라고 제목을 붙였으므로, 이제 이 가르침을 자세히 설명해야겠다. '거룩함'에 관하여 우리가 살펴야 할 중요한 진리는 네 가지가 있다.

1. **거룩함은 칭의의 목표이다.** 예수님이 무조건적으로 우리를 우리 죄의 형벌에서 구원하셨을 뿐만 아니라 죄에서 구원하셨으므로, 우리는 예수님이 성육신하시고 죽으신 목적이 자신이 구원한 모든 사람으로 하여금 거룩한 생활을 할 수 있도록 하려는 것이라고 말할 수 있었다. "속죄제물이 되신다는 것"은 그리스도의 죽음을 가리킨다. 그러므로 예수님의 성육신과 죽음은 "우리에게 율법의 요구를 이루어지게 하려 하심"이었다. 존 스토트(John R. W. Stott)는 이렇게 말한다. "하나님은 우리에게 거룩함이 나타나게 하려고 그리스도 안에서 죄를 정죄하셨다."[3]

앞에서 인용한 에베소서에 나오는 중요한 절들에도 비슷한 개념이 있다. 왜냐하면 거기에는 하나님이 말 그대로 선한 일을 하도록 우리를 '정하셨다' 혹은 '임명하셨다'는 말들이 나오기 때문이다. 에베소서는 선택을 가르치는 위대한 책이며 특별히 에베소서 1장이 이 선택을 가르친다. 그리고 나서 2장에서는 구원을 우리의 선택이나 행위가 아니라 하나님의 선택과 행위로 말미암은 결과로 말한다. 그래서 구원은 하나님이 목적도 정하실 뿐만 아니라 그 목적을 이루는 수단도 정하시는 경우에 속한다. 이 경우에 그 목적은 선한 일이며 그 수단은 인간의 공로와 상관없이 그리스도의 사역에 의하여 이루어지는 우리의 구원이다.

에베소서의 말을 빌리면, 하나님은 우리로 하나님을 위하여 살게 하려고 우리를 그리스도 안에서 살게 하셨다. 혹은 하나님은 우리가 다른 사람을 은혜롭게 대하도록 은혜로 우리를 구원하셨다고 말할 수 있다.

2. **거룩함은 율법의 정당한 요구를 이루는 데 있다.** 이 점에서 피해야 할 오류가 둘 있다.

하나는 바리새인의 오류이다. 바리새인은 자신이 율법을 완전히 이루는 사람이라고 생각했다. 율법이 십일조를 드리라고 말했으므로, 그들은 십일조를 드렸다. 그들은 돈은 물론이고 물품과 심지어는 선반에 있는 조미료까지도 십일조를 드렸다. 율법이 안식을 지키라고 말했으므로, 그들은 안식일을 지켰다. 그들은 일이라고 생각되는 것은 아무리 작은 일이라도 손가락하나 까딱하지 않았지만 바리새인은 의롭지 못했다. 그들은 자기 의를 내세웠으며 많은 바리새인들이 교만했는데, 심지어는 자신과 다른 사람들을 미워할 정도로 교만했다. 그들은 예수님을 가장 미워했는데, 예수님의 의가 자신들의 죄를 드러나게 했기 때문이다. 예수님이 말씀하신 가장 비판적인 말씀 가운데 바리새인과 그들의 위선을 지적하는 말씀이 상당히 있다(참조. 마 23장).

또 하나의 오류는 정반대의 것이다. 이는 우리 시대에 두드러지는 오류로, 쾌락주의적인 도덕률 폐기론(Antinomianism)의 오류이다. 이 견해는 이렇게 말한다. "참으로 중요한 것은 율법이 아니라 내가 마음으로 무엇을 느끼는가 하는 것이다. 그러므로 하나님의 율법이 무엇이 그르다고 말하더라도 내가 그것을 옳다고 느끼는 한 그것은 틀림없이 옳다. 그렇지 않다 해도 적어도 나에게는 옳다".

누가 그런 말 하는 것을 들은 적이 있는가? 그런 적이 있으리라고 확신한다. 우리 시대의 많은 사람들이 도덕적 요구에 대하여 이렇게 반응한다. 그들 가운데 많은 사람이 그리스도인처럼 보이고 싶어하지만 실제로는 그리스도인이 아니다. 비참하게도 그들은 하나님의 요구 조건을 무시하므로 그리스도인이 아니다.

그러면 율법의 정당한 요구를 이룬다는 것은 무슨 뜻인가? 그 대답은 NIV가 '~에 따라 산다'고 번역하는 말에 있다. 그런데 실제로 이 말은 '걷는다'(페리파테오 : peripateo)는 뜻이다. 이 말은 그리스도인의 생활을 우리 앞에 가시는 그리스도를 따라 걷는 길로 묘사한다. 그 길에는 방향이 있고 경계선이 있으며 그 방향은 하나님의 성품이다. 이 성품은 율법에 표현되어 있지만 예수님 안에서 충만하게 드러난 그 경계선은 하나님의 율법을 짊어지우는 요구 조건이다. 우리는 이 요구 조건을 건너뛰지 말아야 한다. 만일 그렇게 하면, 우리는 그 길에 서 있지 않고 그리스도를 따르고 있지 않다. 반면에 우리가 율법의 요구 조건을 행하면, 우리 눈은 일차적으로 율법을 향하지 않고 – 그것이 바리새인의 오류였다 – 예수님을 향하는데, 이 예수님은 우리가 사랑하고 순종하여 섬기기를 바라시는 분이다.

그리스도인도 죄를 지을 수 있는가? 물론 그리스도인도 죄를 지을 수 있으며 사실 우리 모두가 죄를 짓는다. 그러나 세상에서 그 길을 가다가 넘어지지만 일어나서 계속 그 길을 걷는 것과 애초부터 제자가 되는 길에 서지 않는 것은 이만저만 다른 게 아니다. 그 길에 있는 자들이 넘어질 수 있다. 그러나 그들은 예수 그리스도를 따르고 있고 예수 그리스도를 따르지 않으면 결코 만족하지 못한다.

3. **거룩함은 성령의 사역이다.** 이 점은 우리가 로마서 7장에서 아주 길게 공부하던 것이다. 바울은 7장에서 두 가지 중요한 요점을 지적했다. 첫째로, 바울은 회개하기 전에 율법을 지킬 수 없었다. 바울은 율법을 지키기를 바라고 때때로 자신이 율법을 지킨다고 생각했으나 실제로는 지킬 수 없었다. 바울은 힘없는 죄인이었다. 둘째로, 회개한 후에라도 바울은 <u>스스로</u> 하나님의 율법을 지킬 수 없음을 알았다. 바울은 7장 끝에 가서 자신이 원하는 그것을 할 수 없다는 사실을 보이면서, 자신이 그리스도인으로 살면서 치르는 싸움을 서술한다. 바울은 사람이 거룩해질 수 있으려면 오직 성령께서 능력을 주셔야 된다는 것을 발견했다.

이는 두 가지 명백한 결론을 넌지시 보여 준다. 첫째로, 우리가 성령을 떠나서는 거룩한 생활을 할 수 없다. 그러므로 거룩한 생활을 해야 한다면, 성경을 공부하며 하나님의 말씀을 듣고 기도로 하나님께 여쭘으로써 하나님을 가까이 하여야 한다. 우리는 성령의 복 주심을 얻으려고 애써야 한다.

둘째로, 우리는 하나님과 맺은 이 관계에 힘을 쏟아야 한다. 바울이 로마서 6장에서 하나님이 그리스도 안에서 우리를 위하여 하신 일을 우리가 이해하고 그런 다음에는 모든 생활에 그 이해를 기초로 삼아서 자신이 참되다고 믿는 것에 따라 행동해야 한다고 함으로써 거룩함에 이르는 비밀을 자세히 설명하였던 것이 기억난다. 바울은 이렇게 말했다. "이와 같이 너희도 너희 자신을 죄에 대하여는 죽은 자요 그리스도 예수 안에서 하나님을 대하여는 산 자로 여길지어다. 그러므로 너희는 죄로 너희 죽을 몸에 왕 노릇 하지 못하게 하여 몸의 사욕을 순종치 말고 또한 너희 지체를 불의의 병기로 죄에게 드리지 말고, 오직 너희 자신을 죽은 자 가운데서 다시 산 자같이 하나님께 드리며 너희 지체를 의의 병기로 하나님께 드리라"(롬 6 : 11-13).

바울은 로마서 6장에서는 성령을 언급하지 않았다. 그러나 우리가 8장에서 배우고 있는 것처럼, 우리는 오직 하나님의 내주하시는 성령의 능력으로만 이런 일을 할 수 있다.

4. **거룩함은 명령이다.** 한번은 기독교 제자도에 대한 메시지를 여러 번 이어서 전해 달라는 부탁을 받고서 먼저 이런 질문을 다루었다. "제자도는 필요한가?" 나는 먼저 이 질문을 어떻게 해석해야 할지부터 다루었다. 이 말은 이런 뜻이 결코 아니다. "우리가 예수님께 순종해야 한다면 제자도는 필요한가?" 이는 분명하다. 그리고 다음과 같은 뜻도 결코 아니다. "충만하고 행복한 그리스도인의 생활을 하기 위하여 제자도가 필요한가?" 이 점도 역시 분명하다. 이 질문이 명백하게 뜻하는 바(그리고 내가 다루었던 이 질문의 뜻)는 다음과 같다. "참된 그리스도인이 되려면 제자도가 필요한가? 제자도가 없이 구원받은 사람이라고 말할 수 있겠는가?" 진정한 성경 강해자라면 누구나 그렇게 대답했겠지만, 나도 이렇게 대답했다. "그렇습니다. 제자도가 필요합니다. 그리스도인이 되기 위하여 그리스도를 따르는 일은 명령입니다".

우리는 거룩함에 대해서도 똑같이 말해야 한다. 우리가 거룩함이 명령이라고 말할 때, 거룩하면 좋다는 뜻으로 말하지 않으며, 또한 완전할 수 있다거나 더 이상 죄 지을 위험이 없게 되는 지경에 이를 수 있다는 뜻으로도 분명히 말하지 않는다. 그 뜻은 올바른 길에 서야 한다는 것임에 틀림없다. 우리가 그리스도인이라면 실제로 하나님의 성령을 따라 행하고 있음에 틀림없다.

거룩하지 못한 사람들과 교회들

이 진리는 우리 자신에 대하여 무엇이라 말하는가? 오늘날 미국 기독교의 상태에 대하여 무엇이라 말하는가? 이미 보았듯이 거룩함이 필요하다면, 자칭 그리스도인이라고 하는 많은 사람들과 자칭 교회라고 하는 많은 단체들을 어떻게 설명되는가?

미국 여론 연구소의 설립자이며 소장인 조지 갤럽(George Gallup)은 삼사 년 전에 이 질문을 하고 대답을 찾기 시작했다. 그는 전체 미국인 가운데 거의 절반이 정해진 날에 예배당에 다니며 높은 비율의 사람들이 상당히 보수적인 신앙을 갖고 있다는 사실에 충격을 받았다. 그가 발견한 것에 따르면,

미국인의 81%가 '신앙이 있다'고 주장하는데, 이는 83%가 신앙이 있다고 주장을 펼치는 이탈리아 사람들에 이어 두번째로 많은 비율이다.

95%는 하나님을 믿는다.

71%는 사후 생활을 믿는다.

67%는 지옥을 믿는다.

대부분의 사람들이 십계명을 믿는다.

거의 모든 가정이 성경책을 적어도 한 권씩은 갖고 있다.

전체 미국인의 절반이 보통 주일 아침에 교회에 다닌다. 신앙과 아무런 상관이 없는 사람은 8%뿐이다.

대개는, 신앙이 자신의 생활에 중요한 역할을 맡고 있다고 말한다. 25%는 '매우 기독교적인 생활'을 하고 있다고 주장한다.

그러나 95%가 하나님을 믿는다고 말하고 다섯 명 가운데 네 명이 신앙을 갖고 있다고 말하더라도, 다섯 명 가운데 한 사람만이 신앙이 자기 생활에서 **가장** 영향을 미치는 요소라고 말하고 있다. 대개가 아이들에게 신앙적인 교훈을 주고자 하나 부모들이 아이들에게 계발되었으면 하는 다른 많은 자질들보다 신앙은 낮은 순위를 차지한다. 여덟 명 가운데 한 사람만이, 하나님이나 신앙을 위하여 모든 것을 바칠 의향이 있다고 말한다. 갤럽은 십계명을 믿는다고 말하는 사람들조차도 '십계명에 대하여 너무 무지하다고' 기록한다. 그는 미국인 대부분의 신앙 생활에서 '지나치게 믿기를 잘하고… 영적인 훈련은 되어 있지 않은' 모습과 강한 '비지성적인 경향'을 목격한다.

갤럽은 이런 비정상적인 상태를 조사하여, 신앙을 갖고 있다고 주장하는 수많은 사람들이 – 5, 6천만 명이 '거듭났다'고 주장한다 – 실제로 두려울 정도로 왜곡된 인식을 갖고 있

음을 발견했다. 신앙이 실제로 삶에 변화를 준다는 사람은 여덟 명 가운데 한 사람 꼴이니 12.5% 정도이다. 그러나 이것도 놀라운 일이다. 갤럽은 이 사람들의 생활을 연구했을 때 그들이 훨씬 행복하고 가정이 안정되고(눈에 띌 정도로 이혼한 가정이 없었다) 편견이 덜하고 대개가 매주 다른 사람들을 위하여 봉사하는 일에 규칙적으로 참여하고 있다는 것을 알았다. 그리고 이 내용이 모두 상당한 비율을 차지했다.[4]

이 조사는 무엇을 말하는가? 이는 스스로 그리스도인이라고 생각하는 많은 사람, 심지어 소위 복음주의 교회에 다니는 그리스도인이라고 생각하는 많은 사람들이 그리스도인이 아님을 말한다. 그들은 올바른 고백을 한다. 우리가 그 깊은 속을 헤아려 보지 않은 다음에야 그들은 얼핏 훌륭한 생활을 꾸려가고 있는 듯이 보일지 모른다. 그러나 실제로 그들은 훌륭한 생활을 하고 있지 않다. 그들은 열심히 거룩함을 추구하고 있지 않으며 그들은 거듭 나지 않았다.

지금은 우리의 교회에 참된 부흥이 일어날 때가 아닌가? 지난날의 부흥 운동을 연구해 보면, 이 부흥에는 세 가지 두드러지는 단계가 있었던 것 같다. 첫째 단계는 각성(awakening)이다. 이 말은 자칭 그리스도인들이 실제로는 자신이 그리스도인이 아님을 깨닫는다는 뜻이다. 그래서 조나단 에드워즈(Jonathan Edwards)와 윌리엄 테넌트와 길버트 테넌트(William and Gilbert Tennent)와 조지 휫필드(George Whitefield)가 이끌었던 18세기 미국의 대부흥운동을 일러 대각성 운동(Great Awakening)이라고 부른다. 먼저 그 시대 사람들은, 성령님이 입으로 고백은 하지만 실제로는 가짜인 예수 그리스도의 추종자들로 하여금 자신의 참된 모습을 깨닫게 하셨던 사실에 크게 감명을 받았다.

두번째 단계는 부흥(revival)이다. 이 말은 전에는 입으로만 고백하던 사람들이 영적인 생활을 하게 되었다는 뜻이었다. 영국에서 일어난 부흥 운동은 웨슬리의 부흥 운동이라고 했다.

마지막으로 사회에 충격(impact)을 던져주었다. 그래서 교회 바깥에 있던 많은 사람들이 무슨 일이 벌어졌는지 알아보려고 교회로 와서는 회개하는 일이 있었다.

우리 시대에도 그런 부흥 운동이 필요하다. 그리고 이 부흥 운동의 첫번째 단계로써, 소위 복음주의자라고 하는 많은 사람들은 자신이 기독교 교리에 관심이 없고 거룩하지 못하다는 사실로 보아 자신이 이름만 그리스도인임을 깨닫는 각성이 있어야 한다. 이 사람들은 자신의 처지를 깨달아야 한다.

확신(Assurance)! 이것은 로마서 8장의 주제이며 참으로 구원받은 사람들에게 큰 교리이다. 그러나 우리가 예수 그리스도를 따르고 그를 순종함으로써 거룩하게 성장하지 않는다면, 확신은 치명적인 추측에 불과하다.

● 각주 ●

1. 초기 교회의 많은 주석가들은 물론이고, 개신교 주석가들의 대부분은 행위의 공로와 상관없이 믿음에 의한 칭의 교리를 보호하는 데 너무 집착하여, 이 구절에 성화의 내용이 담겨져 있다는 생각을 배격했다. 찰스 하지(Charles Hodge)가 그 예이다. 그는 이렇게 쓴다. "3절을 그리스도의 희생에 따른 죽음이라고 이해하고 죄인의 대속물로서 그리스도 안에서 이루어지는 죄에 대한 정죄로 이해한다면, 이 절(4절)은 칭의에 대한 구절로 이해해야 하지 성화에 대한 구절로 이해해서는 안 된다"(Charles Hodge, *A Commentary on Romans* (Edinburgh and Carlisle, Pa. : The Banner of Truth Trust, 1972), p. 254(Original edition 1935)). 그러나 이는 중대한 오류이다. 이 해석은 적어도 바울이 말하고 있는 내용의 절반을 놓치며 이 구절의 흐름을 끊어 놓는데, 왜냐하면 칭의만으로는 우리 속에 충만히 만족되는 '율법의 의로운 요구'에 이르지 못하기 때문이다. 바울이 제기하는 문제는, 율법이 죄에 대하여 대속의 제사가 됨으로써(이는 그리스도만이 하실 수 있었다) 죄를 정죄할 수 없다는 것뿐만 아니라 율법이 사람들 안에 실제로 의(義)를 이루어 놓을 수 없었다는 것이다. 그리스도께서는 자기 백성을 위하여 이 일을 이루셨는데, 이는 그의 죽음이 죄의 형벌만 해결할 뿐만 아니라 예수께서 우리 대신 죄를 짊어지심으로써 죄의 권세도 부수셨기 때문이다. 다음을 보라. (D. M. Lloyd Jones, *Romans : An Exposition of Chapters 7 : 1-8 : 4, The Law : Its Functions and Limits* (Grand Rapids : Zondervan, 1973), pp. 301-307). 로이드 존스(D. M. Lloyd Jones)는, 바울이 '우리 속에(헬라어, 엔(en))'에 성취되는 율법의 의에 대하여 말하고 있지 '우리에 관하여(헬라어, 페리(peri))' 성취되는 율법의 의에 대하여 말하고 있지 않다고 올바로 지적한다. 이 절이 칭의만 염두에 두고 있다면, 후자가 옳은 낱말이 될 것이다.

2. John R. Stott, *Men Made New : An Exposition of Romans 5-8* (Grand Rapids : Baker Book House, 1984), p. 80.

3. Ibid., p. 81.

4. George Gallup, Jr., "Is America's Faith for Real?" in Princeton Thelogical Seminary's *Alumni News* 22, no. 4(Summer 1982) : 15-17.

97
육적인 사람과 참된 그리스도인
로마서 8:5-8

육신을 좇는 자는 육신의 일을 영을 좇는 자는 영의 일을 생각하나니 육신의 생각은 사망이요 영의 생각은 생명과 평안이니라 육신의 생각은 하나님과 원수가 되나니 이는 하나님의 법에 굴복치 아니할 뿐 아니라 할 수도 없음이라 육신에 있는 자들은 하나님을 기쁘시게 할 수 없느니라.

나는 로마서 8장의 처음 장에서 8장 전체를 개관하면서, 지금 예수 그리스도의 교회가 연약하고 궁핍하다는 관점에서 5-14절을 살펴본다면 이 절들이 가장 중요한 절이라고 생각한다는 말을 했다. 왜 그런 말을 했느냐 하면, 이 절들이 그리스도인이 된다는 사실에 대하여 많은 사람들이 갖고 있는 잘못된 이해를 바로잡아 주기 때문이다. 이미 보았듯이, 이 잘못된 견해는 사람을 세 부류로 나눈다. (1)그리스도인이 아닌 사람들 (2)그리스도인인 사람들 (3)그리스도인이지만 '구원받지 않은' 듯이 살고 있는 사람들로 나눈다.

얼마전에 나는 내 친구 두 사람이 쓴 이 잘못된 생각을 담은 책을 받았다(나는 이책의 태도가 다소 무비판적이라고 생각한다). 이 책은 평신도들이 지교회에서 지도자로 활동할 수 있을 정도로 성숙한 그리스도인이 되도록 도우려는 평신도를 위한 책이었다. 이 책은 단순히 '그리스도인'이 되는 것에 만족치말고 예수 그리스도의 '제자'가 되라고 평신도들을 격려했다. 이 책은 한 군데서 이렇게 말했다. "(그리스도)를 따르는 모든 사람은 그리스도의 양이지만, 모든 양이 그의 제자는 아니다."[1]

나는 내 친구들을 존경하며 이 책에 담긴 친구들의 의도를 전적으로 찬성한다. 그들은 평신도들이 교회 생활에서 마땅히 맡아야 할 일을 맡기를 원하나 문제는 그들이 말하는 절차에 있다. 그들은 세 범주 견해를 받아들였는데, 확신컨대 이 견해는 필연적으로 독자들에게 다음과 같이 생각하게 만든다. 그리스도인의 생활을 신중하게 생각하는 것은 지혜롭고 아마 유익할 수 있겠지만, 결국 예수 그리스도의 '제자'가 된다는 것은 선택 사항에 지나지 않는다고 생각하게 만든다. 이런 결론은 치명적인데, 왜냐하면 이런 결론은 우리로 하여금 하는 일도 별로 없고 이루는 일도 전혀 없이 우리 기독교에 대하여 함부로 생각하더라도 죽을 때 확실히 하늘나라에 갈 수 있다고 생각하도록 부추기기 때문이다.

추측컨대 나는 세상 사람들처럼 살아도 하늘나라에 갈 수 있다는 생각 때문에 무척 고민을 했었다. 만일 그 생각이 옳다면, 이는 속 편한 가르침이다. 우리는 여기 죄악된 세상이든지 하늘나라든지 그 가운데 가장 좋은 것을 가질 수 있다. 그러나 그 생각이 옳지 않다면, 이 생각을 가르치는 자들은 사람들로 하여금 사실상 그들이 구원받지 않은 때라도 모든 것이 잘 되고 있다고 믿도록 부추기고 있다. 그들은 평화가 없는 때에 '평화'라고 외치면서 사람들의 영혼에 해를 입히고 있다.

두 부류의 사람들

우리는 로마서 8장 5절에서 시작하는 문단을 통하여 이 문제를 보게 된다. 왜냐하면 이 문단에서 사도는 '육신의' 사람에 대하여 자세한 정의를 로마서에서 처음으로 내리고 있기 때문이다. 이 개념은 5-8절에 다섯 번 나온다(NIV에서는 '죄악된 본성'이라고 되어 있음). 3-4절에서도 이미 세 번 나왔다.

'육신의'라는 말은 '살'(flesh)을 뜻하는 헬라어 사르크스(sarx)를 다소 직역한 말이다. 그러나 사르크스는 본래 서너 가지 뜻을 갖고 있는 말이다. 기본적으로 이 말은 몸의 살

부분을 가리킨다. 그래서 ‘carnal’(‘고기’를 뜻하는 라틴어 **카로**(caro)에서 나온 말)이라는
말은 ‘살’이라는 말의 번역어로 사용된다. 그러나 어떤 성경 구절에서는 이 말이 인간의 어
떤 부분을 가리키는 뜻을 넘어선다. 이 말에는 연약하다는 뜻이 있다. “모든 육체는 풀이다”
(KJV, NIV는 실제적인 뜻을 담기 위하여 “모든 사람은 풀과 같다”과 번역한다)와 같은 말
에서처럼 이는 구약의 두드러지는 한 용례이다. ‘육신적’이라는 것은 신적인 것보다 인간
적인 것을 뜻한다. 이는 ‘하나님은 영이시니…’(요 4 : 24 상) 우리는 한낱 육신이기 때문
이다. ‘육신의’라는 말의 세번째 뜻은 죄악되다는 것이다. 이는 신약에서 **사르크스**(sarx)의
가장 중요한 뜻이다. 가령 NIV가 로마서 8장에서 이 말을 ‘죄악된 본성’이라고 번역하는
것도 이 때문이다.[2] 이 말은 단순히 죄악된 사람 즉 하나님의 성령께서 구원으로 역사하시
는 거듭 나게 하시고 변화시키시는 활동과 상관없는 사람이라는 뜻이다.[3]

  우리가 로마서 8장을 공부할 때 이 점을 염두에 두어야 한다. 왜냐하면 바울이 여기서 그
리스도인과 비그리스도인의 차이를 말하고 있기 때문이다. 도널드 그레이 반하우스
(Donald Grey Barnhouse)는 바울이 세 종류의 사람이 아니라 두 종류의 사람을 말하고 있
을 뿐이라고 말했다.[4] 특별히 바울은 ‘육적인 그리스도인’이 어떻게 해서든지 좀더 진지한
주의 제자가 되기 위하여 낮은 수준의 헌신을 벗어나야 되는지를 말하고 있는 것이 아니다.

육적인 혹은 구원받지 못한 사람

  구원받지 못한 사람의 가장 두드러지는 특징은 무엇인가? 이 구절들은 불신자를 다음의
네 가지 중요한 방식으로 규정한다. (1)그의 사고 방식에 관하여 (2)그의 상태에 관하여
(3)그의 종교에 대하여 (4)그의 현재 조건에 관하여 규정한다.

  1. 그의 사고 방식. 이 문단의 처음 절은 불신자의 사고 방식과 관계가 있는데, 우리에게
다음과 같이 말한다. “육신을 좇는 자는 육신의 일을… 생각하나니”(롬 8 : 5). 이 경우에 사
르크스(sarx)를 ‘죄악된 본성’으로 번역한 NIV의 번역에는 좋은 점도 있고 나쁜 점도 있다.
  나쁜 점이란 이것이다. 우리가 육신적인 혹은 육적인이라는 말을 들을 때, 대개 난잡한
성행위, 술취함, 아마 돈에 사로잡히는 것, 물질주의, 다른 사람에게 칭찬을 받으려는 욕망,

교만, 그밖의 그런 악덕에 해당하는 '육신적인 죄'를 자연스럽게 생각한다는 점이다. 이 말은 그런 일을 포함하며, 사실 세상이 그런 일을 많이 생각한다. '육신'이라는 말을 '죄악된 본성'이라는 말대신 사용하면, 우리 대부분은 이런 일들을 보지 못할 수 있다. 우리 마음이 영적인 것보다 그런 육신적인 일들을 더 생각하면 우리가 그리스도인이 아니라는 것을 우리는 잊어버릴 수 있다.

그러나 **사르크스**(sarx)를 '죄악된 본성'이라고 번역하면 좋은 점도 있다. 왜냐하면 이런 말을 쓰면 우리가 육신적인 죄라고 하는 것만 생각하는 데서 벗어날 수 있기 때문이다. 이미 말했지만 이 말에는 그런 죄가 포함되며, 육신적인 것과 관련되지 않는 많은 것들도 포함된다. 가령 아주 도덕적인 사람을 생각해 보자. 이 사람은 퇴폐한 일에 빠지지 않는다. 그러므로 그런 사람이 죄악된 본성을 따르지 않고 영적으로 생각하고 있다고 말할 수 있을까? 전혀 그렇지 않다. 교양 있고 말씨 점잖은 도덕적인 사람이라도 구원받지 않은 상태라면 하나님의 영이 없는 사람이며 따라서 다른 사람들과 마찬가지로 길 잃은 사람이다.

바울이 한때 그런 사람이었다. 그가 빌립보서에서 위대한 증언의 말로 자신의 초창기 생활을 요약한 말을 상기해 보라. 그는, 자신이 다메섹으로 가는 길에서 예수님을 만나기 전에는 하나님 앞에 의롭다고 믿었다고 말했다. 그는 자신이 "팔 일 만에 할례를 받고 이스라엘의 족속이요 베냐민의 지파요 히브리인 중의 히브리인이요 율법으로는 바리새인이요 열심으로는 교회를 핍박하고 율법의 의로는 흠이 없는"(빌 3 : 5-6)자라고 서술했다. 이는 도덕적인 사람의 면모를 잘 그린 것이다. 그러나 이는 죄악된 자아가 바라는 것에 마음이 쏠린 사람의 면모와 다를 바 없다. 그때 바울은 무엇을 바랐던가? 그는 자신을 하나님께 입증하기를 바라고 자신이 하나님의 호의를 받을 자격이 있음을 입증하기를 바라며 자신이 하늘 나라를 얻을 수 있음을 보이기를 바랐다. 이런 착각보다 불신자의 사고 방식을 돋보이게 하는 것은 없다.

2. **그의 상태.** 이 문단의 그 다음 절은 불신자의 상태를 서술한다. 그 상태는 '사망'(6절)이다. 바울은 물론 신체적 사망을 말하고 있지 않다. 그는 영적인 사망을 말하고 있다. 그가 뜻하는 바는, 구원받지 못한 사람은 시체로서 하나님의 일에 반응하지 않는다는 것이다.

성경은 하나님의 권세와 지혜와 영광이 자연에 분명히 드러난다고 우리에게 말한다. "하

늘이 하나님의 영광을 선포하고 궁창이 그 손으로 하신 일을 나타내는도다"(시 19 : 1). 구
원받지 못한 사람은 이를 보지 못한다. 이 사람도 때때로 하나님이라는 말을 쓸지 모르지
만, 그의 말은 이런 인격체와 아무런 상관이 없다. 오히려 그는 한술 더 떠서, 우주가 진화
나 우연에 의해서 생겼다고 믿거나 혹은 자신이 창조한 것들에게 마땅한 존경과 올바른 도
덕적 행위를 요구하시는 하나님이 창조하신 것이 아니라 다른 방법에 의하여 생겼다고 믿
을 것이다.

성경의 진리에 비추어 보면, 불신자의 상태는 훨씬 나쁘며 불신자는 성경의 진리를 전혀
깨달을 수 없고, 그렇지 않다면 그 진리들을 전적으로 어리석은 소리로 볼 것이다. 왜 그런
가? 그 이유는 성경의 진리를 깨달으려면 성령이 필요하기 때문이다. 성경은 이렇게 말한
다. "육에 속한 사람은 하나님의 성령의 일을 받지 아니하나니, 저희에게는 미련하게 보임
이요, 또 깨닫지도 못하나니, 이런 일은 영적으로라야 분변함이니라"(고전 2 : 14).

마틴 로이드 존스(D. Martyn Lloyd Jones)는, 전체 대영제국에서 노예 제도를 철폐하
는 운동을 이끌었던 윌리엄 윌버포스(William Wilberforce)와 그때 영국 최고의 성직자였
던 윌리엄 피트(William Pitt)의 생애에 나오는 한 사건을 들어 이와 같이 영적인 깨달음이
없는 고전적인 경우를 말한다. 피트는 그 시대의 아주 많은 다른 사람처럼 형식적으로만 그
리스도인이었다. 하지만 이 두 하원의원은 친구였고 윌버포스는 친구인 피트의 구원 문제
에 관심을 갖고 있었다. 그 당시 런던에는 리처드 세실(Richard Cecil)이라는 위대한 설교
자가 있었다. 윌버포스는 그의 설교를 듣고 감격했고 친구 피트를 데리고 가서 리처드 세실
의 설교를 듣게 하려고 무척 애를 썼다. 피트는 윌버포스의 권유를 계속 거절하였지만, 여
러 번 권유를 받고는 결국 가겠노라고 했다. 리처드 세실은 최선을 다하여 아주 힘 있게 말
씀을 전하고 있었다. 윌버포스는 마음이 도취되었다. 그는 그 설교보다 더 즐겁고 놀라운
일을 생각해 낼 수가 없었고 피트가 함께 있는 것이 기뻤다. 그러나 그들이 예배를 마치고
자리를 떠날 때, 피트는 친구를 보며 이렇게 말했다. "이봐 윌버포스, 저 사람이 무엇을 이
야기하는지 도통 모르겠는데!"[5] 분명히 피트는 마치 죽은 사람 처럼 하나님의 말씀에 귀가
어두웠다.

3. 그의 종교. 얼핏 보면, 죄악된 본성을 따라 행하는 자들의 '종교'에 대하여 말하는 것

이 이상하게 보일지 모른다. 이미 보였듯이 그들은 하나님께 반응하지 않기 때문이다. 그러나 이상하게 보일지 모르나 구원받지 못한 사람에게도 종교가 있다. 이 문단의 세번째 절은 이 점에 대하여 말한다. 이 절은 이렇다. "육신의 생각은 하나님과 원수가 되나니 이는 하나님의 법에 굴복치 아니할 뿐 아니라 할 수도 없음이라"(롬 8 : 7).

얼마전에 논문을 한 편 읽었는데, 이 논문에서 저자는 장차 나타날 일들의 성격에 대하여 다루다가 한 곳에서 종교에 대하여 말했다. 그 사람이 쓴 한 구절을 보고 나는 놀랐다. 그는 장차 '입맛대로 선택하는 종교'(a la carte religion)가 발전하게 될 것이라고 말했다. 즉 사람들이 잡동사니 종교에서 좋은 부분만 뽑아서 그것들을 결합하여 자기네 속 편한 대로 하찮은 종교 체계를 만들 것이라는 말이다. 내가 이 표현을 좋아했던 것은, 이미 내가 목격한 일만큼이나 이 표현이 나를 놀라게 했기 때문이다. 나는, 오늘날 엄청나게 비합리적인 시대에 사람들이 자신이 좋아한다는 이유만으로 서로 일치하지 않는 많은 개념들을 내세우는 일이 일반적이라는 사실을 주목해 왔다. 그러나 내가 이 일에 대하여 생각해 보았던 것처럼, 어떤 의미에서 모든 종교가 그런 것처럼 보인다. 모든 종교는 오직 편하다는 이유 때문에 내세우는 인간의 생각들을 모아 놓은 것이다. 이 생각들이 편한 것은, 이 생각들을 지지하는 사람들이 하나님의 유일하게 타당한 주장들로부터 자신을 보호할 수 있기 때문이다.

그렇기 때문에 바울은 구원받지 못한 상태의 사람들이 하나님을 대적한다고 말하며 그들은 하나님의 율법에 순종하지 않는다. 이 둘은 서로 따라다닌다. 그들은 하나님을 대적하므로 하나님의 율법에 순종하지 않고 그들이 하나님을 대적하므로 필연적으로 자신을 하나님으로부터 보호할 종교를 세우려고 한다.

4. **그의 현재 조건.** 바울이 구원받지 못한 자 혹은 '육신적인' 자에 대하여 마지막으로 말하는 것은, 이 같은 자는 "하나님을 기쁘시게 할 수 없다"(8절)는 점이다. 하나님을 대적하고 하나님의 의로운 율법을 거역하고 짓밟으려고 인간이 할 수 있는 모든 짓을 다하는 사람이라면 어떻게 하나님을 기쁘시게 할 수 있겠는가? 하나님이 불의한 자를 기뻐하시겠는가? 물론 기뻐하시지 않는다. 하나님은 언제나 불신자를 안타깝게 여기신다.

그리스도인의 특징들

하지만 바울 사도는 이 절들에서 불신자에 대해서만 쓰지 않는다. 그는 불신자와 비교하여 그리스도인에 대해서도 쓰고 있다. 바울은 그리스도인의 대조되는 특성 가운데 둘을 특별히 열거한다.

1. 그리스도인의 사고방식. 5절에서 사도 바울은 사고 방식이라는 측면에서 불신자와 그리스도인을 대조하면서, 불신자는 죄악된 본성이 바라는 것에 마음을 쓰지만 그리스도인은 '영의 일을 생각한다'고 말한다. 이 말은 근본적인 표현이다. 왜냐하면 이 말은 그리스도인이 된다는 것의 뜻을 오해하는 많은 그릇된 개념들을 제거하고 참으로 본질적인 것을 세우기 때문이다.

첫째로, 이 말은 그리스도인이 매우 '종교적'인 사람일 뿐이라는 개념을 제거한다. 종교적인 것과 영의 일을 생각하는 것은 전혀 다른 두 가지 일이다. 바리새인들은 종교적이었고 도에 지나치게 종교적이었지만 예수님을 죽였다. 바울은 구원받기 전에 종교적이었지만, 그리스도인들을 없애려고 함으로써 자신의 종교심을 표현했다. 이미 본 바와 같이 아이러니컬하게도 종교는 하나님을 제거하려는 일도 한다.

바울의 말하는 방식은 그리스도인이 올바른 신학적 신념을 내세우는 사람일 뿐이라는 개념을 또한 제거한다. 많은 사람들이 받아들이는 기독교는, 뜻이야 어떻게 되든지 상관없이 자신을 죄인이라고 고백하고 예수님을 자신의 구주로 믿고서 '그분을 영접하는' 한 하나님께 대하여 올바르고 틀림없이 하늘나라로 갈 것이라고 넌지시 말하면서 위와 같은 파괴적인 오류를 범한다. 여기서 내 말을 오해하지 말라. 사실 그리스도인들의 깨닫는 정도가 가지각색이며 참된 많은 그리스도인이라도 아마 충분한 가르침을 받지 못해서 아직 그리스도 안에서 어린아이로 있다. 많은 사람들이 충분한 가르침을 받은 사람보다는 자기의 신앙을 빈약하게 서술할 것이다. 나는 그들이 그리스도인이 아니라고 주장하고자 하는 것이 아니다. 그러나 그런 것들을 고백하면서도 여전히 그리스도인이 아닌 경우가 있을 수 있음을 나는 말하고자 한다. 그 이유는 그리스도인이 된다는 것이란 단순히 어떤 교리를 말로 인정하는 것이 아니기 때문이다. 그리스도인이 된다는 것이란 거듭 나는 것이다. 그리고 거듭

나는 것은 하나님의 영이 하시는 일이기 때문에, 참으로 거듭 난 사람이라면 하나님이 바라시는 것에 마음을 쏟는다고 주장하는 것이 올바르다.

마지막으로 바울의 말하는 방식은 그리스도인으로 인정받는 행위를 규정하는 어떤 기준을 획득한 사람이라는 개념을 제거한다.

그러면 그리스도인이 된다는 것은 무슨 뜻을 담고 있는가? 이는 바울이 말하는 바로 그런 뜻을 담고 있다. 그리스도인은 성령의 사역으로 거듭 났고 이제 그와 같은 내적인 변화 때문에 하나님의 영이 바라시는 것에 마음을 두는 자이다. 우리가 그리스도인이라 해도 우리가 그 기준을 획득했다는 뜻은 아니며 적어도 그런 기준을 충만하게 획득하지는 못했다. 그러나 그 속에는 우리가 그 기준을 획득하기를 바란다는 뜻이 담겨 있다. 길의 예화를 기억하는가? 길에 서 있다는 것은, 목적지에 이르렀다는 뜻이 아니다. 만일 그런 뜻이라면, 우리는 이미 예수님과 완전히 같을 것이다. 그러나 길에 서 있다는 것은, 우리가 이 길을 따라 행하고 있고 우리 앞서 가고 계시는 예수님을 따르고 있고 그분과 같이 되기를 힘쓰고 있다는 뜻을 담고 있다.

우리 마음이 성령님께서 바라시는 것에 있다는 사실을 알 때, 우리는 4절을 다시 살피게 된다. 4절에서는 하나님이 우리를 구원하시려는 것이 우리로 율법의 정당한 요구를 충만히 만족시키게 하려 함이라고 표현한다. 율법의 정당한 요구를 충만히 만족시키는 이 일을 성령님이 바라신다. 그리고 우리가 그리스도인이라면 우리 마음이 바로 그런 일을 하는 데 집착할 것이다.

2. 그리스도인의 상태. 그리스도인의 두번째 특색은 '생명과 평안' (6절)이라고 서술되어 있는 상태이다. 이는 비그리스도인을 서술하는 '사망' 과 반대이다. 그리스도인은 하나님의 영으로 살게 된 사람이다. 이제 그는 영적인 문제를 이해한다. 전에 그는 자기 죄로 죽었다. 이제 그는 새로운 전체 세계에 대하여 산 자이다. 그리고 전에는 스스로 평안하다는 확신을 하려고 엄청난 노력을 다했지만 결코 누리지 못했던 평안을 이제 누리되, 자신과도 더불어 평안을 누린다. 무엇보다도 그는 하나님과 평안을 누린다.

마틴 로이드 존스(D. Martyn Lloyd Jones)가 지적하는 것처럼, 평안이라는 낱말은 7절의 요점들과 하나같이 일치한다. "연인 즉 육적인 마음은 '하나님의 법에 굴복치 아니할 뿐 아니라 할 수도 없음이라'. 그러나 우리는 그리스도인에 대해서 곧바로 이렇게 말한다. '그는 하나님의 법에 굴복할 수 있으며 실제로 굴복하고 있고 또 굴복하기를 바라며 자원하여 그 법에 굴복하려 한다'. 그는 '의에 주리고 목마르며', 하나님이 주신 명령을 지키기를 바란다'.[6]

새 생명의 표시들

이제 이 장의 막바지에 이르러 적용을 하겠는데, 이 적용은 매우 간단하다. 내가 말해 오던 모든 것은 오직 하나의 목적을 향하고 있다. 그 목적은 여러분이 자신의 마음을 들여다보고 자신이 참된 그리스도인인지 아닌지 자세히 살펴보게 하려는 것이다. 이 말은 당신이 모범 그리스도인인지 아닌지, 교훈을 잘 배운 그리스도인인지 아닌지, 또 당신이 완전한 그리스도인지 아닌지(그런 피조물은 없다) 살펴보라는 뜻이 아니라 참으로 거듭났는지 아닌지 살펴보라는 뜻이다. 당신의 사고방식과 상태와 신앙과 현재 조건이 바뀌도록 성령께서 당신을 예수 그리스도 안에서 살게 하셨는가?

2백년도 더 이전에 미국에서는 오늘날 대체로 생각하는 것보다 설교를 훨씬 중요하게 보았다. 그때 조나단 에드워즈(Jonathan Edwards)는 「종교적 감정에 관한 한 논문」(A Tretise Concerning Religious Affections)을 썼다. 그는 이 논문에서 하나님이 한 사람 속에 벌이시는 은혜로운 역사의 '표시들'을 살펴서 참된 표시와 참되지 않은 어떤 표시를 구별하려고 했다. 이 논문의 첫째 부분에 나오는 작은 제목들은 다음과 같았다.

> 신체에 큰 영향력을 미치더라도 참된 표시는 아니다.
> 말 잘하고 열정적이라고 해서 참된 표시는 아니다.
> 우리 말을 듣고 마음이 설레였다고 해서 참된 표시는 아니다.
> 성경 본문을 제시한다고 해서 참된 표시는 아니다.
> 종교적 감정이 많다고 해서 참된 표시는 아니다.
> 예배를 드린 후에 기쁨이 찾아든다고 해서 참된 표시는 아니다.
> 많은 시간과 열심을 내어서 의무를 행한다고 해서 참된 표시는 아니다.

찬양을 많이 하더라도 참된 표시는 아니다.

큰 확신이 분명한 표시는 아니다.

감동스러운 관계가 참된 표시는 아니다.[7]

에드워즈는 이것들이 때로는 능력을 발휘하고 감동을 줄지는 몰라도 그 어느 것도 그 자체로 그 사람이 하나님에게 영향을 받고 있다는 것을 입증하지 못하며 더욱이 한갓 일시적인 감정으로 그 사람이 구원받았다고 입증하지 못한다고 확신했다. 이는 참으로 올바른 확신이다.

그러면 확실한 표시는 무엇인가? 그 대답은 결국, 그 사람이 하나님의 영의 일을 생각하는가 생각하지 않는가 그리고 마땅히 참된 의의 방향으로 향하고 있는가 아닌가에 달려 있다.

당신은 거듭 났는가? 당신은 새로운 본성을 갖고 있는가? 당신은 사망에서 생명으로, 죄악된 본성의 다스림을 받는 데서 하나님의 영의 지배를 받는 데로 옮겼는가? 당신이 이 질문의 해답을 알지 못한다면 참으로 자신이 그리스도 안에 있는지 알 때까지 그 문제와 씨름하라. 모든 삶에서 이 문제보다 중요한 것은 없다. 온 힘을 다하여 그 문제를 살피라. 그리고 하나님의 은혜로 - 아마 이 장을 통하여 하나님의 말씀을 자신의 마음에 적용함으로써 - 자신이 그리스도 안에 있는 새로운 피조물이 아니라는 것을 깨닫는다면, 소리쳐 구원을 구하라. 하나님이 은혜를 베풀어 당신의 눈을 여셔서 당신의 진짜 상태를 보게 하실 때 그분은 당신을 사망에서 꺼내어 그리스도인의 전혀 새로운 생활로 옮기시기 위하여 일하실 것이라는 것을 확신하라.

● 각주 ●

1. Walter A. Henrichsen and William N. Garrison, *Layman, Look Up! God Has a Place for You* (Grand Rapids : Zondervan, 1983), p. 23.

2. 사르크스(sarx)는 아주 많은 어휘를 담고 있기 때문에 NIV도 이 말을 '신령하지 않은'(unspiritual, 롬 7 : 14), '물질적인'(material, 롬 15 : 27; 고전 9 : 11), '세상적인'(worldly, 고전 3 : 1, 3; 고후 1 : 12; 10 : 4), '단순한 사람'(mere men, 고전 3 : 4), '족보'(ancestry, 히 7 : 16), '죄악된 (욕망)'(sinful(desires), 벧전 2 : 11)으로 번역한다. 다음을 보라. Lawrence O. Richards, *Expository Dictionary of Bible Words* (Grand Rapids : Zondervan, 1985), p. 283.

3. 사르크스와 그와 관련된 헬라어에 대한 고전적인 연구를 알려면, 다음의 폭넓은 논문을 보라. Eduard Schwizer, Friedrich Baumgaertel, and Rudolf Meyer in *Theological Dictionary of the New Testament*, vol. 7, ed. Gerhard Fredrich, trans. Geoffrey W. Bromiley(Grand Rapids : Wm. B. Eerdmans, 1971), pp. 98-151.

4. 이는 이 구절에 참으로 분명하게 나타난다. 그러나 '육적인 그리스도인' 교리의 입장이 어쩌나 견고해졌든지, 아주 유능한 한 강해자는 적어도 "한때 거듭 난 사람과 두 번 거듭 난 사람 즉, 이 두 종류의 사람이 세상에 있다고" 인정하면서도 몇 쪽에 걸쳐 강해한 다음에는 이 주장을 대수롭지 않게 내팽개치고는 일관성 없게도 "이 구절은 일차적으로 그리스도인에게 적용해야 한다"고 선언한다 (Donald Grey Barnhouse, *God's Heirs : Exposition of Bible Doctrines, Taking the Epistle to the Romans as a Point of Departure*, vol. 7, *Romans 8 : 1-39* (Grand Rapids : Wm. B. Eerdmans, 1963), pp. 23, 28).

5. D. M. Lloyd Jones, *Romans : An Exposition of Chapter 8 : 5-17, The Sons of God* (Grand Rapids : Zondervan, 1974), pp. 9, 10.

6. Ibid., p. 45.

7. Jonathan Edwards, "A Treatise Concerning Religious Affetions" in *The Works of Jonathan Edward*, vol. 1(Edinburgh, and Carlistle, Pa. : The Banner of Truth Trust, 1976), pp. 234-343.

98
누가 그리스도인인가?
로마서 8:9-11

만일 너희 속에 하나님의 영이 거하시면 너희가 육신에 있지 아니하고 영에 있나니 누구든지 그
리스도의 영이 없으면 그리스도의 사람이 아니라 또 그리스도께서 너희 안에 계시면 몸은 죄로
인하여 죽은 것이나 영은 의를 인하여 산 것이니라 예수를 죽은 자 가운데서 살리신 이의 영이
너희 안에 거하시면 그리스도 예수를 죽은 자 가운데서 살리신 이가 너희 안에 거하시는 그의 영
으로 말미암아 너희 죽을 몸도 살리시리라.

몇년 전, 초창기 어느 필라델피아 개혁신학협
의회(the Philadelphia Conferences on Reformed Theology)에서 존 게스너(John H.
Gerstner)는 마태복음 25장에서 열 처녀의 비유에 대하여 설교를 하고 있었다. 그의 주장
에 따르면, 이 처녀들이 오늘날 소위 신자와 비슷해 보이는데 다섯 처녀만이 신랑이 올 때
신랑과 함께 있게 될 것인데 그 뜻은 이 다섯 처녀만 구원받았다는 것이다. 그는 다음과 같
은 점들을 지적했다. (1)모든 사람이 혼인 잔치에 초대받았다 (2)모든 사람이 소위 보이는
교회에 속했다 (3)모든 사람이 신랑을 자신의 주로 고백했다 (4)모든 사람이 주의 '재림'을
믿었다 (5)모든 사람이 예수님을 기다리고 있었다 (6)모든 사람이 기다리는 동안 잠에 골
아 떨어졌다. 그런데도 다섯 사람은 혼인 잔치에 들어감을 얻지 못했다. 그리고 그들이 예

수님께 "주여 주여 우리에게 열어 주소서" 라고 외쳤지만, 예수님은 "내가 너희를 알지 못
하노라" 하고 대답하셨다(마 25 : 11-12).

게스너의 메시지는, 신앙을 고백하는 그리스도인들도 그저 신앙을 고백하는 것만으로는
충분하지 않음을 깨닫고서 **자신이 참으로 그리스도인인지 아닌지 살펴야 한다는** 요점을 담
고 있었다. 이 연구가 매우 힘이 있었던지 수많은 사람들이 그후에 내게 와서는 자신이 참
으로 거듭 났는지 의심하게 되었다고 말했다.

자기 점검과 확신

아마 당신은 바로 앞 장을 마칠 즈음에 자신의 상태에 대하여 의심하기 시작했을 것이다.
거기서 나는 (로마서에 따르면) 이세상에서 세 부류의 사람이 있는 것이 아니라 - 즉 그리
스도인인 사람, 그리스도인이 아닌 사람, 그리스도인이지만 그리스도인이 아닌 것처럼 사
는 사람이 있는 것이 아니라 - 오직 두 유형의 사람이 있다는 것을 - 즉 자기 죄로 죽었으므
로 죽은 사람처럼 하나님께 반응이 없는 사람과, 성령에 의하여 영적으로 살게 되어 참으로
예수 그리스도의 제자가 되어 그분을 따르는 사람이 있다는 것을 - 보이려고 했다. 나는 그
리스도인도 죄를 범하며 때로는 아주 심각한 죄를 짓기도 한다는 것을 인정했다. 그러나 제
자의 길을 걷는 사람은 다시 일어나 그리스도와 함께 앞을 향하여 가지만, 불신자는 그렇게
하지 않는다. 사실 불신자는 참된 제자의 길에 서 있지 않다.

이와 같은 가르침을 듣고 조금이라도 마음이 흔들리면, 아마 당신에게 좋은 일일 것이다.
당신이 그동안 죄를 가볍게 여기며 지냈다면 특별히 그렇다. 성경은, 우리가 부르심을 굳게
하기 위하여 자신을 살펴야 한다고 말한다(벧후 1 : 10). 우리는 이 문제를 두고 속 편히 지
내서는 안 된다. 우리는 자신이 참으로 그리스도 예수 안에 쉬고 있는지 확신하기 전에는
쉬어서는 안 된다.

하지만 우리는 로마서 8장을 공부하고 있다. 그리고 당신이 로마서 8장의 서론에 해당하
는 장을 기억한다면, 이 장의 목적이 신자에게 의심을 집어 넣으려는 것이 아니요 정반대로
확신을 불어 넣으려는 것임을 기억할 것이다. 로마서 8장은, 당신이 참으로 그리스도 안에
있다면 어느 피조물도 당신을 하나님의 사랑에서 끊을 수 없을 것이라고 가르친다(39절).

이런 이유로 바울은 죄악된 본성에 좇아 사는 사람과 영을 좇아 사는 사람들을 뚜렷하게 구별함으로써(5-8절) 우리에게 자신을 살피라고 요청하고 용기를 크게 북돋우면서 그리스도인이 참으로 어떤 사람인지를 보이고 있다(9-11절)고 짐작된다.

그의 개요는 간단하다. 그는 그리스도인의 과거와 현재와 미래에 대하여 말한다. 과거는 9절에서 다루며 현재는 10절에서 다루고 미래는 11절에서 다룬다.

그리스도인의 과거

9절은 그리스도인의 과거를 논의한다. 이 절이 중요한 것은, 8장에 나오는 어떤 절보다도 내가 지금 말해 오던 요점을 분명하게 드러내기 때문이다. 즉 나의 요점은, 죄악된 본성의 다스림을 받지 아니하고 성령을 좇아 사는 사람에 대한 서술은 모든 그리스도인에게 적용되는 것이지 소위 영적인 그리스도인에게만 적용되는 것이 아니라는 사실이다. 다른 말로 하면, 여기서는 '육적인 그리스도인'의 교리를 내세울 근거가 없다. 바울 사도의 냉정한 논리를 주목해 보라. (1)만일 당신에게 그리스도의 영이 없다면 당신은 그리스도께 속한 자가 아니다 (2)만일 당신이 그리스도께 속했다면, 당신에게는 그리스도의 영이 있다 (3)만일 당신에게 그리스도의 영이 있으면 당신은 죄악된 본성의 다스림을 받지 아니하고 그 영의 다스림을 받을 것이다. 다른 말로 하면, 당신이 예수님께 속한다면, 그처럼 살 것이다. 만일 그처럼 살지 아니하면, 당신이 겉으로 신앙을 고백하더라도 당신은 그분께 속하지 않았다.

그러나 내가 말했던 것처럼, 이는 용기를 돋우게 하려는 말씀이다. 그래서 바울은 그 첫 문장에서 말하기 시작한다. 바울은 로마에 있는 신자들에게 편지를 쓰면서 그들에게 이렇게 말한다. "만일 너희 속에 하나님의 영이 거하시면 너희가 육신에 있지 아니하고 영에 있나니…"(롬 8 : 9 상). 즉 바울은 신앙을 고백한 이 로마 그리스도인들이 참으로 그리스도의 것임을 전제하면서, 그들이 예수님과 새로이 하나가 됨으로써 생겼고 또 장차 생길 변화를 설명하려고 한다.

이와 같이 예수님과 하나 되어 어떤 변화가 생겼는가? 사도가 처음에 언급하는 것같이, 과거를 살펴볼 때 우리는 그리스도인으로서 우리가 이전에 육신적인 혹은 육적인 상태에서 들림을 받아 영의 영역으로 옮겨진 것을 안다. 우리는 이제 '그 영 안에' 있다. 바울도 여기서 말하는 것처럼, 그 영이 우리 '안에' 계신다.

이는 절대적으로 결정적인 것이다. 왜냐하면 이것에 적용해 보았을 때, 그리스도인이 된다는 것은 아무리 참된 어떤 지적인 신념이나 신학적 신념이라고 해도 그것들을 단순히 받아들이는 문제가 아니기 때문이다. 그리스도인이 된 것은 상태의 변화를 포함한다. 이 상태의 변화는 우리가 이룩한 것이 아니라 우리를 구원하시는 하나님이 이룩하시는 것이다. 마틴 로이드 존스(D. Martyn Lloyd Jones)는 이렇게 말한다. "그것은 사람이 자신의 신념 따위를 바꾸는 것이 아니다. 사람은 전에 육신의 영역에 속해 있었다가 이제 성령의 영역에 속해 있다. 전에 그는 육신의 지배를 받고 그 다스림을 받았다… 이제 그는 성령이 다스리며 통제하시고 지배하시는 영역에 속해 있다."[1] 당신과 나는 스스로 이런 변화를 이룰 수 없다. 그 일은 하나님이 하신다.

바울은 로마서 5장에서 같은 말을 했다. 거기서 그는 그리스도인이 더 이상 사망에 이르는 죄의 다스림을 받지 아니하고 그리스도 안에 있는 하나님의 은혜의 영역에 속하게 되었다고 썼다. 그리스도인이 '은혜에 속한다'는 사실은 하나님이 그렇게 하셨다는 것을 보여 준다.

이 변화는 또한 그리스도인이 되는 것이란 단순히 기독교적인 방식으로 사는 것이 아님을 뜻한다. 물론 기독교적인 방식으로 사는 삶도 중요하다. 만일 당신이 그리스도인이라면 기독교적 방식으로 **살려고** 할 것이다. 우리가 로마서 5-8장을 줄곧 공부하면서 보았고 특히 바로 앞 장에서 논의했던 것이 바로 그 점이다. 그러나 눈으로 볼 수 있도록 겉으로나마 그리스도인으로 산다고 하여 당신이 실제로 그리스도인이라는 뜻은 적어도 아니다. 많은 불신자가 겉으로는 도덕적인 삶을 살고 있다.

그리스도인은 죄와 사망의 영역에서 건짐을 받아 생명 곧 성령의 영역으로 옮김을 받은 사람이다. 물론 이는 하나님이 친히 하신 일이며, "구원이 주께 속하며" 전적으로 은혜에 속한다는 뜻이다. 바울이 그렇듯이 그리스도인의 영원한 안전에 대하여 말할 수 있는 것은 바로 이 점 곧 구원이 하나님께 속했지 우리에게 속한 것이 아니라는 사실 때문이다. 우리가 자신의 구원을 확신할 수 있는 유일한 이유는, 구원이 하나님의 일이기 때문이다.

하나님의 모든 길은 항상 완전하며 그 하신 약속은 결코 깨어지지 아니하며 그 마음은 변치 않으시기 때문이다.

그리스도인의 현재

10절은 그리스도인의 현재 상태를 서술한다. "또 그리스도께서 너희 안에 계시면 몸은 죄로 인하여 죽은 것이나 영은 의를 인하여 산 것이니라". 어떤 성경 번역본에는 이 절에 나오는 영이라는 낱말이 대문자로 인쇄되어 있어서 성령을 가리키고 있는 듯이 보이지만, 그것은 확실한 오류이다. 이 절은 **우리의 영**을 가리키며 따라서 NIV와 같은 소문자로 인쇄되어야 한다. 이는 우리가 거듭 난 것을 가리키는 말이다.

이 절의 까다로움은 "몸은 죄로 인하여 죽은 것이나"라는 구절에 있다. 이 구절은 무슨 뜻인가? '몸' (헬라어. 소마 : soma)은 말 그대로 분명히 우리의 신체를 가리키지 우리 속에 있는 '죽음에 이르는 원리'를 가리키지 않는다. 그러나 우리의 죽을 몸이 이세상에서는 분명히 살아 있기 때문에, 어떤 의미에서 이 몸이 죽었다 하는가? 어떤 사람들은 '너희의 몸이 죽었다'는 구절은 몸이 우리를 죄에게로 이끌어 가려는 경향이 완전히 소멸되거나 정복되었음을 가르친다고 보았다. 나는 바울이 과거에 대하여 죽었고 하나님에 대하여는 산 자가 되었음을 말하는 로마서 6, 7장을 다루면서 서너 차례 이 점을 논의했다. 그러나 이 견해를 따르면, 앞의 장들에서 죽은 것이 '자아' 곧 옛 사람이라는 데서 문제가 생긴다. 그리고 바울은 로마서 6 : 11-14에서 몸에 대하여 말할 때, 몸이 죽었다는 것을 지적하지 않고 반대로 몸 때문에 우리의 괴로움과 싸움이 계속되는 것을 지적한다.

이런 점에 비추어 볼 때 '몸은 죄로 인하여 죽은 것이나'라는 구절은 우리의 신체가 그 속에 말 그대로 죽음의 씨앗을 품고 있어서 언젠가는 죽을 것이라는 사실을 가리킨다고 보는 것이 가장 좋을 듯 싶다. "죄의 삯은 사망이요…" (롬 6 : 23).[2] 하지만 10절에 나오는 대조가 중요하다. 우리의 신체가 죽고 어떤 의미에서 지금 죽은 거나 진배없긴 하지만, 우리의 영은 하나님 아버지께서 보내신 성령에 의하여 살게 되었다. 사실 하나님 아버지는 바로 그런 일을 하라고 성령을 보내셨다.

그러면 성령에 의하여 우리의 영이 살게 되었다는 것은 무슨 뜻인가? 바울이 그리스도인의 현재 체험에 대하여 말하고 있음을 기억하라. 그래서 바울은 성령님이 중생(重生)으로 전에 우리가 죽었던 것에 대하여 이제 살게 하셨다는 뜻으로 말한다.

1. **하나님께 대하여 살게 됨.** 우리는 먼저 하나님께 대하여 살게 되었다. 우리가 거듭 나기 전에도 하나님을 믿었을런지 모른다. 사실 성경은 어리석은 자가 아니라면 하나님을 믿는다고 말한다. 그러나 거듭나기 전에는 하나님이 우리에게 실제하는 분이 아니었다. 우리는 하나님이 어떤 분이며 무엇과 같으신지 참으로 깨닫지 못했다. 우리가 기도했을 때 하나님은 멀리 계셔서 반응이 없으신 듯했다. 하지만 우리가 거듭났을 때 이런 일이 변했다. 지금 우리가 하나님에 대하여 알아야 할 것이 아직 많고 여전히 하나님의 길이 우리 보기에 이상하고 어리둥절한 적이 많지만, 우리는 하나님이 실제로 계신다고 생각한다. 오히려 하나님은 우리에게 생명보다도 더 생생하다. 우리는 하나님이 우리를 사랑하시며 우리를 지켜보고 계심을 안다. 우리는 하나님이 이 땅에 벌어지는 우리의 일들을 지혜롭게 꾸려가신다고 믿는다. 하나님은 우리가 병들 때나 슬플 때에 특별히 가까이 계시고 우리가 죽으면 이세상에서 주의 앞으로 옮겨갈 것임을 안다.

2. **성경에 대하여 살게 됨.** 우리는 성령의 사역으로 하나님께 대하여 살게 되었을 뿐만 아니라 하나님의 말씀에 대하여도 살게 되었다. 하나님은 성경을 통하여 분명하며 변함없고 강력하게 우리에게 말씀하신다. 우리가 거듭나기 전에 성경은 이상하고 닫힌 책이었다. 그 책에는 뜻이 통하는 말이 거의 없어 보였다. 심지어는 싫증나 보였다. 우리가 그리스도인이 되었을 때 그 책도 또한 변했다. 오늘날 우리가 성경을 읽을 때 하나님이 성경에서 친히 우리에게 말씀하고 계심을 우리는 안다. 그리고 우리는 성경 말씀을 깨달을 뿐만 아니라, 성경이 진리임을 안다. 세상이 무엇을 믿든지, 우리의 믿지 않는 선생이나 친구들이 성경과 달리 무엇을 말할지라도, 우리는 성경의 말씀이 절대 진리의 높은 기준을 넘어서며 천지가 없어질 때라도(마 5 : 18) 영원히 계속될 것임을 안다.

우리는 성경이 우리의 삶에 효과를 미치는 것을 또한 발견하고 우리를 변화시키는 것을 발견한다. 바울이 젊은 디모데에게 했던 말을 다시 되풀이 해 보자. "모든 성경은 하나님의 감동으로 된 것으로 교훈과 책망과 바르게 함과 의로 교육하기에 유익하니 이는 하나님의 사람으로 온전케 하며 모든 선한 일을 행하기에 온전케 하려 함이니라"(딤후 3 : 16-17).

3. **다른 그리스도인 안에 계시는 하나님의 영에 대하여 살게 됨.** 마지막으로 우리는 또한 다른 그리스도인 안에 계시는 하나님의 영에 대하여 살게 되었다. 왜냐하면 성령이 우리의 영과 더불어 우리가 하나님의 자녀라는 것을 증거하시는 것처럼(롬 8 : 16) 우리 가운데 계시는 성령은 다른 신자 속에 있는 성령과 더불어 우리가 하나님의 신령한 가족을 이루는 구성원이며 다른 신자들이 그리스도 안에서 우리의 형제 자매라는 것을 증거하기 때문이다.

나는 어떤 사람이 그리스도인인지 아닌지 즉 **당신**이 그리스도인인지 아닌지를 훌륭하게 입증하는 시험으로 다음과 같은 질문을 던지고자 한다.

첫째로, 당신에게는 하나님이 실제로 계시는 분인가? 이 말은 "하나님과 하나님의 길에 관하여 모든 것을 깨닫는가?" 하는 뜻이 아니다. 물론 당신은 그 모든 것을 깨닫지 못한다. 왜냐하면 당신이 결코 하나님을 완전히 깨닫지 못할 것이기 때문이다. 내가 말하는 것은 그저 당신에게는 하나님이 실제로 계시는 분인가 하는 점이다. 기도할 때 당신은 자신이 참으로 하나님께 기도하고 있으며 하나님이 당신의 기도를 듣고 있으며 그후에 응답하실 것이라고 알고 있는가? 교회에서 하나님께 예배드릴 때 당신의 예배의 대상인 그분은 실제로 계시는 하나님인가?

둘째로, 당신에게는 성경이 의미있고 관심을 끄는 책인가? 이 말은 "당신이 성경에서 읽는 모든 것을 깨닫는가?" 하는 뜻이 아니다. 분명히 당신은 그 모든 것을 깨닫지 못한다. 그러나 당신이 성경을 읽을 때 성경이 옳아 보이는가? 당신은 성경에 관심이 끌리는가? 더 많이 알고 싶은 마음이 드는가?

마지막으로, 당신은 다른 그리스도인들에게 마음이 가는가? 당신은 다른 그리스도인들과 함께 있고자 하는가? 그들과 나누는 교제를 즐거워하는가? 당신과 다른 그리스도인이 공동으로 갖고 있는 것은 얼마나 된다고 생각하는가? 하나님이 당신에게 실제로 계시는 분이 아니시고, 성경에 관심이 끌리지 않고, 당신이 다른 그리스도인들에게 마음이 가지 않는데, 어찌 당신은 자신을 그리스도인으로 생각하는가? 아마 당신은 그리스도인이 아닐 것이다. 반면에, 이런 일들이 당신에게 해당한다면, 당신은 틀림없이 그런 일 때문에 용기를 얻어서 예수 그리스도를 따르는 일에 매진할 것이다.

그리스도인의 미래

11절은 그리스도인의 몸이 부활할 것을 가리키면서 그리스도인의 미래를 서술한다. 10절이 말했듯이, '몸이 죄로 인하여 죽었다'는 것은 사실이다. 그러나 우리가 죽을지라도 모두 부활할 것이다. 이 본문은 다음과 같다. "예수를 죽은 자 가운데서 살리신 이의 영이 너희 안에 거하시면 그리스도 예수를 죽은 자 가운데서 살리신 이가 너희 안에 거하시는 그의 영으로 말미암아 너희 죽을 몸도 살리시리라"(롬 8 : 11).

이 절은 해석할 때 우리가 빠지지 말아야 할 일반적인 실수가 두 가지 있다. 로이드 존스(D. M. Lloyd Jones)가 이 실수들을 논의한다.[3] 첫번째 오해는, 이 본문이 장차 일어날 몸의 부활을 말하는 것이 아니라 지금 일어나는 어떤 도덕적 부활을 말하고 있다는 것이다. 실제로, 죄로 죽었던 우리가 새로운 생활을 하게 되고 이제 점점 몸의 행실을 죽이고 그리스도와 의(義)에 대하여 살고 있다는 뜻으로 '부활'이 있다. 그러나 바울이 여기서 생각하고 있는 것은 그런 부활이 아니다. 그리스도의 부활과 우리의 부활을 비교해 보면, 바울의 진짜 뜻이 분명하게 드러난다. 여기서 말하고자 하는 것은 하나님이 예수님을 부활시키셨듯이 우리도 부활시킬 것이라는 점이다.

두번째 실수는 '신유'라는 측면으로 이 절을 생각하는 것이다. 어떤 사람들은 이 절이 하나님이 치료하실 것을 믿는 자에게 완전한 건강을 약속하시는 것으로 가정하고 이런 신유를 행해 왔다. 간단히 말해서 이 개념은 이 문맥과 상관이 없다.

이 절은 장차의 부활에 관하여 말하고 있으며, 이 부활을 그리스도 안에 있는 모든 자에게 확실하다고 보고 있다. 실로 이보다 확실하게 이 부활을 말할 수 없다. 왜냐하면 바울 사도는 이 요점을 자세히 설명하면서 마치 우리의 최종적인 부활이 하나님만큼 확실하다는 듯이 삼위일체의 각 위격을 이끌어들인다. 좀더 앞에서는 그리스도의 신성에 관한 진술이 있었다. 바울이 성령님에 대하여 말했을 때 성령님을 '하나님의 영'이라고도 하고 '그리스도의 영'이라고도 했다(9절). 조건이 같은 사물은 서로 같다. 그래서 이 두 절은 그리스도의 신성을 단언한다. 하지만 바울이 여기서 염두에 두고 있는 분으로는 하나님이신 그리스도만이 아니고 성부 하나님과 성령 하나님도 있다. 삼위가 모두 우리의 최종적 부활을 보증하신다. 우리는 부활 때 죄의 두려운 형벌과 권세와 현존으로부터 완전히 자유롭게 되어 하늘에서 영원히 하나님과 함께 할 것이다. 그리스도인의 과거와 현재와 미래는 그와 같다.

아이언사이드와 집시

로마서의 이 본문을 읽고서 그리스도인의 과거와 현재와 미래를 생각하게 될 때마다, 위대한 성경 교사이며 시카고 무디 기념 교회의 목사였던 해리 아이언사이드(Harry A. Ironside)가 말한 일화가 생각난다. 이 일화는 에베소서 2 : 1-10에 대한 그의 연구서에 나오는데, 그리스도인 되는 것이 무엇을 뜻하는지를 위와 비슷하게 서술한다.

아이언사이드가 어느 토요일에 남캘리포니아에서 기차를 타고 여행하고 있었을 때 한 집시가 타더니 그의 옆에 앉았다. "선생님, 처음 뵙겠어요. 선생님의 운세에 대하여 알아 보고 싶지 않으세요? 25센트 은화 하나를 주시면 선생님의 과거와 현재와 미래를 말씀해 드리죠" 하고 그 집시 여인은 말했다.

"정말 그렇게 할 수 있다고 생각하십니까?" 하고 아이언사이드는 물었다. "아시다시피, 저는 스코틀랜드 사람이라서 25센트를 허비하여 그 값어치를 제대로 못하고 날리고 싶진 않습니다."

그 집시 여인은 아주 진지했다. "물론이죠 선생님. 선생님의 과거와 현재와 미래를 말씀 드릴 수 있어요. 죄다 말씀해 드리죠."

그러자 아이언사이드는 이렇게 말했다. "사실 저는 제 운세를 들을 필요가 없습니다. 이미 들었죠. 어떤 책에 쓰여 있어요. 그리고 그 책은 제 호주머니에 있어요."

그 집시 여인은 놀랐다. "책에 선생님의 운세가 있다고요?" 하고 그 여인은 말했다.

"그럼요. 그 책은 절대로 오류가 없어요. 읽어드릴까요?" 하고 아이언사이드는 말했다. 그런 후에 아이언사이드는 호주머니에 손을 넣어 신약 성서를 빼 들고는 에베소서 2장 처음부터 읽기 시작했다. "너희의 허물과 죄로 죽었던 너희를 살리셨도다. 그때에 너희가 그 가운데서 행하여 이 세상 풍속을 좇고 공중의 권세 잡은 자를 따랐으니, 곧 지금 불순종의 아들들 가운데서 역사하는 영이라. 전에는 우리도 다 그 가운데서 우리 육체의 욕심을 따라 지내며 육체와 마음의 원하는 것을 하여 다른 이들과 같이 본질상 진노의 자녀이었더니" (엡 2 : 1-3).

"이것이 저의 과거입니다" 라고 아이언사이드는 말했다.

그가 신약 성서를 호주머니에서 빼냈을 때 그 여인은 놀라더니, 이제 달아나려고 했다. "그것으로 충분해요. 더 이상 듣고 싶지 않아요" 하고 그 여인은 거절했다.

"그러나 기다려 보세요. 조금 더 있습니다. 여기에는 나의 현재도 있습니다. 긍휼에 풍성하신 하나님이 우리를 사랑하신 그 큰 사랑을 인하여 허물로 죽은 우리를 그리스도와 함께 살리셨고, (너희가 은혜로 구원을 얻은 것이라) 또 함께 일으키사 그리스도 예수 안에서 함께 하늘에 앉히시니"(엡 2 : 4-6).

"됐어요" 하고 집시 여인은 거절했다.

"그러나 내 미래도 들어야 합니다. 그리고 그 말을 들었다고 해서 25센트를 낼 필요는 없어요. 공짜로 당신에게 들려드리겠습니다. 성경은 이렇게 쓰여 있어요. '이는 그리스도 예수 안에서 우리에게 자비하심으로써 그은혜의 지극히 풍성함을 오는 여러 세대에 나타내려 하심이니라'"(엡 2 : 7).

그때 그 집시 여인은 "내가 사람을 잘못 골랐군!" 하면서 기차 통로를 절반이나 걸어가고 있었다.[4]

물론 여기서 우리는 그와 다른 본문을 다루고 있으며, 로마서 8 : 9-11에서 구체적으로 서술하는 그리스도인의 과거와 현재와 미래는 에베소서 2장에서 그 과거와 현재와 미래에 대하여 하는 말과는 다르다. 그러나 생각은 같다. 그리스도인은 과거가 달라진 사람이다. 그들의 과거는 죄로 죽었다. 이제 그들은 그리스도 안에서 산 자이다. 그들의 현재도 달라졌다. 그들은 하나님의 실제로 계심과 성경이 최상인 것과 다른 그리스도인 안에 성령님이 계심을 깨달았다. 그들은 전혀 새로운 세계를 갖고 있다.

마지막으로 그들은 다른 미래를 앞에 두고 있다. 때가 되면 사망이 정복될 것이며 그리스도인은 예수님의 부활하신 몸처럼 새로운 부활의 몸으로 다시 일어날 것이며 하나님과 예수 그리스도와 영원히 함께 지낼 것이기 때문이다.

당신은 그리스도인인가? 할 수 있는 모든 방법으로 자신에게 이 질문을 던져보라. 그리고 그 대답을 확신하라. 그러나 당신이 그리스도인임을 확신할 때에도, 다음의 진리를 또한 확신하라. 하늘이나 땅에서 당신을 우리 주 그리스도 예수 안에 있는 하나님의 사랑에서 끊어낼 자가 없을 것이며 당신의 미래는 지금 당신이 그리스도와 함께 사는 삶보다 훨씬 나을 것이라는 진리를 확신하라.

● 각주 ●

1. D. M. Lloyd Jones, *Romans : An Exposition of Chapter 8 : 5-17, The Sons of God* (Grand Rapids : Zondervan, 1974), p. 58.

2. 이 해석 문제들에 대한 논의를 알려면, 다음을 보라. Charles Hodge, *A Commentary on Romans* (Edinburgh, and Carlisle, Pa. : The Banner of Truth Trust, 1972), p. 259; Robert Haldane, *An Exposition of the Epistle to the Romans* (MacDill AFB : MacDonald Publishing, 1958), pp. 342-346; John Murray, *The Epistle to the Romans* (Grand Rapids : Wm. B. Eerdmans, 1968), pp. 288-290; Leon Morris, The Epistle to the Romans(Grand Rapids : Wm. B. Eerdmans, and Leicester, England : Inter-Varsity Press, 1988), p. 309; and Lloyd Jones, *Romans : An Exposition of Chapter 8 : 5-17, The Sons of God,* pp. 67-70.

3. Lloyd Jones, *Romans : An Exposition of Chapter 8 : 5-17, The Sons of God,* pp. 80-82.

4. H. A. Haldane, *In the Heavenlies : Practical Expository Addresses on the Epistle to the Ephesians* (Neptune, N.J. : Loizeaux Brothers, 1937), pp. 96-98.

99
성화 : 도덕적 명령
로마서 8:12-13

그러므로 형제들아 우리가 빚진 자로되 육신에게 져서 육신대로 살 것이 아니니라 너희가 육신대로 살면 반드시 죽을 것이로되 영으로써 몸의 행실을 죽이면 살리니.

한

번은 4, 5년 동안 만나지 못했던 나이 든 친구에게 편지를 한 통 받았는데, 이 편지에는 오래된 문제가 하나 쓰여 있었다. 2년 전에 한 여인은 그리스도인이 아닌 남자와 데이트를 하기 시작했다. 그런 관계를 시작하면서 이 여인은 신앙 문제를 꺼냈는데, 그 남자는 불가지론자(不可知論者)를 자처하며 그 문제를 무시했다. 내 친구는 그 관계가 아무튼 오래 가지 않을 것으로 생각하고서 그 문제를 꺼내지 않기로 했다. 그러나 그 관계는 계속 되었다. 그리고 관계를 맺은 지 2년이 지난 때, 이 여인은 그리스도인이 아니며 그리스도인이 되려는 생각도 없는 남자를 사랑했다.

물론 이 여인은 기도했다. 그러나 하나님은 그 여인의 기도를 들고서도 그 남자에게 신앙을 주시지 않았다. 그러니 이 여인에게는 이중적인 문제가 있었다. 하나는 어떻게 그 관계를 끊을 만한 힘을 발견하는가 하는 것이다. 이 여인은 마땅히 그 관계를 끊어야 함을 알았다. 두번째는 하나님과 관련된 것이다. 왜 하나님은 간섭하셔서 이 여인의 친구에게 믿음을 주시지 않았는가? 그 여인에게는 이 관계가 중요했다. 그 여인은 남자 친구의 구원을 위하여 기도했다. 주위에 그리스도인이라고는 한 사람도 없어 보였다. 무엇이 잘못되었는가? 실제로 그 여인은 자신의 삶을 되돌아 보면서, 하나님이 특별하게 간섭하셔서 자신에게 옳은 일을 하셨는지 생각해 보기 시작했다. 그리고 하나님이 옳은 일인데도 간섭하지 않으셨다면, 굳이 그 여인이 하나님과 특별한 관계를 맺고 있다고 생각할 이유가 있겠는가? 혹은 그런 문제에 대하여 그 여인은 하나님이 정말 계시는지 믿어야 할 이유가 있었겠는가?

나는 이 편지가 아주 일반적인 딜레마를 표현하고 있다고 생각한다. 아마 여러분도 이런 딜레마를 경험해 보았을 것이다. 그리고 여러분의 경험은 구체적인 점에서는 아마 다를 것이다. 이 문제는 일과 관련된 상황일 수도 있고 극복해야 할 습관이나 죄일 수도 있고 결정을 내리기 까다로운 선택일 수도 있다. 그러나 문제는 동일하다. 어떻게 유난히 힘든 상황에서 옳은 일을 할 수 있는가? 그리고 왜 하나님은 당신의 문제를 해결해 주시려고 어떤 방식으로 개입하지 않으시는가?

성화에 대한 그릇된 접근법

이 중요한 질문에 대한 해답이 우리가 로마서 8장에서 지금 다루고 있는 문단에 있다는 말을 하고 싶다. 이 절들에서 바울은 우리에게 그리스도인으로서 옳은 일을 할 의무가 있음을 말하고 있기 때문이다. 그리고 바울은 – 계속 해서 살필 때 여러분이 이 점을 보게 될 것이라고 확신한다 – 그리스도인으로서 우리가 옳은 일을 하며 거룩한 생활을 할 의무가 있을 뿐만 아니라 올바로 살 능력도 있다는 것을 넌지시 말하고 있다. 사실상 그 의무와 능력은 우리가 그리스도인이라는 사실에 근거를 두고 있다.

이런 점을 분석할 때, 어떻게 우리가 그리스도인의 생활을 할 것인지에 대하여 바울이 말하는 해답에서 시작하지 말고 오늘날 흔히 권장하는 성화에 대한 부적절한 접근법 몇 가지를 살핌으로써 시작해 보자.

1. **방법(A method)**. 어떤 진영에서는 그리스도인의 생활을 하려고 애쓰면서 죄와 맞서 싸우고 있는 신자에게 권할 것은 방법이라고 한다. 가령 이 방법은 하루 생활이나 그밖의 것들의 순서를 정해 주는 특수한 방식이 될 수 있다.

이 점에서 내 말을 오해하지 않기를 바란다. 기도회를 가지려고 하거나 성경 공부를 하려고 하거나 매일 생활을 규모있게 꾸려가는 방법들은 나쁘지 않다. 사실 실제로 아주 좋을 수도 있다. 기도할 제목들을 적어 두거나 개인 성경 공부를 규칙적으로 해 나가거나 특별한 기독교 활동에 전념할 시간을 하루나 주간 중에 갖는 것은 나쁘지 않다. 나는 항상 그런 일들을 권장한다. 그러나 내가 말하고자 하는 것은 방법 자체가 성화를 보장하거나 어떤 결정적인 시기에 옳은 일을 할 수 있도록 우리에게 힘을 주는 것은 아니라는 것이다.

그 예화로, 마르틴 루터가 회개하기 전에 에르푸르트 수도원에서 겪은 체험을 생각할 수 있다. 그에게는 금욕생활(Monasticism)이 성화에 이르는 한 방법이었다. 상당히 수준 높은 방법이었다. 그리고 금욕은 그런 방법의 진수였다. 루터가 금욕하고 기도하고 축일전야(祝日前夜)를 지키고 자기 죄를 고백하고 어느 때는 여러 시간을 그렇게 했지만, 그런 관행으로는 성화나 거룩함을 찾을 수가 없었다. 루터의 구원은 전혀 다른 방식으로 찾아 왔다.

2. **공식(A formula)**. 많은 사람이 권장하는 경건한 삶에 이르는 두번째 접근법은 공식이다. 아마 독자들은 그런 공식들을 몇 가지 들어 보았을 것이다. "가서 하나님께 내어맡기라". "예수님이 당신의 삶을 다스리시도록 하라". "그리스도께서 왕이 되시게 하라". 혹은 "믿음으로 받아들이라". 공식이 호소력을 갖는 것은, 공식이 이해하기 쉽고 얼마간 우리가 찾고 있는 해결책을 주는 것처럼 보일 수 있기 때문이다. 그러나 공식들은 너무 쉽고 너무 간단하여, 결국은 제 기능을 못한다. 단순한 공식만으로는 인간 생활의 모진 현실을 감당하는 데 충분치 못하다.

3. **체험(An experience)**. 아마 오늘날 가장 일반적인 충고는, 신자가 삶을 변화시키는 체험을 구하라는 것이다. 이 체험은 흔히 '두번째 은총' 혹은 '성령의 두번째 세례'라고 하는 것이다. 사람들은 이 체험이 그리스도인의 생활의 상당한 진보를 표시한다고 가정한다. 이렇게 진보하게 되면 초창기 시절 낙담하고 실패하던 생활이 거룩하며 즐겁고 승리하는 새

로운 체험으로 바뀐다는 것이다. 이런 체험을 지지하는 사람들은 로마서 7, 8장에 나오는 바울의 가르침이 이 개념을 지지한다고 흔히 생각한다. 로마서 7장에서 바울은 영적인 문제에서 실패한 것을 나타내는 생활 단계가 어떤 것인지 서술하고 있지만, 8장에서 바울은 승리한다. 그 차이는 무엇인가? 이 두 장에 나타나는 주장들을 살펴볼 때, 그 차이점은 분명 성령의 체험이다. 7장에서는 성령을 언급하지 않는데 8장에서는 성령을 거듭 언급한다. 우리는 성령의 이런 특별한 체험이 있으면 로마서 8장의 승리는 우리의 것이 될 것이라는 말을 듣는다.

이미 살펴보았지만, 불행하게도 로마서 8장은 이것을 가르치지 않는다. 바울은 8장에서 성령에 관하여 이야기한다. 하지만 그는 패배한 그리스도인이 좌우간 영적으로 승리하려면 성령 체험을 얻어야 한다고 말하지 아니하고 성령님을 모시고 있는 것이 그리스도인이 된다는 것을 뜻하는 핵심이라고 말한다. 이는 **두번째** 체험이 아니라 맨 처음에 결정적으로 하는 체험이다. 바울은 9절에서 이를 분명하게 말했다. "… 누구든지 그리스도의 영이 없으면, 그리스도의 사람이 아니라." 즉 그는 그리스도인이 아니다. 8장은 그리스도께 속한 자들에게는 성령이 계시며 그 결과로 **그들은 그처럼 생활한다**고 주장한다.

벗어날 수 없는 의무

그러면 성화에 대한 적절한 접근법은 무엇인가? 그리스도인들은 어떻게 죄를 이기고 거룩하게 성장할 수 있는가? 바울은 이 절들에서 유일하게 적절한 해답을 준다.

여러 모로 보아, 12, 13절에 나오는 가장 중요한 낱말은 처음에 나오는 **그러므로**이다. 이 낱말은 바울 사도가 방금 말한 것을 가리킨다. 우리는 전에 이런 경우를 서너 번 보았다. '그러므로' 라는 낱말이 처음으로 중요하게 나타나는 곳은, 바울이 3, 4장에서 복음을 설명한 후에 언급했던 로마서 5장의 처음이었다. 이 낱말은 하나님이 예수 그리스도로 말미암아 우리를 위하여 이룩하신 구원의 결과를 도입한다. 이때 가장 중요한 것은 우리의 구원이 확실하게 보장되었다는 점이다. 사실 어떤 의미에서 우리가 그후로(5-8장에서) 공부해 오던 모든 것은 바로 이 '그러므로' 를 자세히 설명한다.

우리는 로마서 5 : 12과 로마서 8장 처음에서 다시 이 낱말을 보았다. 각 경우 이 낱말은 앞에서 말했던 것에 따라오는 결과를 도입했다. 8 : 12도 마찬가지이다.

바울은, 그리스도인이 죄악된 본성을 좇아 살 것이 아니라 성령을 좇아 살아야 할 '의무가 있다'고 주장하고 있다. 그리고 바울이 방금 말했지만 그렇게 살아야 할 이유는 성령님이 다음과 같이 하려고 그리스도인들을 예수 그리스도께 연합시키셨기 때문이다. (1)그리스도인들이 그들의 죄로 인하여 받을 하나님의 진노에서 건짐을 받고 전혀 새로운 영역 즉 그리스도 안에 있는 하나님의 통치 영역으로 들어가게 하시고 (2)그리스도인들이 과거에 죽었던 신령한 것들에 대하여 이제 살게 되면서 새로운 본성을 받게 하시고 (3)그리스도인들이 하나님과 영원히 함께 살 뿐만 아니라 그들의 몸이 부활하게 될 전혀 새로운 숙명을 확신하게 하시려고 함이다. 이것들은 하나님이 우리를 위하여 하신 (혹은 하실) 일이다. 우리는 스스로 그 일을 하지 않았다. 사실 우리는 그런 일을 할 수 없었다. 그러나 바울이 말하듯이 하나님이 우리를 위하여 그 일을 하셨으므로 우리는 하나님이 사셨던 것처럼 살아야 할 '의무가 있다.'

이를 달리 말하면, 우리가 로마서 8장에서 지금까지 보았던 모든 것은 그리스도인에 대한 일반적인 서술이었다. 즉 그리스도인의 상태와 현재 체험과 성품과 장차 기대에 대한 서술이었다. 그런데 처음으로 바울은 우리를 향한 그리고 우리 안에서 이루어지는 하나님의 역사가 우리에게 심각한 의무를 제시하고 있다고 말하면서 구체적인 결론을 이끌어낸다. 그 의무는 하나님을 위하여 살고 우리의 죄악된 본성을 좇아 살지 않는 것이다.

이 두 절에서는 이 의무의 구체적인 내용을 부정적으로 언급한다. 물론 그 뒤에는 긍정적인 표현이 따른다. 우리는 죄악된 본성을 좇아 살아서는 안 된다. 그리고 우리는 몸의 나쁜 행실에 이끌려서는 안 된다. 하지만 여기에는 긍정적인 측면이 숨어 있다. 그리고 우리는 몸의 나쁜 행실에 이끌려 다니지 말고 몸의 죄를 죽이고 우리 지체를 의의 병기로 하나님께 드려야 한다.

새로운 가르침은 없다

이 말은 친숙하게 들리는가? 틀림없이 그럴 것이다. 앞에서 공부한 것을 기억한다면, 이것이 우리가 로마서 6 : 11-14을 공부할 때 발견했던 바로 그 가르침임을 기억할 것이다.

바울은 로마서 5장 후반부에서 우리가 그리스도와 연합했다는 교리의 서론을 말한 다음에 그에 이어 6장에서 이 연합에 관하여 가르치고 있었다. 바울은, 우리가 그리스도인이라면 (그리스도의 죽으심이 우리의 죽음이 되게 하려고) 그리스도의 죽으심과 합하여 그리고 (그의 부활이 우리의 부활이 되게 하려고) 그리스도의 부활과 합하여 그리스도께 연합되었고, 그리스도와 이런 연합을 맺었으므로 우리가 더 이상 이전의 우리가 아니라고 가르치고 있었다. 우리는 하나님 앞에서 새로운 지위를 가진 변화된 백성이다. 그러므로 바울은 이렇게 말한다. "… 너희 자신을 죄에 대하여는 죽은 자요 그리스도 예수 안에서 하나님을 대하여는 산 자로 여길지어다 그러므로 너희는 죄로 너희 죽을 몸에 왕 노릇 하지 못하게 하여 몸의 사욕을 순종치 말고 또한 너희 지체를 불의의 병기로 죄에게 드리지 말고 오직 너희 자신을 죽은 자 가운데서 다시 산 자같이 하나님께 드리며 너희 지체를 의의 병기로 하나님께 드리라. 죄가 너희를 주관치 못하리니, 이는 너희가 법 아래 있지 아니하고 은혜 아래 있음이니라"(롬 6 : 11-14).

이 구절들에 나타나는 핵심 단어는 '여기다' 혹은 '간주하다' 이다. 이 말은 실제로 벌어진 일을 기초로 하여 계속 나아가라는 뜻이다. 이 경우에 그리스도인의 참된 모습은 그리스도 안에 있는 새로운 피조물이므로 그리스도 안에 있는 새로운 피조물로 사는 것이다. 우리가 이 구절들을 공부했을 때, 나는 우리가 그리스도 안에 새로운 피조물로 살아야 한다고 지적했다. 달리 우리가 할 수 있는 일은 없다. 우리는 되돌아갈 수 없다. 우리의 과거는 우리에서 죽은 것이다. 우리기 바라보고 갈 수 있는 방향은 앞쪽뿐이다.

바울이 로마서 8장에서 가르치는 것은 바로 이 점이다. 차이가 난다면, 지금 바울의 주제는 우리가 그리스도와 맺은 연합이 아니라 (바울은 이 주제를 로마서 5, 6장에서 논의하고 있었다) 성령이 하나님 아버지의 대리인으로 우리를 구원하실 때 맡으시는 역할이라는 점뿐이다. 그러나 실상은 이것도 똑같은 요점이다. 다른 말로 하면 바울이 이 장들에서 하고 있는 일은 두 가지 다른 방향에서 성화라는 주제를 접근하고 있는 것뿐이다. 하지만 바울이 어느 방향에서 출발하든지, 기본 노선은 동일하다. 만일 우리가 그리스도의 자녀라면 성령이 우리를 그리스도께 연합시키셨다면, 과거는 우리에 대하여 죽은 것이며 우리는 이제 참으로 현재 우리의 모습대로 살아야 한다. 12절에 나오는 바울의 말을 사용하면, 그렇게 사는 것은 우리의 '의무' 이다.

로마서 8 : 12-13이 로마서 6 : 11-14과 비슷하므로, 로마서 6 : 11-14은 (로마서 8 : 13
에 있는) '몸의 행실을 죽인다' 는 말을 해석한다. 로마서 6 : 11-14을 보면, 이 말이 우리
몸의 지체를 죄에게 드리지 않고 하나님께 드린다는 뜻임을 보여 준다.

'사망에 이르는 죄' ?

이 장을 현실과 결부시켜서 마무리를 짓고자 한다. 그러나 그렇게 하기 전에, 한 문제를
더 논의해야겠다. 이 문제는 "너희가 육신대로 살면 반드시 죽을 것이로되…" 라고 말하는
13절과 관계 있다. 이 죽음은 어떤 죽음인가? 물리적 죽음인가? 영적인 죽음인가? 그리고
우리가 이 첫째 질문에 어떻게 대답하는가와 상관없이, 만일 실제로 이 죽음을 체험해 보려
면 – 아무리 우리가 엉망이 된다 하더라도 – 어떻게 해야 하는가?

복음주의 진영에서 이 질문에 대답하는 가장 일반적인 방식이, 이 죽음을 〔물리적〕 사망
에 이르는 죄' 라고 생각하는 방법이다. '사망에 이르는 죄' 라는 성경 구절은 요한일서 5 :
16-17에 나오는데, 여기서 요한은 이렇게 쓴다. "누구든지 형제가 사망에 이르지 아니한
죄 범하는 것을 보거든 구하라 그러면 사망에 이르지 아니하는 범죄자들을 위하여 저에게
생명을 주시리라. 사망에 이르는 죄가 있으니 이에 대하여 나는 구하라 하지 않노라 모든
불의가 죄로되 사망에 이르지 아니하는 죄도 있도다". 이 구절들은 까다롭기는 하지만, 그
리스도인이 범한 어떤 죄 혹은 어떤 유형의 죄는 매우 나쁘기 때문에 하나님은 그 사람을
계속 그 죄를 범하도록 하지 아니하시고 그를 죽여서 일찍 하늘나라로 데려가시게 될 것이
라고 말하는 것 같다.

성경에서 이런 예화를 살펴보면, 바울이 합당치 못하게 성찬에 참여한 자들을 서술하는
데서 한 가지를 발견할 수 있다. 바울은 이렇게 썼다. "이러므로 너희 중에 약한 자와 병든
자가 많고 잠자는 자도 적지 아니하니"(고전 11 : 30). 바울은 어떤 고린도 그리스도인들이
성찬을 더럽혀서 죽었다고 말하고 있는 듯하다. 또 한 가지 예로는 땅을 판 값에 대하여 교
회에 거짓말한 아나니아와 삽비라의 죽음에 나온다(행 5 : 1-11).

이 해석은 로마서 8장에서 육적인 그리스도인의 교리를 발견하는 설교자들의 주의를 끌
만한 것이다. 왜냐하면 이 해석은 그리스도인이 매우 '육적' 이라면 구원은 잃지 않지만 몸

은 죽을 수 있다고 말하는 것 같기 때문이다.[1]

나는 요한일서 5 : 16-17이 특별히 해석하기 까다롭다는 말을 되풀이하고자 한다. 이 성경 구절에 대해서는 해석이 여러 가지로 있어 왔다.[2] 이 성경 구절이 범죄하는 그리스도인의 몸이 죽는 문제를 다룬다고 보는 것은 괜찮은 한 가지 해석이 될 듯하다. 물론 그렇게 볼 때 이 구절과 그 다음에 나오는 문장을 조화시키기는 어렵다. 요한은 그 다음 문장에서 이렇게 말한다. "하나님께로서 난 자마다 범죄치 아니하는 줄을 우리가 아노라…"(18절). 하나님께로서 난 자가 죄를 계속 짓지 아니한다면, 참된 그리스도인이 그토록 비통하게 죄를 지어 하나님의 처벌을 받아 죽는 일이 있을 수 있겠는가? 아무리 가볍게 보더라도 이 문제는 혼동을 일으킨다.

그러나 요한일서 5장이 어떤 그리스도인에게 죽음을 내리는 형벌과 관련되어 있다 해도, 이는 우리가 공부하는 본문에 적합하지 않은 해석이다. 바울은 로마서에서 죄를 짓고 있는 그리스도인에 관하여 말하지 않는다. 그는 영을 좇아 사는 그리스도인과 죄악된 본성을 좇아 사는 불신자를 구별하고 있다. 그래서 그는, 죄악된 본성을 좇아 사는 사람 즉 불신자는 영적으로 죽지만 - 사실 그들은 이미 영적으로 죽었다 - 영에 의하여 사는 자들 곧 그리스도인들은 영적으로 살 것이라는 점을 말하려 하는 것 같다.

그러면 바울이 그리스도인들에게 다음과 같이 쓰는 이유는 무엇인가? "너희가 육신대로 살면 반드시 죽을 것이로되." 그 대답은, 아이에게 "손가락을 불에 집어넣으면 손가락을 덴다"고 말하는 것같이 그 말은 일반적인 진술이라는 것이다. 바울이 이렇게 말한다 해서 반드시 이 말씀을 듣는 사람이 경고를 무시할 수 있고 혹은 그 경고를 무시할 능력이 있다는 뜻이 들어 있는 것은 아니다.

이를 다시 대충 표현해 보자. 바울은, 당신이 성령을 좇아 살지 아니하고 죄악된 본성의 다스림을 받아 그리스도인이 아닌 것처럼 산다면 불신자처럼 멸망할 것이라고 말하고 있다. 왜냐하면 당신은 실상 그리스도인이 아니기 때문이다. "너희가 육신대로 살면 **반드시 죽을 것이다**". 반면에 당신이 참으로 그리스도인이라면 육신을 좇아 살지 아니할 것이다. 반대로 당신은 예수 그리스도 안에 있는 자신의 실제 모습을 시인하고 그에 따라 살 것이다.

마틴 로이드 존스(D. Martyn Lloyd Jones)는, 여기서 "사도 바울은 성화의 길이 그리스도인으로서 우리 자신에 관한 진리를 깨닫고서 그런 후에 그 진리를 실천하는 방법임을 아주 분명하게 가르친다"[3]고 결론을 내린다.

"당신은 그 일을 할 수 있습니다"

이제 이 가르침을 실생활에 적용해 보자. 이 장을 시작할 때 나는 한 나이 든 친구에게 편지를 한 통 받았다고 했는데, 그 편지에는 다음과 같은 두 질문이 쓰여 있었다. (1)어떻게 나는 옳은 일을 할 능력을 발견할 수 있는가? (2)왜 하나님은 내 삶에 개입하셔서 특별하게 도움을 베푸시지 않는가?

바울이 성화에 이르는 길에 관하여 가르친 교훈을 살폈으므로, 나는 이제 이 편지로 되돌아가서 내가 위의 질문에 어떻게 답했는지 독자들과 나누고자 한다. 나는 그 친구에게 전화를 해서, 친구가 어떻게 했는지 물은 다음 – 어떻게 듣다 보니 이 친구가 아주 잘 했다는 것을 발견했다 – 다음과 같이 말해 주었다.

당신이 이런 상황에서 옳은 일을 할 능력을 발견하게 되리라고 확신합니다. 그리고 당신이 그 능력을 발견하게 되리라고 내가 확신하는 이유는, 이미 당신이 그 능력을 갖고 있음을 알기 때문입니다. 당신은 그 일을 할 수 있습니다. 이 말은 이 경우에 당신 자신이 필요한 힘이나 의지력을 갖고 있다는 뜻이 아닙니다. 왜냐하면 우리 가운데 누구도 그런 힘을 갖고 있지 않기 때문입니다. 당신이 필요한 힘을 갖고 있음을 내가 알고 있는 이유는, 모든 그리스도인들처럼 당신에게도 성령님이 계시기 때문입니다. 당신이 올바른 행동을 해야 한다는 생각에 괴로워하고 불신자처럼 그릇된 생활에 그저 휩쓸리지 않으려 하는 이유는, 당신이 스스로 예수 그리스도께 속해 있음을 알기 때문에 그분을 기쁘시게 하기를 참으로 바라기 때문입니다. 하나님의 영께서 당신 속에 계십니다. 그러니 "하나님을 섬길 힘이 내게 없어요" 하고 말하려 한다면, 실상은 성령님이 능력이 부족하시다고 말하고 있는 꼴일 겁니다.

그리고 이 말은 당신의 또 한 가지 문제에 해답이 됩니다. 당신은 왜 하나님이 당신의 삶에 개입하셔서 특별한 일을 하지 않으시는지 알고 싶어합니다. 나는 많은 사람들에게서 그런 질문을 들었습니다. 특별히 우리가 성경과 그리스도인의 전기에 나오는 인물들의 생활에 하나님이 특별히 개입하시는 일을 읽을 때 이런 질문이

자연스럽게 마음속에 떠오릅니다.

그러나 우리는 어떤 뜻으로 그런 질문을 합니까?

하나님이 우리의 개인적인 소원에 맞아 떨어지도록 일들을 조정해 주기를 바란다는 뜻이 아니던가요? 만일 그렇다면, 우리는 그런 질문을 할 권리가 없으며 그런 질문을 하고 싶은 마음을 가져서도 안 됩니다. 그런 질문을 한다는 것은, 우리가 하나님보다 더 잘 알기를 바란다는 뜻이며 하나님보다 우리 삶에 일어나는 사건들을 더 잘 조정할 수 있다는 뜻이 될 것입니다. 그렇다면 얼마나 끔찍하겠습니까?

그렇지 않다면 – 이는 실제로 있던 경우라고 생각하는데 – 하나님이 어떤 외부적인 수단을 사용하셔서, 아마 시험을 없애 주시거나, 우리가 더 이상 나쁜 것에 정신이 팔리지 않도록 우리 사고방식을 고쳐 주시거나, 시험이 대수롭지 않도록 할 만한 체험을 주심으로써 우리의 문제를 해결해 주시기를 바란다는 뜻이 아니던가요? 그러나 하나님이 그렇게 하시게 된다면(사실 하나님은 그렇게 하실 수 있습니다), 하나님의 초자연적인 개입으로 도움을 얻지 않은 일반 그리스도인으로서 우리가 할 수 있는 일은 가치 없게 될 것입니다. 그러면 그리스도인의 생활이 결국 아무런 의미가 없게 될 것입니다. 결정적인 상황에서 하나님이 언제나 어떤 방식으로 개입하셔야 한다면, 그리스도인이 되는 것은 대체 무슨 유익이 있겠습니까?

그리스도인이 된다는 것은 이런 뜻을 갖고 있습니다. 첫째로, 하나님은 당신을 죄의 형벌은 물론이고 죄의 세력으로부터 구원하시기 위하여 필요한 모든 일을 이미 하셨습니다. 당신 속에는 하나님의 성령이 계시며, 그 결과 당신은 하나님을 위하여 살 수 있습니다. 당신은 은밀한 방법이나 비밀스런 공식이나 신비한 체험이 필요치 않습니다. 하나님은 당신에게 필요한 것을 갖추어 주셔서 모든 선한 일을 할 수 있도록 하셨습니다.

둘째로, 당신은 하나님을 위하여 **살려고** 합니다. 당신은 몸의 행실을 죽이고 성령의 소원을 좇아 살면서 하나님을 위하여 살려고 합니다. 뿐만 아니라, 당신이 하나님을 위하여 사는 것은 또한 매우 중요합니다. 하나님이 당신을 위하여 힘든 일을 하신다면 당신이 하나님을 위하여 사는 것이 대체 무엇입니까? 아무것도 아닙니다. 우리는 하나님이 전능하심을 이미 압니다. 그러나 그리스도인이 옳은 일을 할 때 – 심지어 그 일로 마음이 상하거나 고난을 당할 때 – 또 그리스도인이 하나님을 전적으로 의지하고 하나님을 사랑하는 마음에서 옳은 일을 할 때, 하나님께 대한 순종이 가장 중요하다는 사실이 드러납니다. 하나님께 대한 순종은, 그리스도인과 도 관계가 있고 하나님과도 관계가 있다는 것을 입증합니다. 그리고 그 승리, 그리 스도인의 승리이며 당신의 승리인 그 승리가 우리의 크신 하나님을 찬양하는 일에 영원토록 계속될 것입니다.

내 친구의 두 질문은 이런 저런 때 모든 그리스도인에게 일어날 것이다. 나의 대답이 친 구에게 도움이 되었고 나의 대답을 보고 독자들이 성화(sanctification)를 더 깊이 깨닫게 되기를 바란다.

● 각주 ●

1. 이 '사망에 이르는 죄' 의 가르침을 깊이 생각하여 로마서 8장에 적용한 예를 알려면, 다음을 보라. Donald Grey Barnhouse, *God's Heirs : Exposition of Bible Doctrines, Taking the Epistle to the Romans as a Point of Departure*, vol. 7, *Romans 8 : 1-39* (Grand Rapids : Wm. B. Eerdmans, 1963), pp. 51-60.

2. 중요한 해석에 대한 나의 논의를 알려면, 다음을 보라. James Montgomery Boice, *The Epistles of John* (Grand Rapids : Zondervan, 1979), pp. 172-176.

3. D. M. Lloyd Jones, *Romans : An Exposition of Chapter 8 : 5-17, The Sons of God* (Grand Rapids : Zondervan, 1974), p. 110.

100
하나님의 가족
로마서 8:14

무릇 하나님의 영으로 인도함을 받는 그들은 곧 하나님의 아들이라.

우리가 로마서 8장을 줄곧 살필 때 내가 로마서 8장에 대하여 말한 것 가운데 하나는, 기본적으로 바울이 여기서 새로운 것을 가르치지 않고 오히려 이미 말한 것을 더 분명하게 표현하고 있다는 점이다. 로마서 8장의 일반적 주제는 구원의 확신이지만, 이 교리는 5장에서 분명히 표현되었던 것이다. 그리고 이미 설명한 바와 같이 6, 7장은 5장에서 생기는 서너 가지 중요한 질문에 답하기 위한 곁가지였고, 그 다음에 사도 바울은 앞에서 잠시 떠났던 주제를 다시 다루었다.

그러나 대개 이런 식으로 내용이 전개되지만, 로마서 8 : 14절에 이르러 새로운 것이 나타난다. 이 절은 "무릇 하나님의 영으로 인도함을 받는 그들은 곧 하나님의 아들이라"고 말하며, 로마서에서는 우리가 '하나님의 아들'이라는 개념이 여기 처음으로 나온다.

물론 그저 우연하게 어떤 시점에서 새로운 개념이 나올 수야 있지만, 이 개념은 단순히 어쩌다 튀어나온 생각이 아니다. 바울은 구원의 확신에 관하여 말하고 있으며, 구원의 확신을 떠받치는 한 가지 기초는 우리가 하나님과 맺은 새로운 관계 즉 가족 관계임을 주장하고 있다. 게다가 바울은 본문에서 이 주제를 이끌어들인 다음 15-17절에서 이 주제를 자세히 설명하면서 '아들' '아들 됨' '자녀' '후사'와 같은 관련된 개념을 말하고 있다. 이 몇몇 낱말은 뒤에 가서 19, 21, 23절에 다시 나온다. 이 개념은 어찌나 중요한지, 존 스토트(John R. W. Stott) 등 많은 주석가들은 14절이 ~때문에, 왜냐하면이라는 낱말에 의하여 바로 앞절과 연결되어 있지만 14-17절을 별개의 단락으로 다룬다.[1]

엄밀하게 말해서, 14절은 바로 앞에 나왔던 사실에 대한 증거로 도입된 것이다. 존 칼빈(John Calvin)은 이 점을 보고 이렇게 말했다. "그 실질 내용은… 하나님의 영에게 인도를 받는 모든 사람은 하나님의 아들이며 하나님의 모든 아들은 영생의 후사라는 것이다. 따라서 하나님의 영에게 인도를 받는 모든 사람은 영생이 확실하다고 느껴야 한다."[2] 그러므로 로마서 8 : 14은 영적인 생명과 위로를 받았는지 점검해 보고자 하는 의미가 있다.

14절은 성경에서 자주 나오는 놀라운 절들 가운데 하나로서, 중요한 가르침을 담고 있다. 나는 다섯 가지 가르침을 열거하고자 한다.

두 아버지, 두 가정

첫번째 요점은 부정적인 것이다. 즉 모든 사람이 하나님의 가족은 아니다. 이 점이 중요한 이유는, 서양 사상에는 구(舊)자유주의가 만들어 놓은 생각 즉 모든 사람이 하나님의 아들딸이며 따라서 우리는 한 식구라고 하는 생각이 있기 때문이다. 이를 일반적으로 표현한 것을 보면, '하나님의 보편적 아버지 되심' '사람의 보편적 형제 됨' 등이 있다. 여러분도 그런 표현을 들어 보았을 줄로 확신한다.

물론 어떤 의미에서 모든 사람은 한 하나님이 창조하신 형제 자매이다. 그래서 사도 바울은 아덴에서 헬라의 시인 클레안테스(Cleanthes)와 아라투스(Aratus)의 말을 인용하여 특별히 지성인 청중에게 "… 우리가 (모두) 그(하나님)의 소생이라"(행 17 : 28)고 말했다. 그러나 그 말은 성경에서 사용하는 '하나님의 아들'과는 다른 것이며, 사도 바울이 여기 로마서 8 : 14에서 말하는 것과 분명히 다르다. 바울은 "하나님의 영으로 인도함을 받는 그들"이라고 쓸 때, 성령으로 인도함을 받는 자들과 성령으로 인도함을 받지 못하는 자들을 구별하고 있다. 그리고 이 말은 인류의 어느 부분만 하나님의 영적 자녀임을 뜻한다.

이 중요한 진리에 대한 가장 분명한 진술은 예수 그리스도께서 하신 말씀이다. 해당 구절은 요한복음 8 : 31-47이다. 예수님은 백성들을 가르치시다가 바울이 로마서에서 말하던 것과 비슷한 말씀을 하셨다. "너희가 내 말에 거하면 참 내 제자가 되고 진리를 알지니 진리가 너희를 자유케 하리라." 유대인들은 자신들이 종 되었다고 생각하고 싶지 않았기 때문에, 이 말을 듣고 기분이 상했다. "우리가 남의 종이 된 적이 없다"고 그들은 말했다.

물론 그들의 말은 앞뒤가 맞지 않았다. 그들은 오랜 역사 동안 많은 민족에게 지배 받았으며 그 당시에도 로마 제국의 통치를 받고 있었다.

그러나 예수님은 그 말을 무시하고 대신에 자신이 한 말은 영적으로 한 말이라고 대답하셨다. "진실로 진실로 너희에게 이르노니, 죄를 범하는 자마다 죄의 종이라… 나는 내 아버지에게서 본 것을 말하고 너희는 너희 아비에게서 들은 것을 행하느니라"(요 8 : 34, 38).

그들은 아브라함이 자기 아버지라고 대답했다.

예수님은, 그들이 아브라함의 자녀라면 아브라함처럼 행하여 자신을 죽이지 말아야 한다고 말씀하시면서, 그들이 아브라함의 자녀인 것을 부인하셨다. 또 예수님은 그들이 그들의 진짜 아버지처럼 행동하고 있다고 말씀하셨다.

그러자 그들은 하나님만이 자기의 아버지라고 대답했고, 그때 예수님은 아주 분명하게 이렇게 말씀하셨다. "… 하나님이 너희 아버지였으면, 너희가 나를 사랑하였으리니, 이는 내가 하나님께로 나서 왔음이라… 너희는 너희 아비 마귀에게서 났으니 너희 아비의 욕심을 너희도 행하고자 하느니라… 하나님께 속한 자는 하나님의 말씀을 듣나니 너희가 듣지 아니함은 하나님께 속하지 아니하였음이로다"(42, 44, 47절).

그보다 더 분명하게 하나님의 자녀 됨에 관하여 말할 수 없다. 예수님은 이 말씀들을 하시면서 두 가족과 두 아버지가 있으며 하나님을 사랑하고 섬기는 자만이 하나님의 자녀임을 분명히 드러내셨다.

하나님께로서 남

이는 이 절의 두번째 중요한 가르침에 이른다. 사실 이것이 주된 가르침이다. 모든 그리스도인은 하나님의 가족이다. 여기에는 근본적이고 초자연적이고 폭넓은 변화가 담겨 있다.

1. **하나님의 가족이 되는 것은 근본적이다.** 하나님의 자녀가 된다는 것은, 그 사람이 가장 근본적인 혹은 깊은 변화를 체험했다는 뜻이다. 이는, 한 사람이 하나님의 아들딸이 되기 전에는 하나님의 가족이 아니고 (요한복음 8장에 나오는 예수님의 말씀을 사용하면) 마귀의 가족이거나 혹은 (바울이 로마서 앞에서 가르친 바를 사용하면) 그저 '아담 안에' 있기 때문이다. 우리는 바울이 앞에서 가르친 바를 자세히 다시 살필 필요가 없다. 왜냐하면, 우리가 5, 6장을 연구할 때 그 점을 철저하게 다루었기 때문이다. '아담 안에' 있다는 것은 죄 안에 있고 불의에게 종이 되었고 하나님의 심판 아래 있고 영원한 죽음을 받게 되어 있다는 뜻이다. '그리스도 안에' 있다는 것은 정반대이다. 이는 죄와 그 심판에서 건짐을 받고 거룩하게 성장하고 영생을 소유한다는 뜻이다. 그 변화는 종 노릇하는 상태에서 자유로운 상태로 혹은 사망에서 생명으로 옮겨가는 근본적인 것이다.

2. **하나님의 가족이 되는 것은 초자연적이다.** 이 변화는 근본적일 뿐만 아니라 초자연적이기도 하다. 이 말은 하나님이 위에서 우리를 위하여 이 변화를 일으키셨다는 뜻이다. 여기서 또 우리는 요한복음 3장에 기록되어 있는 예수님의 말씀으로부터 도움을 받는다. 예수님은 유대인의 관원 니고데모의 방문을 받았는데, 니고데모가 '거듭 나지' 않았다면 결코 영적인 문제를 깨달을 수 없을 것이라고 말해 주셨다.

이 말은 들은 이 유대인의 관원은 어리둥절하여 이렇게 물었다. "사람이 늙으면 어떻게 날 수 있삽나이까?"

예수님은 이렇게 대답하셨다. "진실로 진실로 네게 이르노니, 사람이 물과 성령으로 나지 아니하면 하나님 나라에 들어갈 수 없느니라. 육으로 난 것은 육이요, 성령으로 난 것은 영이니, 내가 네게 거듭 나야 하겠다 하는 말을 기이히 여기지 말라. 바람이 임의로 불매 네가 그 소리를 들어도 어디서 오며 어디로 가는지 알지 못하나니 성령으로 난 사람은 다 이러하느니라"(요 3 : 5-8). 예수님은 이 말씀을 하시면서, 하나님의 자녀가 되는 것은 영적으로 태어나는 문제이며 이 일은 오직 하나님의 영만이 하실 수 있는 것임을 분명하게 드러내셨다. '거듭'이라는 말로 번역된 헬라어에는, 이 태어남이 아래로부터가 아니라 '위로부터' 되는 일이라는 뜻이 담겨 있다. 이는, 하나님이 새로운 영적 생명을 주신다는 뜻이다.

3. 하나님의 가족이 되는 것은 폭넓다. 이 대목을 계속 살필 때 이 요점은 좀더 자세하게 펼쳐질 것이다. 그러나 여기서 이 영적인 재탄생의 목적이 죄의 심판으로부터 건짐을 받는 것일 뿐만 아니라 - 혹은 오늘날 많은 사람들이 생각하는 것처럼 현재의 행복일 뿐만 아니라 - 영화(glorification)라는 점을 지적해야 한다. 이 점은 로마서 5장에서 시작했다가 로마서 8장에서 끝날 것이다. 이것은 로마서의 이 단락이 말하고자 하는 요점이다. "자녀이면 또한 후사 곧 하나님의 후사요 그리스도와 함께 한 후사니, 우리가 그와 함께 영광을 받기 위하여 고난도 함께 받아야 될 것이니라"(롬 8 : 17).

마틴 로이드 존스(D. Martyn Lloyd Jones)는 이 절에 대한 뛰어난 연구에서, 사도 바울의 관심이 '언제나 영화에 있다'고 강조한다. 그러면서 "우리가 너무 비참할 정도로 주관적이므로" 오늘날의 교회는 성화에만 그 관심이 맴돌고 있다고 한탄한다.

실제적인 결과

하지만 우리 시대의 모든 특색이 나쁜 것은 아니다. 물론 초주관성(超主觀性, super subjectivity)은 분명 말썽꾼이다. 우리는 현실에 급급한 사람이라 결과 보기를 좋아해서 나는 이렇게 질문한다. 우리에게 일어났던 이 중요한 변화에서 생기는 실제적인 결과는 무엇인가? 그리스도인이 된다는 것은 우리의 매일 생활에서 무엇을 뜻하는가?

여기서 로마서 8 : 14은 세번째 중요한 가르침을 우리에게 준다. 그리스도인이 되었다는 것은 하나님의 영으로 인도함을 받는 것이다. 지금까지 내가 설명해 오던 가르침은 오직 상태의 변화를 가리키는 것으로 생각될 수 있다. 전에 우리는 '아담 안에' 있었다가 이제 '그리스도 안에' 있다. 전에 우리는 정죄 아래 있었다가 이제 정죄에서 건짐을 받았다. 전에 우리는 영적으로 죽었다가 이제 영적으로 살았다. 물론 이 모든 것이 사실이며, 바울이 가르

쳐 오던 것이다. 그러나 그가 가르치는 것은 이 진리뿐만이 아니다. 우리의 상태 변화는 참
된 그리스도인 속에 거하시는 성령님이 이루신 것이므로, 그리스도인이 된다는 것은 우리
가 그 성령으로 인도함을 받을 것임을 뜻한다. 혹은 내가 다른 말로 말했지만, 이는 우리가
점점 거룩하게 성장할 것이라는 뜻이다.

14절은 앞 절과 이렇게 연결되어 있다. 13절은, "영으로써 몸의 행실을 죽이면" 우리가
지금은 물론이고 영원히 영적으로 살 것이라고 말했다. 이제 14절은, 성령님이 우리 속에
거하시면 우리가 영적으로 살 것이라고 덧붙인다. 이는 성령님이 우리를 인도하시는 바로
그 방향이기 때문이다.

영적인 아버지 되심에 대한 검사

때때로 우리는 '친자(親子) 확인 소송'을 신문에서 읽는다. 어떤 남자가 아이의 아버지
가 아니라고 주장하지만 한 어머니가 아들의 부양을 위하여 그 남자가 그 아이의 아버지라
고 이 소송을 제기한다. 초창기에는 이 일은 입증할 수 없는 문제가 되고 만 적이 잦았고,
그리하여 소송을 제기한 여인의 처지가 아주 힘들게 되었다. 그러나 오늘날은 친아버지라
고 추정되는 사람의 유전자 조직과 아이의 유전자 조직을 검사하여, 거의 100% 정확하게
부자 관계를 입증할 수 있다.

이 점은 이 절에 나타나는 네번째 중요한 가르침을 이끌어들인다. 이는 친자 확인 검사라
할 수 있는 것이다. 이 절은 어떻게 우리가 하나님의 가족인지 말해 준다. 하나
님의 영이 일상 생활에서 우리를 인도하신다면 우리는 하나님의 가족이다.

내가 이 점이 로마서 8장의 새로운 개념이며 새로운 단락을 이룬다고 앞에서 말한 것을
기억하는가? 여기서 나는, 이것이 전혀 새로운 것이 아니라는 점을 인정해야겠다. 왜냐하
면 우리는 줄곧 이 요점을 지적해 오고 있었기 때문이다. 이는 '그리스도인은 반드시 그리
스도인답게 살아야 한다'는 사실을 달리 표현한 것에 불과하다. 그리스도인은 제자의 길에
서 있으므로 그들은 그 길을 걸으면서 넘어질 수는 있지만 틀림없이 다시 일어나 앞으로 간
다. 그들은 거룩하게 성장한다.

그래도 큰 문제가 하나 남아 있다. 어떻게 성령님은 우리를 인도하시는가?

　사람들은 이 점에 대하여 의견이 분분하나 그 가운데 많은 생각이 비성경적이다. 어떤 사람은 외부 환경이라는 측면에서 이 질문에 대답하면서 하나님은 우리가 가야 할 길로 우리를 이끌기 위하여 외부 환경을 정해 놓으신다는 뜻을 은근히 비친다. 어떤 사람은 특별한 암시와 느낌이나 심지어는 특별한 계시를 바랄 것이다. 어떤 사람은 하나님의 영이 자신들로 하여금 초자연적으로 어떤 성경 구절을 보도록 하시거나 실제로 하나님의 말씀을 어떤 인간의 입을 통해 우연히 듣게 하실 것이라고 기대하면서 하나님의 인도를 거의 마술적으로 생각한다. 때때로 하나님이 실제로 '신비스러운' 방식으로 인도하시곤 한다는 것을 부인하는 것은 무익하므로, 우리는 이 분야를 조심스럽게 살펴야 한다. 성 아우구스티누스는 이웃 아이들이 "톨레 레게"(Tole lege, 집어 읽어라)라고 노래하는 것을 듣고 회개했다. 아우구스티누스는 그 말을 하나님으로부터 온 말씀으로 받아들이고, 성경을 들고서 아무 곳이나 펼쳤는데 자신의 특별한 필요에 해답을 주는 구절을 우연히 보게 되었고 그래서 회개했다. 우리는 이것이 하나님으로부터 온 것이 아니라고 감히 말하지 못한다.

　그러나 그런 인도가 우리에게 통상적으로 기대할 수 있는 인도인가? 만일 그렇다면, 우리 대부분은 그런 인도를 경험해 보지 않았다. '성령으로 인도함을 받는 것'이 그리스도인이 되는 것을 뜻한다면, 또 그리스도인이 되는 것이 그런 인도를 받는 것을 뜻한다면, 우리 대부분은 그리스도인이 아니다. 물론 여기서 바울이 이런 말을 하고 있는 것은 아니다.

　이 문제의 출발점은 성령님이 우리 속에 역사하심 혹은 '내면적으로' 역사하심을 인정하는 것이다. 이 구절에 나오는 모든 것은 이 점을 가리킨다. 바울은 성령님이 원하시는 것을 생각할 것과 죄악된 본성을 좇지 않고 영을 좇아야 할 것에 관하여 말하고 있었다. 그 다음 절들에서 바울은 성령의 내적인 증거로 우리가 하나님을 본능적으로 '아버지'라고 부르게 되는 것에 관하여 말할 것이다. 하나님은 물론 외적인 사건들을 정해 놓으실 수 있으시고 실제로 그렇게 하시며 하나님은 모든 것을 정해 놓으신다. 그러나 여기서 논의하는 것은 그 점이 아니다. 이 절에서 바울은 하나님의 영이 그리스도인 안에서 내면적으로 하시는 일에 관하여 말하고 있다.

　그래서 우리는 앞의 문제를 다음과 같이 바꾸어 보자. 성령님이 그리스도인들을 인도하시기 위하여 그리스도인들 안에서 내면적으로 무슨 일을 하시는가? 세 가지를 들어보겠다.

1. **성령님은 우리 지성(minds)을 새롭게 하신다.** 성령님이 일하시는 첫번째 분야는 지성이다. 성령님은 바울이 나중에 '너희의 지성을 새롭게 하심' (한글개역성경은 '마음' 이라고 되어 있으나, 다음 항목에서 heart가 나오므로 구별하기 위하여 지성이라고 함 – 역자)이라고 말하는 그 일로 우리 지성에 영향을 주신다. 이 점은 로마서 12장에 아주 분명하게 나타난다. 바울 사도는 이 서신의 큰 교리들을 쓴 다음 거기서 이 교리들을 신자의 행동에 적용하기 시작한다. 그러면서 이렇게 말한다. "그러므로 형제들아 내가 하나님의 모든 자비하심으로 너희를 권하노니, 너희 몸을 하나님이 기뻐하시는 거룩한 산 제사로 드리라. 이는 너희 드릴 영적 예배니라. 너희는 이 세대를 본받지 말고 오직 지성(한글개역성경 : 마음)을 새롭게 함으로 변화를 받아 하나님의 선하시고 기뻐하시고 온전하신 뜻이 무엇인지 분별하도록 하라" (롬 12 : 1-2).

하나님의 기뻐하시고 온전하신 뜻이 무엇인지 발견하고 분별하고 시인하는 사람은 하나님의 인도를 받고 있는 것이 분명하다. 그러나 로마서에 따르면 하나님의 뜻을 분별하려면 무엇보다 지성을 새롭게 해야 한다.

그러면 어떻게 우리 지성은 새롭게 될 수 있는가? 오직 한 가지 방법이 있다. 우리의 지성은 성경을 읽고 성령님께 성경으로 가르침을 받음으로써 새롭게 된다. 이런 이유로 하나님은 우리에게 성령을 주셨다. 즉 우리에게 알게 하시고 우리 지성에 빛을 비추시고 우리의 사고 방식을 이끄시려고 주셨다. 종교개혁자들이 특별히 잘 알고서 그랬듯이 나는 지성을 새롭게 하는 데 성경과 성령을 함께 언급하고 있다. 어느 편이든지 한편만으로는 충분하지 못하다. 스스로 성경과 상관없이 성령의 인도를 받고 있다고 생각하는 사람은 곧 잘못을 범하고 과도한 일을 저지르게 되고 말 것이다. 이 사람은 비성경적이고 따라서 거짓된 가르침을 지지하기 시작할 것이다. 그러나 모든 불신자가 그러하듯이, 성령님이 주시는 조명을 받지 않고서 성경을 읽는 사람은 성경을 닫혀 있고 뜻 없는 책으로 볼 것이다. 그리스도인은 성경과 성령 이 둘의 활동으로 인도를 받는다.

여기 여러분을 위한 시험이 있다. 성령은 성경 공부를 통하여 당신의 지성에 빛을 비추셔서 당신을 인도해 오시고 있는가? 당신은 전에 알지 못했던 하나님과 당신 자신과 복음과 하나님의 방법에 관한 일들을 발견해 왔는가? 당신은 그 일들이 참됨을 깨닫는가? 당신은 다르게 살기 시작하고 있는가? 당신이 미치지 않았다면 다르게 살기 시작할 것이다. 하나가 참되면 다른 것이 그릇되다는 것을 알지만 그릇된 길을 택하는 사람은 틀림없이 정신이 나갔거나 비합리적인 사람이다. 당신의 지성이 거듭났다면, 당신은 지성이 거듭난 것을 나타내 보일 것이다.

　2. 성령님은 마음(heart)을 움직이신다. 마음은 감정의 자리를 상징하고 성령님은 마음을 움직이거나 활기띠게 하여 하나님을 사랑하도록 함으로써 마음에 영향을 미치신다. 바울이 이 본문 다음에 나오는 절에서, 우리가 가슴 깊이 사랑 어린 마음으로 하나님을 '아바, 아버지'라고 외치며 보이는 반응에 대하여 말한다. 이 절은 실제로 마음을 언급하지는 않지만, 바울은 갈라디아서에 나오는 병행절에서 마음이라는 말을 언급한다. 그러면서 그는 성령님이 우리 마음에 명시적으로 영향을 미치는 작용에 대하여 생각하고 있음을 보이고 있다. 그는 이렇게 쓴다. "너희가 아들인고로, 하나님이 그 아들의 영을 우리 마음 가운데 보내사 아바 아버지라 부르게 하셨느니라"(갈 4 : 6). 다른 말로 하면 하나님의 영은 우리로 하여금 하나님과 하나님의 방법에 대하여 사랑으로 대하게 만듦으로써 우리를 인도하신다. 예수님이 말씀하셨듯이 우리로 '의에 주리고 목 마르게'(마 5 : 6) 하는 것은 성령님이시다.
　이리하여 우리는 자신이 그리스도인인지 아닌지를 알아보는 또 하나의 시험에 이른다. 나는 앞의 어느 장에서 이 시험을 언급했다. 당신은 하나님을 사랑하는가? 이 말은 "당신은 하나님을 온전히 사랑하는가?" 하는 뜻이 아니고 "당신은 하나님을 기쁘시게 하려 하는가? 당신은 성경을 공부하고 기도하면서 하나님과 더불어 시간을 쓰기를 원하는가? 당신은 하나님의 기뻐하심을 구하는가? 당신은 하나님의 영광에 관심을 기울이는가?" 하는 뜻일 따름이다.

　3. 성령님은 우리 의지(wills)를 이끄신다. 성령님은 우리 지성을 새롭게 하고 우리 마음 혹은 감정을 움직이심으로써 우리를 인도하시듯이, 우리의 의지에 새로운 방향을 보이시고 힘을 주심으로써 우리를 인도하신다. 바울은 빌립보서에서 이 점을 말하는데, 거기서 이렇게 쓴다. "그러므로 나의 사랑하는 자들아,… 항상 복종하여 두렵고 떨림으로 너희 구원을 이루라. 너희 안에서 행하시는 이는 하나님이시니, 자기의 기쁘신 뜻을 위하여 너희로 소원을 두고 행하게 하시나니"(빌 2 : 12-13).

하나님은 자신의 뜻을 행하라고 하시는 하나의 목적을 우리에게 주신다. 당신의 의지는 이런 방향으로 다시 이끄심을 받고 있는가? 당신이 마음 속 깊은 곳을 살펴볼 때, 자신이 참으로 하나님을 섬기고 하나님의 선한 뜻을 따라 살기를 바라는 것을 발견하는가? 하나님은 당신이 억지로 경건하게 되도록 하지 않으신다. 하나님은 당신이 전에 무시하던 일을 이제 사랑하고 전에 무관심하던 일을 이제 하고 싶어하도록 당신을 새로 태어나게 하셔서 당신의 의지를 바꾸신다.

존 머리(John Murray)는 다음과 같은 썼을 때 이 점을 올바르게 표현했다. "신자의 활동은 성령께서 활동하신다는 증거이다. 그리고 성령의 활동은 신자의 활동이 있도록 하는 원인이다."[4] 당신이 지금 하나님을 기쁘시게 하려 한다면, 성령님이 당신 안에 계셔서 당신이 원하는 일을 실제로 행하도록 이끄시게 하는 것이다. 이것이 바로, 당신이 하나님의 가족이라는 사실을 믿을 수 있는 강력한 이유이다.

우리의 형제와 자매

짧지만 힘 있는 이 절는 또 하나의 중요한 가르침이 들어 있다. 그리고 이 가르침은 우리가 다루고 있는 중요 낱말들이 복수라는 사실에서 나온다. "하나님의 영으로 **인도함을 받는** 그들은 하나님의 아들(들)이라." 그러므로 하나님의 영으로 인도함을 받는 그들은 우리의 참된 형제와 자매이다. 우리는 동일한 하나님의 가족이다.

오래된 KJV는 "(인도함을 받는) 많은 사람이"라는 말을 이 절에 담고 있는데, NIV에서는 이 표현이 바뀌어 버려서 애석한 마음이 들 지경이다. 왜냐하면 이 표현은 NIV에 나오는 '자들' 보다 하나님의 가족에 담긴 포괄적 성격을 강조하기 때문이다. 하지만 어떻게 하더라도 뜻은 마찬가지이다. 문제는 우리가 이 요점을 이해하는 것보다는 그것을 실천하는 것이다. 예수 그리스도의 교회에 속하는 신자들은 서로 다른 점이 많다. 계급과 개성과 배경과 경제적 지위와 기질과 능력과 동기와 감수성과 그밖에도 수천 가지 점에서 차이가 난다. 이런 것들 때문에 교회에 분열이 일어났다. 왜냐하면 교회 분열이 모두 교리 때문이 아니기 때문이다(아마 분열의 대부분이 교리 때문이 아닐 것이다). 있어서는 안 되는 분열이 많고, 때로는 이런 분열 때문에 어느 교파의 그리스도인들은 다른 교파의 그리스도인들을 의심하고 심지어는 교류도 갖지 못하게 된다.

이런 일은 있어서는 안 된다. 왜냐하면 이 본문은 다른 신자들을 그리스도 안에 있는 우리의 형제 자매로 만드는 것이 그들이 속한 교파나 운동이 아니라 그들이 하나님의 영으로 인도함을 받느냐 받지 않느냐 하는 것이라고 가르치기 때문이다. 참으로 하나님의 영으로 인도함을 받는 자들은 누구나 그리스도 안에 있는 우리의 형제요 자매이다. 우리는 이 점을 깨닫고 하나님의 뜻을 이루기 위하여 그 사람들과 기꺼이 함께 일하려 해야 한다.

● 각주 ●

1. John R. Stott, *Men Made New : An Exposition of Romans 5-8* (Grand Rapids : Baker Book House, 1984), pp. 92-94.

2. John Calvin, *The Epistles of Paul the Apostle to the Romans and to the Thessalonians*, trans. Ross MacKenzie(Grand Rapids : Wm. B. Eerdmans, 1973), p. 167.

3. D. M. Lloyd Jones, *Romans : An Exposition of Chapter 8 : 5-17, The Sons of God* (Grand Rapids : Zondervan, 1974), pp. 151, 152.

4. John Murray, *The Epistle to the Romans* (Grand Rapids : Wm. B. Eerdmans, 1968), p. 295.

101
더 이상 종이 아니라 아들이 됨
로마서 8:15-16

너희는 다시 무서워하는 종의 영을 받지 아니하였고 양자의 영을 받았으므로 아바 아버지라 부르짖느니라 성령이 친히 우리 영으로 더불어 우리가 하나님의 자녀인 것을 증거하시나니

우리는 바울이 로마서에서 처음으로 그리스도인이 하나님의 가족이 되었다는 사상을 도입하는 대목을 계속 공부하고 있다. 이 대목은 엄밀하게 말하면 15절부터 시작하여 17절까지 계속된다. 물론 '하나님의 아들' 이라는 표현은 14절에 처음 나오며, 뒤에도 '하나님의 아들' '하나님의 자녀' 라는 말이 사용된다. 바울이 이 개념을 전개하는 것으로 보아 이 절은 이 장에서 가장 중요한 절에 속한다.

어떻게 이 절들이 조화를 이루는지 살피는 일은 중요하다. 바울 사도가 로마서 8장에서 다루는 포괄적인 주제는 확신이다. 즉 그리스도인들이 자신이 참으로 그리스도인이며 자신이 그리스도인이므로 영원히 자신을 하나님의 사랑에서 끊어낼 것이 없을 것임을 알 수 있다는 교리이다. 이런 확신을 체험하려면 우리가 실제로 하나님의 자녀여야 한다. 이런 이유

로 나는 우리의 고백을 검사할 필요가 있다고 역설했다. 이 문제에서 어림잡아 생각하는 것은 치명적인 일일 것이다. 하지만 로마서 8장은 우리로 하여금 우리의 구원을 확신하지 못하게 하려는 것이 아니라 그 구원을 확신하게 하려고 쓰여졌다. 그리고 이 절들이 말하고자 하는 것이 바로 그 점이다. 이 절들은 다양하고 서로 관련된 이유를 드는데, 네 절이 각각 하나님의 자녀는 자신이 하나님의 가족이라는 것을 알아야 할 이유를 한 가지씩 갖고 있다.

로버트 홀데인(Robert Haldane)은 이를 이렇게 표현한다.

여기 그리고 그 다음에 나오는 절들에서 사도 바울은 우리가 하나님의 자녀된 네 가지 증거를 보여 준다. 첫째는 우리가 하나님의 영으로 인도함을 받는 것이며, 둘째는 우리가 '아바 아버지'라고 외치면서 받는 양자의 영이며(15절), 셋째는 우리 영과 더불어 보이시는 성령의 증거이며(16절), 넷째는 우리가 예수 그리스도와 연합하여 당하는 고난이다. 이 고난에는 우리가 자녀되어 맺는 열매가 결부되어 있다. 그래서 사도 바울은 우리가 자녀라면 하나님의 후사요 그리스도와 함께 한 후사라고 말한다. 그와 같다면 우리는 그리스도와 함께 고난을 받고 또 함께 영광을 받을 것이다.[1]

우리는 앞 장에서 이 증거들 가운데 첫째 증거를 살펴보았다. 우리는 다음 장에서 네번째 증거를 살필 것이고 이 장에서는 두번째와 세번째 증거를 살필 것이다. 즉 양자 됨과, 우리의 영과 더불어 보이시는 성령의 증거를 함께 살필 것이다.

하나님이 양자로 받아주심

15절부터 시작하자. "너희는 다시 무서워하는 종의 영을 받지 아니하였고 양자의 영을 받았으므로 아바 아버지라 부르짖느니라." 이 절에 담긴 주된 개념이면서 새로운 개념은 '양자 됨'(adoption)이다. 물론 NIV에서는 '아들 됨'(sonship)이라고 말하므로 입양이라는 개념이 어느 정도 흐려진다. 그러나 이 말에 해당하는 헬라어는 후이오쎄시아(huiothesia)인데 그 뜻은 '아들로서 자리나 지위를 가짐'으로 '입양'(KJV에서 사용하는 용어)에 해당하는 헬라의 전문 용어이다. 입양은 어느 가정의 아이를 (혹은 가정이 없는 데서) 데려다가 다른 가정서 키우는 절차이다. 이 문맥에서 양자 됨은 한 사람을 아담(혹은 사단)의 가정에서 데려다가 하나님의 가정에 두는 것을 가리킨다.

양자 됨은 중생 혹은 신생과 관련되어 있다. 하지만, 양자 됨과 중생 혹은 신생이 같은 것은 아니다. 중생은 우리가 새 생명 혹은 새 본성을 받는 것과 관계 있고, 양자 됨은 우리가 새로운 지위를 받는 것과 관계가 있다.

그러나 먼저 우리는 뒤로 돌아가 한 문제를 살펴야 한다. 이 문제는 바울이 이 절에서 영이라는 낱말을 사용하는 방식에서 나온다. '영'이 두 번 나오는데 한 번은 '너희는 다시 두무서워하는 종의 영'(KJV는 '속박의 영'이라는 낱말을 사용한다)이라는 구절에서, 두번째는 '아들 됨(혹은 양자 됨)의 영'이라는 구절에서 나오는 것을 여러분은 주목할 것이다. 문제는 이것이다. 이 두 낱말이 가리키는 것은 무엇인가?

영이라는 낱말은 성경에 있는 두 가지 것, 즉 성령 혹은 인간의 영혼이나 기질 가운데 하나를 언급할 수 있다. 다른 말과 다양하게 결합되어 나오는 이 두 가지 의미는 이 구절에 관하여 세 가지 가능한 해석을 우리에게 제시한다.

1. '영'이 나오는 이 두 경우는 모두 인간 영혼을 가리키는 것으로 볼 수 있다. 이런 식으로 생각하는 사람들은, 바울이 두 경우에 한 사람의 기질(disposition)이나 감정에 관하여 다음과 같은 뜻으로 말하고 있다고 해석하려 한다. 즉 전에는 우리가 두려워하곤 했지만 이제는 우리가 회개하였으므로 즐거운 양자의 영을 받아 하나님을 '아버지'라고 부른다는 뜻으로 말하고 있다는 것이다. 아마 그런 뜻도 충분히 있을 것이다. 그러나 바울이 이 구절에서 훨씬 중요한 것을 말하고 있다고 생각해도 좋을 이유가 많다.

2. 두번째 가능성은 두 경우 모두에서 이 낱말이 성령을 가리킨다고 보는 것이다. 마틴 로이드 존스(D. Martyn Lloyd Jones)가 이렇게 본다. 그에 따르면 첫째 경우는 우리가 죄를 자각하게 되었다고 추측되지만 아직 복음의 자유에 들어가지는 않은 시기를 가리킨다고 한다. 이는 로이드 존스에게 중요한 점인데, 왜냐하면 이 점이 로마서 7 : 7-25에 대한 그의 해석과 관계가 있기 때문이다. 로이드 존스는 로마서 8 : 15-16을 다루면서 이 요점과 다른 요점들을 설명하느라고 200쪽이 넘게 할애한다.[2] 도널드 그레이 반하우스(Donald Grey

Barnhouse)도 두 경우가 모두 성령을 가리킨다고 보지만, '속박의 영'은 하나님의 백성인 유대인이 모세의 율법 아래 살던 때 즉 그리스도께서 오시기 전을 가리킨다고 본다.[3] 존 머리(John Murray)도 두 경우 모두 성령을 가리키되, 한 가지 특별한 의미에서 "너희는 성령을 속박의 영으로 받지 아니하고 양자의 영으로 받았다"는 뜻을 가리킨다고 본다.[4]

3. 세번째 견해는 위의 두 가지를 결합하는 것으로, 첫번째 낱말은 인간의 영혼을 가리키고 두번째 낱말은 성령을 가리킨다고 본다.[5] 이는 NIV 등 대부분의 번역본들이 취하는 견해로, NIV는 첫번째 '영'(spirit)은 소문자로 기록하고 두번째는 대문자로 기록한다.

내 판단으로는, 갈라디아서의 병행절에서 명확하게 성령을 가리키는 뜻으로 나오는 사실말고 다른 이유가 없다면, 이 낱말의 두번째 용례는 성령을 가리키는 것이 틀림없다. "너희가 아들인 고로 하나님이 그 아들의 영을 우리 마음 가운데 보내사 아바 아버지라 부르게 하셨느니라"(갈 4 : 6). 하지만 이 낱말의 첫번째 용례가 무엇을 가리키는지는 쉽게 말할 수 없다. 존 머리가 보았듯이("너희는 성령을 속박의 영으로 받지 아니하고 양자의 영으로 받았다") 분명히 이 용례는 부정적으로 성령을 가리킬 수 있다. 그러나 갈라디아서에 나오는 병행 구절을 곧이 곧대로 받아들여 여기 본문에 적용하면, 여기서 관련된 속박은 율법에 대한 속박이며 이 속박이 예수 그리스도로부터 나온 은혜와 자유와 대조를 이루는 듯이 보인다(갈 4 : 1-7). 그리고 이 은혜와 자유는 율법으로 하나님을 섬기려는 데서 벗어나는 은혜요 자유이다.

게다가 이 해석은 로마서와 맞아떨어진다. 왜냐하면 바울은 그리스도인의 이전 상태 즉 우리가 아담 안에 있으면서 죄에게 종 노릇하던 상태에 관하여 이야기하며 우리가 성령에 의하여 이전의 속박 상태에서 건짐을 받았다고 주장했기 때문이다. 이제 바울은 속박에서 벗어나는 자유를 전해 주는 이 새로운 상태가 아들 됨의 특권을 담고 있다고 덧붙인다.

양자 됨(adoption)이라는 낱말이 신약 성경에서는 흔치 않다. 바울만이 이 낱말을 쓰며 횟수도 다섯 번(로마서에서 세 번 나옴)뿐이다. 그리고 구약에는 이 말이 전혀 나오지 않는데, 유대인은 입양을 하지 않았기 때문이다. 그들은 과부와 고아와 상속의 문제를 해결하기 위하여 일부다처제와 수혼법(嫂婚法 : 과부가 죽은 남편의 형제와 결혼하는 고대 이스라엘의 법 - 역자)을 두고 있었다.

바울은 아마 두 가지 이유 때문에 그리스 로마의 법률에서 입양의 개념을 취했다. 첫째로, 바울은 그리스 로마 사람들에게 (이 경우에는 로마 교회의 교인들에게) 편지를 쓰고 있었고 그래서 그들의 문화를 이루고 있는 입양은 그들이 아주 쉽게 이해할 수 있는 것이었다. 둘째로 이 낱말은 "태어날 때 소속하지 않은 가정의 아들이 되어 온전한 권리와 특권을 받는다는 사실을 표시하므로"[6] 바울에게 쓸모가 있었다. 구원받을 때 신자에게 일어나는 일은 바로 그것이다.

하늘에 계신 우리 아버지

나는 입양이라는 것은 입양된 사람에게 새로운 지위를 주는 것으로 말했다. 그러나 '새로운 지위'라는 말은 입양으로 일어나는 일을 가장 뛰어나게 서술하지 못할 수 있다. 실제로 양자 되는 일에는 여러 가지 관계가 포함된다. 신자 불신자 할 것 없이 다른 사람들과 맺는 새로운 관계가 있으며, 무엇보다도 하나님과 맺는 새로운 관계가 있다. 우리는 구원을 칭의라고 말할 때, 하나님을 재판관으로 생각하고 있다. 이는 생소하고 다소 엄격한 관계이다. 우리가 중생에 대하여 생각할 때는 하나님을 창조주로 생각한다. 이 또한 생소하다. 그러나 우리가 양자 됨을 생각할 때는 하나님을 우리 아버지로 생각하며, 이는 훨씬 가까운 관계를 가리킨다.

이리하여 사도 바울은 양자의 영이 우리로 '아바 아버지'라고 외치게 한다고 말한다.

우리가 하나님을 '아버지'라고 부를 수 있는 권세는 예수 그리스도께로 거슬러 간다는 사실을 깨닫는 일이 중요하다. 이는 "… 하늘에 계신 우리 아버지…"(마 6:9)하고 시작하는 주기도문의 처음 표현으로 거슬러 간다. 오늘날 우리는 하나님을 '우리 아버지'라고 부를 수 있는 권리를 당연한 것으로 여기지만, 이런 표현이 틀림없이 그리스도의 동 시대 사람들에게 얼마나 새롭고 놀라울 정도로 독창적이었는지를 알아야 한다. 구약에서 유대인이 하나님을 '내 아버지'라고 직접 부른 예가 없었다.

에른스트 로마이어(Ernst Lohmeyer)는 「우리 아버지」(Our Father)라는 책에 철저하게 독일적인 방식으로, 요하임 예레미아스(Joachim Jeremias)는 「아바」(Abba)라는 제목의 논문과 「주 기도」(The Lord's Pray)라는 소책자에서 이 내용에 관한 자료를 제공했다.[7] 이 학자들에 따르면, (1)이 칭호는 예수님과 더불어 생겼다. (2)예수님은 기도하실 때 언제나 이런 형식의 인사를 사용했다. (3)예수님은 제자들에게 자신처럼 이 말을 사용할 수 있는 권세를 주셨다.

어떤 의미에서 하나님을 '아버지'라고 부르는 호칭은 종교만큼이나 오래 되었음을 아무도 부인하지 않을 것이다. 호머(Homer)는 '신들과 죽을 인간을 다스리시는 아버지 제우스여' 하고 썼고, 아리스토텔레스(Aristotle)는 "아버지가 자녀를 다스리는 것은 왕이 신하를 다스리는 것과 비슷하다" "제우스는 우리 모두의 왕이기" 때문에 호머가 옳다고 설명했다. 그 당시 '아버지'는 '주' 혹은 '주인'을 뜻했고, (아버지나) 모든 왕이 '주'나 '주인'이었다. 하지만 중요한 점은, 이 이름이 언제나 개인적이지 않았다는 것이다. 왕을 자기 나라의 아버지라고 부를 수 있듯이, 그리스 사상에서도 그리스인의 신을 '아버지'라고 부를 수 있었다. 그래서 미국인은 조지 워싱턴을 조국의 아버지라고 부른다. 그러나 그리스 작품에서는 신을 결코 '나의 아버지' 혹은 '우리 아버지'라고 묘사하지 않는다.

이는 구약과 비슷한 상황이다. 때때로 구약에서도 아버지라는 낱말이 하나님을 가리키는 표현으로 사용하였지만, 이 말은 자주 나오지 않으며 개인적으로 사용하지 않았다. 사실 구약을 통틀어서 14번밖에 나오지 않는다. 하나님은 이스라엘을 '내 장자'(출 4 : 22)라고 하신다. 그리고 다윗은 이렇게 말한다. "아비가 자식을 불쌍히 여김같이 여호와께서 자기를 경외하는 자를 불쌍히 여기시나니"(시 103 : 13). 이사야가 "여호와여, 주는 우리 아버지시니이다"(사 64 : 8) 하고 쓰지만, 이 구절 어디서도 한 개인으로서 유대인이 하나님을 직접 '내 아버지'라고 부르지 않는다. 사실상, 이 구절 대부분은 이스라엘이 가족 관계를 이루며 살지 않았다는 점을 말하려고 한다.

그래서 예레미야는 하나님이 다음과 같이 말씀하신다고 전한다. "내가 스스로 말하기를 내가 어떻게 하든지 너를 자녀 중에 두며 허다한 나라 중에 아름다운 산업인 이 낙토를 네게 주리라 하였고, 내가 다시 말하기를 너희가 나를 나의 아버지라 하고 나를 떠나지 말 것이니라 하였노라. 그런데 이스라엘 족속아, 마치 아내가 그 남편을 속이고 떠남같이 너희가 정녕히 나를 속였느니라 여호와의 말이니라"(렘 3 : 19-20). 그처럼 호세아는 다음과 같이 하나님의 말씀을 기록한다. "이스라엘의 어렸을 때에 내가 사랑하여 내 아들을 애굽에서 불러 내었거늘, 선지자들이(NIV는 '내가'로 되어 있음) 저희를 부를수록 저희가 점점 멀리하고…"(호 11 : 1-2).

더욱이 예수님의 시대에 관습적으로 하나님을 부를 때는 거리를 두고 존경을 표현하던 점으로 은근히 드러나듯이, 백성과 하나님 사이는 점점 친밀해지기는커녕 벌어지고 있었다. 하나님의 이름이 공적인 설교나 기도에서 점점 쓰이지 않게 되었다. 그리고 흔히 '여호와' 혹은 '야훼' 라고 번역하는, 하나님에 대한 위대한 칭호인 테트라그라마톤 (Tetragrammaton, 즉 YHWH : 히브리어 자음 4자로 이루어진 낱말이라는 뜻으로써 발음에 대한 의견이 엇갈린다. 유대인들은 하나님의 이름을 망령되이 부르지 않기 위하여 이 네 개의 자음을 "아도나이"라고 읽었다. 즉, 구약에서 사용된 이 하나님의 이름은 언약적인 명칭으로 이해되고 있다 – 역자)을 어찌나 쓰기를 꺼렸든지, 오늘날 우리는 그 정확한 발음조차 모른다.

그 이유는, 이 낱말을 발음하지 않았고 어떻게 발음해야 한다는 표시가 전혀 없기 때문이다. 여호와라는 낱말이 성경 본문에 나올 때마다, '주' 의 뜻을 가진 아도나이라는 낱말에 해당하는 모음 구두법을 이 성호의 모음 구두법으로 대신했다. 그렇게 해 두면 읽는 사람은 '여호와' 대신에 '아도나이' 라고 말해야 한다는 사실을 떠올린다. 그리고 사실상 유대인들은 그렇게 했다. 하나님은 너무나 초월하신 분이신지라 직접 이름을 부를 수 없고 그의 이름이 너무나 거룩하여 인간의 입에 올릴 수 없다고 유대인들은 생각했다. 그래서 하나님과 인간의 사이는 점점 벌어지고 있었다.

이 모든 것이 예수 그리스도에 의하여 완전히 뒤집어졌다. 예수님은 하나님을 항상 '아버지' 라고 부르셨고, 이 사실은 제자들에게 특이한 인상을 남겼을 것이 틀림없다. 복음서 네 권 모두가 예수님이 이 칭호를 사용한 것을 기록하고 있을 뿐만 아니라, 예수님이 모든 기도에 그렇게 하셨다고 기록한다(각주 참조. 성경구절 기록 – 역자).[8] 유일한 예외가 있는데, 그것은 십자가에서 하신 다음의 외침이다. "나의 하나님, 나의 하나님, 어찌하여 나를 버리시나이까?"(마 27 : 46; 막 15 : 34). 이 외침은 이 요점(예수님이 모든 기도에 아버지라는 칭호를 사용했다는 점)의 중요성을 더 크게 한다. 십자가에서 하신 이 외침은 예수님이 우리를 위하여 죄인이 되시고 아버지와 맺은 관계를 어느 정도 잠시 끊으신 때에 그리스도의 입에서 신음하듯 나온 기도였다. 이때를 제외하고 예수님은, 동시대 사람들이 매우 불경하고 심지어는 참람하다고까지 보았던 하나님과의 관계를 언제나 담대하게 내세우셨다.

이 점은 우리의 기도에도 아주 중요하다. 예수님은 유일(唯一)한 의미에서 하나님의 아들이셨고, 하나님은 유일하게 예수님의 아버지셨다. 예수님은 기도할 때 하나님의 독생자로 하나님께 나아가셨다. 우리는 예수님과 다르다. 그런데도 예수님은, 자신의 고난으로 죄사함을 받고 자신을 믿는 모든 자가 그러한 관계를 누릴 수 있다고 계시하셨다. 이들은 자녀의 신분으로 하나님께 나아갈 수 있다. 하나님은 사람들의 인격적인 하나님이 되실 수 있다.

그러나 이것으로도 전부는 아니다. 예수님이 하나님을 아버지라고 부르셨을 때, 아버지를 가리키는 통상적인 낱말을 쓰지 않으셨다. 예수님은 아람어 **아바**(abba)라는 말을 쓰셨는데, 이 말을 바울은 로마서 8 : 15과 갈라디아서 4 : 6의 병행 구절에서 인용하고 있다. 분명 이 낱말은 제자들에게는 매우 놀라운 말이었으므로, 그들은 아람어 형태로 이 말을 기억하였으며 헬라어로 말하거나 헬라어로 복음서나 서신서를 썼을 때에도 이 아람어를 다시 사용했다. 마가는 겟세마네 동산에서 하신 그리스도의 기도를 이야기하면서 이 말을 썼다("아바 아버지여 아버지께는 모든 것이 가능하오니…", 막 14 : 36 상). 바울은 우리가 연구하는 이 본문에서 이 말을 사용했다.

아바(abba)는 특별히 무슨 뜻을 갖고 있는가?

초대 교부들 가운데 아람어를 말하는 안디옥 출신이며 아마 아람 사람을 유모로 두었을 크리소스토무스(Chrysostomus), 몹수시아의 테오도르(Theodor of Mopsuesia), 싸이러스의 테오도레(Theodore of Cyrrhus)는, 아바가 어린 아이들이 아버지를 부르는 이름이라고 만장일치로 증언했다.[9] 탈무드는 어린 아이가 젖을 뗄 무렵 "**아바**(abba)와 **임마**(imma)(즉 '아빠'와 '엄마')를 말하는 법을 배운다"고 말하면서 이 사실을 확증한다.[10]

그러니 아바가 실제로 뜻하는 바는 바로 아빠이다. 유대인은 하나님을 아빠로 부르며 하는 기도가 조리에 맞지 않으며 지극히 불경스럽다고 여겼을 것이다. 하지만 예수님이 기도하실 때 이 말을 썼고, 이 점은 지극히 당연하게 제자들에게 충격을 주었다. 예수님이 하나님을 '아빠'라고 부르라고 가르쳤을 때 이 점은 아주 유일무이했다.[11]

바로 앞 장에서 성령님이 우리를 어떻게 인도하시는지 설명하면서 말한 것을 다시 살펴보겠다. 나는 성령님이 하나님을 향한 애정이나 사랑을 일어나게 하면서 우리 마음에 영향을 주시는 사역을 말했다. 한 가지 좋은 예화는 탕자의 이야기이다. 탕자가 정신을 차렸을 때 아버지를 기억하고, 뵙고 싶은 마음이 되살아났다. 그래서 일어나 아버지께 가기로 결심했다. 성령님은 우리가 더 이상 마귀의 자녀가 아니라 하나님의 아들딸이라는 사실을 우리에게 확신시키려고, 우리 마음에 그런 결심이 생기도록 하신다. 우리는 이제 하나님이 우리의 사랑하는 아버지이심을 안다. 그리고 우리는 이 사실을 알기 때문에 하나님께 가까이 간다.

성령의 증거

마지막으로 우리는 이 네 절로 된 문단의 세번째 절에 이르렀다. 이 절은 우리가 하나님의 가족이라는 것을 알게 하는 또 하나의 이유를 제시한다. 이 절은 다음과 같다. "성령이 친히 우리 영으로 더불어 우리가 하나님의 자녀인 것을 증거하시나니"(16절). 이 절에서 두 '영'이 무엇을 가리키는지는 해결되었다. 첫번째 영은 성령이며, 두번째는 우리 인간의 영이다. 그러나 우리가 하나님의 자녀가 되었다는 사실에 대한 이 세번째 증거가 무엇인지에 관해서는 분명하지 않다.

한 가지 것은 분명하다. 우리가 '아바 아버지'라고 외치면서 이 새로운 관계를 증명한다고 하는 15절과 성령이 친히 증거하신다고 하는 16절은 대조를 이룬다. 16절은 우리의 증거와 별개로 성령의 증거에 관심을 둔다. 그러나 이 증거는 무엇일까? 이 증거는 바울이 이미 말한 (그리고 내가 논의해 왔던) 것과 어떻게 구별되는가? 내가 지금 말하려고 하는 것을 듣고 어떤 사람들은 오해할 것이며 몇 사람은 심지어 내 말이 잘못되고 위험하다고 정죄할 수 있을 것이다. 그러나 확신컨대 이 구절이 가르치는 것은, 내가 언급한 다른 '증거'들과 별개로 성령님이 신자에게 직접 증거하시는 것이 있으므로 우리가 하나님의 아들딸이라는 사실이다. 다른 말로 하면 사람의 마음에 성령의 진정한 체험(experience)을 가질 수 있다는 것이다.

성령의 체험이라니? 나는 이 말에 대한 반대를 안다. 영적 체험이 그 자체로 반드시 정당하지는 않다는 것을 나는 안다. 그런 어떤 체험도 가짜 체험일 수 있으며, 마귀의 가짜 체험이 아주 훌륭하게 보일 수도 있다. 그러나 영적 체험이 가짜 체험일 수 있다고 해서 모든 영적 체험이 정당하지 않은 것은 아니다.

또한, 성령의 체험을 구하는 사람들이 빈번하게 빠지고 비성경적인 생각과 경험에 떨어지는 경우가 잦다. 그런 모든 체험은 성경의 점검을 받아야 한다. 그러나 중요한 이 반대에도 불구하고, 나는 한 사람이 참으로 하나님의 자녀라는 사실을 정당하게 입증하는 성령의 직접적인 체험이 있을 수 있다고 여전히 말한다.

여러분은 그런 체험을 가진 적이 없는가? 하나님의 임재에 대한 압도하는 느낌을 가진 적이 없는가? 아니면 살다가 어떤 때 아마도 여러 번 하나님이 특별히 당신에게 임하시며 틀림없이 당신이 체험하는 것이 하나님께로부터 오는 것이라고 의식한 적이 없었는가? 당신은 감동을 받아 눈물을 뿌렸을 것이다. 하나님의 임재를 나타내는 다른 표시를 깊이 느꼈을 것이다. 그래서 당신은 분명히 감동을 받아 하나님께 대하여 더 크고 더 놀라운 사랑을 가졌을 것이다.

이런 일은 부흥 운동에서 아주 흔히 일어나는 체험이었다. 마틴 로이드 존스(D. Martyn Lloyd Jones)는 수십 쪽에 걸쳐 부흥 운동 때의 가르침과 증거를 들면서 이 사실을 설명한다. 확신컨대 그가 이 사실을 '성령 세례'로 언급할 때는 잘못했지만, 그럼에도 나는 그가 이것을 참되고 바랄 만한 현실이라고 부르는 점에서는 옳다고 믿는다.[12]

만일 이런 생각이 당신에게 낯설거나 위험하게 보인다면, 아마 당신은 지금 이 사실을 받아들일 준비가 되어 있지 않다. 그러면 그냥 내버려 두라. 당신은 이미 14, 15절에서 가르쳤던 것을 받아들이는 것으로도 충분하다. 그러나 경건의 시간이나 교회에서 예배를 드리는 동안 이처럼 강하게 영적인 순간을 체험한 적이 있다면, 하나님께 감사하라. 그 체험들은 내가 강조했던 다른 어떤 것들을 대신하지 않음을 알라. 성경이 가장 중요하다. 그러나 하나님이 자신을 우리에게 매우 생생하게 느낄 수 있도록 하시므로 우리가 어려운 때에도 힘을 얻고 우리가 하나님의 사랑이 내쉬는 영적인 속삭임으로 언제나 하나님의 자녀가 될 것이라는 사실을 확신을 갖도록 하시는 것을 기뻐 하라.

● 각주 ●

1. Robert Haldane, *An Exposition of the Epistle to the Romans* (MacDill AFB : MacDonald Publishing, 1958), p. 353.

2. D. M. Lloyd Jones, *Romans : An Exposition of Chapter 8 : 5-17, The Sons of God* (Grand Rapids : Zondervan, 1974), pp. 196-399.

3. Donald Grey Barnhouse, *God's Heirs : Exposition of Bible Doctrines, Taking the Epistle to the Romans as a Point of Departure*, vol. 7, Romans 8 : 1-39(Grand Rapids : Wm. B. Eerdmans, 1963), p. 89.

4. John Murray, *The Epistle to the Romans* (Grand Rapids : Wm. B. Eerdmans, 1968),

p. 297.

5. 물론 논리적으로 네번째 가능성이 있다. 첫번째 '영'은 성령을 가리키고 두번째 영은 우리의 영을 가리킬 수 있다. 그러나 아무도 이런 가능성을 진지하게 제안하지 않았다.

6. Leon Morris, *The Epistle to the Romans* (Grand Rapids : Wm. B. Eerdmans, and Leicester, England : Inter-Varsity Press, 1988), p. 315.

7. Ernst Lohmeyer, "Our Father," trans. John Bowden(New York : Harper and Row, 1965); Joachim Jeremias, "Abba," in *the Central Message of the New Testament* (London : SCM Press, 1965), pp. 9-30, and *The Lord's Prayer,* trans. John Reumann(Philadelphia : Fortress Press, 1964).

8. 마 11 : 25; 26 : 39, 42; 막 14 : 36; 눅 23 : 34; 요 11 : 41; 12 : 27; 17 : 1, 5, 11, 21, 24, 25을 보라.

9. Jeremias, *The Lord's Prayer,* p. 19.

10. *Berakoth* 40a; *Sanhedrin* 70b.

11. 이 대목의 일부는 다음에서 빌려다가 조금 변형을 시켰음. James Montgomery Boice, *Foundations of the Christian Faith : A Comprehensive and Readable Theology* (Downers Grove, Ill. : InterVarsity Press, 1986), pp. 445-447.

12. 로이드 존스의 글, 특히 이 체험에 대한 그의 서술과 이 체험을 거짓 체험과 구별하는 방법에 대한 그의 교훈을 꼼꼼히 읽어 보기를 권한다. Lloyd Jones, *Romans : An Exposition of Chapter 8 : 5-17, The Sons of God,* pp. 285-399.

102

하나님의 성도가 받을 유업

로마서 8:17

자녀이면 또한 후사 곧 하나님의 후사요 그리스도와 함께 한 후사니 우리가 그와 함께 영광을 받기 위하여 고난도 함께 받아야 될 것이니라.

로마서 8 : 17은 고난과 영광이라는 성경의 두 가지 중요한 개념을 우리에게 소개한다. 혹은 레이 스테드만(Ray C. Stedman)이 말하듯이, '상처와 할렐루야'로 소개한다.[1] 이 절은 영광으로 시작하여 고난에 대하여 말하다가 다시 영광으로 끝맺는다(한글개역성경의 어순에 따르면, 고난에 대한 이야기가 맨 나중에 나온다 – 역자). 첫번째 진술은 하나님의 자녀는 하나님의 후사와 예수 그리스도와 함께 한 후사라는 것이다.

하나님의 후사가 된다니 그 얼마나 놀라운 일인가! 때때로 자녀들은 부모에게서 이어받을 것을 즐겁게 바라보지만, 매우 인간적인 이 소망은 기대를 저버리는 경우가 아주 잦다. 지금까지 세상에서 가장 부유한 사람 가운데 세실 로즈(Cecil Rhodes, 1853-1902)가 있는

데 이 영국 사람은 건강상의 이유로 남아프리카로 이민을 갔는데 거기서 다이아몬드 채광으로 엄청난 재산을 모았다. 그는 겨우 47세에 죽었는데, 유언으로 자신 재산의 대부분을 직계 가족들에게 남기지 아니하고(그래서 가족들의 원성을 많이 샀다) 그 유명한 로즈 장학회에 기부했다.

그의 형제 아서(Arthur)는 이 실망스러운 소식을 듣고서 이렇게 말했다. "있긴 있군. 장학금이라도 받아야 할 판이야."

중세 프랑스 작가이며 수사인 프랑스와 라블레(Francois Rabelais)는 다음과 같은 유언을 남겼다. "빚진 것은 많고 가진 것은 없지만 남은 것은 가난한 자에게 주노라." 그러나 하나님은 전혀 다르시다. 하나님은 아무 빚도 없고 모든 것을 갖고 계시며 그 모든 것을 자녀들에게 주신다.

참된 복음 전도와 거짓 복음 전도

하지만 우리는 영적 유업에 관하여 알아야 할 일들이 있다. 그리고 그 첫번째 것은 그 유업이 우리를 위하여 하늘에 즉 미래에 놓여 있다는 점이다. 이 점은 거의 자명한 것이지만, 우리 시대에 계발되어 온 어떤 복음 전도에 비추어 볼 때 이 점을 강조하는 일은 중요하다.

이 복음 전도는 이렇게 말한다. "예수님은 지금 풍성한 삶을 당신에게 주시려고 돌아가셨습니다. 이 말은 예수님께서는 당신이 필요로 하거나 원하는 모든 것을 주시마 하고 약속하셨다는 뜻입니다. 만일 당신이 어려우면 예수님은 당신의 어려움을 해결하실 것이며, 슬프면 기쁘게 해주실 것이며, 낙담하면 당신을 일으켜 즐겁고 억누를 수 없는 마음의 노래를 주실 것입니다. 당신의 필요가 무엇이더라도, 예수님은 그 모든 필요를 공급해 주시는 분입니다. 예수님께 당신의 필요를 말하십시오. 믿음으로 그 필요를 채워 줄 해답을 요구하십시오". 좀더 극단적인 표현을 담은 이 가르침은 소위 '건강과 성공'의 복음이 되었다.

짐 바커와 태미 바커(Jim and Tammy Bakker)는 잠시 종교 텔레비전에서 큰 인기를 누리는 동안 이런 식의 복음을 전했다. 그들은, 하나님이 신자를 풍요롭고 번영하게 만들려 하신다고 가르쳤다. 태미는 이렇게 말했다. "나는 원하는 자동차를 하나님께 말씀드릴 때 심지어는 자동차 색깔까지 말씀드립니다."

그런 복음은, 예수님이 평화를 주러 오지 아니하고 검을 주러 오셨고 제자로 부르실 때 "아무든지 나를 따라오려거든 자기를 부인하고 날마다 제 십자가를 지고 나를 좇을 것이니라"(눅 9 : 23)고 말씀하신 것을 잊어버린다. 그래서 바울은 우리가 공부하는 이 본문에서 우리가 하나님의 자녀라면 하나님의 후사라는 말을 하면서 정신이 번쩍 들게 하는 이야기를 덧붙인다. "고난도 함께 받으면"(한글개역성경에는 '고난도 받아야 될 것이니라'로 되어 있음 – 역자). 참된 기독교는 이 점에서 정직하다. 참된 기독교는 이세상에 대한 아주 중요한 약속들, 즉 어려울 때 하나님이 우리와 함께 하시고 동요가 일 때 마음의 평화를 주시며 마음이 괴로울 때 위로를 주시며 결코 우리를 떠나지 않을 것이라는 약속들이 있음을 부인하지 않는다. 그러나 이런 약속이 담고 있는 기본적인 생각은, 우리가 여기서 어려운 일을 벗어나자는 것이 아니라 어려운 일을 극복할 수 있도록 은혜를 받자는 것이다. 그리고 우리 유업의 복들은 거의 모두가 우리를 위하여 하늘에 놓아 두셨다.

마틴 로이드 존스(D. Martyn Lloyd Jones)는 이렇게 말한다. "참된 복음 전도는 이 세상에서 우리의 삶에 생기는 모든 질병을 고칠 만병통치약을 주지 않는다. 또 잠시라도 우리를 완전하게 만들어 준다거나 온세상을 바로잡아 주겠다고 약속하지 않는다. 오히려 참된 복음 전도는 이렇게 말한다. '세상에서는 너희가 환난을 당하나 담대하라. 내가 세상을 이기었노라.'"[2]

장차 올 유업

그러므로 우리가 받을 대부분의 보상이 미래에 있다는 진리부터 시작하자. 그러나 그 진리를 듣고 곧바로 우리는 다음과 같이 묻는다. "우리의 유업은 어떤 것인가?" 신자는 실제로 천국에서 무엇을 갖게 될 것인가? 내가 '좀 덜한 항목들'이라고 부르는 것들은 수 없이 많고, 그 다음에 천국에서 모든 것 가운데 가장 큰 상이 있다.

좀 덜한 항목들(The Lesser Items)

1. 하늘 처소(A heavenly home). 여기서 첫번째로 떠오르는 것은 예수님이 잡히셔서 십자가에 달리시기 전에 제자들에게 다짐하신 하늘 처소에 대한 약속이다. 예수님은 이렇게

말씀하셨다. "너희는 마음에 근심하지 말라. 하나님을 믿으니, 또 나를 믿으라. 내 아버지 집에 거할 곳이 많도다. 그렇지 않으면 너희에게 일렀으리라. 내가 너희를 위하여 처소를 예비하러 가노니 가서 너희를 위하여 처소를 예비하면 내가 다시 와서 너희를 내게로 영접하여 나 있는 곳에 너희도 있게 하리라"(요 14 : 1-3). 이것은 특별히 모든 신자를 위하여 마련된 곳이며, 영광의 주이신 예수 그리스도의 권위로 이 약속이 보장된다.

2. 하늘 잔치(A heavenly banquet). 주님의 비유들 가운데 서너 가지 비유는 하늘 잔치에 대하여 말씀하시는데, 주님의 친 백성은 이 잔치에 초대를 받는다. 한 이야기에서 주님은 많은 사람이 청함을 받고서도 나중에 참석하기를 거부하자 주인이 예상하지 않은 곳으로 손님을 찾으려 종을 보내는 큰 혼인식 만찬에 대하여 말씀하셨다(마 22 : 1-14; 참조. 눅 14 : 15-24). 또 한 비유에는 탕자를 위하여 준비한 잔치가 나온다(눅 15 : 11-32). 또 한 비유에는 지혜로운 다섯 처녀는 들어가게 되고 어리석은 다섯 처녀는 내쫓기는 혼인 잔치가 나온다(마 25 : 1-13). 함께 나누는 축하 잔치를 벌이는 다른 경우들을 이야기한 비슷한 구절도 있지만 이 구절들은 잠깐 나온다.

이 이야기들은 우리의 유업을 즐거움과 안전한 교제로 제시한다. 우리는 장차 있을 어린 양의 큰 혼인 잔치를 즐겁게 기대하는 주님의 성찬식을 지키면서 이런 일들을 미리 맛본다.

3. 그리스도와 함께 통치함(Rule with Christ). 우리의 유업이 갖고 있는 또 하나의 특징은, 우리가 하나님 나라에서 예수님과 함께 통치할 것이라는 점이다. 이것이 미래의 어느 시기에 이 땅에서 그리스도와 함께 하는 통치를 가리키는지 하늘의 통치를 가리키는지 성경 학자 사이에 의견이 다르다. 그러나 이것의 완전한 뜻이 무엇인지 상관없이 상당히 중요한 통치 권세를 약속하신 것은 의심할 여지 없다. 바울은 디모데에게 이렇게 말했다. "참으면 또한 함께 왕 노릇 할 것이요…"(딤후 2 : 12). 예수님은 한 비유에서 주인이 없는 동안 충성을 보여 주인의 나라에서 다스릴 고을을 받는 종들에 대하여 말씀하셨다(눅 19 : 11-27).

4. 그리스도를 닮음(Likeness to Christ). 약속하신 복 가운데 내게는 매우 크게 여겨지

는 복이, 우리가 예수님과 같아질 것이라는 것이다. 요한일서에서 요한은 바울이 로마서 8장에서 쓰는 말과 비슷한 말로 이 점에 관하여 다음과 같이 쓴다. "보라. 아버지께서 어떠한 사랑을 우리에게 주사, 하나님의 자녀라 일컬음을 얻게 하셨는고, 우리가 그러하도다. 그러므로 세상이 우리를 알지 못함은 그를 알지 못함이니라. 사랑하는 자들아 우리가 지금은 하나님의 자녀라. 장래에 어떻게 될 것은 아직 나타나지 아니하였으나, 그가 나타내심이 되면 우리가 그와 같을 줄을 아는 것은 그의 계신 그대로 볼 것을 인함이니"(요일 3 : 1-2). 그 모든 속성 중에서 주 예수 그리스도와 같게 되는 것보다 더 큰 유업을 생각하기는 어렵다.

주, 우리의 분깃(The Lord, Our Portion)

앞의 네 가지 항목들이 크고 중요한 점에 비추어 볼 때, 내가 그것들을 '좀 덜한' 항목이라고 한 이유는 무엇이겠는가? 그것은 '하나님의 후사'로서 우리를 기다리고 있는 놀랍고 무한히 더 큰 복 때문이다.

먼저 한 가지 문법적인 구별을 독자에게 상기시키도록 하겠다. 즉 모든 언어에는 두 종류의 소유격이 있다. 문법학자들이 일컫는 대로 하나의 소유격은 주어적 소유격이고 다른 하나는 목적어적 소유격이다. 그 예를 들면 다음과 같다 : '돈의 사랑'과 '돈의 가치'. 각 경우 '돈의'라는 말은 소유와 관련된 소유격이다. 처음 표현에서 돈은 사랑을 받고 있으므로 목적어이다. 어떤 인격체가 돈에 대한 사랑을 갖고 있는 것이다. 두번째 표현에서 '돈의'도 역시 소유격이지만, 여기서 돈은 주어이다. 이 표현은 돈을 평가하는 개인을 가리키지 않는다. 이 표현은 '돈의 가치' 즉 돈이 지닌 가치를 말한다.

이제 또 하나의 표현을 들어 보자 : '하나님의 사랑'. 이것은 주어적 소유격인가 목적어적 소유격인가? 그 대답은 둘 다 될 수 있다는 것이다. 만일 하나님이 주어이면, 그 표현은 우리에 대한 하나님의 사랑을 가리킨다. 만일 하나님이 목적어이면, 이 표현은 우리가 하나님에 대한 사랑을 갖고 있다는 뜻이다. 이 낱말들은 어느 뜻도 될 수 있으므로, 해석은 문맥을 봐서 결정하도록 해야 한다.

이런 차이를 염두에 두고 '하나님의 후사'로 돌아가자. 이것은 주어적 소유격인가 아니면 목적어적 소유격인가? 이것도 둘 다 될 수 있다. 만일 이것이 주어적 소유격이면 하나님이 주어가 되고, 그 뜻은 우리가 하나님의 후사로 하나님께 속해 있다는 것이다. 하나님은 그 사랑을 우리에게 변함 없이 쏟으셨고 은혜로 우리를 하나님의 후사로 만드셨다. 만일 이 것이 목적어적 소유격이면, 그 뜻은 우리가 하나님을 우리의 유업으로 갖는다는 것이다. 이 런 해석은 두 가지 가능성 가운데 더 대담한 것이다. 그러나 확신컨대 바울이 여기서 말하 는 것은 바로 이 대담한 쪽이다.

그 이유는 다음과 같다.

첫째로, 하나님이 우리의 유업이 된다는 생각은 구약에서 가르친다. 그러므로 바울은 이 사실을 분명히 알고서 구약에서 자주 인용했다. 사실 구약은 약속의 땅을 이스라엘 백성의 유업이라고 자주 말한다. 이는 말 그대로 땅의 유업이었다. 물론 이것은 족장과 그 후손에 게 하신 하나님의 좀더 큰 약속과 관련되어 있었다. 하지만 중요한 것은, 하나님을 이스라 엘의 유업이라고 말하는 구절들의 약속이 이 약속을 넘어선다는 점이다. 가령 시편 73 : 25-26은 다음과 같이 말한다.

> 하늘에서는 주 외에 누가 내게 있으리요
> 땅에서는 주밖에 나의 사모할 자 없나이다.
> 내 육체와 마음은 쇠잔하나
> 하나님은 내 마음의 반석이시요
> 영원한 분깃이시라.

혹은 예레미야 애가 3 : 24이 있다. "내 심령에 이르기를 여호와는 나의 기업(基業)이시 니, 그러므로 내가 저를 바라리라 하도다."

여호수아 시대에 이스라엘 백성이 가나안을 정복하러 가나안을 공격했을 때 레위 지파 의 유업 즉 레위 지파에게 주는 유업에 관하여 이와 같이 더 큰 실재(하나님이 우리의 유업 이시라는 사실)가 흥미진진한 방식으로 백성들 앞에서 보존되었다. 정복하기도 전에 모세 가 구획하여 준 경계선을 따라 가나안 땅을 각 지파에게 나누어 주었던 일을 기억할 것이 다. 각 지파는 정해진 분깃을 받았다. 르우벤 지파와 므낫세 반(半) 지파와 갓 지파와 유다 지파와 에브라임 지파와 므낫세 나머지 반 지파와 다른 모든 지파가 분깃을 받았다. 그러나 레위 지파는 받지 못했다. 레위 지파는 제사장 지파였으며 그들은 전국 48개의 제사장 마을 에 흩어졌고, 이 마을에서 하나님의 이름으로 온 백성을 섬겨야 했다. 그들에게 이른 말 대로 "… 그들에게 말씀하심같이 이스라엘의 하나님 여호와께서 그 기업이 되시기"(수 13 : 33 하) 때문에 그들은 유업이 없었다.

이스라엘의 경우에 땅은 아브라함의 시대부터 약속된 좋은 것이 틀림없었다. 그러나 참으로 큰 유업은 하나님 자신이었다. 레위 족속을 흩으시는 목적은 하나님이 유업이시라는 사실을 그들에게 생각나게 하려 하심이었다.

둘째로 로마서 8 : 17은 우리가 '그리스도와 함께 한 후사' 라고 말한다. 즉 우리는 그리스도와 함께 받는 유업을 잇는다. 그러나 우리가 "예수님은 무엇을 유업으로 받으시는가?" 하고 묻자 마자, 내가 앞에서 들었던 모든 항목은 적합하지 않아 보인다. 예수님은 하늘이나 하늘의 처소를 유업으로 받지 않으신다. 예수님은 우리를 위하여 처소를 마련하러 하늘에 가셨다. 그분은 실제로 나라를 유업으로 받아 다스리시지도 않는다. 물론 우리는 그런 것을 때때로 생각할 수 있다. 오히려 예수님은 이미 통치자 즉 주권자 하나님이시다. 그처럼 하늘 잔치나 그분의 성품도 하나님이 예수님께 주시겠다고 하거나 전해 주시는 것이라고 정확하게 말할 수 없다.

그러면 예수님의 유업은 무엇인가? 엄밀하게 예수님의 유업이라고 말할 수 있는 것은 하나님 아버지시다. 예수님이 십자가에 달리시기 바로 전에 위대한 기도를 하시면서 염두에 두신 것은 바로 그 점이다. 예수님은 이렇게 기도하셨다. "아버지께서 내게 하라고 주신 일을 내가 이루어 아버지를 이 세상에서 영화롭게 하였사오니, 아버지여, 창세 전에 내가 아버지와 함께 가졌던 영화로써 지금도 아버지와 함께 나를 영화롭게 하옵소서"(요 17 : 4-5).

그리스도의 유업은 하나님의 잉팡이다. 그리고 이 말은 하나님을 보고 하나님께 참여하고 하나님을 즐기는 것이다. 로마서 8 : 17에 나타나는 생각의 흐름은 바로 이렇다고 볼 수 있다. 왜냐하면 바울은 우리가 후사가 된다고 말하고 또 우리가 고난의 문을 통하여 우리의 유업으로 들어가야 할 것을 우리로 생각나게 한 다음 마무리를 짓기를 다시 영광을 언급하면서 "우리가 그(그리스도)와 함께 영광을 받기 위하여" 즉 하나님의 영광을 받기 위하여 고난을 받아야 할 것을 우리로 생각나게 하기 때문이다.

셋째로, 바울은 로마서는 아니지만 다른 서신서에서 우리 기업을 보증하는 '증거' (혹은 '담보')로 주신 바 된 성령님에 대하여 말한다(엡 1 : 14; 참조. 고후 1 : 22, 5 : 5). 보증이란 더 큰 것에 대한 서약이지만, 단순한 문서나 매도증서나 계약서 이상이다. 보증은 실제로 후에 올 것의 일부이다. 우리는 가령 말 한 필을 살 때 소액의 선금을 장차 지급할 더 많은 금액에 대한 계약금조로 주면서 그 말을 사려는 우리의 의사를 확실하게 한다. 그러므로 우리 유업의 보증이 성령님이시며 성령님이 하나님이시라면 – 성 삼위의 제3위격이시라면 – 전체 유업은 하나님 자신임에 틀림없다.

아주 깊은 주제에 대하여 훌륭한 글을 자주 쓰는 로버트 홀데인(Robert Haldane)은 이 점에 대하여 이렇게 말한다. "하나님은 그 백성의 분깃이시며, '하늘과 땅을 가지신' 그 분 안에서 그 백성은 만물의 후사이시다… 하나님은 모든 것이 충분하시므로 이 유업은 모든 것이 충분하다. 하나님은 영원하시며 변함이 없으시므로 이 유업은 영원한 유업이다. 그래서 썩지도 않고 더러워지지 않으며 쇠하지도 않는 유업이다… 그러므로 그 자녀의 유업은 바로 하나님이시다… 하나님은 그 은혜와 빛과 거룩함과 생명으로 자녀에게 자신을 전하신다."[3]

하나님이 우리의 유업이시라면, 우리는 구원을 확신할 수 있다. 왜냐하면 하나님을 움직일 수 있는 아무것도 없기 때문이다. 우리에게서 하늘 유업을 빼앗을 수 있는 것은 아무것도 없다.

앞을 바리봄

하지만 이 모든 것이 우리에게 실제로 효과를 주지 않는다면, 그림의 떡에 불과할 것이다. 그러나 우리가 이 사실을 참으로 믿고 이런 식으로 생각하고 있다면 이 모든 것은 진면목을 드러낸다.

아브라함을 생각해 보라. 하나님이 아브라함을 그 본토에서 불러 내셔서 "내가 너로 큰 민족을 이루고 네게 복을 주어… 땅의 모든 족속이 너를 인하여 복을 얻을 것이니라 하신지라"(창 12 : 2-3)고 약속하시면서 보이실 땅으로 그를 보내셨을 때 하나님의 구속 역사는 시작된다. 이 부르심에는 땅의 약속이 담겨 있지만, 실은 그 이상이 담겨 있었다. 하나님은 아브라함으로 말미암아 족속들에게 복을 주시겠다고 약속하심으로써, 또한 아브라함의 후손을 통하여 오실 구속자를 약속하고 계셨다. 이 약속은 아브라함의 긴 생애 내내 커져 갔고, 아브라함의 믿음과 소망은 이 약속에 굳게 서 있었다. 그래서 히브리서 기자가 믿음의 용사를 소개하는 위대한 장(히 11장)에서 아브라함의 믿음을 칭송할 때 아브라함에 대하여 이렇게 말한다. "믿음으로 저가 외방에 있는 것같이 약속하신 땅에 우거하여 동일한 약속을 유업으로 함께 받은 이삭과 야곱으로 더불어 장막에 거하였으니, 이는 하나님의 경영하시고 지으실 터가 있는 성을 바랐음이니라"(히 11 : 9-10).

약속의 '후사들'이라고 기록되었는가? 그렇다. 하지만 그 약속은 이 땅에 속하는 것이 아니었다. 그것은 결국 하늘에서 이루어질 위대한 영적 복에 대한 약속이다.

히브리서 11장에 나오는 다른 믿음의 용사들에게도 마찬가지이다. 바로 이 점이 히브리서 11장의 요점이다.

"믿음으로 아벨은 가인보다 더 나은 제사를 하나님께 드렸고" 그래서 하나님은 아벨을 '의인'이라고 보셨다(4절). 아벨은 땅에서 아무런 유업을 받지 못했다. 그는 의인으로서 살다가 죽임을 당했다. 그러나 그는 하늘에서 상급을 받았다.

에녹은 전도자였다. 그는 대홍수 전에 심판을 전하여 자기 시대의 경건하지 못한 사람들에게 회개하고 죄에서 벗어나 하나님께 오라고 경고했다. 그는 삼백 년 동안 전했지만, 이 땅에서는 아무런 상급이 없었다. 그는 완전히 실패했다. 아무도 회개하지 않았고, 홍수 때가 찾아 왔을 때 구원받은 사람은 노아와 그 아내 그리고 그들의 직계 가족뿐이었다. 에녹은 땅에서는 한 사람에게도 기쁨을 주지 못했다. 그러나 그는 이러한 증거를 가지고 있다. "… 하나님을 기쁘시게 하는 자라 하는 증거를 받았느니라"(5절 하).

노아는 무엇을 유업으로 받았는가? 그가 가진 모든 것은 홍수에 휩쓸려 갔다. 하지만 히브리서 기자는 "… 세상을 정죄하고 믿음을 좇는 의의 후사가 되었느니라"(7절 하)고 그에게 대하여 쓴다.

이삭과 야곱은 아브라함과 더불어 장막에 살면서 이 땅에서는 실제로 아무런 유업도 갖지 못했다. 그러나 그들은 미래를 바라보고 유업을 바랐다(20-21절). 물론 때때로 그들은 그릇되게 바라기도 했다.

요셉은 의를 위하여 가족과 자유를 잃었다. 그리고 하나님이 후에 요셉을 순탄하게 하셔서 애굽의 왕 바로를 제외하고는 최고의 권좌에 앉히셨을 때, 요셉의 소망은 권좌에 있지 않았고 요셉은 하나님의 약속을 바랐다. 그 증거로서, 자기 몸을 애굽인의 무덤에 묻지 말고 하나님이 이스라엘 백성을 종살이 하는 데서 벗어나게 하실 때 애굽에서 그 시체를 가져다가 가나안에 묻으라고 지시를 한 것을 들 수 있다(22절; 참조. 창 50 : 24-25).

모세는 이 땅의 보화를 좋아하지 않았고 그는 이 땅의 상급을 구하지 않았다. 오히려 모세는 애굽의 보화를 등졌는데, 이는 "그리스도를 위하여 받는 능욕을 애굽의 모든 보화보다 더 큰 재물로 여겼으니 이는 상 주심을 바라봄이라"(26절).

이는 라합과 기드온과 바락과 삼손과 입다와 다윗과 사무엘과 선지자 등 구약의 모든 믿음의 용사들에게도 마찬가지였다. 그런 믿음의 용사들은 "··· 더 좋은 부활을 얻고자 하여 악형을 받되, 구차히 면하지 아니하였으며, 또 어떤 이들은 희롱과 채찍질뿐 아니라 결박과 옥에 갇히는 시험도 받았으며, 돌로 치는 것과 톱으로 켜는 것과 시험과 칼에 죽는 것을 당하고··· 저희가 광야와 산중과 암혈과 토굴에 유리하였느니라. 이 사람들이 다 믿음으로 말미암아 증거를 받았으나, **약속을 받지 못하였으니**"(35-39절, 고딕체는 필자의 표기).

그때는 약속을 받지 못했다. 그러나 이제 그들은 그 약속을 받았다. 그들은 하나님의 성도들을 위하여 하늘에 예비하신 유업을 소유하기 위하여 우리보다 앞서 갔다.

"그후로 기쁨이"

왜 우리는 그 유업이 우리에게 달라질 것으로 기대해야 하는가? 그 유업은 달라지지 않을 것이다. 그러니 성경이 우리의 모든 유업이 하늘에 있고 땅에 있지 않다는 것을 가르치므로, 우리가 이곳에서 우리의 재산을 모으려고 그토록 노력을 기울여서야 되겠는가? 혹은 다른 사람들이 돛 하나만으로 피의 바다를 지나 하늘 나라에 이르렀을 때 우리는 온화하고 장미가 우거진 길을 걸으며 살 것으로 기대해서 되겠는가?

최근 찰스 해던 스펄전(Charles Haddon Spurgeon)이 쓴 놀라운 글을 우연히 읽게 되었다. 이 글은 설교자들이 어려운 시절을 헤쳐나가라고 격려하기 위하여 쓴 글이었다. 그러나 그 메시지는 누구에게나 역시 유익하다. 그 내용은 다음과 같다.

친구들이 실망시킬 때 놀라지 말라. 이 세상은 쇠하는 세상이기 때문이다.

사람이 변하지 않을 것으로 결코 믿지 말라. 실망할 것을 두려워하지 않으면 변덕스러움을 믿어 줄 수 있을 것이다. 예수님의 제자들은 예수님을 저버렸다. 당신의 지지자들이 다른 선생에게 발걸음을 돌리더라도 놀라지 말라. 그들이 당신과 함께 지낼 때 당신의 모든 것이 아니듯이, 그들이 떠났다고 당신에게서 모든 것이 사라진 것은 아니기 때문이다.

촛불이 타는 동안 온 힘을 다해서 하나님을 섬기라. 그런 후에야 잠시 그 촛불이 꺼질 때 후회가 덜 할 것이다.

어느 것으로도 만족하지 말라. 왜냐하면 당신은 아무것도 아니기 때문이다. 당신이 아무것도 아니라는 사실이 고통스럽게 의식(意識)에 밀어닥칠 때, 하나님 안에서가 아니라면 충만하게 되려는 꿈을 꾸지도 말라고 스스로를 꾸짖으라.

현재의 상급을 대수롭게 여기라. 그렇지만 (장차의 복에 대한) 보증을 감사히 여기며 이후로 갚아주실 기쁨을 바라보라.

자신 앞에 보이는 결과가 없을 때 당신의 주님을 갑절로 열심히 계속 섬기라. 어리석은 사람이라도 빛이 있으면 좁은 길을 걸을 수 있다. 우리는 믿음의 진기한 지혜로 어둠 가운데서 조금도 실수 없이 전진할 수 있다. 왜냐하면 믿음의 지혜는 위대한 인도자의 지혜를 붙들고 있기 때문이다.

이 땅에서 하늘 나라로 가기까지 더 험한 날도 있겠지만, 우리의 언약의 지도자께서 모든 것을 마련하신다. 그 어떤 것도 하나님이 우리더러 가라고 촉구하셨던 그 길에서 벗어나는 일이 없도록 하라. 순탄하든 어렵든 강단(講壇)은 우리의 등대이고 목회는 우리의 싸움이다. 우리가 우리 하나님의 얼굴을 볼 수 없을 때, 그 날개 그늘 아래 하나님을 의지하라.[4]

● 각주 ●

1. Ray C. Stedmans, *From Guilt to Glory*, vol. 1, *Hope for the Helpless* (Portland : Multnomah Press, 1978), p. 284.

2. D. M. Lloyd Jones, *Romans : An Exposition of Chapter 8 : 5-17, The Sons of God* (Grand Rapids : Zondervan, 1974), p. 405.

3. Robert Haldane, *An Exposition of the Epistle to the Romans* (MacDill AFB : MacDonald Publishing, 1958), p. 365.

4. Charles Haddon Spurgeon, "The Minister's Fainting Fits," in *Lectures to My Students* (Grand Rapids : Zondervan, 1972), pp. 164, 165.

103
고난 : 영광에 이르는 길
로마서 8:17

자녀이면 또한 후사 곧 하나님의 후사요 그리스도와 함께 한 후사니 우리가 그와 함께 영광을 받기 위하여 고난도 함께 받아야 될 것이니라.

좋은 주석이었다고는 생각하지 않으나 호기심을 자아내는 주석이 있다. 오래전에 교회에 나오는 한 사람이 어느 목회자에게 디모데후서 3 : 16("모든 성경은 하나님의 감동으로 된 것으로 교훈과 **책망**(reproof)과 바르게 함과 의로 교육하기에 유익하니", KJV)에 나오는 **책망**(reproof)의 뜻을 물었다. 그랬더니 이 목회자는 이렇게 대답했다. "그 뜻은 교훈을 증명(proof)하고 또 증명하고 또 증명한다는 것입니다. 그래서 다시(re) – 증명(proof)입니다." 늘 하는 말이지만, 나는 이를 정확하다고 생각하지는 않는다. 나는 NIV가 헬라어 엘레그모스(elegmos)를 '질책'(rebuking)으로 옳게 번역했다고 생각한다. 그럼에도 '다시 증명하는 일'에 대하여 언급할 것이 있다.

사실 로마서 8 : 14-17에 있는 내용이 그것이다.

서너 장 앞에서, 우리가 이 단락의 가운데(15절)를 살폈을 때, 나는 14-17절에 성령님이 우리를 하나님의 집으로 이끌어들이셨다면 우리가 하나님의 아들딸이라고 하는 사실에 대한 네 가지 증명이 담겨 있음을 지적했다. 첫째로, 우리는 하나님의 영으로 인도함을 받는다. 이는 우리의 행위를 가리킨다. 우리가 참으로 순종하는 제자가 되어 그리스도를 좇고 있다면, 우리는 그리스도의 것이며 구원을 확신할 수 있다. 둘째로, 우리는 '아바(Abba) 아버지'라고 외칠 수 있도록 하는 우리 영의 내면적 증거를 갖고 있다. 우리는, 자신이 하나님과 새로운 가족 관계를 맺고 있음을 안다. 셋째로, 성령님이 우리에게 증거하신다. 나는 이를 표현하기를 하나님의 임재를 압도당하듯 느끼는 것이며 대부분의 그리스도인이 깨닫지 못할 수도 있고 어떻게 서술해야 할지 모를 수는 있지만 실제로 체험했던 것이라고 했다. 넷째로 우리는 그리스도의 고난에 참여한다.

이 항목들은 분명히 증명이며 재(再) 증명으로써, 왜 하나님의 자녀인 자신은 참으로 하나님께 속하고 하늘과 땅에 있는 그 어떤 것도 자신을 하나님의 사랑에서 빼앗지 못할 것이며 하나님과 맺은 가족 관계를 끊지 못할 것을 알 수 있는지를 입증하는 네 가지 타당한 이유이다.

고난의 문제

그러나 바울이 모든 것 가운데 고난(suffering)의 개념을 이 시점에서 이끌어들이는 이유는 무엇인가? 우리라면 아무도 그렇게 하지 않을 것이다. 만일 우리가 그리스도인들에게 그들이 참으로 그리스도인이며 그들의 구원이 확실하다는 것을 확신시키려고 한다면, 아마 고난을 맨 나중에 언급할 것이다. 우리는 고난을 '문제'로 생각한다. 휴 에반 홉킨스(Hugh Evan Hopkins)는 「고난의 신비」(The Mystery of Suffering)[1]라는 책을 썼고 루이스(C. S. Lewis)는 「고통의 문제」(The Problem of Pain)[2]라는 책을 썼다. 우리 대부분은, 랍비인 해롤드 쿠쉬너(Harold S. Kushner)가 자신의 문제 해결 서적에 「선한 사람들에게 나쁜 일이 일어날 때」(When Bad Things Happen to Good People)[3]라는 제목을 붙였을 때 이 고난의 문제에 접근하는 방법과 아마 가장 가까운 방법을 택하고 있다.

우리 그리스도인들은 고난의 문제를 인정하며 때때로 그 문제와 씨름한다. 그러나 고난당하는 사람이 하나님의 진짜 자녀라는 증거로써 고난의 문제를 제시하려고 생각하는 사람은 별로 없다. 아마 정반대로 제시할 것이다.

그러면 왜 바울은 여기서 이 주제를 끌어대는가?

분명 첫째 이유는 그가 현실주의자였기 때문이다. 그보다도 그는 복음 전도자와 목사로서, 편지를 쓰고 있는 사람들이 고난을 당하고 있음을 알고 있었다. 초창기 복음 전도자들은 그리스도의 지상명령(Great Commission)에 순종하기 시작하자 마자 복음 때문에 고난을 받기 시작했다. 베드로와 요한은 옥에 갇혔고 스데반은 죽임을 당했다. 바울은 갇히고 매 맞고 파선당하고 굶주리고 협박당하고 자연의 힘에 시달렸다. 그리고 이 초창기 전도자들이 당한 일들은 그들을 따르던 자들도 역시 당하게 되었다. 그들은 조롱당하고 미움받고 욕먹고 결국은 믿음 때문에 많은 사람이 순교했다. 게다가 그들은 타락하고 지극히 죄악된 세상에서 모든 인생에게 다 있는 많은 낙담되는 일들과 죽음과 결핍과 재난을 견디었다.

고난을 염두에 두고 신약 성서를 읽어 보라. 그러면 고난이 얼마나 폭넓게 언급되어 있는지 보고는 놀랄 것이다. 예수님은 이렇게 말씀하셨다. "… 세상에서는 너희가 환난을 당하나…"(요 16 : 33 중). 신약의 서신서 대부분은 고난에 관하여 중요한 논의를 담고 있다.

고난은 신약 성서 시대와 마찬가지로 오늘날 하나님의 백성에게도 역시 있다. 우리는 그 점을 깨달아야 한다. 사실 우리 대부분은 소위 핍박이라는 특수한 고난을 체험하지는 않는다. 물론 세계의 다른 곳에서 받는 우리의 형제 자매들도 핍박을 받고 있다. 그러나 우리는 모두 고난을 알며 우리는 남편이나 아내나 다른 식구들을 사별할 때 고난을 당한다. 삶이나 우리 친구나 자녀가 실망시킬 때 우리는 괴로워하며 고통과 상처와 병으로 한탄한다. 편견과 가난 때문에 때로는 일해도 대가를 받지 못하여 상처를 받는다. 그것을 나열하자면 끝이 없다. 바울은 현실주의와 목회적 관심 때문에 이 주제를 끌어들이게 되었다. 바울은 정직하므로 영광에 이르는 길에 십자가가 있다는 것을 시인하지 않고서 우리의 유업에 관하여 이야기를 할 수 없었다.

바울이 아마 이 주제를 끌어들였을 두번째 이유는, 그가 주변에서 말하는 고난에 대한 많은 비기독교적 접근법을 알고 있었음에 틀림없다. 그 당시에도 그런 접근법이 주변에 있었고, 지금도 있다. 그의 말은 아주 짧지만 다음의 비기독교적 접근법을 바로잡는다.

1. 화(Anger). 고난에 대한 한 가지 반응은 화를 내는 것이다. 이런 일은 불신자에게 흔히 있다. 불신자는 고난을 당할 때 자신의 불행 때문에 하나님을 비난하거나 심지어 저주하기도 한다. 그들은, 예수님이 이 땅에서 우리를 편히 살게 하겠다거나 더욱이 우리의 소원을 이루어 주겠다고 약속하지 않으셨음을 잊고서, 자기가 원하는 것을 하나님이 해주시지 않는다고, 가령 사랑이 넘치는 배우자를 주시지 않는다고 하나님을 비난한다. 예수님은 우리를 제자로 부르셨다. 영광은 그후에 있다.

2. 회피(Avoidance). 두번째 접근법은 회피이다. 어떤 사람들은 자기 앞에 있는 길이 어렵고 심지어는 바람직하지 않아 보이면, 그 길에서 벗어나 더 쉬운 혹은 더 보상 받을 만한 것을 찾으려고 한다. 혹은 그 길을 피할 수 없다면, 그 사람들은 더 흥미있는 다른 일을 해서 그 길을 상쇄하려고 한다. 이 접근법을 이르는 옛적 이름이 쾌락주의(hedonism)이다. 기독교의 형태를 가진 쾌락주의는, 바람직하지 않은 일들 가령 질병이나 특히 불치병을 고쳐 달라고 하나님께 부탁한다. 이런 태도를 취하는 그리스도인들은, 병 나은 후에 하나님께 찬양할 수 있도록 하나님이 병을 고쳐 달라고 부탁하는 것이 올바른 방법이라고 생각한다. 물론 때때로 병을 고치는 것이 하나님의 뜻이 될 때가 있으며, 따라서 병 고쳐 주시기를 구하는 것이 잘못된 일은 아니다. 그러나 이것은 고난에 대하여 가장 적당한 기독교적 접근법이 아니다.

이 접근법에 해당하는 한 특수한 형태를 어떤 상담 방법에서 사용한다. 그 상담의 핵심은 개인의 행복이나 성취인 것 같다. 사람들은 자신을 행복하게 혹은 '기분 좋게' 만드는 일을 하라는 상담을 받는다. 그러나 이런 상담은 곤경을 피하기보다 곤경을 헤치고 나감으로써 실제로 성장한다는 진리를 무시한다.

3. 무관심(Apathy). 세번째 비기독교적 접근법은 무관심, 즉 문제를 멀리하는 태도이다. 이 태도는 "그건 중요하지 않아" 하고 말하고는 다른 것을 생각하려 한다. 무관심의 한 가지 형태는 스토아주의(stoicism), 즉 어떤 일이 와도 감정에 사로잡히지 않고 쾌고(快苦)에 눈뜨지 않는 철학이다. 스토아주의는 용케 피하는 데 도움을 줄지 모르지만 기독교에서는 취할 방법이 아니다.

바울도 오늘날처럼 이런 비기독교적 철학으로 둘러싸여 있었다. 그래서 나는 그가 고난의 주제를 이 시점에 이끌어 들이는 두번째 이유가 그 철학들을 반박하려는 것이라고 말했다. 우리로서는 이 접근법들이 참으로 기독교적 접근법보다 못하다는 것을 알고 다른 시각에서 고난을 이해해야 한다. 우리는, 그리스도인들에게 고난은 우리의 고백이 사실임을 입증하고 영적 승리를 이룩할 수 있는 영역임을 알아야 한다.

나는 요한복음 연구서 제5권의 제목에 기독교적 접근법을 '비극을 통한 승리'(Triumph Through Tragedy)[4]라고 붙였다. 물론 핵심 낱말은 '통하여'이다. 우리는 곤경을 피해서는 승리하지 못한다.

아들 됨의 증거

이리하여 우리는 올바른 신학적 구조 혹은 인생관에 따른 고난의 가치를 다루게 된다. 고난은 서너 가지 중요한 가치를 갖고 있는데, 그 처음 가치는 바울이 로마서에서 고난을 언급하는 주된 이유이다. 바울은 그리스도인을 하나님의 아들딸이라고 말해 왔다. 고난이 다음의 세 가지 다른 형태로 오고 각각 특별한 목적이 있긴 하지만, 이제 바울은 그 (부자) 관계에 대한 증거로 고난을 말한다.

1. 핍박(Persecution). 앞에서 말했던 것처럼, 어떤 고난은 핍박의 형태를 취한다. 그리고 핍박의 한 가지 가치는, 우리가 참으로 하나님의 자녀임을 우리에게 입증해 준다는 점이다. 예수님은 여러 번 이 점을 가르치셨다. 사역을 시작하실 즈음 예수님은 산상보훈으로 이렇게 말씀하셨다. "나를 인하여 너희를 욕하고 핍박하고 거짓으로 너희를 거슬러 모든 악한 말을 할 때에는 너희에게 복이 있나니 기뻐하고 즐거워하라 하늘에서 너희의 상이 큼이라 너희 전에 있던 선지자들을 이같이 핍박하였느니라"(마 5 : 11-12). 또 사역을 마치실 즈음에 다락방에서 이렇게 말씀하셨다. "세상이 너희를 미워하면 너희보다 먼저 나를 미워한 줄을 알라 너희가 세상에 속하였으면, 세상이 자기의 것을 사랑할 터이나 너희는 세상에 속한 자가 아니요 도리어 세상에서 나의 택함을 입은 자인 고로 세상이 너희를 미워하느니라 내가 너희더러 종이 주인보다 더 크지 못하다 한 말을 기억하라 사람들이 나를 핍박하였

은즉 너희도 핍박할 터이요…"(요 15 : 18-20).

여기에는 요점이 둘 있는데 첫번째로 예수님이 핍박당하셨다. 고난은 예수님의 몫이었으며, 하나님의 경건한 백성이 언제나 맡을 몫이었다. 이 백성은 죄악된 세상에 살았기 때문에(지금 살고 있기 때문에) 고난을 받으며 살아야 했다. 두번째로, 고난은 우리가 예수님과 이 경건한 백성의 편임을 입증한다. 왜냐하면 우리가 예수님과 이 경건한 백성의 편이 아니라면 세상이 우리를 대적하지 않고 우리를 좋게 볼 것이기 때문이다.

타이베이 크라이스트 대학(Christ's College) 학장이며 홍콩 중국 교회 연구소(Chinese Church Research Center)의 소장인 조나단 차오(Jonathan Chao)는 중국 교회의 고난이라는 맥락에서 고난을 연구하며 이렇게 말한다. "우리는 그리스도를 위한 고난이 제자 된 표시라고 말해도 될 것이다."[5] 로마서 8 : 17의 연구에서 이런 사고 노선을 폭넓게 탐구하는 마틴 로이드 존스(D. Martyn Lloyd Jones)는 이렇게 말한다. "당신이 그리스도인으로서 고난을 받고 있으며 그리고 당신이 그리스도인이기 때문에 고난을 받고 있다면, 고난은 당신이 하나님의 자녀라는 사실에 대하여 당신이 가질 수 있는 그 어떤 증거보다 확실한 것이다."[6] 이는 핍박의 중요한 용도이다. 고난은 우리가 그리스도인이며 그러므로 그리스도를 위한 제자임을 입증한다.

2. 정화(淨化, Purification). 하지만 모든 고난이 핍박은 아니다. 어떤 고난은 하나님으로부터 와서, 오직 성장과 거룩함이 있게 하려 한다. 히브리서 기자는 예수님에 관하여 썼을 때 이 점에 관하여 말했다. "만물이 인(因)하고 만물이 말미암은 사에게는 많은 아들을 이끌어 영광에 들어가게 하시는 일에 저희 구원의 주를 고난으로 말미암아 온전케 하심이 합당하도다"(히 2 : 10).

물론 이는 대담한 말이다. 왜냐하면 이 말은 어떤 점에서 예수님은 완전하지 않으셨다는 뜻을 넌지시 비치기 때문이다. 그렇게 되면, 우리는 예수님의 어떤 도덕적 불완전성을 (물론 틀린 생각이지만) 곧바로 생각하게 된다. 예수님은 전혀 죄가 없으셨으니 우리가 그런 식으로 생각하면 잘못일 것이다. 그런데도 누가는 말하기를 예수님이 육신을 입고 사시는 동안 "그 지혜와 그 키가 자라가며 하나님과 사람에게 더 사랑스러워 가시더라"(눅 2 : 52)고 했다. 완전이란 온전(wholeness)을 뜻하고 예수님은 가난과 시험과 오해와 고독과 욕

듣는 일과 배반 같은 일을 거치시면서 체험과 하나님을 믿는 믿음이 온전하여 가셨다. 하나
님은 예수님을 '완전하게' 만드시려고 이런 일들과 다른 많은 경험들을 쓰셨다. 하나님은
또한 우리를 완전하게 만드시려고 이런 일들을 쓰신다.

물론 우리는 죄인이다. 그래서 성경은, 우리 속에 일어나는 그(우리를 온전하게 하는) 일
에 관하여 말하면서, 귀금속 제련의 상(像)을 사용한다(슥 13 : 9; 말 3 : 3). 이 상은 하나
님을 숙련된 제련사로 묘사한다. 이 제련사는 광석에 섞여 있는 지꺼기가 표면에 드러나서
끊어 낼 수 있을 때까지 광석에 열을 가한다. 이 제련사는 금속이 녹아서 반짝거리는 표면
에 자기 얼굴이 비치는 것을 볼 수 있을 때에 이 금속이 제대로 준비되었음을 안다. 그처럼
하나님은 예수 그리스도의 얼굴을 그 백성에게서 볼 수 있을 때까지 우리를 정화하신다.

한 찬송가가 이를 멋지게 표현한다.

> 네 길에 불 같은 시험 닥칠 때
> 풍족한 내 은혜 네게 채우리
> 그 불길 너를 상치 못하리니, 내가 오직
> 네 티는 사르고 네 황금은 정하게 되게 해 두었노라.

그리스도인의 고난을 보여 주는 또 하나의 상(像)은, 이 땅의 아버지가 자녀를 징계하는
것처럼 하나님이 우리를 징계하신다는 것이다. 히브리서 기자는 다음과 같이 말하면서 이
점에 대해서도 쓴다. "너희가 참음은 징계를 받기 위함이라 하나님이 아들과 같이 너희를
대우하시나니 어찌 아비가 징계하지 않는 아들이 있으리요 징계는 다 받는 것이거늘 너희
에게 없으면 사생자요 참 아들이 아니니라… 저희는 잠시 자기의 뜻대로 우리를 징계하였
거니와 오직 하나님은 우리의 유익을 위하여 그의 거룩하심에 참예케 하시느니라 무릇 징
계가 당시에는 즐거워 보이지 않고 슬퍼 보이나 후에 그로 말미암아 연달(鍊達)한 자에게
는 의의 평강한 열매를 맺나니"(히 12 : 7-8, 10-11).

3. 훈련(Training). 세번째 종류의 고난도 그리스도인에게는 고귀한데, 이는 군사가 장
교에게 군사 훈련을 받을 때 견디는 고난이나 전쟁을 하면서 견디는 고난에 비길 수 있다.

바울은 디모데에게 이렇게 썼다. "네가 그리스도 예수의 좋은 군사로 나와 함께 고난을 받을지니"(딤후 2 : 3). 다른 곳에서 바울은 다른 상(像)을 사용하여 운동 선수가 힘들여 준비하는 모습에 대하여 말한다. "내가 내 몸을 쳐 복종하게 함은 내가 남에게 전파한 후에 자기가 도리어 버림이 될까 두려워함이로라"(고전 9 : 27).

만일 이 세 가지 종류의 고난 가운데 어떤 것이라도 참으라고 부르심을 받았으면, 이 고난으로 말미암아 힘을 내야 할 것이다. 왜냐하면 이 고난들은, 당신이 하나님의 자녀이며 하나님이 결국은 승리를 거둘 영적 전쟁에 당신을 쓰려고 준비하고 계심을 증명하기 때문이다.

그리스도인의 증거가 갖는 힘

고난의 두번째 가치는, 우리가 고난으로부터 힘을 얻어 그리스도를 전한다는 점이다. 이 말은, 우리가 핍박이나 다른 고난을 참으려고 부르심을 받은 정도만큼 그리스도를 전할 수 있는 능력이 더 강해진다는 뜻이 아니다. 물론 의심할 여지 없이 그건 사실이다. 요한복음 9장의 눈 먼 사람은 유대교 당국이 그에게 압력을 넣어 (그리스도에 대한) 증거를 바꾸라고 할 때마다 더 강하게 증거하게 되었다. 그런데 내가 말하는 뜻은, 그리스도인의 증거가 압박을 받을 때와 욥이 아내로부터 "… 하나님을 욕하고 죽으라"(욥 2 : 9 하)고 충고했을 때처럼 누가 봐도 증거를 하지 않는 편이 더 쉽고 명백하게 더 합리적일 때도 특별히 힘을 얻는다는 것이다.

그리스도인은 몸으로 고난을 당할 때 특별히 증거하는 데 영향을 받는다. 지독한 통증으로 고생하거나 죽어가면서도 하나님의 은혜를 증거할 수 있을 때 고난은 특별한 의미를 갖는다. 그리스도인이 모든 것을 잃는 고난을 당할지라도 예수님을 증거하기 때문에 이 점은 훨씬 확실하다.

앞에서 조나단 차오(Jonathan Chao)와 그리스도의 고난에 대한 그의 통찰력을 언급했다. 차오는 고난 당하는 중국 교회를 연구하여 고난이 힘을 주는 많은 경우를 알리고 있다. 한 젊은 중국인 목사는 1960년에 갇혀서 1979년에 풀려났다. 그는 풀려났을 때 19년 세월 동안 자기 교구의 신자가 300명에서 5,000명으로으로 성장한 것을 발견했다. 오늘날 그 교회 신자는 20,000명으로 늘었다.

1982년 중국 중부의 한 교회는 다른 지역이 마케도니아 사람처럼 도움을 청함을 듣고 선교사 한 팀을 파송했다. 그들이 한 달 동안 열심히 일하고 나자, 그곳에 새 교회가 서넛 세워졌다. 그러나 그때 원로 목사들이 대부분 체포당해서 4년 동안 감옥에 갔다. 하지만 그들이 체포되자, 젊은 목사들이 그들에 이어서 교회를 지도했다. 그 결과, 가정 교회가 보살핌을 받았을 뿐만 아니라, 선교가 확대되고 그 지역이 경이적으로 성장했다. 사람들은 지도자들이 심한 고난을 오랫동안 받는 것을 보고는 확신이 들어 그리스도를 믿게 되었다.

14살 먹은 한 소녀가 이 사실을 깨닫고 있었다. 이 소녀는 지방 경찰에게 체포당하여 종일 한 곳에서 무릎을 꿇고 있어야 했던 아홉 명의 젊은 복음 전도자 가운데 하나였다. 이런 고문을 당하던 세번째 날에, 이 소녀는 기절하여 풀려났다. 다른 복음 전도자들은 8박 9일 동안 낮과 밤 내내 똑같은 고문을 당해야 했으나 결국 그들도 풀려났다. 그들이 다시 만났을 때, 14살 먹은 이 소녀는 울기 시작했다. 그들은 "왜 우니?" 하고 물었다.

이 소녀는, 다른 사람들은 9일 동안 고난을 받게 하셨는데 자신은 겨우 3일밖에 고난을 받게 하지 않으셨기 때문에 운다고 대답했다. 겨우 14살 먹은 소녀가 이 말을 하다니! 그러나 이 소녀는 예수 그리스도를 위하여 받는 고난이 무엇인지 이해했고, 그것을 짐으로 여기지 아니하고 특권으로 여겼다.[7]

중국 교회가 오늘날 엄청나게 성장하는 데 비해 미국 교회가 겨우 숫자로만 명맥을 유지하고 헌신이나 품성에서 눈에 띄게 떨어지는 이 현실이 놀랍지 않은가? 우리 대부분은 경건한 생활을 원하지 않고 괜찮은 생활만 원할 뿐이다. 그리고 우리의 14살짜리들은, 텔레비전을 끄고 숙제나 해야 하는 것을 고난으로 생각한다.

영광에 이르는 길

고난의 가치에 대하여 마지막으로 할 말은, 고난은 영광에 이르는 길로 정해져 있다는 것이다. 바울은 로마서 8 : 17에서 이 점을 명시적으로 말한다. "… 우리가 그와 함께 영광을 받기 위하여 고난도 함께 받아야 될 것이니라." 바울은 다른 곳에서도 이 점을 말한다. 고린도후서 4 : 17-18에서 바울은 즐겁게 이렇게 쓴다. "우리의 잠시 받는 환난의 경(輕)한 것이 지극히 크고 영원한 영광의 중(重)한 것을 우리에게 이루게 함이니, 우리의 돌아보는 것은 보이는 것이 아니요 보이지 않는 것이니, 보이는 것은 잠간(暫間)이요 보이지 않는 것은 영원함이니라."

고난에 대하여 기억할 두 가지 기본적인 것이 있다.

첫째로, 고난은 반드시 있어야 한다. 예수님은 엠마오로 가는 제자들에게 "그리스도가 이런 고난을 받고 자기의 영광에 들어가야 할 것이 아니냐"(눅 24 : 26)고 말씀하셨을 때, **자신**에게 고난이 반드시 있어야 할 것이라고 가르치셨다. 그후에 예수님은 모세와 모든 선지자로부터 시작하여 성경에서 그 진리를 그들에게 보이심으로써 고난이 반드시 있어야 할 것을 입증하셨다. 예수님은 "… 사람들이 나를 핍박하였은즉 너희도 핍박할 터이요…"(요 15 : 20 중) "… 세상에서는 너희가 환난을 당하나…"(요 16 : 33 중) 하고 말씀하셨을 때 **우리**에게도 고난이 반드시 있을 것을 가르치셨다.

둘째로 고난이 반드시 있어야 하지만(또 가치를 갖고 있지만), 고난은 그리스도를 위한 이야기의 끝이 아니다. 그 끝은 영광이다. 고난이 끝이라면 기독교는 일종의 마조히즘(masochism, 피학대 음란증), 즉 고난을 위한 고난일 것이다. 고난이 영광에 이르는 길이므로 고난이 그 끝이 아니라면, 기독교는 참된 소망과 실제적인 위로의 종교이다.

고난당할 것을 걱정해야 하는 그리스도인이라도, 특별히 그 고난이 예수 그리스도를 위한 것이라면 고난을 당하는 사람이 아니다. 정말이지 고난을 걱정하고 있는 사람은 고난을 당하고 있는 사람이 아니다. 왜냐하면 **고난은 우리가 하나님의 아들 된 증거이며 복음이 퍼지기 위한 수단이며 영광에 이르는 길**이기 때문이다.

그러므로 용기를 잃지 말고 견뎌 나가자. 그리고 우리가 믿음의 경주를 달리고 오랜 전쟁을 싸우고 있으므로 서로 격려하자.

우리는 서로를 필요로 한다. 그러나 우리는 서로를 갖고 있다. 바로 그것 때문에 우리는 다른 사람에게 준 바 되었다. 그래서 하나님의 은혜로 우리는 실제로 그 전쟁의 끝에 이르러 바울이 자신의 젊은 피보호자인 디모데에게 말했던 것처럼 말할 수 있을 것이다. "내가 선한 싸움을 싸우고 나의 달려갈 길을 마치고 믿음을 지켰으니, 이제 후로는 나를 위하여 의의 면류관이 예비되었으므로, 주 곧 의로우신 재판장이 그날에 내게 주실 것이니, 내게만 아니라 주의 나타나심을 사모하는 모든 자에게니라"(딤후 4 : 7-8). 하나님의 모든 백성에게 그처럼 되기를 바란다.

● 각주 ●

1. Hugh Evan Hopkins, *The Mystery of Suffering* (Downers Grove, Ill.： InterVarsity Press, 1961).

2. C. S. Lewis, *The Problem of Pain* (New York：Macmillan, 1962).

3. Harold S. Kushner, *When Bad Things Happen to Good People* (New York： Avon Books, 1981).

4. James Montgomery Boice, *The Gospel of John：A Expositional Commentary,* vol. 5, *John 18：1-21：55* (Grand Rapids：Zondervan, 1979). 이 책에서 나는 말은 다르지만 다양한 비기독교적 접근법을 논의하며, 1장 13-21쪽에서 고난에 대한 유일무이하게 기독교적인 접근법을 논의한다.

5. Jonathan Chao, "Witness in Suffering," a paper prepared for the Second Asian Leadership Conference on Evangelism, Singapore, October 20-27, 1987, p. 7.

6. D. M. Lloyd Jones, *Romans：An Exposition of Chapter 8：5-17, The Sons of God* (Grand Rapids：Zondervan, 1974), p. 433.

7. Jonathan Chao, "Witness in Suffering," pp. 19, 7, 8에 이 이야기가 나온다.

104
비교할 수 없는 영광
로마서 8:18

생각건대 현재의 고난은 장차 우리에게 나타날 영광과 족히 비교할 수 없도다.

설교자라면 누구나 성경을 가르치는 일을 진지하게 준비할 때 자신의 능력을 넘어서는 주제를 만나곤 한다. 어떤 의미에서 성경에 있는 모든 것이 우리의 능력을 넘어선다. 성경은 하나님의 생각을 담고 있고, 우리 가운데 무한한 창조주의 지성을 충분히 품을 수 있는 자는 없다. 그럼에도 불구하고 우리가 그 기본적인 내용을 깨닫는 가르침이 있다. 왜냐하면 하나님이 우리에게 그 가르침을 계시해 주셨기 때문이다. 성경의 모든 생각을 이처럼 이해하는 것은 아니다. 때때로 우리는 '적어도 하늘 나라에게 이르기 전에는 결코 완전히 깨닫지 못할 생각을 만나곤 한다.

영광(Glory)이 그 가운데 하나다. 나는 다음과 같은 이유에서 영광을 '비교할 수 없는' 것이라고 부른다. 먼저 영광은 우리가 이세상에서 알고 있는 그 어떤 것과도 비교되지 않으며 특히 우리 본문에서 대조를 이루는 고난과는 더욱 비교되지 않는다. 또한 영광은 참으로 우리의 이해력을 넘어서며 기껏해야 우리는 영광의 간접적인 표시만 알 뿐이다.

영광은 하나님의 장엄하심을 서술하고 따라서 하늘 나라와 우리가 그 하늘 나라에 참여할 때 경험할 눈부시는 장엄함을 서술하는 데 가장 좋은 낱말이다. 그러나 성경이 하늘 나라를 서술할 때, 대부분의 경우에 부정적으로 서술한다. 이 서술들을 보면, 하늘 나라에 무엇이 없는지를 알게 된다. 성경에서 하늘 나라를 표현하는 가장 뛰어난 서술은 아마 요한계시록 21장에 나오는 새 예루살렘의 서술일 것이다. 그러나 '보좌에서 나는 큰 음성'이 새 예루살렘을 어떻게 묘사하는지 살펴보라. "… 보라. 하나님의 장막이 사람들과 함께 있으매 하나님이 저희와 함께 거하시리니, 저희는 하나님의 백성이 되고 하나님은 친히 저희와 함께 계셔서, 모든 눈물을 그 눈에서 씻기시매 다시 사망이 없고 애통하는 것이나 곡하는 것이나 아픈 것이 다시 있지 아니하리니 처음 것들이 다 지나갔음이러라"(계 21 : 3-4). 하나님이 우리와 함께 계실 것이라는 것은 긍정적인 점이다. 그러나 이 서술이 강력한 힘을 갖는 것은 눈물이 없고 아픈 것이 없고 사망이 없고 곡하는 것이 없다는 말에 있다. 이것들은 모두 부정적인 개념이다. 이 개념들을 쓰는 것은, 틀림없이 우리가 긍정적인 것들을 완전히 파악할 수 없고 지금 우리의 생활을 어렵게 하는 것들이 없어진다는 정도만 이해할 수 있기 때문이다.

그러나 하나님의 백성을 위하여 간직해 두신 것을 표현하는 가장 위대한 낱말은 영광이다. 우리 본문은 이렇게 말한다. "생각건대 현재의 고난은 장차 우리에게 나타날 영광과 족히 비교할 수 없도다"(롬 8 : 18).

영광은 무엇인가?

'영광'은 무엇인가? 나는 여러 주석에서 영광의 정의(定義)들을 발견한다. 영광이 이해할 수 없는 것이라고 해도 진정한 학자들로 하여금 무엇을 정의 하는 일은 결코 막지 못했기 때문이다. 그러나 내가 보기에 그 정의들은 충분하지 않다. 영광이라는 낱말의 경우에 성경학보다는 문학 특히 시에 능한 사람들의 사고 방식을 살피면 훨씬 뛰어난 이해를 얻을 수 있을 것이다. 그래서 나는 루이스(C. S. Lewis)가 영광에 대하여 쓴 논문을 읽어 볼 것을 제안한다.

1941년 여름, 루이스는 옥스포드 대학 세인트 메리 교회에서 저녁 설교를 해달라는 부탁을 받고, 내가 언급한 이 부분을 준비하여 설교를 했다. 그 제목은 '영광의 무게'(The Weight of Glory)였다. 20세기의 가장 위대한 기독교 변증가 가운데 한 사람인 루이스는 모든 인간이 거의 표현할 수 없는 것에 대하여 갖는 갈망을 먼저 언급했다. 그는 이 갈망을 일러 '자연적인 행복이 만족시키지 못할 욕구'[1]라고 했다. 그리고 루이스는 우리가 하나님의 마음에 들고자 하는 소원에서 그 욕구를 발견했으며 그는 이 욕구를 표현하는 성경의 낱말이 영광이라고 주장했다.

하나님의 마음에 들고자 한다는 개념이 처음에는 합당치 않은 듯 보인다. 루이스도 이 연구를 시작했을 때 그 점을 느꼈다. 그러나 루이스는, 오히려 그 개념이 아주 합당하며 자연스럽고 바람직한 사물 질서를 표현한다는 사실을 알게 되었다고 말했다. 아이는 부모의 마음에 들기를 바라고 그런 바람은 옳은 것이며 피조물은 창조주로부터 인정받기를 원함에 틀림없다. 우리도 하나님의 피조물이므로 역시 창조주로부터 인정받기를 원한다. 그러나 문제는 우리가 그처럼 인정받을 가능성을 파괴하려고 행동한다는 점이다. 예수 그리스도 안에서 하나님이 개입하셔서 우리를 구원하시고 우리를 변화시키지 않으셨다면 우리는 그처럼 인정받을 가능성을 파괴하고야 말 것이다. 언젠가 우리는 심판을 받으려고 하나님 앞에 설 것이다. 그날 우리에게 어떤 일이 일어나겠는가? 루이스는 청중들에게 이렇게 물었다. 그리고 이렇게 대답했다. "우리는 **바깥**에서 완전히 그리고 철저히 버림을 당할 수 있습니다. 내쫓기며 추방당하고 따돌림받은 후에는 마침내 말할 수 없을 정도로 부시를 당할 것입니다. 반면에 우리는 초대받고 환영받으며 환대받은 후에는 인정받을 수 있습니다. 우리는 매일 이 믿을 수 없는 두 가지 가능성 사이에서 면도날 위를 걷듯 하고 있습니다."[2]

그러나 영광에는 이보다 더한 것이 있다. 영광은 '값어치', '받아들임' 혹은 '인정'만 가리키는 것이 아니라, '밝음', '광채', '환함' 심지어 '아름다움'까지 가리킨다. 그리고 우리는 이 모든 것을 역시 바란다. 사실 우리는 아름다운 것을 보기만을 갈구하지 않는다. 우리는 그 아름다움에 참여하고 이 거룩한 하늘의 아름다운 바깥쪽이 아니라 안쪽에 서기를 바란다. 내 판단으론 시인인 루이스는 이 점을 가장 뛰어나게 묘사한다.

우리는 해처럼 빛날 것입니다. 샛별을 받을 것입니다. 이제 나는 그 뜻이 무엇인지 겨우 알듯 합니다. 물론 어떤 의미에서 하나님은 이미 그 샛별을 우리에게 주셨습니다. 아침 일찍 일어나 아름다운 아침에 그 선물을 보고 즐길 수 있는 기회가 많습니다. 무얼 더 바라지요 하고 물으실지 모르겠습니다. 그러나 우리는 훨씬 더 많은 것을 바라고 있으며 미학서적에 별로 관심을 쓰지 않는 것말입니다. 그러나 시인과 신화는 그 점에 관하여 모두 알고 있습니다. 우리는 아름다움을 그저 **보기**만을 바라지 않습니다. 물론 보는 것만으로도 정말이지 충분합니다. 우리는 말로 거의 담을 수 없는 다른 무엇을 원합니다. 우리가 보는 이 아름다움과 연합하고, 그 속으로 들어가고, 그것을 우리 자신 안으로 받아들이고, 그 안에 몸과 마음을 씻고, 그 일부가 되는… 이런 일들을 바랍니다.

그래서 시인은 그처럼 사랑스러운 허구를 우리에게 말합니다. 그들은 서풍이 실제로 인간의 영혼 속으로 몰아닥칠 수 있을 듯이 말합니다. 그러나 그런 일은 있을 수 없죠. 그들은 '속삭이는 음성에서 태어나는 아름다움'이 인간의 얼굴에 번질 것이라고 말합니다만 실상은 그렇지 못할 것이며 혹은 아직은 그렇지 못할 것입니다. 왜냐하면 우리가 성경의 형상(形狀)을 진지하게 살피면서 하나님이 언젠가 우리에게 샛별을 주시며 우리가 태양의 광채를 입을 수 있도록 하실 것이라고 믿는다면, 우리는 고대의 신화나 현대의 시가 역사만큼이나 거짓이다 해도 예언만큼이나 진리에 아주 가까울 수 있다고 추측할 것이기 때문입니다.

지금 우리는 세상 바깥에 있고 문 뒤쪽에 있습니다. 우리는 아침의 상쾌함과 순수함을 분별합니다만, 아침의 상쾌함과 순수함이 우리를 상쾌하고 순수하게 만들지는 못합니다. 우리는 우리가 보는 광채와 섞일 수가 없습니다. 그러나 신약의 낙엽들은 언제나 그렇게 되지 않을 것(우리가 자신이 보는 광채와 섞일 수 없을 것)이라는 풍문과 뒤엉켜 바스락거립니다. 언젠가 하나님이 원하시면, 우리는 (광채) 안에 들어갈 것입니다. 무생물의 피조물이 생명 없는 상태로 완전히 순종하듯 인간 영혼이 자발적으로 완전히 순종할 때, 그 영광을 입을 것입니다. 좀더 정확하게 말하면 자연의 조화(造化)가 그 최초의 스케치에 불과한 더 큰 영광을 입을 것입니다.[3]

이제 영광의 뜻을 깨닫겠는가? 깨닫지 못했을 것이다. 적어도 완전히는 깨닫지 못할 것이다. 그러나 성경의 가르침을 말하고 우리 본문이 담고 있는 특별한 교훈을 밝힐 수 있는 구조가 있다.

이가봇

성경이 우리의 이해를 돕는 첫번째 것은, 우리가 영광을 한때 누렸기 때문에 영광을 갈망한다는 점이다. 이 말은 우리가 개인적으로 영광을 한때 누렸다는 뜻이 아니다. 우리는 태어나기 전에 먼저 존재하지 않았다. 그러니 이 말은 우리가 인류로서 아담 안에서 영광을 누렸다는 뜻이다. 아담은 '하나님의 형상으로' (창 1 : 26-27) 지음을 받았다. 그 말은 마틴 로이드 존스(D. Martyn Lloyd Jones)가 말하듯이 "처음 사람은 일종의 영광을 가졌다"[4]는 뜻이다. 한 주석가가 말했듯이, 이 사람은 하나님과 같았고, 하나님의 광채를 옷 입듯 입었을 것이다.

하지만 오늘날 인간의 조건은 한때 영광스러웠던 상태와 비교하면 부끄럽다. 이 인간 위에 구약의 비극적인 이름 '이가봇' (Ichabod)을 써야 한다. 이 이름의 뜻은 '영광이 떠났다'이다(삼상 4 : 21). 영광이 이 인간의 몸에서, 그 영에서, 그 혼에서 떠났다.

사람은 한때 아름다운 신체를 갖고 있었다. 남자 아담과 여자 하와는 창조물의 영광이었다. 그들은 피조계(被造界)의 나머지 존재들보다 모든 면에서 뛰어났다. 그러나 그들이 범죄했을 때, 몸의 쇠약과 질병, 고난 그리고 결국은 몸의 사망이 그에게 찾아왔다. 하나님은 "… 너는 흙이니 흙으로 돌아갈 것이니라 하시니라" (창3 : 19 하) 고 말씀하셨다. 그들은 원래 죽게 되어 있지 않았지만 죽게 되고 말았다. 사람은 또한 영혼이 아름다웠는데 이는 모든 피조물 가운데 가장 아름다운 것이었다. 사람은 우리가 헤아릴 수 없는 고상함을 지녔으나 아담과 하와가 범죄했을 때, 그 아름다운 영혼이 손상되었다. 이제 그들은 거짓말 하고 속이고 자기가 잘못하여 생긴 책임을 다른 사람에게 떠넘겼다. 가장 심각한 것은 그들의 영혼이 파멸한 것인데, 이 영혼은 아담과 하와가 하나님과 공통으로 갖고 있었던 부분이었다. 그들은 동산에서 하나님과 함께 거닐며 이야기를 나누었다. 그러나 일단 타락했을 때 그들은 더 이상 하나님을 찾지 않았으며 하나님으로부터 숨었고 결국 심판을 받았다.

우리는 한때 영광을 누렸다. 그래서 우리는 영광을 그토록 갈망한다. 그러나 영광은 바람과 함께 사라졌다. 그러므로 우리가 성경으로 돌아가 그리스도 안에 있는 우리 구원의 결국이 죄와 악과 그것들의 결과에서 건짐을 받을 뿐만 아니라 영화롭게 되는 것임을 발견하는 일은 얼마나 놀라운 일인가! 하나님은 아담과 하와가 잃어버린 모든 것을 우리에게 회복하고 계신다.

아담이 잃어버렸던 것보다 더 많음.

바울은 로마서에서 이 점을 다루기 시작한다. 이리하여 우리는 다시 우리 본문으로 돌아온다. 그러나 우리가 이 본문에 돌아와서 문맥을 살피려 하자마자, 아담과 하와가 잃어버린 영광을 회복하는 일 이상의 것이 여기에 관련되어 있음을 발견한다. 우리는 로마서 8장을 읽어가면서, 우리가 아담보다 더 하나님을 즐거워하며 하나님께 참여할 수 있다는 것을 발견한다.

마틴 로이드 존스(D. Martyn Lloyd Jones)는 이렇게 말한다.

> 아담은 완전한 사람이었지만, 그의 완전함은 영화(榮化, glorification)에 미치지 못했다. 더 발전할 여지(餘地)가 있었다. 그리고 사람에게 뜻하신 바는 바로 궁극적인 영화였던 것이 분명하다. 사람으로서 아담은 완전하여 흠도 죄도 잘못도 없었다. 그는 흠이 없는 상태였지만 영화롭지는 못했다. 그러나 우리 앞에 있으며 그리스도 안에서 우리에게 주셨으며 그리스도 안에서 우리에게 약속하신 것은 다름 아닌 영화이다. 사람이 하나님의 계명을 계속 지켰더라면 도달했을 것이며 그가 순종한 보답으로 받을 수 있는 것을 하나님은, 우리의 주이며 구세주이신 예수 그리스도 안에서 그리고 그로 말미암아 우리에게 거저 주신다.[5]

저울에서 무거운 것

이 모든 것으로 하여 우리는 곧장 본문에 이른다. 왜냐하면 로마서 8 : 18에서 바울은 하나님의 백성이 누릴 장차의 영광과 현재의 고난을 비교하면서 장차의 영광은 지금의 고난을 훨씬 능가한다고 말하고 있기 때문이다. 그것은 명백한 사실임에 틀림없다. 우리가 누릴 영광이 아담이 누렸던 최소한의 영광보다 뛰어날 것이라면, 우리가 누릴 영광이 우리가 지금 참고 있는 고난보다 뛰어날 것은 확실하기 때문이다.

바울은 여기서 '비교할 수 없다' 고 번역된 말을 통하여 재미있고 뜻이 다소 감추어진 상(像)을 이끌어들인다. 이 말은 '몰다', '이끌다' 혹은 '움직이게 하다' 는 뜻을 가진 동사 아고(ago)에서 나오는 악시오스(axios)라는 헬라어다. 상징적으로 사용된 이 말은 저울에서 한쪽이 기울도록 할 만큼 무거운 것을 가리킨다. 영광이라는 낱말이 무거운 것 혹은 내용이 차 있는 것을 가리킨다는 사실을 기억할 때 바울이 무엇을 은근히 말하고 있는지 분명하다. 바울은, 우리를 위하여 간직된 장차의 영광이 어찌나 무거운지 현재 우리의 고난은 그에 비하면 깃털처럼 가벼운 것이며 저울에 달아도 저울이 꿈쩍도 하지 않는다고 말하고 있다.

바울은 자신이 그리스도를 위하여 당한 많은 핍박과 고난을 가슴 저리게 언급하는 고린도후서 4 : 16-17에서 지금 우리가 살피는 본문과 비슷한 내용을 말한다. "그러므로 우리가 낙심하지 아니하노니, 겉사람은 후패(朽敗)하나 우리의 속은 날로 새롭도다. 우리의 잠시 받는 환난의 경한 것이 지극히 크고 영원한 영광의 **중한** 것을 우리에게 이루게 함이나"(고딕체는 필자의 표기).

이 두 구절은 우리의 현재 고난과 장차의 영광을 여러 가지 점에서 비교한다.

1. 고난과 영광의 강도(强度, intensity). 첫번째로 대조를 이루는 것은 고난의 강도와 영광의 강도 혹은 우리가 말해 오던 바와 같이 고난의 '무게' 와 영광의 '무게' 다. 고난은 힘들고 상처를 준다. 어찌나 심한 상처를 주는지 우리는 무서워 비명을 지르거나 고통스러워 소리칠 수도 있다. 그러나 바울은, 우리가 당하는 고난의 강도는 영광의 강도와 비교할 정도가 못된다고 말한다. 그리고 그는 분명한 이 사실을 알았다. 고린도전서 4 : 9-13; 고린도후서 4 : 8-12; 6 : 4-10; 그리고 11 : 16-33을 보고 판단해 볼 때, 바울은 그 누구보다 고난을 많이 당했다. 그러나 바울은 '셋째 하늘에 이끌려' (고후 12 : 2) 가서 하늘 나라의 영광에 대한 이상(異象)을 보았는데 그가 보기에 고난의 강도는 영광의 장엄(莊嚴)과 비교할 수 없었다.

2. 고난과 영광의 위치(location). 두번째로 대조를 이루는 것은 우리 고난의 위치와 영광의 위치다. 물론 이는 고난과 영광을 서툴게 대조하는 표현이다. 그러나 그보다 더 나은 것을 생각하기는 어렵다. 로마서 8 : 18에서 바울은 말 그대로 '내면적으로' 혹은 '우리 존재에서' 라는 뜻을 가진 낱말을 사용하면서 하나님의 영광이 '우리에게' 나타날 것이라고 말한다. 이런 점은, 바울이 고린도후서에 나오는 병행구절에서 언급하는 "우리 겉사람은 후패하나" 라는 말과 대조를 이룸에 틀림이 없다.

이 생각은 다음과 같아 보인다. 고난은 깊은 아픔을 주더라도, 우리 겉사람, 즉 우리 몸에 영향을 줄 따름이다. 고난은 진짜 '우리', 즉 바울이 말하는 것처럼 "날로 새로워지는" 구속받은 우리의 존재에 영향을 주지 못한다. 장차 영광에 참여하는 것은 이 '진짜 우리', 내면의 우리다. 다른 말로 하면, 루이스(C. S. Lewis)가 말했던 것처럼, 우리는 아름다움을 그저 목격하기만 하지 않고 그 아름다움에 참여할 것이다. "하나님은 언젠가 우리에게 샛별을 주시며 우리가 태양의 광채를 입을 수 있도록 하실 것이며… 언제가 하나님이 원하시면, 우리는 (광채) 안에 들어갈 것입니다". 외적인 고난을 견디는 것은 우리가 이 영광에 참여하는 것과 비교할 수 없다.

3. 고난과 영광의 존속 기간(duration). 고난과 영광의 마지막 대조점은 그들의 존속기간과 관계가 있다. 로마서에서 바울은 현세대에 속해 있다는 것을 뜻하는 '현재의 고난' 과 장차 세대에 변하지 않고 영원한 영광을 뜻하는 '장차 나타날 영광' 을 구별한다. 고린도후서에서 바울은 고난이 '잠깐' 이라고 하고 영광이 '영원' 하다고 한다. 당신과 나는 영원에 관하여 별로 생각하지 않는다. 그러나 만일 우리가 영원에 관하여 생각할 수만 있다면, 영원한 상태의 영광과 지나가는 지상적 시간의 고난은 비교가 안 되는 것이 분명히 드러난다. 우리의 고난을 견디기가 아무리 고통스럽더라도 그것은 마찬가지다.

마법 풀기

마지막으로, 여러분이 이 본문에서 바울이 말하고 있는 것을 제대로 이해할 수만 있다면, 인생을 고찰하는 여러분의 방식이 바뀔 수 있음을 보게 될 것이라고 나는 말하고 싶다. 우리가 인생을 고찰하는 방식은 우리가 상상할 수 있는 그 어떤 것보다 중요하다. 그것은 어떻든지 두 가지 것을 제공한다.

　1. 시각(Vision). 영광의 약속에 초점을 두면, 영광이 영원하다는 맥락에서 인생관을 얻게 될 것이다. 이 말은 우리가 이 땅에서의 삶을 있는 그대로 보기 시작할 것이라는 뜻이다. 이 점에서 우리에게는 두 가지 문제가 있다. 첫째로, 우리는 우리의 시간 개념에 의해서 제한된다. 우리는 우리에게 할당된 '70년'이라는 측면에서 그렇지 않으면 기껏해야 지금까지 이 땅에서 꾸려 온 얼마 안 되는 세월이나 앞으로 얼마 남지 않은 세월이라는 측면에서 생각할 때 우리에게는 긴 시간이 없다. 둘째로, 우리는 물질주의(materialism)에 의해 제한된다. 우리의 참고기준은, 우리가 감각기관을 통하여 지각(知覺)하는 것이라서 우리는 '영혼'과 손으로 만질 수 없는 다른 존재들을 생각할 때 큰 어려움을 겪는다. 우리는 이 속박에서 건짐을 받고 우리의 영적 무지로부터 깨어나야 한다.

　루이스(C. S. Lewis)는 "영광의 무게"에서 영광에 대한 자신의 이야기를 터무니없는 공상이나 마법 짜기로 밖에 보지 아니하는 사람들의 반대에 대하여 말했다. 루이스는 아마 자신이 하려는 것이 그런 것일지 모른다고 인정하면서 그 반대에 대답했다. 그러나 그는 동화에 나오는 주문(呪文)에는 두 가지가 있음을 청중들에게 상기시켰다. 어떤 주문은 마법을 걸고 어떤 주문은 마법을 푼다. "당신과 나에게는 근 백 년 동안 우리를 눌러 왔던 사악한 마법에서 우리를 풀어 줄 수 있는 가장 강력한 주문이 필요합니다." 이는 내가 말하려 했던 것과 다르다. 나는 이 세상이 거짓과 반대되는 진리를 말하러 했다. 그래도 루이스의 말이나 내 말이나 아마 내용은 똑같을 것이다. 둘은 우리가 우리의 흑암에서 벗어나 하나님의 빛으로 들어가야 한다는 뜻을 담고 있다.

　2. 인내(Endurance). '마법 풀기'는 우리가 그 어떤 곤경이나 유혹이나 핍박이나 혹은 육체적 고난으로 인하여 하나님이 우리에게 주기를 기뻐하시는 고난을 견딜 수 있는 힘을 우리에게 준다. 영광이 없다고 해보자. 이 세상이 실제로 존재하는 모든 것이라고 해보자. 만일 그렇다면 나는 그 가운데 하나도 견디지 못할 것이며, 적어도 나는 하나도 피할 수 없다. 그리고 피할 수 없는 시련을 겪으며 무너질 것이다. 그러나 나는 영원한 영광이 기다리

고 있음을 알고 있으므로, 하나님을 기쁘시게 하는 일을 하려고 할 것이며, 그 어떤 괴로움
이 오더라도 그 일을 계속 할 것이다.

　찬송 작사가인 헨리 라이트(Henry F. Lyte)는 다음과 같이 그 점을 표현했다.

　　　　십자가를 내가 지고 주를 따라 가도다.
　　　　이제부터 예수로만 나의 보배 삼겠네.
　　　　세상에서 부귀 영화 모두 잃어 버려도
　　　　주의 평안 내가 받고영생 복을 얻겠네.

　　　　주도 곤욕당했으니 나도 곤욕당하리.
　　　　세상 친구 간사하되 예수 진실하도다.
　　　　예수 나를 사랑하사 빛난 얼굴 뵈시면
　　　　원수들이 미워하나 염려할 것 없도다.

　　　　내가 핍박당할 때에 주의 품에 안기고
　　　　세상 고초 당할수록 많은 위로 받겠네.
　　　　주가 주신 기쁨 외에 기뻐할 것 무어냐.
　　　　주가 나를 사랑하니 기뻐할 것뿐일세.

　　　　　　　　　　　　　　　　(한글통일찬송가 367장)

　우리가 로마서 8 : 18에서 살펴야 할 낱말이 하나 더 있다. 그것은 '생각건대'(consider,
혹은 '셈하다' KJV)이다. 우리는 로마서에서 이 낱말을 15번 봤는데, 이 낱말이 이유와 관
계 있음을 주목했다. 그것은 우리가 무엇을 셈하는 과정이다. 내가 이 점을 강조하는 것은,
내가 '마법 풀기'라는 개념을 언급하긴 해도, 거기에 마술적인 것이 있다는 뜻을 담기를 원
치 않기 때문이다. 마술은 동화에나 어울린다. 그러나 우리는 하나님의 진짜 세계를 다루고
있으며, 이 세계를 분명하고 철저히 생각해 가도록 교훈을 받았다.

　바울은 '생각건대' 하고 쓰는데, 그 뜻은 바울이 그것을 철저하게 생각하고서 "현재의 고

난은 장차 우리에게 나타날 영광과 족히 비교할 수 없도다" 하고 결론을 내렸다는 점이다. 바울은 이 낱말을 사용하면서 우리 역시 그 점을 철저하게 생각해 나가라고 권한다.

만일 당신이 그리스도인이라면, 나는 이렇게 묻겠다. "바울이 이 절에서 말하는 것은 사실이 아닌가? 장차 올 영광은 아무리 고통스럽고 괴롭더라도 이 땅에서 맞닥뜨려야 하는 어떤 일과 비교할 수 없지 않은가?" 마틴 로이드 존스(D. Martyn Lloyd Jones)는 이런 말로 청중들에게 요구했다. "그 위대한 실재는 다가올 영광입니다… 이 개념을 계속 붙잡으십시오. 우리가 이 현세대에 속하지 아니하고 '우리의 시민권이 하늘에 있다' 는 개념말입니다. 현재의 세상은 지나가고 있으며 잠깐이고 잠시입니다만 '다가올 세상' 은 참되고 영원한 세계입니다. 그 세계는 영원히 계속될 세상입니다."[7]

당신이 천국의 시민임을 안다면 견뎌낼 것이다. 앞의 찬송 작사가와 더불어 "주의 평안 내가 받고" 하고 말할 것이다.

● 각주 ●

1. C. S. Lewis, "The Weight of Glory" in *The Weight of Glory and Other Addresses* (New York : Macmillan/Collier Books, 1980), p. 8.

2. Ibid., p. 15.

3. Ibid., pp. 16, 17.

4. D. M. Lloyd Jones, *Romans : An Exposition of Chapter 8 : 17–39, The Final Perseverance of the Saints* (Grand Rapids : Zondervan, 1976), p. 4.

5. Ibid., p. 7.

6. Lewis, "The Weight of Glory," p. 7.D. M. Lloyd Jones, *Romans : An Exposition of Chapter 8 : 17–39, The Final Perseverance of the Saints,* pp. 40, 41.

105
피조물의 구속
로마서 8:19-21

> 피조물의 고대하는 바는 하나님의 아들들의 나타나는 것이니 피조물이 허무한 데 굴복하는 것은 자기 뜻이 아니요 오직 굴복케 하시는 이로 말미암음이라 그 바라는 것은 피조물도 썩어짐의 종 노릇 한 데서 해방되어 하나님의 자녀들의 영광의 자유에 이르는 것이니라.

앞 장의 끝에서, 나는 18절에 나오는 '생각 건대' 라는 낱말의 중요성에 관하여 썼다. 이 말은 생각하는 사람이 무엇을 알아낼 수 있도록 하는 추론 절차를 가리킨다. 바울이 생각하고 있는 것은 그리스도인의 생활이 그렇게 철저하게 생각할 만 것인가 아닌가 하는 점이라고 말해도 될 것이다. 그리스도인의 생활은 쉽지 않으며 그 생활에는 엄격한 자기 부인과 핍박과 심지어 여러 가지 고난이 포함된다. 보기에는 불신자들 즉 세상 사람들이 더 나은 생활을 하는 것 같다. 왜 우리는 오직 쾌락을 추구하면서 살면 안 되는가? 경건하게 살아서 얻을 수 있는 것은 무엇인가?

바울이 이 점을 생각하고, 왜 기독교적 방식이 유일하게 합리적인 방식인가가 더할 나위 없이 분명하게 드러낸다. 이는 이미 우리가 연구한 두 가지 이유와 이제 탐구할 또 하나의 이유 때문이다. 첫째로는 우리의 현재 고난은 잠시이고 영광은 영원하다는 것의 대조 때문이다. 18절에서 바울은 이 시간적 세대가 잠시라는 것을 언급하기 위하여 **현재**라는 낱말을 쓰지만, 영광에 관해서는 영원이라는 말을 실제로 언급하지 않는다. 그러나 고린도후서 4 : 17에 나오는 병행 구절에서, 바울은 '잠시 받는 환난'과 '영원한 영광'을 대조하여 우리가 말하고자 하는 요점을 분명히 드러낸다.

그리스도인의 생활이 '합리적'인 두번째 이유는 우리의 고난은 가볍고 장차 올 영광은 무겁다는 무게의 현저한 차이에 있다. 바울은 우리가 겪는 이 땅의 고난이 괴롭다는 것을 부인하지 않는다. 고린도전후서에서 바울은 자신이 견뎌 낸 시련을 여러 가지 열거하는데, 참으로 그 시련들은 무거운 것이었다. 그러나 바울은, 그 시련이 무거운 것이었지만 "현재의 고난은 장차 우리에게 나타날 영광과 족히 비교할 수 없도다" 하고 말한다.

바울은 이 점을 철저히 생각해 보라고 말한다. 둘을 저울질해 보라. 해보면, 우리의 현재 고난이 장차 올 영광과 비교할 때 참으로 하찮은 것임을 알게 될 것이다. "우리의 잠시 받는 고난의 경한 것이 지극히 크고 영원한 영광의 중한 것을 우리에게 이루게 함이니"(고후 4 : 17).

소망스러운 우주

18절에서 시작하는 두 가지 주장만으로도 바울의 요점, 즉 그리스도인의 생활은 매우 가치가 있다는 요점을 넉넉히 입증할 수 있다. 그러나 바울은 보기 드문 지성을 갖고 있었기 때문에, 그는 19절과 그 이후에서 계속 그 주장을 펼친다. NIV의 성경 번역자들은 영어 문장을 매끈하게 하려다가 실제로 이 절의 앞에 있어야 하는 접속사 '왜냐하면'(for)을 빠뜨렸으므로, 바울의 주장이 계속된다는 사실을 조금 흐려 놓는다. 20절을 시작할 때 NIV에 그 낱말이 나타나겠지만(한글개역성경에는 '왜냐하면'이 빠짐 - 역자), 원어에서 실제로 19절과 18절의 맨 처음에 나오는 낱말은 '왜냐하면'(for)이다.

말 그대로 하면 이 절들은 '**왜냐하면** 생각건대… 왜냐하면 피조물의 고대하는 바는… 왜냐하면 피조물이 허무한 데 굴복하는 것은…'이 된다. 다른 말로 하면 18-20절은 길고 주의 깊게 이어지는 하나의 주장을 이루는 부분들이다.

이 시점에서 나타나는 새로운 낱말은 '피조물' 혹은 오늘날 쓰는 말로 말할 수 있다면 '우주'(the cosmos)다. 이 말의 지시 내용은 말 그대로 보아야 한다. 왜냐하면 피조물이라 는 낱말은 하나님이 만드신 모든 사물 즉 인간과 천사와 마귀와 물리적 우주와 동물 등을 분 명하게 가리킬 수 있다. 그러나 여기서 이 말은 그런 모든 사물을 뜻하는가? 잠시만 생각해 보더라도, 이 절들에서 피조물은 틀림없이 제한된 뜻을 갖고 있는 사실이 드러날 것이다.

존 머리(John Murray)는 이 부분을 분석하면서 그 누구보다 뛰어나게 분석한다. 왜냐하 면 존 머리는 자신의 주석서에서 20-23절이 피조물이라는 낱말의 한계를 분명하게 긋기 때 문이다. "천사들은 허무한 데 또 썩어짐의 종 노릇 하는 데 굴복하지 않았기 때문에 여기에 포함되지 않는다. 사단과 귀신들은 하나님의 아들들이 나타남을 고대한다고 볼 수 없고 또 그들은 하나님 자녀들의 영광의 자유에 이르지 못할 것이므로 여기에 포함되지 않는다. 하 나님의 자녀는 '피조물'과 구별되므로 여기에 포함되지 않는다(19, 21, 23절)… 사람들 가 운데 믿지 않는 자들은 진심으로 하나님의 자녀들이 나타나는 것을 기대하지 않으므로 여기 에 포함되지 않는다." 다른 말로 하면 "모든 이성적 피조물은 20-23절의 조건들에 비추어 볼 때 포함되지 않는다." 남은 것은 '생물이든 무생물이든 오직 비이성적 피조물' 뿐이다.[1]

바로 그것이다. 바울은 물질과 식물과 동물로 이루어진 물리적 세계에 관하여 말하고 있 다. 그는, 자연이 지금 불완전한 상태이지만 해방의 날을 고대하고 있다고 주장한다. 물론 바울은 자연을 의인화하고 있는 것이지, 무생물적 자연이 우리의 감정에 상응하는 개인적 감정을 갖고 있다는 뜻으로 말하지는 않는다. 그가 말하고자 하는 뜻은, 자연은 하나님이 예정하셨던 그것으로 전부가 아니라는 점이다. 자연은 자신의 참된 완성을 기다리고 있다. 그러나 자연이 기다리고 있다면, 우리도 영광스러운 결국이 분명히 있을 것을 알고 소망 가 운데 기꺼이 기다려야 한다. 이는 기독교가 가치 있는 세번째 이유다.

눈먼 (믿지 않는) 방관자

물론 이런 창조관은 세상의 창조관과 근본적으로 다르며, 따를 만한 것이다. 일반적으로 세상은 두 가지 오류 가운데 하나를 범한다. 세상은 실제로 우주를 이상(理想)으로 섬기며 우주를 신격화한다. 그렇지 않으면 세상은 우주가 점점 완전을 향하여 진화하며 그와 더불어 인간도 역시 진화하고 있다고 본다.

우리 가운데 많은 사람이 '코스모스'(Cosmos)라는 과학 시리즈에서 칼 세이건(Carl Sagan)이 별들이 찬란하게 빛을 발하는 어두운 하늘을 담은 큰 스크린 앞에 서서 마치 신비스러운 어조로 "우주는 존재하는 모든 것 혹은 존재했던 모든 것 혹은 존재할 모든 것입니다" 하고 말하는 텔레비전의 강한 영상을 떠올릴 게 틀림없다. 우주를 신격화한다는 것은 이런 뜻이다. 이 시리즈에서 세이건은, 발끝을 세워 망원경으로 볼 수 있는 만큼 멀고 또 신비스러운 하늘을 들여다보고 어리석게도 오만하게 "우주는 존재하는 모든 것입니다" 하고 선언하는 믿지 않는 사람의 모습을 보인다.

그러나 바울도 저 멀리 있는 것을 묘사하긴 해도 전혀 다른 모습을 우리에게 보인다. 바로 그것이 '고대하며 기다린다'는 말에 담긴 뜻이다. 필립스(J. B. Phillips)는 '발끝으로 디디고 서서 본다'는 말로 번역할 때 이런 개념을 원래 그대로 파악한다. 그러나 바울에 따르면, 발끝으로 디디고 보는 것은 사람이 아니다. 피조물이다. 다른 말로 하면, 칼 세이건이 그리스도인이 볼 수 있는 만큼 볼 수 있다면, 그는 온 우주가 사실 자신을 넘어서 하나님을 바라보고 있다고 말할 것이다. 그리고 피조물이 자신 너머로 바라보면서 진심으로 기다리고 있는 것은, 장차 더불어 누릴 '하나님의 자녀들의 영광의 자유'다.

성경을 다 펼쳐 봐도 이와 견줄 만한 상(像)은 몇 안 된다.

세상은 두번째 오류를 범하는데, 이는 첫번째와 전적으로 다르지 않고 그 개념과 관련된 것이다. 세상은 자연에서 발전하면서 스스로 완전해지는 원리를 본다. 이는 세상이 아직 하나님이 아니지만 하나님이 되려고 한다는 밀과 거의 비슷하며 이는 우주적인 측면에서 보면 진화의 원리이다. 인간적인 측면에서 보면 필연적인 완전의 원리다. "매일 모든 점에서 나는 점점 나아지고 있다." 다른 말로 하면 "나는 아직 하나님이 아니지만 시간이 지나면 하나님이 될 것이다." 물론 엄청난 시간이 흘렀고, 리이키(L. S. B. Leakey)와 그 밖의 다른 진화론자들에 따르면 수백만 년이 흘렀지만, 아직 사람은 그 전만큼이나 하나님과 같지 않아 보인다. 그리고 애석하지만 인간의 세계는 별로 완전하지 못하다.

기독교적 세계관

이 점에서 성경이 제공하는 기독교적 전망은 어리석고 믿지 않는 세상이 만들어 낼 수 있는 그 어떤 전망보다도 균형 잡히고 발전된 것이다. 기독교적 우주론에는 세 측면이 있다.

1. 우주는 하나님의 세상이다. 우리의 본문에 나오는 모든 것은 이 점을 전제한다. 특히 우주를 '피조물' 이라고 부르는 사실이 이를 전제한다. 피조물이라는 말은 창조주를 전제하는데, 이는 그리스도인이 주장하는 바로 그 점이다. 이 세계는 영원한 존재가 아니다. 대폭발 이론(the Big Bang)을 지지하는 과학적 증거만 보더라도 이 점은 분명하다. 또한 세계는 스스로 존재하지 않았고 이성이 우리에게 이 점을 말해 준다. 왜냐하면 피조물이 '스스로' 존재하려면 스스로를 창조해야 하는데 이렇게 되면 피조물은 만들어지기 전에 존재했어야 하기 때문이다. 다른 말로 하면 피조물은 존재했어야 하면서도 동시에 존재하지 않았어야 하는데, 그렇게 되면 부조리하기 때문이다. 우주의 기원에 관하여 유일하게 합리적인 견해는, 하나님이 모든 것을 지으셨다는 것이다.

그리스도인들은 이 견해에 따라, 우주 즉 피조물은 인간이 가치를 부여하기 때문에 가치 있는 것이 아니라 하나님이 창조하셔서 하나님께 가치 있게 되었으므로 가치 있다는 결론을 내린다. 여기에 기독교적 전망과 비기독교적 전망의 근본적인 차이점이 있다.

그리스도인은 피조물을 하나님이 손으로 지으신 것으로 보기 때문에 우주를 존중하고 가치 있게 여기지만 우주를 목적으로 섬기지는 않는다. 하나님이 우주의 창조주임을 깨닫지 못하는 사람들은, 앞에서 내가 말한 것처럼 마치 칼 세이건같이 우주를 섬기거나, 우주에서 가치 있는 것을 떼어내 마음대로 우주를 남용한다. 사람들은 숲의 나무를 죄다 잘라버리기도 하고, 흙이 쓸모없이 침식되어 떠내려 가게 하기도 하며, 물을 오염시켜 물고기를 죽이고 자신의 건강을 위태롭게 한다. 혹은 공기를 더럽히고 심지어 지구를 감싸며 보호하고 있는 오존층에 손상을 입혀서 자신과 자손이 태양의 파괴적인 광선에 쏘이게 한다.

2. 이 세계는 원래 창조된 대로가 아니다. 우주의 문제는 인간이 대개 우주에 일으킨 파괴와 공해뿐만이 아니다. 세계는 하나님이 인간 타락 때 인간에게 내린 심판의 결과로 생긴

괴로움을 또한 겪어 왔다. 하나님은 아담에게 이렇게 말씀하셨다. "… 땅은 너로 인하여 저주를 받고…", "… 땅이 네게 가시덤불과 엉겅퀴를 낼 것이라…"(창 3 : 17-18). 자연은 범죄하지 않았고 아담이 범죄했다. 그러나 자연은 인간 때문에 내리막길로 미끄러져 인간의 심판을 덩달아 받게 되었다. 바울은 로마서에서 하나님이 죄를 심판하시는 결과인 이 괴로움에 특별히 관심을 쓴다. 바울은 이 괴로움을 서술하기 위하여 세 낱말을 쓴다.

첫째로, **허무함**(frustration)이다. 이는 우리 인간이 어떤 목적을 달성해야 한다고 여기고 그것을 이루려고 했지만 거듭 미끄러지고 패배할 때 갖는 감정이다. 그런데 나는 이 점을 조심스럽게 살펴보기를 바란다. 이는 바울이 자신의 생각을 정확하게 설명하고 있지 않기 때문이다. 그러나 (이것이 그가 염두에 두고 있는 바로 그것인지 아닌지 상관없이) 자연이 매년 봄철의 새로움으로 자신을 내보이지만 봄이 여름이 되고 가을이 겨울로 바뀌면서 항상 무너질 때 피조물의 '허무함'을 생각하게 된다고 말할 수 있을 것이다. 마치 자연이 언제나 영화롭기를 바라지만 영화롭게 되려고 할 때에 방해를 받는 것과 마찬가지다.

만일 이것이 적합한 실례가 된다면, 루이스(C. S. Lewis)가 나르니아 연대기(Narnia Chronicles)의 첫권인 「사자와 마녀와 옷」(The Lion, the Witch, and the Wardrobe)에서 이 개념을 전개했던 방식에 좀더 생각이 간다. 이 책의 첫 대목에서 나르니아가 북쪽의 사악한 마녀의 힘에 눌려 있었을 때 그 땅이 언제나 겨울 상태였던 것을 독자들은 기억할 것이다. 봄은 결코 오지 않았다. 그러나 애슬란(Aslan)이 죽었다가 다시 살아났을 때(이는 그리스도의 부활을 묘사한다), 얼음이 녹기 시작하고 꽃이 피기 시작하며 나무가 푸르게 되었고 영원한 봄이 있게 되었다. 이런 상(像)을 사용하여, 우리가 알고 있는 우주는 지금 겨울 상태이지만 영원한 봄을 바라보고 있다고 말할 수 있다. 우리가 이 땅에서 알고 있는 봄철의 주간(晝間)은 약속된 이런 영원한 봄을 넌지시 보여 주는 암시일 뿐이다.

우리의 겨울 즉 '우리의 불만이라는 겨울' 때문에 무생물 자연도 허무하고 우리 자신도 허무한 가운데 함께 처해 있다.

둘째로, **종 노릇**(bondage, 속박)이다. 자연의 (썩어짐의) 종 노릇은 자연의 허무함과 연관되어 있고 자연이 허무한 이유가 된다. 그러나 이 속박은 사물의 실제 상태를 말하지만, 허무함은 그 상태로 말미암는 감정과 관계 있다. 속박은 말 그대로 종 노릇으로, 한 실재가 종 노릇 한다는 것은 원하지 않지만 다른 실재의 권위에 굴복하는 것을 말한다. 바울이 여기서 말하는 뜻이 바로 그것이다. 바울은, 자연이 지금처럼 되기를 (종 노릇 하기를) 원하지 않지만 벗어날 힘이 없다고 말한다. 피조물은 하나님에 의하여 건짐을 받아야 한다.

물론 이것은 구속과 관련되는 것이다. 그래서 나는 이를 '피조물의 구속'이라고 불렀다. 피조물은 구속을 고대하며, 하나님의 자녀가 충만하게 구속될 때 역시 구속될 것이다.

셋째로, **썩어짐**(decay)이다. 바울이 피조물에 대하여 하는 이 말보다 오늘날 과학자들에게 더 분명한 것은 없다. 즉 우주는 썩어지고 있다. 혹은 내리막길을 달리고 있다. 이를 일러 열역학 제2법칙(the second law of thenmodynamics)이라고 한다. 그런데 질량이나 에너지는 파괴되지 않고 하나에서 다른 하나로 전환될 뿐이라는 과학적 공리가 있다. 아인슈타인의 상대성 공식 즉 $E=Mc2$는 이 공리의 한 표현이다. 그러나 에너지는 이 공식대로 파괴되지 않는다 해도, 점점 흩어지고 있다. 이 말은 에너지가 점점 쓸모없이 되고 있다는 뜻이다. 가령 태양의 질량이 에너지로 바뀌고 있지만 태양 에너지는 사라지지 않는다. 그러나 태양 에너지는 공간으로 흩어지고 있고, 그렇게 흩어져서는 아무것도 이루지 못한다. 그래서 언젠가 태양은 그 에너지를 모두 써 버려 사라질 것이다. 온 우주가 그렇다. 우주는 모두 내리막길로 내닫고 흩어지고 점점 소용없게 되고 있다.

하지만 아마 바울은 내가 언급한 과학 원리보다 특별히 모든 살아 있는 것들에게 찾아오는 죽음에 관하여 생각하고 있었을 것이다. 왜냐하면 바울은 일반적인 관찰 사실 외에 이런 '법칙'을 거의 알지 못했을 것이기 때문이다. 물론 죽어 가고 있는 것은 태양뿐만이 아니고 살아 있는 피조물도 그렇다.

3. 세계는 언젠가 새로워질 것이다. 기독교적 우주론에 담긴 세번째 요점은, 지금 창조물은 허무하고 종 노릇 하고 썩어져 가고 있지만 새롭게 될 날이 오고 있다는 것이다. 봄은 올 것이며 피조물이 지금 만족하지 못하는 겨울은 지나간 역사가 될 것이다.

세계가 새로워질 것에 대하여 대안이 여러 가지 있지만 세계가 새로워진다는 것을 어떻게 이해해야 할지 확신이 들지 않는다. 어떤 사람들은 그리스도께서 이 땅을 다스리시는 영광스러운 '황금 시대'가 온다는 천년 왕국의 측면에서 피조물의 구속을 생각한다. 어떤 사람은 피조물의 구속을, 손으로 만질 수 없고 불완전하고 고난당하는 이 현시대에서 완전히 벗어난 미래의 영원한 상태로 생각한다. 아마 우리가 가장 가깝게 이 피조물의 구속을 생각해 볼 수 있는 방법(그리고 우리가 제대로 생각하고 있다고 크게 확신할 수 있는 것)은 23절에서 모습을 드러낼 '우리 몸의 구속'에 관한 유추를 사용하는 것이다. 우리 몸의 구속은 우리 몸의 부활을 뜻한다. 그러므로 피조물도 역시 부활을 체험할 것이고 우리가 부활할 때 우리 몸이 연속성을 갖게 될 것이다(우리의 지상적 몸이 부활할 것이다). 그러나 우리의 몸은 바뀌고 거룩하고 영화롭게 될 것이며 피조물도 그와 비슷한 일을 체험할 것이다.

이 본문이 "그 바라는 것은 피조물도 썩어짐의 종 노릇 하는 데서 해방되어 하나님의 자녀들의 영광의 자유에 이르는 것이니라"(21절)고 말할 때 분명 이런 뜻을 담고 있지 않겠는가?

회복된 낙원

몇 문단 앞에서 나는 창세기 3장에서 세상에 고난이 생긴 기원을 찾았다. 창세기 3장에서는 피조물이 아담과 하와의 죄 때문에 바울이 서술한 '허무함'에 굴복했다고 말했다. 이제 다시 그 장으로 돌아갈 텐데, 그 이유는 창세기 3장에 그 문제를 푸는 하나님의 해결책에 대한 약속이 나타나기 때문이다. 이 약속은 피조물의 구속을 적절한 맥락에 놓는다.

에덴 동산에서는, 하나님이 자신을 알고 사랑하려는 인간의 세상을 만드실 계획을 하나님의 큰 원수인 사단이 가로막으려는 일이 일어났다. 사단은, 사람들로 하여금 하나님을 거역하게 할 수 있다면 하나님의 목적을 수포로 돌아가게 하리라고 생각했다. 사단이 인간을 타락하게 만들있을 때, 그는 스스로 하나님의 뜻을 수포로 돌아가게 했다고 생각했다. 사실 사단은 아주 훌륭하게 그 일을 한 듯이 보인다. 왜냐하면 사단은 아담과 하와를 하나님으로부터 멀어지게 했을 뿐만 아니라 하나님의 심판이 창조계에 임하게 했기 때문이다. 그 아름답던 세상이 저주를 받아 못쓰게 되었으며 세상은 썩기 시작했고, 세상의 타락과 하나님의 심판을 불러 온 피조물 곧 인간은 세상이 황폐하도록 파괴적인 노력을 기울였다.

그러나 하나님이 개입하셨다. 사실 하나님은 사단을 심판하고 남자와 여자와 그들이 알던 세상을 심판하러 오셨다. 그러나 하나님이 사단에게 심판을 선포하셨던 그때, 하나님은 다음과 같이 말씀하시면서 장차 구원자를 보내시겠다고 약속을 하셨다. "내가 너로 여자와 원수가 되게 하고 너의 후손도 여자의 후손과 원수가 되게 하리니, 여자의 후손은 네 머리를 상하게 할 것이요 너는 그의 발꿈치를 상하게 할 것이니라 하시고"(창 3 : 15). 이는 언젠가 예수님이 자신을 믿을 사람을 구원하러 오실 것이라는 약속이었다. 그러나 사실 그 약속에는 그 이상의 뜻이 담겨 있었다. 이는 하나님이 그리스도 안에서 사단을 좌절시키고 그로 하여금 파괴적인 활동을 못하게 막고 다시 한번 구속하신 인류를 창조계로 이끄실 것이라는 약속이었다. 이 약속으로는 낙원은 회복되고 완전해질 것이라는 것이었다.

　이미 말했듯이, 나는 우리의 부활의 몸이 정확하게 무엇과 같을 것인지에 대하여 알 수 있을 뿐, 그밖의 모든 것이 뜻하는 바가 무엇인지 모르겠다. 그러나 나는 이사야 선지자가 이 점에 관하여 어떻게 말했는지 안다. 그때 이사야는 이렇게 말했다.

> 그때에 이리가 어린 양과 함께 거하며
> 　표범이 어린 염소와 함께 누우며
> 송아지와 어린 사자와 살진 짐승이 함께 있어
> 　어린 아이에게 끌리며
> 암소와 곰이 함께 먹으며
> 　그것들의 새끼가 함께 엎드리며
> 　사자가 소처럼 풀을 먹을 것이며
> 젖 먹는 아이가 독사의 구멍에서 장난하며
> 　젖뗀 어린 아이가 독사의 굴에 손을 넣을 것이라
> 나의 거룩한 산 모든 곳에서
> 　해됨도 없고 상함도 없을 것이니
> 이는 물이 바다를 덮음같이
> 　여호와를 아는 지식이 세상에 충만할 것임이니라
> 　　　　　　　　　　　　　이사야서 11 : 6-9

　시적으로 보이는가? 물론이다. 그러나 이는 장차 구속될 세상을 얼마나 뚜렷하게 묘사하는 정경인가! 피조물은 그 날을 기다리고 있다고 바울은 말한다. 그리고 피조물이 기다리고 있다면 우리도 소망스러운 기대를 하며 기다릴 수 없는가? 그리고 하나님의 신실한 자녀가 될 수 없는가?

예수님을 바라봄

내가 독자들에게 권하고 있는 것은, 현세와 현세에서 우리가 아는 모든 것에 관한 기독교적 전망 즉 신학자들이 (성경적) 세계 및 인생관이라고 일컫는 것이다. 그리고 바울처럼 나는, 기독교적 세계관을 받아들이면 가치관이 다시 세워지고 생활의 고난과 실망에 대한 생각이 달라질 것이라고 말하고 있다. 바울처럼 추론하는 법을 배우면, 다음과 같은 것을 체험할 것이다.

1. 현세에서 일이 잘못될 때 놀라지 않을 것이다. 이 세상은 좋은 곳이 아니고 우리는 타락한 환경에 살고 있다. 계획한 대로 안 될 것이며, 실패도 자주할 것이고, 오랜 세월 힘들여 이룬 일을 다른 사람이 훼방할 것이다. 그리스도인으로서 예수님을 따르려고 하면 그런 일을 당할 것이나 삶의 목적은 성공하는 데 있지 않다. 중요한 것은 하나님에 대한 사랑이며 신실함이다.

2. 인간은 이 세상의 처지를 개선하기 위하여 할 수 있는 일에 궁극적인 소망을 두지 않을 것이다. 이 말은 다른 사람들이 선한 일을 하려 할 때 그들을 격려하는 일뿐만 아니라 이세상에서 할 수 있는 선한 일을 못하게 될 것이라는 뜻이 아니다. 그리스도인인 당신은 그런 일을 할 것이다. 그러나 스스로에게 속아서 단순히 인간의 노력으로 세상의 질병을 고칠 수 있을 것이라고 생각하지는 않을 것이다. 가난한 자에게 먹을 것을 줄 것이지만, 예수님이 "가난한 자들은 항상 너희와 함께 있거니와…"(마 26 : 11 상) 하고 말씀하신 것을 알 것이다. 지도자를 위하여 기도하겠지만, 그들이 당신처럼 죄악된 인간이며 항상 당신을 실망시킬 것임을 알 것이다.

3. 항상 예수님를 바라볼 것이다. 예수님말고 바라볼 수 있는 것이 있는가? 다른 모든 것은 실망스럽고, 모든 것이 당신 주위에서 무너지고 있다. 예수님만이 의지할 만한 분이다. 예수님은 영광 가운데 다시 오신다고 약속하셨고, 우리는 예수님이 다시 오실 때 영광 가운데 뵙고 그분과 같아질 것을 안다(요일 3 : 2). 게다가 우리가 그분의 영광 가운데 그분과

같이 될 때 그 날을 간절히 바라고 있는 피조물도 영광스럽게 될 것이다.

초창기 그리스도인들이 "마라나타"(Maranatha) 주 예수여 오시옵소서 하고 기도한 것은 놀랄 일이 아니다.

● 각주 ●

1. John Murray, *The Epistle to the Romans* (Grand Rapids : Wm. B. Eerdmans, 1968), pp. 301, 302.

106
우리 몸의 구속
로마서 8:22-25

피조물이 다 이제까지 함께 탄식하며 함께 고통하는 것을 우리가 아나니 이뿐 아니라 또한 우리
곧 성령의 처음 익은 열매를 받은 우리까지도 속으로 탄식하여 양자 될 것 곧 우리 몸의 구속을
기다리느니라 우리가 소망으로 구원을 얻었으매 보이는 소망이 소망이 아니니 보는 것을 누가
바라리요 만일 우리가 보지 못하는 것을 바라면 참음으로 기다릴지니라.

로 마서 8장 가운데 22절에서 시작하여 (그
다음 단락으로 이어져) 27절에서 끝나는 이 구절에는 로마서의 다른 곳에 나오지 않는 한
낱말이 세 번 거듭 나온다. 사실 이 낱말은 신약 성서를 통틀어 여섯 번밖에 더 나오지 않는
다. 이 말은 헬라어 **스테나조**(stenazo, 변형 낱말, **수스테나조**[sustenazo]와 **스테나그모스**
[stenagmos])로 번역하면 '탄식하여'(23절), '탄식으로'(26절), '탄식하며'(22절)이다.
재미있는 것은 이 낱말이 이런 여러 형태로 피조물과 우리 자신과 성령이라는 세 가지 다른
실재에 사용되고 있다는 점이다.

　바울은 피조물에 관해서 이렇게 말한다. "피조물이 다 이제까지 함께 탄식하며 함께 고
통하는 것을 우리가 아나니"(22절).

우리 자신에 관해서는 이렇게 말한다. "이뿐 아니라 또한 우리 곧 성령의 처음 익은 열매를 받은 우리까지도 속으로 탄식하여 양자 될 것 곧 우리 몸의 구속을 기다리느니라"(23절).

성령에 관해서는 이렇게 말한다. "··· 우리가 마땅히 빌 바를 알지 못하나 오직 성령이 말할 수 없는 탄식으로 우리를 위하여 친히 간구하시느니라"(26절).

이 언급한 구절 가운데 둘은 이해하기 어렵다. 바울은 22절에서 사람이나 천사나 마귀가 아니라 무생물의 피조물에 대하여 생각하고 있기 때문에 단순한 물질이나 식물이나 동물이 어떻게 탄식하고 있는지 추측하기란 어렵다. 물론 이유는 여러 가지겠지만, 성령의 탄식을 생각하는 일도 까다롭다. 이 절들 가운데 이해하기 쉬운 것은 **우리**의 탄식하는 일이다. 왜냐하면 거의 누구라도 매일 생활에서 쉽게 탄식하는 일을 알아낼 수 있기 때문이다.

그래도 우리는 지금 살피는 이 절들을 이해하려면 인간의 탄식하는 일에 관하여 두 가지를 보아야 한다.

첫째로, 23절에서 언급하는 탄식하는 일은 예수 그리스도 안에 있는 신자가 탄식하는 일이지 모든 사람이 일반적으로 탄식하는 일이 아니다. 바울은 "성령의 처음 익은 열매를 받은 우리까지도 속으로 탄식한다"고 쓸 때 이 점을 분명히 밝힌다. 내 생각으로는, 그리스도인들이 다른 사람들과 마찬가지로 겪는 탄식, 가령 육체적인 고난이나 사랑하던 사람을 잃는 일로 인하여 생기는 탄식이 이 탄식에서 제외되지 않는다. 그러나 이 탄식은 그런 공통적인 탄식 이상을 뜻한다. 그리스도인은 살면서 죄가 있는 사실을 탄식한다. 그러나 불신자는 그렇지 않다. 사실 신자는 그리스도 안에서 성장할 때 죄에 대하여 점점 더 탄식한다. 그리스도인들은 일상 생활에서 핍박을 당하고 말씀을 증거할 때 핍박을 당하므로 탄식하기도 한다. 그리고 이 탄식은 비그리스도인들이 겪는 체험과 역시 다르다.

둘째로, 그리스도인의 탄식은 내가 언급한 일들에 대하여 단순히 주저앉아 하는 탄식이 아니다. 그것은 앞을 **바라보면서 하는** 탄식, 즉 고통을 일으키는 모든 것이 사라지고 구원이 완성될 때를 바라보는 탄식이다. 그리스도인의 탄식은 확실한 소망과 오래 참는 인내가 생기게 하는 즐거운 탄식이다.

이 구절이 이 점을 보여 주는데, 이는 이 구절 마지막에서 소망과 인내를 언급하기 때문이다. 그러나 그리스도인의 탄식을 어떻게 해석해야 할지를 보여 주는 이 문단의 시작 부분에 뚜렷한 상(像)이 하나 나온다. 바울은 출산의 상을 사용한다. "⋯ 피조물이 다 함께 탄식하며 함께 (출산의) 고통하는 것"(22절)과 그것에 아울러 "우리까지도⋯ 탄식한다"(23절). 이는 중요한 유추인데, 이 유추는 탄식의 이유를 넘어서서 탄식의 즐거운 결말을 가리키기 때문이다. 출산의 고통은 정말 괴롭고 호되나 무한히 계속되지 않고 얼마간 계속될 뿐이다. 그리고 그 고통은 소망 없는 고통이 아니며 즐거운 기대로 가득 차 있는 고통이다. 대개 출산의 고통은 결국 아이 낳는 데 이른다.

바울은 그리스도인인 우리의 탄식이 그와 같다고 말하고 있다. 우리는 탄식한다. 그러나 우리는 안전한 구원을 기대하며 탄식한다.

탄식과 영광

바울이 로마서 8장 처음부터 펼치고 있는 주장을 깊이 생각하며 가다보면, 탄식과 영광이라는 주제에 이른다. 8장의 주제는 그리스도인인 자신이 그리스도에 의하여 구원을 받았고 아버지 하나님의 사랑과 능력으로 이 구원 안에서 지키심을 받을 것이라고 믿는 확신이다.

로마서 8장의 첫부분은 진정 구원 받은 자와 그렇지 못한 자를 구별했다. 바울은, 예수 그리스도의 영이 자기 속에 있는 척하며, 진정 예수 그리스도의 영이 자기 속에 있음을 행동으로 보이지 않으면 내세우지 못할 그런 확신을 주장하는 일의 위험을 알고 있었다. 그러나 바울은 그 요점 – 그리스도께서 원하시는 자들이 그리스도를 위하여 산다는 요점 – 을 지적하고 나서, 참된 그리스도인이라면 구원 받았고 또 구원 받았다는 확신을 가질 수 있음을 보여 주면서 자신의 중요한 주장을 펼치기 시작했다. 우리는 네 가지 증거가 있음을 보았다. (1)그리스도인은 진정 그리스도를 위하여 산다. (2)그리스도인은 자신이 하나님의 가족이 되었음을 속으로 느낀다. (3)우리 영과 더불어 하시는 성령의 직접적 증거가 있고 (4)고난. 바울은 이렇게 말했다. "자녀이면 또한 후사 곧 하나님의 후사요 그리스도와 함께 한 후사니, 우리가 그와 함께 영광을 받기 위하여 고난도 함께 받아야 될 것이니라"(롬 8 : 17).

그러나 우리가 이 절을 연구했을 때 보았던 것처럼, 문제가 하나 있다. 고난이 무엇인가? 우리는 고난이 없어야 그리스도께 속한 것이지 고난이 있으면 그리스도께 속한 것이 아니라고 생각할 것이다. 하나님이 우리를 사랑하신다면, 우리를 고난에서 지키셔야 하는 게 아닌가? 그렇지 않다면 하나님은 우리를 고난에서 지키실 수 없는가? 일이 까다로워질 때, 자연스럽게 우리는 하나님의 호의를 확신하지 못하고 그 호의를 의심하기 시작하게 된다.

물론 바울은 본제를 벗어나서 고난에 관하여 이야기를 하고 지금 우리가 탄식하는 일에 관하여 이야기하고 있다. 그래서 바울은 피조물이 우리의 현재 괴로움에 관련되어 있음을 설명했다. 바울이 말하고 있는 것은, 우리와 '모든 피조물'이 당하고 있는 고난이 출산의 고난이며 따라서 새 시대가 오고 있다는 증거라는 점이다. 그리고 우리가 탄식하지만, 새 시대가 오고 있으므로, 우리는 소망 없이 탄식하지 않는다. 반대로 우리의 탄식은 우리의 소망을 더 강하게 하고 오래 참으며 완성을 기다릴 수 있게 한다.

몸의 부활

이 절들은 또 하나의 중요한 것을 가르친다. 이 절들에는 기독교적인 소망의 핵심이 담겨 있다. 즉 이 절들은 우리가 기다리고 있는 완성의 주된 특색을 구체적으로 나타내기 시작한다. 23절에는 세 가지 낱말 그림 혹은 상(像)을 사용하여 완성의 주된 특색을 구체적으로 드러낸다. 그 낱말 그림은 (1) '성령의 처음 익은 열매' (2) '우리의 양자 될 것' (3) '우리 몸의 구속' 등이다. 이를 역순으로 살피면 이해하기 아주 쉽다.

바울이 우리 몸의 구속이라고 말할 때 그 뜻은 무엇인가? 이는 대답하기 쉬운 질문이다. 바울은 그리스도인의 소망에 담긴 주된 요소인 부활을 의미한다고 했다.

이 중요한 개념은 적어도 두 가지 이유에서 이 시점에 나타난다. 첫째로, 바울은 우리의 고난에 관하여 이야기하고 있었다. 우리는 주로 우리 몸으로 그 고난을 체험하고 있다. 병에서 왔든지 핍박자의 폭력에서 왔든지 육체적 고난은 몸으로 겪는다. 그리고 어떤 의미에서 심리적 상처도 육체적이다. 물론 흔히들 심리적 상처를 육체적 고난으로 생각하지 않는다. 우리는 지성에서도 고난을 겪는데 이 고난은 단순히 뇌의 문제나 신경학적 관계와 구별하기 어렵다. 그러나 그 결과는 불면증, 궤양, 고혈압 등의 질병으로 나타나므로 곧바로 병리학적인 것이 되는 경우가 잦다.

둘째로, 우리에게는 영과 혼도 있지만 몸도 있다. 그러므로 구원이 완성되면 거기에는 우리 몸도 포함되어야 한다.

어떤 사람이 "당신은 구원 받았습니까?" 하고 묻는다고 해보자. 당신은 어떻게 대답하겠는가? 그리스도인으로서는 세 가지로 대답하는 것이 적절할 것이다. 당신은 이렇게 말할 수 있다. "그래요. 나는 구원 받았습니다". 그 경우, 당신은 예수 그리스도께서 당신을 대신하여 죽으신 죽음과 당신을 죄의 길에서 돌아서게 하시고 예수님과 연합시키시는 성령의 지난날 사역을 가리키게 될 것이다. 그런데 당신은 "저는 지금 구원 받고 있습니다" 라고 말할 수 있다. 당신이 그렇게 말한다면, 바울이 8장의 앞 부분에서 말했듯이 당신의 생활에서 계속되는 성령의 사역을 가리키고 있는 것이다. 마지막으로 당신은 "나는 구원 받을 겁니다" 하고 말할 수 있다. 그런 경우에 당신은 하나님의 역사 - 이 역사는 그리스도의 죽음에 의하여 시작되어 성령님이 당신을 예수님께 연합시키시고 당신을 거룩하게 하시는 사역에 의하여 계속되었다 - 가 완성될 때인 부활을 생각하고 있을 것이다. 바울은 여기서 그 완성을 생각하고 있다.

그러나 우리의 본문과 직접 관련되어 있는 질문이 하나 있다. 바울은 그리스도인의 부활에 관하여 쓰고 있지만, 부활이라는 말은 사용하지 않는다. 바울은 '몸의 **구속**' 이라는 말을 사용한다. 구속은 종종 그리스도의 죽으심으로 인하여 죄의 속박에서 우리를 건지시는 그리스도의 사역을 가리킨다. 왜 바울은 여기서 '부활' 대신 '구속' 이라는 말을 사용하는가?

로마서를 주석하는 주석가 가운데 가장 뛰어난 한 사람인 로버트 홀데인(Robert Haldane)은 재미있는 대답을 제시한다.

이 용어를 쓸 때… 흔히 두 가지를 지칭한다. 하나는 여기서 말하는 구원이 영광스럽고 눈에 띄는 방식으로 아주 큰 능력의 결과를 드러내면서 이루어진다는 것이고, 다른 하나는 우리로 모든 위험을 넘어서게 하는 완전한 구원이다. 그러므로 이런 점을 근거로 할 때, 우리 몸을 다시 회복시키는 사역보다 구속의 명칭으로 더 어울리는 사역은 없다. 우리 몸을 다시 회복시키는 이 일은 하나님의 무한한 능력으로 말미암은 찬란한 결과가 될 것이다. 이는 천지만물의 주님이 하시는 일이며, 그 손에 생명과 사망의 열쇠를 쥐고 계시는 분의 일이다. 그분의 빛만이 무덤의 어둠을 내쫓을 수 있고 오직 그분의 손이 무덤의 봉인과 침묵을 깨뜨릴 수 있다. 그러므로 사도 바울은 여러 용어를 사용하면서 그의 강력한 힘으로 역사하심을 따라 믿는 우리에게 베푸신 하나님의 능력, 즉 그리스도 안에서 역사하사 그리스도를 죽은 자 가운데서 살리신 그 능력의 지극히 크심에 호소한다(엡 1 : 19, 20).[1]

우리가 이 몸에서 탄식하는 것은 놀랄 일이 아니다. 이 몸은 한편으로는 육체적 약함이 다른 한편으로 우리의 죄악된 본성이 자리잡은 환부다. 그러나 우리는 이 약하고 죄악된 몸이 주 예수 그리스도의 부활한 몸처럼 강하고 죄 없고 영광스러운 몸으로 바뀔 것을 알고서 소망 가운데 탄식한다.

우리의 양자 됨

바울은 '우리의 양자 될 것'을 말하면서 '양자 됨'이라는 두번째 상(像)을 사용하여, 우리가 장차 영광을 확실히 바라는 것에 관하여 묘사한다. 이는 이미 15절에서 '양자'로 번역된 그 낱말이다.

그러나 이는 한 가지 문제를 불러일으킨다. 15절에서 우리의 양자 됨은 이미 일어난 일로 다루었다. 우리는 8장 15절에서 이 낱말을 그렇게 보았다. 나는 우리가 사단의 조직에서 벗어나서 하나님의 가정으로 들어가게 된 것을 말했다. 이는 오늘날 젊은 부부가 부모 없는 혹은 부모가 돌볼 능력이 없는 아이를 입양하는 방식과 일치한다. 그러나 23절에서 입양은 여전히 미래에 일어날 일, 즉 '우리가 고대하는' 일로 다룬다. 어떻게 양자 됨이 과거의 일이면서 동시에 미래의 일이 될 수 있는가?

물론 그 대답은 이 낱말이 두 가지 의미로 사용되었다는 것이다. 한 가지 의미에서 우리는 이미 입양되었다. 왜냐하면 우리가 하나님의 가정으로 들어갔기 때문이다. 이 가족 관계를 바꿀 수 있는 것은 아무것도 없다. 하지만 두번째 의미에서 우리는 여전히 우리의 양자 됨을 기다리고 있다. 왜냐하면 우리가 아직 양자의 모든 특권을 누리지 못하기 때문이다.

확신컨대 바울은 23절에서 '우리의 양자 될 것'을 말할 때 특별한 로마의 입양 관행에 대하여 생각하고 있었지 어떤 사람이 그 낱말을 사용할 때 일반적으로 생각하는 내용을 생각하고 있지는 않았다. (그리스 사람들은 물론이고) 로마 사람들은 오늘날처럼 입양했는데 즉 일반적으로는 아이를 한 가정에서 데려다가 다른 가정에 옮겨 놓았으나 사회적으로 저명한 로마의 가정에서 입양할 때는 이 아이를 사람들 앞에서 자기 가정의 아들이며 후사로 인정하는 중요한 예식을 치렀다. 이는 유대인의 **바르 미츠바**(bar mitzvar)와 어느 정도 일치했다. 이리하여 유대 소년은 '언약의 아들'이 된다. 물론 로마의 입양은 종교적 색채가 덜하고 성인이 될 때 문제 되는 유산권과 더욱 관계 있다.

로이드 더글러스(Lloyd C. Douglas)의 종교 소설 「겉옷」(The Robe)의 처음 부분을 보면, 갈리오 가정의 어린 딸인 루치아는 오빠인 마르첼루스가 그런 예식으로 입양되는 날을 회상하고 있다. 마르첼루스는 17살이었다. 더글러스는 이렇게 쓴다. "마르첼루스가 난생 처음으로 깨끗하게 면도하고서 흰 토가(toga : 고대 로마 시민의 겉옷 - 역자)를 받으러 나아가는 것을 보려고 그 집안의 친한 친구들이 광장에 모인 그 날은 얼마나 멋지던가! 코넬리우스 카피토와 루치아의 아버지가 연설한 다음 마르첼루스에게 흰 토가를 입혔다. 겨우 9살밖에 되지 않은 루치아는 어찌나 자랑스럽고 기쁘던지, 가슴이 두근거렸고 목이 따끔거렸다. 그리고 마르첼루스가 이제 어른으로 행동하게 될 것이라는 사실말고는 이 의식에 관하여 별로 알 수 없었다. 물론 마르첼루스는 때때로 자신이 어른이 되었다는 사실을 잊곤 했다."[2]

후에 마르첼루스는 파울루스라는 친구에게 그때를 이렇게 술회한다. "파울루스, 우리 같은 로마 사람이 나이를 먹으면 어른이 되는 감동어린 의식이 있지… 나도 기억이 선한데 그때의 떨림이 지금도 내게 가득하네. 그때 우리 친척과 친구들이 장엄한 율리움 광장에 모두 모였지. 아버님이 나를 로마 시민으로 흔쾌히 맞이하시면서 연설하셨네. 그 전에는 살아도 산 것같지 않은 듯했지. 파울루스, 나는 어찌나 마음이 떨리든지 내 눈에 눈물이 흘러 넘쳤네. 그때 아주 나이 든 코넬리우스 카피토 님이 나의 충성과 용기와 힘을 받을 로마의 권리에 관하여 연설했지. 참으로 진지한 연설이었네. 불굴의 카피토는 그런 문제를 말하고도 남는 분이셨지. 나는 그분이 오신 것이 자랑스러웠네.

그분들이 손짓하며 나를 부르셔서 나는 앞으로 걸어갔네. 카피토 님과 아버님이 내게 흰 토가를 입혀 주셨지. 그리고 삶이 시작됐네."[3]

확신컨대 바울은 23절에서 이런 의식을 염두에 두었다. 앞에서 바울은 우리가 "하나님의 후사요 그리스도와 함께 한 후사니 우리가 고난도 함께 받아야 할 것이니라"(17절)고 말했을 때를 기억할 것이다. 우리는 이제 고난에 참여하고 있지만, 우리가 영광 가운데 우리의 유업에 담긴 완전한 권리를 갖게 될 날이 오고 있다.

처음 익은 열매와 완전한 추수

그리스도 안에 있는 신자가 바라고 나아가는 그 완성을 묘사하는 세번째 상(像)은, '성령의 처음 익은 열매'라는 말이 넌지시 보여 주는 추수다. 이는 바울이 갈라디아서에서 말하는("오직 성령의 열매는 사랑과 희락과 화평과 오래 참음과 자비와 양선과 충성과 온유와 절제니, 이 같은 것을 금지할 법이 없느니라" 갈 5 : 22-23) 성령의 열매가 아니다. 이는 유대인의 생활의 한 면인 추수 즉 '처음 익은 열매'로 성령을 가리킨다.

이 관행은 레위기 23 : 9-14에 서술되어 있다. 그 일부분은 이렇게 쓰여 있다. "이스라엘 자손에게 고하여 이르라 너희는 내가 너희에게 주는 땅에 들어가서 너희의 곡물을 거둘 때에 위선 너희의 곡물의 첫 이삭 한 단을 제사장에게로 가져갈 것이요, 제사장은 너희를 위하여 그 단을 여호와 앞에 열납되도록 흔들되, 안식일 이튿날에 흔들 것이며"(레 23 : 10-11). 추수 곡물 가운데 제사장에게 가져가는 부분을 일러 처음 익은 열매라고 했고, 이처럼 하나님께 드린다는 점에서 모든 추수 곡물이 거룩해졌다. 구약 제사에서 처음 익은 열매는 독실한 유대인이 하나님께 제사를 드리면서 바치는 것이었다. 그러나 신약에서 바울은 종종 이를 뒤집어서, 이 처음 익은 열매를 하나님이 장차 올 완전한 복에 대한 보증이나 첫 할부금으로 우리에게 주시는 것으로 말한다.

완전한 복은 추수 때로 즉 일하는 사람들이 큰 어려움을 기꺼이 참으면서 바라는 즐거운 때다.

존 스토트(John R. W. Stott)는 다음과 같이 말함으로써 이 점을 요약한다. "그래서 예배의 영이며 우리를 하나님의 자녀가 되게 하시며(15절) 우리가 하나님의 자녀인 것을 우리 영과 더불어 증거하시는(16절) 성령도 우리 몸이 구속될 때 우리가 온전히 하나님의 자녀가 될 것을 보장하는 보증이시다."[4] 다른 두 주제를 전개할 때와 마찬가지로 이 점에서 바울이 앞에서 말한 것 가운데 상당히 많은 내용이 생각난다.

소망과 오래 참는 인내

이 장의 처음에서 나는 탄식(groan)이라는 낱말을 논의했다. 그때 이 낱말이 피조물과 우리 자신과 성령에 관하여 사용되었음을 지적했다. 또, 가장 잘 이해가 되는 용례는 우리의 탄식함이라고 말했다. 왜냐하면 우리는 몸이 약하거나 몸으로 죄를 범할 때 탄식하기 때문이다. 그러나 바울은 우리가 탄식만 한다고 말하지 않는다. 그는 "우리가 바라고"(25절) "우리가 기다린다"(23, 25절)고 말하고, 게다가 우리가 기다리되 '간절히'(한글개역성경에는 이 말이 없음) 그리고 '참음으로' 기다린다고 말한다.

1. 우리는 소망한다(We hope). 소망은 '복스러운 소망'(딛 2 : 13), '영광의 소망'(골 1 : 27)과 같이 중요한 구절에도 나오는 아주 위대한 기독교적 어휘 가운데 하나다. 이는 고린도전서 13 : 13에서 열거하는 세 가지 위대한 덕목 가운데 하나다("그런즉 믿음, 소망, 사랑, 이 세 가지는 항상 있을 것인데"). 바울은 이미 로마서 5장에서 소망에 관하여 썼다. "… 이는 환난은 인내를, 인내는 연단을, 연단은 소망을 이루는 줄 앎이로다. 소망이 부끄럽게 아니함은 우리에게 주신 성령으로 말미암아 하나님의 사랑이 우리 마음에 부은 바 됨이니"(롬 5 : 3-5).

소망이라는 낱말은 두 가지 뜻을 갖고 있다. (1) 바라는 태도 (2) 우리가 바라는 것의 내용. 이 낱말의 두 가지 용법이 우리 본문에 다 나타나는데, 내용이라는 개념은 24절("소망으로 구원을 얻었으매")에, 바라는 태도는 24절과 25절("우리가 바란다")에 나온다.

그리스도인의 소망하는 태도에 관하여 놀라운 점은, 이 태도가 '확실하고 틀림없는 소망'이며 그저 소원하는 심정이 아니라는 것이다. 그리스도인의 소망하는 태도를 확실하고 틀림없게 만드는 것은 그 내용이다. 그 특별한 내용으로는 예수 그리스도의 재림과 아울러, 우리가 이 절들에게 언급해 오던 것들 가령 몸의 부활과 하나님의 자녀가 되는 것과 하나님의 추수를 거두는 것 등이 있다. 이런 것들은 모두 하나님이 우리에게 주시겠다고 약속하신 것들이어서 그리스도인은 확신 가운데 소망한다. 이 확신은 사람의 감정적인 전망이 담고 있는 힘에 기초를 두지 아니하고 거짓말하실 수 없는 하나님의 틀림없는 말씀을 터 삼아 세워져 있다. 하나님께서 이런 일들이 오고 있다고 말씀하시면, 우리로서는 그 일들을 확신을 갖고 소망하는 것이 합당하며 안전하다.

2. **우리는 기다린다**(We wait). 좀더 구체적으로 우리는 이런 일들을 기다린다. 이는 바울이 사용하는 두번째 동사이다. 23절은 "우리가 간절히 기다린다"(한글개역성경에는 "간절히"가 없음)라 하고, 25절은 "우리가… 참음으로 기다린다"고 한다. 이 두 부사를 함께 보는 일은 중요하다. 왜냐하면 성경에서 말하는 '참음'이란 수동적이지 않다. 성경에서 말하는 '참음'은, 참고 기다리는 것이지만 실은 능동적이다. 이 참음은 우리 그리스도인이 그리스도의 나타나심을 기다리는 동안에도 힘을 다하여 그리스도를 섬김으로써 표현된다.

간절히라는 낱말은, 바울이 19절에서 말했던 피조물이 "고대하는 바(eager expectation)는 하나님의 아들들의 나타나는 것"임을 우리로 생각하게 만든다. 물론 23절의 낱말과 19절의 낱말은 같은 헬라어가 아니다. 19절에서 바울은 피조물이 발끝으로 디디며 서 있는 것 즉 [창조계의] 완성을 간절히 기대하며 목을 쭉 빼고 앞을 내다보는 것을 묘사했다. 그 정경은 참으로 웅장하다. 사실 우리가 지금하고 있는 일도 마찬가지다. 이런 일은 참된 그리스도인을 나타내는 한 표시다.

마틴 로이드 존스(D. Martyn Lloyd Jones)는 이런 점을 다음과 같이 표현한다.

> 소망은 참된 기독교의 척도이며, 이 척도는 철저하게 내세적이다. 거짓 기독교는 항상 이 세상에 눈이 쏠려 있다. 흔히 주위에서 널리 볼 수 있는 세속적인 기독교는 전적으로 이 세상적이고 내세(來世)에 관심이 없다. 그러나 참된 기독교는 주로 장차 올 세상에 눈을 돌린다. 그렇다고 지옥과 형벌과 우리를 괴롭게 하고 지치게 하는 모든 일로부터 벗어나는 일에만 관심을 돌린다는 말은 아니다. 그런 일은 사실상 해결된 과거지사(過去之事)다. 참된 기독교는 "위에 있는 것을 사랑하지 이 땅에 있는 것을 사랑하지 않는다." 참된 기독교는 이렇게 말한다. "우리의 돌아보는 것은 보이는 것이 아니요 보이지 않는 것이니, 보이는 것은 잠간이요 보이지 않는 것은 영원함이니라"(고후 4 : 18).[5]

물론 역설적이지만, 이처럼 하늘에 마음을 두는 사람들만이 세상에서 참되고 영구(永久)

한 변화를 일으킬 수 있다.

● 각주 ●

1. Robert Haldane, *An Exposition of the Epistle to the Romans* (MacDill AFB : MacDonald Publishing, 1958), p. 377.

2. Lloyd C. Douglas, *The Robe* (Boston : Houghton Mifflin, 1945), p. 3.

3. Ibid., p. 66.

4. John R. Stott, *Men Made New : An Exposition of Romans 5-8* (Grand Rapids : Baker Book House, 1984), p. 97.

5. D. M. Lloyd Jones, *Romans : An Exposition of Chapter 8 : 17-39, The Final Perseverance of the Saints* (Grand Rapids : Zondervan, 1976), p. 104.

107
우리가 기도할 때 성령님이 도우심
로마서 8:26-27

이와 같이 성령도 우리 연약함을 도우시나니 우리가 마땅히 빌 바를 알지 못하나 오직 성령이 말할 수 없는 탄식으로 우리를 위하여 친히 간구하시느니라 마음을 감찰하시는 이가 성령의 생각을 아시나니 이는 성령이 하나님의 뜻대로 성도를 위하여 간구하심이니라.

기

도가 하나님의 뜻을 아는 문제가 아니라면, 많은 그리스도인들에게 기도의 주제가 그렇게 당혹스럽지는 않을 것이다. 물론 하나님의 뜻과 기도는 관련되어 있고 둘은 다른 데서도 그렇지만 이 본문에서도 관련되어 있다. 왜냐하면 우리가 지금 연구하는 이 절들은 우리가 기도할 때 성령님이 도우시는 일을 말하면서 다음과 같이 결론을 내리기 때문이다. "마음을 감찰하시는 이가 성령의 생각을 아시나니, 이는 성령이 **하나님의 뜻대로** 성도를 위하여 간구하심이니라"(27절. 고딕체는 필자의 표기).

하나님의 뜻대로 기도하고자 하는 그리스도인은 이렇게 자문할 것이다.

나는 무엇을 기도해야 하는가?

어떻게 기도해야 하는가?

나는 믿음으로 '구하며' 확신있게 기도할 수 있는가?

나는 언제나 '이것이 하나님의 뜻이라면' 이라는 단서를 기도에 달아야 하는가?

기도를 잘못하면 어떻게 되는가?

기도가 해를 입힐 수 있는가?

기도는 하나님의 마음을 바꾸려는 것인가?

기도는 하나님의 계획을 바꿀 수 있는가?

그렇지 않다면 기도하는 것이 의미있는 일인가?

늘 하는 말이지만, 많은 신자들에게 이 문제처럼 당황스럽고 끈질긴 주제는 없는 것 같다. 그러나 우리는 기도할 때 도움을 받으며 그 도움은 참으로 큰 성령님의 도우심이다. 로마서 8 : 26, 27이 말하는 바가 바로 이것이다.

'이와 같이'

이 절들은 '이와 같이' 라는 말로 시작한다. 그러니 우리는 먼저 이 말이 무엇을 가리키는지 물어 봐야 한다. 물론 이는 앞말과 뒷말을 연결하는 구절이다. 대부분의 주석가들은 이 구절을 바로 앞의 말과 연결짓는다. 즉 이 구절을 그리스도인의 소망과 연결짓는다. 이처럼 연결짓는 데는 우리가 이세상에서 고난을 겪지만 다음 두 가지 방식으로 고난을 대처할 수 있다는 생각이 깔려 있는 것 같다. 첫째로, 소망으로 즉 우리 몸의 최종적 구속을 참으로 확신하며 바라보는 것으로 대처할 수 있고, 둘째로 기도할 때 성령님이 도우심으로써 대처될 수 있다.

물론 이렇게 연결해도 타당하다. 그러나 내 생각으로는, 마틴 로이드 존스(D. Martyn Lloyd Jones)가 옳다. 그는 26-27절에 나오는 기도에 관한 사도의 가르침을 15-17절에 나오는 기도에 관한 사도의 가르침과 연결짓는다. 앞 구절은, 성령님이 우리 자신이 참으로 하나님의 자녀임을 확신하게 하고서 우리로 '아바 아버지' 라고 외치라고 권하면서, 우리가 기도할 수 있도록 하신다고 가르쳤다. 이 가르침 다음에 우리가 하나님의 앞에 나아가기 전에 이세상에서 받는 고난을 폭넓게 다루는 내용이 곁가지로 나온다. 그런데 바울은 고난을 다루고 난 다음 성령께서 "우리의 연약함을 도우신다"(26절)고 덧붙이면서 우리로 하여금 기도할 수 있게 하시는 성령의 사역을 다시 한번 언급한다.

다른 말로 하면 바울은 이 장의 주제인 확신의 문제로 돌아온다. 이 두 절은, 우리가 기도할 때 성령님이 도우신다는 사실은 우리가 자신을 하나님의 자녀이며 그의 사랑에서 우리를 끊어낼 자가 없으리라는 것을 알 수 있는 또 다른 방법이라는 요점을 보여 주려고 한다.[1]

기도가 문제인가?

오래전, 내가 강사로 있던 성경 공부 시간(The Bible Study Hour : J. M. 보이스 목사가 이끄는 성경공부 세미나 모임 – 역자)에서 나와 다른 저자가 쓴 몇 가지 메시지를 담아 소책자를 나누어 주었는데 그 제목이 "기도가 문제인가?"였다. 앞에서 내가 조금 언급했던 것처럼, 대부분의 사람들에게는 분명 기도가 문제다. 그런데 가장 중요한 문제는 이 소책자의 제목에 담긴 문제가 아니라 "왜 기도가 문제인가?" 하는 것이다. 게다가 기도를 할 때 무엇을 해야 하는가? 바로 이 점에서 이 본문은 매우 도움을 준다.

첫번째 문제 즉 왜 기도가 문제인가를 살펴보자. 바울은 '우리의 연약함' 때문이라고 대답한다.

바울이 우리가 연약하다고 말할 때, 우리는 바울이 죄에 대하여 말하고 있지 않음을 깨달아야 한다. 연약함이 죄는 아니다. 사실 우리는 죄인이라서 자주 죄를 짓고 죄는 하나님과 말씀을 주고 받는 일을 가로막는 장애물이다. 다윗은 자신의 기도 생활에 대하여 이렇게 말했다. "내가 내 마음에 죄악을 품으면 주께서 듣지 아니하시리라"(시 66 : 18). 이사야는 이스라엘 백성들에게 이렇게 말했다. "오직 너희 죄악이 너희와 너희 하나님 사이를 내었고…"(사 59 : 2 상). 그러나 여기서는 이런 죄를 말하지 않는다. 바울이 관심을 두는 문제는 연약함이다. 그리고 그것은 죄가 아니라 인간으로서 우리가 유혹을 잘 받는다는 사실에 근거를 두고 있다.

연약함에는 어떤 것들이 있는가? 몸의 연약함이 있다. 예수님이 기도하러 겟세마네 동산으로 가시면서 깨어 있으라고 이르신 제자들에 대한 이야기가 한 가지의 예화가 된다. 예수님이 깨어서 함께 기도하자고 말씀하셨어도, 그들은 깊이 잠들고 말았다.

그러나 바울이 로마서 8장에서 염두에 두고 있는 연약함은 무지 혹은 깨달음의 부족이다. 이는 "우리가 기도할 바를 알지 못한다"는 사실에 표현되어 있다. 이는 **어떻게** 기도할 것인지의 문제가 아니라 **무엇**을 기도할 것인지의 문제이다. 바울은 우리가 하나님께 무엇을 구해야 할지 모른다고 말한다. 우리 혹은 다른 사람들을 향하신 하나님의 뜻은 무엇인가? 우리는 인간으로서 한계가 있어서 그 뜻을 알지 못하며 그래서 바른 기도의 방법을 모른다.

바울이 연약이라는 낱말에 **우리의**라는 낱말을 덧붙이면서 자신도 마찬가지 처지임을 나타내는 사실을 주목하라. 다른 말로 하면 기도를 까다롭게 만드는 연약함은, 이제 믿기 시작한 초신자 혹은 성숙하지 못한 신자만의 문제가 아니라는 것이다. 그것은 우리가 인간으로 공통적으로 갖는 조건 가운데 하나이며 아무리 위대한 성도라도 이런 어려움을 갖고 있다.

네 가지 예화를 들겠다.

첫째로, 욥의 경우가 있다. 욥을 택하는 것은, 욥이 하나님으로부터 의인이라는 증거를 받았기 때문이다. "… 네가 내 종 욥을 유의하여 보았느냐 그와 같이 순전하고 정직하여 하나님을 경외하며 악에서 떠난 자가 세상에 없느니라"(욥 1 : 8). 욥과 하나님 사이를 가로막는 장애가 될 만한 두드러진 죄가 욥에게는 없었다. 그러니 욥은 자신에게 일어난 일 때문에 혼란스러웠다. 그는 왜 자신이 지금 고난을 받고 있는지 몰랐다. 욥의 위문객들은 자신들이 알고 있다고 생각했으나 그들은 적어도 욥에 관하여 기도하는 일에 어려움이 전혀 없었을 것이다. 그들은 죄다 알고 있는 듯했으나 그들은 제대로 알고 있지 않았다. 자신의 마음을 아는 욥은 아무 응답을 받지 못했다. 그는 이렇게 기도했다. "… 어찌하여 나로 과녁을 삼으셔서 스스로 무거운 짐이 되게 하셨나이까? 주께서 어찌하여 내 허물을 사하여 주지 아니하시며 내 죄악을 제하여 버리지 아니하시나이까?…"(욥 7 : 20 하-21 상).

또 한 가지 예로는 엘리야가 있다. 이 위대한 선지자는 용기 있는 사람으로, 갈멜 산에서 바알의 막강한 선지자들을 맞서 일어나 하나님의 도우심으로 큰 승리를 얻었다. 하지만 이 싸움이 끝난 후에 엘리야는 감동도 다 사라지고 몸도 탈진하여, 자신을 죽이려 했던 이세벨이 두려워 사막으로 도망했다. 그는 무엇을 기도했을까? 그는 죽기를 구하며 "… 여호와여 넉넉하오니 지금 내 생명을 취하옵소서. 나는 내 열조보다 낫지 못하니이다"(왕상 19 : 4 상) 하고 주장했다. 참으로 사실이었다. 엘리야는 열조보다 더 낫지 못했다. 그러나 이 기도는 여전히 혼란스럽고 어리석은 기도였다. 왜냐하면 하나님은 엘리야가 할 일을 더 남겨 놓으셨기 때문이다.

욥은 사람이 의롭지만 그래도 무엇을 기도해야 할지 모를 수도 있다는 사실을 가르친다. 엘리야는 사람이 용기가 있지만 역시 무엇을 기도해야 할지 모를 수도 있다는 사실을 가르친다.

세번째 예는 막달라 마리아다. 이 여인의 사랑은 돋보였다. 마리아는 예수님을 매우 사랑했다. 그런데 그런 사랑이 있어도 무지나 깨달음의 부족은 막을 수 없었다. 마리아는 하나님이 예수님의 죽으심과 부활에서 어떤 일을 하고 계시는지 전혀 알지 못했다. 그래서 마리아는 그 동산에서 부활하신 예수님을 만났을 때 예수님을 동산지기로 생각하고 이렇게 부탁했다. "주여 당신이 옮겨 갔거든 어디 두었는지 내게 이르소서. 그리하면 내가 가져 가리이다"(요 20 : 15). 마리아는 매우 신실했지만, 그럼에도 불구하고 여전히 어리둥절한 상태였다.

그러면 예수님은 어떠셨는가? 예수님을 예로 든다는 것은 대담한 일이다. 그러니 이 예를 어떻게 사용해야 할지 조심해야 한다. 그러나 예수님이 육신으로 계실 때 우리처럼 몸의 한계를 짊어지셨던 것을 우리는 기억한다. 예수님은 우리처럼 굶주리시고 피곤해지셨다. 예수님은 모든 것을 다 아셨던 것같지는 않다(마 24 : 36을 보라). 우리는 예수님이 동산에서 세 시간 동안 하나님의 뜻이라면 하나님이 죄에 대하여 부으실 진노의 잔이 자신을 지나가게 해달라고 기도하신 것을 안다(마 26 : 36-46). 예수님은 그처럼 기도하신 결과로 하나님을 조용히 의지하고 믿게 되셨다. 그래도 우리는 예수님이 적어도 잠시 어떤 일이 자신을 향한 하나님의 뜻이 아니기를 구하고 계셨다고 말할 수 있다.

그러니 우리가 무엇을 기도할지에 알기가 어려운 것은 당연하지 않은가?

'짐진 자'

그러나 그 문제는 그것으로 충분하다. 우리는 그 문제를 너무도 잘 알고 있다. 이 구절의 요점은, 성령님이 앞에서 서술한 그 연약함들을 갖고 있는 '우리를 도우신다'는 점이다. 그리고 우리가 무엇을 기도해야 할지 모를지라도, 성령님은 "말할 수 없는 탄식으로 우리를 위하여 친히 간구하신다." 우리는 정말 연약하나 성령님은 전능하시다.

기도할 때 성령님이 하시는 역할을 표현하면서 바울이 사용하는 첫번째 헬라어는 긴 낱말이므로, '돕는다'는 간단한 번역어로는 그 뜻을 제대로 담아내지 못한다. 그 헬라어는 쉬난틸람바네타(sunantilambanetai)이다. 다른 많고 긴 헬라어처럼 이 낱말은 짧은 낱말들이 결합된 것이다. 이 긴 낱말은 짧은 세 낱말로 이루어져 있다. 첫째 짧은 낱말은 쉰인데, 그 뜻은 '더불어' '나란히' 혹은 '~와 함께'다. 두번째 낱말은 안티(anti)다. 그 뜻은 '~을 위하여' 혹은 '~을 대신하여'다. 이 긴 낱말에서 중요한 짧은 낱말은 람바노(lambano)다. 그 뜻은 '가져가다' '붙잡다' '제거하다' 혹은 '짊어지다'다. 이 짧은 낱말들을 결합하면, 한 사람이 무거운 짐을 지고서 나란히 가고 있는 다른 사람이 무거운 짐을 지고 가는 것을 돕는 것을 가리킨다.

이런 뜻은, 예수님이 십자가에 달리시기 직전에 제자들에게 재림을 예언하셨을 때 성령을 가리켜 사용한 낱말을 우리로 생각나게 한다. 예수님은 성령님을 파라크레토스(parakletos)라고 부르셨는데, 말 그대로 하면 그 뜻은 다른 사람을 돕기 위하여 '그 사람 곁에 가라는 명령을 받은 자'이다. 때때로 '보혜사'(advocate, 이 말도 '~더불어 부르다'라는 뜻이다), '권위자'(勸慰者, comforter)라는 말로 번역되곤 한다.

성령님이 그리스도인을 돕기 위하여 그 곁에 오신다는 개념은 로마서나 요한복음에서나 동일하다. 그러나 여기 로마서에서 사용하는 이 낱말에는 그리스도인의 짐을 짊어짐으로써 돕는다는 특별한 뜻이 담겨 있다. 이 말은 우리가 무엇을 기도해야 할지 모르는 사실을 무거운 짐으로 묘사한다. 말하자면 우리는 그 짐을 지고 애쓰고 있다. 그러나 성령님이 다가오셔서 우리를 도와 그 무거운 짐을 짊어지신다. 성령님은 성육신하신 예수님처럼 연약한 우리와 하나 되시며 우리와 함께 일하신다.

바울이 두번째로 사용하는 낱말은 간구(도고)다. 그는 이렇게 말한다. "성령이 말할 수 없는 탄식으로 우리를 위하여 친히 간구하신다." 간구하는 자는 한 사람의 형편을 변호하는 사람이다. 그래서 이 구절은, 성령님이 우리 곁에 오셔서 우리를 도우시고 우리 짐을 짊어지시는 방식으로 우리가 어떻게 할 줄 모르는 일을 하나님께 변호해 주시는 방식임을 뜻한다. 우리는 무엇을 기도할지 모르지만, 성령님은 아신다. 그래서 성령님은 우리를 위하여 기도하시며 "마음을 감찰하시는" 하나님이 "성령의 생각을 아셔서" 성령님의 올바르고 능력 있는 기도를 지혜롭게 응답하신다.

예수님은 베드로를 위하여 그렇게 기도해 주셨는데, 이는 성경에서 간구(도고)에 관하여 가장 훌륭한 예화 가운데 하나다. 예수님은 사단이 밀까부르듯 하려고 베드로를 청구했다고 그에게 말씀하셨다. 그러고나서 예수님은 이렇게 말씀하셨다. "그러나 내가 너를 위하여 네 믿음이 떨어지지 않기를 기도하였노니, 너는 돌이킨 후에 네 형제를 굳게 하라"(눅 22 : 32). 베드로는 무엇을 기도할지 몰랐다. 사실 그는 전혀 기도하고 있지 않았을 것이다. 그런 후에 그날 저녁에 그는 기도하면서 골아떨어지기도 했다. 그러나 예수님은 베드로를 위하여 기도하셨고 예수님의 기도는 응답받았다. 그 결과 베드로는 힘을 얻어 오랫동안 귀하게 봉사하게 되었다.

그러나 이런 말을 하는 것은 우리가 기도와 아무 관계가 없다거나 기도할 책임이 없다는 사실을 보여 주려는 것이 전혀 아니다. 우리는 기도할 때 책임이 있다. (성령님이) **도우신다**는 낱말이 이 사실을 아주 분명하게 보여 준다. 바울 사도는 "성령님이 우리의 연약함을 도우신다"고 말한다. 바울 사도는 우리가 빼먹지 말고 또 열심히 기도해야 할 필요를 빠뜨리지 않는다.

탄식이란 말은 어떤가? 누가 탄식하는지에 대하여 주석가들의 의견이 다를 수밖에 없으므로, 이 말은 주석가들 사이에 하나의 문제가 되어 왔다. 탄식하는 이는 성령님이신가? 본문은 성령님이 탄식하신다고 말하는 것 같다. 하지만 대부분은 성령님이 하나님이시므로 탄식하지 않으시며 탄식하실 수 없다고 생각한다. 마틴 로이드 존스(D. Martyn Lloyd Jones)는 이 점을 힘 주어 말한다. "하나님은 탄식하지 않으신다. 어떤 점으로 보나, 그런 일은 생각할 수 없다."[2] 하지만 탄식하는 분이 성령님이 아니시면, 그리스도인이 탄식함에 틀림없다. 그러면 이런 해석은 옳은가?[3]

내 생각으로는 여기서 문맥을 살펴 보면 도움이 된다. 그리고 **탄식하다** 혹은 탄식이 22-27절에 세 번 나오는 것은 우연이 아니다. 첫번째 경우는 무생물적인 피조물을 가리킨다. 왜냐하면 바울이 "피조물이 다 이제까지 함께 탄식하며 함께 고통한다"(22절)고 쓰고 있기 때문이다. 두번째 경우는 우리 자신이다. "이뿐 아니라 또한 우리 곧 성령의 처음 익은 열매를 받은 우리까지도 속으로 탄식하여…"(23절). 이 낱말이 나오는 세번째 경우는 성령을 가리킨다("성령이… 탄식으로 우리를 위하여 친히 간구하시느니라"). 그러므로 무생물적인 자연에서 구속받은 사람으로 그리고 하나님의 제3위격으로 의미 심장한 진행이 나타나는 것 같다. 이는 대담한 진행이지만, 조심스러운 진행인 듯이 보인다.

이 진행은 무엇을 뜻하는가? 명백히 이는 성령님이 당신의 구체적인 관심사를 분명히 나타내실 수 없다는 뜻이 아니다. 하지만 이 말에 무거운 짐을 진다는 뜻이 있음을 염두에 둔다면, 바울 사도의 생각을 사로잡고 있을 것이다. 탄식이란 짐 지는 것과 뜻이 어울린다.

당신이 아주 무거운 짐을 지고 가는 사람을 돕고 있다고 해보자. 짐이 무거워 몸을 가누지 못하며 비틀거리거나 혹은 한 음절 한 음절을 뜻도 없이 재잘거리는 잡담에 짓눌려 비틀거릴 때 터져 나오는 탄식만큼 뚜렷한 표현이 있을까? 당신의 조수가 이렇게 말한다고 해보자. "내 피아노는 무겁군요. 피아노를 무겁고 모양도 나지 않게 만들어 놓았군요. 아마 우린 돈을 들여 이사짐 센터의 전문가들을 부를 걸 그랬어요. 이런 일은 자주 하고 싶진 않군요. 전에 피아노를 옮겨 본 적이 있나요?" 만일 당신도 무거운 짐으로 낑낑대고 있다면, 아마 그런 말을 듣고 싶지 않을 것이다. 어떤 사람이 그렇게 잡담을 늘어놓고 있다면, 당장에라도 이 조수라는 작자에게 입 다물고 피아노를 옮기라고 말하고 싶을 것이다. 참으로 짐을 져 주는 사람이라면 **당신에게** 탄식한다. 바울이 사용하고 있는 상(像)이 이런 것이라는 생각이 든다.

우리의 기도 짐을 지는 것은 말로 되는 것이 아님이 분명하다. 왜냐하면 본문이 계속해서 말하듯이 "마음을 감찰하시는" 하나님이 "성령의 생각을 아시고" 그에 따라 응답하시기 때문이다.

고데(F. Godet)는 다음과 같이 탄식하는 세 행위자를 요약할 때 제대로 흐름을 짚고 있는 것 같다.

이 진술은 모든 창조계를 속속들이 지배하는 말할 수 없는 무질서를 말하고 있음에 틀림없다… 자연은 자신의 영역 어디서나 그런 무질서를 혼란스럽게 느낀다. 그리고 하늘로부터 질서의 회복이 내리기를 요구하는 탄식이 속에서 끊이지 않는다. 구속받은 자들도 역시 이처럼 탄식하며, 우주의 회복을 표시하게 될 자신의 회복을 기다린다. 마지막으로 **우리의 영광을 위하사**(고전 2 : 7) 하나님의 계획을 잘 아시며 우리가 바라고 있는 그 이상(理想)을 분명하게 알지만 장차 이루어질 것으로 보시는 성령님은 열의를 가지고 그 이상의 실현을 추구하신다.[4]

열의라는 말은 단순한 말을 넘어서는 열정을 가리킨다.

기도의 첫번째 초보 내용

로마서 8 : 26, 27은 암시적으로나 명시적으로 기도에 관하여 아주 많은 교훈을 가르치므로, 우리가 배워 오던 바를 요약하는 뜻으로 수많은 교훈을 열거할 수 있다. 이 교훈들은 그리스도인을 위한 기도의 초보 내용을 이룬다.

1. 우리는 기도하게 되어 있다. 우리가 기도와 관련하여 어떤 문제를 갖고 있든지 상관없이 - 그리고 우리는 모든 성도들이 기도와 관련하여 문제를 갖고 있다는 것을 알게 되었다 - 우리는 기도하게 되어 있다. 사실 하나님의 말씀은 우리에게 기도하라고 명령한다. 우리는 "쉬지 말고 기도하라"(살전 4 : 17)는 말을 듣는다. 하나님이 우리에게 하라고 하시는 일은 모두가 우리의 유익을 위한 것이므로, 우리가 그 일을 하지 못하면 더 빈곤해진다. 기도는 영적인 큰 훈련 가운데 하나다.

2. 기도가 쉬우리라고 기대하지 말라. 기도가 쉬우리라는 법이 있는가? 그리스도인의 생활 가운데 그 어느 것도 쉽지 않다. 그러니 기도라고 다르리라는 법이 있는가? 우리가 로마서 7장의 마지막 부분을 연구하고 있었을 때, 나는 그리스도인의 생활이 영적 싸움이며 우리가 쉬운 해결책이나 임기 응변책을 기대해서는 안 된다고 지적했다. 오늘날 우리 문화는 얻기 쉬운 만병통치약을 우리로 원하게끔 만들어 놓았다. 우리는 성화에 관해서도 하나의 공식이나 영적 체험으로 즉각적인 승리를 바란다. 그러나 하나님은 그런 식으로 일하지 않으신다. 우리는 싸움을 하라고 부르심을 입었고, 이 싸움에서 인내하는 것이 곧 일종의 승리이다. 물론 결과는 눈에 보지 않거나 보이더라도 대단찮아 보인다. 그러나 성령님은 우리를 도와 우리의 짐을 져 주신다.

기도할 때도 마찬가지다. 우리는 대체로 기도를 즐거운 것으로 생각하겠지만 반드시 기도가 유쾌한 것은 아니다. 심지어 결과를 보려 해서도 안 된다. 중요한 것은 계속 기도하고 또 기도하고 쉬지 않는 것이다. 다음의 짧은 시는 이를 표현한다.

우리는 놀고 꿈꾸고 되는 대로 행하려고 여기 있지 않다.

우리에게는 힘든 일이 있고 무거운 짐이 있다.

싸움을 회피하지 말라. 부딪쳐 보라. 그 싸움은 하나님의 선물이다.

3. **기도할 때 무엇을 하는지 알라.** 기도의 훈련은 싸움이며 흔히 우리는 무엇을 기도해야 할지 모르지만, 그래도 우리는 우리가 하는 일이 무엇인지 알 수 있고 또 알아야 한다. 우리는 우주의 대주재되신 하나님께 자신의 사정을 말씀드리고 있고 그분께 경배를 드리고 고백을 표하고 감사와 간구를 드리고 있다. 그분은 이 기도를 들으시고, 다함이 없는 자신의 풍요함에서 언제나 완벽하고 지혜롭게 그 기도를 응답하신다.

기도는 하나님의 마음을 바꾸려는 것인가? 물론 그렇지 않다. 정신이 제대로 된 사람이라면 그런 것을 바라지 않을 것이다. 왜냐하면 하나님의 길이 완전하다면 하나님께서 그 길을 바꾸도록 하려는 것은 하나님으로 하여금 불완전하게 되시게 하려는 일이 될 것이기 때문이다. 그런 일이 일어나기라도 한다면, 우주는 무질서해질 것이다. 생각이 바른 사람이라면 하나님이 우리의 뜻이 아니라 하나님의 완전한 뜻에 따라 사물들을 이끌어 나가 주시기를 원한다.

그러나 그와 비슷한 질문이 하나 있다. 기도는 사물을 바꾸는가? 물론이다. 왜냐하면 목적을 정하시는 하나님은 수단도 정하시는데, 이 목적을 이루는 한 수단으로 기도를 정해 놓으셨기 때문이다. 하나님은 기도가 효과를 발휘할 것이라고 우리에게 말씀하셨다. 이 두 질문의 차이점에 주목하라.

기도는 하나님의 마음을 바꾸려는 것인가? 그렇지 않다.

기도는 사물을 바꾸는가? 그렇다. 왜냐하면 하나님이 기도로 사물이 바뀌도록 정해 놓으셨기 때문이다. 예수님은 우리에게 이렇게 말씀하셨다. "구하라. 그러면 너희에게 주실 것이요. 찾으라. 그러면 찾을 것이요. 문을 두드리라. 그리하면 너희에게 열릴 것이니, 구하는 이마다 얻을 것이요, 찾는 이가 찾을 것이요, 두드리는 이에게 열릴 것이니라"(마 7 : 7-8). 야고보는 이렇게 썼다. "… 너희가 얻지 못함은 구하지 아니함이요"(약 4 : 2 하). 그는 덧붙여 이렇게 썼다. "… 의인의 간구는 역사하는 힘이 많으니라"(약 5 : 16 하). 우리가 기도할 때 일어나는 변화에 관하여 이야기할 때 중요한 일은 기도가 **우리를** 변화시킨다는 것임을 기억하라.

4. 이 구절로 힘을 얻으라. 사실 "우리는 마땅히 빌 바를 알지 못한다". 그러나 성령님은 아신다. 그리고 하나님은 성령님을 우리에게 주셔서 다른 일은 물론이고 우리가 기도할 때 돕도록 하셨다. 우리는 성령님의 도우심으로 전진할 것이다.

한 주석가는 기도를 배우는 일을 한 사람이 바이올린 연주하는 법을 배우는 것에 비유했다. 처음에 이 사람은 제대로 연주하지 못한다. 그러나 방송국에서 고전 음악 방송 계획표를 얻어서 자신이 연주하게 될 음악의 바이올린 부분의 악보를 산 다음 매일 오후 라디오에 맞추어 최선을 다하여 계속 연주한다. 그가 실수한다고 해서 라디오에서 흘러 나오는 음악이 조금이라도 바뀌는 것은 아니다. 협주곡은 완전한 화음과 박자를 맞추어서 계속 흘러나온다. 그러나 애를 쓰는 바이올린 연주자는 변한다. 이 연주자는 매주 그리고 매년 더 나아진다. 드디어 그가 교향곡 방송과 맞추어 아주 멋지게 연주할 때가 온다.

기도가 바로 그런 것이다. 실수하는 말과 탄식이 차고 넘치기도 한다. 그러나 전진과 기쁨과 격려가 있다. 왜냐하면 하나님은 계속 하늘의 교향곡을 완벽하게 연주하고 계시고 성령님은 우리가 하나님의 교향악단에서 제자리를 차지할 수 있을 때를 위하여 계속 우리를 준비시키고 계시기 때문이다. 그러는 동안 우리는 보혜사인 성령님이 지혜롭고 신실한 교사처럼 우리 옆에 계심을 알 수 있다.

● 각주 ●

1. D. M. Lloyd Jones, *Romans : An Exposition of Chapter 8 : 17-39, The Final Perseverance of the Saints* (Grand Rapids : Zondervan, 1976), pp. 120-123.

2. Ibid., p. 136.

3. 마틴 로이드존스와 로버트 홀데인은 '탄식' 을 우리 자신에게 적용한다. 레온 모리스는 조심할 점을 지적하긴 하지만 역시 그 탄식이 우리의 탄식이라고 한다. 존 머리와 고데는 이 말을 성령께 적용한다. 물론 그들은 성령의 기도가 신자의 입을 통하여 나올 때 탄식이 될 뿐이라고 말한다.

4. F. Godet, *Commentary on St. Paul's Epistle to the Romans,* trans. A. Cusin(Edinburgh : T. & T. Clark, 1892), vol. 2, pp. 103, 104.

108

하나님의 뜻을 알기

로마서 8:27

마음을 감찰하시는 이가 성령의 생각을 아시나니 이는 성령이 하나님의 뜻대로 성도를 위하여 간구하심이니라.

바

로 앞의 연구를 시작하면서, 나는 기도가 하나님의 뜻을 아는 문제가 아니라면 많은 그리스도인들에게 기도의 주제가 그렇게 당혹스럽지는 않을 것이라고 말했다. 또 기도와 하나님의 뜻은 관련되어 있다고 말했다. 이 둘은 다른 곳에서는 물론이고 우리의 본문에서도 관련되어 있다. 왜냐하면 이 절이 성령님이 '하나님의 뜻대로' 성도를 위하여 간구하심을 말하고 있기 때문이다.

이 절은 우리가 기도할 때 성령이 맡으시는 부분이라는 측면에서 '하나님의 뜻'을 끌어들인다. "우리가 마땅히 빌 바를 알지 못하나…"(26절). 그럼에도 불구하고 이 절은 하나님의 뜻과 같은 것이 있음을 보여 주며, 우리와 하나님의 뜻의 관계에 관한 불가피한 문제가 생긴다. 기도에 관하여 우리는 다음과 같은 질문을 던진다. 나는 무엇을 위해 기도해야 하는가? 어떻게 기도해야 하는가? 나는 확신을 가지고 기도할 수 있는가? 하나님의 뜻이라는 측면에서는 다음과 같이 밀접하게 관련된 질문을 던진다. 하나님은 나의 삶을 위하여 하나의 완전한 뜻을 갖고 계시는가? 나는 그 뜻이 무엇인지 알 수 있는가? 내가 그 뜻을 알 수 있다면, 나는 어떻게 그 뜻을 발견하는가? 나는 하나님께 그 뜻을 내게 보여 달라고 구할 수 있는가? 내가 그 뜻을 발견해야 할 책임은 무엇인가?

나는 오랜 세월 목회자로서 상담하면서 그 어떤 것보다도 하나님의 뜻을 깨닫는 혹은 발견하는 것에 관련된 질문을 많이 받았다.

여러 견해들

몇 년 전 기독교 서점에 하나님의 뜻을 깨닫는 것에 관한 아주 좋은 책이 한 권 나왔다. 그 책은 오레곤 포틀랜드의 멀트너마 성경학교(Multanomah School of the Bible) 교수인 개리 프리젠(Garry Friesen)과 오레곤 클래머스의 클래머스 복음주의 자유 교회(Klamath Evangelical Free Church)의 목사인 로빈 맥슨(J. Robin Maxson)이 함께 쓴 것이다. 제목은 「의사 결정과 하나님의 뜻」(Decision Making & the Will of God)이다.[1] 이 책이 좋은 것은, 하나님의 뜻을 아는 문제에 관한 전통적인 복음주의의 견해를 살피고 그 견해를 비판하고 유익한 대안을 제시하기 때문이다. 그 내용을 요약해 보겠다.

전통적인 견해는 '하나님의 뜻' 이라는 구절의 뜻을 셋으로 구별한다. 첫째는 하나님의 주권적인 뜻으로, 웨스트민스터 소요리문답은 이 뜻이 "그의 뜻대로 하신 영원한 경륜인데, 이로 말미암아 자기의 영광을 위하여 무릇 되어가는 일을 미리 작정하셨습니다"(제7문의 답) 하고 말한다. 이와 같은 하나님의 주권적인 뜻은 감추어져 있다. 그 뜻은 역사에 펼쳐지기 전에는 우리에게 계시되지 않았다. 이 용어가 말하는 두번째 뜻은 하나님의 도덕적인 뜻이다. 이 뜻은 성경에 포괄적으로 계시되어 있으므로 우리에게 알려진 것이다. 이는 하나님이 원하시는 혹은 바라시는 것으로 하나님이 작정하시는 것과는 다르다. 세번째 의미는 하나님의 개별적인 뜻이다. 이는 개인 생활에 대한 하나님의 뜻으로, 사람들이 하나님의 뜻을 살핀다거나 찾는다고 말할 때 가장 흔히 생각하는 것이다.

프리젠과 맥슨은 이 책에서 이 '뜻들' 가운데 처음 둘 즉 하나님의 주권적인 뜻과 도덕적인 뜻을 정당하게 받아들인다. 그러나 그들은 세번째 뜻 즉 하나님이 각 사람의 삶에 대하여 개별적인 뜻을 갖고 계시며 그 뜻을 발견하거나 '그 뜻을 중심으로 사는' 것이 개별 신자의 의무라고 하는 사실은 반박한다. 그들의 비판을 떠받치는 근거들은 다음의 주장들이다.

1. 그리스도인들을 향한 이상적인 '하나님의 뜻'이 있다는 것은 이성으로나 경험으로나 성경의 예로나 성경의 가르침으로도 입증할 수 없다.

2. 그런 이상(理想)을 바라보는 관행은, 많은 사람이 자기 의사를 결정할 때 필요없이 좌절하도록 만들었다.

3. 전통적 견해는 더러 효과를 내긴 해도 대부분의 경우에는 그렇지 못하다. 생활의 사소한 결정을 내리거나 가령 참으로 비등한 견해들 가운데서 선택할 때 적용하기 어렵다.

4. 전통적 견해는 절망스러울 정도로 주관적이다. 내적인 증거나 상황이나 상담이나 개인적인 바램이나 특별한 인도 등, 있을 것이라고 추정되는 하나님의 뜻을 찾으려는 통상적인 방법들 가운데서 명확한 것은 하나도 없다.

이처럼 명백한 문제들을 제기하고 또 그들이 성경의 자료를 살핀 다음, 그들은 '지혜의 길'(the way of Wisdom)을 대안으로 제안한다. 그들의 접근법을 요약하면 이렇게 된다.

1. 성경이 구체적으로 말하는 영역에서는 하나님의 계시된 명령과 원칙들(하나님의 도덕적인 뜻)을 따라야 한다.

2. 성경이 아무런 명령이나 원리를 주지 않는 영역(비도덕적인 판단)에서는, 신자는 자유로우며 자신이 취할 행동을 택할 책임이 있다. 하나님의 도덕석인 뜻 안에서 이루어진 결정이라면 무엇이든지 하나님이 받으실 만한 것이다.

3. 비도덕적인 결정을 내릴 때에 그리스도인은 영혼에 유익한 대로 지혜롭게 결정을 내리려고 해야 한다.

4. 이 모든 결정을 내리면서 신자는 먼저 하나님의 주권적인 뜻이 각 결정에 영향을 미칠 때 그 주권적인 뜻의 작용에 겸손히 순복해야 한다.[2]

이 책이 아주 유익하며, 이 주제에 관하여 많은 그리스도인들로 하여금 어찌할 바를 모르게 했던 장애물들을 제거하는 데 뜻 깊은 돌파구가 된다고 나는 평가한다. 이 책은 하나님의 인도를 주관적으로 결정하는 방법들의 약점을 분명하게 드러낸다. 이 책은 모든 도덕적 문제를 결정하는 데 성경으로 충분하다는 점을 강조하며, 이 강조점은 필수적이다. 이 책이 (대부분의) 생각을 결정하는 문제에서 제시하는 '지혜의 길'은 신자를 자유롭게 만든다. 내가 꼭 한 가지 단서를 달고자 하는 것은, 이 책이 특수한 (그러므로 아주 중요한) 상황을 충분히 다루지 못하는 것 같다는 점이다.

나는 로마서 8 : 27이 이 주제에 결정적인 도움을 준다고 주장하고자 한다.

하나님의 뜻대로

이 절은 먼저 분명하게 하나님의 주권적 혹은 숨은 - 즉 우리로부터 숨은 - 뜻을 깊이 생각하게 한다. 때때로 학자들은 이 뜻을 하나님의 '비밀스런' 뜻이라고 부르는데, 그 이유는 그 뜻이 계시되지 않았기 때문이다. 웨스트민스터 소요리문답이 말하듯이 그것은 '무릇 되어가는 일'이다.

이 주권적 혹은 숨은 뜻은 로마서 8 : 27과 그 문맥에서 두 가지 방식으로 분명히 드러난다. 첫째로, 이 절은 성령님은 우리와 더불어 기도할 때 우리가 마땅히 구할 바를 알지 못하는 처지에서 맡으시는 일에 관하여 말하고 있다. 이 절은, 성령님이 마땅히 빌 바를 아시며 성령의 기도가 아주 명백하고도 당연하게 하나님의 뜻대로 하는 것이라고 우리에게 말한다. 이 절은, 하나님의 뜻이 있으며 그 뜻은 이런 (기도하는) 경우에서는 숨어 있다고 가르친다. 하나님의 주권적 혹은 숨은 뜻이 분명하게 드러나는 두번째 방식은, 우리가 공부하고 있는 이 구절(하나님의 뜻대로)이 28절과 비슷하다는 사실에 있다. 로마서 8 : 28은 이렇게 말한다. "우리가 알거니와, 하나님을 사랑하는 자 곧 그 뜻대로 부르심을 입은 자들에게는 모든 것이 합력하여 선을 이루느니라". '그 뜻대로'라는 말은 앞 절에 나오는 '하나님의 뜻대로'와 같은 뜻이다. 그래서 성령님이 구하시는 것은 다른 무엇보다도 하나님이 자신을 사랑하는 자들의 유익을 위하여 행하시는 일이다. 이 '일'은 삶에서 벌어지는 사건들이다. 하나님은 우리의 선을 위하여 이 사건들을 다스리신다. 그러나 우리는 적어도 그 일이 일어나기 전에는 그 일을 알지 못한다.

이 절들의 문맥은 하나님의 도덕적인 뜻을 또한 다루고 있다. 하나님의 도덕적인 뜻이란 하나님의 백성을 위하여 성경에 계시된 하나님의 뜻이라고 말할 수 있다. 29절은 이 점을 말한다. 왜냐하면 바울은 하나님의 '뜻'(28절)을 말하자마자 그 뜻이 무엇인지 일반적인 표현으로 선포한다. "하나님이 미리 아신 자들로 또한 그 아들의 형상을 본받게 하기 위하여 미리 정하셨으니 이는 그로 많은 형제들 중에서 맏아들이 되게 하려 하심이니라"(롬 8 : 29). 이 시점에서 하나님의 주권적인 뜻과 하나님의 도덕적인 뜻은 분명하게 조화를 이루고 혹은 중복된다. 왜냐하면 이 본문은 하나님의 백성을 예수 그리스도와 같이 되게 하시고 하나님이 당신의 주권적인 계획에 따라 모든 사건을 정해 놓으신다는 사실을 우리에게 분명하게 보여 주기 때문이다.

그러나 이 시점에서 26, 27절로 돌아가, 이렇게 질문해 보자. 이것이 '우리가 마땅히 빌 바를 알지 못하는' 것들인가? 정확하게 말해서 그렇지는 않다. 단순히 우리가 예수 그리스도의 성품을 따르는 것이면, 마땅히 빌 바이지만 우리가 알지 못하는 일들이라면 이미 우리는 그 일들을 알고 있으며 따라서 그 일로 혼란스러워 해서는 안 되기 때문이다. 우리는 하나님의 계시된 뜻을 알기 위하여 기도할 때에 성령의 도우심을 필요로 하지 않는다. 왜냐하면 그 뜻이 이미 우리에게 계시되었기 때문이다.

우리에게 성령의 도우심이 필요하다면, 그것은 분명히 계시되지 않은 일들에 관련된 것이다. 그러므로 우리는 무엇을 혹은 어떻게 기도해야 할지 모른다. 그리고 성령님이 '하나님의 뜻대로' 우리가 마땅히 빌 바를 모르는 영역에 관하여 우리를 위하여 기도하시므로, 이런 영역에는 우리를 위한 하나님의 뜻이 분명히 있다.

우리는 우리가 마땅히 빌 바가 무엇인지를 모를 수 있다.

그것을 놓치면 하나님의 뜻에 벗어난 생활을 하거나 하나님의 '차선책'을 행하고 말 것이라는 사실에 두려워 알지 못하는 그것을 '발견'해야 한다는 압박을 느낄 필요는 없다.

우리는 우리가 갖고 있는 빛과 지혜로 자유롭게 결정을 내릴 수 있다.

그런데도, 우리는 하나님이 우리를 위하여 완전한 뜻을 갖고 계시고 성령님이 그 뜻대로 우리를 위하여 기도하시고 우리를 향한 하나님의 이 뜻이 이루어질 것임을 알 수 있다. 이 뜻이 이루어지는 것은, 하나님이 그 뜻을 작정하셨고 성령님이 우리를 위하여 기도하고 계시기 때문이다.

이는 틀림없이 모든 사람에게 용기를 북돋워 준다.

특별한 인도

그러나 그렇게 되면 한 가지 중요한 문제가 해결되지 않은 채로 남는다. 하나님은 우리의 삶을 위하여 특별한 계획을 계시하시는가? 혹은 다른 말로 하면 우리는 하나님이 그 특별한 계획을 계시하실 것이라고 기대할 수 있는가? 우리는 그런 지침을 찾아야 하는가? 사실상 이 세 가지 표현의 질문은 조금씩 다른 해답을 갖는다.

하나님은 우리의 삶을 위하여 특별한 계획을 계시하시는가? 그렇다. 아마 자주 계시하지는 않지만, 가끔씩은 계시하신다.

우리는 하나님이 그 특별한 계획을 계시하실 것이라고 기대할 수 있는가? 이 말을 우리가 어떤 특별 계시를 받을 수 있는 권리가 있다는 뜻으로 새긴다면, 그런 일은 기대할 수 없다.

우리는 그런 지침을 찾아야 하는가? 물론이다. 그러나 우리는 어떻게 찾을 것인지 조심해야 하고 하나님이 이런 간구에 응답하지 않으시더라도 좌절하거나 우유부단하게 지내서는 안 된다.

나 자신에 관하여 말하면, 나는 하나님으로부터 내 삶에 대한 특별한 지도를 많이 경험하지는 못하고 서너 번 경험했다. 가장 뚜렷한 경험은 목회에 대한 소명이었다. 그 당시 나는 초등학생이었는데 목사와 성경 교사가 되려는 생각을 갖고 있었다. 나는 하나님께 특별한 징표를 구했고, 하나님은 그 징표를 분명하게 주셨다. 나는 그 징표를 선뜻 하나님의 뜻이라고 받아들이지 않았는데 이 징표가 많은 사람들이 말하듯이 우연의 일치일 수도 있고 혹은 내가 하나님의 말씀을 오해했을지도 모른다고 여겼기 때문이다. 나이를 먹어감에 따라 나는 목회의 소명에 관하여 좀더 확증을 기대했고 또한 받았다. 그런데도 나는 그 징표를 있는 그대로 받아들이고서 하나님이 나를 지금 하고 있는 바로 이런 일에 부르셨다는 확신을 점점 깊이 갖게 되었다. 그리고 하나님은 분명히 나를 이 일에 부르셨다.

게다가 성장의 문제가 있다. 사실 우리는 마땅히 빌 바를 결코 다 알지 못하며 더러 어떤 경우에는 무엇을 기도해야 할지 전혀 알지 못한다. 그러나 그렇다고 해서, 그런 경우에는 언제나 기도할 바를 알지 못한다거나 우리가 성숙하는 만큼 그런 문제에서 하나님의 뜻을 점점 알게 되지 않는다는 뜻은 아니다. 이 본문은, 성령님이 우리의 연약함을 도우셔서 우리가 어떻게 기도할지 모를 때에 우리를 위하여 기도하신다고 말한다. 하지만 성령님이 우리와 함께 일하시므로, 우리는 분명히 더 강건하고 더 지혜롭게 성장하며 따라서 어떻게 기도할지 무엇을 기도해야 할지 점점 잘 알게 된다. 그래서 바울은 에베소인들에게 이렇게 권면할 수 있었다. "그런즉 너희가 어떻게 행할 것을 자세히 주의하여 지혜 없는 자같이 말고 오직 지혜 있는 자같이 하여 세월을 아끼라. 때가 악하니라. 그러므로 어리석은 자가 되지 말고 오직 주의 뜻이 무엇인가 이해하라"(엡 5 : 15-17).

앞에서 언급한 바이올린 연주가의 예화를 기억하라. 이 예화는 많은 사람들에게 도움이 되었다. 기도가 바이올린을 연주하는 것과 같다면, 기도는 하나님의 뜻을 발견하려는 연습이다. 그것은 우리가 주 예수 그리스도를 닮아가는 것이 무엇인지 점점 발견하며 그런 식으로 점점 주님과 같게 되어 가는 길이다.

'하나님의 뜻' 의 초보 내용

바로 앞의 연구를 마칠 때, 나는 '기도의 첫번째 초보 내용' 이라는 것을 말하고 기도에 관하여 기억해 둘 요점을 몇 가지 나열했다. 하나님의 뜻을 아는 주제에 관해서도 비슷한 초보 내용을 제시하면 유익하리라는 생각이 든다. 그 초보 내용에는 여섯 가지 요점이 있다.

1. 모든 사람과 모든 사건에는 하나님의 완전한 뜻이 있고, 따라서 신자 개인에게도 하나님 의 완전한 뜻이 있다. 내 생각으로 개리 프리젠(Garry Friesen)과 로빈 맥슨(J. Robin Maxson)은 자기들의 저서에서 이 요점을 부인하지 않는다. 얼른 보면 그들이 이 요점을 부인하는 것 같지만, 그들은 우리가 찾아서 생활에 실천해야 할 유일무이하고 특수한 '하나님의 개별적인 뜻' 이 있다는 주장을 부인하는 데 주된 의도를 갖고 있다. 그들은 이렇게 말한다. "한 사람의 생활에 일어나는 모든 세세한 일에 대하여 하나님의 개별적인 뜻이 있다는 개념은 성경에 나오지 않는다." 그러므로 "많은 신자는 존재하지도 않는 것을 찾는 데 많은 시간과 힘을 들이고 있다."[3]

그러나 그들이 인정하듯이 하나님의 주권적이며 숨은 뜻이 있다면, 그리고 그 뜻이 아주 포괄적이라면(분명히 포괄적이다), 이 뜻은 신자나 불신자 할 것 없이 모든 사람의 생활에 일어나는 모든 세세한 일에 대한 개별적인 뜻을 포함하고 있음에 틀림없다. 물론 우리는 그 개별적인 뜻을 알지 못하거나 알 수 없다. 아마 프리젠과 맥슨이 말하고자 하는 바는 '한 사람의 생활에 일어나는 모든 세세한 일에 대한 하나님의 개별적인 뜻'은 우리가 발견할 수 없다는 점일 것이다.

이 시점에서 어떤 사람은, 그런 뜻을 발견할 수 없다면 그 뜻이 존재하든 존재하지 않든 무의미하다고 주장할 수 있다. 그러나 반드시 그런 결론이 나오는 것은 아니다. 반대로 하나님이 우리의 삶에 대하여 한 가지 계획을 갖고 계시고 특별히 우리가 그 계획이 무엇인지 모를 때에도 그 계획대로 우리를 이끄시고 있다는 사실을 아는 것은 매우 중요하다. 이 말은, 우리가 자주 그러하듯이 어둠 속을 걷고 있는 듯할 때도 하나님을 의지하고 확신 있게 앞으로 나아갈 수 있다는 뜻을 담고 있다.

2. 우리 각자의 생활을 위한 하나님의 계획 가운데 가장 중요한 부분들은 일반적이되, 도덕적으로 포괄적인 용어로 성경에 계시되어 있다. 로마서 8장은 이 계획을 상당히 표현하고 있다. 즉 우리로 우리의 죄와 그 죄의 권세로 인한 하나님의 심판에서 건짐을 받고 예수 그리스도를 점점 닮게 하려는 계획이다. 하나님의 계획 가운데 결정적인 단계로는 (1)예지(豫知) (2)예정 (3)유효한 부르심 (4)칭의 (5)영화 등이 있다(롬 8 : 29-30). 우리는 이 모든 단계를 다음 몇 장에서 검토할 작정이다.

그러나 세세한 하나님의 뜻도 많다.

십계명이 그런 뜻을 담고 있다. 우리가 하나님 외에 다른 신을 두지 않고, 우상을 하나님으로 섬기지 않고, 하나님의 이름을 망령되이 일컫지 않고, 안식일 기억하여 거룩하게 지키고, 부모를 공경하고, 살인하지 않고, 간음하지 않고, 도적질하지 않고, 거짓 증거 하지 않고, 탐내지 않는 것은 하나님의 뜻이다(출 20장을 보라). 주 예수께서는 이 계명들 가운데 여러 계명의 뜻을 폭넓게 가르치시고 또 다른 계명도 주셨다. 이 다른 계명 가운데는 무엇보다도 "서로 사랑하라"(요 15 : 12)는 가르침이 있다.

거룩한 것은 하나님의 뜻이다(살전 4 : 3).

기도하는 것은 하나님의 뜻이다(살전 5 : 17).

로마서 12장에서 바울은 이렇게 말한다. '너희는 이 세대를 본받지 말고 오직 마음을 새롭게 함으로 변화를 받아 하나님의 선하시고 기뻐하시고 온전하신 뜻이 무엇인지 분별하도록 하라"(롬 12 : 2).

3. 우리 각자의 생활에 대하여 성경에 계시되어 있지 않은 하나님의 뜻에 관해서는, 단순히 인간의 힘으로 아무리 찾아 봐도 알 수 없다. 이 말은 하나님이 우리에게 우리 각자의 생활에 대한 하나님의 뜻을 계시하실 수 없다거나 어떤 경우에는 계시하지 않으신다는 뜻이 아니다. (이 점에 관해서는 뒤에서 더 말하겠다.) 요컨대, 우리가 하나님의 숨은 뜻을 알 수 있는 유일한 길은 하나님이 그 뜻을 우리에게 계시하시고 또 그 뜻이 성경에서 일반적인 도덕적 범주로 우리에게 계시되면 그것을 발견하는 일은 우리의 능력을 넘어선다는 뜻이다. 우리는 표적을 읽어내거나 예감을 따르거나 하나님과 협상하거나 그와 비슷한 다른 어떤 어리석은 짓으로 우리 각자의 생활에 대한 하나님의 뜻이 무엇인지 그 해답을 발견하지 못할 것이다.

4. 하지만 우리가 이런 일로 낙담하지 않으려면, 우리는 다음을 깨달아야 한다. 대개 우리는 하나님의 숨은 뜻을 알 필요가 없다. 왜냐하면 성령님이 그 뜻을 아시고 이런 영역에서 (우리 각자의 생활에 대한 하나님의 뜻에 관해서) 하나님의 뜻대로 우리를 위하여 기도하고 계시기 때문이다. 본문이 주로 말하는 바는 바로 이 점이다. 그리고 앞에서도 말했지만 이 점은 틀림없이 우리에게 큰 힘이 된다.

우리가 마땅히 빌 바를 알고 정확하고 바르게 기도한다고 해도 그리고 우리가 그와 같은 개인적인 기도와 깨달음에 따라 하나님의 길을 걸을 수 있다 해도, 여전히 우리는 불확실할 것이다. 가령, 우리는 하나님의 뜻대로 기도하고 있는지 확신할 수 없다. 그러면 어떻게 우리는 확신할 수 있는가? 우리는 기도에 관한 모든 점에 대하여 잘못 알고 있는 적이 많다. 또 한 가지 예를 들면, 우리가 바르게 기도하고 자신이 바르게 기도하고 있는 것을 안다 해도, 여전히 우리에게 계시된 길로 실제로 걷게 될 것인지 결코 확신할 수 없다. 반면에, 성령님이 하나님의 주권적이고 유효한 뜻에 따라 이런 영역에서 우리를 위하여 기도하고 계시면, 우리는 하나님의 이 주권적이고 유효한 뜻이 이루어질 것을 알고서 확신할 수 있고 크게 담대할 수 있다.

주님이 잡히시던 때 베드로가 자신이 처한 위험을 알고 있었다고 해보자. 베드로는 하나님이 자신을 지켜 주셔서 예수님을 부인하는 일로 넘어지지 않도록 기도했을 것이다. 그 기도는 훌륭한 기도가 되었을 것이다. 그러나 실제로 하나님이 베드로에 대하여 갖고 계신 뜻은 그것이 아니었다. 그래서 베드로가 실제로 넘어졌을 때, 훗날 베드로는 하나님이 자기 기도에 응답하지 않으셨다거나 자신을 저버리셨다고 생각했을 것이다. 그처럼 예수님은 이때 성령님과 더불어 베드로의 믿음이 떨어지지 않도록 베드로를 위하여 기도하셨다. 그래서 베드로의 믿음은 떨어지지 않았다. 게다가 예수님은 베드로가 회복되어 훗날 자기 형제들이 베드로처럼 실패의 어두운 시절을 지날 때 그들을 굳게 할 수 있는 사람이 되도록 기도하셨고 역시 이 일도 이루어졌다.

5. 우리는 일반적으로 성경의 도덕적 지침에 나와 있지 않는 영역에서 우리의 생활에 대한 하나님의 뜻을 모르기 때문에 (그리고 그런 뜻은 알 필요가 없다), 하나님이 우리에게 결정을 내릴 자유를 주심을 알고서 할 수 있는 대로 가장 지혜롭게 결정을 내리는 법을 배워야 한다. 프리젠과 맥슨이 인생의 결정을 이처럼 내릴 것을 강조할 때에 전적으로 옳으며 큰 유익을 준다.

이 저자들은 지혜로운 결정을 내릴 때 많은 요소들이 나름대로 역할을 맡고 있음을 인정한다. 그 요소들 가운데는 전에 그들이 소위 '하나님의 개별적인 뜻'을 찾는 방법이라고 반대하던 것들이 들어 있다. 가령 열린 문 혹은 기회, 개인적인 선호도, 소원, 받은 인상, 예감 등이다. 이 모든 것은 원래 하나님으로부터 온 특별 계시가 아니라 올바르게 고려해야 할 중요한 인간적인 요소들이라고 보는 한 (하나님의 뜻을 아는 일에) 나름대로 역할을 맡는다. 우리는 하나님이 상황을 바꾸실 수 있음을 인정하고 그래서 우리의 계획을 다른 방향으로 밀고 나가야 하지만, 그래도 계획하는 일은 적절한 행동이다. 어떤 일이 일어나든지 우리는 하나님의 뜻에 순복해야 하며 그 뜻이 우리 앞에 펼쳐지든지 그 이전이든지 마찬가지로 순복해야 한다.

6. 신자의 규범적 인도에 관하여 이처럼 조심스러운 지적이 있지만 하나님은 상자 안에 갇혀 있지 않으시므로, 자신의 뜻을 특별한 방법으로 개인에게 계시하실 수 있다(그리고 때때로 그렇게 하신다). 하나님이 자신의 뜻을 특별히 계시하실 수 있다는 사실을 부인해야

한다고 믿는 그리스도인들이 너무 많다.

나는 방언의 문제도 이 문제와 마찬가지라고 생각한다. 나는 성경에서 방언이 특별히 구하고 바랄 만한 은사라고 가르치는 데가 없다고 믿는다. 더욱이 오늘날 방언이라고 내세우는 많은 경우가 성령님으로부터 온 것이 아니라고 믿는다. 내 생각으로 방언은 대개 심리적인 것이다. 그런데도 나는 초자연적인 일이 모두 그쳤으므로 오늘날 방언은 있을 수 없다고 주장하는 어떤 사람들 특히 개혁파 사람들(물론 나도 개혁파 사람이다)의 강경한 논리를 따를 수 없다. 나는 바울을 따른다. 바울은 우리가 그런 관행을 '금해서는' 안 된다고 주장한다(고전 14 : 39).

특별한 인도에 관해서도 동일하게 생각해 보자. 우리는 그런 인도를 요구할 수 없다. 우리는 특별한 인도라고 내세우는 많은 경우가 스스로 속은 것이며 따라서 경계해야 할 일임을 인정한다. 그러나 우리는 특별한 인도가 있을 수 있음을 인정하고, 너무 지나치게 다른 사람에게 이 일을 문제 삼지 않도록 조심해야 한다. 하나님이 우리를 특별하게 인도하시면, 우리는 속히 응답해야 한다.

● 각주 ●

1. Garry Friesen with J. Robin Maxson, *Decision Making & the Will of God : An Alternative to the Traditional View* (Portland : Multnomah Press, 1980).

2. Ibid., pp. 427, 428.

3. Ibid., pp. 82, 83.

● 제10부 ●

.
.
.
.
.
.
.
.
.
.

막을 수 없는 사랑

109

모든 것이 합력하여 선을 이룸
로마서 8:28

우리가 알거니와 하나님을 사랑하는 자 곧 그 뜻대로 부르심을 입은 자들에게는 모든 것이 합력하여 선을 이루느니라.

하나님의 말씀을 배우면 언제나 겸손을 익힌다. 그래서 바로 앞 장에서 하나님의 뜻을 아는 문제를 다루다가 이제 우리기 다룰 이 엄청난 본문 즉 로마서 8 : 28을 살피려 하면서 나는 겸손해졌다. "우리가 알거니와 하나님을 사랑하는 자 곧 그 뜻대로 부르심을 입은 자들에게는 모든 것이 합력하여 선을 이루느니라".

바로 앞의 연구는 꽤 까다로웠던 것 같다. 아무튼 이 글을 쓰면서 '하나님의 뜻'이라는 말을 사용하는 다양한 방식을 구분하고 우리가 알 수 있는 것과 알기를 기대할 수 없는 것이 무엇인지 말하기가 어려웠다. 그러나 본문을 살펴보니, 바로 앞 장에서 탐구하던 문제가 갑자기 아주 간단해 보였다. 조금 앞에서 바울은 "우리가 마땅히 빌 바를 알지 **못한다**"고 말했다. 그런데 이제 그는 "**우리가** 알거니와 하나님을 사랑하는 자 곧 그 뜻대로 부르심을 입은 자들에게는 모든 것이 합력하여 선을 이루느니라"고 쓴다. 우리는 알지 못한다. 그러나 분명히 아는 것도 있다! 첫번째 앎은 하나님이 우리의 생활에서 하고 계시는 세세한 일과 관계가 있다. 우리는 이런 일을 깨닫지 못해서 그런 일로 당혹해 한다. 두번째 앎은 하나님의 큰 계획과 관련되어 있다. 바울은 우리가 이 계획을 안다고 말한다. 우리는 하나님이 계획을 갖고 계심을 알고 있다.

바울은 이를 아주 간단하게 가르친다. 만일 하나님이 "그 뜻대로 우리를 부르셨다면", 어떤 목적을 갖고 계시며 그 목적에서 우리가 차지할 자리도 마련해 두시고 계신 것이 틀림없다. 게다가 우리는 모든 것이 합력하여 우리의 유익을 위하여 이 목적을 이루고 있음을 안다. 이 얼마나 엄청난 일인가! 이 진리 때문에 28절은 하나님의 모든 말씀 가운데 대부분의 그리스도인들에게 위로를 가장 많이 주는 말씀이 되어 왔다.

믿음과 상황

하지만 이 절은 한 가지 분명한 문제를 또한 제기한다. 이 본문은 "하나님을 사랑하는 자에게는 모든 것이 합력하여 선을 이룬다" 하고 말한다. 그러면 어떻게 이런 일이 있을 수 있는가? 세상이 미움과 악으로 뒤덮이고 악한 사람은 물론이고 선한 사람도 매일 고난을 당하는 마당에 어찌 이런 일이 가능한가?

내가 이 장을 쓰기 이틀 전에, 제십장로교회(Tenth Presbyterian Church)의 교역자들은 매주 정기 모임을 가지면서, 자신이 다루고 있는 몇 가지 문제들을 서로 의논했다. 삼 일 전에 우리 교인 한 사람이 살해당했는데 그 사람은 사랑스러운 한국인 아가씨로 겨우 21살밖에 되지 않았다. 이 아가씨는 제십장로교회 선교회에서 매우 적극적으로 활동했다. 이 아가씨의 이름은 줄리 양(Julee Yang)이었다. 성가대원으로 봉사했고 시립주택 프로젝트에서 불우한 아이들을 가르쳤으며 시정(市政) 문제를 주로 다루는 청년 단체에도 참여했다. 줄리는 보석 상점에서 근무하다가, 돈을 훔치려고 그 상점에 들어온 두 명의 젊은 흉악범으로부터 등 뒤에서 총을 맞았다. 갑작스러운 일이 터진 중에도 안 보이는 곳에 설치한 비디오 카메라에 살인 행위가 잡혔다. 들리는 말에 따르면 비디오 테이프에 잡힌 실제 살인 행위는 이번이 처음이었다고 한다. 장례식은 교역자 회의를 하던 날에 있었다.

다른 교역자들은 상담 문제를 의논했다. 한 교역자는 암에 걸리는 등 심각한 실패로 괴로 위하는 한 사람과 상담하고 있었으며 상담을 받고 있던 그 여인은 자살하려고 생각하는 중에 있었다. 또 한 교역자는 후천성 면역 결핍증(AIDS)에 걸렸다는 진단을 받은 한 젊은이와 상담하고 있었다.

그 전날 나는, 사산아(死産兒)를 위한 기념 예배를 계획하면서 슬퍼하는 부모들에게 어떤 위로를 줄 수 있는지 알고자 하는 또 한 목회자와 이야기를 주고받았다. 이 날 나는 거의 20여 년 동안 신실하게 성경을 가르쳤던 교회의 교인들로부터 압력을 받아 쫓겨날 판인 또 한 명의 목회자를 방문하게 되어 있었다. 현실적으로 보기에는 이런 비극적인 상황들이 엎치고 덮쳐 우리 모두의 사기를 꺾어 놓았고, 우리는 오랫동안 이 문제에 관하여 기도했다. 후에 나는 숨 돌릴 곳을 찾아 교역자들과 이 문제들을 위한 기도를 하기 위하여 한 시간 반 떨어진 뉴저지 해변으로 갔다.

"우리가 알거니와 하나님을 사랑하는 자 곧 그 뜻대로 부르심을 입은 자들에게는 모든 것이 합력하여 선을 이루느니라". 그러나 우리는 참으로 그 사실을 아는가?

시절이 좋을 때, 안정된 직업을 얻고 가정 생활이 순탄하고 사랑하는 사람이 병 나지 않고 근래에 아는 사람 가운데 죽는 이가 없었을 때는, "우리가 알거니와 하나님을 사랑하는 자 곧 그 뜻대로 부르심을 입은 자들에게는 모든 것이 합력하여 선을 이루느니라" 하고 말하기가 쉽다.

그러나 다른 때는 어떤가?

내가 앞에서 서술했던 그런 일들이 벌어지는 때는 어떤가?

그런 때에 우리는 분명히 우리가 고백하는 것을 알고 단순히 말로만 경건한 척하지 말아야 한다.

"세상이 다 괜찮아"

이 위대한 본문은 몇 가지 제한을 담고 있으므로 우리는 그 제한부터 다루어야 한다. 나는 이를 '경계선' (boundaries)이라고 부른다.

1. 오직 그리스도인들에게만. 첫번째 경계는 이런 문제로 정해진다. 이 약속은 누구에게

적용되는가? 명백히 이 약속은 모든 사람에게 적용되지 않는다. 왜냐하면 바울은 "우리가 알거니와 하나님을 사랑하는 자들에게는 모든 것이 합력하여 선을 이루느니라" 하고 말하기 때문이다. 이 절은 그리스도인에 관하여 말하고 있다. 그래서 그 다음에 나오는 밀접하게 관련된 절들을 계속 읽어 가다 보면, 이 절은 하나님이 당신의 아들의 형상을 본받도록 정해 놓으신 자들, 하나님이 예정하시고 부르시고 의롭다 하시고 영화롭게 하신 자들의 유익을 위하여 모든 일이 합력하고 있다고 말한다. 이는 모든 일이 **모든** 사람의 선을 위하여 합력한다는 약속은 아니다.

로버트 브라우닝(Robert Browning)의 시(詩) 중에서 유명한 구절인 "하나님은 하늘에 계시고 / 세상이 다 괜찮아"를 기억하는가? 이 시구(詩句)는 19세기 빅토리아 여왕 시대의 사고 방식을 압축시킨 요약이다. 그 시대에는 세상이 평화롭고 인간의 삶과 활동이 어느 면으로나 무한하고 불가피하게 진보해야 할 듯이 보였다. 오늘날은 누구도 그렇게 생각하지 않으며, 이 생각은 옳다. 이는 세상이 다 엉망이기 때문이다. 그러니 세상이 다 괜찮다고 생각하는 사람이라면 정신이 나갔든지 사물을 분명하게 못보고 있을 따름이다.

브라우닝이 태어나기 서너 세기 전에 독일 철학자 고트프리트 빌헬름 라이프니츠(Gottfried Wilhelm Leibnitz)는 '모든 가능한 세계 가운데 가장 나은 세계'의 철학으로 널리 알려져 있는 사상을 펼쳤다. 그러나 이 역시 환상이었으며 지금도 그렇다. 대부분의 사람들에게 이 세상은 모든 가능한 세계 가운데 가장 나은 세계가 전혀 아니다. 사실 수백 만의 사람들에게 이 세상과 이 사람들이 세상에서 당하는 일들은 무시무시하다.

본문에 따르면 이 위로를 주는 말씀은 그리스도인들에게만 하는 말이지 모든 사람에게 하는 말이 아니다.

2. **그리스도와 같게 되려 함.** 본문의 두번째 경계는 또 하나의 질문에서 나온다. '선'이란 무엇을 뜻하는가? 이는 중요한 물음이다. 왜냐하면 어떤 사람들이 그렇게 생각하려는 듯이 '선'이 '부'(富)를 뜻하면 본문은 진리가 아니기 때문이다. 그럴 경우에 왜 진리가 아니냐 하면, 대부분의 그리스도인은 이 세상의 좋은 것을 많이 받지 못했기 때문이다. 또 '선'이 '건강'을 뜻한다고 해도, 본문은 역시 진리가 아니다. 모든 신자가 건강을 누리지 않기 때문이다. 그처럼 '선'은 이 세상의 의미로 말하는 '성공'이나 '명예'나 '행복'이라는 뜻이 될

수가 없다. 왜냐하면 하나님은 많은 그리스도인들에게 실패나 조롱이나 기가 팍 꺾이는 체험이나 큰 실망을 참으라고 요구하시기 때문이다.

그러면 선은 부나 건강이나 성공이나 명예나 행복이 아니면 무엇을 뜻하는가? 그 대답은 본문에 있다. "하나님이 미리 아신 자들로 또한 그 아들의 형상을 본받게 하기 위하여 미리 정하셨으니"(롬 8 : 29 상).

'선'은 다름 아닌 '그 아들의 형상을 본받는 것', 다른 말로 하면 예수 그리스도처럼 되는 것이다. 그것은 분명한 선이다. 인간이 그 창조주를 닮는 것보다 높은 선은 생각할 수 없다. 레이 스테드만(Ray C. stedman) 목사는 이를 '인생의 모든 목적'이라고 옳게 일컫는다.[1] 그러나 동시에 선이 이런 뜻임을 알게 되면, 우리는 그다지 선해 보이지 않지만 좀더 큰 목적에서 보면 역시 선한 다른 것들을 보게 된다. 우리는 하나님이 어떻게 병과 고난과 핍박과 슬픔과 다른 해로운 일들을 이 선한 목적을 위하여 쓰실 수 있는지 볼 수 있다.

3. 나쁜 일을 선하게 사용함. 이리하여 이 본문의 세번째 경계에 이른다. 이 경계는 세번째 질문에서 나온다. 하나님이 우리 생활에서 이 선한 목적을 위하여 사용하시는 것들은 그 자체로 필연적으로 선한 것인가 아니면 결과에서만 선한 것인가? 그 대답은 후자이다. 다른 말로 하면 본문은 병이나 고난이나 핍박이나 슬픔이나 그런 다른 일들이 그 자체로 선하다고 가르치지 않는다. 반대로 이런 일들은 악이다. 그러나 이 본문이 가르치는 것 - 그리고 이 점은 중요하다 - 은 하나님이 자기 백성을 위하여 당신의 선한 목적이 있게 하시려고 이런 일들(사람들)을 사용하신다는 점이다. 하나님은 악으로부터 선을 이끌어내신다. 알다시피 선은 우리가 예수 그리스도의 성품을 따르는 것이다.

4. 느낌보다는 앎. 이 본문의 뜻을 정해 주는 네번째이며 마지막 경계는 또 하나의 질문에 대한 답이다. 우리는 하나님이 이런 상황에서 하시는 일과 무슨 관계가 있을까? 바울은 "우리가 알거니와"라고 답한다. 바울은 우리가 모든 일이 선하다고 '느낀다'고 말하지 않는다. 우리는 하나님이 선을 행하신다고 느끼지 못하는 적이 많다. 자신이 넘어진다고 혹은 멸망하고 있다고 느낀다. 그리고 바울은 우리가 선을 '본다'고 말하지도 않는다. 우리는 대개 하나님이 하시는 선한 일을 알아보지 못하고 하나님이 어떻게 악에서 선을 이끌어내실

지 파악하지 못한다. 이 본문은 간단하게 그것을 "우리가 안다"고 말한다.

바울은 감정주의자가 아니었다. 그는 핍박받고 매 맞고 돌 맞고 난파당했다. 바울은 동족들은 물론이고 이방인들에게도 공격당하고 언제나 욕을 들었다. 바울은 공개적으로 세상이 아주 멋지다든가 선교 활동이 매우 유쾌했다는 말을 하지 않았다. 반대로 그는 "사방으로 우겨쌈을 당하고… 답답한 일을 당하고… 거꾸러뜨림을 당한"(고후 4 : 8-9) 일을 전했다. 그러나 바울은 자신을 억누르고 답답하게 하는 일을 헤치고 나섰는데, 이는 하나님이 이런 사건을 통하여 당신의 더 크고 선한 목적을 이루어가고 계심을 알았기 때문이다.

바울은 그 사실을 어떻게 알았을까? 하나님이 이런 일을 친히 하신다는 것을 바울에게 말씀하셨기 때문에 바울은 그 사실을 알았다 그리고 이제 바울은 우리에게 이 사실을 말하고 있다. 바울은, 우리도 그 사실을 알고 "하나님을 사랑하는 자들에게는 모든 것이 합력하여 선을 이루느니라"는 지식으로 위로를 받을 수 있다고 말한다.

경계가 없는 부분

우리는 이 장의 절반을 들여, 이 본문에 담긴 다음의 네 가지 제한을 연구했다. (1)이 선은 그리스도인들만을 위한 것이다 (2)이 선은 우리가 말하는 선이 아니라 하나님이 말씀하시는 선인데 그것은 우리가 예수 그리스도를 닮게 되는 것이다. (3)하나님이 가장 높은 이 선을 위하여 사용하시는 일들은 반드시 그 자체로 선한 것은 아니다. (4)우리는 이 선을 느끼지도 못하고 보지도 못할지라도 이 선을 '알' 수 있다. 하지만 우리가 이 경계를 세운 후에, 이제 아무런 경계가 없는 부분을 즐거운 마음으로 살필 수 있다.

그것은 '모든 것'이라는 말이다. 이는, 하나님이 우리에게 일어났던 혹은 우리에게 일어날 수 있는 모든 것을 어찌나 배치를 잘해 두시고 잘 다스리시는지 그 마지막 결과는 어쩔 수 없이 전적으로 우리의 선이 된다는 뜻이다. 가장 악한 것이라도 우리를 예수 그리스도와 닮게 하는 데 사용된다.

게다가 이 구절을 꼼꼼하게 살피게 되면, 가장 악한 것들이 우리의 선을 위해서 사용될 뿐만 아니라 다른 사람들의 선을 위해서도 사용되는 것을 알게 된다.

세 가지 예를 들어보자.

첫째로, 요셉을 예로 들어보자. 요셉의 이야기를 보면, 하나님이 상황을 어떻게 다스리시는지가 드러난다. 오랫동안 요셉에게 대부분 감추어져 있었던 하나님의 뜻을 떠나서는, 하나님이 선한 일을 하고 계시리라는 생각이 들지 않을 것이다. 요셉은 아버지의 총애를 받던 젊은 사람으로 그에게는 소위 밝은 미래가 있었다. 형제들은 요셉의 의(義)와 자신들의 죄 때문에 요셉을 미워했고, 요셉을 없애려고 모의했다. 처음에 그들은 요셉을 마른 웅덩이에 빠뜨려 거기서 죽게 하려 했다. 그러나 미디안 상고(商賈)들이 지나갔을 때 형제들은 기회를 보아 요셉을 미디안 상고들에게 종으로 팔았다. 그리고 미디안 사람들은 보디발이라고 하는 애굽 시위대장에게 요셉을 팔았다.

젊은 사람이 이런 일을 겪다니 얼마나 두려웠겠는가! 요셉은 겨우 17살밖에 되지 않은데다가 이제 말도 안 통하는 애굽에서 종이 되었다. 그러나 이것으로 모든 일이 끝난 것은 아니었다. 얼마간 요셉은 보디발의 종으로 만사가 형통했으나 보디발의 아내가 요셉을 유혹하려고 하자 요셉이 거절했을 때, 요셉은 주인의 아내를 범하려고 했다는 누명으로 고소를 당하여 옥에 갇혔고, 거기서 사람들의 버림을 받고 기억에서 잊혀진 듯한 사람으로 2년을 보냈다.

이 모든 일이 나쁜 일이었지만, 하나님은 바로 그 일을 통하여 요셉을 애굽에서 바로에게만 다스림을 받는 권력의 제2인자가 되게 하려고 계획하고 계셨다.

바로가 꿈을 꾸었다. 그러나 아무도 그 꿈을 해석할 수 없었다. 그러자 2년 전에 요셉과 함께 옥에서 지내던 바로의 술 맡은 관원장이 요셉이 자기 꿈을 해석해 준 일을 기억한 후에 그는 바로에게 말씀을 고했고, 그리하여 요셉은 옥에서 나와 궁궐에 이르렀다. 요셉은 궁궐에서 간단히 바로의 꿈을 풀어 고했다. 바로는 어찌나 감명을 받았든지 그 자리에서 그 전에 종이었던 사람을 총리에 임명했다. 그래서 요셉은 애굽의 추수를 관할하고 많은 곡식을 저장할 수 있어서 요셉은 연이어 닥치는 가뭄에 많은 사람을 살렸다.

아버지의 총애, 자신의 꾼 꿈, 형제들의 미움, 미디안 상고가 마침 지나간 일, 보디발에게 팔린 일, 주인 아내의 유혹, 2년 동안의 옥살이, 바로의 꿈 등 이 모든 다양한 상황들은 나름대로 아주 악한 면이 있었지만, 하나님이 이 상황들을 사용하셔서 요셉과 다른 사람들에게 결국 큰 유익이 되도록 하셨다.

훗날 자기 앞에 모인 열한 형제에게 안심하라고 다시 말하던 자리에서 요셉은 이렇게 증거했다. "… 두려워 마소서. 내가 하나님을 대신하리이까? 당신들은 나를 해하려 하였으나, 하나님은 그것을 선으로 바꾸사 오늘과 같이 만민의 생명을 구원하게 하시려 하셨나니"(창 50 : 19-20).

둘째로 **욥**을 들어보자. 세상의 관점에서 보자면, 욥의 이야기는 성경에서 가장 슬픈 이야기에 속한다. 욥은 성숙하고 올바른 사람으로, 하나님을 경외하고 악을 피했다. 욥에게는 아들이 일곱, 딸이 셋 있었고, 그의 재산으로는 양이 칠천 마리, 약대가 삼천 마리, 소가 오백 겨리, 암나귀가 오백 마리, 그리고 종들도 많았다. 그런데 갑자기 이 모든 것이 하루아침에 날라가 버렸다. 약탈자들이 나귀와 소를 빼앗아 가져갔고 불이 내려와 양을 죽였으며 갈대아 도적떼가 약대를 훔치고 종들을 죽이고 마지막으로, 집이 무너져 자녀들이 한꺼번에 다 죽었다.

이런 일을 뒤에서 저지른 사단은 물러나, 욥이 자신의 불운을 두고 하나님을 저주하리라고 기대했다. 그러나 욥은 "… 땅에 엎드려 경배하며 가로되 내가 모태에서 적신이 나왔사온즉 또한 적신이 그리로 돌아가올지라. 주신 자도 여호와시요 취하신 자도 여호와시오니, 여호와의 이름이 찬송을 받으실지니이다"(욥 1 : 20-21 하)라고 했다.

이 이야기의 그 다음 대목을 보면, 욥이 머리끝에서 발끝까지 욕창이 나서 고난당하는 장면이 나온다. 그런 다음 욥의 친구들은 얄팍한 생각으로 상담해 준답시고 오히려 욥에게 훨씬 큰 고통을 안겨 주었다. 욥은 이 모든 것을 이해하지 못했고 심지어는 이 이야기의 끝에 가서 하나님이 욥에게 재산을 회복시키시고 새로운 가정을 꾸며 주었을 때도 욥은 하나님이 무엇을 하고 계시는지 몰랐던 것 같다. 하나님은 욥의 인격이 깊어지게 하시고 사단의 가짜 지혜를 깨뜨려 버리고 계셨다. 사실 사단은 하나님이 그 백성을 번영하게 하시니까 그 백성이 하나님을 섬기는 것뿐이라고 말했다. 욥은 그런 점을 보지도 느끼지도 못했다. 그러나 그럼에도 불구하고 모든 일이 합력하여 이 위대한 족장의 생애에서 선을 이루고 있었다.

셋째로, **베드로**를 들어보자. 베드로는, 다른 제자들이 예수님을 부인해도 적어도 자신만은 부인하지 않겠다고 말씀드리면서 교만한 가운데 죄를 범했으나 베드로도 마찬가지였다. 그런 후에 베드로는 예수님께 하지 않겠다고 말한 바로 그 일을 행함으로써 연약한 가운데 죄를 범했다. 베드로는 주님을 세 번 부인했고, 마지막에서는 저주하며 부인했다.

그 결과는 어떠했는가? 예수님은 이처럼 나쁜 일들까지도 선한 일로 돌려 놓으셨다. 예수님은 베드로 사도의 믿음이 떨어지지 않도록 도고하셨고, 베드로가 돌이킨 후에 넘어진 일 때문에 더 강건해져서 형제들을 굳게 할 수 있도록 아버지께서 일들을 이루어 주시기를 구했다. 베드로가 한 일은 이런 일이었다. 그래서 훗날 베드로는 다른 그리스도인들에게 이렇게 편지를 썼다.

> 사랑하는 자들아 너희를 시련하려고 오는 불 시험을 이상한 일 당하는 것같이 이상히 여기지 말고 오직 너희가 그리스도의 고난에 참여하는 것으로 즐거워하라 이는 그의 영광을 나타내실 때에 너희로 즐거워하고 기뻐하게 하려 함이라 너희가 그리스도의 이름으로 욕을 받으면 복 있는 자로다 영광의 영 곧 하나님의 영이 너희 위에 계심이라 너희 중에 누구든지 살인이나 도적질이나 악행이나 남의 일을 간섭하는 자로 고난을 받지 말려니와 만일 그리스도인으로 고난을 받은즉 부끄러워 말고 도리어 그 이름으로 하나님께 영광을 돌리라 하나님 집에서 심판을 시작할 때가 되었나니 만일 우리에게 먼저 하면 하나님의 복음을 순종치 아니하는 자들의 그 마지막이 어떠하며 또 의인이 겨우 구원을 얻으면 경건치 아니한 자와 죄인이 어디 서리요 그러므로 하나님의 뜻대로 고난을 받는 자들은 또한 선을 행하는 가운데 그 영혼을 미쁘신 조물주께 부탁할지어다.
>
> 베드로전서 4 : 12-19

모든 일

오래 전에, 내가 고등학교를 졸업했을 때 아버지께서 내게 시계를 선물로 주셨다. 이 시계는 다른 시계와 달리 뒷면이 투명했다. 그래서 속을 들여다 보고 기계 구조가 움직이는 것과 톱니바퀴가 돌아가는 것을 볼 수 있었는데 어떤 톱니바퀴는 시계방향으로 돌았고 어떤 것은 반대방향으로 돌았다. 어떤 것은 빨리 돌았고, 어떤 것은 천천히 돌았다. 큰 태엽도 있고 작은 유사(遊絲)도 몇 있었다. 불쑥 올랐다가 내렸다가 하는 지레들도 있었다.

그리스도인의 생활은 시계 부품과 같다. 때때로 우리 생활의 사건들은 착착 빨리 진행되여, 우리는 예수 그리스도를 아주 빨리 닮아가고 있다고 느낀다. 어떤 때에는 사건들이 천천히 움직여서 진보가 더딘 것 같고 혹은 후퇴하고 있는 듯이 느낀다. 때로는 앞으로 뒤로도 움직이지 않고 위 아래로만 움직이고 있는 듯 보인다. 그런 때 우리는 감정이 걷잡을 수 없이 변한다거나 방향을 제대로 잡을 수 없다고 말한다. 때로는 큰 타격을 받아 정신이 없는데, 그럴 때 우리는 더 나아갈 수 없다고 말한다. 그럴 수 있다. 아마 실제로 우리는 있는

데서 더 나아갈 수 없고 적어도 잠시 쉬면서 영적인 호흡을 가다듬을 수 있을 때까지는 더 나아갈 수 없다.그러나 하나님은 우리의 생활에 대하여 그런 계획도 정해 놓으셨다. 바로 그 점이 핵심이다. 그 계획은 '하나님의 뜻대로' 만들어진 것이다. 우리 본문이 말하는 것이 바로 그것이다. 그리고 우리가 결국 계속 전진할 수 있는 것은 바로 이 사실을 알기 때문이지 그 사실을 느끼거나 보기 때문이 아니다.

어떤 일이 우리 생활로 들어와 하나님의 계획을 무너뜨릴 수 있겠는가?

사람의 계획을 방해할 수 있는 일은 많다. 우리의 계획은 우리의 죄와 실패로, 다른 사람의 반대나 질투로, 상황 때문에 혹은 우리의 무관심 때문에 자주 뒤엎어진다. 그러나 하나님의 계획은 그러는 법이 없다. 그분은 주권자 하나님이시고 그분의 뜻은 영원히 이루어지고 있다. 그러므로 당신과 나는 아주 혼란스럽거나 낙담될 때도 확신 있게 나아갈 수 있다.

내게 일어나는 어떤 일이 하나님의 뜻을 방해할 수 있겠는가?

육신에 있는 가시가 그 뜻을 방해할 수 있겠는가? 나를 찌르고 고통스럽게 하는 일이 그 뜻을 방해할 수 있겠는가? 바울은 육신에 가시가 있었지만, 하나님의 은혜가 그에게 족했고 그가 연약할 때 하나님이 영광을 받으셨다.

병이 그 뜻을 방해할 수 있겠는가? 욥이 욕창이 나고 병들었으나, 하나님은 영화롭게 되셨고 욥을 성숙한 사람으로 만드셨다.

사망이 그 뜻을 방해할 수 있겠는가? 어떻게 사망이 나를 해칠 수 있겠는가? "몸을 떠나는 것"이 곧 "주와 함께 있는 것"이라고 바울은 말한다(고후 5 : 8). 그러므로 내 몸이 죽더라도 나를 향하신 하나님의 계획이 이루어질 뿐이다. 그리고 내가 죽은 다음 뒤에 남는 자들에 관해서도, 하나님은 그들의 유익을 위하여 그 뜻을 이루실 것이다. 반드시 남아야 할 사람은 아무도 없다. 설사 내가 오늘 오후에 죽더라도, 제십장로교회 (Tenth Presbyterian Church)예배는 여전히 드려지게 될 것이고 여전히 복음은 전파될 것이다. 여전히 그리스도인들이 힘을 얻고 믿지 않던 자들이 믿을 것이다. 이는 "하나님을 사랑하는 자들에게는 모든 것이 합력하여 선을 이루기 때문이다".

● 각주 ●

1. Ray C. Stedman, *From Guilt to Glory,* vol. 1, *Hope for the Helpless* (Partland : Multnomah Press, 1978), p. 298.

110
다섯 고리로 된 황금 사슬
로마서 8:29-30

하나님이 미리 아신 자들로 또한 그 아들의 형상을 본받게 하기 위하여 미리 정하셨으니 이는 그로 많은 형제 중에서 맏아들이 되게 하려 하심이니라 또 미리 정하신 그들을 부르시고 부르신 그들을 또한 의롭다 하시고 의롭다 하신 그들을 또한 영화롭게 하셨느니라.

바로 앞 장에서 로마서 8 : 28에 관하여 글을 쓰고 있었을 때, 나는 대부분의 그리스도인들에게 이 절이 하나님의 모든 말씀에서 가장 위로를 주는 글 가운데 하나라는 말을 했다. 이 절은 다음과 같다. "우리가 알거니와 하나님을 사랑하는 자 곧 그 뜻대로 부르심을 입은 자들에게는 모든 것이 합력하여 선을 이루느니라"(롬 8 : 28). 즉 하나님은 모든 그리스도인들을 위하여 크고 좋은 뜻을 갖고 계시며 그 뜻을 이루기 위하여 그리스도인들의 생활에서 벌어지는 온갖 세세한 상황에서 활동하신다.

이 절이 그처럼 놀랍지만, 그 다음에 나오는 절들은 더욱 놀랍다. 왜냐하면 이 절들은 어떻게 하나님이 이 뜻을 이루시는지 말하며, 우리로 그 일을 이루는 분이 **하나님** 자신임을 생각나게 하기 때문이다. 하나님이 그 일을 이루신다는 사실은 일반적으로 알려져 있는 '영원한 안전' 혹은 '성도의 견인(堅忍)'을 떠받치는 기초를 이룬다.

얼마 전 재미있고도 아주 진실된 이야기를 뜻밖에 읽게 되었다. 1966년 힌두교의 성자이며 신비주의자인 라오(Rao)는 물위를 걷겠노라고 널리 알렸다. 많은 사람이 그 말에 솔깃하며 많은 관심을 보였다. 그 묘기를 하겠다고 예정한 날에 엄청난 사람이 인도 봄베이에 있는 큰 못 주위에 모였다. 이 성자는 기도하며 이 기적을 일으킬 준비를 하고는 못가로 걸어나왔다. 엄숙한 침묵이 운집한 관람자들 사이에 흘렀다. 라오는 하늘을 흘깃 바라보고는 물로 걸어 들어갔다. 그리고 그는 곧바로 못 속으로 빠져 버렸다. 그는 물에 흠뻑 젖어 못에서 나와 화를 내고 침을 튀기며 말하면서 화난 얼굴로 당황해 하는 무리를 보았다. "여러분 가운데 불신자 한 사람이 있군요" 하고 그는 말했다.

다행히도 우리의 구원은 그렇지 않다. 왜냐하면 우리의 구원이 그렇다면 결코 일어나지 않을 것이기 때문이다. 우리는 영적인 문제를 너무 믿지 않으며 우리는 믿음이 약하다. 그러나 우리는, 로마서에 나오는 이 위대한 구절들에서 구원에는 믿음이 필요하지만 구원은 우리의 믿음에 달려 있지 아니하고 하나님의 뜻에 달려 있다는 것을 배웠다.

그리고 사랑에 관해서도 마찬가지다. 바울은 하나님이 모든 일에서 자신을 사랑하는 자들의 선을 위하여 일하신다고 말했다. 그러나 아무튼 바울은 우리로 하여금 우리의 사랑이 가진 힘이 구원에서 결정 요인이라고 생각하지 않도록 한다. 그래서, 바울은 일들이 합력하여 선을 이루며 진행하는 가운데 우리가 그 선을 누리게 되는 것은 하나님을 향한 우리의 사랑에 기초를 두고 있지 않고 하나님이 우리를 계속 사랑하셨다는 사실에 근거를 두고 있음을 우리로 생각하게 한다.

하나님은 우리를 어떻게 사랑해 오셨는가?

그 방법들을 세어 보겠다.

이 절들은 다섯 큰 교리를 우리에게 소개한다. (1)예지 (2)예정 (3)유효한 부르심 (4)칭의 (5)영화. 이 다섯 교리들은 매우 밀접하게 관련되어 있어서, '다섯 고리로 된 황금 사슬'이라고 해야 올바르고 정확하게 표현된다. 즉 각 교리는 하나님이 주저하지 않고 행하시는 일을 서술한다. 그래서 존 스토트(John R. W. Stott)는 이를 '부인할 수 없는 다섯 가지 확언'이라고 부른다.[1] 처음 둘은 하나님의 영원한 경륜 혹은 과거의 정하신 일과 관련되어 있다. 마지막 둘은 하나님이 해오시고 하고 계시고 우리와 더불어 하실 일과 관련되어 있다. 중간 것('부르심')은 처음 짝과 마지막 짝을 연결해 준다.

이 교리들은 영원에서 시작하여 영원으로 끝난다. 그 결과, 모든 성경에서 구원에 나타나는 하나님의 이 놀라운 활동만큼 범위가 넓은 것은 없다.

하나님의 예지

다섯 용어 가운데 가장 중요한 것은 첫번째 것이다. 그러나 놀랍게도(혹은 우리의 길은 하나님의 길과 다르고 우리의 생각은 하나님의 생각과 다르므로 당연하게도) 이 첫번째 용어는 사람들의 오해를 아주 많이 받는다. 이 말은 두 낱말로 이루어져 있다. 즉 미리를 뜻하는 '예'(豫)와 앎을 뜻하는 '지'(知)로 이루어져 있다. 그래서 이 말은, 하나님이 모든 일을 하시므로 자신을 믿을 자와 믿지 않을 자를 미리 아시며 따라서 자신을 믿을 자에게 구원을 베풀기로 예정하셨다는 뜻이다. 다른 말로 하면 하나님이 미리 아시는 혹은 미리 보시는 것은 구원 받을 자들의 믿음이다.

예지는 그처럼 중요한 개념이므로, 우리는 다음 장에서 이 낱말을 다시 택하여 성경에서 실제로 이 용어를 어떻게 사용하는지를 꼼꼼하게 살필 것이다. 그러나 이 장에서도 우리는 위에서 언급한 설명 정도로는 이 구절을 제대로 평가할 수 없음을 알 수 있다.

가령, 이 절을 보면 하나님은 자신의 피조물이 어떤 행위를 할 것인지 미리 아신다고 되어 있지 않다. 인간의 행위에 대하여는 일절 말하지 않는다. 반대로 이 구절은 전적으로 하나님과 하나님이 하시는 일에 대해서만 말하고 있다. 이 다섯 용어는 각각 이런 식이다. 하나님이 미리 아셨다, 하나님이 미리 정하셨다, 하나님이 부르셨다, 하나님이 의롭다 하셨다, 하나님이 영화롭게 하셨다. 게다가 하나님의 예지의 대상은 어떤 사람의 행위가 아니라 사람들 그 자체이다. 이런 의미에서 예지는 하나님이 사람들에게 특별히 관심을 쏟아 오시고 구원의 사랑을 베풀어 오심을 뜻한다.

구약에서는 이런 식으로 이 낱말을 자주 사용한다. 가령 아모스서 3 : 2을 보라. KJV는 하나님의 말씀을 문자적으로 번역하여 '안다'(히브리어. 야다(yada))라는 동사를 사용한다. "내가 땅의 모든 족속 중에 너희만 알았나니…" 그러나 이 문맥에서 선택의 개념이 아주 분명하게 나타나므로 NIV는 "내가 너희만 선택하였나니…"로 번역함으로써 구절의 뜻을 명확하게 드러낸다.

그리고 또 하나의 문제가 있다. 만일 이 말이 요컨대 하나님이 자신이나 복음의 전파에 대한 사람들의 반응이 어떠하리라는 것을 미리 하시고 그 반응을 기초로 하여 그들의 운명을 결정하신다는 뜻에 불과하다면, 하나님은 모든 사람이 자신을 계속 대적하는 사실밖에 달리 무엇을 보시거나 미리 아실 수 있겠는가? 만일 바울이 가르쳐 오던 바와 같이 사람들의 마음이 부패했다면, 즉 실로 "기록한 바 의인은 없나니 하나도 없고, 깨닫는 자도 없고 하나님을 찾는 자도 없다…"(롬 3 : 10-11)고 한다면, 하나님은 모든 인간의 마음에서 불신 외에 무엇을 미리 보실 수 있었겠는가?

존 머리(John Murray)는 약간 다른 말을 쓰긴 하지만 위의 내용에 보충하여 이렇게 표현한다. "'미리 아셨다'는 말이 신앙을 미리 보신다는 뜻이라고 해도, 주권적 선택이라는 성경 교리는 예지에 의하여 없어지거나 거짓으로 입증되지 않는다. 왜냐하면 참으로 하나님은 믿음을 미리 보시며 또한 일어나는 모든 일을 미리 보시기 때문이다. 그러므로 문제는 다음과 같이 간단하게 될 것이다. 하나님이 미리 보시는 이 믿음은 어디서 나오는가? 그리고 이 질문에 대한 유일한 성경적 해답은, 하나님이 미리 보시는 믿음은 하나님이 친히 만드시는 믿음이다(참조. 요 3 : 3-8, 6 : 44, 45, 65, 엡 2 : 8, 빌 1 : 29, 벧후 1 : 2). 그래서 하나님이 영원전에 믿음을 미리 보셨던 사실은, 하나님이 믿는 자로 미리 내다보시는 자에게 이 믿음을 만들어 놓으시려는 작정이 전제되어 있다."[2]

예지에는, 구원이 하나님의 마음 혹은 영원한 계획(counsels)에서 나오지 인간에게서 나오지 않는다는 뜻이 담겨 있다. 예지는 우리로 하나님의 구별지으시는 사랑에 집중하게 한다. 이 사랑에 따라 어떤 사람은 예수 그리스도의 성품을 따르는 자가 되도록 정해졌는데 이것은 바울이 이미 말해 오던 바와 같다.

예지와 예정

예지를 이렇게 이해하는 입장에 반대하는 주된 견해는, 만일 예지를 그렇게 이해하는 것이 옳다면 예지와 예정(예지 다음에 나오는 용어)은 동일한 것이며 따라서 바울은 필요없는 말을 한 것이 될 것이라고 말한다. 그러나 예지와 예정은 동의어가 아니다. 예정은 예지보다 한 걸음 더 나아간다.

예정은 예지처럼, 구분되는 두 낱말로 이루어져 있다. 즉 미리를 뜻하는 '예' (豫)와 '운명' 혹은 '목적지'라는 뜻의 '정' (定)이라는 낱말로 이루어져 있다. 예정은 한 사람의 운명을 미리 정하신다는 뜻이다. 그래서 이 말은 예지와 다른 뜻을 갖고 있다. 이미 보았듯이 예지는 ~를 사랑하기로 하는 것 혹은 선택하는 것을 뜻한다. 예지는 "택함을 받은 자들이 이르도록 되어 있는 목적지에 대하여 우리에게 알려 주지는 않는다."[3] 이런 일은 예정이 한다. 예정은 하나님이 구별하는 사랑을 우리에게 쏟기로 하신 후에 그 다음으로 "자기 아들이 많은 형제 가운데 첫째가 되려고 우리로 자기 아들의 모습을 닮게" 하셨다는 사실을 우리에게 말한다. 그 다음에 나오는 낱말들이 보여 주듯이, 하나님은 그렇게 택하신 자들을 부르시고 의롭다 하시고 영화롭게 하심으로써 우리로 그 아들의 모습을 닮게 하신다.

마틴 로이드 존스(D. Martyn Lloyd Jones)는 '미리 정하셨다'로 번역되는 헬라어에는 '수평선' (헬라어. 프로오리조〔proorizo〕)이라는 낱말을 담고 있음을 지적한다. 수평선은 우리가 볼 수 있는 것과 볼 수 없는 것을 표시하고 나누는 구분선이다. 수평선 너머에 있는 것과 수평선 안에 있는 것은 서로 다른 범주에 속한다. 그러므로 로이드 존스는 이 낱말이 표시하는 것은 하나님이 어떤 사람을 미리 아셨으므로 저 멀리 수평선 너머에 있는 범주에서 이 사람들을 이끌어 내어 자신의 구원하시는 뜻 안에 두신다는 사실이라고 말한다. "다른 말로 하면, 하나님은 선택하신 자들에게 특별한 운명을 정해 놓으셨다"[4]고 그는 말한다.

그 운명이란 예수 그리스도처럼 되는 것이다.

두 가지 부르심

다섯 고리로 된 이 황금 사슬의 그 다음 고리는, 신학자들이 유효한 부르심이라고 일컫는 것이다. 이 시점에서 유효한이라는 형용사를 사용하는 것은 중요하다. 왜냐하면, 성경에서 언급하는 부르심에는 두 가지 다른 종류가 있어서 자칫 이 두 부르심을 혼동하기 쉽기 때문이다.

첫번째 부르심은 외적이고 일반적이고 보편적인 것이다. 이는 모든 사람에게 죄를 회개하고 주 예수 그리스도께로 돌아와 구원을 얻으라고 하는 공개 초청이다. 예수님이 "수고하고 무거운 짐 진 자들아! 다 내게로 오라. 내가 너희를 쉬게 하리라"(마 11 : 28)고 하셨을 때 이것을 말씀하고 계신다. 혹은 예수님은 "누구든지 목마르거든 내게로 와서 마시라"(요 7 : 37)고 말씀하셨다. 이런 유형의 부르심에는, 사람들이 혼자서는 이 부르심에 긍정적으로 반응하지 못한다는 문제가 있다. 사람들은 그 부르심을 듣지만 하나님보다 자기의 길을 더 사랑하여 고개를 돌린다. 그래서 예수님은 이렇게 말씀하셨다. "나를 보내신 아버지께서 이끌지 아니하면 아무라도 내게 올 수 없으니…"(요 6 : 44 상).

또 하나의 부르심은 내적이고 특수하며 유효한 것이다. 즉 이 부르심은 초청할 뿐 아니라 긍정적으로 반응하도록 능력이나 자발성을 준다. 이는 하나님께서 이 부르심 없이는 영적으로 죽은 상태이며 하나님에게서 멀리 떨어져 있는 자들을 자신에게로 이끄시는 것 혹은 그 사람들에게 영적 생명을 가져다 주시는 것이다.

예수님은 죽은 지 나흘 된 마리아와 마르다의 오라비 나사로를 부르시는 것만큼 유효한 부르심에 대하여 뛰어난 예화는 없다. 무덤에 있는 나사로는 자연적인 상태에 있는 인간의 모습이다. 즉 몸과 영혼이 죽어 수의를 입고 무덤에 누어 있으며 그 무덤은 큰 돌이 막고 있다. 그에게 이렇게 말해 보자. "나사로, 나사로, 밖으로 나오시오, 나사로. 우리는 당신을 다시 보고 싶소. 당신이 그립소. 당신이 그 무덤에서 뛰쳐 나와 다시 우리에게 올 수만 있다면, 우리가 얼마나 당신을 살리고 싶어하는지 알 것이오. 당신이 못 나오도록 훼방놓을 사람은 아무도 없소."

어떻게 되겠는가? 나사로가 나오지 않겠는가? 그가 우리와 함께 있기를 원하지 않겠는가?

문제는 나사로에게는 다시 돌아올 능력이 없다는 것이다. 우리가 부르기는 하나, 그는 나올 수 없다.

그러나 예수님이 그 무덤 앞에 서 계신다고 해보자. 예수님께 이렇게 소리쳐 달라고 해보자. "나사로야, 나오거라." 그러면 상황은 전혀 다르다. 말이야 같은 말이지만, 이제 예수님의 부르심은 단순한 초청이 아니다. 그것은 유효한 부르심이다. 왜냐하면 원래 무(無)로부터 천지만물을 불러내셨던 그 하나님이 이제 사망에서 생명으로 부르고 계시기 때문이다. 그리고 죽은 자라도 하나님의 부르심을 듣기 때문이다. 나사로는 죽은 지 나흘이 되었지만 예수님의 음성을 듣고 주인의 목소리에 순종한다.

하나님이 미리 아시고 구원하시기로 미리 정하신 자들을 이렇게 부르신다.

부르심과 의롭다 하심

하나님의 구원 행위로 이어진 위대한 황금 사슬에는 그 다음으로 칭의라는 고리가 있다. 우리는 본 「로마서」(Romans) 1권에서 칭의를 논의하는 데 아주 많은 시간을 들였다. 그러니 여기서 그 주제를 자세히 논의할 필요는 없다. 간단하게 칭의는 하나님이 죄악된 사람을 자기 앞에 바로 설 수 있게 하시는 법적 행위이다. 하나님이 인간의 공로를 기초로 삼으시지 아니하고 예수 그리스도께서 십자가에서 인간을 대신하여 죽으심으로써 그들에게 행하여 주신 일을 기초로 삼으시고 이 일을 하시는데, 그 이유는 인간에게는 내세울 만한 공로가 없기 때문이다. 예수님은 인간의 죄로 인한 형벌을 친히 담당하셔서 그들이 받을 처벌을 대신 받으셨다. 인간의 죄가 처벌되었으므로, 하나님은 예수 그리스도의 완전한 의(義)를 인간에게 돌리신다.

여기서 논의해야 하는 것은, 유효한 부르심과 칭의의 관계이다. 혹은 이를 질문의 형식으로 표현한다면 이렇게 되겠다. 왜 바울은 (하나님의 구원 행위들을 뜻하는) 이 황금사슬에서 의롭다 하심 앞에 이 부르심을 놓는가? 왜 이 부르심은 한편으로 예지와 예정, 다른 한편으로 칭의와 영화 사이에 나오는가?

거기에는 두 가지 이유가 있다.

첫째로, 부르심은 하나님의 마음과 뜻에서 미리 결정된 사물들이 시간 속에 일어나는 시점이다. 우리는 '미리' 아심과 '미리' 정하심을 말한다. 그러나 시간을 가리키는 이 두 낱말은 우리에게 대해서만 뜻을 갖는다. 엄밀하게 말해서 하나님께는 시간 개념이 없다. 끝이 처음과 같고 처음이 끝과 같으므로, '미리'나 '앞섬'이 하나님께는 무의미하다. 하나님은 그저 '알고 계시고' '결정하실' 따름이며, 그것도 영원히 아시고 결정하신다. 그러나 하나님이 영원 속에서 작정하신 것은 시간 안에서 현실적인 것이 된다. 그러니 부르심은, 하나님이 어떤 사람들을 영원히 미리 아시고 그들을 구원하시기로 미리 정하시는 것이 구체적으로 나타나는 시점이다. 우리는 시간 속에 있는 피조물이다. 그래서 하나님이 시간 안에서 우리로 믿게 하시는 특수한 부르심에 의하여 우리는 구원을 받는다.

둘째로, 하나님의 행위를 열거하는 이 목록에서 부르심 다음에 오는 칭의는 언제나 믿음 혹은 신념과 관련되어 있다. 그리고 믿음은 하나님이 개인을 부르심으로 말미암아 존재한다. 하나님의 부르심은 믿음을 만들고 믿음이 살아나게 한다. 혹은 좀더 정확하게 말하면, 영적 생명이 나타나게 하는 것은 하나님의 부르심이며, 이 영적 생명이 있다는 참된 증거는 믿음이다.

로마서 8 : 29-30은 한 사람의 구원 체험에 나오는 모든 단계를 담지 않고 하나님이 그리스도인을 위하여 이루시는 아주 중요한 단계 가운데 다섯만 담고 있다. 이 본문이 그 모든 단계 즉 신학자들이 일컫는 **구원의 서정**(ordo salutis)을 포함하려 한다면, 다음과 같이 열거해야 할 것이다. 예지, 예정, 부르심, 소명, 중생, 믿음, 회개, 칭의, 양자 됨, 성화, 견인, 영화.[5] 이 모든 것을 살펴보면 요점이 드러난다. 예정 다음에 나오는 것은 우리를 부르심이며, 이 부르심에서 믿음이 나오고 그 믿음은 칭의에 이른다.

성경은 우리가 믿기 **때문에** 구원 받았다고 말하지 않는다. 만일 우리가 믿기 때문에 구원을 받는다면 믿음을 구원의 과정에 이바지하는 선한 것이 될 것이다. 그러나 성경은 우리가 **믿음으로** 혹은 **믿음으로 말미암아** 구원을 받았다고 말한다. 그 뜻은 우리가 의롭다 하심을 받을 수 있으려면 하나님이 우리 안에 믿음을 만들어 놓으셔야 한다는 것이다.

영화롭게 됨(과거 시제)

영화(榮化)도 우리가 앞에서 공부한 것이다. 그리고 로마서 8장 연구를 마치기 전에 다시 영화를 공부할 것이다. 영화란 우리가 예수 그리스도와 같이 되는 것을 뜻하며 이는 바울이 앞에서 말한 바이다. 그러나 여기서 우리가 주목해야 할 것이 하나 있다. 바울이 영화를 언급할 때, 이를 미래 시제('영화롭게 될')가 아니라 과거 시제('영화롭게 된')로 언급한다는 것이다.

왜 과거 시제를 사용했는가? 유일하게 가능하며 또한 명백한 이유는, 바울이 우리의 구원에 나오는 이 마지막 단계를 어찌나 확실한 것으로 생각하는지 이를 이미 일어난 것으로 언급할 수 있을 정도였기 때문이다. 물론 바울은 영화가 장차 일어날 것임을 우리로 확신시키려고 고의로 과거시제를 사용한다. 바울이 빌립보의 그리스도인들에게 편지를 쓸 때 이를 어떻게 표현했는지 여러분은 기억하는가? 그는 이렇게 썼다. 내가 "… 기쁨으로 항상 간구함은… 너희 속에 착한 일을 시작하신 이가 그리스도 예수의 날까지 이루실 줄을 우리가 확신하노라"(빌 1 : 4, 6). 이는 우리가 로마서에서 발견하고 있는 진리를 간단하게 요약한다. 하나님은 예지와 예정과 부르심과 칭의로 '선한 일'을 시작하셨다. 그리고 하나님은 이미 말씀하신 것을 번복하시거나 마음을 바꾸시지 않으시므로, 우리는 우리가 영화롭게 되어 예수 그리스도와 같아질 그 때까지 하나님이 그 일을 계속 하실 것을 알 수 있다.

모두가 하나님의 것

간단히 결론을 말하고자 하는데, 그것은 이런 구원의 일들이 모두 하나님이 하신 것이라는 사실이다. 이것들은 중요하고 의미심장하다. 이것들이 없으면 우리 가운데 누구도 구원 받지 못할 것이다. 혹 우리가 '구원 받았다' 하더라도 우리 가운데 누구도 그 구원 가운데 계속 나아가지 못할 것이다.

우리는 믿어야 하는가? 물론이다. 바울은 이미 3, 4장에서 믿음의 성격과 필요성을 말했다. 그러나 우리의 믿음도 하나님의 것이다. 혹은 좀더 확실하게 말하면 하나님이 우리 속에서 역사하신 결과다. 에베소서에서 바울은 이렇게 말한다. "너희가 그 은혜를 인하여 믿음으로 말미암아 구원을 얻었나니, 이것이 너희에게서 난 것이 아니요 하나님의 선물이라. 행위에서 난 것이 아니니, 이는 누구든지 자랑치 못하게 함이니라"(엡 2 : 8, 9). 먼저 우리는 구원 받았을 때, 자연스럽게 또 아마도 그릇되고 천박한 가르침 때문에 우리가 구원에 상당한 기여를 했다고 생각한다. 그러나 우리가 그렇게 생각하는 것은 오히려 우리가 하나님에 대해서는 별로 알지 못하고 우리 자신의 생각과 감성에 관하여 더 많이 알고 있기 때문이다. 그러나 그리스도인이 된 연륜이 길면 길수록, 우리는 자신의 구원을 책임진다는 감정이나 심지어 생각조차 훌훌 털어버리고 구원이 전적으로 하나님께 속하는 것이라는 확신에 더 가까이 이르러야 한다.

구원이 하나님께 속하여 있다는 것은 좋은 일이다. 우리가 구원을 이루려 한다면, 우리는 이루지 못하기 십상이다. 의심할 나위 없이 이루지 못할 것이다. 하나님이 구원을 이루신다면 구원은 영원히 지혜롭고 제대로 이루어진 일이다.

위대한 로마서 주석가 가운데 한 사람인 로버트 홀데인(Robert Haldane)은 이렇게 요약한다.

이 구절을 다시 살펴볼 때, 이 구절이 말하는 모든 점에서 사람이 전혀 적극적으로 행하지 않고 오히려 수동적이며 하나님이 모든 것을 하신다는 사실을 발견해야 한다. 하나님이 사람을 택하시고 예정하시고 부르시고 의롭다 하시고 영화롭게 하신다. 사도는 신자들에게 위로의 말을 일일이 말하기 전에 앞서 언급한 모든 것을 여기에서 결론을 내리고 이제 하나님이 '우리를 위하시고' 그 백성의 편이 되심을 보이려고 한다. 그러므로 하나님을 사랑하는 자에게, 이처럼 자신의 구원이라는 큰 관심사를 스스로 짊어지는 것이 아니라[하나님이 맡으신다]는 확신을 가지는 것보다 더 큰 위로가 있을 수 있겠는가? 하나님, 그들의 언약 하나님은 그 모든 일을 친히 담당하셨다. 하나님은 그 백성을 위하여 일해 오셨다. 그러므로 예기치 않은 일이 일어나거나 일이 변경될 소지는 없다. 하나님이 그 백성과 관계되는 일을 완전케 하실 것이다.[6]

여러 해 전에 위대한 성경 교사인 해리 아이언사이드(Harry A. Ironside)는, 간증을 해 달라고 부탁을 받은 한 나이 든 그리스도인에 관하여 이런 이야기를 했다. 이 그리스도인은 어떻게 하나님이 자신을 찾아 발견하셨는지, 어떻게 하나님이 자신을 사랑하시고 자신을 부르시고 구원하시고 건지시고 정결하게 하시고 치유하셨는지 말했다. 하나님의 은혜와 능력과 영광을 위대하게 증거했다. 그러나 모임을 마치고 난 후에, 다소 율법주의적인 형제가 그를 옆으로 불러내어 그의 간증을 비판했다. 아마 우리 가운데 그렇게 비판하고 싶은 사람이 더러 있을 것이다. 이 형제는 이렇게 말했다. "하나님이 당신을 위하여 하신 일에 관하여 당신이 말한 모든 것을 이해합니다. 그러나 당신은 그 일에 당신이 맡은 점에 관해서는 아무 말씀을 하지 않았습니다. 참으로 구원은 우리와 하나님이 함께 이루는 일입니다. 당신은 당신이 맡은 일을 언급했어야 합니다."

"그렇군요. 그 점에 대하여 변명하겠습니다. 먼저 죄송합니다. 참으로 내가 맡은 일을 말했어야 했습니다. 내가 맡은 일은 달아나는 것이었으며 하나님께서 맡은 일은 저를 잡을 때까지 저를 좇아 달려 오시는 일이었습니다."[7]

우리는 모두 달아나고 있다. 그러나 하나님은 그분의 사랑을 우리에게 정하셨고, 우리를 예수 그리스도와 같아지도록 예정하셨으며 우리를 믿고 회개하도록 부르셨고, 우리를 의롭다 하셨으며 심지어 우리를 영화롭게 하셨다. 하나님의 계획은 틀림없이 완성된다. 하나님만이 홀로 영광을 받으시길 바라나이다.

● 각주 ●

1. John R. Stott, *Men Made New : An Exposition of Romans 5-8* (Grand Rapids : Baker Book House, 1984), p. 101.

2. John Murray, *The Epistle to Romans* (Grand Rapids : Wm. B. Eerdmans, 1968), p. 316.

3. Ibid., p. 318.

4. D. M. Lloyd Jones, *Romans : An Exposition of Chapter 8 : 17-39, The Final Perseverance of the Saints* (Grand Rapids : Zondervan, 1976), p. 241.

5. 구원의 서정 (序程)에 대한 고전적인 설명은 다음을 보라. John Murray, *Redemption Accomplished and Applied* (Grand Rapids : Wm. B. Eerdmans, 1970), pp. 91-181. (Original edition 1955).

6. Robert Haldane, *An Exposition of the Epistle to the Romans* (MacDill AFB : MacDonald Publishing, 1958), pp. 407, 408.

7. 이 이야기는 레이 스테드만(Ray C. Stedman)이 말했다. *From Guilt to Glory,* Vol. 1, *Hope for the Helpless* (Portland : Multnomah Press, 1978), p. 302.

111
예지와 예정
로마서 8:29

하나님이 미리 아신 자들로 또한 그 아들의 형상을 본받게 하기 위하여 미리 정하셨으니 이는 그로 많은 형제 중에서 맏아들이 되게 하려 하심이니라.

개혁파 혹은 칼빈주의 그리스도인들은 오해를 많이 받는다. 그 중에 하나는 우리가 언제나 예정에 대하여 이야기한다는 점이다. 물론 다른 교단에서 성령의 은사라든지 세례의 유형과 같이 어떤 교회 정치 형태를 강조하기를 좋아하듯이 칼빈주의자들 가운데 예정을 말하기를 좋아하는 사람이 있긴 하지만, 칼빈주의자들이 항상 예정에 대하여 이야기하는 것은 아마 아닐 것이다.

이 장은 예지와 예정에 관하여 공부를 한다. 그러나 만일 여기서 내가 예지와 예정에 관하여 이야기할 때 이 진리를 지나치게 강조하고 있다고 여러분이 생각한다면, 우리가 로마서를 길게 공부하면서 내가 예지나 예정에 대하여 명시적으로 말하는 것이 이번이 처음이라는 사실을 일러두어야겠다. 이 장은 로마서의 112번째 공부이지만, 예지와 예정의 주제를 특별히 말하기는 처음이다. 그 이유는 분명하다. 로마서에서 바울이 이 두 용어를 지금 처음으로 소개하기 때문이다. 하나님이 택하신 자를 미리 아시고 그들을 예수 그리스도의 형상을 본받게 하도록 미리 정하신다는 사실은 바울이 7장 반에 걸쳐서 가르쳐 오던 모든 가르침 뒤에 있다. 그러나 바울은 죄로 인한 우리의 처절한 처지와 예수 그리스도를 믿는 믿음으로 말미암아 오는 죄에 대한 하나님의 치유책을 처음으로 제시하고 난 다음에야 비로소 이 주제를 논의했다.

놀랍게도 이는 존 칼빈이 「기독교 강요」(Institutes of the Christian Religion)에서 따르는 순서와 일치한다. 칼빈은 예정에 관한 가르침으로 유명하다. 그러나 이 교리에 대한 논의가 3권 마지막에 이르러서야 비로소 나타난다. 즉 900쪽이 넘는 분량을 다른 주제에 할애한 셈이며, 이는 그 책을 통틀어 2/3가 넘는 분량이다.

'그 뜻대로'

우리는 이 교리를 어디서부터 논의할 것인가? 이미 우리는 바로 앞 장에서, 예지와 예정이 하나님이 하늘에서 선민(選民)에게 내려오셔서 자신을 위하여 한 백성을 구원하시는 순서를 나타내는 황금 사슬로 표현된 다섯 가지 교리 가운데 둘인 것을 보이면서 이미 그 교리를 논의했다.

하지만 바울은 28절에서 출발한다. 그는 28절에 이렇게 썼다. "우리가 알거니와 하나님을 사랑하는 자 곧 그 뜻대로 부르심을 입은 자들에게는 모든 것이 합력하여 선을 이루느니라"(롬 8 : 28). 부르셨다는 낱말이 이 황금 사슬의 다섯 가지 교리 가운데 하나로 다시 나오므로, 우리는 하나님의 행위를 표현하는 이 황금 사슬이 하나님이 이 뜻을 어떻게 이루시는지를 단순히 설명할 뿐이라는 사실을 주의하게 된다. 다른 말로 하면 일차적으로 중요한 것은 예지나 예정이 아니라 하나님의 뜻이라는 점이다. 그 뜻은 무엇인가? 분명히 그 뜻은 타락하며 멸망하고 있는 인류 가운데서 하나님이 예수님을 닮게 될 한 무리를 구원하려 하심이다.

우리는 이 점을 이렇게 표현할 수 있다. 하나님은 예수님을 매우 사랑하시므로 아주 많은 사람들이 예수님을 닮게 하시려고 결심하셨다. 물론 우리가 하나님이 된다는 뜻은 아니다. 성경 어디를 봐도 그 점을 가르치지 않는다. 오히려 우리는 사랑과 희락과 화평과 거룩함과 지혜와 오래 참음과 은혜와 양선과 선함과 긍휼과 신실함과 자비 등과 같이 예수님의 많은 공유적 속성들에서 예수님을 닮게 될 것이다.

하나님은 이런 일을 하시기 위하여 이 백성을 선택하시고 예정하시고 부르시고 의롭다 하시고 영화롭게 하신다. 즉 29, 30절은 어떻게 하나님이 28절의 뜻을 이루시는지를 말한다.

예지

앞 장에서 나는 예지가 이 용어 가운데 가장 중요하면서도 가장 오해를 많이 받은 용어임을 말했다. 또한 예지를 좀더 논의하기 위하여 다시 살피려 한다고 말했고, 그래서 이제 그 일을 하고자 한다.

만일 우리가 이 낱말을 그 두 가지 구성 요소로 나누게 되면 잘못된 개념이 생긴다. 첫째 구성 요소는 '이전'이라는 뜻을 가진 '미리'이며 두번째 구성 요소는 '앎'이다. 그래서 이 낱말은 어떤 일이 일어나기 전에 그 일을 안다는 것만을 가리키는 듯하다. 이런 관점에서 출발할 때, 많은 사람은 하나님이 미리 아시는 것이 무엇인지를 스스로 판단하면서 말하려고 하고 그래서 하나님이 미리 아시거나 미리 보시는 것은 믿음이라고 결론을 내린다. 그런 가정에 따르면, 하나님이 백성을 구원하실 때 기초로 삼으시는 것은 하나님이 미리 보시는 믿음이다.

물론 이 절은 이것을 말하지 않는다. 이 절은 하나님이 사람을 미리 보신다고 말하지 그 사람이 무엇을 할 것인지를 미리 보신다고 말하지 않는다. 그러니까 믿음은 언급조차 되어 있지 않다. 이 절들의 흐름에서 우리가 듣게 되는 말은, 하나님이 (1)어떤 사람들을 구원하시려는 뜻을 갖고 계시며 (2)그들을 구원하는 다섯 단계의 절차 가운데 처음 단계로서 그 사람에게 무엇인가를 하신다(즉 예지하신다)는 것이다.

사실 우리가 이 낱말을 자세히 살피기가 무섭게, 성경이 이 낱말을 아주 특수하게 사용한다는 것을 발견한다. 우리가 자신과 관련하여 예지(foreknowledge)라는 낱말을 미리 안다는 뜻으로 사용할 때, 이 낱말은 우리에게 의미를 갖는다. 가령 우리는 우리가 잘 알고 있는 어떤 사람이 할 수 있을 법한 일을 예상할 수 있다. 그러나 이 낱말이 갖는 그런 의미는 하나님과 관련해서는 무의미하다. 하나님은 우리와 달리 시간 안에 계시지 않으므로, 사물을 **미리** 아시지 않는다. 하나님은 그냥 아시고 모든 것을 아신다. 그것이 바로 전지(全知)라는 뜻이다. 그러나 우리가 시간의 범주로 생각한다면(피조물이 시간에 갇혀 있으므로 시간의 범주로 생각할 수밖에 없다), 우리는 하나님이 사물을 미리 아신다고 말할 수 있는 유일한 이유가 하나님이 그 일들을 미리 정해 놓으시기 때문이라고 말해야 한다. 로버트 홀데인(Robert Haldane)은 이렇게 말한다. "하나님은 일어날 일을 미리 정하심으로써 미리 아신다."[1]

그러나 예지(foreknowledge)라는 낱말은 우리와 관련할 때와 달리 하나님과 관련하여 아주 다른 뜻을 갖는다. 이 말은, 하나님이 한 사람에게 '특별한 사랑을 정하신다' 혹은 한 사람을 구원하기로 '선택하신다'는 뜻이다.

구약에서 이 낱말을 사용할 때 이런 특징이 있다. 바로 앞 장에서 언급한 아모스서 3 : 2에서 KJV는 이렇게 기록한다. "내가 땅의 모든 족속 중에 너희만 **알았나니**"[히브리어. 야다(yada)]. 이 말은 모든 것을 아신다는 통상적인 의미에서 하나님의 지식을 언급하지 않는다. 왜냐하면 그런 의미에서 우리는 하나님이 모든 사람을 아시지 이스라엘 백성만 아시지 않는다고 말해야 하기 때문이다. 이 절에서 이 낱말은 '특별한 사랑을 쏟다' 혹은 '선택하다'는 뜻을 갖는다. 이미 언급했듯이, 사실 이 문맥에서 선택의 개념이 아주 명백하게 나타나므로, NIV는 아모스서 3 : 2을 "내가 너희만 **선택했나니**… "라는 말로 번역함으로써 그 뜻을 분명하게 한다.

우리는 신약에서 '예지'라는 말의 용법을 살필 때 그런 개념을 발견한다. 신약에는 이 말이 7번 나온다. 두 번은 사람의 예지를 가리키는데, 이는 우리의 일상적인 용법이다. 다섯 번은 하나님의 예지를 가리키는데, 이것이 결정적인 구절들이다.

1. **사도행전 2 : 23.** 이 절은 오순절 날에 베푼 베드로의 위대한 설교 가운데 나온다. 이 설교에서 베드로는 구원의 계획을 예루살렘의 유대인들에게 설명하고 있었다. "**그가 하나님의 정하신 뜻과 미리 아신 대로 내어준 바 되었거늘 너희가 법 없는 자들의 손을 빌어 못박아 죽였으나**". 베드로는 이 말을 하면서 단지 하나님께서 예수님이 십자가에 못박혀 죽을 것을 아셨다고 청중들에게 말하고 있는 것이 아니었다. 그것은 요점이 아니다. 오히려 베드로는 하나님이 그를 보내어 십자가에 못박혀 죽게 하셨다고 말하고 있다. 즉 하나님이 이런

일이 일어나도록 미리 결정하셨다는 것이다. 베드로가 말하는 문맥에서 예지는 이런 뜻이다.

그와 같은 생각이 두 장 더 뒤에 있다. 물론 이 구절에는 예지라는 말이 없다. 거기서 신자들이 기도하면서 이렇게 말한다. "과연 헤롯과 본디오 빌라도는 이방인[사도행전 2 : 23 '법 없는 자']과 이스라엘 백성과 합동하여 하나님의 기름 부으신 거룩한 종 예수를 거스려 하나님의 권능과 뜻대로 이루려고 예정하신 그것을 행하려고 이 성에 모였나이다"(행 4 : 27-28).

이 두 구절이 말하는 바는, 하나님께서 예수님이 십자가에 못박혀 죽으심으로써 죄인을 구원하시기 위해 반드시 일어나도록 미리 정하신 것을 인간들이 그저 이루고 있다는 사실이다.

2. 로마서 11 : 2. 로마서 9-11장에서 바울은, 많은 유대인이 예수님을 믿지 않기 때문에 선민의 영원한 안전이라는 교리가 진리일 수 없다는 주장에 맞서서 이 교리를 변호하고 있다. 이 장에는 그 반대 주장에 대한 예닐곱 개의 해답이 있는데, 11장에 미리 아셨다는 낱말을 포함하는 한 해답이 있다. "그러므로 내가 말하노니, 하나님이 자기 백성을 버리셨느뇨? 그럴 수 없느니라. 나도 이스라엘인이요, 아브라함의 씨에서 난 자요, 베냐민의 지파라. 하나님이 그 미리 아신 자기 백성을 버리지 아니하셨나니…"(롬 11 : 1-2 상).

이 말은 무엇을 뜻하는가? 하나님이 자신을 버리지 않을 것으로 미리 보시는 자들을 버리지 않으신다는 뜻인가? 물론 그런 뜻은 아니다. 바울은 여기서 그런 말을 하고 있지 않다. 만일 그것이 사실이라면, 이런 말은 바울이 지금 펼치는 주장에 전혀 도움이 되지 않을 것이다. 바울이 말하고자 하는 바는, 이스라엘의 경우에도 하나님은 모든 이스라엘 사람을 모두 구원하기로 정하지 않으시고 오히려 남은 자만을 택하셔서 구원하여 선택한 자들을 계속 구원 안에서 지키셨다는 뜻이다. 바울은 자신을 한 예로 이끌어들인다. 바울의 주장은, 하나님이 미리 아신(즉 '선택하신') 자들은 결코 넘어지거나 거부당하지 않을 것이라는 점이다. 이는 로마서 8장에서 바울이 말하고 있는 바로 그 요점이다.

3. 베드로전서 1 : 2. 베드로는 예정을 가르치는 위대한 설교자이며, 신약에서 예지에 관하여 명시적으로 언급하는 두 구절이 그의 첫번째 편지에 나온다. 베드로는 오늘날 터키 땅

의 로마 식민지에 두루 흩어져 있던 그리스도인들에게 편지하면서 자신의 서신 서두에서 이렇게 말한다. "예수 그리스도의 사도 베드로는 본도, 갈라디아, 갑바도기아, 아시아와 비두니아에 흩어진 나그네 곧 하나님 아버지의 미리 아심을 따라 성령의 거룩하게 하심으로 순종함과 예수 그리스도의 피 뿌림을 얻기 위하여 택하심을 입은 자들에게 편지하노니… " (1-2절). 2절은 이 신자들이 예수 그리스도를 믿고 순종할 것이라는 사실을 하나님이 미리 보셨기에 그들을 택하신 것이라는 뜻이 아니다. 오히려 그 반대이다. 하나님이 그들을 구원하시로 선택하셨으므로 그들은 믿고 거룩하게 되어 가고 있었다.

4. 베드로전서 1 : 20. 베드로는 같은 장 20절에서, 하나님이 예수 그리스도를 구주로 보내시기로 정하신 것을 말하고 있다. 이 본문을 말 그대로 보면, "그(즉 예수님)는 창세 전부터 미리 알리신 바 된 자나… "로 되어 있다. 그러나 이 절에서 '미리 아셨다' 는 (KJV에서처럼) '미리 정하셨다' 를 뜻하는 것이 아주 분명하므로, NIV 번역자는 선택하셨다는 말을 사용한다. "그는 창세 전부터 선택된 자나." 다른 말로 하면 하나님 아버지는 사람이 지음 받고 혹은 타락하기 전에 예수님을 구주로 지명하셨다.

같은 뜻의 번역을 내가 언급한 다른 구절에 사용할 수 있다.

사도행전 2 : 23 – "그가 하나님의 정하신 뜻과 선택한(한글개역성경, 미리 아신) 대로
　　　　　　　내어준 바 되었거늘… "

로마서 11 : 2 – "하나님이 그 선택하신(한글개역성경, 미리 아신) 자기 백성을 버리지
　　　　　　　아니하셨나니… "

베드로전서 1 : 2 – "곧 하나님 아버지의 선택함(한글개역성경, 미리 아심)을 따라… 〔택
　　　　　　　하심을 입은 자들에게〕… "

5. 로마서 8 : 29. 하나님의 예지를 가리키는 다섯번째 신약 구절은 우리 본문 안에 있다. 그리고 내가 주장해 오던 대로 그 뜻은 다른 절에서와 마찬가지다. 로마서 8 : 29은, 하나님이 자신의 선한 뜻 즉 그 아들 예수 그리스도와 같은 백성을 만드시려는 뜻을 이루시기 위하여 택하신 한 백성에게 특별한 혹은 구원의 사랑을 쏟으셨다는 뜻이다.

재미있는 것은, 몇몇 성경 번역이 미리 아신다는 동사의 참된 뜻이 바로 이 점이라는 것

을 알고서, 좀더 자유로운 번역어를 사용하여 그 뜻을 드러내려고 한다는 점이다. NEB(the New English Bible)은 이렇게 번역한다. "하나님은 자신의 소유 된 사람이 있기 전에 그들을 아셨고 그들이 그 아들의 형상처럼 만들어지도록 정하셨다." 찰스 윌리엄스(Charles Williams)는 이 절을 이렇게 번역했다. "하나님은 미리 마음을 쏟은 자들을 위하여 자기 아들의 형상을 본받도록 미리 정하셨다." 굿스피드(Goodspeed)는 이렇게 썼다. "하나님은 처음부터 표시해 둔 자들을 자기 아들처럼 되도록 미리 정하셨다." 예루살렘 성경(the Jerusalem Bible)은 특별히 분명하게 표현한다. "그들〔즉 그 뜻대로 부르심을 받은 자들〕은 하나님이 특별히 오래전에 택하신 자들이다." 이 번역들은 모두 정확한 뜻을 멋지게 표현하고 있다.[2]

예정

황금같이 찬란한 다섯 가지 용어 가운데 두번째는 예정이다. 이 말은 대부분의 사람을 괴롭게 하는 말로 그들을 괴롭게 만드는 것은 좀더 정확하게 말하면 예지라는 낱말에 담겨 있다. 즉 하나님이 특별한 백성에게 사랑을 쏟아 그들을 구원하시고 다른 사람들은 무시하셔야 한다는 점이다. 예정은, 하나님이 전에 구원하여 예수님을 닮도록 하겠다고 하신 자들의 특별한 운명을 정하셨음을 뜻한다.

이제 예지(foreknowledge)라는 말을 쓰든지 예정(predestination)이라는 말을 쓰든지 이 교리에 대한 사람들의 반대를 살펴볼 좋은 시기가 되었다.

1. 예정을 믿는다면, 구원을 자의적인 것으로 만들고 하나님을 폭군으로 만든다. 실제로는 여기 두 가지 반대가 있다. 두번째 반대를 먼저 살피자. 예정은 하나님을 자기 마음대로 어떤 사람은 구원하고 어떤 사람은 정죄하여 공의를 짓눌러 없애는 폭군으로 만드는가? 우리는, 성경의 가르침을 별로 알지 못하는 사람이 특히 하나님을 아무튼 공의롭지 못하다고 생각하여 이런 것을 가정하게 되는 사실을 이해할 수 있다. 그러나 성경을(혹은 로마서만이라도) 공부해 본 사람이라면 이런 주장이 얼마나 그릇된 것인지 알 것이다. 우리가 하나님으로부터 공명정대한 공의만을 구한다면 어떤 일이 일어나겠는가? 그 대답은, 우리가 멸망

할 것이라는 사실이다. 로마서 1장은 바로 공의를 말한다. 하나님의 공의는 우리를 정죄하고 또 우리를 정죄할 수밖에 없다. 우리가 하나님으로부터 공의를 구한다면, 우리는 영원히 바깥 어두운 데 쫓겨남으로써 공의를 발견하게 될 것이다.

우리가 구원 받으려면, 긍휼이 필요하지 공의가 필요하지 않다. 예정은 바로 이 사실과 관련되어 있다. 예정은 하나님이 긍휼을 보이실 자에게 긍휼을 보시는 것이다. 바울이 로마서 9 : 18에서 말하고 있듯이 "그런즉 하나님께서 하고자 하시는 자를 긍휼히 여기시고 하고자 하시는 자를 강퍅케 하시느니라."

구원이 자의적인 것인 한, 우리의 관점에서는 왜 하나님이 어떤 사람은 택하시고 어떤 사람은 택하지 않으시는지 그리고 일부만 선택하시고 전부를 선택하지 않으시는지 알 수 없으니, 그러므로 참으로 하나님의 예지와 예정이 자의적인 것으로 보임을 인정해야 한다. 그러나 우리가 그 일을 알 수 없으며 예지와 예정이 자의적으로 보이는 것은, 오직 우리가 하나님이 아니라서 하나님이 보시는 대로 볼 수 없기 때문이다. 우리는 어떤 사람들은 구원하시고 어떤 사람들은 구원하시지 않으시는 데 나타나는 하나님의 모든 뜻을 다 이해할 수 없다. 그러나 이는 하나님에게 그런(누구는 구원하고 누구는 구원하지 않겠다는) 뜻이 없다는 말이 아니다. 사실 우리가 하나님에 관하여 알 수 있는 모든 것은, (우리는 제대로 알지 못하지만) 하나님이 그런 뜻을 갖고 있다는 것을 우리로 결론내리게 한다. 우리가 하나님에 관하여 아는 것은, 하나님이 행하실 때 무한한 뜻을 갖고 계신다는 점이다.

에베소서 1 : 11은 예정을 이런 구조 속에 놓으며 이렇게 말한다. "모든 일을 그 마음의 원대로 역사하시는 자의 뜻을 따라 우리가 예정을 입어 그 안에서 기업이 되었으니". 이는 결코 자의적인 것이 아니다. 그처럼 바울은 에베소서 3 : 10, 11에서 이렇게 말한다. "이는 이제 교회로 말미암아 하늘에서 정사와 권세들에게 하나님의 각종 지혜를 알게 하려 하심이니, 곧 영원부터 우리 주 그리스도 예수 안에서 예정하신 뜻대로 하신 것이라."

2. 예정을 믿으면 인간의 자유를 부인해야 한다. 이는 일반적인 반대이다. 그러나 애석하지만 이 반대는 우리가 타락한 인간으로서 갖는 자유를 오해한 데 근거를 두고 있다. 성경은 영적 문제에서 발휘할 수 있는 우리의 자유에 대하여 무엇이라고 가르치는가? 성경은 우리가 하나님을 선택할 수 있는 자유가 없다고 가르친다. "기록한 바 … 하나님을 찾는 자

도 없고"(롬 3 : 10-11). "육신의 생각은 하나님과 원수가 되나니, 이는 하나님의 법에 굴복치 아니할 뿐 아니라 할 수도 없음이라"(롬 8 : 7). 예정은 자유를 빼앗아 가지 않는다. 예정은 자유를 회복한다. 하나님이 우리를 미리 아시고 우리로 그의 아들의 형상을 본받게 하시므로, 나는 죄의 속박에서 건짐을 받고 하나님을 섬길 수 있도록 자유롭게 되었다.

이 문제는 관련된 다음의 문제에 답할 때 실제 생활에서도 살필 수 있는 것이다. 예정은 경험에서 자유(freedom)를 없애 버리는가? 싱클레어 퍼거슨(Sinclair Ferguson)은 이렇게 대답한다. "모든 사람들 가운데 하나님에 의하여 가장 분명하게 예정된 사람 즉 예수의 생활에 실제적인 예가 있다. 예수는 세상에서 가장 자유롭고 가장 책임 있는 사람이었다. 하나님의 예정하시는 뜻이 우리 구주 안에서처럼 분명하게 나타난 생애가 있었는가? 예수는 선민 곧 택함을 받고 예정된 사람으로 언급되지 않았는가? 예수의 길은 구약에 정해져 있지 않았는가? 하지만 온 우주에서 그보다 더 자유로운 사람이 있었는가?" 퍼거슨은 이렇게 요약한다. "우리는 예정 교리가 하나님을 폭군으로 인간을 종으로 만든다는 말을 들을 수 있다. 그러나 우리는 정반대로 이 교리가 하나님을 큰 은혜를 베푸시는 하나님으로, 하나님의 자녀를 가장 자유로운 사람으로 보이고 있음을 발견한다.

3. 예정을 믿으면, 복음을 전할 동기를 파괴시킬 것이다. 하나님이 아무튼 구원하기로 정하신 사람을 구원하려고 우리가 일할 필요가 뭐 있겠는가? 이 질문에 대한 성경에 기초한 답변은, 하나님이 목적은 물론이고 목적을 이루는 수단도 정해 놓으신다는 것이다. 그래서 하나님이 샐리 스미스더러 신실한 증인으로 메리 존스에게 복음을 전하도록 정해 놓으시면, 메리 존스가 그리스도인이 되는 것만큼 샐리 스미스가 메리 존스에게 증인이 되는 일이 중요하고 필요하다.

그러나 다른 식으로 이 반대에 답하고자 한다. 하나님이 구원하도록 선택하시지 않는다고 해보자. 그래서 하나님은 어떤 사람은 구원하려고 결정하셨지만 이 사람들의 강퍅한 마음을 무너뜨리고 그들이 십자가의 메시지를 알게 될 때 그 메시지에 믿음으로 응답할 수 있도록 하는 새 생명을 그들 안에 만드시지 않으시기로 하셨다고 해보자. 그러면 하나님이 그렇게 하지 않겠다고 하시면, 복음주의자인 당신과 나는 그 일을 할 소망을 갖겠는가? 사람의 마음이 성경이 가르치는 바와 같이 불의하고 하나님을 믿을 수 없게 되어 있다면 어떻게 당신과 나는 누구에게 구원의 복음을 전할 소망을 가질 수 있겠는가?

훨씬 두려운 말로 표현해 보면, 구원이 하나님의 예지와 예정이 아니라 복음을 전하려 하는 우리의 노력에 달려 있다면, 내가 뭔가 잘못하면 어떻게 되는가? 질문에 잘못 답변하거나 다른 사람들로 하여금 그리스도로부터 멀어지게 하는 일을 행한다면 어떻게 되겠는가? 그런 경우 나의 오류나 나의 죄 때문에 내가 다른 사람들의 영원한 정죄에 책임을 지게 될 것이다. 그런 생각이 복음을 전할 수 있는 힘을 줄 수 있으리라고 보지 않는다. 반대로 그런 생각은 우리로 하여금 무슨 일을 하거나 무슨 말을 하는 것을 두려워하게 만들 것이다.

그러나 다른 각도에서 살펴보라. 하나님이 예수님을 영화롭게 하고 많은 사람들이 믿음으로 예수님께 나아가서 그의 형상을 본받도록 하려고 그 사람들에게 구원을 주시기로 선택하셨다면, 나는 말씀을 증거하면서 마음을 놓고 용기를 가질 수 있다. 나는 하나님이 구원하기로 정하신 자들을 구원하실 것이며 나의 증거가 연약하고 정확하지 않더라도 그 증거가 하나님이 택하신 방법이라면 나의 증거를 들어 쓰실 것을 알 수 있다.

예정은 복음 전도를 파괴하기는커녕, 사실상 복음 전도를 가능하게 만든다. 복음 전도를 마음 설레이고 즐거운 일로 만든다.

구원은 주께 속한 것이다

이 장을 마치면서 앞에서 말한 것을 다시 살피겠다. 예지, 예정, 부르심, 칭의, 영화 이 다섯 가지의 큰 용어들 모두는 하나님이 하시는 일을 가리킨다. 왜 이런 일이 있는가? 우리가 스스로 할 수 있는 일들이 있음을 기억할 때 이 질문은 뜻있는 물음이지만 하나님은 우리를 위하여 믿지 않으신다. 그처럼 성화는 물론 하나님께 속한 것이지만 거기에는 우리의 노력이 포함된다. 왜 바울은 로마서 8 : 28-30에서 이런 일들을 언급하지 않는가?

그 해답은 명백하다. 사도는 우리의 영원한 안전을 다루면서 우리가 처음부터 이 놀라운 구원 계획이 실패하지 않을 것이라는 사실을 이해할 수 있도록 그 일이 하나님의 일임을 강조하고 있다. 구원이 우리에게 달려 있다면, 구원 계획은 실패할 것이다. 우리가 하는 모든 일은 더 빠르고 늦는 차이가 있을 뿐 실패하고 만다. 그리고 우리가 구원을 알고 있다 해도 그 구원도 마찬가지로 실패할 것이고 우리의 믿음도 실패할 것이다. 우리가 참는 능력도 사라질 것이다. 우리가 하나님을 붙잡는 일도 약해질 것이며 그래서 우리는 제멋대로 행하다 가 결국은 지옥에 떨어질 것이다.

그러나 구원은 그렇지 않다.

중요한 것은 우리가 하나님을 선택하는 것이 아니라 하나님이 우리를 선택하시는 것이다. 그것은 우리의 믿음이 아니라 하나님의 부르심이다. 중요한 것은 우리의 참을 수 있는 능력 이 아니라 하나님이 이미 끝까지 그리고 그 너머까지 우리에 대하여 참기로 결정하신 사실 이다.

● 각주 ●

1. Robert Haldane, *An Exposition of the Epistle to the Romans* (MacDill AFB : MacDonald Publishing, 1958), p. 396.

2. 이 개념을 완전히 빠뜨리는 성경 번역본은 케네스 테일러(Kenneth N. Taylor)의 번역본밖에 없다. 테일러는 헬라어 본문에서 번역하지 않았고 따라서 자기도 모르는 사이에 자신의 아르미니우스 주의적 편견을 *리빙 바이블* (The Living Bible)에 포함시킨 것이다. "처음부터 하나님은 자기 아들이 많은 형제 가운데 맏아들이 되게 하시려고 자기에게 오는 자가 - 그리고 하나님은 줄곧 누가 자신에게 올지 아신다 - 자기 아들과 같이 되도록 하셨다."

3. Sinclair B. Ferguson, "Predestination in Christian History," *Tenth : An Evangelical Quaterly,* October 1983, p. 7.

112
하나님의 유효한 부르심
로마서 8:30

또 미리 정하신 그들을 또한 부르시고...

아내 린다(Linda)와 나는, 아내와 남편 사
이라면 당연한 것처럼 서로 다른 개성을 많이 지니고 있다. 그 개성들 가운데 하나는 어떤
사람이 불렀을 때 우리가 보이는 반응이다. 길을 따라 걸어 내려가고 있을 때 누군가가 부
르긴 하는데 소리는 들리지만 말이 거의 분간이 가지 않는다면, 내 아내는 그 사람이 자신
을 부른다고 생각하고 돌아보지만 나는 그 사람이 다른 사람을 부른다고 생각하고 그냥 가
던 길을 계속 간다. 운전자가 경적을 울리더라도 마찬가지다. 나는 그 경적을 무시해 버린
다. 틀림없이 다른 사람이 들으라고 울리는 경적일 것이라 생각하고 만다. 그러나 린다는
누군가가 자신을 부른다고 생각한다.

　이런 반응의 차이가 우리 둘에 관하여 무엇을 말하는지는 모르겠다. 아마 린다는 나보다
더 '인간 지향적' 이고 나는 린다보다 더 '임무 지향적' 이라는 점이 있을 것이라는 것말고는

모르겠다. 그러나 이 장에서 우리가 살펴야 할 낱말에 비추어 보면, 이는 재미있는 관찰이
다. 우리가 살펴야 할 낱말은 '부르셨다' 이다. 그리고 이 말은 "또 미리 정하신 그들을 또한
부르시고⋯"(롬 8 : 30)라는 문장에 나온다.

　　이 낱말은 하나님이 죄인을 구원하시기 위하여 영원에서 시간으로 내려 오실 때 행하시
는 일을 나타내는 구원의 위대한 황금 사슬에서 예정 다음으로 나오는 고리이다. 이 낱말
즉 세번째 고리가 말하고자 하는 요점은, 하나님이 부르시는 자들은 나와는 달리 린다처럼
하나님의 부르심을 들을 뿐만 아니라 돌이켜 예수 그리스도를 믿고 그리스도께 자신의 삶
을 바침으로써 그 부르심에 응답한다.

외적인 부르심과 내적인 부르심

　　그러나 우리는 이 요점을 다시 살피고, 두 장 앞에서 황금 사슬을 처음으로 소개하면서
언급한 구별을 다시 검토해야 한다. 그저 외적이고 일반적이며 (그 자체로는) 구원에 유효
하지 않는 부르심과 내적이고 특수하고 거듭나게 하는 부르심의 구별이다.

　　첫번째 부르심은 모든 사람에게 자기 죄를 회개하고 예수님께 돌아오라고 하는 공개 초
청이다. 언급했던 것처럼, 예수님은 많은 곳에서 이런 부르심으로 사람들을 부르셨다. 가령
마태복음 11 : 28에서 예수님은 "수고하고 무거운 짐 진 자들아, 다 내게로 오라. 내가 너희
를 쉬게 하리라" 하고 말씀하셨다. 마태복음 16 : 24에서는 이렇게 설명하셨다. "아무든지
나를 따라 오려거든 자기를 부인하고 자기 십자가를 지고 나를 좇을 것이니라." 요한복음
7 : 37에서는 "누구든지 목마르거든 내게로 와서 마시라"고 말씀하셨다.

　　이 마지막 초대는 초막절 마지막 날에 예루살렘에서 하신 말씀인데, 그때 많은 지방과 나
라에서 온 사람들이 거기 모여 있었다. 팔레스타인 각처에서 온 유대인은 물론이고 로마 제
국의 많은 지역에서 온 사람들도 많았다. 그리고 이방인도 있었고 그 가운데 더러는 유대교
개종자도 있고 더러는 그저 재미 삼아 구경하는 사람들도 있었다. 우리는 베드로가 기독교
시대의 첫 설교를 전하여 모든 사람에게 예수를 믿으라고 일반적으로 널리 부른 오순절 날
에 모인 군중들이 어떤 사람들이었는지 기억하면 이 청중들이 틀림없이 어떤 사람들이었으
리라는 감을 얻는다. 그때 예루살렘에는 "우리는 바대인과 메대인과 엘림인과 또 메소보다

미아, 유대와 갑바도기아, 본도와 아시아, 브루기아와 밤빌리아, 애굽과 및 구레네에 가까운 리비야 여러 지방에 사는 사람들과 로마로부터 온 나그네 곧 유대인과 유대교에 들어온 사람들과 그레데인과 아라비아인들이라…"(행 2 : 9-11)으로 가득 찼다고 한다.

예수님(그리고 훗날 베드로)이 그런 사람들을 불러 믿으라고 하셨을 때, 그 부름은 보편적인 것이었다. 그것은 모든 사람을 향한 것이었다(지금 베드로 때도 그렇다). 원하는 자는 누구든지 예수 그리스도께로 와서 구원을 받을 수 있다.

오늘날 모든 참된 기독교 강단에서 그리고 모든 나라에서 예수 그리스도를 주와 구주로 증거하는 모든 사람들에게서 그런 부름이 흘러나온다.

하지만 이 외부적이고 보편적이고 (그 자체로는) 유효하지 않는 이 부르심은, 사람들 혼자서는 아무도 그 부르심에 실제로 응답하지 못한다는 문제가 있다. 사람들은 복음을 듣고 어느 정도까지 그 복음을 이해할 수 있다. 그러나 그처럼 초청하시는 하나님을 그들은 바라지 아니하고 고개를 돌이킨다. 예수님은 큰 잔치를 준비하고 많은 손님을 청하는 한 사람에 관한 이야기를 하셨다(눅 14 : 15-24). 이 잔치가 준비되었을 때, 이 사람은 종들을 보내어 이렇게 사람들을 초청했다. "오소서. 모든 것이 준비되었나이다." 그러나 손님들은 모두 변명을 늘어놓기 시작했다.

한 사람은 "나는 밭을 샀으매 불가불 나가 보아야 하겠다"고 말했다.

또 한 사람은 "나는 소 다섯 겨리를 샀으매 시험하러 간다"고 했다.

또 한 사람은 "나는 장가 들었으니, 그러므로 가지 못하겠노라"고 했다.

이 일은 실제로 일어나는 사건이다. 왜냐하면 예수님은 텅빈 허공에서 이 이야기를 꾸며대고 있지 않으셨기 때문이다. 예수님 당시의 사람들은 예수님의 일반적인 부르심에 그렇게 반응했다. 그들은 예수님의 초청을 받아들이지 않으려고 했다. 그들은 자기 길을 가고 자기 일에 급급하여 그 초청을 거부했다.

미국에 있는 큰 신문사 가운데 하워드사가 있다. 이 회사를 알고 있다면 아마 하워드사 로고(Howard Company logo)도 잘 알고 있을 것이다. 그 로고는 이런 글이 아랫부분에 새겨진 등대다. "사람들에게 빛을 주라. 그러면 사람들이 자기 길을 찾을 것이다". 이 로고가 담고 있는 뜻은, 사람들은 올바른 길을 모르기 때문에 어리석은 실수를 저지르고 형편없는 결정을 내린다는 것이다. 사람들에게 올바른 길을 보이라. 그러면 그들이 그 길을 따를 것이다. 바로 이것이 그 회사 표어(motto)가 담고 있는 뜻이다. 그러나 성경이 우리의 상태를 영적으로 서술할 때는 그런 식으로 서술하지 않는다. 예수님이 세상에 계셨을 때 그분은 세상의 빛이었다. 그 빛이 비치고 있었다. 그러나 그 시대 사람들은 올바른 길을 걷지 않음으로써 예수님께 반응하지 않았다. 대신에 그들은 그 빛을 미워하고 그 빛을 끄려고 했다. 그들은 그 등대를 십자가에 못박았다.

오늘날도 사람들은 이 보편적 초대에 이런 식으로 반응한다. 그래서 예수님은 이렇게 말씀하셨다. "그 정죄는 이것이니, 곧 빛이 세상에 왔으되, 사람들이 자기 행위가 악하므로 빛보다 어두움을 더 사랑한 것이니라"(요 3 : 19). 그래서 바울도 이렇게 썼다. "깨닫는 자도 없고 하나님을 찾는 자도 없고"(롬 3 : 11). 그래서 예수님은 이렇게 선포하셨다. "나를 보내신 아버지께서 이끌지 아니하면 아무라도 내게 올 수 없으니…"(요 6 : 44).

그러나 사정이 이러하므로 두번째 부르심이 세상에 들어온다. 이는 실제로 로마서 8 : 30에서 말하는 그 부르심이다. 외적이고 보편적이고 (그 자체로는) 유효하지 않은 첫번째 부르심과는 달리, 이 두번째 부르심은 내적이고 특수하고 전적으로 유효하다. 다른 말로 하면, 이 부르심은 틀림없이 그 부르심을 들은 사람들을 모두 구원한다.

내가 알고 있는 유효한 부르심(effectual call)에 대한 가장 뛰어난 논의는 존 머리(John Murray)의 얇은 고전 「구속의 성취와 적용」(Redemption Accomplished and Applied)에 담겨 있다. 여기서 머리는 방금 내가 언급한 구분을 먼저 지적하면서 성경에 일반적인 혹은 보편적인 부르심과 그 부르심의 예들이 있음을 보인다. 그런데 머리는 다음과 같이 옳게 지적한다. "신약에서 부르심을 뜻하는 용어는 구원과 관련하여 사용될 때 거의 일괄적으로 복음의 보편적 부르심을 가리키지 아니하고 사람을 구원의 상태로 안내하는 (그래서 구원의 효과를 거두는) 유효한 부르심을 가리킨다. 예수 그리스도의 복음에서 이 용어는 은혜를 무차별적으로 준다는 뜻으로 사용되는 경우가 거의 없다."[1]

여기 몇 가지 예가 있다.

로마서 1 : 6-7 – "너희도 그들 중에 있어 예수 그리스도의 것으로 부르심을 입은 자니라… 성도로 부르심을 입은 모든 자에게…"

로마서 11 : 29 – "하나님의 은사와 부르심에는 후회하심이 없느니라."

고린도전서 1 : 9 – "너희를 불러 그의 아들 예수 그리스도 우리 주로 더불어 교제케 하시는 하나님은 미쁘시도다."

에베소서 4 : 1 - "그러므로 주 안에서 갇힌 내가 너희를 권하노니 너희가 부르심을 입은
부름에 합당하게 행하여"

디모데후서 1 : 8-9 - "그러므로 네가 우리 주의 증거와 또는 주를 위하여 갇힌 자 된
나를 부끄러워 말고 오직 하나님의 능력을 좇아 복음과 함께 고난
을 받으라."

베드로후서 1 : 10 - "그러므로 형제들아, 더욱 힘써 너희 부르심과 택하심을 굳게
하라…"

위의 본문들과 로마서 8 : 30을 포함한 다른 많은 본문들에서 나타난 하나님의 부르심은
그 부르심을 듣는 사람들을 유효하게 구원하는 부르심이다. 위의 본문을 모아 놓고 생각하
면, 이 부르심은 우리를 예수 그리스도와 연합하게 하여 그와 교제하게 하고 우리가 참으로
부르심을 받았을 경우 확실하게 꾸려갈 거룩한 생활을 우리 앞에 제시한다. 로마서 8장의
문맥에 이 부르심을 놓고 생각하면, 하나님의 영원한 예지와 예정이 시간 속으로 들어와 개
인을 죄로부터 예수 그리스도를 믿는 믿음으로 이끈 다음 그 믿음으로 말미암아 의롭게 되
게 하고 마지막 영화롭게 될 때까지 그리스도 안에 있게 하는 과정을 시작하는 시점이 바로
부르심이다.

유효한 부르심(Effectual calling)은 다섯 고리로 된 이 위대한 황금 사슬에서 중심적이고
핵심적인 요점이다.

하나님의 부르심이 갖는 능력

이제 우리는 외적인 부르심과 내적인 부르심을 구별했으므로, 왜 내적인 혹은 특수한 부
르심이 그렇게 유효한지 물어 보아야 한다. 왜 내적인 부르심이 그 부르심을 듣는 사람을
구원으로 이끄는가? 그 대답을 찾기란 그다지 어렵지 않다. 유효한 부르심이 효과를 드러
내는 것은 그 부르심이 하나님의 부르심이기 때문이다. 그 부르심은 하나님의 입에서 나오
며, 하나님의 입에서 나오는 모든 것은 하나님이 보내셔서 이루시고자 하시는 그 뜻을 정확
하게 이룬다.

이사야서 55 : 10-11이 우리에게 가르치는 바가 바로 이 점이다. 이 기록에 따르면 하나님은 이렇게 말씀하신다.

> "비와 눈이 하늘에서 내려서는
> 다시 그리로 가지 않고, 토지를 적시어서
> 싹이 나게 하며 열매가 맺게 하여
> 파종하는 자에게 종자를 주며 먹는 자에게 양식을 줌과 같이,
> 내 입에서 나가는 말도
> 헛되이 내게로 돌아오지 아니하고
> 나의 뜻을 이루며 나의 명하여 보낸 일에 형통하리라."

하나님의 말씀은 언제나 효력을 나타낸다. 하나님의 말씀은 그 목적을 이룬다. 그러나 우리의 본문에 충실한다면, 하나님이 죄인을 부르신다는 측면에서 볼 때 로마서 8 : 30에서 다루고 있는 것은 다른 목적보다 구원으로 부르는 부르심임을 지적해야 한다. 그래서 우리는 하나님의 유효한 부르심이 어떻게 이 목적을 이루는 데 효력을 미치는지 정확하게 물어보아야 한다.

하나님의 유효한 부르심이 구원에서 맡는 중요한 일은, 그 부르심을 받은 자에게 **중생** 혹은 **거듭남**이 있게 하는 것이다. 앞에서 언급한 「구속의 성취와 적용」(Redemption Accomplished and Applied)에서 존 머리(Jone Murray)는, 중생을 유효한 부르심 앞에 두어야 할지 유효한 부르심을 중생 앞에 두어야 할지 큰 차이가 나지 않는데 이는 그 어떤 경우든 하나님의 행위가 결정적이기 때문이라고 말한다.[2] 그러나 이와 관련된 본문들을 자세히 살필 때, 내가 가리킨 바와 같은 순서처럼 해야 될 것 같다. 즉 하나님은 특수하고 유효한 부르심으로 개인을 부르시며, 이 부르심은 듣는 이에게 새로운 영적 생명을 만들어 놓는다. 그래서 듣는 이는 이 영적 생명 때문에 복음에 응답할 수 있는 힘을 얻는다.

내 판단으로, 이런 일이 일어나는지를 보여 주는 가장 좋은 예는 앞에서 내가 이 용어들을 서론적으로 공부하면서 소개한 바 있는 요한복음 11장에서 나사로를 죽은 자 가운데서 일으키는 일이다. 우리는 이 사건을 예로 들 때 힘을 얻는다. 왜냐하면 예수님이 이 이야기 중간에서 새 생명을 주시는 것을 분명히 언급하면서 "예수께서 가라사대 나는 부활이요 생

명이니 나를 믿는 자는 죽어도 살겠고 무릇 살아서 나를 믿는 자는 영원히 죽지 아니하리니…"(요 11 : 25-26) 라고 하는 말씀을 하시기 때문이다.

이 이야기에는 어떤 일이 일어나는가? 예수님이 나사로의 무덤으로 가서서 이 죽은 사람에게 '나사로야, 나오라' 고 소리치시니까 나사로가 나온다. 분명히 예수님의 부르심이 이미 죽은 시체 속에 생명을 만들어 놓으셨고, 그 결과 나사로는 무덤에서 나옴으로써 예수님께 반응했다.

하나님이 우리를 구원으로 부르실 때 이런 일이 일어난다. 하나님의 부르심은 부름을 받은 자 속에 영적 생명을 창조한다. 그리고 이 영적 생명이 그 속에 있다는 증거는 우리가 하나님께 반응한다는 사실이다. 우리는 어떻게 반응하는가? 우리는 죄로부터 돌아서서 – 이는 신학 용어로 회개라 한다 – 그리고 예수 그리스도를 믿음으로써 반응한다. 다른 말로 하면 하나님의 부르심은 죄인 속에 생명을 만들어 놓는다. 하나님의 말씀이 창조가 시작될 때 하늘과 땅을 생기게 했듯이 말이다. 새 생명의 첫번째 증거는 죄에 대한 회개와 예수님께 대한 믿음이다.

조금 전에 나는, 존 머리에 따르면 중생을 부르심 앞에 놓든 부르심을 중생 앞에 놓든 실제로 별 차이가 없다는 말을 했다. 물론 성경을 좀더 정확하게 보면 부르심이 먼저 오고 중생이 나중에 오는 것 같지만, 존 머리의 말은 참으로 진실되다. 하지만 한편으로는 중생이나 부르심 그리고 다른 한편으로 믿음과 회개에 관해서는 그렇지 않다. 이 경우에는 하나님의 부르심이 필연적으로 부르심의 열매 앞에 온다. 사람이 죄를 회개하고 복음을 믿는 것은 오직 하나님이 부르시고 거듭 나게 하신 후에 있다.

믿음이 먼저인가, 생명이 먼저인가? 성경의 해답을 아는 사람은 '생명' 이라고 말한다. 그렇지 않다면 구원이 우리 자신과 우리 자신의 능력에 의존하게 될 것이며, 바울이 로마서 8장에서 말하는 확실한 일들이 있을 법하지 않을 것이다.

몇 가지 중요한 관찰

내가 말해 오던 내용에 관하여 몇 가지 중요한 조건과 관찰이 있다. 이것들을 간과하는 것은 실수가 될 것이다. 세 가지를 간단하게 열거하도록 하자.

1. 두 반응. 앞에서 일반적 부르심에는 사람들이 도무지 이 부르심을 받아들이지 못한다는 문제가 있다고 말했다. 즉 사람들은 이 부르심만으로 그리스도인이 되지 못한다. 그러나 균형 잡히게 말하기 위해 사람들이 구원으로 부르는 하나님의 부르심에 반응하지 못해도 신앙 집회 같은 데서 앞으로 나오거나 입으로 믿음을 고백하거나 심지어 교회에 등록하는 등 피상적이지만 외적인 행위로 반응할 수 있다는 말을 덧붙여야겠다. 그리고 사람들은 그런 일을 할 수 있을 뿐더러, 실제로 많은 사람들이 그렇게 한다. 그래서 베드로는 앞에서 인용한 본문에서 이렇게 말한다. "그러므로 형제들아, 더욱 힘써 너희 부르심과 택하심을 굳게 하라." 베드로의 말은, 우리가 실제로 하나님께 부르심을 받고서 참으로 거듭난 것이 그저 설교자에게 부름을 받아 거듭난 것이 아님을 굳게 해야 한다는 뜻이다.

필라델피아 제십장로교회의 목회자(1927-1960)였으며 나의 선배 목사 가운데 한 사람인 도널드 그레이 반하우스(Donald Grey Barnhouse)는 이렇게 썼다.

만일 사람이 외적인 부르심에 주의한다면 보이는 교회의 지체가 된다. 만일 우리 마음으로 내적인 부르심을 듣는다면 우리는 보이지 않는 교회의 지체가 된다. 첫번째 부르심은 신앙을 고백하는 지체들의 모임에 우리를 연합시킬 따름이다. 그러나 내적인 부르심은 우리를 그리스도께 연합시키고 거듭난 모든 사람들에게 연합시킨다.

외적인 부르심에는 진리에 대한 어떤 지적인 지식이 따를 것이다. 내적인 부르심은 마음의 믿음과 우리를 영원히 그리스도께 매어 놓는 소망과 먼저 우리를 사랑하신 그리스도께로 우리를 언제나 데리고 가는 사랑을 우리에게 가져다 준다. 첫번째 부르심은 결국 형식주의(formalism)가 되었을 것이고, 두번째 부르심은 결국 참된 생명이 된다. 외적인 부르심은 옛 본성의 경향을 억제하고 영혼이 겉으로는 도덕적이게 할 수 있다. 반면에 내적인 부르심은 우리 안에 도사리고 있는 재앙에서 구원하고 우리를 그리스도 안에서 승리하게 할 수 있다.[3]

2. 일반적 부르심의 중요성. 내가 말하고자 하는 두번째 조건은 일반적 부르심의 중요성과 관계 있다. 지금까지 내가 말해 온 모든 것은 하나님이 개인을 특수하게 혹은 내적으로

구원으로 부르시는 일의 필요성을 강조했다. 앞에서 일반적 부르심만으로는 누구도 당연히 하나님께 반응하지 못하는 것을 말했다. 그러나 이제 일반적 부르심에 그런 일이 실제로 있지만 그런데도 일반적 혹은 보편적 부르심을 통하여 하나님이 특별하게 부르시므로 이 일반적 부르심도 역시 필요하다고 덧붙여 말해야 한다.

이렇게 말해 보자. 유효한 혹은 특수한 부르심은 일반적 부르심**으로부터** 나온다. 즉 유효한 부르심은 하나님의 복음 전도자와 사역자가 전하는 말씀의 전파를 통하여 그리고 하나님이 죄인을 부르는 모든 곳에서 그리스도인이 복음의 복된 소식을 말하는 일을 통하여 나온다. 우리 그리스도인이 부르는 모든 사람을 하나님이 부르시지는 않으신다. 우리는 말씀의 씨를 흩어 뿌린다. 더러는 돌밭 혹은 흙이 얕은 밭에 떨어지고 더러는 좋은 밭에 떨어진다. 그러나 이 씨가 하나님이 전에 준비하신 그 흙에 떨어질 때 그리고 생명을 주시는 하나님이 씨 뿌리는 일에 복 주실 때 – 그래서 그 씨가 좋은 밭에 뿌리를 내리고 자라게 하실 때 – 그 결과로 영적인 추수가 있고 사람들이 구원을 받는다. 그리고 로마서 8장에 간략하게 언급된 예지와 예정과 부르심과 칭의와 영화와 같은 하나님의 구원 활동을 표현하는 위대한 황금 사슬에 들어간다.

이를 달리 표현해 보자. 하나님이 일반적 부르심을 통하여 유효하게 부르신다면, 어떤 사람이 구원 받으려면 특수하고 유효한 부르심도 있어야 하지만 일반적 부르심도 역시 있어야 한다. 우리의 부름은 사람을 거듭 나게 못한다. 하나님만 신생(新生)을 창조하시는 분이시다. 모든 사람은 '위로부터' 나야 한다. 그럼에도 불구하고 하나님은 우리에게 맡기신 말씀의 씨를 뿌리는 일을 통하여 그 일을 하신다.

하나님말고 그 누구도 이런 식으로 사람을 구원하는 일을 창안할 수 없었다. 사람 구원하는 방법을 우리더러 만들어 보라고 맡기셨다면, 우리는 (1)하나님이 그 일을 하셔야 하니, 우리는 아무 일도 할 수 없다고 말하거나 (2)우리가 그 일을 해야 하니, 하나님은 아무 일도 하실 수 없다고 말할 것이다. 즉 사람을 그리스도께로 효과 있게 부르는 일은 하나님이 하시는 일이지만, 그럼에도 불구하고 하나님은 사람을 쓰셔서 그 일을 하신다.

3. 나는 선민인가? 마지막으로 이 조건이 남아 있다. 때때로 사람들은 하나님의 예지와 예정이라는 주제 때문에 갈피를 못잡게 되어 결국 이렇게 말하고 만다. "하나님이 나를 구

원하기로 선택하실 것이라면 틀림없이 그렇게 하셔야 할 것이다. 그러면 내가 할 수 있는
일은 없다." 그렇지 않으면 사람들은 자신이 선민인지 아닌지 아는 데 열중하게 된다. 그들
은 절망하며 이렇게 말한다. "내가 선민인 것을 어떻게 알 수 있는가? 내가 선민이 아니라
면 내게는 소망이 없다." 「천로역정」(The Pilgrim's Progress)의 저자인 존 번연도 이 문제
로 오랫동안 골머리를 썩이고는 극심한 절망에 빠지게 되었다.

그러나 그처럼 수동적인 태도를 취하거나 절망에 빠질 이유는 없다. 어떻게 선민인지 아
닌지 아는가? 그 대답은 다음과 같은 또 하나의 질문에 있다. 복음에 어떻게 반응하는가?
다른 말로 하면 하나님의 부르심에 응답했는가 하는 것이다.

족장 아브라함이 선민이라는 것을 우리는 어떻게 아는가? 하나님이 그를 불러 갈대아 우
르를 떠나 장차 유업으로 받을 땅으로 가라고 하셨을 때 아브라함은 "… 순종하여… 갈 바
를 알지 못하고 나갔으며"(히 11 : 8) 죽을 때까지 그와 같은 순종의 태도를 계속 지니고 있
었기 때문에 그가 선민임을 우리는 안다.

모세가 구원 받기로 예정된 사람임을 우리는 어떻게 아는가? 그가 자라면서 애굽의 모든
보화을 누리며 자랐지만 "… 바로의 공주의 아들이라 칭함도 거절하고 도리어 하나님의 백
성과 함께 고난 받기를 잠시 죄악의 낙을 누리는 것보다 더 좋아했기"(히 11 : 24-25) 때문
에 우리는 그가 구원 받기로 예정된 사람임을 안다. 모세는 하나님 백성과 한편이 되었다.

바울이 구원 받기로 선택된 사람인지 우리는 어떻게 아는가? 하나님의 백성을 미워하여
그들 가운데 몇 명을 죽이려고 다메섹으로 가는 그에게 예수님이 나타나셔서 "사울아, 사울
아, 어찌하여 네가 나를 핍박하느냐?" 하고 부르셨을 때, 장차 이방인의 사도가 될 이 사울
이 변화되었으므로 우리는 그가 선택된 사람임을 안다. 바울은 자기 죄를 보았고 그 죄에서
돌이켰다. 바울은 그리스도의 의(義)를 보고 예수님을 믿었으며 그때로부터 하나님께 순종
하고 섬겼다. 게다가 바울은 훗날 로마서와 같이 구원에 관하여 글을 썼을 때 자신이 하나
님을 택하지 아니하고 하나님이 자신을 택하셔서 자신을 그리스도를 따르는 자로 부르셨다
는 것을 명백하게 보여 주었다.

여러분은 자신이 선민에 속하는지를 어떻게 아는가?

그것을 아는 데는 오직 한 가지 길이 있다. 그 길은 하나님의 영원한 경륜을 들여다보려
하거나 하나님의 예지와 예정을 적어 놓은 책을 뒤져 보라는 것이 아니다. 당신이 선민인지

를 알게 되는 유일한 길은, 당신이 복음에 반응하는가 하는 점이다. 우리는 성경에서 이런 말을 듣는다. "가로되 주 예수를 믿으라. 그리하면 너와 네 집이 구원을 얻으리라 하고"(행 16 : 31). 그렇다. 주 예수를 믿으라. 그러면 하나님이 당신에게 선택의 사랑을 쏟으시고 또 당신을 사랑하시므로 계속 사랑하실 것이며 끝까지 당신을 지키실 것을 알 수가 있다.

여러분은 믿을 것인가? 하나님이 유효한 부르심(effectual call)에 대한 이 공부를 사용하셔서 당신을 효과 있게 부르신다면 참으로 기쁜 일일 것이다.

● 각주 ●

1. John Murray, *Redemption Accomplished and Applied* (Grand Rapids : Wm. B. Eerdmans, 1970), p. 88.

2. Ibid., pp. 86, 93.

3. Donald Grey Barnhouse, *God's Heirs : Exposition of Bible Doctrines, Taking the Epistle to the Romans as a Point of Departure,* vol. 7, *Romans 8 : 1-39* (Grand Rapids : Wm. B. Eerdmans, 1963), pp. 171, 172.

113
칭의와 영화
로마서 8:30

… 부르신 그들을 또한 의롭다 하시고 의롭다 하신 그들을 또한 영화롭게 하셨느니라.

크 건 작건 사업을 하는 사람이면 장기 계획의 필요성을 안다. 장기 계획으로는 1개년 계획, 5개년 계획 심지어 10개년 계획이 있다. 장기 계획 중에서도 이 긴 계획들은 더욱 자주 다시 살피고 시대에 맞도록 고쳐야 한다. 장차 회사에 영향을 주게 될 우연적인 요소들을 대부분 예측하면서 정확한 장기 계획을 짜고 계속 그 계획을 정확하게 파악할 수 있는 관리 책임자는 그가 속한 조직에게 지극히 소중한 자산이다.

사실 우리는 한 장기 계획을 즉 그 어떤 계획보다 장기적인 계획을 공부해 오고 있다. 이 계획은 영원 전에 생겨서 영원한 미래에 완성될 것이다. 이 계획은 모든 것을 포괄하고 있다. 역사에 일어났고 또 일어날 모든 것이 이 계획의 일부분이다. 그리고 이 계획은 지극히 확실하며 어쩌나 자세하고 지혜롭게 짜여졌는지, 이 계획을 뒤엎을 수 있는 것이 영원히 나타나지 않을 것이며 또 어떤 대안도 필요치 않을 것이다. 물론 나는 우리를 위하여 로마서 8 : 28-30에 윤곽이 드러난 하나님의 계획을 말하고 있는 것이다.

이 계획은 하나님의 예지와 예정에서 출발하여, 시간 속에서 개인으로 하여금 예수 그리스도를 주와 구주로 믿도록 부르는 일로 표현되며 또 칭의를 포함하고 그리고 영화로 끝난다. 이때 하나님이 미리 아시고 미리 정하신 사람들은 전적으로 예수님과 같게 된다. 우리는 이번 공부에서 그 공부의 마지막 두 단계를 살펴야겠다.

믿음으로 의롭다 하심

우리가 살펴야 할 첫번째 용어는 칭의다. 그러나 여기서 이 용어를 자세히 공부할 필요는 없는데, 본 「로마서」(Romans)에서 우리는 이 용어를 집중적으로 살폈고 그 후로도 여러 번 언급했기 때문이다.

칭의(justification)는 정죄의 반대 개념이다. 한 사람이 법을 지키지 못하여 재판관으로부터 정죄를 받거나 유죄 판결을 받을 때, 정죄가 그 사람을 죄인으로 만들지 않는다. 이 사람은 그저 죄인이라고 선언되었을 따름이다. 그처럼 한 사람이 의롭다 함을 받을 때에도 하나님이 그 사람을 당신의 법과 관계하여 정당한 위치에 있다고 선언하시지 그 사람을 의롭게 만드시지는 않는다. 인간 법정에서는 사람의 의로운지 그렇지 않은지를 기초로 하여 그 사람을 의롭다 혹은 '무흠하다' 고 선언할 수 있다. 그러나 하나님의 법정에서는 우리 사람이 자신의 의를 전혀 갖고 있지 않고 따라서 무흠하지 않으므로, 신자는 그리스도의 속죄를 근거로 하여 의롭다고 선언된다.

이 점에 관하여 신약에서 가르치는 바가 그저 의롭다 하심만 아니라 (물론 바울이 로마서 8장에서 이 가르침에 관하여 간단하게 '의롭다 하심' 이라는 낱말만 쓰고 있지만) 예수 그리스도를 믿는 믿음으로 말미암아 은혜로 의롭다 하심임을 깨달으면 위의 내용을 이해하는 데 도움이 된다.

1. 우리가 의롭다 하심을 받는 원천은 하나님의 은혜이다(롬 3 : 24). '의인은 없나니 하나도 없기' (롬 3 : 10) 때문에 분명 그 누구도 자신을 '의롭게' 만들거나 '의롭다' 선언할

수 없다(20절). 그러면 어떻게 구원이 가능한가? 하나님이 우리를 위하여 구원의 일을 하실 때에만 구원이 가능하다. 하나님이 하시는 이 일을 일러 '은혜'라고 하는데, 우리는 하나님의 사역을 받을 자격이 없기 때문이다. 바울은 거저 혹은 거저 주시는이라는 낱말을 '은혜'에 덧붙임으로써 이 점을 강조한다. 물론 이런 낱말을 쓰지 않아도 되지만, 이런 낱말을 쓰면 뜻이 강하게 살아난다.

2. 우리가 의롭다 하심을 받는 근거는 그리스도의 사역이다(롬 3 : 25). 우리는 1권에서 대속(propitiation)이라는 낱말을 논의하면서 이 사실을 보았다. 그리스도의 사역이 이루어졌으므로, 하나님은 우리를 정당하게 의롭다 하실 수 있었다.

존 스토트(John R. W. Stott)는 이렇게 쓴다. "칭의는 사면(amnesty)과 같은 말이 아니다. 왜냐하면 사면이란 엄격하게 말하면 원칙 없는 용서, 잘못을 간과하고 - 심지어는 잊고 (암네스티아[amnestia]는 '잊음'이다) - 잘못을 제대로 판결하지 않으려는 것이기 때문이다. 그러나 칭의는 공의의 행위이며 은혜로운 공의의 행위이다… 하나님이 죄인을 의롭다 하실 때 나쁜 사람을 선하다고 선언하시거나 나쁜 사람들이 죄인이 아니라고 말씀하고 계시는 것은 아니다. 하나님은 자신의 아들에게 이 나쁜 사람들의 범죄에 해당하는 형벌을 짊어지우셨으므로, 그들을 법적으로 의롭다, 법을 깨뜨린 책임으로부터 벗어났다고 선언하고 계신다… 다른 말로 하면 우리는 '그리스도의 피로 의롭다 하심을 받았다.'"[1]

3. 우리가 의롭다 하심을 받는 수단은 믿음이다(롬 3 : 25-26). 믿음은 칭의가 우리의 것이 되게 하는 통로이다. 로마서 8 : 29-30에 열거되어 있는 하나님의 구원 활동이라는 황금 사슬에는 믿음이 언급되지 않았다. 그러나 믿음은 하나님이 유효한 부르심과 그 결과인 중생의 열매다. 우리가 거듭 났을 때, 우리는 죄를 회개하고 예수 그리스도께서 우리의 구주이심을 믿는 믿음으로 예수 그리스도께로 돌아감으로써 거듭 난 사실을 보인다.

믿음에 관해서는 두 가지 사실을 언급해야 한다.

첫째로, 믿음은 선한 행위가 아니다. 물론 믿음은 필요하고 필수적이지만 믿음은 선한 행위가 아니다. 사실 믿음은 전혀 행위가 아니다. 바울이 에베소서 2 : 8-9에서 분명히 밝히고 있듯이, 믿음은 하나님의 선물이다. '너희가 그 은혜를 인하여 믿음으로 말미암아 구원을 얻었나니 이것이 너희에게서 난 것이 아니요 하나님의 선물이라. 행위에서 난 것이 아니니, 이는 누구든지 자랑치 못하게 함이니라."

둘째로, 믿음은 우리가 의롭다 하심을 받는 수단이지만, 말 그대로 수단일 뿐이다. 루터는 솔라 피데(sola fide, '오직 믿음으로')라는 말로 이 점을 표현했고, 그래서 성경 본문에 없는 말(오직)이지만 그 말을 덧붙여 그 사상의 본질을 파악한다. 분명 믿음이 선한 행위가 아니라 하나님이 우리를 위하여 행하시고 우리에게 거저 주시는 것을 받아들이는 것일 따름이지만, 그래도 우리는 오직 믿음으로 의롭다 하심을 받을 수 있고, 따라서 다른 모든 행동이나 행위는 배제된다. 누군가 의롭다 하심을 받을 수 있는 유일한 수단은 하나님을 믿고 하나님이 주시는 것을 받아들이는 것이다.

4. 의롭다 하심을 받은 결과, 우리는 그리스도와 연합한다. 이 개념은 로마서 5장과 8장 앞 단락에서 충분하게 개진된 것이다. 그리스도와의 연합 때문에 로마서 5 : 1-11에서 펼치고 있듯이 우리의 구원에는 유익들이 있을 수 있고 로마서 5 : 12-8 : 17에서 자세하게 설명하듯이 우리가 죄에 대하여 승리할 수 있다.

존 스토트(John Stott)는 이를 다음과 같이 설명한다.

우리가 '그리스도로 말미암아' 의롭다 하심을 받았다고 말하는 것은 그리스도의 역사적 죽음을 가리킨다. 우리가 '그리스도 안에서' 의롭다 하심을 받았다고 말하는 것은 믿음으로 지금 우리가 누리고 있는 그리스도와의 개인적인 관계를 가리킨다. 이 간단한 사실 때문에 우리는 칭의를 순전히 외적인 활동으로 생각할 수 없게 된다. 칭의는 우리가 그리스도와 맺은 연합 그리고 이 연합이 가져다 주는 모든 유익과 떨어질 수 없다. 첫째 유익은 예수님의 메시야적 공동체에 속하는 구성원이 되는 것이다. 우리가 그리스도 안에 있고 따라서 의롭다 하심을 받았다면, 우리는 하나님의 자녀이며 아브라함의 참된(영적) 후손이다… 둘째로, 그리스도께서 십자가에서 자신을 드려서 만드신 이 새 공동체는 '선한 일을 하기를 갈망할 것이다.' 그리고 그 구성원들은 선한 일에 헌신할 것이다…

확신컨대, 우리는 바울처럼 율법이 우리를 정죄했다고 말할 수 있다. 그러나 "그

리스도 예수 안에 있는 자에게는 결코 정죄함이 없다."²

영광의 소망

로마서 8 : 29-30의 다섯번째이며 마지막 용어인 영화도 우리가 앞에서 공부한 낱말이다. 사실 우리는 일찍이 (로마서 8 : 28-30을 내다보는) 로마서 5 : 2에서 이 용어를 접했다. 여기서 바울은 그리스도인이 "하나님의 영광을 바라며" 즐거워한다고 말했다.

그러면 로마서 5 : 2의 뜻은 무엇인가?

이는, 우리가 언젠가는 틀림없이 영광스럽게 될 것을 알고 즐거워한다는 뜻이다. 즉 우리는 자신이 예수님과 같게 될 것을 안다. 예수님은 하나님이시며 따라서 모든 점에서 하나님과 같으신 분이다. 우리는 하나님과 같게 될 것이다. 물론 우리가 하나님이 된다는 말은 아니다. 그러나 우리는 사랑과 희락과 화평과 자비와 지혜와 온유와 은혜와 양선과 절제 등과 같이(참조. 갈 5 : 22-23) 하나님의 공유적 속성에서 하나님과 같게 될 것이다. 그 날이 되면 죄가 더 이상 우리를 괴롭게 하지 못할 것이며, 우리는 하나님 앞에서 완전한 충만과 영원한 은혜를 누리게 될 것이다.

영화(glorification) 는 언제 일어나는가?

어떤 의미에서 우리는 죽을 때에 상당히 영화롭게 된다. 왜냐하면 그때 우리는 우리의 육체 가운데 있던 죄로부터 자유롭게 되고 그리스도와 같게 될 것이기 때문이다. 요한이 쓴 것처럼 "… 우리가 그와 같을 줄을 아는 것은 그의 계신 그대로 볼 것을 인함이니"(요일 3 : 2). 하지만 확신컨대 존 머리는 이 낱말을 다루면서, 영화가 가장 충만하게 드러내는 때는 예수 그리스도의 도래가 우리 몸의 부활로 있을 때라고 올바르게 주장한다. 사실상 내가 방금 인용한 요한일서의 본문은 이 점을 말한다. 요한일서의 본문은 그저 "우리가 그와 같을 것이라" 하고 말하지 않는다. 이 본문은 "그가 나타내심이 되면, 우리가 그와 같을 줄 아는 것은 그의 계신 그대로 볼 것을 인함이라" 하고 말한다.

존 머리(John Murray)는 이를 다음과 같이 표현한다.

1. 영화는 영광 가운데 그리스도께서 다시 오시는 재림과 밀접하게 관련되어 있다…

주의 재림이 영광의 소망에 없어서는 안 되는 것이므로, 그리스도의 영광이 나타나는 것이 없다면 신자가 영화롭게 되는 것은 무의미하다. 영화는 그리스도와 함께 하는 영화다. 그리스도와 함께 하는 영화를 제거하면, 신자의 영화에서 신자로 하여금 확신을 가지고 영화롭게 되는 것을 바라볼 수 있게 하는 것이 없어질 것이다…

2. 신자의 영화는 창조계의 회복과 밀접하게 관련되어 있다(이는 우리가 앞에서 공부한 로마서 8 : 19-22의 가르침이다. 이 절은 우리 몸의 부활을 가리키는 우리 몸의 영화와, 창조계의 회복을 함께 기록한다).

그러므로 우리가 영화를 생각할 때, 영화는 우리가 품는 좁은 전망이 아니다. 우리가 신자의 영광을 생각할 때 다시 새롭게 된 우주, 새 하늘과 새 땅을 그 맥락으로 염두에 두어야 한다. 즉 죄의 모든 결과로부터 건짐을 받은 우주, 더 이상 저주가 없고 의가 완전히 차지하고 흔들림 없이 거할 우주를 염두에 두어야 한다. "무엇이든지 속된 것이나 가증한 일 또는 거짓말 하는 자는 결코 그리로 들어오지 못하되, 오직 어린양의 생명책에 기록된 자들뿐이라"(계 21 : 27). "다시 저주가 없으며, 하나님과 그 어린양의 보좌가 그 가운데 있으리니 그의 종들이 그를 섬기며 그의 얼굴을 볼 터이요 그의 이름도 저희 이마에 있으리라"(계 22 : 3, 4).[3]

시제는 과거로 되어 있으나, 결국 장차 얻을 복

로마서 8 : 30에서 바울이 영화를 언급할 때 드러나는 놀라운 특징은 이 영화롭게 하신다는 동사의 시제가 과거(부정과거) 시제로 되어 있다는 점이다. 이 사실은 내가 제110장에서 이 낱말들의 황금 사슬을 처음 소개할 때 언급한 것이다. 우리의 관점에서 볼 때 영화가 분명히 미래에 속한 것이므로, 과거 시제를 사용한 데 대하여 설명이 필요하다.

어떤 주석가들은, 여기서 바울이 이 미래 사건이 절대적으로 확실하다는 점을 강조하기 위하여 엄밀한 정확성이나 논리를 피했다고 생각한다. 즉 이 사건이 어찌나 확실한지, 마치 과거에 일어났던 것처럼 말할 수 있다는 것이다. 마틴 로이드 존스(D. Martyn Lloyd Jones)는 이 점에 대하여 다음과 같이 쓴다. "사도는, 우리가 부르심을 받고 의롭다 하심을 받았다는 것을 매우 확실하게 알고 있으므로 그와 마찬가지로 우리가 영화롭게 될 것을 확신할 수 있고 주장한다. 영화는 우리를 향하신 하나님의 뜻에 속하므로 그 무엇도 이를 막을 수 없다."[4] 레온 모리스(Leon Morris)도 그와 비슷하게 말한다. "영화가 어찌나 확실한 것인지, 이미 이루어진 것으로 말할 수 있을 정도이다. 영화는 하나님의 계획에 속하며, 따라서 이는 지금 이루어진 것과 진배없음을 뜻한다."[5]

또 어떤 학자들은 이와 같은 과거 시제 용법을 예기(豫期)의 부정과거 혹은 예언적 부정과거라고 일컫는다. 하나님이 영화를 작정하셨으므로, 영화는 일어날 것이며 이미 일어난 것으로 볼 수 있다. 찰스 하지(Charles Hodge)도 다음과 같이 이야기할 때 이런 식으로 설명하려는 듯이 보인다. "하나님은… 처음부터 마지막을 보신다… 왜냐하면 우리를 예정하실 때에 실제로 동시에 우리를 부르시고 의롭다 하시고 영화롭게 하신다. 즉 이 모든 것이 하나님의 뜻에 포함되어 있었던 것과 마찬가지다."[6]

내 생각으로는 고데(F. Godet)의 설명은 바울이 여기서 염두에 두고 있는 바와 다른 듯하지만, 그래도 유익한 것 같다. 고데는 어떤 의미에서 우리가 영화롭게 되고 있다는 것을 우리로 생각하게 한다. 즉 우두머리로서 우리와 연대를 이루시는 예수 그리스도께서 영화롭게 되었으니 우리는 그 안에서 영화롭게 된다.[7] 사정이 이와 같다면, 이 절은 에베소서 2 : 6과 조화를 이룰 것이다. 바울은 에베소서 2 : 6에서 "(하나님이) 또 함께 일으키사 그리스도 예수 안에서 함께 하늘에 앉히시니" 하고 가르친다. 이 말은, 그저 우리가 하늘에 앉아 있는 일이 미래에 확실히 일어날 일이라는 뜻이 아니라 이미 우리가 그리스도의 인격 안에서 하늘에 앉아 있다는 뜻이다. 내 판단으로 고데의 말이 여기서 바울은 염두에 두고 있는 바가 아니라고 말하는 이유는, 오직 여기 로마서에는 영원한 과거로부터 영원한 미래로 이어지는 흐름이 있고 그 중간 부분은 시간에 속해 있는 듯이 보이기 때문이다. 바울은 과거에 시작되어 지금 우리에게 영향을 주고 있고 우리를 장차로 이끌 어떤 일을 서술하고 있는 듯이 보인다.

이 세 가지 해석 가운데 선택해야 한다면, 나는 처음 둘 가운데 하나 아니면 그 둘을 택하겠다.

하지만 (하나님의 구원 행위를 서술하는) 이 황금 사슬은 이 시점에서 간단히 영원으로 되돌아갈 수 있다. 그리고 내 생각에는 이것이 더 옳은 듯하다. 우리는 이 황금 사슬이 영원에서 시작되어 시간으로 들어가는 것을 보았다. 만일 이 황금 사슬이 다시금 하나님의 무시간적 영원으로 되돌아가고 그래서 전에 하나님의 생각 속에 영화가 있었기 때문에 영화를 과거의 일로 말한다면, 이 절들의 흐름은 매우 만족스러울 것이다.

성화는 어떤가?

이 특수한 낱말들을 자세하게 논의하는 일을 마치려 할 때, 나는 로이드 존스가 강해하면서 제기한 문제를 묻고 싶다. 내 생각으로는 이렇게 하는 것이 지혜로울 듯하다. 이 질문은 이 목록에 분명하게 빠져 있는 한 가지 항목 즉 성화(聖化)와 관련되어 있다. 특별히 많은 사람이 로마서 5-8장의 중심 주제를 성화로 가정하는 때에, 왜 성화가 포함되어 있지 않은가?

나는 이 질문의 첫번째 부분 즉 바울이 로마서 5-8장에서 성화를 논의하고 있는가 하는 점에 관하여 이미 의견을 말했다. 이 책을 시작할 때, 나는 바울이 성화를 어쩔 수 없이 많이 말하고 있지만 바울의 목적이 성화를 논의하려는 것이 아니라고 주장함으로써 이 질문에 대하여 답을 했다. 바울은 견인(堅忍) 혹은 영원한 안전을 내세우고 있으며, 그래서 바울은 일치감치 로마서 5 : 2에서 '영광의 소망' (한글개역성경에는 '영광을 바라며' 로 되어 있음 – 역자)이라는 구절을 이끌어들인다. 바로 이것이 중심 주제다. 그리고 이 주제는 로마서 8장에 있는 그 단락 끝에 다시 나타난다. 우리가 지금 공부하고 있는 것이 바로 그 점이다.

그러나 이런 정도로는 그 질문에 충분한 납변이 되지 않는다.

왜 답변이 되지 않는가?

바울은 로마서 5-8장 어디에서도 예지나 예정이나 유효한 부르심을 논의하고 있지 않다가 여기서 그 낱말을 언급하고 있다. 만일 이런 용어들을 언급한다면, 왜 성화는 언급하지 않는가? 다시 말해서 사도는 과거에 있던 하나님의 작정으로부터 영원한 미래에 있을 우리의 영화까지 구원의 흐름을 펼치고 있다. 성화는 그 흐름의 필수적인 부분이 아닌가? 성화는 다른 항목만큼이나 필수적이고 분명한 항목이 아닌가?

그러면 왜 성화가 빠졌는가?

마틴 로이드 존스(D. Martyn Lloyd Jones)는 그 이유를 다음과 같이 제시한다.

1. 성화는 바울이 이 시점에서 염두에 두는 주장의 일부가 아니다. 바울은 우리의 구원을 위한 하나님의 행위에 초점을 두고 있으며, 그가 말하고자 하는 바는, 하나님이 일하시므로 우리의 구원이 확실하다는 점이다. 우리의 안전은 하나님이 하신 일에 달려 있지 우리가 할 수 있는 혹은 할 수 없는 일에 달려 있지 않다. 이를 달리 표현하면, 우리가 그리스도 안에서 안전한 것은 우리의 성화에 달려 있지 않다. 영원한 안전은 어떤 과정에서 나오리라고 예상되는 산출물이 아니다. 성화는 한 과정이지만, 다른 항목들은 하나님의 행위이다. 로마서 8장에 나타나는 바울의 주장을 통하여 살펴보면, 이 항목들은 성화와 전혀 다른 것이다.

2. 성화는 칭의의 필연적 결과다. 그러므로 바울은 성화를 언급할 필요가 없다. 사람이 하나님께 부르심을 받고 의롭다 하심을 받았다면 그 즉시로 성화가 시작된다. 중생 혹은 구원 받은 사람에게 새 본성을 전가하시는 일 때문에 성화가 시작되는 것이다. 칭의가 없이는 중생이 없듯이, 중생이 없이는 칭의가 없다. 그래서 의롭다 하심을 받고 이제 새 본성을 소유한 사람은 필연적으로 새 생활을 꾸려가기 시작함으로써 자신이 갖고 있는 그 새 본성을 드러낼 것이다. 그러므로 거룩하게 성장하는 일과 상관없이 칭의를 내세우는 것은 주제넘는 일이라고 말할 수 있다.

3. 성화는 우리의 영화라는 관점에서도 필연적이다. 사실 성화는 영화의 준비이다. 이 장을 시작할 때 인용한 본문으로 돌아가서, 요한이 영화에 관하여 쓰면서 "… 그가 나타내심이 되면 우리가 그와 같을 줄을 아는 것은 그의 계신 그대로 볼 것을 인함이니" 하고 난 직후에 "주를 향하여 이 소망을 가진 자마다 그의 깨끗하심과 같이 자기를 깨끗하게 하느니라"(요일 3 : 2-3) 하고 덧붙이는 사실을 지적하도록 하자. 다른 말로 하면 우리로 계속 거룩하게 다그치는 것은 바로 우리가 영화롭게 될 것이라는 확신이다.
위대한 웨일즈 설교자인 로이드존스는 (내 의견으로는) 이 점에서 성화를 가르치는 적절한 방법이 '나' 나 '나의 감정'이나 '개인의 거룩함'에 이르는 어떤 단계에 집착하지 않고 하나님이 우리를 위하여 하신 일에 집중하는 것이라는 견해를 피력한다. 즉 성화에 접근하는 적절한 방법은 우리의 눈을 하나님께 두고 우리의 마음을 위대한 성경 교리에 쏟는 것이다.
오늘날 대부분의 사람들은 성화를 어떻게 가르치는가? 방법("이것이 성화에 이르는 단계이다. 그런 단계를 밟아라. 그러면 거룩하게 될 것이다")이나 혹은 체험("당신에게 필요한 것은 성령의 특별한 충만[혹은 방언 등]이다")으로 거룩해질 것을 가르친다.

이는 성경의 모범이 아니다. 로이드 존스가 말하듯이,

> 거룩함을 전하는 방법은 '나' 와 '나의 감정'에 관하여 전하고 내가 어떻게 구원을 받을 수 있는지에 대한 갖은 이론을 제시하는 것이 아니다. 오히려 그 방법은 칭의와 영화를 전하는 것이다. 그렇게 하면 성화를 자연히 전하게 될 것이다. 사도 바울이 사용하는 방법이 그렇다. "의롭다 하신 자를 영화롭게 하셨다." 어떤 사람들은 칭의와 영화의 진리에 관하여 마땅히 알 바를 알지 못하므로 성화를 가르치는 데서 결핍을 보인다. 장차 영화롭게 될 자신의 상태를 바라보는 자는 그 상태에 이르려고 준비하는 데 시간을 보낼 것이다.[8]

미합중국 대통령으로부터 파티 초대를 받았다고 해보자. 일반적으로는 시간을 들여 특별 의상이나 양복을 고르고 또 특별히 준비할 것을 갖출 것이다. 그처럼 우리가 예수 그리스도와 함께 있고 그분과 같게 될 것이라고 하면, 우리는 행동 거지와 생활에 신경을 쓰게 될 것이다.

나는 로마서 6 : 2, 11을 가르치면서 우리가 어떻게 하여 '죄에 대하여 죽었는지' 설명하고 있었을 때, 우리가 과거에 대하여 죽었다는 의미로 죄에 대하여 죽었다고 말했다. 그리고 다음과 같은 슬로건을 내걸었다. 당신은 되돌아갈 수 없다. 앞으로 나아가는 것말고는 달리 길이 없다.

당연히 이 말은 절대적으로 참되다. 우리는 되돌아갈 수 없다. 로마서 8 : 29-30에서 하나님이 우리를 구원할 때 펼치시는 위대한 다섯 가지 행위에 나타나는 하나님의 영원한 뜻은 우리가 되돌아갈 수 없다는 사실을 분명히 드러낸다. 그러나 우리가 되돌아갈 수 없다고 말하는 것이 중요하듯이, 우리가 앞으로 가고 있다고 말하는 것 역시 중요하다. 하나님은 우리를 미리 아시고, 이어서 우리로 예수 그리스도의 형상을 본받게 하시려고 미리 정하신다. 그리고 하나님이 우리로 예수님과 같게 되도록 미리 정하신 일에 이어서 우리를 구원얻는 믿음으로 부르신 일이 따른다. 우리를 부르신 다음에는 우리를 의롭다 하신다. 우리를 의롭다 하신 다음에는 우리를 영화롭게 하신다. 그러므로 언젠가 우리가 예수님과 함께 있고 예수님과 완전히 같아질 것이 확실하다. 마치 하나님이 존재하시는 것처럼 하나님의 장기 계획이 실제적이고 유효하고 변할 수 없는 것과 같다.

이는 하나님의 위대한 계획이다. 그러니 이 계획에서 우리가 맡은 일을 잘해 나가고 하나님이 은혜로 우리를 이 계획에 끌어들이신 것을 감사하자.

● 각주 ●

1. John R. W. Stott, *The Cross of Christ* (Downers Grove, Ill. : InterVarsity Press, 1986), p. 190.

2. Ibid., pp. 191, 192. 이 네 요점은 스토트가 간략하게 요약한 것이다. 나는 「로마서」(Romans)1권 45장("의와 의롭다 하는 분," 로마서 3 : 25-26)에서 상세하게 이 요점들을 논의한다.

3. John Murray, *Redemption Accomplished and Applied* (Grand Rapids : Wm. B. Eerdmans, 1970), p가. 177-179.

4. D. M. Lloyd Jones, *Romans : An Exposition of Chapter 8 : 17-39, The Final Perseverance of the Saints* (Grand Rapids : Zondervan, 1976), pp. 257, 258.

5. Leon Morris, *The Epistle to the Romans* (Grand Rapids : Wm. B. Eerdmans, and Leicester, England : Inter-Varsity Press, 1988), pp. 333, 334.

6. Charles Hodge, *A Commentary on Romans* (Edinburgh, and Carlisle, Pa. : The Banner of Truth Trust, 1972), p. 286. (Original edition 1935).

7. F. Godet, *Commentary on St. Paul's Epistle to the Romans,* trans. A. Cusin(Edinburgh : T. & T. Clark, 1892), vol. 2, p. 113.

8. D. M. Lloyd Jones, *Romans : An Exposition of Chapter 8 : 17-39, The Final Perseverance of the Saints,* p. 261.

114
성도의 견인
로마서 8:30

… 의롭다 하신 그들을 또한 영화롭게 하셨느니라.

우리는 나무를 보고 숲을 볼 수 없는 사람들에 관한 이야기를 잘 알고 있으며, 여러분도 그런 사람을 틀림없이 알고 있을 것이다. 여러분은 주일학교 교사 가운데서도 그와 같은 사람이 있음을 알고 있을 것이다. 바라건대 로마서 8장에 대한 우리의 공부가 그렇게 되지 않았으면 한다. 그래서 나는 로마서 28-30절의 위대한 다섯 용어를 각각 자세히 살폈으므로, 이 시점에서 되돌아가서 이 다섯 용어가 개별 부분이 되어 형성하고 있는 위대한 교리를 살펴보고자 한다.

이 교리가 무엇인지 알아채는 것은 그다지 어렵지 않다. 왜냐하면 우리는 로마서 8장을 시작한 이후로 이런 저런 식으로 이 교리를 언급해 왔기 때문이다. 그 교리는 **성도의 견인** (the perseverance of the saints) 혹은 영원한 안전이다. 혹은 어떤 사람들이 구어체로 말하듯이 "한번 구원 받았으면 언제나 구원 받는다" 하는 교리이다. 사실 참으로 예수 그리스도를 믿게 된 사람이라면, 즉 하나님이 영원 전부터 미리 아시고 믿도록 미리 정하시고 부르시고 거듭 나게 하시고 현세에서 의롭다 하시고 그래서 궁극적인 영화에 이르는 길에 어찌나 굳게 세워 두셨든지 장차 찬란하고 영화롭게 되겠지만 이미 영화롭게 되었다고 언급하실 수 있는 사람은 결코 멸망하지 않을 것이며 멸망할 수 없을 것이다. 우리가 공부해 온 이 각각의 용어들에 견인(堅忍)이라는 뜻이 담겨 있지만, 이제 처음으로 되돌아가서 전체 숲을 바라보도록 하자.

성경의 교리

하지만 누가 그러듯이 이 교리를 너무 단순화하여 왜곡하고 싶지는 않다. 바울이 로마서 8장에서 가르치듯이 우리는 성경에서 가르치는 대로 이 교리를 이해하기 원한다. 그러므로 우리는 먼저 견인에 관한 몇 가지 공통적인 오해를 없앰으로써 이 교리를 개괄해야 한다.

첫째로, 견인은 그리스도인이 그리스도인이 되었다는 그 이유만으로 모든 영적 위험에서 면제 받았다는 뜻이 아니고 오히려 정반대다. 그리스도인도 아주 큰 위험에 빠진다. 왜냐하면 그들이 그리스도인이므로 세상과 마귀가 집요하게 그들을 반대하고 그들을 파멸시키려고 할 것이기 때문이고 그렇게 할 수 있다면 세상과 마귀는 그렇게 할 것이다. 로마서를 조금만 더 봐도 이런 사실을 볼 수 있다. 왜냐하면 8장의 다음 단락에서 바울은 신자가 직면하는 적대적인 세력들을 몇몇 열거하고 있기 때문이다. 바울은 환난과 곤고와 핍박과 기근과 적신과 위험과 칼에 대하여 말하고 나서 이렇게 결론을 내린다. "기록된 바 우리가 종일 주를 위하여 죽임을 당케 되며 도살할 양같이 여김을 받았나이다 함과 같으니라"(36절, 시 44 : 22을 인용함).

우리가 참으로 많은 영적 위험에 직면하여 있으므로, 견인의 교리는 매우 중요하다.

둘째로, 견인의 교리는 그리스도인이 그리스도인이라는 이유만으로 죄에 떨어질 염려가 전혀 없다는 뜻이 아니다. 슬픈 일이지만, 그리스도인도 죄를 짓는다. 노아는 술 취했다. 아브라함은 자기 아내 사라를 누이라고 속이고 생명을 보호하려고 했다. 다윗은 밧세바와 간음하고 그의 남편 우리야가 죽임당하도록 획책했다. 베드로는 주님을 부인했다. 견인은, 그리스도인이 실패하지 않을 것이라는 뜻이 아니라 그리스도인이 실패하되 멸망하지는 않을 것이라는 뜻이다.

예수님은 베드로가 부인할 것을 예언하셨다. 그러나 이렇게 덧붙여 말씀하셨다. "시몬 아, 시몬아,… 내가 너를 위하여 네 믿음이 떨어지지 않기를 기도하였노니, 너는 돌이킨 후에 네 형제를 굳게 하라"(눅 22 : 31-32).

셋째로 견인은, 실제로 거듭 나지 않고서 그리스도를 말로만 고백하는 자들도 안전하다는 뜻이 아니다. 이 진리는 성경에서 우리더러 '(우리의) 부르심과 택하심을 굳게'(벧후 1 : 10) 하기 위하여 쉬지 말고 마음을 쏟으라는 취지로 말하는 많은 경고를 설명해 준다. 이런 점에서 예수님의 말씀은 매우 직설적이다. 가령 예수님은 이렇게 말씀하셨다. "또 너희가 내 이름을 인하여 모든 사람에게 미움을 받을 것이나 나중까지 견디는 자는 구원을 얻으리라"(마 10 : 22). 오직 하나님이 우리와 더불어 인내하시므로 우리는 굳게 설 수 있다. 그러나 동시에 우리는 굳게 서야 한다. 사실상 신자가 하나님에 의하여 택함을 받았고 참으로 거듭났다는 유일하게 궁극적인 증거는 신자의 최종적인 견인이다.

기독교의 견인 교리는 그릇된 확신이나 추측에 이르지 않는다. 물론 구원 받았다고 주장하는 사람들이 죄악된 생활 습관과 고의적인 불순종으로 하나님을 이용하기는 한다.

견인은 우리를 게으르게 만들지 않는다.

견인은 우리를 교만하게 만들지 않는다.

결코 그렇지 않다. 견인 교리는 바울이 로마서 8장에서 선언하는 그대로 이다. 즉 하나님이 미리 아시고 그의 아들의 형상을 본받도록 미리 정하신 자들이 그처럼 위대한 완성에 이를 것이라는 사실이다. 신자도 괴롭을 당하고 자주 시험받을 것이다. 자주 넘어진다. 그런데도 결국 신자는 예수님과 함께 지내고 그와 같게 될 것이다. 왜냐하면 하나님이 주권적이고 설명할 수 없는 사랑으로 신자들에게 이런 운명을 미리 정하셨기 때문이다.

문제 구절

그런데 지금은 로마서 8장을 강해하는 과정이지만, 이 교리와 모순되는 듯이 보이는 성경 구절을 다루지 않고서 이 교리를 제시하는 일이 불가능하다. 이 구절들은 몇몇 그리스도인들이 신자의 안전에 대한 말을 들을 때 그들의 마음속에 자리잡고서 그들을 괴롭히고 있는 경우가 많다. 아마도 당신도 그 구절 때문에 괴로울 것이다.

가령 다음 구절들을 생각해 보라. 히브리서 6 : 4-6을 살펴보면 "한번 비췸을 얻고 하늘의 은사를 맛보고 성령에 참예한 바 되고 하나님의 선한 말씀과 내세의 능력을 맛보고 타락한 자들은 다시 새롭게 하여 회개케 할 수 없나니…" 이 구절은 구원 받은 자도 멸망할 수 있다는 뜻을 담고 있지 않는가?

혹은 베드로후서 2 : 1-2은 어떤가? "그러나 민간에 또한 거짓 선지자들이 일어났었나니, 이와 같이 너희 중에도 거짓 선생들이 있으리라. 저희는 멸망케 할 이단을 가만히 끌어들여 자기들을 사신 주를 부인하고 임박한 멸망을 스스로 취하는 자들이라. 여럿이 저희 호색하는 것을 좇으리니…" 이 구절은 그리스도에 의하여 구속 받은 사람들이 그리스도를 부인하고 그래서 떨어져 멸망하는 것을 말하지 않는가?

그렇지 않으면 고린도전서 9 : 27에 나오는 바울의 말씀은 어떤가? "내가 내 몸을 쳐 복종하게 함은 내가 남에게 전파한 후에 자기가 도리어 버림이 될까 두려워함이로라." 신자도 '버림' 받게 되는가?

혹은 마태복음 13장 예수님의 (씨 뿌리는 자의) 비유에 나오는 네 종류의 밭은 어떤가? 씨 가운데 더러는 빨리 싹이 나지만 햇빛이 나서 타거나 가시떨기에 기운이 막힌다. 그래서 이 씨는 소멸한다.

그렇지 않으면 마태복음 25장의 어리석은 다섯 처녀는 어떤가? 그들은 신랑이 오기를 기다리지만, 기름이 타 없어지다가 신랑이 올 때는 하나도 남지 않았으므로, 혼인 잔치에 들어가지 못했다.

분명 여러분은 이런 구절말고도 나름대로 '문제' 구절을 더 나열할 수 있다.

중요한 것은 물론 이 구절을 잡고 씨름하는 일이지, '한번 구원 받은 자는 언제나 구원 받는다'는 말로 그럴싸하게 이 구절을 제쳐놓는 일이 아니다. 그렇지 않다면 우리는 구원 받은 체하고 있으며, 이 본문이 전달하는 매우 중요한 경고의 말씀을 놓치게 될 것이다. 하지만 이 구절들을 자세히 살피면, 이 구절들이 성도의 견인을 제대로 이해하지 못하도록 방해를 놓긴 하지만 우리가 이 구절을 좋을 대로 이용해 먹거나 가볍게 살피지 않을 경우 성도의 견인이라는 교리와 모순되지 않는다는 사실이 드러날 것이다.

세 범주

그러면 우리는 어떻게 이 어려운 점들을 접근하는가? 마틴 로이드 존스(D. Martyn Lloyd Jones)는 로마서 8장에 대한 두 권의 강해서 가운데 두번째 책에서 100쪽이 넘게 자세한 주장을 펼치면서 이 문제들을 접근하고 있다. 나는 여기서 많은 지면을 할해하여 그 어려운 점을 접근하고 싶지는 않다. 이 문제를 다 자세하게 살피고 싶은 사람들은 로이드 존스의 저작물을 보면 될 것이다.[1] 하지만 로이드 존스는 내가 소개하는 문제 본문을 몇 가지 다루기 쉬운 범주(範疇)로 묶어 다음과 같이 다루어서, 우리에게 도움을 준다. 아주 간략하나마, 그의 순서를 따르고자 한다.

범주 1 : 우리가 은혜에서 '떨어져 버릴' 수 있다고 제안하는 듯이 보이는 구절들.

이 구절에는 가장 까다롭고 가장 자주 인용되는 구절이 들어 있다. 그러므로 우리는 이 범주를 아주 길게 탐구해야 한다.

첫번째는 '은혜에서 떨어진' 이라는 구절이 나오는 갈라디아서 5 : 4이다. 이 문맥을 살펴보면, 바울이 말하고 있는 바는 갈라디아 신자들이 참으로 구원 받으려면 할례를 받고 다른 유대교 관행을 지켜야 한다고 주장하는 율법주의적 유대인 무리가 갈라디아 교회에 집어넣었던 거짓 가르침의 문제다. 여기서 은혜와 대조를 이루는 것은 율법이다. 그리고 사도는, 신자가 이 거짓 가르침에 현혹된다면 은혜에서 벗어나 율법주의에 빠질 것이라고 말하고 있다. 그러나 이 말은 신자들이 구원을 잃을 것이라는 말과 다르다. 물론 율법주의자들의 교리를 가지고서는 아무도 구원을 받을 수 없다. 바울은, 갈라디아의 그리스도인들더러 그리스도께서 주신 자유에 '굳세게 서서' '다시는 종의 멍에를 메지 말라고 주장한다(갈 5 : 1).

네 군데 밭의 비유도 이 문제 구절에 속한다. 이 비유는, 사람이 참으로 거듭난 후에 세상으로부터 핍박을 받아 기운이 빠지거나 물질주의에 현혹되어 떨어져 멸망할 수 있다는 것을 가르치지 않는가? 어린 식물이 나타내는 상(像)은 이 점을 보여 준다. 왜냐하면 이 이야기에 나오는 식물은 명백하게 생명을 갖고 있기 때문이다. 그러나 우리가 이 이야기에 대한 예수님의 설명을 살피면, 예수님이 단순히 말씀을 '듣는' 자와 '말씀을 듣고 깨닫는' 자(마

13 : 19, 23)를 구별하시는 것을 보게 된다. 단순히 듣기만 하는 자는 말씀을 받되, 실제로 깨닫지 못하는 말씀을 '기쁨으로' 받고 그래서 구원 받은 것처럼 보인다. 그러나 그 속에 '뿌리가 없어' '잠시' 견딜 뿐이다. 깨닫고 그 속에 참된 생명의 뿌리를 갖고 있는 자들은 참고 결실하여 그 생명을 보인다.

이 비유는 이 세대에 복음을 전하는 일과 관련되어 있다. 그러므로, 예수님이 말씀하고자 하는 점은 하나님이 세상의 모든 설교에 복 주셔서 그 설교를 듣는 자마다 구원을 베푸시지는 않는다는 것이다. 오직 몇 사람만이 회개할 것이다.

이 문제 구절에 속하는 또 하나의 구절은 지혜로운 다섯 처녀와 어리석은 다섯 처녀의 이야기다. 이 비유는 혼인 만찬에 초대 받고서 예수님을 자신의 주와 구주로 고백하고 실제로는 예수님의 약속하신 재림을 기다리는 듯이 보이지만 결국은 멸망하는 사람이 교회 안에 있을 것임을 가르치므로, 이해할 때 혼동을 일으키는 비유다. 그러나 우리가 이 비유와 같은 장에 나오는 다른 비유들 – 달란트 비유와 양과 염소 비유 – 을 비교하면, 예수님이 말씀하시는 것은 교회에 참으로 거듭나지 못한 많은 사람이 마지막까지 신자로 통할 것이라는 점뿐이다. 주께서 다시 오시는 때 즉 마지막 심판날이 되어서야 비로소, 참으로 구원 받은 사람과 입으로만 구원 받았다고 고백하는 사람이 구별될 것이다.

신자가 은혜에서 떨어질 수 있는 듯이 말하는 구절 가운데 가장 까다로운 것은 베드로후서 2 : 1-2이다. 이 구절은 사람들이 "자기들을 사신 주를 부인한다"고 언급한다. 이 말은, 예수님에 의하여 구속 받고 그를 믿었다가 후에 예수님을 부인하고 떨어진 사람들을 베드로가 서술하고 있는 듯이 보인다.

우리는 베드로후서 2장의 논리 전개를 살펴서 이런 오해에 빠지지 않도록 주의해야 한다. 그러므로 우리는, 베드로가 예수 그리스도에 관하여 배우고 심지어 기독교 생활의 높은 표준을 배워서 세상의 더러움을 겉으로는 상당히 벗어 버렸지만 자신이 실제로 사랑하는 타락한 세상으로 되돌아가려고 이런 가르침을 배격했던 사람들에 대하여 실제로 말하고 있음을 본다. 베드로는 다소 대략적으로 '토하였던 것에 돌아가는 개'와 '씻었다가' 도로 '더러운 구덩이에 드러눕는 돼지'(22절)를 비교한다. 이 개와 돼지가 그렇게 하는 이유는 그들의 내적 본성이 바뀌지 않았기 때문이다. 그들은 바리새인처럼 겉으로는 깨끗해졌을 것이지만, 그 속은 여전히 더러운 것으로 가득 찼다. 이들은 그들을 사셨던 주를 부인하는 자들이다.

그러나 어떻게 해서 베드로는 예수님이 그들을 '사셨다'고 말할 수 있는가? 늘 말하지만, 이는 까다로운 본문이며 많은 주석가들 역시 까다롭게 여기는 구절이다. 그러나 베드로가 여기서 겉으로만 값주고 사거나 건져내는 일을 생각하고 있다고 대답하면 될 듯하다. 베드로는 이스라엘 백성 가운데 거짓 선지자들을 먼저 말하고 있으므로, 이스라엘이 애굽으로부터 구원 받은 구제의 수혜자들이지만 하나님을 참으로 따르지 않듯이 교회 안에도 이런 자들이 있을 것이라고 말하고자 하는 듯이 보인다. 그들은 그리스도께서 사신 듯이 보이며 그처럼 구원 받은 외적인 표시를 드러내긴 하지만, 여전히 거짓 선지자요 거짓 신앙 고백자일 것이다.

이 구절 가운데 그 어느 것도 구원을 잃어버릴 수 있다고 가르치지 않는다. 이 구절들은 은혜에서 율법주의로 떨어지는 것과 같이 다른 일들을 언급하고 있거나, 겉으로만 신앙을 고백하는 사람들이 겉보기에는 아무리 정통적이고 거룩한 듯해도 떨어질 것이라고 가르치고 있다. 요한이 요한일서에서 쓰고 있듯이, "저희가 우리에게서 나갔으나 우리에게 속하지 아니하였나니, 만일 우리에게 속하였더면 우리와 함께 거하였으려니와, 저희가 나간 것은 다 우리에게 속하지 아니함을 나타내려 함이니라"(요일 2 : 19).

범주 2 : 우리의 구원이 불확실한 듯이 말하는 구절.

이 범주에 속하는 절은 아주 많다. 그러나 비슷비슷하여 특별히 따로따로 다루어야 할 필요는 없다. 가령 빌립보서 2 : 12 "… 두렵고 떨림으로 너희 구원을 이루라", 베드로후서 1 : 10 "그러므로 형제들아, 더욱 힘써 너희 부르심과 택하심을 굳게 하라. 너희가 이를 행한즉 언제든지 실족지 아니하리라", 또한 히브리서 6 : 4-6 "한번 비췸을 얻고 하늘의 은사를 맛보고 성령에 참예한 바 되고 하나님의 선한 말씀과 내세의 능력을 맛보고 타락한 자들은 다시 새롭게 하여 회개케 할 수 없나니…" 등이 있다.

이미 언급한 바 있는 이 마지막 구절은 특별히 많은 사람들에게 골칫거리다. 그래서 먼저 이 구절을 살펴보자. 이 구절에 대해서는 이런 논평이 있다. 이 본문이 간접적으로는 그리스도인이 떨어지고 멸망할 수 있음을 가르친다 해도, 특별히 가르치고자 하는 바는 그런 사람이 "하나님의 아들을 다시 십자가에 못박아 현저하게 욕을 보이므로"(6절) 다시는 결코 구원 받을 수 없다는 것이다. 그런 견해를 받아들이려는 사람은 거의 없을 것이다. 그래서 영원한 안전을 믿지 않는 자들도 더 나은 해석을 찾아야 한다.

이 경우에 해답은 히브리서 전체 요지에 담겨 있다. 이 히브리서는 기독교를 알게 되어 어느 정도 기독교를 받아들인 유대인들에게 온전한 믿음에 나아가고 다시 유대주의로 돌아가지 말라고 쓴 것이다. 이 책에 나오는 모든 것은 이 방향을 향하고 있다. 그래서 이 '문제' 구절은 기독교를 아는 듯하지만 참된 그리스도인이 되지 못하고 넘어지는 사람들에 관하여 말하고 있다. 이런 일이 일어나면, 그들은 다시 기독교로 돌아올 수 없다. 왜냐하면 어떤 의미에서 그들은 기독교에 대하여 면역이 되어 있기 때문이다.

하지만 실제 상황은 9절에 나타난다. 여기서 히브리서 기자는 이렇게 쓴다. "사랑하는 자들아, 우리가 이같이 말하나, 너희에게는 이보다 나은 것과 구원에 가까운 것을 확신하노라"(히 6 : 9). 다른 말로 하면 히브리서 기자는 자신의 독자들을 참된 신자로 보았다. 히브리서 기자에 따르면 이 말은 이 독자들이 이전의 모습으로 되돌아가지 아니하고 자신이 권하는 대로 신앙의 가르침을 온전히 받아들이게 될 것이라는 뜻이다.

다른 성구들 즉 빌립보서 2 : 12과 베드로후서 1 : 10은 그렇게 어렵지 않다. 이 성구들은 앞에서 내가 말한 것을 상기시킬 따름이다. 즉 하나님이 우리와 더불어 인내하신다고 하여 우리가 인내할 필요가 없는 것은 아무튼 아니다. 사실 하나님이 우리와 더불어 인내하시므로 우리는 인내할 것이다. 우리에게 구원을 '이루라'고 말하는 빌립보서 2 : 12에 바로 이어서 "너희 안에 행하시는 이는 하나님이시니, 자기의 기쁘신 뜻을 위하여 너희로 소원을 두고 행하게 하신다"는 13절이 나오는 것을 기억하라. 즉 하나님은 우리에게 소원을 주시며 따라서 하나님이 원하시는 것을 이룰 수 있도록 한다.

범주 3 : 경고의 구절

문제 구절의 세번째 범주는 다음과 같은 경고를 담고 있다. 로마서 11 : 20-21 "… 높은 마음을 품지 말고 도리어 두려워하라. 하나님이 원 가지들도 아끼지 아니하셨은즉 너도 아끼지 아니하시리라." 히브리서 2 : 1-3은 "그러므로 모든 들은 것을… 더욱 간절히 삼갈" 것을 우리에게 권하고 "우리가 이같이 큰 구원을 등한히 여기면 어찌 피하리요" 하고 끝 맺는다. 혹은 바울이 주의하는 고린도전서 9 : 27이 있다. "… 내가 남에게 전파한 후에 자기가 도리어 버림이 될까 두려워함이로라."

이 구절들이 있는 이유는, 우리가 인내하려면 하나님으로부터 경고를 받아야 하기 때문이다. 혹은 다른 말로 표현하면, 이 경고들은 하나님이 우리의 인내를 보증하기 위하여 취하시는 방법들 가운데 하나이다. 이 점은 불신자와 신자가 이 경고에 반응하는 방법이 다른데서 입증된다. 내가 '경고'라고 언급한 문제 구절들 때문에 불신자가 괴로워할까? 전혀 그렇지 않다. 불신자는 이 경고들을 그저 미련한 소리라 별로 신경쓰지 않아도 되는 것으로 여기거나, 이 경고들을 있는 그대로 받아들이지만 자신의 삶은 아무 문제 없고 따라서 이 경고들은 자신과 관계가 없다고 가정한다. 오직 신자만 괴로워한다. 왜냐하면 그들은 하나님과의 관계에 관심을 기울이며 자기의 영혼에 문제가 있을 수 있는데도 아무 문제 없다고 믿기를 원치 않기 때문이다.

이 구절들은 좀더 헌신하고 좀더 경건하라고 우리를 자극한다. 왜냐하면 이 구절들은 이런 목적을 위하여 주신 것이기 때문이다. 그리고 심지어 이 구절은 우리에게 힘도 준다. 마틴 로이드 존스(D. Martyn Lloyd Jones)가 말하듯이, "우리가 이 구절을 있는 그대로 읽을 때 우리 영혼의 상태에 관심을 기울이고 그 상태 때문에 괴로워한다는 것은 본질적으로 우리가 하나님의 말씀과 성령님께 민감하고 우리 안에 영적인 생명이 있다는 증거다."[2]

하나님의 계획과 하나님의 영광

이 장을 시작할 때 말했듯이, 나는 이 '문제 구절'을 논의하는 데 많은 시간을 들였다. 그렇게 한 것은, 견인 교리가 논의될 때마다 이 구절들이 그리스도인의 마음에 중대한 문제로 나타나기 때문이다. 물론 그렇게 되는 것이 옳다. 우리는 이 구절들을 주의 깊게 살펴야 한다. 그러나 그처럼 주의 깊게 살피는 데는 위험이 하나 따른다. 왜냐하면 그럴 때 우리는 관련된 본문들이 죄다 문제가 되며 영원한 안전을 가르치는 본문이 드물다는 인상을 줄 수 있기 때문이다. 물론 이번 장에서는 (영원한 안전에 관한) 긍정적인 교훈을 담고 있는 구절들을 문제 구절의 수만큼 다루어 균형을 취하는 일을 하지 않을 것이지만, 관련된 본문이 그렇게 부정적인 뜻을 담고 있는 것은 아니다.

영원한 안전에 관하여 가르치는 본문은 많다. 확신컨대 여러분도 상당히 알고 있을 것이다. 주님이 친히 하신 말씀에서 두 구절이 있다.

"내 양은 내 음성을 들으며 나는 저희를 알며 저희는 나를 따르느니라. 내가 저희에게 영생을 주노니 영원히 멸망치 아니할 터이요, 또 저희를 내 손에서 빼앗을 자가 없느니라"(요 10 : 27-28).

"… 나를 보내신 이의 뜻은 내게 주신 자 중에 내가 하나도 잃어버리지 아니하고 마지막 날에 다시 살리는 이것이니라"(요 6 : 39).

바울도 확신 있게 이렇게 말한다. "너희 속에 착한 일을 시작하신 이가 그리스도 예수의 날까지 이루실 줄을 우리가 확신하노라"(빌 1 : 6). 그리고 물론 로마서 8장의 마지막 부분에서도 이 점을 분명히 말한다.

> 그런즉 이 일에 대하여 우리가 무슨 말하리요 만일 하나님이 우리를 위하시면 누가 우리를 대적하리요 자기 아들을 아끼지 아니하시고 우리 모든 사람을 위하여 내어주신 이가 어찌 그 아들과 함께 모든 것을 우리에게 은사로 주지 아니하시겠느뇨 누가 능히 하나님의 택하신 자들을 송사하리요 의롭다 하신 이는 하나님이시니 누가 정죄하리요 죽으실 뿐 아니라 다시 살아나신 이는 그리스도 예수시니 그는 하나님 우편에 계신 자요 우리를 위하여 간구하시는 자시니라 누가 우리를 그리스도의 사랑에서 끊으리요 환난이나 곤고나 핍박이나 기근이나 적신이나 위험이나 칼이랴 기록된 바
> "우리가 종일 주를 위하여 죽임을 당케 되며
> 도살할 양같이 여김을 받았나이다"
> 함과 같으니라 그러나 이 모든 일에 우리를 사랑하시는 이로 말미암아 우리가 넉넉히 이기느니라 내가 확신하노니 사망이나 생명이나 천사들이나 권세자들이나 현재 일이나 장래 일이나 능력이나 높음이나 깊음이나 다른 아무 피조물이라도 우리를 우리 주 그리스도 예수 안에 있는 하나님의 사랑에서 끊을 수 없으리라.
>
> 로마서 8 : 31-39

왜 우리는 인내하게 될 것인가? 우리가 인내하는 것이 우리를 향한 하나님의 계획이므로 우리는 인내할 것이며, 그 모든 것의 결국은 하나님의 영광이다.

● 각주 ●

1. D. M. Lloyd Jones, *Romans : An Exposition of Chapter 8 : 17-39, The Final Perseverance of the Saints* (Grand Rapids : Zondervan, 1976), pp. 263-366
2. Ibid., p. 332.

115

대답할 수 없는 다섯 질문

로마서 8:31-36

그런즉 이 일에 대하여 우리가 무슨 말 하리요 만일 하나님이 우리를 위하시면 누가 우리를 대적하리요 쟈기 아들을 아끼지 아니하시고 우리 모든 사람을 위하여 내어 주신 이가 어찌 그 아들과 함께 모든 것을 우리에게 은사로 주지 아니하시겠느뇨 누가 능히 하나님의 택하신 쟈들을 송사하리요 의롭다 하신 이는 하나님이시니 누가 정죄하리요 죽으실 뿐 아니라 다시 살아나신 이는 그리스도 예수시니 그는 하나님 우편에 계신 쟈요 우리를 위하여 간구하시는 쟈시니라 누가 우리를 그리스도의 사랑에서 끊으리요 환난이나 곤고나 핍박이나 기근이나 적신이나 위험이나 칼이랴 기록된 바

> "우리가 종일 주를 위하여 죽임을 당케 되며
> 도살할 양같이 여김을 받았나이다"

함과 같으니라.

주의 깊게 성경을 공부해 본 사람이라면, 계시의 솟아오르는 봉우리에 이르러서는 눈 앞에 펼쳐져 있는 광경에 거의 숨을 쉬지 못할 지경에 이르는 때가 있을 것이다. 로마서 8장의 마지막 위대한 문단에 이를 때 그런 일이 일어난다. 주석가들은 이 성구들을 일러 '확신의 찬송' '승리의 노래' '하나님 전(全)계시의 최고 고원(高原)'이라고 일컬어 왔다. 그러나 정말이지 그런 찬사들도 그 위대함에 비하면 턱 없이 부족하며 이는 최고의 문단이다. 이 문단은 로마서의 에베레스트이며 성경이라

는 히말라야 산맥에서 가장 높은 봉우리다.

나는 산을 좋아하는지라, 산과 관련하여 매우 즐거운 기억이 몇 가지가 있다. 몇 년 전 아이들이 다 어릴 때 우리 가족은 스위스 몽트뢰(Montreux) 근처 제네바 호수에서 3-4 주일을 보내었다. 거기서 케이블 카를 타면 로세르드네(Rocher de Nez)라는 단층 지괴(斷層地塊 : 지각변동으로 지각이 갈라져 어긋나서 맞지 아니하는 지층면으로 한정된 육지 덩어리 – 역자)에 갈 수 있는데, 우리는 여러 번 케이블 카를 타고 올라가 알프스 높은 경사지의 꽃이 만발한 풀밭을 여러 시간 거닐며 지냈다. 한번은 완연한 여름 날에 산등성이에 보기 좋게 앉아, 멀리 산봉우리들을 가로질러 보고 저 아래 소들이 풀을 뜯는 골짜기를 내려다보고, 풀을 뜯는 소떼의 울려 퍼지는 방울 소리와 많은 새들의 지저귀는 소리를 들었다. 물론 「하이디」(Heidi)도 읽었다. 누구라도 그런 체험은 잊지 못하며 나는 그 날을 결코 잊지 못할 것이다.

로마서 8 : 31-39에 이르게 되면 그처럼 잊지 못할 체험을 갖게 된다. 우리는 로마서 전반부에서 가파른 길을 가듯 교리를 계속적으로 살펴 왔다. 우리는 로마서 후반부의 아름답지만 조금 낮게 펼쳐져 있는 경치를 볼 수 있다. 하지만 이제 당분간 우리는 산봉우리에 서 있으며, 그 체험은 영광스럽다.

나는 존 스토트(John R. W. Stott)의 책을 읽고 이 장의 제목을 정했다. 왜냐하면 스토트는 로마서 5-8장을 간략하게 다루면서 '대답할 수 없는 다섯 질문' 앞에 '부인할 수 없는 다섯 확언'을 말하고 있기 때문이다.[1] 우리는 이미 부인할 수 없는 확언들을 살펴보았다. 이 확언들은 미리 아시고 미리 정하시고 부르시고 의롭다 하시고 영화롭게 하셨다는 다섯 낱말이다. 이제 우리는 이 질문을 살펴볼 것이다.

엄밀하게 말하면 이 절에는 일곱 질문이 나오는데 31, 35절에 둘씩, 32, 33, 34절에 하나씩 나온다.[2] 그러나 처음 질문은 사실상 독립되어 있는 별개의 것이다. 이는 바울이 설명을 해오다가 주장한 결론을 내리기 위하여 질문하는 것이다. 우리는 로마서에서 이런 언급을 이미 서너 번 보았다.[3] 이런 질문이 뜻하는 것은 "내가 가르쳐 오던 바에 비추어 볼 때 어떤 결론이 나오는가?"이다. 그리고 (35절에 나오는) 마지막 두 질문은 실제로 같은 물음이다. 그래서 중요한 질문은 모두 다섯이다. 이 다섯 질문은 우리를 위한 하나님의 계획을 무효로 만들거나 우리를 해롭게 할 수 있는 것으로 생각되는 것들에 관한 것이다. 그러나 각 질문은 대답할 수 없는 것이다. 왜냐하면 질문에 담겨진 효과를 낼 수 있는 것이 전혀 없기 때문이다.

존 스토트(John R. W. Stott)는 이렇게 말한다. "말하자면 바울은 하늘이나 땅이나 지옥에서 어떤 피조물이라도 이 질문에 답하거나 이 단락에 담겨 있는 진리를 부인할 테면 해보라는 식으로 도전적이고도 승리에 차서 이 질문들을 내던진다. 그러나 아무런 대답이 없다. 왜냐하면 그 누구도 그 무엇도 하나님의 구속 받은 백성을 해할 수 없기 때문이다."[4]

오직 이 질문들이 이 문단을 최고의 문단으로 만든다.

"누가 우리를 대적하리요?"

첫째 질문은 31절에 있다. "만일 하나님이 우리를 위하시면 누가 우리를 대적하리요" 이 질문의 후반부만 놓고 보면, 이 질문의 후반부는 능히 대답할 수 있다. 누가 우리를 대적하리요? 물론 많은 사람과 많은 사물이 우리를 대적할 수 있다. 그리고 이것들은 우리를 대적할 수 있을 뿐만 아니라 실제로 대적하고 있다. 신학은 그리스도인의 큰 원수가 세 가지 있다고 말해 왔다. 그것은 세상과 육신과 마귀이다. 세상이 우리를 대적하는 것은, 기독교가 세상을 거스르고 세상이 하나님을 거역하는 길에 서기 때문이다. 세상은 할 수만 있다면 우리가 자신을 따르게 하려 한다. 그렇게 하지 못하면 우리를 끌어들이려고 할 것이다. 우리의 육신도 원수가 된다. 왜냐하면 우리의 육신은 그 속에 죄의 씨앗을 담고 있기 때문이며 우리는 현세에서 육신의 해로운 영향력에서 벗어날 수 없다. 그리고 그것으로 충분하지 않은 듯, 우리에게는 사단이라는 강력한 원수가 있다. 베드로 사도는 이 마귀를 "삼킬 자를 두루 찾아 우는 사자"(벧전 5:8)로 묘사한다.

그렇다. 우리를 대적하는 원수는 흔하디 흔하다. 그리고 우리 속에도 원수가 있다. 그러나 이 구절의 첫째 부분 "만일 하나님이 우리를 위하시면…"이라는 말을 놓고 보면 이 원수들은 대체 무엇이 되는가?

보다시피, 이 구절은 바로 이런 뜻이다. 확신하건대 여러분은 이 문장에 나오는 만일이라는 낱말이 무슨 의심의 뜻을 담고 있지 않음을 알 것이다. 왜냐하면 바울은 앞의 문장에서 의심을 떨쳐 내버렸기 때문이다. 바울은, 하나님이 우리를 사랑하시는 아들의 형상을 본받

게 하려고 미리 정하시고서 우리에게 사랑을 쏟으신 것을 보여 주었다. 하나님은 미리 정하
시고 난 후 우리를 부르시고 의롭다 하시고 영화롭게 하셨다. 이 구절에서 '만일'은 '그렇기
때문에' 즉 '하나님이 우리를 위하시기 때문에'라는 뜻이며, 따라서 본래의 뜻과 다르다.

　바울은 땅콩을 저울질하듯이 구식 저울 한편에 우리가 생각할 수 있는 모든 원수를 놓아
보라고 우리에게 요구하고 있는 듯하다. 그리고 우리가 저울에 땅콩을 다 담았을 때 바울은
저울의 다른 한편에 모루(대장간에서 받침으로 쓰는 쇳덩이 – 역자)를 하나 올려 놓는다.
그러면 땅콩이 담긴 쪽이 갑자기 솟더니 땅콩이 흩어진다. "만일 하나님이 우리를 위하시
면, 누가 우리를 대적하리요?" 누가 하나님을 대적할 수 있는가? 그 대답은 "아무도 대적할
수 없다"이다. 우주의 전능하신 하나님이 우리편이시라면 우리를 이길 수 있는 것은 전혀
없다.

"… 어찌 주지 아니하시겠느뇨?"

　어떤 사람이 이렇게 말한다. "그렇지만 그 말은 하나님이 변하지 않으신다는 것을 가정
하고 있습니다. 물론 그 무엇도 하나님을 대적할 수 없어요. 그렇지만 하나님이 우리를 지
치게 하시고 우리 일을 잊어버리시고 다른 일을 하게 되면 어떡합니까?" 바울은 32절에서
이런 생각을 다루면서 이렇게 질문한다. "자기 아들을 아끼지 아니하시고 우리 모든 사람을
위하여 내어 주신 이가 어찌 그 아들과 함께 모든 것을 우리에게 은사로 주지 아니하시겠느
뇨"(롬 8 : 32).

　앞으로 보게 되겠지만 이 다섯 질문들은 각각 부인할 수 없는 진리에 근거를 두고 있으므
로 대답할 수 없는 것이다. 그리고 이 절에서 나타나는 이 부인할 수 없는 진리는 하나님이
그의 아들을 주셨다는 것이다. 바울이 그저 "하나님이 모든 것을 우리에게 주시지 않겠느
냐?" 하고 말했더라면, 우리는 그렇다고 대답하기를 주저했을 것이다. 왜냐하면 하나님이
그러시리라고 우리가 확신할 길이 없기 때문이다. 하나님은 물론 많은 것을 우리에게 주셨
다. 그러나 모든 것을 주신단 말인가? 우리는 하나님이 은혜와 인자를 어느 정도 주실 것이
라고 생각하는 편이 옳지 않을까? 하나님이 자신의 아들을 우리에게 주시지 않았다면 그렇
게 생각하는 것이 합당했을 것이다. 하나님의 독생자 예수 그리스도는 하나님이 주셔야 하

는 가장 큰 것이었지만 하나님은 예수님을 주셨고 또 신비스러운 방식으로 그를 우리와 함께 있도록 하셨다. 하나님은 우리로 우리의 죄 때문에 받아 마땅한 심판에서 건짐을 받게 하시려고 예수를 죽음에 내어 주셨다.

바울은 우리에게 십자가를 보고 다음과 같이 이해하라고 요구한다. 하나님이 우리를 위하여 자기 아들 예수님을 우리 대신 죽게 하려고 보내신 일을 하셨다면, 하나님이 주지 않으시려고 하시는 것이 있다고 생각할 수 있겠는가?

몇 년 전, 한 성경 교사가 어린이들에게 이야기를 하면서, 하나님이 우리에게 해주시겠다고 해놓고 아직 하지 않은 약속을 생각할 수 있는 어린이들에게 10달러의 상금을 주겠다고 말했다. 이 교사는 자신이 말한 대로 했다면 10억 달러 쯤 주었을 것이다. 왜냐하면 우리의 본문은 하나님이 자기 아들까지 주기를 꺼려 하지 않으셨으므로 '모든 것'을 주겠다고 이미 우리에게 보장해 주셨다는 것을 말하고 있기 때문이다. 이 절은 우리의 참된 필요를 채울 수 있게 하는 백지 수표다.

가령 우리가 시험을 이길 힘이 필요하다고 해보자. 우리 스스로는 죄를 지으려는 시험을 이길 수 없다. 하나님은 우리가 죄를 이기려 할 때 필요한 힘을 주시겠는가? 물론이다. 바울은 다른 성경에서 이렇게 말한다. "사람이 감당할 시험밖에는 너희에게 당한 것이 없나니, 오직 하나님은 미쁘사 너희가 감당치 못할 시험 당함을 허락지 아니하시고…"(고전 10:13 상).

인생의 어두운 곳을 지날 때는 함께 있어 줄 친구가 필요하다. 그래야 우리는 절망하지 않고 희망을 놓치지 않는다. 하나님은 우리에게 친구가 되어 주시겠는가? 물론 하나님은 되어 주실 것이다. 예수님은 이렇게 말씀하셨다. "이제부터는 너희를 종이라 하지 아니하리니, 종은 주인의 하는 것을 알지 못함이라. 너희를 친구라 하였노니…"(요 15:15 상). "…내가 세상 끝날까지 너희와 항상 함께 있으리라 하시니라"(마 28:20 하).

어떻게 살아야 할지 그리고 어떻게 하나님을 기쁘시게 할지 지침이 필요한가? 하나님은 그 지침을 주실 것이다. 하나님은 이렇게 말씀하신다. "내가 너의 갈 길을 가르쳐 보이고 너를 주목하여 훈계하리로다"(시 32:8).

사랑하는 자를 잃었을 때는 위로가 필요하다. 하나님은 위로의 유일한 원천이 되신다.

하나님이 죽음의 어두운 때에 우리와 함께 하실까? 물론 함께 하신다. 하나님은 우리가 죽을 때 우리를 붙드시며 우리를 마지막에 자신의 영광스러운 보좌 앞에 우리를 흔쾌히 이끄실 것이다. 성경은 이렇게 말한다. "성도의 죽는 것을 여호와께서 귀중히 보시는도다"(시 116 : 15). 그리고 하나님이 우리의 어떤 중요한 필요를 못 보고 지나치셨다는 생각을 하지 않기 위하여, 우리는 바울이 빌립보 사람들에게 성령의 영감을 받아 한 말을 기억하자. "나의 하나님이 그리스도 예수 안에서 영광 가운데 그 풍성한 대로 너희 모든 쓸 것을 채우시리라"(빌 4 : 19).

하나님이 모든 선물 가운데 가장 큰 선물인 예수님을 우리에게 주셨다면, 분명 우리는 그보다 못한 모든 선물들을 우리에게 주실 것이라고 하나님을 의지할 수 있다. 존 스토트가 말하듯이, "십자가는 (하나님의) 인자(仁慈)를 증명한다."[5]

"누가 능히 송사하리요?"

세번째 질문은 마치 법정에서 우리를 고소하여 최종적인 영적 정죄를 받도록 하는 자가 있느냐고 묻는다. 이 질문은 33절에 있다. "누가 능히 하나님의 택하신 자들을 송사하리요" "하나님이 의롭다 하시므로" 누가 그 일을 할 수 있겠는가?

소선지서 스가랴의 글에 그 당시 여호수아라는 이름을 가진 대제사장이 틀림없이 백성들의 희생을 드릴 준비를 하며 성전에 서 있는데 사단이 그를 송사하고 있는 위대한 장면을 기억하는가? 여호수아는 죄를 상징하는 더러운 옷을 입고 있으며 마귀는 여호수아가 죄인이므로 그 직무를 담당할 자격이 없다고 주장하고 있다. 그러나 하나님이 거기 계시다가 천사를 통하여 이렇게 사단을 꾸짖으신다. "사단아, 여호와가 너를 책망하노라. 예루살렘을 택한 여호와가 너를 책망하노라. 이는 불에서 꺼낸 그슬린 나무가 아니냐?"(슥 3 : 2). 그럴 때 여호수아의 더러운 옷을 벗기고 그에게 아름다운 옷을 입히고 정한 관을 씌운다. 이는 예수 그리스도의 사역으로 말미암은 칭의를 상징한다. 누가 여호수아를 송사하리요? 그 대답은 분명하다. "그 누구도, 어느 누구도 송사할 수 없다." 하나님이 그를 의롭다 하셨기 때문이다.

바울의 질문을 접하고 이런 정경이 떠올랐다. 그리스도 안에 있는 하나님의 역사를 떠나서는 우리를 정죄할 사람이 많을 것이다. 마귀는 물론이고, 다른 사람과 심지어 우리 마음도 우리를 정죄할 것이다. 그러나 바울의 대답을 살펴보라. "의롭다 하신 이는 하나님이시니" 실로 우리를 의롭다 하셨다(30절을 보라). 우리가 가장 높은 최고 법정에서 면죄받았는데 누가 우리더러 죄 있다고 확언할 수 있는가?

"누가 정죄하리요?"

네번째 질문은 세번째 질문과 매우 밀접하게 관련되어 있어서, 어떤 사람들은 이 둘이 동일한 것을 묻고 있다고 보았다. 이제 설명하겠지만 차이가 난다.

바울은 우리를 향한 하나님의 선한 뜻이 바뀔 수 있는지 앞에서 묻고, 하나님이 가장 큰 선물인 예수님을 우리에게 주셨으므로 그 뜻이 변할 수 없다고 결론 내린다(32절). 이제 바울은 한 걸음 더 나아가, 예수님의 심정이 바뀔 수 있는지 묻는다. 34절은 "누가 정죄하리요" 하고 묻고, "죽으실 뿐 아니라 다시 살아나신 이는 그리스도 예수시니, 그는 하나님 우편에 계신 자요 우리를 위하여 간구하시는 자시니라" 하고 대답한다.

성경은 성령님과 예수님 두 분에 대하여 보혜사(paraclete, 혹은 변호자)라는 말을 사용하면서 이 진리를 놀랍게 가르친다. 보혜사는 '돕기 위하여 다른 사람을 변호하는 사람' 이다. 그러니 이는 변호인(advocate)이라는 말의 정확한 의미이다. 보혜사와 변호인의 차이점을 보면 하나는 헬라어에서 나왔고 다른 하나는 라틴어에서 나왔다는 것이다. 예수님은 성령님을 제자들에게 보내사 그들의 보혜사가 되게 하시겠다고 말씀하셨을 때 성령에 대하여 이 낱말을 사용하셨다(요 16 : 5 15). 그리고 요한은 우리에게 "아버지 앞에서 대언하는 자"(요일 2 : 1)로서 변호인(advocate, KJV)이 있다고 말하면서 예수님에 대하여 이 용어를 사용했다. 이는 하늘의 직분과 땅의 직분, 더불어 견고한 하나님의 법을 묘사한다. 땅에서는 성령님이 우리의 간구를 올바르게 해석하시면서 우리를 위하여 변호하시고 하늘에서는 주 예수 그리스도께서 우리가 구원받은 사람이며 하나님으로 하여금 우리를 정죄하게 만들 수 있는 것이 없다는 것을 보이기 위하여 자신의 흘린 피의 효력을 내세우신다.

"누가 우리를 그리스도에게서 끊으리요?"

포괄적이고 절정에 달한 마지막 질문은 35절에 있다. "누가 우리를 그리스도의 사랑에서 끊으리요" 그리고 이 질문에 대한 답이 이 장의 마지막까지 전개된다.

존 스토트(John R. W. Stott)는 이렇게 쓴다.

바울은 이 마지막 다섯번째 질문을 던지면서, 다른 네 가지 질문을 해결하기 위하여 우리가 해오던 것을 행한다[즉 이 질문을 대답할 수 없는 질문으로 만드는 분명한 진리를 댄다]. 바울은 한 가지 가능한 해답을 찾으려고 둘러본다. 우리를 그리스도의 사랑에서 끊을 수 있다고 생각할 수 있는 모든 대적들을 제시한다. 우리는 '환난'과 '곤고'와 '핍박' 즉 경건하지 못한 세상의 압박들을 참아야 할 것이다. '기근'과 '적신' 즉 충분한 음식과 옷이 없는 처지에 빠질 수 있다. 예수님이 하늘 아버지의 자녀들에게 약속하신 바가 있으므로, 그 자녀가 기근과 적신을 당할 경우, 하나님이 그들을 돌보지 않으신다는 증거가 될 것처럼 보인다. 심지어 위험과 칼을 경험해야 할지도 모른다. 즉 사람들의 악의에 의하여 죽음의 위험을 당하고 실제로 죽임을 당할지 모르며 우리의 믿음을 궁극적으로 입증하는 순교를 당할지도 모른다. 이 역시 실제로 있는 시험이다. 왜냐하면 (36절) 성경은 시편 44 : 22에서 하나님의 백성이 "종일 주를 위하여 죽임을 당케 된다"고 우리에게 경고하기 때문이다. 즉 하나님의 백성은 도살할 양같이 죽음의 위험을 계속 당하고 있다.

실로 이것들은 대적이다. 이것들은 현실에 있는 고난이며 고통스럽고 위험하고 듣기 거북한 것이다. 그러나 그것들이 우리를 그리스도의 사랑에서 끊을 수 있는가? 그럴 수 없다. 37절에 있듯이 '이 모든 일로' 우리를 그리스도의 사랑에서 끊을 수 없다. 이런 고난을 당하면서 이런 일을 겪고 참으면서 "우리는 넉넉히 이긴다."[6]

당신은 무슨 말을 하리요?

이 다섯 질문은 매우 중요하므로, 우리는 다음 몇 장에서 이 질문들을 자세하게 다시 살필 것이다. 29, 30절에 있는 '부인할 수 없는 다섯 확언'을 일반적으로 살핀 후에 다시 살폈던 것만큼 자세하게 살필 것이다. 그러나 우리가 이 일을 하기 전에, 나는 처음에 독립적인 별도의 질문으로 가려놓았던 질문을 다시 살피고자 한다. "그런즉 이 일에 대하여 우리가 무슨 말 하리요"(31절 상).

바울은 복수형으로 이 요약적인 질문을 제기한다. 편지를 받는 자를 포함하여 "우리가 무슨 말 하리요?" 그러나 나는 이를 단수형으로 묻고 싶고 당신에게 이 질문을 던지고 싶다. "이 일에 대하여 당신은 무슨 말을 하리요? 당신의 반응은 어떠한가?"

이 질문은 신자와 불신자를 아주 명백하게 나눈다는 의미에서 결정적인 것이다. 그리스도인이 아닌 사람에게 이런 질문을 해보라. 그러면 당신은 다음 두 가지 반응 가운데 하나를 얻을 것이다. 한편으로 그 사람은 이 질문과 이 질문 뒤에 있는 하나님의 은혜 대한 가르침들에 대하여 전적으로 냉담할 수 있다. 즉 그 사람은 그 모든 것이 전적으로 어리석은 것이라고 생각하므로 마음을 쏟아 대답할 이유가 없다. 혹은 또다른 그 사람은 적대감을 갖고서 반응할 것이다. "하나님이 당신에게 그렇게 특별한 호의를 보이셨다고 생각하다니 당신은 대체 어떤 사람인가? 실제로 당신을 위하여 예수님을 보내시고 당신이 현세의 모든 문제를 헤쳐나갈 수 있도록 지키겠다고 약속하고 당신을 하늘에 데려가겠다고 하다니? 이 얼마나 오만한 태도인가!" 만일 당신은 불신자에게 기독교 진리에 관하여 말한다면, 틀림없이 당신이 이 두 반응을 접할 것이다.

그러나 그리스도인은 어떤가? 그들의 반응은 전혀 다르다. 그들은 하나님이 자신들을 위하여 하신 일을 즐거워한다.

이런 가르침에 관하여 혼동스러워하는 그리스도인이 있고 겁을 집어먹는 그리스도인도 있음을 인정한다. 그들은 견인을 강조하면 위험하다고 믿고서 성도들과 더불어 하나님이 유지하시는 힘에 관하여 이야기할 때 너무 지나친 말을 하는 것이 아닌지 꺼려 한다. "그런 말을 하면 사람들이 자기의 신앙에 관하여 부주의하게 되지 않을까?" 하고 그들은 생각한다. 물론 그런 말을 해도 사람들은 신앙에 관하여 부주의하지 않는다. 그러나 어떤 사람들이 혼동스러워하고 또 어떤 사람들이 겁을 집어먹더라도, 그리스도인의 반응과 여전히 자기 죄 가운데 있는 자들의 반응은 엄청난 차이가 있다고 나는 주장한다.

신자의 마음은 주의를 기울여 이 진리에 열중하지만, 그런데도 기쁨으로 반응한다. 왜냐하면 참으로 그리스도를 아는 모든 사람은 그리스도의 사랑이 참으로 위대한 사랑이며, 우리를 향하신 그분의 사랑이 우리 구원의 기초이며, 그분의 사랑이 하나님의 사랑이므로 우리를 향한 사랑이 흔들리지도 약해지지도 이랬다저랬다 하지도 혹은 변하지도 않을 것이라고 확신할 수 있기 때문이다. 신자는 그리스도 안에 있는 하나님의 사랑이 우주에서 가장 큰 것임을 안다. 그 사랑은 모든 것 가운데 가장 강력하고 견고하고 굳건하고 굽힘이 없고 단단하고 실질적이고 항구적이고 일정하고 의지할 만한 것이다.

그래서 나는 이렇게 묻는다. "이 확언에 관하여 당신은 무슨 말을 하리요?" 이 확언들은 당신 안에 조화를 이루는가? 그렇다면 하나님이 당신을 어둠에서 건져서 하나님의 기이한 빛으로 이끄시면서 당신의 생활 속에서 활동하시는 것이 분명하다. 이 가르침들이 당신에게 흥미를 끌지 않게 보인다면, 이 가르침들이 진리처럼 보이지 않거나 당신이 이 가르침들을 냉담하게 여긴다면, 당신은 그리스도인이 아니고 구원을 얻는 도리로써 주 예수 그리스도를 알지 못한다고 당신에게 경고한다. 나는 예수님을 당신의 구주로 당신에게 제시한다. 당신이 죄를 회개하고 그 분께 돌아가기를 촉구한다.

당신에게 권하는 것은 바로 이 복음, 즉 예수 그리스도 안에 있는 하나님의 변함없는 사랑에 대한 복된 소식이다. 바울이 로마서 앞 부분에 썼듯이, "우리가 아직 죄인 되었을 때에 그리스도께서 우리를 위하여 죽으심으로 하나님께서 우리에게 대한 자기의 사랑을 확증하셨느니라"(롬 5 : 8).

하나님은 세상에서 가장 힘 있는 복음 전도자 가운데 하나였던 찰스 해던 스펄전(Charles H. Spurgeon)을 구원하시기 위하여 이 가르침 즉 그리스도 안에 있는 하나님의 사랑이 성도를 지키시는 능력에 대한 가르침을 사용하셨다. 스펄전은 겨우 15살 때 그리스도인이 되었다. 그러나 그는 처음에 생활을 잘해 나가던 자기 친구들이 엄청난 비행에 빠져 그만 그들의 생활이 엉망으로 끝장 나는 것을 이미 주목했다. 스펄전은 자신도 그런 비행에 빠질까 두려워했다. 훗날 스펄전은 자신의 생각을 이렇게 설명했다. "내가 아무리 선한 결심을 다진들 유혹이 나를 엄습할 때 그 결심은 번번히 말짱 헛것이 되고 말았다. 나는 내가 말한 그 친구들과 같아진 듯했다. '그들은 마귀의 낚시줄을 보고서도 그 낚시밥을 입질할 수밖에 없었다.'" 스펄전은 치욕을 당하고 결국 파멸하지 않을까 두려워했다.

그때 그는 예수님이 성도를 지켜 넘어지지 않게 하고 그들은 천국으로 안전히 이끄실 것이라는 말을 들었다. 이 가르침은 유난히 그의 마음을 끌었고, 그는 이렇게 말했다. "만일 내가 예수님께 가서 예수님으로부터 새 마음과 올바른 정신을 얻는다면, 다른 사람들이 빠진 유혹에 맞서서 안전해질 것이며 예수님이 나를 보전하실 것이다." 스펄전이 구주께 가게 된 것은 다른 진리도 있지만 특히 이 진리 때문이었다.[7]

"이 일에 대하여 당신은 무슨 말을 하리요?" 이미 말한 바와 같이, 이는 (신자와 불신자를) 구분하는 질문이다. 그러나 또한 결정을 내릴 질문이다. 그러므로 나는 당신에게 결정할 것을 촉구한다. 하나님이 당신에게 은혜를 베푸셔서 이 말씀에 믿음과 기쁨으로 응답하게 하시기를 구한다.

● 각주 ●

1. John R. W. Stott, *Men Made New : An Exposition of Romans 5-8* (Grand Rapids : Baker Book House, 1984), pp. 101, 103.

2. NIV 본문. 고대 사본은 구두점이 거의 혹은 전혀 없으므로, 이 구절에 대한 영어 번역에는 구두점도 다양하고 질문의 수도 다양하게 번역되어 있다.

3. 6 : 1, 7 : 7에 있음. 비슷한 질문이 4 : 1, 6 : 15에 있다.

4. Stott, *Men Made New,* p. 103.

5. Ibid., p. 104.

6. Ibid., pp. 105, 106.

7. Charles Haddon Spurgeon, "Perseverance Without Presumption" in *Metreopolitan Tabernacle Pulpit,* vol. 18(Pasadena, Tex. : Pilgrim Publication, 1971), pp. 347, 38에서 인용함.

116
영원한 사랑
로마서 8:32

자기 아들을 아끼지 아니하시고 우리 모든 사람을 위하여 내어 주신 이가 어찌 그 아들과 함께 모든 것을 우리에게 은사로 주지 아니하시겠느뇨.

존 칼빈(John Calvin)은 해야 할 말을 아름답게 표현하고 그 표현에 큰 능력이 따르는 적이 많았다. 칼빈은 로마서 8 : 31에 대하여 아름답고 또 분명한 주를 달았다.

"하나님이 우리를 위하시면 누가 우리를 대적하리요?"

"이는 모든 시험에서 우리를 붙들어 주는 중요하고 유일한 버팀목이다. 하나님이 우리를 잘 대해 주지 않으시면 세상 모든 것이 우리에게 미소 띠우더라도 도무지 확신을 가질 엄두가 나지 않는다. 하지만 반면에 하나님이 호의를 보이시기만 하면 그 어떤 슬픈 일이 찾아들더라도 넉넉히 큰 위로를 받으며 불행이 제아무리 휘몰아치더라도 넉넉히 막아 낼 수가 있다."

그런 후에 이 위대한 종교개혁자는 신자가 하나님만 믿기 때문에 세상의 모든 위험을 감히 얕잡아 본다는 뜻을 담은 성구를 많이 인용한다.

시 23 : 4. "내가 사망의 음침한 골짜기를 다닐지라도 해를 두려워하지 않을 것은 주께서
나와 함께 하심이라."

시 56 : 11. "내가 하나님을 의지하였은즉 두려워 아니하리니, 사람이 내게
어찌하리이까"

시 3 : 6. "천만인이 나를 둘러치려 하여도 나는 두려워 아니하리이다."

그런 후에 칼빈은 "하늘 아래나 땅위에서 하나님의 손을 대적할 수 있는 권세는 없다."[1] 라고 결론을 내렸다.

이는 참으로 맞는 말이다. 그리고 바울 사도가 우리더러 로마서 8 : 31의 결과로서 결론을 내려 주었으면 하는 바이다. 이 로마서 8 : 31은 8장을 마무리하는 도전적인 위대한 문단의 첫절이다. 그러나 우리 마음에는 새로운 질문이 떠오른다. 하나님이 우리를 위하시면 아무도 우리를 대적할 수 없다고 하더라도, 하나님이 참으로 우리를 위하시는가? 어떻게 우리는 우주의 위대한 하나님이 참으로 우리편이신지 알 수 있는가?

아마 하나님은 너무 바빠서 우리를 돌볼 겨를이 없으실지도 모른다.

아마 우리가 너무 보잘것없는지라 하나님은 우리를 다시 거들떠보지 않으실지도 모른다.

하나님이 우리를 제일 소중한 사람으로 삼으셨다가 우리 죄 때문에 그 일을 후회하시면 어떻게 하나?

바울은 물론 결코 이런 식으로 의심하지 않는다. 그러나 **우리**가 바울처럼 의심하지 않도록, 바울은 첫번째 물음을 던지고 이어서 두번째 질문을 던진다. 이 질문을 던지는 것은 이런 겁먹은 생각들을 날려보내기 위함이다. "자기 아들을 아끼지 아니하시고 우리 모든 사람을 위하여 내어 주신 이가 어찌 그 아들과 함께 모든 것을 우리에게 은사로 주지 아니하시겠느뇨"(32절). 이 절이 뜻하는 바는 다음과 같다. 즉 우리는 하나님이 우리를 위하시며 또 이미 자기 아들을 주셨으므로 언제나 우리를 위하시는 것을 알 수 있다.

사실이지 감정이 아니다

나는 바울의 말을 상당히 자세하게 살피고자 하는데, 이는 앞에서 나온 위대한 질문과 진

술들처럼 이 질문이 결정적으로 중요하기 때문이다. 그러나 그 일을 하기 전에, 바울이 말하지 않는 바를 살피는 일도 중요하다. 만일 바울이 오늘날의 성경 교사나 신학자라면, 그는 다음과 같이 말함으로써 우리의 의심에 답할 것이다. "당신은 미래에 관하여 걱정할 필요가 없다. 왜냐하면 하나님이 당신을 사랑하시기 때문이다. 하나님은 사랑이시다."

물론 이 말은 맞는 말일 것이며 사실 이 말은 이 문단의 궁극적인 확언이다. 하늘과 땅에 있는 혹은 "다른 아무 피조물이라도 우리를 우리 주 그리스도 예수 안에 있는 하나님의 사랑에서 끊을 수 없으리라"(롬 8 : 39). 그러나 바울은 목회자였고, 특별히 삶이 힘들 때 우리가 그런 진술을 쉽게 의심할 수 있다는 사실을 잘 알고 있었다. 우리는 이렇게 말할 것이다. "좋아. 하나님이 사랑이시라고 하자. 그러나 하나님이 나를 사랑하시는가? 내가 직장을 잃고, 내 남편(혹은 내 아내)이 나를 버리고 다른 사람에게로 가고, 내가 불치병 진단을 받았는데 어떻게 하나님이 나를 사랑하신다고 나는 믿을 수 있단 말인가? 사실 일이 잘 풀리고 있을 때에도 하나님이 나를 사랑하신다거나 하나님이 나를 보살피신다는 느낌을 갖지 못하곤 한다."

바울은 하나님이 우리를 사랑하신다는 단순한 확신으로는 실제로 하나님의 사랑을 느끼지 못한다는 점을 알았다. 그래서 바울은 감정적 차원에서 우리의 의심을 다루지 않고 – '하나님은 당신을 사랑하십니다' 하고 말하듯이 하지 않고 – 확실한 사실로 향한다. 이 절에 따르면 우리는 하나님이 우리를 위하시는 것을 알 수 있다. 그런데 아무튼 우리는 사랑이 하나님의 본성이라는 것을 느끼기 때문에 알 수 있는 것이 아니고 하나님이 자기의 아들을 우리에게 주셔서 우리를 위하여 죽게 하셨기 때문에 알 수 있다. 즉 우리는 하나님이 인간 역사에서 이루신 일 때문에 하나님의 본질을 알 수 있다.

사실 바울이 39절에서 말하고자 하는 바가 바로 그 점이다. 그리고 앞에서 나는 그것을 이 문단의 궁극적인 확언이라고 말했다. 바울은 하늘이나 땅에 있는 그 어떤 것도 혹은 "다른 아무 피조물이라도 우리를 우리 주 그리스도 예수 안에 있는 하나님의 사랑에서 끊을 수 없으리라"(롬 8 : 39)고 말한다. 그러나 바울이 하나님의 사랑을 명시적으로 말하고 있는 그 구절에서도 하나님의 사랑은 "우리 주 그리스도 예수 안에 있는" 사랑으로 되어 있다는 점을 주목하라. 이 말은 우리가 하나님의 사랑을 알고 확신할 수 있는 것은 그리스도 안에서 그리고 그리스도의 사역으로 말미암은 것뿐이라는 뜻이다.

어떤 사람은, 성경에 나타난 대로 미루어 살필 때 그리스도의 십자가와 속죄를 말하지 않고서 하나님의 사랑을 언급하는 구절은 단 한 구절도 없을 것이라고 올바르게 지적했다.

하나님은 무슨 일을 이루셨는가?

바울은 그리스도의 십자가가 매우 중요하게 생각하여, 이 절과 다음 두 절에서 그리스도의 십자가가 갖는 다양한 측면을 제시할 것이다. 하지만 여기서 바울은 어떤 속죄론도 전개하려 하지 않는다. 이미 바울은 로마서 3장에서 그 점을 개진했다. 바울은 여기서 하나님이 참으로 우리편임을 알게 되도록 속죄의 사실적 요소들을 우리로 생각하게 만들려 한다.

바울이 이 절에서 우리에게 어떤 사실을 말하는가?

1. 속죄는 하나님의 행위다. 하나님이 그 일을 하셨다. 이는 지나치기 쉽고 심지어는 전혀 생각못할 요점이다. 그러나 이 점은 사실상 지극히 중요하다. 그러니 이 요점을 보지 못하면 오류에 빠진다. 나는 이 오류를 두 가지 들려고 한다.

첫째 오류는 속죄란 사랑하시는 예수님이 하나님의 마음을 바꾸려고 하신 일이라고 생각하는 사람이 범하는 것이다. 이 견해에 따르면 하나님은 화를 내시는 분이 될 것이다. 이런 식으로 생각하면, 하나님은 우리를 금방이라도 정죄하시려 하지만 예수님이 우리를 변호하려고 끼어드신다. 예수님은 이렇게 말씀하신다. "나는 이 백성을 사랑합니다. 보십시오. 나는 그들을 대신하여 죽고 있습니다. 저를 위하여 그들을 용서해 주십시오". 그러면 하나님이 처음에는 꺼리거나 반대하다가 마침내 그렇게 하기로 하신다. 그리고 이렇게 말씀하신다. "좋다. 네가 그처럼 보살피는 듯하니 그렇게 하도록 하마."

물론 이는 실제로 일어난 일을 재미있게 꾸민 것이다. 우리가 성경을 읽을 때마다 예수님이 죽어서 죄인을 구원 받게 하는 것이 하나님의 착상(着想)이며 (신학적인 용어를 쓴다면) 하나님이 우리 구원의 창시자요 원천임을 줄곧 발견한다. 이사야서 53 : 4을 생각해 보라.

그는 실로 우리의 질고를 지고
우리의 슬픔을 당하였거늘

> 우리는 생각하기를 그는 징벌을 받아서
> 하나님에게 맞으며 고난을 당한다 하였노라.

고딕체로 표시하여 강조했듯이 이 절의 요점은, 하나님이 예수의 죽음에 책임이 있었다는 것이다. 이사야는 두 절 더 나아가 즉 6절에서 같은 요점을 말한다.

> 우리는 다 양 같아서 그릇 행하여
> 각기 제 길로 갔거늘
> 여호와께서는 우리 무리의 죄악을
> 그에게 담당시켰도다.

이사야서 53 : 6은 성경에서 대속의 속죄를 가장 분명하게 말하는 문장 가운데 하나이면서도 하나님 아버지께서 이 계획을 생각하시고 실행하셨다는 점을 역시 말한다. 하나님은 그리스도의 죽음에 의하여 우리를 사랑하시게 되지 않았으며 하나님은 처음부터 우리를 사랑하셨고, 우리를 사랑하셨으므로 예수님이 죽으셨다. 바울이 개진하고 있는 영원한 안전에 대한 주장에 대하여 이 진리가 얼마나 중요한지 우리는 쉽게 알 수 있다.

사람이 그리스도의 죽음에 대하여 생각할 때 범하는 두번째 오류는, 그리스도의 죽음을 인간들의 행위 결과로만 본다는 점이다. "악하고 시기심 많은 사람들이 세상에서 가장 좋은 사람을 죽이다니 그 얼마나 두려운 시대였던가!" 하고 그들은 말할 것이다.

물론 악한 사람들이 예수님을 없애려고 음모를 꾸몄다. 그러나 성경은 속죄에 대하여 말할 때 결코 그 점에서 멈추지 않는다. 베드로가 십자가 사건이 있고 불과 몇 주 뒤 오순절 날에 예루살렘의 유대인들에게 설교할 때 그리스도의 십자가를 어떻게 표현했는지 기억하는가? 베드로는 유대인들의 죄책을 분명히 말했다. 유대인들은 그 점을 회피할 길이 없었다. 그러나 베드로는 이렇게 말했다. "그가 **하나님의 정하신 뜻과 미리 아신 대로** 내어 준 바 되었거늘 너희가 법 없는 자들의 손을 빌어 못박아 죽였으나"(행 2 : 23, 고딕체는 필자의 표기). 그들은 죄의 책임이 있었다. 그러나 중요한 것은 하나님이 예수님의 죽음을 계획하고 실행하셨다는 점이다.

그래서 속죄는 하나님이 처음부터 우리를 사랑하셨고 언제나 우리를 사랑해 오시는 것을 보여 준다. 속죄는 하나님이 참으로 우리편임을 보여 준다.

2. 속죄는 하나님의 독생자와 관련되어 있다. 바울이 32절에서 분명히 밝히는 사실의 두 번째 요점은, 속죄가 하나님의 독생자와 관련되어 있다는 것이다. 이 요점은 많은 교훈을 담고 있다. 그 가운데 한 교훈은 예수님은 완전한 하나님이라는 점이며 실로 이는 그 다음 에 나오는 내용의 기초를 이룬다. 왜냐하면 예수님의 죽음이 강력한 힘과 뜻을 갖는 것은 바로 예수님이 하나님이기 때문이다. 만일 예수님이 사람에 불과하다면, 예수님의 죽음은 다른 인간의 죽음과 진배없었을 것이다. 물론 위대한 모범은 될지언정 속죄는 되지 않는다. 예수님의 죽음이 우리 죄에 대한 참된 속죄가 될 수 있는 것은 예수님이 하나님의 독생자이 시며 따라서 거룩하시고 무한히 고귀하신 분이기 때문이다.

세례 요한은 "보라, 세상 죄를 지고 가는 하나님의 어린 양이로다"(요 1 : 29) 라고 말하 면서 예수님을 소개했다. 이 점도 물론 중요하다. 왜냐하면 이는 첫번째 진술에 중요한 내 용을 더하기 때문이다. 하나님이 우리 구원의 창시자이심을 보이는 것은, 하나님이 언제나 우리를 사랑하고자 하셨음을 가리킨다. 실로 하나님은 영원부터 우리를 사랑해 오셨다. 그 러나 이것밖에 말할 수 없다면, 즉시로 이런 질문이 떠오를 것이다. 그러나 하나님은 얼마 나 많이 우리를 사랑하시는가? 우리도 잘하지는 못해도 자주 사랑하며 우리의 사랑은 연약 하다. 하나님이 우리처럼 사랑하실 수 있는가? 하나님이 완전히 사랑하실 수 없는 것이 아 닌가? 즉 인생의 어떤 어려운 일들이 벌어져도 실제로 우리를 돌볼 만큼 넉넉히 사랑하실 수 없는 것이 아닌가?

물론 그 대답은, 하나님은 우리와 비교할 수 없을 정도로 무한히 강력하고 다정다감하게 사랑하신다는 것이다. 그리고 하나님이 우리에게 자기 아들 즉 독생자를 주셨으므로 우리 는 하나님의 사랑을 안다. 예수님은 하나님의 가장 큰 선물이다. 온 우주에서 그 아들보다 하나님께 더 귀한 것이 없고 하나님의 아들보다 큰 자가 없다. 그래서 하나님이 예수님을 주셨을 때, 가장 고귀한 선물을 주셔서 자신의 사랑이 얼마나 큰지를 입증하셨다.

　　　　　　죄 범한 영혼 구하려
　　　　　　그 아들 보내사

화목제로 삼으시고
죄 용서하셨네.
하나님 크신 사랑은
측량 다 못하며
영원히 변치 않는 사랑
성도여 찬양하세.

리먼(F. M. Lehman, 1917. 한글통일찬송가 404장)

3. 하나님은 예수님을 아끼지 않으셨다. 이 절에 나오는 세번째 주장은 지금까지 우리가 보았던 것을 한 단계 넘어선다. 왜냐하면 이 주장은, 하나님이 예수님을 '아끼지 않으셨다'고 우리에게 말해 주기 때문이다. 하나님은 예수님을 아끼실 수 있었지만, 그렇게 하지 않으셨다.

이 절에 관하여 글을 쓰는 사람들은, 이 절이 모리아 산에서 자기 아들 이삭을 희생제사로 드린 아브라함의 이야기를 분명하게 언급하고 있다는 것을 조심스럽게 인정한다. 이는 70인역(헬라) 구약 성서가 자기 아들을 드리라는 하나님의 명령에 족장 아브라함이 놀랍게 순종하는 일에 이어서 하나님이 아브라함에게 하시는 말 가운데 나오는 한 낱말을 번역하려고 여기 로마서 8 : 32에 나오는 '아꼈다'에 해당하는 헬라어를 쓰기 때문이다. NIV는 창세기 본문에서는 '내놓지 않았다' 하는 말을 쓰지만 결국 같은 말이다. "… 네가 이같이 행하여 네 아들 네 독자를 아끼지 아니하였은즉 내가 네게 큰 복을 주고 네 씨로 크게 성하여 하늘의 별과 같고 바닷가의 모래와 같게 하리니…"(창 22 : 16-17).

하지만 이 이야기에는, 아브라함이 실제로 아들을 죽이려고 칼을 들기까지 하나님께 순종했지만 – 즉 아브라함은 아들 이삭을 아끼지 않았지만 – 하나님이 개입하셔서 그 일을 이루셨다는 반어적인 내용이 담겨 있다. 아브라함은 이삭을 아끼지 않으려 했지만 하나님은 이삭을 아끼셨다.

그러나 이 이야기는 어느 날 하나님이 말 그대로 자기 아들을 아끼지 않으시고 아브라함과 이삭과 인류 역사에 면면이 나타날 다른 모든 신자들을 아끼시려고 자기 아들을 죽게 하실 것이라는 사실을 보여 준다. 그리고 하나님은 이 이야기를 사용하여 아브라함에게 이 교훈을 가르치신 것이 분명하다. 정말이지 **우리** 가운데 그렇게 하는 사람은 아무도 없다. 그러나 하나님은 자기 아들을 아끼지 않으심으로써 우리가 구원을 받아 하나님의 아들과 더불어 영원히 영광스럽게 지낼 수 있도록 우리를 아끼셨다. 아무튼 하나님은 모리아 산에서 아브라함에게 이 점을 가르치셨다. 그래서 아브라함은 그것을 **여호와 이레**(Jehovah Jireh) 즉 "주께서 준비하시리라"(창 22 : 14) 하는 이름을 붙였다. 하나님은 예수님을 포기하심으로써 우리를 위하여 준비하셨다.

4. **하나님은 우리를 위하여 예수님을 내어 주셨다.** 이리하여 갈보리에서 일어난 예수님의 죽음으로 말미암아 우리를 구원하실 때 하나님이 취하시는 행동을 이야기하는 이 한 절에 바울이 담은 진술들 가운데 네번째가 나온다. 바로 앞의 진술은 부정적이었다. "하나님은 자기 아들을 아끼지 않으셨다." 그런데 이 네번째 진술은 긍정적이다. "우리 모두를 위하여 (자기 아들을) 내어 주셨다." 이는 말하고자 하는 바를 좀더 힘 주어 언급한다.

하나님이 우리 모두를 위하여 '자기 아들을 내어 주셨다'는 말은 무슨 뜻인가? 이 말은 물론 하나님이 자기 아들을 죽음에 내어 주셨다는 뜻이다. 예수님은 죽으셨다. 반면에 이삭은 모리아 산에서 죽지 않아도 되었다. 그러나 여기서 뜻하는 바는 단순히 신체적인 죽음이 아니며 이 죽음은 영적 죽음이다. 예수님이 우리를 위하여 죄가 되고 실제로 우리 대신에 하나님의 진노를 담당하셨을 때 아버지로부터 잠시 끊어지셨다. 겟세마네 동산에서 주 예수 그리스도께서 겪으신 고뇌를 기억하는가? 예수님은 '이 잔'이 자신에게서 지나가기를 구하시고 피 방울 떨어지듯 땀흘리시면서 근심하셨다(눅 22 : 39-44). 훗날 십자가에서 예수님은 이렇게 기도하셨다. "… 나의 하나님, 나의 하나님, 어찌하여 나를 버리셨나이까"(마 27 : 46 하). 이는 그저 몸의 죽음을 피하려는 사람의 모습이 아니다. 몸의 죽음을 피하려 하는 것이라면, 소크라테스는 예수님보다 우리의 더 좋은 모범일 것이다. 그러나 예수님이 우리를 위하여 죄가 되어 우리 대신에 하나님의 사랑으로부터 끊어지는 진노를 당하게 되셨을 때, 이는 하나님의 거룩하고 영원한 아들에게는 두려움이었다. 예수님은 우리를 구원받게 하려고 내어 주신 바 되었다. 그분은 우리가 하나님의 진노를 결코 당하지 않게 하려고 그 진노를 담당하셨다.

마틴 로이드 존스(D. Martyn Lloyd Jones)는 이렇게 쓴다.

그러므로 하나님의 사랑은 그처럼 놀랍고, '측량할 길 없는' 그 사랑은 그저 그처럼 놀라울 뿐이다. 대속론을 부인함으로써 하나님의 사랑을 보존한다고 생각하고 우리 주께서 번민 가운데 소리치지 않으셨다고 말하고 하나님의 사랑이란 "너희가 내 아들을 죽였지만 나는 여전히 너희를 사랑하며 기꺼이 너희를 용서하노라"고 하나님이 말하는 정도라고 상상하는 사람의 입장은 얼마나 가련하고 소망이 없는가! 그들은 하나님의 진노에 관한 진리를 부인함으로써 하나님의 사랑을 보존하고 더 크게 하며 하나님이 틀림없이 죄를 처벌하실 것이라고 또 처벌하셔야 한다고 믿는다… 실제로 그들은 하나님의 사랑을 손상시킬 뿐이다. 우리는 "하나님이 그 아들을 아끼지 않으셨다"는 사실을 깨달을 때만 하나님의 사랑을 안다…

그런 행위(자기 아들을 아끼지 않는 행위)에서 당신은 하나님의 사랑을 본다. 하나님은 우리를 있는 그대로 사랑하셨다. 그리고 그처럼 사랑하셨으므로, 우리를 위하여 자기 아들을 벌하셨고 그 아들을 전혀 아끼지 않으시고 "우리 모두를 위하여 그 아들을 내어 주셨고" 죄와 악 그리고 그 모든 것에 포함되어 있는 죄책에 대한 하나님의 진노를 마지막 조각까지 그 아들에게 쏟으셨다.[2]

더 큰 것에서 더 작은 것으로

이제 바울의 주장이 어떻게 요약되는지 쉽게 볼 수 있다. 왜냐하면 사도는 좀더 큰 진리, 실은 가장 큰 진리를 우리에게 상기시킨 다음 이 더 큰 진리에서 좀 덜한 진리가 분명히 나올 것이라고 주장하기 때문이다. 마치 이렇게 말하는 것과 같다. "돈 많은 후원자가 100만 달러를 당신에게 주었다면, 당신이 주차료로 25센트가 필요할 경우 그 후원자는 틀림없이 주차료를 줄 것이다."

"자기 아들을 아끼지 아니하시고 우리 모든 사람을 위하여 내어 주신 이가 어찌 그 아들과 함께 모든 것을 우리에게 은사로 주지 아니하시겠느뇨"(롬 8 : 32). 바울이 언급하는 '모든 것'은 무엇인가? 물론 말 그대로 모든 것이다. 그래도 우리는 바울이 이 말을 사용하는 문맥에서 이 말을 이해해야 한다. 마치 바울이 우리에게 부자가 될 것이라고 약속이라도 하는 양, 이 말은 물질적인 모든 것을 뜻하지 않는다. 혹은 건강을 반드시 얻을 것이라고 약속하지도 않는다. 이 말은 "하나님을 사랑하는 자 곧 그 뜻대로 부르심을 입은 자들에게는 모든 것이 합력하여 선을 이루느니라" 하고 말하는 28절과 같은 맥락에서 이해해야 한다. 이 말은, 하나님이 우리의 유익을 위하여 모든 것을 제압하셔서 심지어 악까지도 하나님의 큰 뜻 즉 우리를 예수님과 같게 하려는 뜻에 아무튼 이바지하게 하실 것이라는 뜻이다.

어떤 상황이든지, 어떤 시험을 받고 있든지, 어떤 고통을 당하고 있든지, 어떤 핍박을 겪고 있든지, 어떤 곤경에 빠졌든지, 하나님은 이 모든 일을 사용하셔서 우리로 예수님과 같게 하실 것이다. 그러실 뿐만 아니라 하나님은 당신이 끝까지 거룩하게 성장하고 믿음으로 인내하는 데 참으로 필요한 모든 것을 공급하실 것이다.

내 마음대로 하게 내버려 두지 않을 사랑

끝으로, 지난 세기 조지 매터슨(George Matheson)이라고 하는 스코틀랜드 목회자가 쓴 위대한 찬송시를 언급하고자 한다. 매터슨은 1842년에서 1906년까지 살았다. 그는 일찍이 젊어서 시력을 잃은 장님이었으며 그가 장님이라는 사실은 이 찬송시의 노랫말에 큰 힘과 애틋함을 더해 준다. 그러나 이 찬송시를 쓰게 된 계기는 눈먼 사실이 아니라 그의 말에 나타나듯이 그에게 큰 '고통'을 가져다 준 '극심한 정신적 고민'이었다. 이 찬송시를 둘러싸고, 그가 눈이 멀었을 때 약혼녀가 그를 버렸다는 이야기가 나오는데 그것은 근거 없는 말인 것 같다. 좌우간 그가 아무에게도 말하지 않은 매우 고통스러운 일이 실제로 일어났다.

매터슨은 1882년 6월 6일 저녁에 이 찬송시를 썼는데, 그때 그의 가족들은 매터슨 누이의 결혼식에 참석하러 글래스고에 모두 가 버리고 스코틀랜드 인엘렌(Inellen) 목사관에 혼자 있었다.

> 내 마음대로 하게 내버려 두지 않을 사랑이여,
> 그대 안에 내 지친 영혼을 쉬리.
> 내 빚진 생명 그대에게 돌리니
> 그대 깊은 바다에서 그 생명 물결 더 풍성하고 더 충만하게 하려네.

언제나 나를 따르는 빛이여,
그대에게 가물거리는 내 횃불을 넘기리.
내 마음 그대 빛 받아 회복되니,
그대 햇빛에 내 마음의 날 더 밝고 더 맑게 하려네.

고통 받는 나를 찾아드는 기쁨이여,
내 마음 그대 못본 체할 수 없네.
비 개이고 무지개 찾으니,
그 아침엔 눈물 없다는 약속이 헛되지 않으리니.

내 머리를 드는 십자가여,
내 감히 그대에게서 벗어나길 구할 수 없네.
삶의 영광 사라지고 먼지에 내가 누워도,
거기 흙에 피어나는 꽃들은 다함 없을 생명을 아네.

이 시를 읽는 사람이라면 누구나, 조지 매터슨이 그리스도 예수 안에 있는 하나님의 사랑을 알았고 어떤 처지에 있더라도 "자기 아들을 아끼지 아니하시고 우리 모든 사람을 위하여 내어 주신 이가 그 아들과 함께 모든 것을 우리에게 은사로 주시리라는 것"을 확신했다는 것을 알 수 있다.[3]

그리스도인이여, 이 사실을 더듬어 알라. 영적인 깨달음을 얻으려 할 때 두 마음을 품지 말라. 하나님이 당신의 유익을 위하여 모든 일을 행하고 계시며 마지막까지 그 일을 계속하실 것임을 알라.

● 각주 ●

1. 이것은 John Calvin, *The Epistles of Paul the Apostle to the Romas and to the Thessalonians,* trans. Ross MacKenzie(Grand Rapids : Wm. B. Eerdmans, 1973), p. 183에서 인용함.

2. D. M. Lloyd Jones, *Romans : An Exposition of Chapter 8 : 17-39, The Final*

Perseverance of the Saints（Grand Rapids : Zondervan, 1976）, pp. 396, 397.

　3. 이 찬송가의 이런 배경 지식은 다음에서 얻었다. W. J. Limmer Sheppard, *Great Hymns and Their Stories*（Fort Washington, Pa. : Christian Literature Crusade, 1968）, pp. 118, 119; and Daniel A. Polling, *A Treasury of Best-Loved Hymns*（New York : Pickwick Press, 1942）, p. 38.

117
우리의 완전한 구원
로마서 8:33

누가 능히 하나님의 택하신 자들을 송사하리요 의롭다 하신 이는 하나님이시니.

우

리는 지금 로마서 8장의 마지막 문단을
다루어 오고 있으며, 우리의 논의는 이 문단에 담긴 대답할 수 없는 다섯 질문에 초점을 두고 있다. 우리는 이 질문들 가운데 둘을 이미 살펴보았다. (1) "하나님이 우리를 위하시면 누가 우리를 대적하리요?" (2) "자기 아들을 아끼지 아니하시고 우리 모든 사람을 위하여 내어 주신 이가 어찌 그 아들과 함께 모든 것을 우리에게 은사로 주지 아니하시겠느뇨?" 이번 장에서 우리는 세번째 대답할 수 없는 질문을 살피도록 하자.

이 질문은 다음과 같다. "누가 능히 하나님의 택하신 자들을 송사하리요?" 이다. 이 질문이 대답할 수 없는 까닭은 "의롭다 하신 이가 하나님이시기" 때문이다.

나는 앞에서 이 다섯 질문에 관하여 글을 쓰면서, 각 질문은 위대한 영적 진리 때문에 대답할 수 없다고 지적했다. 첫번째 위대한 질문 뒤에 있는 진리는 하나님이 우리를 위하신다는 것이다. 그러므로 "누가 우리를 대적하리요?" 두번째 질문에 담긴 진리는 하나님이 이미 가장 좋은 선물을 우리에게 주셨다는 것이다. 그러므로 "어찌 그 아들과 함께 모든 것을 은 사로 주지 아니하시겠느뇨?"

그러면 이 세번째 질문에 나타나는 진리는 무엇인가? 그것은 하나님이 우리를 의롭다 하신 것이다. 온 우주의 가장 높은 심판장(審判長)이신 하나님이 선택하신 자들을 사면하셨다면 아무도 하나님이 택하신 자들에게 송사도 펼칠 수 없다.

다른 말로 표현하면, 첫째 질문에서 우리는 우리가 하나님이라는 옹호자(Champion)를 모시고 있음을 상기한다. 둘째 질문에서는 우리가 하나님이라는 후원자(Benefactor)를 모시고 있음을 상기한다. 셋째 질문에서는 우리가 하나님이라는 심판장(Judge)을 모시고 있음을 상기한다.

심판장이 나타나신다

그렇지만 바로 이 점이 문제가 된다. 심판장이라니? 이 말을 듣고 우리 마음에는 걱정이 생긴다. 하나님을 최고 심판장으로 생각하고 우리가 어느날 그분 앞에서 서야 한다는 사실을 생각할 때, 우리 영혼은 마땅히 괴롭고 걱정스럽다. 이런 생각을 한 위대한 프로테스탄트 종교개혁자 마르틴 루터(Martin Luther)의 마음은 두려운 묵상으로 가득 찼다. 루터는 이런 묵상을 자신의 위대한 찬송시에 담았다.

크신 하나님, 만드신 것들의 종국을
내가 보고 듣나이다.
인류의 심판장이 나타나시니
영광 구름 위에 앉으셨도다.
나팔 소리 들리고, 무덤 속에서
죽은 자들이 일어나니,
　내 영혼아, 하나님을 맞을 준비를 하라.

오늘날은, 마지막 심판을 생각하여 그런 일로 괴로워하지 않도록, 이런 걱정거리를 내쫓으려고 엄청난 문화적인 에너지를 써 오고 있다. 우리는 뻔하고 끝간데 없는 오락에 마비되고, 세속적이며 광적인 활동에 많은 시간을 허비하고, 축 늘어진 자기의 모습을 대중 심리학과 자립 프로그램(self-help : 선[禪], 뉴에이지[New Age] 등과 같이 인간도 지고한 존재가 될 수 있다는 프로그램 - 역자)으로 회복하고 있다. 그러나 조용한 시간이 되면, 잠재 의식의 생각들이 고개를 처들고 일어나 우리가 형편 없고 길 잃고 어리석은 양처럼 스스로 길을 잘못 가려고 했고 언젠가 잘잘못을 따지는 날이 올 것임을 생각나게 한다.

빌리 죠엘(Billy Joel)은 이처럼 혼동스러운 자기 인식을 아주 적절하게 대중 가요로 표현했다.

"난 알아요. 그게 이 길 어디 즈음에서 나를 따라잡으리라는 것을."

우리는 세 가지 문제로 괴로워한다.

첫째로, 우리 양심이 우리를 비난한다. 우리는 다른 사람들이 보라고 겉치레를 하여 그들을 속인다. 다른 사람들로 하여금 우리가 실제보다 더 낫다거나 멋지다거나 똑똑하다거나 경건하다고 생각하게 한다. 그러나 우리는 자신을 그처럼 그럴 듯하게 속이지는 못한다. 우리는 은밀한 때에 우리 생각이 어떤지 우리가 탐욕과 분노와 거짓말과 참람한 생각을 담고 있는지 알고 있다. 우리는 이런 생각을 누그러뜨릴 수 있다. 그러나 그 생각에서 벗어날 수는 없다. 바울이 말하고 있는 것이 바로 그 점이며 바울은 마지막 심판날에 대하여 율법 없는 이방인의 생각이 이방인을 어떻게 정죄하는지 여기 로마서 2 : 12-16에서 말했다.

> 무릇 율법 없이 범죄한 자는 또한 율법 없이 망하고 무릇 율법이 있고 범죄한 자는 율법으로 말미암아 심판을 받으리라 하나님 앞에서는 율법을 듣는 자가 의인이 아니요 오직 율법을 행하는 자라야 의롭다 하심을 얻으리니 (율법 없는 이방인이 본성으로 율법의 일을 행할 때는 이 사람은 율법이 없어도 자기가 자기에게 율법이 되나니 이런 이들은 그 양심이 증거가 되어 그 생각들이 서로 혹은 송사하며 혹은 변명하여 그 마음에 새긴 율법의 행위를 나타내느니라) 곧 내 복음에 이른 바와 같이 하나님이 예수 그리스도로 말미암아 사람들의 은밀한 것을 심판하시는 그날이라.

마치 우리 양심이 우리를 송사하는 것으로 충분하지 않은 듯, 우리에게는 큰 '참소자' (accuser)인 사단이 있다. 성경은 우리가 의식하지 못할 경우를 대비하여 이 점을 말하고 있다. 왜냐하면 성경은 사단을 "우리 형제들(즉 그리스도인들)을 참소하던 자, 곧 우리 하나님 앞에서 밤낮 참소하던 자"(계 2 : 10)로 일컫기 때문이다. 사단이 특별히 참소하는 자는 그리스도인이다. 사단은 불신자를 이미 지배하고 있으므로 불신자들로 그들의 죄를 깨닫도록 하기를 원치 않는다.

당신이 그리스도인이라면, 사단은 하나님께 당신을 참소하고 있다. 사단은 이렇게 말한다. "존 스미스가 한 일을 아시지요? 그건 그리스도인이 할 일이 아닙니다. 그런 행위는 부끄럽고 경건하지 못하고 세속적인 짓입니다. 어떻게 그런 일을 하고서도 그리스도인이라고 내세울 수 있습니까? 하나님은 어떻게 그를 그리스도인으로 보실 수 있습니까?"

사단은 또 이렇게 말하고 있다. "메리 스미스가 지금 무슨 생각을 하고 있는지 아시죠? 메리의 생각은 그리스도인은 말할 것도 없고 매우 부도덕한 여자라도 하지 않을 생각입니다. 메리의 행동이 부끄럽지 않으십니까? 저라면 부끄럽겠습니다."

그리고 사단은 이렇게 말하고 있다. "그런 사람이라면 내 추종자로 삼지 않겠습니다. 그런데 하나님은 어떻게 그런 사람을 받아 주실 수 있습니까? 어떻게 하나님의 아들을 보내어 그들을 위하여 죽게 하실 수 있습니까?"

요한계시록의 본문에 따르면, 사단은 '밤낮으로'(day and night) 그렇게 참소하고 있다.

하지만, 우리가 영적으로 아주 예민하게 우리 자신을 살핀다면, 우리 양심과 심지어 사단이 우리를 괴롭게 하지 않는다. 오히려 우리가 전지전능하신 하나님 앞에 서야 한다는 사실이 우리를 괴롭게 한다. 그분 앞에서는 모든 마음이 드러나고 모든 욕망이 밝혀진다. 이것이야말로 참으로 괴로운 선방이다. 루터(Martin Luther)가 복음을 깨닫고 하나님이 예수 그리스도 안에서 자기를 위하여 하신 일을 즐거워하기 전까지 스스로 괴로워했던 것은 바로 이런 전망 때문이었다. 루터는 "어떻게 내가 심판날에 하나님 앞에 설 수 있을까?" 하고 자문하면서 떨곤 했다. 그 시대의 지혜는, 루터가 선행으로 하나님 앞에 설 수 있다고 말했다. "그러나 나 같은 마음에서 어떤 선행이 나올 수 있단 말인가? 뿌리에서부터 오염된 행위를 가지고 심판장의 거룩하심 앞에 내가 어찌 설 수 있을까?" 하고 루터는 말했다.

당신은 이런 식으로 생각해 본 적이 없는가? 당신은 언젠가 하나님 앞에 서야 된다는 생각에 떨어본 적이 없는가? 물론 오늘날 사람들에게는 그런 생각이 쉽게 떠오르지 않을 것이다. 우리 세속 문화 가운데에는 당신으로 하여금 그처럼 두려운 일을 생각하지 못하도록 하는 것이 많다.

만일 당신이 이런 식으로 생각해 본 적이 없다면, 당신은 지은 죄로 인하여 당신 영혼이 걱정되어 떨어 본 적이 없다면, 나는 당신더러 "가여운 사람이군" 하고 말해 주고 싶다. 율법 아래서 떨어본 적이 없다면 어떻게 당신은 복음을 믿을 수 있는가? 예수 그리스도에 의하여 죄로부터 구원 받아야 하고 그리스도의 속죄를 받고 그리스도의 의를 선물로 받아 하나님에 의하여 의롭다 하심을 받아야 한다는 사실을 전혀 모른다면, 어떻게 로마서 8 : 33과 같은 성구가 당신에게 위로를 줄 수 있겠는가?

의롭다 하시는 분은 하나님이다

나는 당신을 불편하게 하려고 로마서의 이 위대한 성구의 뜻을 해석하는 것이 아니다. 내가 이 성구의 뜻을 풀고 있는 것은, 당신으로 하여금 이 성구가 말하는 바를 깨닫도록 하려는 것뿐이다. 요컨대, 우리 구원의 창시자이며 성취자이신 하나님이 우리의 심판장이라는 사실은 중요하지 않다. 위대하고 주권적이고 누구나가 대면해야 할 이 심판장이 예수 그리스도의 사역으로 말미암아 우리를 사면하셨다는 사실이 중요하다. 물론 우리가 예수 그리스도를 믿고 그분을 의지한다면 말이다.

나는 로마서 8 : 33이 우리에게 가르치는 두 가지 위대한 점을 당신에게 보이고자 한다.

만일 당신이 예수 그리스도의 사역으로 말미암아 하나님에 의하여 구원을 받았으면, 당신은 "하나님이 택하신" 자이다.

"하나님이 택하신"이라는 표현을 쓰니 재미있지 않은가? 바울은 "누가 죄인을 송사하리요?" 하고 말하지 않는다. 왜냐하면 죄인들 가운데도 그리스도의 피로 그 죄를 덮어 주심을 받은 죄인이 있고 덮어 주심을 받지 못한 죄인이 있기 때문이다. 후자의 경우에 이 죄인은 자기 양심과 사단과 하나님에 의하여 송사를 당하되, 계속 당한다. 이 죄인들은 죄의 책임을 지고서 필연적이고 궁극적인 정죄로부터 피할 길이 없다. 오직 '하나님이 택하신' 자들만 그처럼 매서운 정죄를 피할 것이다.

택하셨다는 낱말을 보니, 28-30절이 다시 생각난다. 이 구절들은 '하나님이 택하신 자'가 되는 새로운 지위를 이해할 수 있는 문맥을 제공한다. 이들은 누구인가? 그들은 "그 뜻대로 부르심을 입은 자들"(28절)이다. 그들은 "하나님이 미리 아시고" "또한 그 아들의 형상을 본받게 하기 위하여 미리 정하신 자들이니 이는 그로 많은 형제 중에서 맏아들이 되게 하려 하심이니라"(29절).

이 구절에 나오는 위대한 다섯 낱말을 사용하면, 그들은 하나님이 '미리 아시고' '미리 정하시고' '부르시고' '의롭다 하시고' '영화롭게 하신' 자들이다. 바울이 이 본문에서 말하고 있는 것은 다음과 같다. 누가 어떻게 그런 사람을 계속 혹은 힘 있게 송사할 수 있는가?

만일 당신이 하나님이 택하신 자라면, 하나님은 당신의 모든 죄에도 불구하고 당신을 의롭다 하신다.

당신을 의롭다 하신 분은 하나님이다. 이 장의 몇 문단 앞에서, 나는 우리가 자신의 영적 상태를 주의 깊게 모두 생각할 때 우리가 갖게 되는 가장 큰 두려움은 양심이나 사단이 우리를 고소하는 것이 아니라 모든 것을 아시는 하나님이 심판장이라는 점이라고 썼다. 우리는 이 사실에 겁이 나서, 마음을 굳게 하거나 양심을 죽여 버리거나 사단을 속일 수는 있어도 하나님을 피하거나 속일 수는 없다고 생각한다. 우리는 하나님과 더불어 문제를 해결해야 한다. 그러나 바로 이 사실이 우리의 위로가 된다. 그 이유는, 우리가 하나님에게 정죄를 받지 아니하고 실제로 하나님에게 사죄와 의롭다 하심을 받는다면 우리를 정죄할 자가 아무도 없기 때문이다. 만일 우리가 하나님에 의하여 구원을 받았다면, 누가 감히 하나님의 판결을 뒤집을 수 있는가?

당신은 어떻게 해서 이렇게 되는지 아는가? 만일 우리가 하나님에 의하여 실제로 의롭다 하심을 받았다면, 우리를 가장 떨리게 하는 그 사실이 실제로는 우리에게 가장 큰 확신과 위로를 준다.

이 점을 구체적으로 몇 가지 언급하겠다.

1. 우리가 다른 사람들에게 아무리 큰 죄를 범한다 해도, 하나님께 범죄하는 것만큼 심하지는 않다. 그래서 하나님이 우리를 용서하셨으면, 우리는 의롭다 하심을 받는다. 다윗은 밧세바에게 간음죄를 짓고 밧세바의 남편 우리아를 죽게 만들어 우리아에게도 죄를 지었다. 그러나 그는 위대한 회개의 시로 하나님께 올바로 죄를 고백하였다. "내가 주께만 범죄하여 주의 목전에 악을 행하였사오니…"(시 51 : 4 상). 그 결과, 그는 하나님이 자신의 죄

를 말갛게 해주신다면 자신이 완전히 회복되리라는 것을 알았다. 그래서 그는 시편에서 "우슬초로 나를 정결케 하소서. 내가 정하리이다. 나를 씻기소서 내가 눈보다 희리이다"(시 51 : 7) 라고 말한다. 하나님은 다윗을 정결케 하셨고, 다윗은 자신의 부정을 씻음 받았다. 다윗은 그리스도의 의 때문에 의롭다 하심을 받았다.

2. 하나님은 율법을 완벽하게 아신다. 우리가 하나님에 의하여 의롭다 하심을 받는 사실의 두번째 중요한 측면은, 율법이 하나님의 율법이며 그 율법을 아시는 하나님이 우리를 의롭다 하셨다는 사실에 근거를 두고 있다. 그러므로 우리는 사단과 같이 교활한 참소자(계 12 : 10)가 어떻게 하든 우리가 한 일 가운데 그리스도의 피로 덮음을 받지 못하는 일이나 하나님이 우리를 의롭다 하실 수 없게 하는 절차상의 문제가 생길 것이라고 두려워할 필요가 없다.

하나님은 전지전능하시다. 하나님은 율법의 모든 규정을 알고 계신다. 하나님은 우리의 구체적인 일들을 모두 아신다. 우리의 외적인 죄와 내적인 죄를 다 아신다. 하나님은 우리 지성의 죄는 물론이고 우리 마음의 죄도 아신다. 하나님은 우리가 기회가 닿으면 범할 죄도 아시며 우리가 범하려고 기회를 노리는 죄도 아신다. 하나님은 우리가 다른 사람에게 범한 죄와 우리 자신에게 범한 죄를 아신다. 하나님은 모르시는 것이 없다. 그런데 하나님은 그 모든 것을 아시면서도 우리를 의롭다 하셨다. 그리고 하나님이 우리를 의롭다 하신 이유는, 하나님이 그리스도의 사역을 담고 있는 모든 점을 아시고 그 가치를 충분히 파악하고 계시기 때문이다. 하나님은 그렇게 정해 놓으셨으므로 "… 그 아들 예수의 피가 우리를 모든 죄에서 깨끗하게 하실 것"(요일 1 : 7 하)을 아신다.

3. 하나님은 우리를 거슬러 말하는 모든 주장을 만족시키셨다. 하나님은 친히 예수 그리스도로 말미암아 이 일을 하셨다. 전에도 살펴보았지만, 칭의(稱義)에 부정적인 측면과 긍정적인 측면이 있음을 기억하는 것이 유익하다. 부정적인 측면은 속죄와 관계 있다. 즉 그리스도께서 우리 대신 우리 죄의 형벌을 짊어지셨다는 것이다. NEB는 로마서 8 : 33절을 다음과 같이 번역하면서 이 점을 강조한다. "사죄를 선포하시는 분은 하나님이시다". 우리는 그리스도의 사역 때문에 용서를 받았다. 즉 정죄당하지 않았다. 그러나 칭의는 속죄 이

상의 것이다. 그러므로 NEB는 제대로 번역하지 못하고 있고 그런 점에서 NIV가 낫다. '사죄'란 부정적인 함축의 뜻을 담고 있을 뿐이다. 그러나 칭의는 참으로 긍정적 측면도 갖고 있다. 우리가 '의롭다 하심'을 받았으면, 그리스도의 의로 옷 입는다.

다른 곳에서 나는 칭의가 다음 두 가지 부분을 갖고 있음을 서술했다. (1)우리의 죄는 예수 그리스도께로 넘어가고 예수 그리스도께서 그 형벌을 받으셨다. (2)그리스도의 의가 우리에게 입혀졌다. 혹은 그리스도의 의가 우리의 것이 되었다.

마틴 로이드 존스(D. Martyn Lloyd Jones)는 이 점을 다음과 같이 표현한다. "의롭다 하는 것은 면죄하는 것, 즉 용서하는 것 이상을 뜻한다. 우리가 로마서 처음 넉 장을 공부하면서 거듭 살펴보았던 것처럼, 칭의는 하나님이 우리를 용서하실 뿐만 아니라 이제 마치 우리가 죄를 짓지 않았던 것처럼 우리를 정의롭고 의롭고 거룩하다고 본다는 선언, 즉 법적인 선언을 베푸신다는 뜻이다… 하나님은 내 죄를 그의 아들에게 전가할 뿐만 아니라 그 아들의 의를 가져다가 내게 전가하신다."[2]

'예수 당신의 피와 의'(Jesus, Thy Blood and Righteousness)라는 위대한 찬송시에는 이런 말이 있다.

> 그 큰 날에 내가 담대히 서게 될까?
> 아무튼 나를 고소할 자 없으리.
> 주님으로 말미암아 죄와 두려움으로부터
> 죄책과 부끄러움으로부터
> 나는 충만히 용서 받았네.

로이드 존스는 이렇게 쓴다. "나를 송사할 이는 아무도 없다. 왜냐하면 나는 이 의로 옷 입었기 때문이다."

4. 하나님의 법정이 담당하는 관할권은 온 우주다. 그러므로 우리는 그 법정에서 사면을 받았으니 그 누구에게도 정죄를 받을 수 없다. 우리의 의가 갖고 있는 이런 측면은 우리에게 확신과 위로를 준다. 우리의 생각과 양심이 우리를 송사할 때에도 말이다.

우리는 변호사가 하급 법원에서 원하던 판결을 얻지 못하면 고등 법원에 상소하는 것을 알고 있다. 사실 변호사는 늘상 그런 일을 한다. 배심원 심리에서도, 증거 제시에 잘못이 있거나 판사가 배심원에게 지시를 잘못하면 상소할 수 있다. 가령 드문 경우지만 당신의 사건을 미국 대법원에 상소하여 사면을 받았다고 해보자.

아마 위험한 때도 있을 것이다. 다른 나라에서 당신 사건의 관할권을 요구한다고 해보자. 당신은 자국에서는 사면을 받을 수 있지만 다른 나라에서 온 사람들에게 넘어가 그 사람들에게 심리를 받고 혐의 사실이 드러날 수 있다.

땅에서는 우리의 지위가 두려울 정도로 불확실할 수 있다. 그러나 우리가 하나님에 의하여 심판 받고 의롭다 하심을 받는다면 사정이 다르다. 하나님의 법정은 대법원 중에서도 대법원이다. 하나님의 재판석은 모든 법관석 가운데서 가장 높은 법관석이다. 하나님의 판결에 이의를 걸 수 있는 국가의 정부는 없다. 그러므로 바울이 "누가 능히 하나님의 택하신 자들을 송사하리요? 의롭다 하신 이는 하나님이시니" 하고 말할 때, 그리스도 안에 있는 자들은 지금이나 영원토록 정죄받을까 두려워 할 필요가 전혀 없다고 바울은 아주 능력 있게 단언하고 있다. 하나님이 우리를 위하여 내리신 복된 판결을 뒤집을 수 있는 사람은 아무도 없다.

그분을 만날 준비를 함

물론 이 모든 것은 마르틴 루터가 발견했던 것이며, 루터는 이 사실을 발견하고 종교개혁의 선각자가 되었다. 루터가 성경을 공부하여 하나님이 예수 그리스도의 의를 그리스도께 의지하는 자에게 베푸신다는 것을 배우기 전인 초기 시절, 루터는 자기 영혼 때문에 두려웠다. 앞에서 나는 심판에 관한 그의 위대한 찬송시를 언급했다. 이 찬송시에는 그리스도를 의지하지 않은 죄인들에 관한 절이 하나 있다.

··· 죄책의 두려움에 쌓인 죄인들은
하나님의 진노가 드높은 것을 보네.
일어나 눈물을 뿌리고

한숨 지어도 소용없네.
은혜의 날은 지나가 버렸으니
죄인들은 하나님 만날 준비가 전혀 안 된 채로
　떨며 그 보좌 앞에 서 있네.

한때는 마르틴 루터도 이런 두려움을 갖고 있었다. 그러나 루터는 하나님이 예수 그리스도의 죽음으로 말미암아 필요한 준비를 해놓으셨음을 발견했다. 루터는 우리의 행위로는 칭의를 얻을 수 없음을 알았다. 왜냐하면 우리를 제일 먼저 곤경에 빠뜨리는 것이 바로 우리의 행위이기 때문이다. 칭의는 예수 그리스도의 사역을 기초로 삼아 준비된다. 예수님은 죄인을 위하여 죽으셨고, 신자가 하나님의 심판 날에 설 수 있게 하는 이 의는 죄인에게, 즉 그리스도인이 된 우리에게 전가하신 그리스도의 의다.

이것 때문에 우리는 확신한다. 예수 그리스도의 사역만이 우리의 안전이다. 루터의 찬송시 마지막 절은 1절의 주제를 다시 받아 이렇게 외친다.

크신 하나님, 만드신 것들의 종국을
내가 보고 듣나이다.
인류의 심판장이 나타나시니
영광 구름 위에 앉으셨도다.
나팔 소리 들리고, 무덤 속에서
죽은 자들이 일어나니,
　내 영혼아, 하나님을 맞을 준비를 하라.

마지막 심판에 대한 생각으로 여러분을 겁주려는 마음이 전혀 없다. 여러분이 그리스도 안에서 위로를 발견하기를 바란다. 그러나 한 가지 더 말해야 할 것이 있다. 당신이 그리스도 안에 있지 않으면, 당신의 죄를 그의 피로 덮어 주심을 받지 못하고 당신이 그리스도의 의로 옷 입지 않으면, 두려워해야 한다. 당신에게는 위로가 전혀 없다. 어느날 당신은 당신이 욕되게 했던 하나님을 만나고 당신이 본체도 하지 않은 그리스도께 심판을 받을 것이다.

하나님이 당신의 구주가 아니시라면 그 날에 누가 당신을 건질 것인가? 당신이 그리스도 안에 있지 않으면 그 날 당신은 하나님이 준엄하고 결코 봐주지 않는 심판장이심을 발견할 것이다.

　그러나 지금은 그 날이 아니다. 지금은 하나님의 은혜의 날이요, 예수 그리스도께서 여전히 구주로 선포되는 날이다. 주 예수 그리스도를 믿으라. 그분을 의지하라. 그렇게 하면 땅이나 지옥이 결코 흔들 수 없고 하나님이 안전하게 만드신 구원에 들어갈 것이다.

● 각주 ●

　1. J. H. Merle D'Aubigne, *The Life and Times of Martin Luther* (Chicago : Moody Press, 1958). p. 32.

　2. D. M. Lloyd Jones, *Romans : An Exposition of Chapter 8 : 17-39, The Final Perseverance of the Saints* (Grand Rapids : Zondervan, 1976), p. 408.

　3. Ibid.

118
우리의 놀라운 중보자
로마서 8:34

누가 정죄하리요 죽으실 뿐 아니라 다시 살아나신 이는 그리스도 예수시니 그는 하나님 우편에 계신 자요 우리를 위하여 간구하시는 자시니라.

지금까지 우리는 로마서 8장의 마지막 부분에 대하여 공부하면서, 하나님 아버지께서 우리를 위하여 하신 일을 통하여 영원한 안전(eternal security)의 가르침을 배웠다. 이는 특별히 28-30절에서 분명히 나타났다. 이 구절에서 영원한 안전은 하나님의 하시는 일이며 하나님의 택하시는 일이며 하나님의 예정하시는 일이며 하나님의 부르시는 일이며 하나님의 의롭다 하시는 일이며 하나님의 영광스럽게 하시는 일이다. 이는 그 다음에 나오는 석 절에서도 마찬가지다. 이 석 절에서 바울은 대답할 수 없는 질문을 묻기 시작한다. (1)"하나님이 우리를 위하시면 누가 우리를 대적하리요?" (2)"자기 아들을 아끼지 아니하시고 우리 모든 사람을 위하여 내어 주신 이가 어찌 그 아들과 함께 모든 것을 우리에게 은사로 주지 아니하시겠느뇨?" (3)"누가 능히 하나님의 택하신 자들을 송사하리요?"

두번째 질문에서 예수님의 죽음을 언급했을 때도, 하나님이 그 아들을 내어 주시는 관점에서 언급했다.

다섯 질문 가운데 네번째 질문에서 바울의 접근법이 변하는데, 예수 그리스도의 사역이 갑자기 전면에 나오기 때문이다. "누가 정죄하리요?" 하고 바울은 묻는다. 이 질문에도 역시 대답은 없다. 왜냐하면 "죽으실 뿐 아니라 다시 살아나신 이는 그리스도 예수시니 그는 하나님 우편에 계신 자요 우리를 위하여 간구하시는 자시기"[1] 때문이다.

다른 말로 하면, 바울은 하나님이 자기 백성을 의롭다 하셨다고 말한 바로 다음, 이제 칭의의 근거에 대하여 말하고 의롭다 하심을 받은 사람이 정죄로부터 영원히 자유로움을 확실할 수 있는 네 가지 이유를 말한다. 과거나 현재나 예수 그리스도의 사역과 관계 있는 이 이유들은 (1)그리스도의 죽음 (2)그리스도의 부활 (3)그리스도께서 하나님 우편에 앉으심 (4)그리스도께서 우리를 위하여 계속 간구하심이다.

그리스도께서 죄를 위하여 죽으심

이 절에 나오는 가르침을 살피기가 무섭게, 우리는 곧바로 바울이 이 가르침에 얼마나 많은 교리를 압축하여 담았는지 강한 인상을 받는다. 바울은 말을 아끼면서 그 일을 했는데, 이는 네 가지 진술 가운데 첫번째인 "죽으신 이는 그리스도 예수시다"라는 말에서 가장 분명하게 나타난다.

왜 바울은 좀더 자세하게 이 말을 설명하지 않았는가?

확실히 이는 바울이 로마서 앞 장에서 자세하게 그 점을 설명했기 때문이다. 로마서의 앞 장들에서 우리는 예수님이 속죄를 이루실려고 죄를 위하여 죽으셨음을 배운다. 예수님은 속죄를 통하여 죄에 대한 마땅히 내릴 하나님의 진노를 누그러뜨리고 혹은 없이 하셨다. 게다가 예수님은 속죄받을 죄가 없으셨기 때문에, 우리는 예수님이 우리를 위하여 혹은 대신하여 그 일을 하셨음을 배운다. 몇 년 전 스위스의 위대한 신학자 칼 바르트(Karl Barth)는 성경에서 가장 중요한 말이 무엇이었느냐는 질문을 받았는데, 질문하는 사람은 칼 바르트가 '사랑' 혹은 그와 같이 경건한 속성을 말하리라고 생각했음에 틀림없다. 그러나 바르트는 '휘페르' (Hyper)라는 말이라고 대답했다. 헬라어에서 휘페르는 다른 사람을 '대신하여' 혹은 다른 사람의 '자리에' 라는 뜻을 가진 전치사이다. 이 말은 예수님의 죽음이 우리를 대신한 그리고 우리를 위한 것이라는 사실을 뜻하므로, 바르트는 이 말을 가장 중요한 낱말이라고 했다. 우리가 영적으로 죽지 않게 하시려고 예수님은 죽으신 것이다.

특별히 그리스도인들이 이 사실에 대하여 보이는 가장 일반적인 반응은, 그 점에 관하여 이미 다 알고 있다는 것일 것이다. 실로 우리는 오랫동안 이 사실을 알아 왔다. 왜 우리는 이 사실을 거듭 계속 말해야 하는가? 왜 예수 그리스도의 죽음을 거론해야 하는가?

참으로 이 사실을 알고 그리스도와 그의 속죄를 믿는 믿음으로 산다면, 이 사실을 되풀이 할 필요가 없을 것이다. 물론 이 사실을 가장 잘 아는 사람은 일반적으로 이 말씀을 가장 듣기를 좋아하는 사람일 것이다. 캐서린 행키(Katherin Hankey)의 찬송은 이렇게 올바로 말한다.

> "이 말씀 들은 사람 또 듣기 원하고
> 목말라 사모하니 그 말씀 진리라"
> 　　　　　　　　(한글통일찬송가 274장).

그러나 바울이 로마서에서 이 사실을 되풀이하므로 우리는 그 사실을 (자주) 들을 필요가 있을 것이다. 바울이 지금 확신에 대하여 쓰고 있음을 기억하라. 그리고 바울이 확신에 관하여 그처럼 길게 쓰는 이유는, 우리가 이 주제를 긴가민가하고 자신의 구원을 의심하는 경향이 있기 때문이다. 우리가 직접 행위로 죄를 짓든지 마음이나 정신으로 좀더 미묘한 죄를 짓거나 심지어 구원에 관한 하나님의 말씀을 의심하든지간에 죄를 범하게 될 때 특별히 이 사실을 되풀이해야 할 필요가 있다. 그처럼 죄를 지으려는 마음 상태에 있는 사람은 자신이 한때 구원 받았지만 아마 넘겨졌을 것이라고 가정하고서 자신이 참으로 구원을 받았는지 혹은 구원을 받고 있는지 의아해 한다.

당신도 이처럼 생각하고 있다면, '옛적 말씀' 을 듣고 또 들어야 하며 예수님이 당신 대신에 당신의 죄에 임한 하나님의 진노를 담당하시고 당신 죄를 위하여 죽으셨던 사실을 들어야 한다.

"그러나 제가 죄를 짓는다면요?" 하고 당신은 묻는다. 그러나 '짓는다면요?' 하고 말하지 말라. 당신은 죄를 지어 왔고 앞으로도 죄를 지을 것이다. 그런 질문은 바른 질문이 아니다. 오히려 이렇게 질문해야 한다. "예수님이 나의 죄를 위하여 죽으셨습니까? 아니면 그러지 않으셨습니까?" 만일 예수님이 당신의 죄를 위하여 죽으셨다면, 예수님은 그 죄에 대한 형벌을 당신 대신 짊어지셨고 따라서 아무도 당신의 죄로 당신을 정죄할 수 없다(심지어 하나님도 정죄하지 않으신다). 예수님이 당신의 정죄를 대신 지신 것이다.

"그러면 내가 이 사실을 의심한다면요?"

당신이 이렇게 묻는 것은 그 의심이 죄인지 아닌지를 알려는 것이다. 만일 그런 의심이 죄가 아니라면, 그것이 예수 그리스도께서 하신 일과 하신 이유에 담긴 충만한 뜻이 무엇인지 그저 지적(知的)으로 알아보려는 것이라면, 문제가 전혀 되지 않는다. 그리스도인은 하나님께 질문을 하고 자신이 이해하지 못하는 것을 말씀드릴 자유가 있다. 만일 그 의심이 **죄라고 할지라도**, 즉 그 의심이 하나님의 말씀에 대한 직접적인 불신이라고 해도, 이 죄가 유독 다른 어떤 죄보다 당신을 하나님의 사랑에서 끊어내고 당신을 정죄하라는 법이 있는가? 예수님이 사실상 그 죄를 위하여 죽으셨다면 말이다.

이 말은, 당신이 그리스도의 속죄를 거부하고 조롱해도 당신의 죄가 그리스도의 피에 의하여 덮으심을 받는다는 뜻이 아니다. 그것은 결코 믿음을 알지 못하는 불신이다. 만일 그리스도의 속죄를 거부하고 조롱한다면, 거듭 나지 못한 것이다. 나는 거듭 나서 예수님을 사랑하지만 자신의 구원에 관하여 의심을 갖고 있는 사람들에게 말하고 있는 것이다. 바울처럼 나도 그들에게 "그리스도께서 죽으셨다"고 말한다. 그리스도께서는 당신을 위하여 죽으셨다.

예수님이 십자가에 달리셨을 때, 자신의 속죄 사역에 관하여 "다 이루었다"(요 19 : 30)고 말씀하셨다. 참으로 그리스도의 속죄 사역은 다 이루었다. 영원히 이루었다. 그 사역에 덧붙이거나 제거할 것은 아무것도 없다.

그리스도의 부활

우리가 예수님이 우리를 위하여 하신 사역을 근거로 우리의 구원을 확신할 수 있는 두번째 이유는, 그리스도의 부활이다. 바울은 "뿐 아니라 다시 살아나신"이라는 말로 그리스도의 부활을 이끌어들인다.

이는 부활의 교리를 이상하게 이끌어들인다. 왜냐하면 여기서 부활의 교리는 그리스도의 죽음에 무엇을 덧붙이듯이 그리스도의 죽음과 관련되기 때문이다. 그리고 이미 내가 말했듯이 속죄가 다 이루어진 일이라면 어떻게 그리스도의 부활을 덧붙여 말할 필요가 있는가? 다시 말하자면, 이는 바울이 로마서의 앞 장들에서 예수님의 사역을 좀더 폭넓게 다루고 있었을 때 설명했던 점이다. 바울이 로마서의 첫 큰 단락을 마치고 (지금 우리가 공부하는) 두번째 큰 단락으로 들어갈 준비를 하던 4장 끝에서 말했던 것을 다시 생각해 보라. "예수는 우리 범죄함을 위하여 내어 줌이 되고, 또한 우리를 의롭다 하심을 위하여 살아나셨느니라"(롬 4 : 25).

"우리를 의롭다 하심을 위하여 살아나셨다"는 말은 무슨 뜻인가? 성경이 이를 설명하고 있듯이, 부활과 칭의는 하나님의 사역이다. 그러므로 이 절은, 하나님이 자신의 칭의 사역과 관련하여 예수님을 죽은 자 가운데서 다시 살리셨다고 말하고 있다. 칭의는 **그리스도의** 화목제물에 근거를 두고 있으므로, 부활과 칭의의 관계는 원인과 결과의 관계가 아니다. 오히려 증명(demonstration)의 관계임에 틀림없다. 부활이 말하고자 하는 것은, 그리스도의 죽음을 근거로 삼는 칭의가 참됨을 보이려는 것이다. 이는 예수님의 죽음이 참된 대속이며 예수님을 믿는 모든 자는 실로 모든 죄로부터 의롭다 하심을 받는다는 것을 보이시는 하나님의 방법이다.

이렇게 말해 보자. 예수님은 땅에 계셨을 때, 자신이 많은 사람을 위하여 대속물이 되어 죄에 대하여 죽을 것이라고 말씀하셨다. 때가 되자 예수님은 참으로 죽으셨고 삼일 동안 무덤에 누워 계셨다.

예수님은 죄를 위하여 죽으셨는가? 예수님은 죽을 것이라고 말씀하셨지만 그 말씀으로 자신의 죽음이 대속이라는 것을 입증하지 못하신다. 예수님이 속으셨다고 해보면 어떤가? 예수님이 혼자서만 자신이 하나님의 아들이며 구주라고 생각했다면 어떤가? 혹은 예수님이 죄 없지 않았다고 해보면 어떤가? 예수님은 죄 없다고 주장하셨다. 예수님은 죄 없었던 것처럼 보인다. 그러나 예수님이 죄를 조금이라도 지었다고 해보면 어떤가? 그럴 경우에 예수님은 죄인이 될 것이며 그의 죽음은 다른 사람들의 죄는 말할 것도 없고 자신의 죄도 속할 수 없을 것이다. 그 문제는 여전히 의혹의 상태로 남을 것이다.

그런데 부활의 아침이 찾아온다. 예수님의 몸이 다시 살아났고, 무덤의 돌이 입구에서 굴러 나가서 여인들과 그 뒤의 다른 사람들이 예수님이 참으로 부활하신 것을 보고 참됨을 증명할 수 있다. 이제 아무런 의혹이 없다. 왜냐하면 만일 예수님이 하나님의 독생자가 아니고 따라서 그 백성의 참되고 유효한 구주가 아니실 경우 하나님 아버지께서 예수님의 주장을 그처럼 참되다고 입증하시는 일은 생각할 수 없기 때문이다.

위대한 성경 교사 루벤 토리(Reuben A. Torrey)는 자신의 한 저서에서 이렇게 말했다. "나는 그리스도의 십자가를 보고 내 죄를 위하여 속죄가 이루어졌음을 안다. 나는 열린 무덤과 부활하시고 승천하신 주님을 보고 그 대속이 받아들여졌음을 안다. 내 죄가 아무리 많고 크다 해도 내게는 더 이상 한 점 죄도 남지 않았다. 내 죄가 산만큼이나 컸을 것이지만, 부활에 비추어 볼 때 그 죄를 덮는 대속은 하늘만큼 높다. 내 죄가 바다보다 깊었겠지만, 부활에 비추어 볼 때 그 죄를 삼킨 대속은 영원만큼 깊다."[2]

"누가 정죄하리요?" 예수님이 우리를 위하여 죽으시고 우리를 의롭다 하심을 증거하려고 부활하셨다면 누가 정죄할 수 있으리요?

그리스도께서 하나님 우편에 앉으심

우리는 지금 과거에 일어났거나 현재 일어나는 그리스도의 구원 사역을 말하는 이 네 구절을 공부하면서 큰 계단을 올라가고 있다. 그러나 우리가 주의하지 않으면 이 시점에 이르러 한 계단을 빠뜨리기 쉽다. 왜냐하면 세번째 계단은 주 예수 그리스도의 승천과 하나님 우편에 앉으심을 다루고 있고 대부분의 교회에서는 이 가르침을 그다지 별로 듣지 못하기 때문이다. (좀더 전례를 중시하는 교회에서는 승천일〔Ascension Day〕이라는 특별한 날이 있는데, 이 날에는 예수님이 하늘로 돌아가심과 관련된 이 교리들을 주로 살핀다.)

그리스도께서 하나님 우편에 앉으심과 관련된 중요한 가르침이 둘 있다. 첫째는 예수님의 영화이다. 요한복음 17장에 기록되어 있듯이, 이는 예수님이 잡히시고 십자가에 달리시기 바로 전에 하신 기도에 대한 하나님의 해답이다. "아버지께서 내게 하라고 주신 일은 내가 이루어 아버지를 이 세상에서 영화롭게 하였사오니, 아버지여 창세 전에 내가 아버지와 함께 가졌던 영화로써 지금도 아버지와 함께 나를 영화롭게 하옵소서"(요 17 : 4-5). 예수님은 구속 사역을 완성하기 위하여 이 영광을 제쳐놓으셨다. 그러나 이제 예수님은 사역의 끝을 생각하면서 그 영광을 회복하여 달라고 구하신다.

그리고 그 영광은 사실 회복되었다. 사도행전에 따르면, 스데반이 순교할 때 예수님이 "하나님 우편에 서신 것"(행 7 : 56)을 보았고, 바울은 초창기 그리스도인들을 핍박하러 다메섹으로 가는 길에 예수님의 음성을 듣고 가던 길을 멈추고는 다른 데로 갔다(행 9 : 3-5). 요한계시록에 따르면 요한 사도는 예수님에 대한 비슷한 이상(異像)을 보았다.

승천일과 관련된 다른 가르침은, 바울이 로마서의 이곳에서 아마 주로 관심을 갖는 것이다. 그것은 그리스도의 '앉으심'(session) 즉 그리스도께서 하나님 우편에 앉아 계심이다. '우편'은 존귀한 자리로 생각되므로, 예수님이 우편에 앉으셨다는 것은 높아지신 것과 관계 있다. 오직 이 점이 우리의 영원한 안전과 관련하여 중요하다. 왜냐하면 예수님이 우편에 앉으셨다는 것은, 죽으심으로써 우리를 위하여 영원한 안전을 성취하신 그분이 그 이루신 일 때문에 존귀하게 되셨음을 뜻하기 때문이다.

그러나 이 가르침에는 그 내용 이상의 것이 담겨 있다. 예수님이 우편에 앉으신 것과 관련하여 가장 중요한 것은, 앉으셨다는 사실이 사역의 완성을 함축하고 있다는 점이다. 한 사람이 서 있다는 것은 여전히 할 일을 갖고 있다는 뜻이다. 그러나 일단 그 일이 이루어졌으면, 그 사람은 그 일을 놓고 쉰다. 마치 하나님이 '지으시던 일'(창 2 : 2)을 놓고 쉬셨던 것과 같다.

이 요점은 히브리서에서 자세하게 설명된다. 히브리서는 하나님이 주신 성전 예배의 유형을 따라 이스라엘의 지상적 제사장이 하는 일과, 장차 오실 대제사장이던 예수님의 일을 비교했다. 이 주제는 히브리서 4장에서 시작하여 멀리 10장까지 계속 이어지며 두드러진다. 이 주제가 말하고자 하는 바는 예수님의 제사장 사역은 지상적 제사장이 하는 예비적인 일보다 우월하며 그 일을 대신한다는 점이다.

그런 후에 10장에서 다음과 같이 중요한 말이 나온다. "제사장마다 매일 서서 섬기며 자주 같은 제사를 드리되, 이 제사는 언제든지 죄를 없게 하지 못하거니와, 오직 그리스도는 죄를 위하여 한 영원한 제사를 드리시고 **하나님 우편에 앉으사**, 그후에 자기 원수들로 자기 발등상이 되게 하실 때까지 기다리시나니, 저가 한 제물로 거룩하게 된 자들을 영원히 온전케 하셨느니라"(히 10 : 11-14, 고딕체는 필자의 표기). 유대인 성전에는 다른 기구들은 있었지만 의자는 없었다. 이는 제사장의 일이 결코 끝나지 않음을 뜻했다. 실로 속죄일에 드리는 큰 제사는 매년 드려야 했다. 그러나 그리스도께서 자신을 희생제물로 드렸을 때, 이 제물은 앞의 모형을 완전히 성취했고 죄를 속하기에 전적으로 충분했다. 이 제사는 다시 드릴 필요가 없었다. 그러므로 예수님이 이 제물을 드리시고 하나님 아버지께서 받으셨을 때, 예수님은 하나님 우편에 앉으심으로써 그 일이 완성되었음을 보이셨다.

이제 예수님은 어디 계시는가? 예수님은 하나님 우편에 앉아 계신다. 그래서 당신은 자신의 구원을 의심하여 마음이 혼란스럽게 될 때마다, 하나님의 우편에 계시는 예수님을 바라보고 예수님의 희생 사역이 완성되어 예수님이 거기 계시며 그 사실에 덧붙이거나 뺄 수 있는 것이 전혀 없고 그러므로 당신이 예수님 안에서 전적으로 안전하다는 것을 깨달으라.

일단 하나님이 당신을 미리 아시고 미리 정하시고 부르시고 의롭다 하시고 영화롭게 하셨는데, 당신이 구원을 잃어버리도록 만드는 일이 일어나겠는가? 만일 그런 일이 일어난다면, 하나님은 전체 구원 계획을 뒤집어야 하실 것이다. 예수님은 보좌에서 일어나 다시 하늘에서 내려오셔서 다시 무덤으로 들어가시고 십자가에 다시 박히시고 그런 후에서 십자가에서 내려와야 하실 것이다. 당신이 멸망한다면 속죄는 결코 일어난 일이 아니었다. 오직 속죄가 일어나지 않는다면 당신은 멸망할 수 있다. 그러나 하나님의 계획에 따라 속죄가 일어났다. 그리고 예수님이 죽은 자 가운데서 일어나시고 하늘에 오르시고 하나님 아버지의 우편에 앉으신 사실은, 속죄가 성취되었음을 입증한다. 당신의 안전은 이제 주님이 보좌에 앉으신 일만큼 확실하다. 이는 당신의 안전이 예수님만큼 흔들리지 않음을 뜻한다.

그리스도께서 지금 우리를 위하여 간구하심

그리스도 안에 있는 신자가 그리스도의 사역에 근거를 두고서 자신의 구원을 확신할 수 있는 마지막 이유는, 예수님이 지금 우리를 위하여 간구하심이다. 바울은 예수님이 "우리를 위하여 간구하신다"고 말하고 있다.

이 단락에 줄곧 나타났던 송사와 심판과 사면의 개념들에 비추어 볼 때, 사람들은 이 간구를 자연스럽게 예수님이 사단의 면전에서 혹은 다른 사람들의 송사에 대하여 우리를 대신하여 자신의 죽음이 갖는 유익을 옹호하시는 것으로 본다. 성경 교사들은 그런 식으로 그

절에 대하여 자주 말했다. 그리고 나 역시 기회가 닿는 대로 그 점에 관하여 말했다. 그러나 이는 아마도 정확한 개념이 아닐 것이다. 왜 그런가? 바울이 '누가 정죄하리요?' 라는 질문을 이 절에 이끌어들이며, 예수님이 죽으시고 부활하시고 이제 하나님 우편에 앉아 계시며 우리를 위하여 간구하시는 한 이 질문에 대한 대답은 '아무도 정죄할 수 없다' 이기 때문이다. 그렇지만 여기서는 그런 간구가 필요치 않다. 왜냐하면 그리스도의 완성된 사역과 하나님의 심판에 비추어 볼 때 그 누구도 우리를 송사할 수 없기 때문이다.

마틴 로이드 존스(D. Martyn Lloyd Jones)는 이렇게 말한다. "우리 주님이 신자를 변호하실… 필요는 전혀 없다. 우리 주님은 '단번에' 그 일을 이미 행하셨다. 그러나 어떤 경우든 아들을 보내어 그 일을 하게 하신 것은 하나님 아버지다. 그러니 하나님의 마음속에는 자기 자녀들 가운데 그 누구에 관해서도 의문이나 질문이 결코 있을 수 없다."[3]

그런 점에 비추어 볼 때 이 구절의 간구는 무슨 뜻인가? 이 문맥의 간구는 자기 백성을 위한 예수님의 기도를 가리킴에 틀림없고, 요한복음 17장의 예수님의 위대한 기도와 아주 비슷하다. 요한복음에서 예수님은 자기 백성들이 그리스도인으로서 살아가기 위하여 자신의 죽음이 갖는 모든 유익을 얻도록 기도하신다.

이 말은, 주 예수 그리스도께서는 당신의 모든 필요에 관심을 가지신다는 뜻이다.

이 말은, 예수님이 못 들은 체하시거나 우리를 위하여 아버지께 간청하지 않으실 문제가 없다는 뜻이다.

도널드 그레이 반하우스(Donald Grey Barnhouse)의 저술에서 이 주제를 다룬 문단을 여러분과 나누고 싶다. 사실 이 문단을 읽고 나는 복을 받았다.

그리스도의 능력으로 풀지 못할 정도로 큰 문제는 없다. 그리스도의 지혜로 풀지 못할 정도로 복잡한 문제는 없다. 그리스도의 사랑을 받지 못할 정도로 하찮은 문제는 없다. 그리스도의 속죄하는 피가 사하지 못할 정도로 심각한 죄는 없다. 예수님에 관하여 가장 놀라운 표현 가운데 복음서에서 서너 번 나오는 구절이 있다. 그것은 "민망히 여기셨다"는 구절이다. 예수님은 사람들을 사랑하셨다. 당신도 사랑하신다. 당신에게 문제가 있는가? 예수님은 그 문제를 해결하실 수 있다. 그 문제가 뭐든 상관없다… 당신의 마음에 두려움이 있으면, 예수님은 즉시 그 두려움을 아신다. 당신의 마음에 슬픔이 있으면 그분의 마음에도 즉시 슬픔이 있다. 당신의 마음에 비탄함이 있으면 그분의 마음에도 즉시 비탄함이 있다. 당신이 살면서 사별하거나 하나님의 자녀에 관하여 다른 어떤 감정이 있으면, 그리스도의 마음에도 똑같이 슬픔이나 비탄함이나 사별이 즉시 새겨진다. 하나님 말씀에 이런 말이 쓰여 있다. "그들의 모든 환난에 동참하사…"(사 63 : 9 상).[4]

바로 그런 일이 있을 때 예수님은 우리를 위하여 간구하신다. 게다가 예수님은 그 간구의 응답을 (하나님으로부터) 받으시며 무한한 그 영광의 곳간에서 당신에게 필요한 것을 모두 꺼내 주신다. 그래서 바울은 빌립보 사람들에게 이렇게 쓸 수 있었다. "나의 하나님이 그리스도 예수 안에서 영광 가운데 그 풍성한 대로 너희 모든 쓸 것을 채우시리라"(빌 4 : 19).

인기 있는 가수로 연예인 생활을 하는 보비 맥페린(Bobby McFerrin)은 '걱정 말고 기뻐하세요' 하는 짧은 노래를 불렀고 이 노래 때문에 유명해졌다. 그리스도의 피로 죄사함을 받지 못한 사람들은 이 노래를 듣고 오해할 수 있지만, 나는 이 노래를 좋아한다. 죄 있는 사람은 걱정해야 한다. 하나님의 두려운 정죄 아래 있는 사람에게는 행복이란 없다. 그러므로 "이제 그리스도 예수 안에 있는 자에게는 결코 정죄함이 없나니"라는 로마서 8장의 첫 절은 8장이 다루는 바를 우리에게 말해 준다. 예수님이 우리 대신 죽으시고 우리를 의롭다 하려고 부활하시고 하나님의 우편에 앉아 계시고 우리를 위하여 계속 간구하고 계시기 때문에 걱정이란 있을 수 없다.

그처럼 간구해 주시는 분이 있는데 걱정해야 하겠는가? 그들에게는 '걱정하지 말아요'라고 말해 주면 딱 좋다. 그리고 또 '기뻐하세요'라고 말해 주면 딱 좋다. 물론 분명히 이 말은 별로 힘이 없긴 하지만 우리는 말할 수 없는 기쁨으로 즐거워해야 한다.

● 각주 ●

1. 원문에는 구두점이 없으므로 33-35절에 나오는 질문들을 어떻게 다루어야 하며 특별히 34절의 질문을 어디에 관련시켜야 할지 불확실해진다. 34절은 바로 앞의 내용과 관련 지어야 할까? 그렇다면 이렇게 읽을 수 있다. "의롭다 하시는 이는 하나님이시니 누가 정죄하리요?" 즉 하나님이 의롭다 하셨으면, 아무도 정죄할 수 없다. 혹은 다음에 나오는 내용과 관련 지어야 할까? "누가 정죄하리요? 그리스도 예수는… 우리를 위하여 간구하신다." 만일 이와 같다면, 34절이 나누어진다. 그리고 예수님의

사역을 다루는 이 대목은 좀더 깊은 다음의 문제를 이끌어들이는 것으로 보아야 한다. "누가 우리를 그리스도의 사랑에서 끊으리요?" 어떤 경우이든 그 뜻은 그다지 다르지 않다. 그러나 옛날이나 오늘날이나 대부분의 주석가들은 나와 같이 이 질문을 다루는데, 그 이유는 대개 문장의 평행 구조를 보존하려함이다. 이런 식으로 다룰 때 각 질문에는 상응하는 대답이 따르며, 이 질문("누가 정죄하리요?")에 대한 대답은 그리스도의 사역이다. 이 문제에 대한 좀더 충분한 논의를 알려면 다음을 보라. D. M. Lloyd Jones, *Romans : An Exposition of Chapter 8 : 17-39, The Final Perseverance of the Saints* (Grand Rapids : Zondervan, 1976), pp. 400-403; John Murray, *The Epistle to the Romans* (Grand Rapids : Wm. B. Eerdmans, 1968), pp. 326-328.

2. R. A. Torrey, *The Bible and Its Christ* (London anFleming H. Revell, 1904-1906), p. 108.

3. D. M. Lloyd Jones, *Romans : An Exposition of Chapter 8 : 17-39, The Final Perseverance of the Saints,* p. 436.

4. Donald Grey Barnhouse, *Epistle to the Romans,* Part 53, *Romans 8 : 34-39* (Philadelphia : The Bible Study Hou8r, 1954), p. 11. 라디오 설교 소책자에 나오는 이 자료는 반하우스의 유명한 로마서 강해서에 간추어져 실렸지만, 내가 인용한 문단은 로마서 강해서에서 빠졌다.

119
그리스도의 사랑에서 끊어지지 않음
로마서 8:35-36

누가 우리를 그리스도의 사랑에서 끊으리요 환난이나 곤고나 핍박이나 기근이나 적신이나 위험이나 칼이랴 기록된 바
>   "우리가 종일 주를 위하여 죽임을 당케 되며
>   도살할 양같이 여김을 받았나이다"
함과 같으니라.

구원이라는 있는 그대로 사실에 이어서 그리스도인이 배울 수 있는 가장 큰 교훈은, 그 무엇도 예수 그리스도의 사랑 즉 하나님의 사랑에서 그리스도인을 끊을 수 없다는 점이다. 세상적인 가치와 즐거움과 죄는 신자의 위대한 소명과 운명과 더불어 갈등을 일으킨다. 하지만 모든 그리스도인은 세상의 그 어떤 일도 신자의 소명과 운명을 누를 수 없음을 알 수 있다. 산악 안내자를 뒤에 두고 오직 밧줄로만 무사히 버티고서 위험한 절벽을 오르는 등산가처럼, 그리스도인은 하나님의 사랑이라는 튼튼한 끈으로 무사히 삶을 헤쳐나간다. 인생의 길은 속이는 것이 많아서, 신자라면 누구나 자주 미끄러지고 넘어질 수가 있다. 그러나 예수 그리스도의 제자는 안전하다. 왜냐하면 모든 그리스도인들이 은혜롭고 변하지 않으며 영원히 사라지지 않는 사랑에 의하여 하나님께

단단히 묶여 있기 때문이다.

마지막 위대한 질문

바울이 로마서 8장 마지막 문단에서 던지는 대답할 수 없는 다섯 질문 가운데 마지막 질문을 살필 때 바로 이런 요점을 만난다. 우리는 첫 세 질문은 하나님이 우리를 위하여 하신 일 때문에 대답할 수 없는 것임을 보았다.

1. "누가 우리를 대적하리요?" 하나님이 우리를 위하시며 그 하나님이 가장 힘 있으므로 아무도 우리를 대적할 수 없다.

2. "자기 아들을 아끼지 아니하시고 우리 모든 사람을 위하여 내어 주신 이가 어찌 그 아들과 함께 모든 것을 우리에게 은사로 주지 아니하시겠느뇨?" 하나님은 이미 예수님이라는 가장 큰 선물을 주셨으므로 그보다 못한 선물들을 주실 것이다.

3. "누가 능히 하나님의 택하신 자들을 송사하리요?" 하나님이 택하신 자기 백성을 이미 의롭다 하셨기 때문에 아무도 송사하지도 않을 것이며 또 송사할 수도 없다.

바로 앞 장에서 주의 깊게 살펴보았던 네번째 질문은, 예수님이 하신 일 때문에 대답할 수 없는 것이다. "누가 정죄하리요?" 예수님이 죽으시고 죽은 자 가운데서 부활하시고 하늘로 오르셨고 하나님 아버지 우편에 앉아 계시며 지금 우리를 위하여 간구하시므로 아무도 정죄할 수 없다.

바울은 우리의 안전을 위태롭게 할 수 있는 네 가지 위협, 즉 대적, 하나님이 우리를 위하여 은혜로이 베푸시는 것에 한계가 있다고 하는 추측, 송사, 정죄를 탐구하고 우리에게 옹호자와 후원자와 심판장이신 하나님과 중보자이신 예수님이 계시다고 대답함으로써 계속 수사 의문문을 말해 오다가 이제 그 절정에 이르러 가장 중대한 질문을 묻는다.

"누가 우리를 그리스도의 사랑에서 끊으리요?"

이 질문 역시 대답할 수 없는 것인데, 이는 우리를 그리스도의 사랑에서 끊어낼 수 있다고 생각할 수 있는 것이 아무도 또 아무것도 없기 때문이다. 물론 바울은 우리를 그리스도의 사랑에서 끊으리라고 생각해 볼 수 있는 것들을 나열하긴 한다. 이 질문에 대한 유일하게 가능한 결론은, 우리가 로마서 8장을 이처럼 공부하면서 이미 언급했다. 이미 말했던 것처럼, 로마서 8장은 '정죄함이 없다'로 시작하여 '끊어지지 않음'으로 끝난다. "끊어지는 일이 없다." 왜냐하면 "우리를 우리 주 그리스도 예수 안에 있는 하나님의 사랑에서 끊을 수"(39절) 있는 것이 없기 때문이다.

적대 세력이 우리를 공격할 때

때때로 그리스도인은 비현실적이라는 비난을 받는다. 어떤 경우에는 딱 맞는 말일 수 있다. 하지만 바울에게는 맞지 않다. 바울은 "우리를 우리 주 그리스도 예수 안에 있는 하나님의 사랑에서 끊을 수" 있는 것이 없을 것이라고 말할 때, 그리스도인을 언제나 둘러싸고 있는 적대적이고 파괴적인 세력에 눈을 감거나 귀를 닫지 않는다. 반대로 바울은 이 세력들을 향하여 팔을 벌려 그들더러 앞으로 나아오라고 하고는, 동시에 그 세력들이 우리를 예수 그리스도로부터 떼어놓지 못할 것이라고 말한다.

우리를 적대하는 이 세력들은 무엇인가? 바울은 이 절에서 일곱 가지를 나열하는데, 아마 모든 세력을 뜻하여 일곱이라는 수를 택한 듯하다. 이것들은 큰 세력이다. 하지만 이것들은 아무리 큰 세력이라 해도 다 무너질 것이다.

1. 환난(Trouble). 인생에서 그리스도인을 예수 그리스도의 사랑에서 끊을 수 있을 것으로 생각할 수 있는 첫번째 상황은 '환난' 혹은 보다 오래된 KJV가 말하듯이 '시련'(tribulation)이다. 나는 KJV의 번역을 중심으로 삼고자 하는데, '시련'이라는 말이 NIV에서 사용하는 '환난'이라는 말보다 어취가 다양하여 우리를 짓누르는 힘든 상황이라는 개념을 더 잘 표현하고 있기 때문이다. 이 말에 해당하는 헬라어는 쓸립시스(thlipsis)인데, 이는 누름과 관계 있다.

시련이라는 영어 낱말은 '도리깨질하는 썰매'를 뜻하는 라틴어 트리불룸(tribulum)이라는 말에서 바로 나온다. 고대에는 곡물을 추수할 때 곡물의 줄기를 도리깨질하는 마루에 가져다가 바닥에 길쭉한 금속 조각을 단 썰매와 비슷한 금속 도리깨질 기구를 줄기 위에 끌고 다니면서 낟알과 왕겨를 가려냈다. 이 기구를 일러 트리불룸이라고 했는데, 이는 이 기구로 눌러 낟알을 가려내기 때문이다. 이런 생동감 넘치는 모습은 시련이라는 낱말이 구현하는 개념을 만들어냈다. 왜냐하면 종종 사람 사는 처지가 어떻게나 강력하고 끊임없이 사람을 눌러대는지 마치 사람을 곡물 줄기처럼 도리깨질하는 것 같기 때문이다.

아마 여러분도 그런 호된 압박을 받았을 것이다. 삶은 고달프다. 어린 시절 학대를 당했을 수도 있고 자라서는 직장을 잃고 남편이나 아내나 다른 가족들을 잃었을 수도 있고, 심한 병에 걸린 적도 있었을 것이다. 그래서 지금 힘이 거의 다 빠져 버렸을 수도 있다. 그러나 바울은 시련이 아무리 호되다 해도 당신을 그리스도의 사랑에서 끊어내지 못할 것임을 알 수 있다고 말한다.

2. 곤고(Hardship). 바울이 우리를 그리스도의 사랑에서 끊어낼 수 있을 법한 것으로 생각하는 두번째 상황은 '곤고' 다. 이는 환난과 조금 다른 개념을 나타내고 있다. 이 말의 헬라어는 스테노코리아(stenochoria)인데, 이 말은 '좁은'(스테노스, stenos)과 '공간' 혹은 '영토'(코라, chora)를 뜻하는 다른 두 낱말로 이루어져 있다. 그래서 이 말의 개념은 시련이라는 말에 담겨 있듯이 상황에 짓눌린다는 것보다는 좁고 답답한 공간에 갇힌다는 것이다.

오늘날 아주 많은 사람이 직접적인 압박보다는 이처럼 좁은 데 갇히는 데서 오는 고통을 분명 겪고 있다. 직장 생활을 마감해야 하는 궁지에 몰린 사람을 예로 들어 보자. 이 사람은 성공을 바라고 회사에 들어갔지만, 이제 40대 후반으로 서너 번 승진 기회를 놓쳤다. 멋지게 전업할 수도 없는 처지며, 이 회사에서 더 승진하지 못할 것이 뻔하다. 그런데 그에게는 처자식이 있고 융자받은 것이 있어서 그것도 갚아야 한다. 때때로 이 사람은 이처럼 옥죄는 상황에서 벗어나는 생각을 해보지만, 벗어나 봤자 자신이 하고자 했던 일을 할 수 없음을 안다.

또 나이는 삼십 대 후반에다가 엄청난 요구를 해대는 자녀가 두세 명 있고 없는 살림에 근근이 살아야 하고 학교, 수퍼마켓, 아이 보는 일, 그리고 철저하게 갇혀 사는 생활을 여실히 보여주는, 즉 다른 일들에서 벗어나게 될 소망이 없는 한 여성을 생각해 보라.

그런 처지를 어떻게 이겨낼 수 있는가? 가장 좋은 길은, 하나님의 아들이신 예수 그리스도께서 당신에게 사랑을 쏟아 오셨고 누구도 그 사랑에서 당신을 끊을 수 없을 것이라는 사실을 깨닫는 것이다. 당신은 지금 좁은 협곡에 있을 수 있지만 하늘의 후사이며, 어느 날 당신의 지평선은 우주처럼 넓고 별처럼 높아질 것이다. 그 어느 것도 당신에게서 이런 복된 미래를 앗아가지 못할 것이다. 왜냐하면 그 어떤 것도 심지어 곤고라 할지라도 당신을 그리스도의 사랑에서 끊을 수 없을 것이기 때문이다.

3. 핍박(Persecution). '핍박'에 해당하는 헬라어 **디오코**(dioko)는 어떤 사람이 해하려는 의도로 우리를 추적한다는 개념을 담고 있다. 이 말은 무자비한 해악을 가리킨다. 그런 무자비한 핍박은 어떻게 되어 있는가? 오늘날 우리 가운데 핍박다운 핍박을 당하는 사람은 거의 없다. 물론 세계 다른 곳에서는 그런 핍박을 당하고 있다. 그러나 우리에게는 아주 미묘한 핍박이 있다. 그리고 오늘날 서양의 세속화 경향이 계속된다면 틀림없이 더 강력하고 더 명백한 핍박이 찾아올 것이다.

우리는 다음 두 가지 사실을 확신할 수 있다. (1)솔직하게 기독교를 증거하고 기독교적인 입장을 취할 때 사람들의 일반적인 반응은 핍박이다. (2)우리는 그리스도의 대의를 가지고 세상을 대할 때 핍박을 경험할 것이다. 스스로 세상 물정을 잘 아는 사람으로 여기고 그리스도인은 절망스러울 정도로 '세상과 등지고' 무딘 사람으로 여기는 사람들에게 따돌림을 받는 일처럼 핍박은 미묘할 수 있다. '핍박'은 명예나 승진을 얻을 기회를 놓치는 일이 될 수 있다. 교단의 프로그램을 장려하는 일보다 하나님의 말씀을 속속들이 가르치는 일에 더 흥미를 느끼는 교역자들은 뭐하는 자리인지 분명하지 않은 곳으로 발령을 내는 윗사람 때문에 핍박을 받을 수 있다. 때때로 특별히 그리스도인이 국가적인 큰 불의에 맞설 때, 법정에 소송을 당하여 침묵을 강요당하거나 활동을 못하게 될 수도 있다.

예수님은 이렇게 말씀하셨다. "… 세상에서는 너희가 환난을 당하나 담대하라. 내가 세상을 이기었노라 하시니라"(요 16 : 33 하). 핍박은 세상 보기에 장차 좀더 돈을 많이 벌 수 있는 자리나 좀더 매력적인 형편으로부터는 우리를 끊을 수 있을지언정 그리스도의 사랑에서 우리를 결코 끊지는 못할 것이다.

4. 기근(Famine). 고대 세계는 대부분 이런저런 때 기근을 겪었다. 기근은 비가 내리지 않아 곡식이 제대로 되지 않아서, 혹은 지진이나 화재나 홍수나 병충해와 같은 자연적 재난 때문에 혹은 전쟁 때문에 생길 수 있다. 오늘날에도 그런 요인들이 여전히 존재하므로, 기

술 진보로 농업 수단이 나아지고 좀더 잘 사는 나라에서 인도주의적인 활동을 벌이긴 하지만 여전히 세계의 많은 사람들이 굶주림에서 벗어나지 못했다. 굶주림은 두려운 것이다. 그러나 굶주림은 우리를 그리스도에게서 떼어놓을 수 없다.

5. **적신**(Nakedness). 오늘날 이 말은 흔히 성적 행동이나 음란물과 관련된 옷 입지 않은 상태를 은근히 뜻한다. 그러나 바울 시대에 이 말은, 너무 가난이 심하여 기본적으로 입어야 할 옷을 사지 못하는 것을 뜻한다. 이 말은 기근과 상응하는 말이며, 기근이라는 말처럼 자연적 재난이나 전쟁으로 생긴 경제적으로 어려운 시절을 가리킬 수 있다.

6. **위험**(Danger). 위험도 가지각색이다. 물론 여기서는 그리스도인들이 그리스도인이라는 이유만으로 당하게 되는 위험을 주로 말한다. 신약 시대처럼 어떤 나라의 그리스도인들은 잡히고 재판 받고 옥에 갇힌다. 또 어떤 나라의 그리스도인들은 습격당하고 매 맞고 심지어는 죽임을 당한다.

로버트 홀데인(Robert Haldan)이 이 요점에 관하여 다음과 같이 쓴 말을 나는 좋아한다.

이것들(위험들)은 때때로 어떤 나라에서는 너무 많고 심하다. 물론 어느 나라나 크든지 작든지 항상 이런 위험이 많을 뿐 아니라 견디기 힘들 정도다. 하나님이 그리스도인들을 보호하지 않으시면, 자유로운 이 나라에서도 어린양을 따르는 자들은 고립되고 해를 입을 것이다. 그러나 하나님은 섭리로 그리스도인들의 보호를 위하여 그런 해를 딴데로 돌리고 그와 같은 일들을 없애 버리신다. 이런 사실은 그리스도인 자신도 대수롭지 않게 보며, 세상은 그런 사실을 아주 근거 없는 중상 모략이나 미친 생각으로 여길 것이다. 그러나 그리스도인들은 늘 자신의 안전과 보호를 하나님이 책임지시는 것으로 생각해야지 시대의 관대함 때문으로 생각해서는 안 된다. 형편이 좋아서 불의한 자들에게 억눌리는 일이 적다 해도 주의 백성이 안전할 수 있었던 때는 아직 없었다. 한없이 관대하다고 자랑하는 사람들도 진리에 대한 자신의 자연스러운 미움을 드러내도록 되어 있는 상황이라면 결국 모진 핍박자로 나타날 것이다.[1]

7. **칼**(Sword). 일곱 용어 가운데 마지막 것은 앞의 여섯 경우를 가장 극단으로 몰아가면 나타날 법한 폭력 행사로, 그리스도인이 믿음 때문에 사형 당하고 살인 당하는 상황을 보여 준다. 초대 교회에서 이런 일이 일어났다. 스데반은 초대 교회의 순교자였다. 야고보도 그랬다. 그들을 이어 다른 사람들도 순교했고, 그리고 곧 이어 복음이 역사 내내 이 나라 저 나라로 전파되는 것을 표시하는 그리스도인의 피가 시내를 이루었다.

바울이 로마서를 쓰던 때까지도 이런 순교는 아주 잦았고 또 매우 생생했으므로, 사도 바울은 순교 당하는 일을 성경에 예언된 것으로 주장해야겠다고 생각하게 된다. 그래서 바울은 시편 44 : 22절을 인용한다. "우리가 종일 주를 위하여 죽임을 당케 되며, 도살할 양같이 여김을 받았나이다." 이런 일은 실제로 역사에 줄곧 일어났다. 그리고 바로 이 점을 바울은 말하고자 했던 것이다. 국제 인권 침해를 다루는 선교회나 선교 단체들은, 오늘날도 매년 600,000명이나 되는 그리스도인들이 신앙 때문에 죽는다고 말한다. 미국에서는 자기 종교 때문에 말 그대로 죽는 경우가 없지만, 그래도 시편 인용문이 말하는 것처럼 그리스도인의 형편은 도살 당하는 말, 양처럼 나쁘다.

우리를 향한 그리스도의 사랑

그리스도인의 생활에 찾아드는 이처럼 많은 위험과 수고에 비추어 볼 때, 어떻게 바울은 누구도 우리를 그리스도의 사랑에서 끊을 수 없다고 말할 수 있는가? 물론 그 대답은 그 사랑의 본성 때문이다. 그 사랑은 높고 길고 넓고 깊다. 그 사랑은 영원하다. '그리스도의 사랑'이라는 구절은 그리스도를 향한 우리의 사랑을 뜻하든지 우리를 향한 그리스도의 사랑을 뜻할 수 있지만, 이 문맥에서는 우리의 안전과 바울의 확신을 떠받치는 기초가 우리를 향한 그리스도의 사랑이지 그리스도를 향한 우리의 사랑이 아니다.

그리스도의 사랑은 먼저 우리를 우리 자신으로부터 벗어나서 그리스도께로 이끈다. 이 사랑은 사람들을 이끌어 제자를 삼는다. 수 년 전, 제십장로교회는 해롤드 보컬(Harold Voekel, 한국명은 옥호열 – 역자)이라는 한국 선교사를 지원했다. 이 선교사는 한국전쟁 때 한국에 있었다. 그래서 육군에 징집되어 전쟁포로수용소의 교도소 목사 일을 맡게 되었다. 북한 사람 수만 명이 이 전쟁포로수용소에 갇혀 있었다. 어떤 사람들은 공산주의자들로서 적극적으로 소요와 반란을 일으켰다. 보컬이 수용소에 들어갔을 때 한국어를 말할 줄 아니까 즉시 사람들이 보컬에게 관심을 가졌다. 보컬은 그들에게 노래를 가르쳐 주고 싶다고 말했다. 요즘에도 주일 학교에서 가르치는 유명한 어린이 영어 찬송을 한국어로 번역한 노래였다.

> 예수 사랑 하심은
> 거룩하신 말일세.
> 우리들은 약하나,
> 예수 권세 많도다.
>
> 날 사랑하심,
> 날 사랑하심,
> 날 사랑하심,
> 성경에 써 있네.
> (한글통일찬송가 411장)

교도소목사 보컬은 한 수용소에서 이 노래를 다 가르치면 다음 수용소로 옮기고 하여 한국에 있는 모든 포로 수용소에 이 노래를 가르쳤다. 그런 후에 보컬은 다시 수용소를 돌면서, 이번에는 한국인을 사랑하시는 예수님에 관하여 몇몇 간단한 이야기를 가르쳤다. 몇 달 동안 이 일을 했더니 포로 수천 명이 신자가 되었고 수용소의 규율이 잡혀갔다. 공산주의자들은 자기들을 따르던 자들이 몇 명 없는 것을 발견했다. 마침내 휴전이 되어 나라가 수치스러운 38선으로 나누어졌을 때, 전에 전쟁 포로였던 사람들 가운데 수천 명이 북한 공산주의로 돌아가기를 거절하고 대신에 예수님을 계속 배우고 섬길 수 있는 남한에서 살기로 했다.[2]

우리를 향한 예수 그리스도의 사랑에 대한 메시지보다 더 큰 메시지는 없다. 이 사랑은 역사 내내 수많은 사람들의 생각과 마음을 사로잡았다.

그리스도의 사랑은 그 사랑에 이끌려 제자가 된 사람들에게 만족을 준다. 그리고 그 증거는 바로 이것이다. 영혼이 그리스도의 사랑을 맛보았으면 다른 어떤 것으로 만족을 얻을 수 없기 때문이다. 이 땅의 모든 쾌락과 모든 우상도 그리스도의 사랑을 아는 사람에게 만족을 줄 수 없다. 한 찬송가가 이를 다음과 같이 이 점을 잘 표현한다.

> 잡아당겨 얻어 가득 채우라,
> 그릇에 참고 넘칠 때까지.
> 그분을 따르는 우리에게
> 우상이 무슨 상관이랴?

그리스도의 사랑은 우리를 이끌어들여 만족을 줄 뿐만 아니라 우리를 영원히 안전하게 지킨다. 바울이 이 문단에서 중요하게 말하는 바가 바로 이 점이다. 여기 도널드 그레이 반하우스(Donald Grey Barnhouse)가 이 주제에 대하여 말한 위대한 문단이 있다.

그리스도의 사랑은 영원하다. 왜냐하면 그 사랑 때문에 그리스도께서는 우리를 구속하려고 하늘 보좌를 버리고 이 땅에 내려오셨기 때문이다. 그 사랑은 깊었다. 왜냐하면 그 사랑 때문에 그리스도께서는 죽기까지 심지어는 십자가에 죽기까지 낮아지시면서 그 길을 끝까지 달리셨기 때문이다. 그 사랑은 넓었다. 왜냐하면, 바로 이 사랑이 죄인의 세상에 하나님의 팔을 벌려서 그리스도를 십자가에 못박은 자까지라도 용서를 받아 아버지의 품으로 돌아올 수 있게 했기 때문이다. 그리고 그 사랑은 변하지 않는다. 왜냐하면 바로 이 사랑은 오늘날 우리의 필요가 어떤 것이든지 우리에게 찾아와서 우리를 흑암에서 빛으로, 의심에서 확신으로, 죽음에서 생명으로 옮기기 때문이다.

우리가 공부하는 이 본문은 그리스도의 사랑을 영구적인 것으로 우리에게 제시한다. 하나님은 자신을 낮추어서 그리스도가 변덕스러운 분이 아님을 우리에게 말씀하신다. 그런 성구가 성경에 있다니 그 얼마나 겸손한 일인가! 주님은 하늘보좌를 떠나서 이 땅에 내려오신다. 친히 심판소로 가서 희롱당하고 맞으신다. 그런 후에 갈보리로 가서서 십자가에 못박히신다. 십자가에서 이렇게 외치신다. "아버지여,

저희를 사하여 주옵소서. 자기의 하는 것을 알지 못함이니이다." 우리는 이런 일이
일어나는 것을 보며, 예수님은 그런 일이 우리를 위하여 일어났다고 말씀하신다…
우리는 놀라워 그분을 우러러보며, 참으로 그분이 그리 하실 것인지 의아해한다.
그러자 그분은 우리를 보고 웃으시고는, 참으로 그리 하겠으며 우리를 사랑하며 그
어떤 것도, 그 어떤 것도, 그 어떤 것도 우리를 그 사랑에서 끊을 수 없다고 말씀하
신다.[3]

바울의 고난과 그리스도의 사랑

이 말을 듣고 여러분이 어떻게 반응하는지 나는 알지 못한다. 그러나 적어도 몇 가지 반
응이 있을 것으로 추측할 수 있다. 이렇게 평하는 사람이 있을 것이다. "바울의 말은 다 옳
습니다. 왜냐하면 바울은 사도였고 분명히 특별한 권리를 누렸기 때문입니다. 하지만 나는
평범한 그리스도인일 뿐입니다. 그러니 그런 말이 내게 해당되겠습니까?"

만일 당신이 그런 말을 하고 있다면, 바울의 체험을 상기시키고자 한다. 참으로 바울은
사도였다. 그러나 그가 사도였다는 것은 오히려 그가 우리보다 더 많고 심한 곤경을 당해야
한다는 뜻이었다. 그는 고린도후서 11 : 23-29에서 그 점에 관하여 이렇게 쓴다.

… 내가 수고를 넘치도록 하고 옥에 갇히기도 더 많이 하고 매도 수없이 맞고 여러
번 죽을 뻔하였으니, 유대인들에게 사십에 하나 감한 매를 다섯 번 맞았으며 세 번
태장으로 맞고 한 번 돌로 맞고 세 번 파선하는 데 일주야를 깊음에서 지냈으며 여
러 번 여행에 강의 위험과 강도의 위험과 동족의 위험과 이방인의 위험과 시내의
위험과 광야의 위험과 바다의 위험과 거짓 형제 중의 위험을 당하고, 또 수고하며
애쓰고 여러 번 자지 못하고 주리며 목마르고 여러 번 굶고 춥고 헐벗었노라. 이 외
의 일은 고사하고 오히려 날마다 내 속에 눌리는 일이 있으니, 곧 모든 교회를 위하
여 염려하는 것이라. 누가 약하면 내가 약하지 아니하며 누가 실족하게 되면 내가
애타지 않더냐?

바울은 로마서 8장에서 예수 그리스도 안에 있는 하나님의 사랑에서 우리를 끊을 수 있을 것으로 말하는 모든 것이, 바울이 친히 경험했거나 당할 뻔한 것들로서 이 고린도후서 11장에 기록되어 있다. 아다시피 결국 바울은 순교했다. 그래서 바울은 현실도피적이고 관념적인 글을 쓰거나 '별스럽게' 말하지 않는다. 바울은 그 모든 것을 겪었다. 하지만 그 어느 것도 바울을 그리스도의 사랑에서 끊어내지 못했다. 그리고 오늘날 바울은 하늘에 있는 그리스도 앞에 있으며 영원히 그 앞에 있을 것이다.

그러므로 당신이 참으로 그리스도의 사랑을 맛보았다면 당신도 그러할 것이다. 이 사랑은 우주에서 가장 큰 것이다. 그러니 그보다 못한 것으로 만족할 이유가 무엇인가?

● 각주 ●

1. Robert Haldane, *An Exposition of the Epistle to the Romans* (MacDill AFB : MacDonald Publishing, 1958), pp. 419, 420.

2. 이 이야기는 다음에 나온다. Donald Grey Barnhouse, *God's Heirs : Exposition of Bible Doctrines, Taking the Epistle to the Romans as a Departure,* vol. 7, *Romans 8 : 1-39* (Grand Rapids : Wm. B. Eerdmans, 1963), pp. 189, 190.

3. Ibid., pp. 190, 191.

120
넉넉히 이김
로마서 8:37

그러나 이 모든 일에 우리를 사랑하시는 이로 말미암아 우리가 넉넉히 이기느니라.

성 경에는 너무 친숙하다 보니 맨처음에 접했다면 놀라웠을 진리를 자주 지나치게 되는 구절이 있다. 로마서 8 · 37이 그 예다. 우리는 바로 앞 절에서 구약 성경의 인용문을 읽고서, 하나님의 백성이 "종일 주를 위하여 죽임을 당케 되며" "도살할 양같이 여김을 받는"(시 44 : 22) 것만을 생각하게 되었다. 그러나 이제 우리는 37절에서 그렇지만 우리가 모두 "넉넉히 이기는 자"이다.

양이 정복하는가? 우리는 정복하는 것을 말할 때 사자나 늑대나 북극 곰이나 들소를 생각한다. 에드거 앨런 포(Edgar Allan Poe)는 '정복하는 벌레'라는 말을 했는데 그 뜻은 결국 죽음이 모든 사람에게 찾아온다는 것이다. 그러나 양이 정복하는가? 양을 정복자로 보는 개념은 우스꽝스러워 보인다.

물론 이는 상징적인 말이다. 그러나 양이 정복자라는 상(像)은 무의미하지 않으며 또 우스꽝스러워 보이지도 않는다. 세상과 그 권세와 달리 그리스도인은 참으로 연약하고 무시당한다. 그리스도인은 양떼처럼 무력하다. 그러나 그들은 주 예수 그리스도의 사랑을 받았고 '그리스도를 통하여' 정복자가 되었으므로 사실상 정복자다.

하지만 이 절에 관하여 아주 놀라운 점은 그것이 아니다. 왜냐하면 그리스도인의 승리는 일반적인 승리보다 더한 것으로 서술되어 있기 때문이다. 헬라어 본문의 휘페르니코멘(hypernikomen)이라는 복합동사는 "우리가 넉넉히 이기느니라"는 말로 번역되어 있다. 이 헬라어의 중간 부분은 니카오(nikao)라는 단순 동사로 그 뜻은 '정복하다' '극복하다' 이다. (파리 루브르에 있는 '날개 달린 승리자'라는 유명한 조상(彫像)을 일러 니케[Nike]라고 하는데, 이 말은 '승리'라는 뜻을 갖고 있으며 고대 그리스의 승리의 여신을 일컫는다.) 이 복합 동사의 첫째 부분 휘페르(hxper)는 '대신에' '~의 위에' 혹은 '~보다 더'라는 뜻을 갖고 있다. 이 말에서 역시 동일한 뜻을 가진 영어의 ~의 위에(super)가 나온다. 이 낱말의 두 부분을 결합할 때, 바울이 신자가 모두 예수 그리스도 안에서 '초(超) 정복자' 혹은 '일반 정복자들을 능가하는 정복자'라고 말하고 있음을 우리는 발견한다.[1]

그러나 어떻게 신자는 그렇게 될 수 있는가? 무시당하고 버림받는 사람들 즉 환난당하고 핍박당하고 기근과 적신과 위험과 칼에 노출되는 자들이 어떻게 그런 정복자가 될 수 있는가? 어떻게 그런 사람들을 이기는 자로 그와 같은 초정복자로 생각할 수 있는가?

이는 꼼꼼히 살피고 대답해 볼 만한 질문이다. 우리가 이처럼 생각할 수 있는 몇 가지 이유를 말하겠다.

초자연적 세력에 맞섬

예수 그리스도께서 그리스도인에게 주시는 승리가 최고의 승리이며 우리가 '넉넉히 이기는' 첫번째 이유는 우리가 인간을 능가하는 원수와 싸우고 있기 때문이다.

바울이 에베소서를 끝내면서 에베소 그리스도인들에게 "우리의 씨름은 혈과 육에 대한 것이 아니요, 정사와 권세와 이 어두움의 세상 주관자들과 하늘에 있는 악의 영들에게 대함이라"(엡 6 : 12) 하는 사실을 생각나게 하면서 역시 같은 생각을 지적한다. 에베소서의 이 구절에서 바울은 마귀와 그 무리를 생각하고 있으며, 우리의 싸움이 인간이 하는 싸움처럼 보일지라도 정확하게 말하면 초자연적인 것이라고 말하고 있다. 그것은 영적 전투(spiritu-al battle)이다. 만일 우리의 원수가 그저 사람이거나 자연적인 세력이라면 우리가 얻는 승리는 자연적인 승리일 것이다. 그러나 실제로 우리의 원수는 초자연적인 존재이며 따라서 우리의 승리는 초자연적이다. 우리는 넉넉히 이기는 사람이다.

마귀는 이 악한 영적 세력의 화신이며 교활한 원수다. 나는 마귀가 하나님과 힘이 같은 듯이 사단의 힘을 과대 평가하지 말아야 한다고 자주 말해 왔다. 사단은 피조물이므로 무소부재하지도 전지전능하지도 않다. 오직 하나님만 무소부재하시고 전지전능하시다.

하지만 사단은 매우 위험한 존재이며 교활하다. 마귀는 우리가 평생 생각해 내는 것보다 더 많은 방법을 삽시간에 생각해 낸다. 그리고 그 모든 것은 우리를 파멸하려고 한다. 마귀와 그 세력의 '초자연적 정복자'가 되는 것은 고사하고 어떻게 그와 같이 악하고 교활한 원수를 대적할 수 있는가? 물론 우리 자신의 힘만으로는 안 된다. 본문은 이렇게 말한다. "우리를 사랑하시는 이로 말미암아." 마르틴 루터는 이 영적 세력들을 맞서서 그리스도로 말미암아 그들을 누르고 '내 주는 강한 성이요'라는 찬송시를 썼다.

내 힘만 의지할 때는
패할 수밖에 없도다.
힘 있는 장수 나와서
날 대신하여 싸우네
이 장수 누군가
주 예수 그리스도.
만군의 주로다.
당할 자 누구랴
반드시 이기리로다.

(한글통일찬송가 384장)

우리 가운데 자기 힘만으로 사단의 악한 세력을 잠시라도 맞설 수 있는 사람은 없다. 그러나 예수 그리스도 안에서 우리는 굳게 서서 싸워 이길 수 있다.

평생 계속 되는 전쟁

둘째로, 우리가 참전한 싸움은 평생 싸워야 할 싸움이므로 그리스도인은 '넉넉히 이긴다.'

도널드 반하우스(Donald Grey Barnhouse)는 이 구절을 탁월하게 연구하면서 그리스도인으로서 우리가 싸우는 전쟁과 다른 군인들이 싸우는 제한된 전쟁을 뚜렷하게 대조한다. "이 땅의 전쟁에서 군인들은 때때로 밤낮을 싸워야 한다. 그러나 그 군인은 혈과 육으로 더 이상 버틸 수 없을 정도로 완전히 소진하여 전투를 마치는 때가 온다. 그러나 영적 전쟁에는 휴전이나 정전이나 휴지기(休止期)가 없다… 헬라어 본문은 현재 시제로 되어 있다. '우리가 종일 주를 위하여 죽임을 당케 되며.' 우리가 하나님의 본성에 참여하는 자가 되자마자, 우리는 세상과 육신과 마귀의 목표물이 된다. 한순간의 휴식도 없다. 그러므로 우리의 정복은 단순한 정복이 아니며 따라서 우리는 여느 정복자보다 뛰어난 정복자다."[2]

영원한 결과

그리스도인이 여느 정복자보다 뛰어난 정복자가 되는 세번째 이유는, 하나님의 백성이 성취하는 영적 승리가 영원하기 때문이다. 이는 매우 중요한 요점이며, 항상 되새겨야 할 요점이다.

우리는 시간의 피조물이며 소멸하는 세계에 산다. 영적 전투와 영적 승리를 제쳐놓으면, 우리가 성취하는 모든 것이 사라질 것이다. 물론 세상의 눈으로나 우리의 눈으로 보면 이 땅의 '승리'가 매우 커 보이더라도 그것은 사라질 것이다. 심지어 "천지가 없어지는"(마 24 : 35) 때 이 땅의 승리가 어찌 대단한 것이 되겠는가? 큰 기념비들은 무너질 것이다. 예술 작품은 썩을 것이다. 행운은 흩어져 사라질 것이며 영웅들은 죽을 것이다. 인간 지성이나 감성이 이루어 놓은 위대한 승리도 잊혀질 것이다. 그러나 영적 승리는 그렇지 않을 것이다. 왜냐하면 우리의 영적 승리는 우주의 역사에 의미를 주기 때문이다.

우리가 이 땅에서 벌이는 전투가 바로 이것이며 이 전투를 이런 식으로 보아야 한다고 나는 확신한다. 사단이 영원한 과거 어느때에 하나님을 거역했을 때, 하나님은 인간의 말로 하면 선택에 맞닥뜨리셨다. 하나님은 하나님을 거역한 사단과 타락한 천사들 즉 지금의 마귀들을 전멸하실 수 있었다. 그러나 그렇게 하면 하나님이 우주를 경영하시는 방법이 옳지 않게 될 것이었다. 그렇게 하면 하나님이 사단보다 더 힘 있다는 것에 지나지 않았을 것이다. 그래서 하나님은 사단을 곧바로 처벌하지 않으시고 사단이 계속 거역하도록 허용하셨다. 반면에 하나님은 우주와 새로운 존재 즉 인간을 창조하셨고, 여기서 사단의 반역이 과연 효력 있는지 시험하시고자 했다. 사단은 잠시 제 뜻대로 할 수 있었다. 사단은 하나님의 뜻보다는 자신의 뜻대로 사물을 다스리려고 시도할 수 있었다. 심지어 사단은 첫 남자 아담과 첫 여자 하와를 유혹하여 자신의 반역에 동참하게 만들 수 있었다.

그러나 하나님은 새 백성을 자기에게 부를 수 있는 권리를 잠시 제쳐놓으셨다. 이 백성은 바울이 로마서 8장에서 서술하고 있던 그 백성이다. 이 사람들은 하나님의 주권적인 뜻대로 미리 아시고 미리 정하시고 부르시며 의롭다 하셔서 영화롭게 하신 자들이다. 그리고 그들을 부르셨을 때 그들은 사단과 마귀들이 인류에게 가져다 놓은 영적 전쟁에 투입될 것이었다. 사단은 하나님의 백성을 공격하고 핍박하고 심지어 죽일 수도 있을 것이었다. 그러나 그들은, 그리스도 예수 안에 있는 하나님의 사랑을 알게 된 사람들은 이 고난을 참을 수 없는 곤경이 아니라 예수님을 위하여 즐겁게 참을 특권으로 여길 것이다.

확신컨대, 하나님은 그 뛰어난 지혜로 역사를 다스리시되, 사단의 모든 자녀는 지금 고난을 주고 있지만 하나님의 자녀는 정확하게 같은 상황에서 고난을 당하는 방식으로 다스려 오셨다. 그리고 사단의 모든 자녀는 이 세상의 쾌락을 완전히 누리고 있지만 하나님의 자녀는 그 쾌락을 얻지 못한다.

불신자는 빼앗기고 고난을 당하게 되면 자신의 운명을 저주한다. 크리스천은 하나님을 의지하고 찬송하며 궁극적인 구원을 바라며 하나님을 본다. 불신자는 이 세상의 승리와 보화를 얻고서 행복하면 자신의 우월한 점을 자랑한다. 크리스천은 그 어떤 행운을 누리든지 하나님이 주신 것으로 하나님께 감사한다. 그리고 종종 그렇듯이 이런 것들을 빼앗기더라도 그들은 욥처럼 이렇게 말한다. "… 주신 자도 여호와시요 취하신 자도 여호와시니, 여호와의 이름이 찬송을 받으실지니라"(욥 1 : 21 하).

그리고 욥의 경우처럼 천사들이 구경하고 있다. 그들은 "사단의 길이 가장 나을까? 그 악한 자의 길이 즐거움을 줄까? 그 즐거움이 사단과 하나님의 다른 피조물을 행복하게 할까?

그렇지 않으면 하나님의 길이 가장 나을까? 신자는 고난을 받아도 참으로 행복한 사람들인가?' 하고 묻는다.

우리도 그런 질문을 던지고 산상수훈에 나오는 예수님의 진리에 대하여 의심할 수도 있다.

> 심령이 가난한 자는 복이 있나니…
> 애통하는 자는 복이 있나니…
> 온유한 자는 복이 있나니…
> 의에 주리고 목마르는 자는 복이 있나니…
> 긍휼히 여기는 자는 복이 있나니…
> 마음이 청결한 자는 복이 있나니…
> 화평케 하는 자는 복이 있나니…
> 의를 위하여 핍박을 받는 자는 복이 있나니…
>
> 마태복음 5 : 2-10

이 말씀은 참으로 진리이며 심오한 진리다. 이 말씀은 하나님의 백성이 고난을 당하고 때로는 죽임을 당하고 말 그대로 '도살할 양같이' 여김을 받으면서 매일 입증하고 있는 것이다.

"그러나 심령이 가난한 자는 무시를 당한다" 하고 누군가 말한다.

사실이다. 그러나 "천국이 저희 것이다."

"그러나 애통하는 자는 애통할 따름이다" 하고 누군가 말한다.

사실 인간적인 측면에서 보자면 그들은 자주 애통한다. 그러나 그들이 애통할 때 보이지 않는 예수님이 그들 옆에 서 계신다. 그리고 그들은 참으로 "위로를 받는다." 그들은 "모든 지각에 뛰어난 하나님의 평강"(빌 4 : 7)을 안다.

"그러나 온유한 자는 짓눌림을 당하고 매 맞는다."

이 세상에서는 온유한 자가 그런 일을 당한다. 실로 하나님을 위하여 "우리가 종일 죽임을 당한다". 그러나 물론 우리는 마지막에 "땅을 유업으로 받을" 것이긴 하지만, 예수님의 나라가 여기 있지 않았듯이 우리의 나라는 이곳에 있지 아니하다.

"그러나 의에 굶주리고 목마른 자들은 이상하고 묘한 사람이다. 대부분의 사람들은 그런 사람과 관계를 맺지 않으려 한다." 사실이다. 그러나 하나님은 그들의 갈망을 채워 주실 것이지만, 이 땅의 쾌락을 좇는 사람들은 이곳에서 즐거움이 없어지고 결국은 영원히 목마르게 될 불못에 던짐을 받을 것이다.

"그러나 마음이 정결한 자는 이곳에서는 환영을 받지 못하며 안전한 곳을 얻지 못한다." 참으로 그렇다. 하지만 그들은 하나님을 볼 것이다. 그들은 하늘에 고향이 있다.

"왜 우리에게는 화평케 하는 자가 필요한가?" 하고 또 한 사람은 묻는다. "우리에게는 세상의 갈등을 싸워 나갈 수 있는 강력한 군대가 필요하다." 화평케 하는 자들은 무시당한다. 강하고 힘 있는 자들이 인기를 얻는다.

그러나 화평케 하는 자는 "하나님의 아들이라 일컬음을 받을 것이다."

"특별히 의를 위하여 핍박받으려 하는 사람이 있을까?"

물론 그런 사람은 없다. 그러나 그리스도인은 핍박 받을 때 핍박을 특권으로 여긴다. 왜냐하면 핍박을 받는다는 것은 자신이 예수님의 나라에 속하여 예수님과 함께 서 있으며 '하늘 나라'에 자신을 위하여 상급을 쌓아 둔다.

우리 주님이 십자가에서 거두신 승리가 영원하듯이 우리가 그처럼 고난 받으면서 얻는 승리도 영원하다. 우리의 고난은 잠시 계속 되지만, 영원한 승리를 얻는다. 우리의 고난은 하나님의 진리와 은혜를 영원히 가리킨다. 확신컨대, 하늘 맨 끝에서 또 지금부터 수십억 년 후에 천사들이 예수 그리스도께 구속받아 그분의 지시를 받고 영적 전쟁에 투입된 모든 사람들을 보고는 이렇게 말할 것이다. "보라. 하나님의 성도 곧 주의 능력으로 악을 이긴 자들을 보라." 요한계시록 12 : 11-12은 우리가 사단을 누른 큰 승리에 대하여 천사들이 큰 소리로 어떻게 말하는지 서술한다.

> "여러 형제가 어린 양의 피와
> 자기의 증거하는 말을 인하여
> 저를 이기었으니
> 그들은 죽기까지
> 자기 생명을 아끼지 아니하였도다
> 그러므로 하늘과 그 가운데 거하는 자들은
> 즐거워하라."

주 예수 그리스도를 사랑하는 우리가 이처럼 영원한 승리를 성취할 때는 넉넉히 이기는 자가 될 것이다.

영원한 보상

우리가 삶의 투쟁에서 이땅의 정복자보다 뛰어난 정복자가 되는 네번째 이유는, 우리의 승리가 가져다 주는 보상이 이 땅의 정복자들이 얻는 그 무엇보다도 뛰어난 것이 될 것이기 때문이다.

일반적으로 이 세상의 왕들은 영토나 부(富)나 영광을, 흔히는 셋 모두를 얻으려고 싸운다. 그리고 그들은 군사들에게 공적에 따라 이 노획물을 나누어 준다. 로마인들은 원수에게서 약탈한 땅에 자기네 군사들을 정착시켰다. 물론 그렇게 하는 데는 무엇보다도 영토를 견고히 장악하려는 의도가 있었다. 군대는 보통 전리품을 가질 수 있었다. 나폴레옹은, 사람들이 직함이나 훈장이나 그 밖의 다른 영광의 상징물을 뜻하는 '작은 장신구'에 이끌린다고 말했다. 세상의 군사는 자기네 상급을 얻되 이 땅의 상급을 얻는다. 하나님의 백성은 하늘에 있는 상급을 구한다. 바울 사도는 고린도 사람들에게 이렇게 썼다. "… 너희도 얻도록 이와 같이 달음질하라. 이기기를 다투는 자마다 모든 일에 절제하나니, 저희는 썩을 면류관을 얻고자 하되, 우리는 썩지 아니할 것을 얻고자 하노라"(고전 9 : 24-25).

이세상에서는 우리가 우리 주님과 같이 가시 면류관밖에 쓰지 못할 수 있다. 그러나 하늘에서는 썩지 아니할 면류관을 쓰고 결코 사라지지 않을 유업을 갖게 될 것이다.

가장 큰 대의 명분

우리가 여느 정복자보다 뛰어난 정복자가 되는 마지막 이유는, 우리의 전쟁은 하나님의 영광을 목표로 삼고 또 그 영광은 무한한 가치가 있고 가장 중요한 것이다.

몇 줄 앞에서 나는 우리의 보상이 (성경에 나오는 상[像]인) 소멸하지 않을 면류관이라고 썼다. 그 점을 염두에 두고 요한계시록 4 : 1-11에 나오는 장면에 자세히 살펴보라. 이 무대 장면은 하늘 나라의 어전(御殿)이다. 거기 전능하신 하나님의 보좌 앞에 24장로가 있는데 그들은 모든 민족과 모든 시대의 구원받은 하나님의 백성을 대표한다. 그들도 보좌에 앉고 면류관을 썼는데, 이는 성도들이 예수님과 왕 노릇 하기 때문이다. 중앙에서는 네 생물이 하나님의 보좌를 곁에서 둘러싸고 있으면서 밤낮 이렇게 소리친다. "… 거룩하다. 거룩하다. 거룩하다. 주 하나님 곧 전능하신 이여, 전에도 계셨고 이제도 계시고 장차 오실 자라"(계 4 : 8 하).

네 생물이 이런 말로 하나님을 경배할 때마다, 24장로들은 보좌에서 일어나 하나님 앞에 절하여 경배한다. 그런 후에 – 바로 다음의 내용 때문에 나는 이 장면을 회상한다 – 그들은 하나님 보좌 앞에 면류관을 던지며 이렇게 말한다.

"우리 주 하나님이여
영광과 존귀와 능력을 받으시는 것이 합당하오니
주께서 만물을 지으신지라
만물이 주의 뜻대로 있었고
또 지으심을 받았나이다"(11절).

이 장면은 무척이나 아름답다. 왜냐하면, 이 장면은 하나님의 백성이 얻은 승리의 면류관이 하나님의 은혜로 얻은 것이며 따라서 하나님께 드리는 것이 정당하기 때문이다. 그 면류관은 우리의 면류관이지만, 하나님의 존귀를 위하여 하나님의 힘으로 얻은 것임을 보이기 위하여 주의 발 앞에 놓는다. 내가 언급한 다른 여러 가지 이유에서는 물론이고, 이 점에서 우리는 이땅의 정복자보다 뛰어나다.

그러나 한 가지 더 말할 것이 있다. 승리를 얻는 방법은 스스로 이룩한 영광에 '오르는 것'이 아니라 고난으로 '몸을 굽히는 것'이다.

이사야서 14장에 나오는 사단의 모습을 기억하는가? 사단은 이렇게 말했다. "… 내가 하늘에 올라 하나님의 뭇별 위에 나의 보좌를 높이리라. 내가 북극 집회의 산 위에 좌정하리라. 가장 높은 구름에 올라 지극히 높은 자와 비기리라"(13-14절). 그러나 하나님은 사단에게 이렇게 말씀하신다. "네가 음부 곧 구덩이의 맨 밑에 빠치우리로다"(15절).

사단이 앉으려 하는 곳은, 어떤 의미에서 모든 세대들의 성도들이 오르게 되는 곳이다. 왜냐하면 우리가 보았듯이 하나님의 보좌말고는 가장 높은 '북극 집회'에 성도들이 앉기 때문이다. 그러나 성도들이 어떻게 그곳에 앉게 되었는지 주목해 보라. 그들은 자기 보좌에

서 전능하신 하나님을 쫓아내려고 하면서 그 자리를 고집하지 않았다. 오히려 그들은 주인
의 발자취를 따랐으므로 높아졌다. 그들의 주인은 이런 분이었다.

> 그는 근본 하나님의 본체시나
> 하나님과 동등 됨을 취할 것으로 여기지 아니하시고
> 오히려 자기를 비어
> 종의 형체를 가져
> 사람들과 같이 되었고
> 사람의 모양으로 나타나셨으매
> 자기를 낮추시고
> 죽기까지 복종하셨으니
>   곧 십자가에 죽으심이라
> 이러므로 하나님이 그를 지극히 높여
> 모든 이름 위에 뛰어난 이름을 주사
> 하늘에 있는 자들과 땅에 있는 자들과 땅 아래 있는 자들로
> 모든 무릎을 예수의 이름에 꿇게 하시고
> 모든 입으로 예수 그리스도를 주라 시인하여
> 하나님 아버지께 영광을 돌리게 하셨느니라.
>
>   빌립보서 2 : 6-11

　　예수님은 원형이시다. 즉 '도살당할' 수밖에 없는 바로 그 양이다. 예수님은 "창세로부터
죽임을 당한 어린양"(계 13 : 8)이셨다. 그러나 예수님은 초정복자이시기도 했으며, 우리는
예수님으로 말미암아 여느 정복자보다 뛰어나다.

● 각주 ●
1. '넉넉히 이김' 이란 매우 적절한 번역이다. 이 번역은 초기 제네바성경에서 KJV로 들어왔고 NIV
를 포함하여 후대 많은 번역에 그대로 남았다. Leon Morris, *The Epistle to the Romans* (Grand
Rapids : Wm. B. Eerdmans, and Leicester, England : Inter-Varsity Press, 1988), p. 340.

121

그리스도 예수 안에 있는 하나님의 사랑

로마서 8:38-39

내가 확신하노니 사망이나 생명이나 천사들이나 권세자들이나 현재 일이나 장래 일이나 능력이나 높음이나 깊음이나 다른 아무 피조물이라도 우리를 우리 주 그리스도 예수 안에 있는 하나님의 사랑에서 끊을 수 없으리라.

그 리스도인이라면 삶에서 말씀을 분명하고 확실하게 전해야 할 때가 있다. 또 기독교 진리를 떠받치는 주의 깊고 설득력 있는 논증을 반드시 펼쳐야 할 때가 있으며 전반적으로는 둘 다 필요한 일이다. 왜냐하면 설득력 있는 논증이 필요할 때 개인의 증거로는 제대로 일을 이루지 못하기 때문이다. 반대로 말씀을 증거해야 할 때 설득력 있는 논증으로는 제대로 일을 이루지 못한다. 오늘날 확고한 기초가 없는 주관적인 기독교의 분위기에서는 논증이 절실히 필요하다. 그러나 개인적인 증거 역시 필요하다. 사실 내가 말하고자 하는 바는 바로 이 점이다.

내가 이 말을 하는 것은, 8장의 마지막 두 절 때문이다. 바울은 그리스도를 믿는 우리가 왜 자신을 영원히 안전한 자로 여길 수 있는지 논증을 펼쳐 왔다. 사실 바울은 자신이 생각할 수 있는 모든 논증을 펼쳤던 것 같다. 이는 28-37절의 부인할 수 없는 다섯 교리와 대답

할 수 없는 다섯 질문 뒤에 있는 논증들이다. 이 논증들은 기독교의 기본이다. 그러나 증거
할 때도 있다. 훌륭한 교사이며 설득가인 바울은 이 점을 잊지 않는다. 그래서 38, 39절에
서 바울은 1인칭으로 다시 글을 쓴다. 18절 이후 처음으로 바울은 1인칭을 사용했다. 바울
은 자신의 주장을 펼쳤다. 이제 우리는 바울의 개인적 확신을 들어볼 수 있다.

그는 무엇을 쓰는가? "내가 확신하노니 사망이나 생명이나 천사들이나 권세자들이나 현
재 일이나 장래 일이나 능력이나 높음이나 깊음이나 다른 아무 피조물이라도 우리를 우리
주 그리스도 예수 안에 있는 하나님의 사랑에서 끊을 수 없으리라"(롬 8 : 38-39).

이 얼마나 영광스러운 증거인가! 여기에는 그릇된 낙관론이 없다. 왜냐하면 바울이 말하
는 것은 앞 절들의 건전한 논증에 근거를 두고 있기 때문이다. 그러나 이 증거는 단순히 학
문적인 논변(論辯) 제시가 아니다. 왜냐하면 누구라도 곧바로 감지할 수 있듯이 이 증거는
위대하고 헌신된 마음에서 흘러나오며 또 매우 열정적이고 감동적이라서 대부분의 사람들
은 즉각적으로 이 증거를 8장의 절정이며 로마서 전체의 핵심 요점이라고 보기 때문이다.[1]

바울은 이 증거에서 그리스도인을 그리스도 안에 있는 하나님의 사랑에서 끊을 수 있는
모든 '끊는 자' 들에 맞닥뜨려 - 열 가지를 열거한다 - 각각을 간단히 처리한다.

죽음의 문들

과거나 오늘날 시대이나 대부분의 사람들에게 가장 두려운 적은 사망(Death)이며, 그것
은 사실이다. 성경에서 죽음과 사후 생활에 관하여 말하는 바와 상관 없이 살펴볼 때, 사망
은 이 땅에서 우리가 존재하지 못하게 하고 누구나가 당해야 할 것이라는 점말고 알려진 바
가 없다. 사망은 두려운 것이다. 프란시스 베이컨(Francis Bacon)은 다음과 같이 옳게 썼
다. "어린이들이 어둠을 무서워하듯, 사람들은 사망을 두려워한다". 정말 그렇다. 사람들은
사망 앞에서 떤다.

게다가 사망은 우리를 하나님의 사랑에서 끊으려고 위협하는 것 가운데 가장 위협적인
것이다. 분명 사망은 우리를 생명에서 끊어지게 한다. 그러나 사망은 우리가 좋아하는 장소
와 사람들로부터 우리를 끊기도 한다. 그리고 사망은 영혼과 정신을 몸으로부터 끊으며 또
구원 받지 않은 사람의 영혼과 정신을 하나님으로부터 끊는다. 참으로 두려운 일이다. 그러

나 그리스도 안에 있는 신자에게는 죽음이 마지막 말이 아니다. 사망은 다른 사람들을 포함하여 세상의 것들로부터 우리를 끊는다. 그러나 사망은 그리스도 예수 안에 있는 하나님의 사랑으로부터 우리를 결코 끊을 수 없다.

그럼 우리는 이 사실을 어떻게 아는가? 우리는 그리스도께서 사망을 정복하셨으므로 그 사실을 안다. 바울은 고린도 사람들에게 이렇게 확신 있게 말했다. "… 사망이 이김에 삼킨 바 되리라[참조. 사 25 : 8]고 기록된 말씀이 응하리라. 사망아 너의 이기는 것이 어디 있느냐 사망아 너의 쏘는 것이 어디 있느냐[참조. 호 13 : 14] 사망의 쏘는 것은 죄요 죄의 권능은 율법이라. 우리 주 예수 그리스도로 말미암아 우리에게 이김을 주시는 하나님께 감사하노니"(고전 15 : 54-57).

바울은 그처럼 디모데에게 글을 쓰면서 이렇게 말했다. "우리 구주 그리스도 예수… 는 사망을 폐하시고 복음으로써 생명과 썩지 아니할 것을 드러내신지라"(딤후 1 : 10).

사실 사망은 신자를 그리스도 예수 안에 있는 하나님의 사랑에서 끊어내기는커녕 사실상 신자들이 하나님과 더욱 친밀한 관계를 맺도록 한다. 사망을 '끊는 자'로 일컫는 알렉산더 매클라렌(Alexander Maclaren)은 이를 다음과 같이 멋지게 표현한다. "이 끊는 자는 연합시키는 자가 된다. 이 자는 '우리를 하나님께 나아갈' 수 있게 하기 위하여 우리를 세상에서 벗어나게 한다."[2] 우리는 이제 하나님을 알지만 부분적으로만 안다. 그 날에는 주께서 우리를 아신 것같이 우리가 '온전히' 알 것이다(참조. 고전 13 : 12). 그리고 예수 그리스도 안에 있는 자들에게는 '잠자는' 영혼과 영혼을 정화하는 곳이 없을 것이다. 바울은 "몸을 떠나는 것"이 "주와 함께 거하는 것"이라고 말했다(고후 5 : 8). 그는 자신에 대하여 이렇게 증거했다. "내가… 떠나서 그리스도와 함께 있을 욕망을 가진 이것이 더욱 좋으나"(빌 1 : 23).

예일의 윌리엄 보던(William Borden)은 중국으로 선교하러 길을 떠났지만 중국에 가 보지 못하고 이집트에서 죽어가면서, 다음과 같이 증거하는 고별사를 남겼다. "미루지 말라. 물러서지 말라. 후회하지 말라." 물론 그렇게 하지 말아야 한다. 사망은 보던을 그리스도 예수 안에 있는 하나님의 사랑에서 끊지 못했다.

생명이나…

바울이 두번째로 끊을 수 있을 법한 것으로 '생명'(Life)을 든다. 얼른 보면 단어를 어울리지 않게 선택한 것처럼 보인다. 그러나 생명이 사망보다 훨씬 잔인해 보이는 사실을 기억하면 그렇지 않다. 생명이 그렇게 잔인하므로 우리는 때때로 사망을 '놓임' '자비'라고 부르곤 한다.

삶은 죽음만큼이나 우리를 많은 것으로부터 떼어놓는다. 전쟁 후 밀어닥치는 정치적 여파로 가족이 때때로 나누이기도 한다. 동유럽과 중국과 남북한과 다른 분단 국가에서 그런 일이 우리가 살아 있는 동안 일어났다. 때때로 가난이 몰아닥쳐 사람들은 직장을 구하기 위하여 가정을 버리고 사랑하는 자들을 떠나야 한다. 그리고 노년에 병들거나 몸도 마음도 말을 듣지 않는 처지를 생각해 보라. 나이 먹어감에 따라, 점점 몸 놀리기가 어렵고 보고 듣는 것이 시원찮아지고 생각과 기억이 희미해진다. 이런 일을 겪다 보면, 한때 세상에서 누렸던 간단한 즐거움에서 끊어지는 것을 체험한다. 그러나 하나님의 사랑에서 끊을 수 있는 것은 없다.

한 가지 예를 들겠다.

이번 장을 준비하는 주간에, 25년 전 제십장로교회(Tenth Presbyterian Church)에 참석한 한 남자로부터 편지를 받았다. 그의 사연은 서글펐다. 이 사람은 젊은 시절 동성연애에 빠져서, 그런 생활을 하느라고 가족(그는 혼인하여 아내와 자식이 있었다)과 직장과 건강을 잃어버리고 이제 에이즈(AIDS)에 걸렸다고 고백했다. 그는 이 두려운 병에 걸리고 난 후에 주님을 발견하고 '바이블 스터티 아워'(The Bible Study Hour)의 카세트 테이프를 매주 받아서 듣고 싶다는 사연을 적고 있다. 그는 이 방송을 알고 있었고 이 방송에서 영적으로 유익을 얻었던 것이다.

이 사람은 이렇게 썼다. "불행하게도 에이즈(AIDS) 때문에 시력을 잃어가고 있습니다. 지금은 할 수 있는 대로 빠른 속도로 목사님의 글을 읽고 있습니다. 보지 못하기 전에 말입니다… 목사님의 설교 테이프가 있으면, 보는 일을 거의 할 수 없게 된 후라도 성경 공부를 계속할 수 있을 것입니다… 저는 하나님께 사로잡혔습니다. 하나님의 말씀을 아무리 배우더라도 더 배우고 싶습니다. 말 그대로 저는 오직 하나님 때문에 살아갈 힘을 갖게 되었습니다. 저는 이미 아주 많은 것을 잃었고 그 밖의 모든 것을 잃어가고 있습니다. 그러나 하나님은 놓칠 수 없습니다. 오직 하나님 때문에, 비참한 삶이지만 꾸려 가고 있습니다. 이제 저는 영원을 준비하며 살고 있습니다."

특별히 로마서를 공부하는 이 시점에서 이 편지를 읽고 크게 감명을 받았다. 왜냐하면 삶이 아무리 비참하더라도 그리스도 예수 안에 있는 하나님의 사랑으로부터 우리를 끊을 수 없다는 진리를 이 편지가 그처럼 놀랍게 증거하고 있기 때문이다.

천사들이나 권세자(귀신)들이나

바울이 그 다음으로 우리를 떼어놓을 수 있는 한 쌍으로 '천사들'과 '귀신들'을 언급하므로 대부분의 독자들은 어리둥절해 한다. 왜냐하면 바울이 언급하고 있는 것이 무엇인지 절대적으로 단언할 수 없기 때문이다. 천사들(Angels)이라는 낱말은 흔히 '선한 천사들'을 뜻하지만, 많은 사람들은 유익을 베푸는 존재가 신자를 그리스도로부터 떼어내려고 하는 것이라고 어떻게 생각할 수 있는지 의심했다. 그렇기 때문에, 어떤 주석가들은 이 낱말이 타락한 천사들 혹은 귀신들을 언급하는 것으로 보았고, 두번째 낱말은 때때로 마귀가 통제한다고 하는 '권세자들'(Demons) 혹은 이 땅의 '정사들'을 가리킨다고 보았다.[3] KJV와 다른 번역 성경들은 이 두번째 낱말을 '권세들'로 번역한다.

여기서 문제는, 바울이 이 마지막 절들에서 서로 대립하는 용어 한 쌍을 일부러 끌여들이고 있는 것처럼 보인다는 점이다. 이미 언급한 두 쌍을 포함하여 네 쌍이 있다. 만일 바울이 이런 식으로 표현하고 있다면 이 쌍에서는 선한 천사와 악한 천사가 대립을 이루고 있음에 틀림없다.

선한 천사가 우리를 그리스도로부터 끊을 수 있는가? 그럴 수 없다. 그러나 바울은 우리가 알기로 천사가 결코 할 수 없는 일을 하고 있는 것으로 과장법을 사용하여 말하곤 한다. 가령 갈라디아서 1:8이 있다. "그러나 우리나 혹 하늘로부터 온 천사라도 우리가 너희에게 전한 복음 외에 다른 복음을 전하면 저주를 받을지어다." 나는 이런 견해를 받아들여서, 여기서 바울이 이성적으로 서로 배타적인 용어를 사용하여 생각하고 있다기보다는 그리스도 안에서 우리가 누리는 영원한 안전을 세상 어느 곳에 있는 그 어떤 것이라도 파괴할 수 없다는 것을 주장하기 위하여 그저 온 창조계를 망라하여 말하고 있을 뿐이라고 본다.[4] 바울은 우리를 하나님의 사랑에서 끊을 수 있는 것 가운데 첫번째 쌍에서 우리에게 가장 직접적인 체험 즉 사망과 생명을 살펴보았다. 두번째 쌍에서는 천상 존재들의 영역을 바라보고서 그 영역의 어떤 것이라도 우리를 그리스도 안에 있는 하나님의 사랑에서 끊을 수 없다고 선언한다.

이 점을 알면 우리에게 유익하다. 왜냐하면 우리가 선한 천사를 두려워하지 않지만(천사들은 "부리는 영으로서 구원 얻을 후사들을 위하여 섬기라고 보내심을 받았다", 히 1 : 14) 우리는 "하늘에 있는 악의 영들"(엡 6 : 12)과 맞서서 방어 태세를 하고 있기 때문이다. 이 세력들은 온갖 사람들 속에 파괴를 불러일으킨다. 악이란 분열시키는 것이므로, 이 세력들은 나누어지게 한다. 실로 '귀신' (헬라어. 디아볼로스[diabolos])은 '끊는 자' (separator)를 뜻한다. 그러나 타락한 천사들이 온갖 분열을 낳을 수 있지만, 그래도 우리를 그리스도로부터 끊을 수 있는 일은 할 수 없다.

어떻게 우리는 이것을 아는가? 예수님이 십자가에서 이 악한 세력들을 이기셨으므로 우리는 그 사실을 안다. 바울은 골로새 사람들에게 이렇게 말했다. "또 너희의 범죄와 육체의 무할례로 죽었던 너희를 하나님이 그와 함께 살리시고 우리에게 모든 죄를 사하시고 우리를 거스리고 우리를 대적하는 의문에 쓴 증서를 도말하시고 제하여 버리사 십자가에 못박으시고 정사와 권세를 벗어버려 밝히 드러내시고 십자가로 승리하셨느니라"(골 2 : 13-15).

세월

바울은 사망과 생명이라는 체험들을 말하고 나아가 선한 천사와 악한 천사의 세력들은 우리를 끊을 수 있는 자 속에 포함시킨 후에, 이제 시간의 측면에서 현재 일이나 장래 일이 우리를 그리스도 안에 있는 하나님의 사랑에서 끊을 수 없다고 주장한다. "시간은 신자에게 무력하다"고 한 주석가는 말한다.[5]

바울이 '현재' (Present)와 '장래' (Future)에 관하여 말하고 '과거'와 '미래'를 말하지 않는 사실(우리는 이 점을 생각할 수 있다)은 바울이 매우 굵직하게 의견을 제시하고 있긴 해도 주의 깊게 생각하고 있음을 보여 준다. 바울이 '과거'를 말하지 않는 것은, 과거에 일어난 일 가운데 그 어느 것도 우리를 그리스도로부터 끊어내지 **못했기** 때문이다. 그러면 현재 일은 어떤가? 이 시점에 우리를 짓누르고 있는 힘든 일들은 어떤가? 바울은 그 일들이 우리를 그리스도로부터 끊을 수 없다고 말한다. 예수님은 능히 그 일을 막아 내실 수 있다. 미래는 어떤가? 장차 나타날 일은 어떤가? 바울은 그 일들도 우리를 그리스도로부터 역시 끊을 수 없다고 덧붙인다.

내 판단으로는 이런 낱말쌍을 똑같이 타당성 있게 생각할 수 있는 방법이 둘 있다. 그리고 둘 다 옳을 수 있다.

한편으로, 우리는 오직 이 땅과 관련된 환경만 즉 역사와 일상 생활의 잡동사니 같은 것들만 생각할 수 있다. 이제 우리는 환경으로부터 피해를 받고 있으며 앞으로도 죽을 때까지 피해를 받게 될 것이다. 그러나 이 환경 가운데 그 어떤 것도 우리를 그리스도 안에 있는 하나님의 사랑에서 끊을 수 없다. 왜냐하면 그 아들 안에서 우리를 사랑하신 하나님이 역사를 다스리고 계시기 때문이다. 하나님은 환경을 지배하시는 분이다. 그래서 우리 생활에 찾아왔고, 지금 있고, 장차 나타날 그 어떤 것도 하늘 아버지의 완전하고 사랑 넘치는 뜻을 통하여 걸러져서 하나님에 의하여 우리의 유익이 되지 않은 것이 없다. 그래서 바울은 바로 앞절에서 이렇게 말할 수 있었다. "우리가 알거니와 하나님을 사랑하는 자… 에게는 모든 것이 합력하여 선을 이루느니라"(롬 8 : 28).

요셉은 하나님이 허락하셔서 두려운 체험들을 겪었지만 역시 같은 말을 했다. 그는 형제에게 이렇게 말했다. "두려워 마소서. 내가 하나님을 대신하리이까? 당신들은 나를 해하려 하였으나, 하나님은 그것을 선으로 바꾸사 오늘과 같이 만민의 생명을 구원하게 하시려 하셨나니"(창 50 : 19-20).

반면 바울이 **현재**와 **장래**라는 낱말을 쓰는 것은, 소위 '현재 생활'과 '장차 올 생활'을 가리킬 수 있다. 여기서나 장차 그 어떤 것도 우리를 하나님의 사랑에서 끊을 수 없다. 우리는 '이곳'에 관하여 이야기해 왔다. 그러면 '앞으로'는 어떻게 되는가? 우리는 "한번 죽는 것은 사람에게 정하신 것이요 그 후로는 심판이 있으리니"(히 9 : 27)라는 구절을 기억한다. 심판이라니! 우리의 미래에 심판이 놓여 있으니, 우리가 그리스도 안에 있지 않으면 그 심판을 참으로 두려워해야 한다. 하지만 우리가 '그분 안에' **있으면** 어찌 두려워할 수 있는가? 그분 안에 있으면, 우리는 두려워할 것이 없다. 왜냐하면 예수님이 우리 대신 그 심판을 담당하셨기 때문이다. 그래도 심판이 찾아오는 것은 분명하다. 그러나 이 심판들도 그리스도 예수 안에 있는 하나님의 사랑에서 우리를 끊을 수 없다.

그 어떤 능력도 우리를 끊을 수 없다

바울이 '능력'(Powers)을 말할 때 무엇을 생각하고 있는지 알기 어렵다. 왜냐하면 바울은 지금까지 떼어놓을 수 있는 다른 것들을 쌍으로 언급하는 것과 달리 특별히 이 낱말과 어울리는 낱말을 나란히 쓰지 아니하고 능력이라는 낱말만 쓰고 있기 때문이다. 헬라어 원어로는 뒤나메이스(drnameis)인데, 이 말은 기이한 표적이나 이적을 가리킬 수 있다. 물론 여기서는 천상적 혹은 영적 세력을 뜻하는 것 같다. 문제는 이미 '천사들이나 귀신들이나 우리를 끊을 수 없다'는 구절에 이미 포함되지 아니한 영적 능력을 생각하기 어렵다는 점뿐이다. 내 생각으로는 이 문맥에 나오는 '능력들'은 아마 이미 앞에서 언급한 것들 즉 사망과 생명의 능력들, 천사와 귀신의 능력들, 현재 일과 장래 일의 능력들을 다시 말하여 우리를 그리스도에게서 나눌 수 있는 능력은 없다는 점을 요약하여 말하고 있는 것이 아닌가 한다.

이 능력들말고 우리를 그리스도에게서 끊을 수 있는 능력들을 생각할 수 있는가? 사망이나 생명, 천사나 귀신, 현재 일이나 장래 일말고 그리스도 예수 안에 있는 하나님의 사랑에서 우리를 끊을 수 있을 법한 세력이 있겠는가?

높음이나 깊음도 우리를 끊을 수 없다

바울은 네번째 (마지막) 어울리는 쌍을 언급하면서 인간의 체험과 영적 능력들과 시간에서 벗어나 공간을 생각한다. 그러면서 "높음(Height)이나 깊음(Depth)이" 그리스도 예수 안에 있는 하나님의 사랑에서 우리를 끊을 수 없을 것이라고 말한다.

이 용어 한 쌍은 무엇을 뜻하는가? 이 말들이 그저 공간을 서술한다면, 그 표현은 우리 위나 우리 아래에 있는 그 어떤 것도 우리를 그리스도에게서 끊을 수 없음을 뜻한다. 알렉산더 맥클라렌(Alexander Maclaren)은 이런 견해를 택하며 이 점을 잘 표현한다. 그는 "하나님의 사랑이 어디에나 있다"[6]고 말한다. 만일 이 구절의 뜻이 이것이라면, 시편 139 : 7-10의 유명한 구절에 나오는 사상을 표현한 것일 것이다.

> 내가 주의 신을 떠나 어디로 가며
>   주의 앞에서 어디로 피하리이까
> 내가 하늘에 올라갈지라도 거기 계시며
>   음부에 내 자리를 펼지라도 거기 계시니이다
> 내가 새벽 날개를 쳐며
>   바다 끝에 가서 거할지라도
> 곧 거기서도 주의 손이 나를 인도하시며
>   주의 오른손이 나를 붙드시리이다.

반면에, 고대 점성술이 머리 바로 위나 지평선 위 그리고 바로 아래나 지평선 아래의 한 점을 서술하기 위하여 '높음' (휘프소마 : hypsoma)과 '깊음' (바쏘스 : bathos)로 번역된 헬라어를 사용했다는 사실에 깊은 뜻이 담겨 있을 것이다. 이 점들은 앞 일을 예측하는 12 궁도에서 사용되었던 것이다. 어떤 주석가들은 이 점을 이 구절의 뜻으로 본다.[7] 이것이 맞다면, 이 구절은 심지어 점성술에서 말하는 능력들도 그리스도 예수 안에 있는 하나님의 사랑에서 우리를 끊을 수 없다고 가르친다.

다른 아무 피조물이라도

이 구절들의 앞 부분에서 포괄적인 용어들을 언급하고 난 다음, 마지막에 '다른 아무 피조물이라도' (Nor Anything Else)라는 말은 용두사미 같다. 그러나 그런 말로 끝내는 것은 옳다. 사실 용두사미처럼 끝내기 때문에 이 마지막 낱말은 아주 효과적인 것이다. 왜냐하면 바울은 우리를 '끊는 자' 들을 여러 낱말로 열거하기를 다하고 이제 "다른 아무 것이라도 그 밖에 무엇이라도 끊을 수 없다" 는 말로 끝맺기 때문이다.

'다른 아무 피조물' 에는 어떤 것이 있는가? 하나님 외에 존재하는 모든 것이라고 대답할 수 있다. 왜냐하면 하나님이 이 모든 다른 것들을 창조하셨기 때문이다. 그러므로 하나님이 우리를 위하시면 그리고 하나님이 그밖의 모든 것을 창조하셨으므로 그것을 다스리시면, 우리를 그리스도 예수 안에 있는 하나님의 사랑에서 끊을 수 있는 것은 단연코 없다.

이 단락을 공부하면서 간단하게 살폈던 낱말인 확신하노니가 생각난다. 앞에서 말했듯이 이 단락은 바울의 개인적 증거이지만 매우 건전한 근거를 토대로 삼은 증거다. 즉 바울을 설복했고 우리도 틀림없이 설복하는 증거를 토대로 삼은 증거다. 이 설득력의 근거는 무엇인가? 바울의 확신은 개인의 강력한 느낌이나 인생의 호된 처지가 나아진다거나 우리를 끊는 요인 가운데 무엇 하나라도 해결된다거나 사라질 것이라는 신념에 근거를 두고 있지 않다. 오히려 그의 확신은 우리를 위한 그리스도 안에 있는 하나님의 사랑이 위대하다는 사실에 근거를 두고 있다. 하나님이 아들을 보내사 우리 대신 죽게 하셨으므로 이 놀라운 사랑은 알려졌다.

온 우주에 이 사랑보다 더 큰 혹은 더 견고한 것은 없다. 그러므로 온 우주에서 그 무엇도 우리를 하나님의 사랑에서 끊을 수 없다.

> 사망이나 생명이나
> 천사들이나 권세자들이나
> 현재 일이나 장래 일이나
> 능력이나
> 높음이나 깊음이나
> 다른 아무 피조물이라도 그리할 수 없다.

우리는 그보다 더 큰 것을 알지 못한다. 그리고 로마서 8장 공부를 마치려 할 때, 바울이 성경을 주의 깊게 연구하고 하나님의 사랑과 은혜를 몸소 체험한 데서 나온 증거로서 이 사실(하나님의 사랑에서 우리를 끊을 것이 없다는 사실)을 말하는 것보다 더 나은 방법은 없다.

그래서 나는 여러분에게 이렇게 묻는다. 이것은 당신의 증거인가? 바울처럼 당신은 이 진리를 확신하게 되었는가? 이렇게 말할 수 있는가? "이제 나는 더 이상 의심하지 않습니다. 구원이 전적으로 하나님께 속하였으며 하나님이 마지막까지 우리를 안전히 지키실 것임을 압니다." 당신이 이 진리를 확신하지 못한다면, 여전히 자신을 바라보고 있기 때문이다. 당신은 하나님과 그 전능하심을 생각하지 아니하고 당신의 연약한 힘을 생각하고 있는 것이다.

나의 말을 하자면, 나는 이 진리를 확신하고 또 확신하고 있다는 사실을 즐거워한다. 하늘과 땅에서 이 확신에 견줄 수 있는 것은 아무것도 없다.

● 각주 ●

1. 레이 스테드만은 이를 '이 편지의 가장 중요한 점'이라고 말하며 덧붙여서 '바울은 이를 넘어설 수 없으며, 우리 또한 그리할 수 없다'고 한다(*From Guilt to Glory,* vol. 1, *Hope for the Helpless* (Portland : Multnomah Press, 1978), p. 311).

2. Alexander Maclaren, *Expositions of Holy Scriptures,* vol. 8, part 3. *The Acts, Romans* (Grand Rapids : Wm. B. Erdmans, 1959), p. 212.

3. D. M. Lloyd Jones, *Romans : An Exposition of Chapter 8 : 17-39, The Final Perseverance of the Saints,* p. 452; and Leon Morris, *The Epistle to the Romans* (Grand Rapids : Wm. B. Eerdmans, and Leicester, England : Inter-Varsity Press, 1988), p. 341을 보라.

4. John Murray, *The Epistle to the Romans* (Grand Rapids : Wm. B. Eerdmans, 1968), p. 333.

5. Morris, *The Epistle to the Romans,* p. 341.

6. Maclaren, *Expositions of Holy Scriptures,* vol. 8, part 3, p. 217.

7. Morris, *The Epistle to the Romans,* pp. 341, 342; and Donald Grey Barnhouse, *God's Heirs : Exposition of Bible Doctrines, Taking the Epistle to the Romans as a Point of Departure,* vol. 7, *Romans 8 : 1-39* (Grand Rapids : Wm. B. Eerdmans, 1963), p. 230.

주제색인

주 제 색 인

성구색인

성 구 색 인

7:39	407	8:47	463	2:26-27	49
7:47	407	9:2	56	4:27-28	588
9:23	233, 485	9:3	56	7:56	667
17:1-2	216	10:27-28	626	9:4	148
22:31-32	379, 619	10:27-30	415	15:10	310
22:32	544	11:25-26	600	16:31	605
22:33	379	14:1-3	486	17:28	462
22:34	379	14:13-14	324		
24:26	503	15:1,4-5	92		
24:27	122	15:4-5	414	로마서	
24:39	331	15:12	556	1:6-7	598
		15:15	631	1:16	407
		15:18-20	499	1:18	24, 65
		15:20	503	1:29-32	137
요한복음		16:33	496, 503,	2:4	179
1:9	200		676	2:12-16	652
1:29	643	17:1, 4-5, 24	42	3:10-11	576, 592
3:5-8	465	17:3	300	3:10-12	342
3:16	69, 187,	17:4-5	489, 666	3:11	598
	295, 321	17:10	192	3:19-20	164
3:19	598	17:17	292	3:23	66, 100,295
4:13-14	92	17:22-23	192	4:15	167
6:35	92	19:30	664	4:20-21	282
6:39	626	20:15	542	4:25	655
6:44	578, 598	20:25	122	5:1	21, 28,
7:37	578, 596	21:15-19	178		407
8:4-5	417			5:1-2	22
8:31-32	280			5:1-2, 5	80
8:33	280	사도행전		5:2	208, 324
8:34-36	280	2:9-11	596	5:3-5	53, 535
8:34, 38	463	2:23	587, 589,	5:6-8	67, 72
8:42,44	463		642	5:8	64, 81,

로마서 2 은혜의 통치 (롬 5-8장)

저자 : 제임스 몽고메리 보이스

발행처 : 솔라피데출판사

전화 : (031)955-4421 / 팩스 : (031)955-4431

공급처 : 미스바출판유통

전화 : (031)955-4433 / 팩스 : (031)955-4432

값 25,000원